Willi Diez, Stefan Reindl, Hannes Brachat (Hrsg.)

Grundlagen der Automobilwirtschaft

Willi Diez, Stefan Reindl,
Hannes Brachat (Hrsg.)

UNTERNEHMENSFÜHRUNG

Grundlagen der Automobilwirtschaft

Das Standardwerk der Automobilbranche

© 2012 Springer Automotive Media in der Springer Fachmedien München GmbH,
Aschauer Straße 30, 81549 München
www.springer-automotive-shop.de

5. Auflage 2012
Stand 04/2012

Produktmanagement: Kerstin Bandow
Lektorat: Kerstin Jäger
Herstellung: Silvia Sperling, Markus Tröger
Satz & Layout: fidus Publikations-Service GmbH, Nördlingen
Umschlaggestaltung: Bloom Project GmbH, München
Titelbild: © Vichaya Kiatying-Angsulee/Panthermedia
Druck: AZ Druck und Datentechnik GmbH, Heisinger Straße 16, 87437 Kempten

Springer Fachmedien ist Teil der Fachverlagsgruppe Springer Science+Business Media

Das Werk einschließlich aller seiner Teile ist urheberrechtlich geschützt. Jede Verwertung außerhalb der engen Grenzen des Urheberrechtsgesetzes ist ohne Zustimmung des Verlages unzulässig und strafbar. Das gilt insbesondere für Vervielfältigungen, Übersetzungen, Mikroverfilmung und die Einspeicherung und Verarbeitung in elektronischen Systemen.

Das Werk ist mit größter Sorgfalt erarbeitet worden. Eine rechtliche Gewähr für die Richtigkeit der einzelnen Angaben kann jedoch nicht übernommen werden.

ISBN 978-3-89059-099-8

Inhalt

Vorwort 15

I Struktur und Bedeutung des Automobilmarktes in Deutschland
(Prof. Dr. Willi Diez, Prof. Dr. Stefan Reindl) 17
1 Automobilität, Wirtschaft und Gesellschaft 18
2 Das Automobil als Wirtschaftsfaktor 18
2.1 Begriff und Abgrenzung der Automobilwirtschaft 18
2.2 Die Struktur der Automobilwirtschaft und ihrer Teilbereiche 19
2.3 Die gesamtwirtschaftliche Bedeutung der Automobilwirtschaft 22
2.4 Bedeutung des Automobils für weitere volkswirtschaftliche Zielgrößen 23
3 Nachfragestruktur und -entwicklung 24
3.1 Grundbegriffe der Marktanalyse 24
3.2 Bestandsentwicklung 27
3.3 Nachfrageentwicklung 30
3.4 Bestimmungsfaktoren der Automobilnachfrage 33
4 Anbieter- und Angebotsstrukturen 35
4.1 Konzentrationsprozess in der Automobilindustrie 35
4.2 Konzentrationsgrad auf dem deutschen Automobilmarkt 37
4.3 Strategische Optionen für Automobilanbieter 38
4.4 Marktform und Wettbewerbsintensität 41
5 Fazit 41

II Das Automobil als dominierendes Verkehrsmittel
(Prof. Dr. Stefan Reindl) 45
1 Bedeutung des Automobils für Personenverkehr und Gütertransport 46
2 Entwicklung und Struktur des Personenverkehrs 47
2.1 Mobilität und Personenverkehr 47
2.2 Rolle des Automobils im Personenverkehr 50
3 Entwicklung und Struktur des Güterverkehrs 52
3.1 Entwicklungslinien im Güterverkehr 52
3.2 Rolle des Lkw im Güterverkehr 54
4 Mobilität und Verkehrspolitik 56
4.1 Grundlegende Aspekte der Verkehrspolitik 56
4.1.1 Ziele der Verkehrspolitik 56
4.1.2 Instrumente der Verkehrspolitik 57
4.1.3 Träger der Verkehrspolitik 57
4.2 Verkehrspolitische Handlungsfelder 58
4.2.1 Reduktion der Umweltbelastungen 58

4.2.2	Verkehrspolitische Basisstrategien	60
4.2.3	Erhöhung der Verkehrssicherheit	63
4.2.4	Einsatz von Verkehrsleittechnik und Fahrerassistenzsystemen	65
4.2.5	Erhaltung der Mobilität	67
5	Perspektiven der Verkehrsentwicklung	68

III	**Das Management der automobilwirtschaftlichen Wertschöpfungsstrukturen (Prof. Dr. Reinhold Bopp)**	**69**
1	Einleitung	70
2	Integrationsformen zur Gestaltung von Wertschöpfungsstrukturen	71
2.1	Vertikale Integration	71
2.2	Weitere Formen der Integration	73
2.3	Netzwerkstrukturen	74
3	Messung des Integrationsgrades in Wertschöpfungsstrukturen	75
3.1	Messung der Fertigungstiefe	75
3.2	Differenzierte Betrachtung der Fertigungstiefe	76
3.3	Messung der Vertriebstiefe	77
4	Transaktionskostentheorie und Wertschöpfungsstrukturen	77
4.1	Transaktionskostentheorie und Transaktionskosten	77
4.2	Koordinationsformen zur Leistungserstellung	80
4.3	Entscheidungsregeln	81
5	Determinanten bei der Gestaltung automobilwirtschaftlicher Wertschöpfungsstrukturen	83
5.1	Kostenwirtschaftliche Determinanten	83
5.1.1	Überblick über kostenwirtschaftliche Determinanten	83
5.1.2	Faktorpreisdifferenzen bzw. -vorteile	83
5.1.3	Faktoreinsatzmengendifferenzen bzw. -vorteile	84
5.1.4	Reduzierung und Variabilisierung fixer Kosten	85
5.1.5	Kostenoptimierung durch institutionelle Arrangements	85
5.2	Absatzwirtschaftliche Determinanten	86
5.3	Strategische Determinanten	88
6	Fazit und Ausblick	90

IV	**Herausforderung Globalisierung: Rahmenbedingungen einer ganzheitlichen Strategie für Automobilhersteller (Prof. Dr. Wolfram Sopha)**	**93**
1	Einleitung	94
2	Zahlen, Fakten und Prognosen	95
2.1	Produktion und Verkauf	95
2.2	Motorisierungsdichte	97
2.3	Märkte China und Indien	98

3	Herausforderungen im globalen Kontext	98
3.1	Geopolitischer Wandel	98
3.2	Wandel von Mobilitätsanforderungen	99
3.3	Ökologisierung	99
3.4	Konsolidierung	100
3.5	Neue Marktteilnehmer	102
4	Maßnahmen im globalen Kontext	102
4.1	Erschließung von Wachstumsmärkten	102
4.2	Mix alternativer Antriebe	103
4.3	Neue Mobilitätskonzepte und Geschäftsmodelle	105
4.4	Global-lokale Organisationsstrukturen	106
5	Fallbeispiele	108
5.1	Volkswagen	108
5.2	Geely	109
5.3	Vergleich der beiden Fallbeispiele	110
6	Zusammenfassung	112
V	**Rechtsgrundlagen des Automobilvertriebs (Uwe Brossette)**	**113**
1	Vorbemerkung	114
2	Verbot wettbewerbsbeschränkenden Verhaltens gem. Art. 101 Abs. 1 AEUV	114
2.1	Wettbewerbsbeschränkendes Verhalten	114
2.2	Adressaten des Kartellverbots gemäß Art. 101 Abs. 1 AEUV	116
2.3	Verhinderung, Einschränkung und Verfälschung des Wettbewerbs	117
2.3.1	Begriffsbestimmung	118
2.3.2	Beispiele für Wettbewerbsbeschränkungen	118
2.3.3	Zweck und Wirkung der Wettbewerbsbeschränkung	118
2.3.4	Spürbare Beeinträchtigung des zwischenstaatlichen Handels	118
2.4	Freistellung vom Verbot wettbewerbsbeschränkenden Verhaltens gem. Art. 101 Abs. 3 AEUV	119
2.4.1	Einzelfreistellung	120
2.4.2	Gruppenfreistellung	120
3	Gruppenfreistellung im Automobilsektor – Überblick	121
4	Vertikal-GVO Nr. 330/2010	122
4.1	Anwendungsbereich der GVO Nr. 330/2010	122
4.2	Maßgebliche Marktanteilsschwelle, Art. 3 GVO Nr. 330/2010	123
4.2.1	Definition des Marktes	123
4.2.2	Berechnung der Marktanteile nach der GVO	124
4.2.3	Sachlich relevanter Markt im Neufahrzeugvertrieb	125
4.2.4	Besonderheiten bei Produktportfolios	125
4.2.5	Räumlich relevanter Markt im Neufahrzeugvertrieb	125
4.2.6	Relevanter Markt für den Marktanteil des Händlers	126

4.3	Kernbeschränkungen, Art. 4 GVO Nr. 330/2010	126
4.3.1	Preisbindung, Art. 4 lit. a) GVO Nr. 330/2010	126
4.3.2	Gebiets- und Kundenkreisbeschränkungen, Art. 4 lit. b) GVO Nr. 330/2010	129
4.3.3	Endverbraucherverkaufsbeschränkungen, Art. 4 lit. c) GVO Nr. 330/2010	133
4.3.4	Beschränkungen von Querlieferungen, Art. 4 lit. d) GVO Nr. 330/2010	134
4.3.5	Verkaufsbeschränkungen für Ersatzteile, Art. 4 lit. e) GVO Nr. 330/2010	136
4.4	Nicht freigestellte Beschränkungen, Art. 5 GVO Nr. 330/2010	136
4.4.1	Markenzwang	137
4.4.2	Nachvertragliche Wettbewerbsverbote	138
4.4.3	Ausschluss bestimmter konkurrierender Markenprodukte	138
4.5	Code of Conduct	139
5	GVO Nr. 461/2010	139
5.1	Anwendungsbereich	140
5.2	Zusätzliche Kernbeschränkungen, Art. 5 GVO Nr. 461/2010	143
5.2.1	Beschränkung des Verkaufs von Ersatzteilen an freie Werkstätten zu Reparaturzwecken, Art. 5 lit. a) GVO Nr. 461/2010	143
5.2.2	Verkaufsbeschränkungen für Anbieter von Ersatzteilen und Ausrüstungsgegenständen, Art. 5 lit. b) GVO Nr. 461/2010	144
5.2.3	Beschränkung des Rechts auf Dual Branding, Art. 5 lit. c) GVO Nr. 461/2010	145
5.3	Wettbewerbsverbote in den Kfz-Anschlussmärkten	145
5.4	Besondere Anforderungen an qualitativ-selektive Vertriebssysteme auf den Kfz-Anschlussmärkten	146
5.4.1	Zugang zu den Netzen der zugelassenen Werkstätten	146
5.4.2	Missbrauch von Gewährleistungen	147
5.4.3	Zugang unabhängiger Marktteilnehmer zu technischen Informationen	147
6	GVO Nr. 1400/2002	148

VI	**Autohaus-Management (Prof. Hannes Brachat)**	**151**
1	Aufgaben und Herausforderungen für das Management im Autohaus	152
1.1	Die klassischen Leistungsfaktoren im Autohaus	152
1.2	Herausforderungen für das Management	155
1.3	Schlüsselfragen für die Branchenperspektiven bis 2015	156
1.4	Der Kunde – Mittelpunkt automobilen Handelns	157
2	Neuwagenverkaufsmanagement	158
2.1	Absatzmengen und Vertriebskanäle	158
2.2	Der Neuwagenkunde	162
2.3	Automobile Neuwagenpreiswüste	164
2.4	Geprüfter Automobilverkäufer (GAV)	165
2.5	Vertriebs- und Betreuungskanal Internet	166
2.6	Financial Services	166
3	Gebrauchtwagenmanagement	167

3.1	Gebrauchtwagenmarktstrukturen	167
3.2	Gebrauchtwagenstrukturveränderungen 2002 bis 2012	172
3.3	Gebrauchtwagenbörsen	174
3.4	Gebrauchtwagenauktion – unterm Hammer!	176
3.5	Konzeption der Gebrauchtwagenherstellerprogramme	177
3.6	Die Gebrauchtwageneigenmarke im Automobilhandel	178
3.7	Gebrauchtwagen-Management-Systeme	179
3.8	Gebrauchtwagen-Prozessmanagement	179
3.9	Gebrauchtwagenbewertung und Preispolitik	180
3.10	Der Absatzmotor Gebrauchtwagengarantie	181
3.11	Gebrauchtwagen-Kennzahlenmanagement	183
4	Servicemanagement	184
4.1	Servicedimensionen	184
4.2	Herausforderungen im Service	186
4.3	Wettbewerber im Servicemarkt	187
4.4	Dienstleistungsfelder im Servicegeschäft	189
4.5	Serviceauslastungsstrategien	191
5	Teile- und Zubehörmanagement im Autohaus	194
5.1	Teile- und Zubehördimensionen	194
5.2	Entwicklungen im Teile- und Zubehörmarkt	197
5.3	Erfolgsfaktoren für das Teile- und Zubehörgeschäft	197
5.4	Zubehörmanagement	199

VII Controlling in der Automobilwirtschaft
(Georg Büchele, Prof. Dr. Valentin Schackmann) 201

1	Einführung und Grundlagen	202
2	Strategisches Controlling	205
2.1	Ziele und Subsysteme	205
2.2	Ausgewählte Instrumente	205
2.2.1	SWOT-Analyse	206
2.2.2	Portfolioanalyse	207
2.2.3	Wettbewerbsvorteile	209
2.2.4	Fähigkeiten	210
2.2.5	Benchmarking	210
2.2.6	Balanced Scorecard	211
3	Operatives Controlling	215
3.1	Ziele und Subsysteme	215
3.2	Ausgewählte Instrumente	216
3.2.1	Ertrags-, Liquiditäts- und Bilanzplanung	216
3.2.2	Ausgewählte Kennzahlen von Geschäftsfeldern	218
3.2.3	Investitionscontrolling	220

4 Rating 222

VIII Finanz- und Investitionsmanagement im Automobilhandel (Martin-Dieter Herke) 227

1 Betriebswirtschaftliche Grundlagen 228
1.1 Bilanzstruktur 228
1.2 Kapitalbedarf und Kapitaldeckung 229
1.3 Finanzstruktur 231
2 Das Kreditgeschäft 232
2.1 Sicherheiten 232
2.1.1 Haftungsumfang 232
2.1.2 Bürgschaft 232
2.1.3 Grundschuld 232
2.1.4 Sicherungsübereignung 234
2.1.5 Abtretung, Verpfändung 234
2.1.6 Wenn Sicherheiten fehlen – hilft die Ausfallbürgschaft einer Bürgschaftsbank 234
2.2 Die Rahmenbedingungen der Kreditfinanzierung 235
3 Das Rating 235
3.1 Rating – die Eintrittskarte für das Kreditgeschäft 235
3.2 Nur schwer vergleichbar – die unterschiedlichen Ratingnoten der deutschen Banken 236
3.3 Wie Rating funktioniert 237
3.4 Risikoorientierte Zinskonditionen 237
3.5 Orientierungspunkte für Zinskonditionen 238
4 Finanzierungsarten 239
5 Zukünftige Einflüsse auf das Finanzmanagement im Autohaus 240
5.1 Ratingorientierte Unternehmensführung und eine professionelle Finanzkommunikation 240
5.2 Die Regulierung des Kreditgeschäfts nach Basel III 241
6 Fazit 242

IX Personalmanagement im Automobilhandel (Prof. Dr. Ralf Mertens) 243

1 Einleitung 244
2 Mitarbeiterzufriedenheit und Mitarbeiterengagement 245
2.1 Gallup-Studie zur Arbeitnehmerzufriedenheit 245
2.2 Studie „Mitarbeiterzufriedenheit im Autohaus" 246
2.3 Verbesserung der betriebswirtschaftlichen Situation 246
2.4 Nutzen und Funktion einer Mitarbeiterbefragung 246
2.5 Erkenntnisse aus der Praxis 247
3 Demografischer Wandel 248
3.1 Konsequenzen für die Autohäuser 250

3.1.1	Altersstrukturanalyse	250
3.1.2	Vertreterregelung	251
3.1.3	Nachfolgeregelung	251
4	Mitarbeiter gewinnnen	251
4.1	Das Risiko einer Fehlentscheidung	251
4.2	Personalbeschaffung im Autohaus	252
4.2.1	Interner Arbeitsmarkt	253
4.2.2	Externer Arbeitsmarkt	253
4.2.3	Schwerpunkt: Social Media	254
5	Mitarbeiter motivieren	255
5.1	Der Harvard-Ansatz	255
5.2	Die Motivationshebel im Autohaus	256
6	Mitarbeiter binden	257
6.1	Die Bedeutung der Mitarbeiterbindung	257
6.2	Konzepte zur Mitarbeiterbindung	258
6.3	Rahmenbedingungen und Instrumente zur Erhöhung der Mitarbeiterbindung im Autohaus	259
6.3.1	Betriebsklima	259
6.3.2	Mitarbeiterführung	259
6.3.3	Arbeitsstruktur	261
6.3.4	Mentoring	261
6.3.5	Personalentwicklung	261
6.3.6	Arbeitsinhalt	261
6.3.7	Work-Life-Balance	261
6.4	Einsparpotenziale durch Mitarbeiterbindung	263
6.4.1	Wiederbeschaffungskosten	263
6.4.2	Überbrückungs- und Wiedereingliederungskosten	263
6.4.3	Fehlzeiten	264
7	Employer Branding	264
7.1	Ausgangssituation	264
7.2	Personalmarketing im Autohaus	265
7.3	Herausforderung Employer Branding	266
8	Leistungsorientierte Vergütung als Renditebringer im Autohaus	267
8.1	Ein funktionierendes Vergütungssystem	268
8.2	Teamarbeit und leistungsorientierte Vergütung sind kein Widerspruch!	269
8.3	Trends in der Vergütung	269
8.4	Konzeption eines neuen Vergütungssystems	270
8.5	Auswirkungen im Unternehmen	271
9	Zukunftsorientierte Personalpolitik im Automobilhandel	272

X Automobilwirtschaftliche Vertriebssysteme und die Rolle des Automobilhandels (Prof. Dr. Willi Diez) ... 275

1   Einleitung ... 276
2   Vertriebswege und Vertriebssysteme ... 276
2.1   Grundlegende Vertriebswege ... 276
2.2   Automobilwirtschaftliche Vertriebssysteme ... 278
2.2.1 Überblick ... 278
2.2.2 Gestaltung der Großhandelsebene ... 279
2.2.3 Gestaltung der Einzelhandelsebene ... 279
2.2.4 Struktur automobilwirtschaftlicher Vertriebssysteme in Deutschland ... 287
3   Vertriebsnetzplanung ... 287
3.1   Begriff und Entscheidungstatbestände ... 287
3.2   Einflussfaktoren auf die Vertriebsnetzplanung ... 288
3.3   Ablauf der Vertriebsnetzplanung ... 289
3.3.1 Überblick ... 289
3.3.2 Definition eines „Ideal"-Netzes ... 289
3.3.3 Ermittlung der Zahl der wirtschaftlich vertretbaren Verkaufsstützpunkte ... 290
3.3.4 Überprüfung von Alternativen für Standorte ohne wirtschaftliche Tragfähigkeit ... 292
3.3.5 Festlegung der lokalen Standorte ... 292
3.4   Optimierung und Re-Organisation eines Vertriebsnetzes ... 293
4   Die Führung vertraglicher Vertriebssysteme ... 293
4.1   Systemführerschaft des Herstellers ... 293
4.2   Führungsinstrumente ... 294
4.2.1 Zielvereinbarungen ... 294
4.2.2 Standards und Systeme ... 294
4.2.3 Margensystem ... 295
4.2.4 Beratung, Schulung und Wettbewerbe ... 297
4.2.5 Händlerzufriedenheit und Vertriebserfolg ... 297
5   Entwicklungstendenzen und Perspektiven: Acht Trends prägen den Automobilvertrieb der Zukunft ... 299
5.1   Rahmenbedingungen für den Automobilvertrieb der Zukunft ... 299
5.2   Fortsetzung des Konsolidierungsprozesses im Automobilhandel ... 300
5.3   Zunehmende Bedeutung von Händlergruppen ... 301
5.4   Weitere Ausbreitung des Mehrmarkenhandels ... 302
5.5   Steigende Bedeutung des Direktvertriebs ... 303
5.6   Zunehmende Bedeutung internetbasierter Verkaufsmodelle ... 304
5.7   Effizientes CRM als Erfolgsfaktor ... 305
5.8   CarIT verändert Kundenbeziehung ... 306
5.9   Innovative Mobilitätskonzepte ... 306
6   Fazit und Ausblick ... 307

XI Kundenbeziehungsmanagement und die Rolle des Internets (Prof. Dr. Willi Diez, Stefan Gaul) 309

1	Einleitung	310
2	Kundenlebenszyklen als Grundlage des Kundenbeziehungsmanagements	310
3	Aufbau von Kundenbeziehungen	312
3.1	Generierung von Kundenkontakten	312
3.2	Qualifizierung von Kundenkontakten	313
3.3	Konversion von Kundenkontakten in Kaufabschlüsse	314
4	Stabilisierung von Kundenbeziehungen	315
4.1	Kundenzufriedenheit als Grundlage stabiler Kundenbeziehungen	315
4.1.1	Begriff der Kundenzufriedenheit	315
4.1.2	Messung der Kundenzufriedenheit	316
4.1.3	Management der Kundenzufriedenheit	317
4.2	Der Zusammenhang zwischen Kundenzufriedenheit und Kundenbindung	319
4.3	Strategien und Maßnahmen zur Steigerung der Kundenbindung	320
4.3.1	Strategische Ausrichtung des Bindungsmanagements	320
4.3.2	Maßnahmen zur Steigerung der Verbundenheit	320
4.3.3	Maßnahmen zur Steigerung der Gebundenheit	322
4.4	Ökonomische Erfolgswirkungen	323
5	Kundenrückgewinnung	323
6	Die Rolle des Internets im Kundenbeziehungsmanagement	324
6.1	Die Rolle des Internets beim Aufbau von Kundenbeziehungen	324
6.2	Aufbau von Kundenbeziehungen über Herstellerportale	326
6.3	Aufbau von Kundenbeziehungen über Händlerwebsites	328
6.4	Aufbau von Kundenbeziehungen über Marktplätze	329
7	Zusammenfassung und Ausblick	330

XII Mobilitätsdienstleistungen in der Automobilwirtschaft (Prof. Dr. Stefan Reindl, Mark Klümper) 331

1	Rahmenbedingungen der individuellen Mobilität	332
2	Angebotsstrukturen in der Automobilwirtschaft	333
2.1	Das automobile Dienstleistungsspektrum	333
2.2	Mobilität schaffende Dienstleistungen	334
2.2.1	Kaufberatung und Probefahrten	334
2.2.2	Finanzierung und Leasing	335
2.2.3	Kraftfahrzeug-Versicherungen	337
2.2.4	Fahrzeugvermietung	338
2.3	Mobilität sichernde Dienstleistungen	339
2.3.1	Gewährleistung, Garantie und Kulanz	339
2.3.2	Technischer Service	343
2.3.3	Full-Service-Leasing sowie Fuhrpark- bzw. Flottenmanagement	346

2.4	Mobilität erweiternde Dienstleistungen	349
2.4.1	Mobilitätssysteme und -muster	349
2.4.2	Pool Leasing	350
2.4.3	Car-Sharing	352
2.4.4	Mobility Card	354
3	Umsetzung und Praxisrelevanz von Mobilitätsdienstleistungen	355
3.1	Kann-, Soll- und Muss-Dienstleistungen in der Automobilwirtschaft	355
3.2	Fazit	356

XIII Hersteller-Zulieferer-Beziehung: Strukturen und Perspektiven (Prof. Dr. Reinhold Bopp) ... 359

1	Einleitung	360
2	Struktur und Geschäftsmodelle in der Zulieferindustrie	360
2.1	Entwicklung von Zulieferstrukturen	360
2.2	Zuliefertypen und Geschäftsmodelle	362
2.3	Netzwerkstrukturen	364
3	Situation der Zulieferindustrie	366
3.1	Konzentrationsprozess	366
3.2	Herausforderungen	367
4	Zusammenarbeit in Hersteller-Zulieferer-Beziehungen	369
4.1	Grundlagen der Zusammenarbeit	369
4.2	Prozessunterstützung durch Portale	372
5	Fazit und Ausblick	372

Literaturverzeichnis ... 375

Autorenverzeichnis ... 398

Vorwort

Die Automobilbranche befindet sich in einem dramatischen Wandel. Neue Wachstumsmärkte verändern die automobile Landkarte, das Thema Elektromobilität ist in aller Munde und überdies hängt die weltweite Schuldenkrise wie ein Damoklesschwert über der weiteren gesamtwirtschaftlichen Entwicklung.

Auch der Automobilhandel ist von diesen Entwicklungen betroffen. Das Bedeutungsgewicht der Märkte verschiebt sich. Für viele Hersteller ist Deutschland mittlerweile ein Markt unter vielen. Hat das Auswirkungen auf den Automobilvertrieb und wenn ja, welche? Mit der Elektromobilität werden möglicherweise neue Nutzungsmodelle an Bedeutung gewinnen: Wie muss sich der Automobilhandel darauf einstellen, um dabei nicht zum Verlierer zu werden? Und schließlich drückt die Schuldenkrise auch auf die Kreditbereitschaft der Banken: Wird der Automobilhandel zum Leidtragenden finanzpolitischer Versäumnisse?

Mit der 5. Auflage dieses Werkes sollen nicht nur Antworten auf aktuell drängende Fragen gegeben werden. Wie in den vorausgehenden Auflagen geht es in dieser vollständig überarbeiteten und aktualisierten Ausgabe der „Grundlagen der Automobilwirtschaft" um Orientierungswissen: Welches sind die Faktoren, die das Automobilgeschäft künftig treiben? Mit welchen Veränderungen muss die Branche in den nächsten Jahren rechnen? Und schließlich: Was sind die Stellhebel, um in einem turbulenten Umfeld erfolgreich zu bleiben? Das sind Fragen, die über den Tag hinaus weisen und auf die dieses Buch fundierte Antworten geben will.

Ein großer Teil der Autoren rekrutiert sich aus Professoren und Lehrbeauftragten an der Hochschule für Wirtschaft und Umwelt (HfWU) Nürtingen-Geislingen, die in den automobilwirtschaftlichen Bachelor- und Masterstudiengängen lehren. Daher sind wir sicher, dass neben den Branchenpraktikern auch die Studierenden in automobilwirtschaftlichen Studiengängen mit diesem Buch eine wichtige, weil aktuelle und kompetente Arbeitsgrundlage erhalten.

Die Herausgeber danken allen Autoren für ihr Engagement beim Verfassen ihrer Beiträge. Wir hoffen, dass wir den Anspruch erfüllen, aus etwas Gutem etwas noch Besseres gemacht zu haben. Dies verbinden wir mit dem Wunsch und der Hoffnung, dass auch die vorliegende Ausgabe dieses umfassenden Grundlagenwerks wiederum eine so erfreuliche Aufnahme finden wird wie die vorausgegangenen Auflagen.

Geislingen, im Januar 2012

Prof. Dr. Willi Diez   Prof. Dr. Stefan Reindl   Prof. Hannes Brachat

Prof. Dr. Willi Diez, Prof. Dr. Stefan Reindl

I Struktur und Bedeutung des Automobilmarktes in Deutschland

Die Automobilwirtschaft ist eine Branche mit hoher wirtschaftlicher Bedeutung in Deutschland – eine Vielzahl von Arbeitsplätzen steht direkt oder indirekt mit dem Automobil in Verbindung. Dieses Kapitel erläutert die Rolle des Automobils als Wirtschaftsfaktor und geht auf die Nachfragestruktur und -entwicklung im deutschen Automobilmarkt sowie die Anbieter- und Angebotsstrukturen in der Automobilindustrie ein.

1 Automobilität, Wirtschaft und Gesellschaft
2 Das Automobil als Wirtschaftsfaktor
3 Nachfragestruktur und -entwicklung
4 Anbieter- und Angebotsstrukturen
5 Fazit

1 Automobilität, Wirtschaft und Gesellschaft

Hätte jemand vor über 100 Jahren die kühne Vision geäußert, dass irgendwann in der Zukunft nahezu jeder über ein eigenes Fahrzeug verfügen würde, mit dem man mühelos in wenigen Stunden mehrere 100 Kilometer zurücklegen kann, so wäre von überzogenen Fantasien die Rede gewesen. In der Tat, die Menschen hätten darüber gelacht, wenn man damals allen Ernstes behauptet hätte, dass eine Kutsche auch von ganz allein fahren könnte, ohne Pferde oder andere Zugtiere. Doch die ersten „Benzinkutschen" wurden gerade noch im ausgehenden 19. Jahrhundert vorgestellt. Gottlieb Daimler und Wilhelm Maybach waren es, die bereits 1886 ihren selbst entwickelten, schnell laufenden Benzinmotor in eine Kutsche einbauten. Damit war das erste Automobil – „automobil" steht für „selbstfahrend" – geboren. Gerade 18 km/h schnell – zwar wesentlich langsamer als zu Ross, aber dennoch dreimal so schnell als zu Fuß – fuhr es 1887 zum ersten Mal die Strecke von Stuttgart nach Cannstatt. Parallel dazu hatte Carl Benz schon 1885 eine dreirädrige Kutsche mit Benzinmotor entwickelt. Das Gefährt konnte sich allerdings erst ein Jahr nach dem Daimler-Maybach-Debüt, also 1888, bei der Fahrt von Mannheim nach Pforzheim bewähren.

Lange Zeit wurden Automobile dann handwerklich gefertigt. Erst über 20 Jahre später, im Jahr 1913, begann Henry Ford in den USA mit der Fließbandherstellung. Mit dieser Fertigungsmethode, die bereits mit der Standardisierung von Bauteilen sowie mit Rationalisierung und Arbeitsteilung einherging, gelang es ihm, Autos wie das T-Modell zu erschwinglichen Preisen anzubieten. Übrigens gründeten der Pionier Gottlieb Daimler und der Rennwagenkonstrukteur Carl Benz die Daimler-Benz AG mit der Fahrzeugmarke „Mercedes" – Mercedes hieß die Tochter des Konstrukteurs – erst wesentlich später im Jahr 1926. Dem gegenüber war der Erfolg des Automobils als Massenverkehrsmittel bereits durch die Einführung der Fließbandfertigung durch Henry Ford vorgezeichnet. Der Trend zur individuellen Mobilität konnte nur mit der damit einhergehenden Verbilligung des Automobils erreicht werden. Sie sollte weitreichende Folgen für die Lebensgestaltung sowie für die Intensität und die Häufigkeit sozialer Kontakte, aber im Besonderen auch für die Wirtschaft haben.

2 Das Automobil als Wirtschaftsfaktor

2.1 Begriff und Abgrenzung der Automobilwirtschaft

Eine wirtschaftlich sinnvolle Definition der Automobilwirtschaft kann sich weder auf den allgemeinen Sprachgebrauch noch auf die amtliche Statistik stützen. Während in der Umgangssprache der Begriff der „Automobilindustrie" sehr stark dominiert, der aber den gesamten Bereich des Automobilhandels ausschließt, findet sich in den Veröffentlichungen des Statistischen Bundesamtes lediglich der Begriff des „Straßenfahrzeugbaus". Dieser beinhaltet jedoch auch die Herstellung von Fahrrädern und Fahrradteilen, also nicht motorisierten Straßenfahrzeugen. Deshalb soll hier eine eigene Definition verwendet werden.

> **DEF.** **Automobilwirtschaft** umfasst alle Unternehmen, die überwiegend mit der Herstellung, der Vermarktung, der Instandhaltung sowie der Entsorgung von Automobilen, Automobilteilen und automobilen Dienstleistungen beschäftigt sind.

Diese Abgrenzung mag insofern ungewöhnlich erscheinen, weil hier nicht nur die Produktion und der Vertrieb von Automobilen, sondern auch deren Entsorgung mit einbezogen wird. Mit dieser umfassenderen Definition soll jedoch der Tatsache Rechnung getragen werden, dass die Entsorgungsunternehmen im Sinne eines ökologisch erweiterten Wohlstandbegriffes einen gesamtwirtschaftlichen Wertschöpfungsbeitrag leisten. Darüber hinaus sind Unternehmen, die mobilitätsschaffende, -erhaltende und -erweiternde Dienstleistungen anbieten, in die Betrachtungen einzubeziehen.

2.2 Die Struktur der Automobilwirtschaft und ihrer Teilbereiche

In der traditionellen Betrachtungsweise stellt sich die Automobilwirtschaft als eine vertikale Wertschöpfungskette dar (siehe Abbildung 1 auf S. 21): Auf der ersten Stufe befinden sich dabei die Zulieferer, sogenannte OES, also Original Equipment Supplier. Sie können wiederum in zwei Gruppen eingeteilt werden. Auf der einen Seite stehen die Unternehmen, die direkt automobilspezifische Teile und Komponenten wie die Automobilelektrik und -elektronik, Getriebe oder Reifen herstellen (Zulieferer im engeren Sinne). Gleichzeitig gibt es jedoch auch Unternehmen, die häufig als Vorlieferanten oder als Direktlieferanten für nicht automobilspezifische Leistungen zur automobilen Wertschöpfung beitragen (Zulieferer im weiteren Sinne). Beispiele dafür sind etwa Stahlwerke oder die Hersteller von Kunststoffen, aber auch die Lieferanten von Hard- und Software. Diese Unternehmen liefern zwar auch an die Automobilindustrie, aber nicht nur und häufig nicht einmal überwiegend an sie. Die Zulieferer im weiteren Sinne werden daher nicht zur Automobilwirtschaft gezählt, weil sonst nahezu alle Industrie- und Dienstleistungsbranchen zur Automobilwirtschaft gehörig betrachtet werden müssten.

Auf der zweiten Wertschöpfungsstufe stehen dann die eigentlichen Automobilunternehmen, die unter Verwendung der zugelieferten Teile und Aggregate das Endprodukt „Auto" herstellen – sogenannte OEM, also Original Equipment Manufacturer. Sie spielen in der gesamten Wertschöpfungskette die Rolle von „System- und Marketingführern", weil sie einen stark steuernden Einfluss auf die produkttechnischen und vermarktungsbezogenen Aktivitäten und insbesondere die Markengestaltung haben.

> **DEF.** Ein **Hersteller** ist eine Person oder Stelle, die gegenüber der Genehmigungsbehörde für alle Belange des Typgenehmigungsverfahrens sowie für die Sicherstellung der Übereinstimmung der Produktion verantwortlich ist. Es ist nicht von Bedeutung, dass sie direkt an allen Herstellungsphasen des Fahrzeugs, Systems, Bauteils oder der selbstständigen technischen Einheit beteiligt ist, die Gegenstand des Genehmigungsverfahrens ist. Die Herstellerangabe befindet sich auf dem Fabrikschild des Fahrzeugs und in dem dazugehörigen Zulassungsdokument.

> **DEF.** **Marke** ist ein handelsüblicher Name, unter dem die Hersteller ihre Modellreihen auf dem Fahrzeugmarkt anbieten. Er entspricht in der Regel dem Schriftzug bzw. dem Emblem am Fahrzeug. Die Markenzuordnung erfolgt aufgrund der im Zulassungsdokument aufgeführten Herstellernummer unter Einbeziehung aktueller Referenzdaten. Eine Abweichung zur typgenehmigungsbezogenen Herstellerbezeichnung ist möglich.
> **Modell** ist die Verkaufsbezeichnung, mit der ein Fahrzeugtyp oder eine Typgruppe einer Marke im Handel benannt wird. Sie entspricht in der Regel dem Schriftzug am Fahrzeug. Die Modellzuordnung erfolgt aufgrund der im Zulassungsdokument aufgeführten Typschlüsselnummer unter Einbeziehung aktueller Referenzdaten.
> Mit dem Ziel einer besseren statistischen Vergleichbarkeit wurde eine Gliederung der Pkw-Modelle nach **Segmenten** geschaffen. Die Eingruppierung der Modelle erfolgt anhand optischer, technischer und marktorientierter Merkmale. Die Bildung der Klassifizierungsmerkmale und die Zuordnung wird in enger Abstimmung mit Vertretern der Automobilindustrie vorgenommen. Im Zulassungsdokument sind diesbezügliche Merkmale nicht enthalten.

Auf der gleichen Wertschöpfungsstufe ist eine ganze Reihe von Komplementärbetrieben angesiedelt, die das Fahrzeugangebot der großen Automobilhersteller ergänzen und vervollständigen. Es handelt sich dabei insbesondere um die Hersteller von Karosserien, Aufbauten und Anhängern. Die spezialisierten Aufbau- und Anhängerhersteller haben insbesondere im Nutzfahrzeugbereich eine nicht unerhebliche Bedeutung.

Auf der dritten Wertschöpfungsstufe sind dann die Unternehmen anzusprechen, die sich mit der Vermarktung und Instandhaltung von Automobilen beschäftigen, also das Kraftfahrzeuggewerbe. Innerhalb dieser Gruppe von Unternehmen kann zwischen fabrikatsgebundenen Betrieben, die auf der Basis eines Vertrages mit einem Automobilhersteller sowohl Fahrzeuge verkaufen als auch eine entsprechende After-Sales-Betreuung durchführen, und den sogenannten Freien Betrieben unterschieden werden. Letztere konzentrieren sich nahezu ausschließlich auf den technischen Service für überwiegend ältere Fahrzeuge.

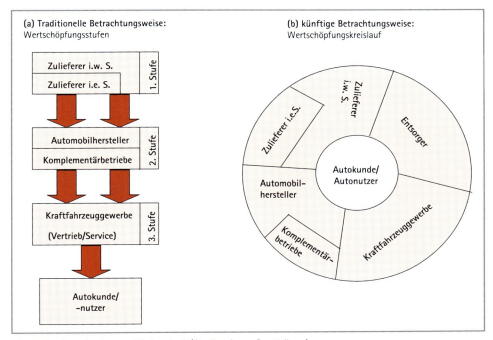

Abb. 1: Struktur der Automobilwirtschaft (Quelle: eigene Darstellung)

Ist der automobile Wertschöpfungsprozess heute noch eine überwiegend offene Abfolge von Wertschöpfungsstufen, an deren Ende der Automobilkunde als Abnehmer der Produkte steht, so wird er sich in Zukunft zu einem geschlossenen Wertschöpfungskreislauf entwickeln, bei dem Produktion und Entsorgung von Fahrzeugen miteinander verzahnt werden. Die Demontage von Altfahrzeugen wird so gewissermaßen zur ersten Produktionsstufe für Neufahrzeuge. Daher werden Entsorgungsunternehmen zu einem integrierten Teilbereich der Automobilwirtschaft werden. Betrachtet man die traditionellen Sektoren der Automobilwirtschaft, also die Zulieferer im engeren Sinne, die Automobilhersteller, die Komplementärbetriebe und das Kraftfahrzeuggewerbe, so lassen sich ganz beträchtliche Strukturunterschiede zwischen ihnen feststellen (siehe Tabelle 2). Auffällig sind vor allem die stark unterschiedlichen Betriebsgrößen. Während es sich bei den Automobilherstellern ausnahmslos um Großunternehmen handelt, dominieren bei den Zulieferern mittelständische Unternehmen. Sehr stark kleinbetrieblich strukturiert ist das Kraftfahrzeuggewerbe mit durchschnittlich zwölf Beschäftigten je Betrieb im Jahr 2010.

Ein weiterer Unterschied zwischen den Unternehmen auf den einzelnen Wertschöpfungsstufen ist die Tatsache, dass die Automobilhersteller ausgesprochen exportorientiert sind, während die Unternehmen des Kraftfahrzeuggewerbes praktisch ausschließlich auf den Inlandsmarkt angewiesen sind. Eine Mittelstellung nehmen die Zulieferer und Komplementärbetriebe ein.

Schließlich ergeben sich auch noch gewisse Unterschiede hinsichtlich des Einsatzes der Produktionsfaktoren: Während die Automobilhersteller sehr kapitalintensiv sind, sind die anderen

Wertschöpfungspartner eher arbeitsintensive Betriebe. Allerdings weist die Kapitalintensität, definiert als Verhältnis zwischen den Anlageinvestitionen und der gesamten Bruttowertschöpfung, bei den Automobilherstellern über die verschiedenen Produktionsstufen ebenfalls deutlich Unterschiede auf. Während Presswerk, Rohbau und Lackiererei sehr hohe Automatisierungsgrade aufweisen, ist die Endmontage der Fahrzeuge auch bei den Herstellern ein noch immer sehr arbeitsintensiver Prozess.

2000	AUTOMOBIL-HERSTELLER	KOMPLEMENTÄR-HERSTELLER (ANHÄNGER/AUFBAUTEN)	ZULIEFERER	KRAFTFAHR-ZEUG-GEWERBE
Umsatz (Mrd. EURO)	128	6,35	49,7	124,5
davon: Ausland (Mrd. EURO)	85,2	2,25	20,5	–
Beschäftigte	410.600	36.700	298.400	526.000
2010	AUTOMOBIL-HERSTELLER	KOMPLEMENTÄR-HERSTELLER (ANHÄNGER/AUFBAUTEN)	ZULIEFERER	KRAFTFAHR-ZEUGGEWERBE
Umsatz (Mrd. EURO)	248,7	6,5	61,7	130,1
davon: Ausland (Mrd. EURO)	175,2	2,9	21,1	–
Beschäftigte	398.252	28.795	281.923	453.00

Tab. 2: Strukturdaten der Automobilwirtschaft (Quellen: VDA 2011, ZDK 2011)

2.3 Die gesamtwirtschaftliche Bedeutung der Automobilwirtschaft

Die große volkswirtschaftliche Bedeutung des Automobils beruht auf der mit seiner Produktion verbundenen Wertschöpfung. Mit einem Umsatzvolumen von 317 Mrd. Euro, das 20 Prozent des Gesamtumsatzes der deutschen Industrie entsprach, war die Automobilindustrie (einschließlich Zulieferer i.e.S. und Komplementärbetriebe) im Jahr 2010 die größte Industriebranche in Deutschland. Vom Gesamtumsatz konnten im Jahr 2010 etwa 200 Mrd. Euro auf den Auslandsmärkten erzielt werden.

Die Wertschöpfung ist beim Automobil deshalb so hoch, weil jedes Fahrzeug ein sehr komplexes Produkt darstellt. Der Komplexität des Produktes entsprechend aufwendig ist die Produktion eines Fahrzeuges über die einzelnen Wertschöpfungsstufen hinweg. Notwendig sind dazu nicht nur hochtechnologische Fertigungseinrichtungen, sondern in wachsendem Maße auch anspruchsvolle Dienstleistungen, insbesondere zur Steuerung des Produktionsprozesses. Um den Anforderungen gerecht zu werden, investierte die deutsche Automobilindustrie im Zeitraum von 2005 bis 2010 am Standort Deutschland insgesamt 55 Mrd. Euro. Allein im Jahr 2010 beliefen sich die Bruttoanlageinvestitionen in diesem Sektor auf 10,5 Mrd. Euro und erreichten damit ein Viertel der gesamten Industrieinvestitionen in Deutschland. Für Forschung und Entwicklung gab die Automobilindustrie im Jahr 2010 etwa 14,8 Mrd. Euro aus.

Aber nicht nur von der Entwicklung und Produktion von Automobilen gehen erhebliche volkswirtschaftliche Effekte aus. So erfordert die Sicherung der Betriebsbereitschaft und Instandhaltung der Fahrzeuge eine weitverzweigte Infrastruktur. Damit ist sowohl die Kraftstoffversorgung (Tankstellen) als auch das flächendeckende Netz von Servicebetrieben angesprochen. Außerdem hat sich rund um das Automobil eine Vielzahl von weiteren Dienstleistungen entwickelt (z. B. Autoversicherungen, Autowaschanlagen, Zubehörhandel). Und schließlich hängt die Existenz einer Reihe weiterer Dienstleistungsbranchen direkt von der Nutzung des Automobils ab (z. B. Taxibetriebe, gewerblicher Straßengüterverkehr).

Über alle Phasen hinweg – von der Produktion über den Vertrieb und die Nutzung bis hin zur Entsorgung – gehen also vom Automobil positive wirtschaftliche Wirkungen aus. Insgesamt lässt sich über eine Verflechtungsanalyse zwischen der Automobilindustrie und den anderen Wirtschaftsbrachen ermitteln, dass die vom Automobil abhängige Bruttowertschöpfung in Deutschland etwa ein Fünftel des gesamten Sozialproduktes ausmacht. Daraus ergeben sich auch weitreichende Beschäftigungseffekte. Über die direkt bei den Automobilherstellern und ihren Zulieferern beschäftigten Arbeitnehmer – im Jahr 2010 fanden dort 709.000 Menschen eine Beschäftigung, das sind rund 50.000 Mitarbeiter mehr als vor 25 Jahren – haben weitere 4,5 Mio. Menschen einen Arbeitsplatz in einem der Automobilherstellung vor- oder nachgelagerten Bereiche. Insgesamt finden damit über 5 Mio. Menschen ihre Beschäftigung rund um das Automobil.

2.4 Bedeutung des Automobils für weitere volkswirtschaftliche Zielgrößen

Außer für Sozialprodukt und Beschäftigung ist das Automobil noch für eine Reihe weiterer volkswirtschaftlicher Schlüsselgrößen von enormer Bedeutung:
- Das Automobil ist eine der Stützen des deutschen Exports. Mit einem Exportvolumen von 199,4 Mrd. Euro war die deutsche Automobilindustrie im Jahr 2010 die wichtigste Exportbranche. Insgesamt wurde bei Automobilen ein Handelsüberschuss von 67 Mrd. Euro erwirtschaftet.
- In hohem Maße automobilabhängig ist auch das Steueraufkommen des Staates. Die automobilspezifischen Steuern – die Mineralölsteuer, die auf die Mineralölsteuer entfallende

Mehrwertsteuer sowie die Kraftfahrzeugsteuer – beliefen sich im Jahr 2010 auf schätzungsweise 125 Mrd. Euro. Berücksichtigt man auch die übrigen staatlichen Einnahmen, die sich aus der Produktion, dem Vertrieb, der Nutzung und Wartung des Automobils ergeben, so ist rund ein Viertel des gesamten Steueraufkommens in Deutschland automobilabhängig.

- Schließlich darf bei einer gesamtwirtschaftlichen Bilanzierung ein letzter, allerdings nur schwer quantifizierbarer Aspekt nicht übersehen werden: die technologische Ausstrahlung des Automobils auf andere Branchen. Sie kommt in den Zahlen über die Ausgaben für Forschung und Entwicklung nur unzulänglich zum Ausdruck. Immerhin wendete die deutsche Automobilindustrie im Jahr 2010 gut 14,8 Mrd. Euro für Forschung und Entwicklung (FuE) auf. Das sind über 30 Prozent der gesamten FuE-Ausgaben der deutschen Wirtschaft.

Wichtiger ist freilich noch die Tatsache, dass die Erfindung und ständige Weiterentwicklung des Automobils eine Fülle technischer Neuerungen nach sich gezogen hat, die auf viele andere Branchen ausgestrahlt haben. Dieses von Schumpeter als „clustering of innvoations" bezeichnete Phänomen ist typisch für Basisinnovationen, wie es das Automobil darstellt. Dies gilt in gleicher Weise für die zahllosen Produkt- wie auch Prozessinnovationen, die durch das Automobil und seine Herstellung ausgelöst wurden. Es liegt auf der Hand, dass die Automobilbranche damit von weitreichender Bedeutung für die gesamte deutsche Wirtschaft ist.

3 Nachfragestruktur und -entwicklung

3.1 Grundbegriffe der Marktanalyse

Bevor im Folgenden die Entwicklung des deutschen Automobilmarktes dargestellt wird, ist es notwendig, einige grundlegende Zusammenhänge der Marktanalyse und die dabei gebräuchlichen Grundbegriffe zu erläutern. Gegenstand der Darstellung ist dabei zunächst der Markt für Personenkraftwagen (Pkw) und Kombi. Beide Fahrzeugkategorien werden in der DIN-Norm 70 010 zur Systematik von Straßenfahrzeugen sowie in der EU-Norm 70/156/EWG (i. d. F. 2001/116/EG) definiert.

> **DEF.** Unter einem **Pkw** versteht die DIN-Norm einen Kraftwagen, „der nach seiner Bauart und Einrichtung hauptsächlich zum Transport von Personen, deren Gepäck und/oder von Gütern bestimmt ist und maximal neun Sitzplätze hat." Der **Kombi** wird als ein Pkw mit ganz bestimmten Eigenschaften definiert, so z. B., dass das Heck des Kombis so ausgelegt ist, dass sein Innenraum gegenüber dem einer Limousine vergrößert ist, und dass die hintere Sitzbank klappbare oder herausnehmbare Rückenlehnen zur Vergrößerung der Ladefläche hat.

Ausgangspunkt der Marktvorgänge ist ein bestimmter Bestand an Automobilen zum Jahresanfang. Zum Bestand zählen alle beim Kraftfahrt-Bundesamt (KBA) in Flensburg registrierten Fahrzeuge. Aus dem am Jahresanfang vorhandenen Fahrzeugbestand werden im Laufe des Jahres Fahrzeuge „außer Betrieb gesetzt", einige sogar endgültig aus dem Verkehr gezogen und verschrottet. Ein weiterer Teil von Fahrzeugen aus dem Bestand wird exportiert. Auch dieser Gebrauchtwagenexport wirkt – wie die Verschrottungen – bestandmindernd. Bestandsneutral sind hingegen die Besitzumschreibungen. Dabei handelt es sich um Fahrzeuge, die aus dem Bestand zum Verkauf angeboten werden, also um Gebrauchtwagen. Schließlich verbleiben auch die Fahrzeuge im Bestand, die vom bisherigen Eigentümer weitergenutzt werden.

Zuflüsse erhält der Markt aus drei Quellen: erstens von den im Inland produzierten Fahrzeugen, die nicht exportiert werden. Zu berücksichtigen ist dabei, dass die Bezeichnung „im Inland produziert" durch die wachsende Auslandsproduktion und den Fertigungsverbund zwischen in- und ausländischen Werken deutscher Hersteller zunehmend unscharf wird. Hinzu kommen die importierten Neufahrzeuge überwiegend ausländischer Hersteller. Der Verkauf der in- und ausländischen Fahrzeuge wird unter dem Begriff „Neuzulassungen" oder auch „Zulassungen fabrikneuer Fahrzeuge" zusammengefasst.

> **DEF.** **Neuzulassung** ist die erstmalige Zulassung und Registrierung eines fabrikneuen Fahrzeugs mit einem Kennzeichen in Deutschland. Es handelt sich hier also nicht um Fahrzeuge, die bereits im Ausland eine Straßenzulassung hatten, oder um solche, die in Deutschland schon registriert waren und außer Betrieb gesetzt wurden. Unter **Altzulassung** versteht man die erstmalige Zulassung eines gebrauchten Fahrzeugs in Deutschland. Und die **Wiederzulassung** ist die Zulassung eines Fahrzeugs, das außer Betrieb gesetzt war.

Zu beachten ist hier, dass nach einer BGH-Grundsatzdefinition (Az.: ZR VIII ZR 227/02) ein Fahrzeug als „fabrikneu" bezeichnet werden kann, wenn zwischen Herstellung und Abschluss des Kaufvertrages nicht mehr als zwölf Monate liegen. Bestandserhöhend wirkt schließlich auch noch der Import von Gebrauchtfahrzeugen. Für die Marktanalyse sind nun zwei weitere Begriffe von ganz zentraler Bedeutung, nämlich Neu- und Ersatzbedarf. Sie lassen sich wie folgt auf einfache Weise mathematisch ableiten:

Ist B(t-1) der Fahrzeugbestand am Beginn eines Jahres, so errechnet sich der Endbestand wie folgt:

(1) $\quad B_t = B_{t-1} + NZL_t - L_t - (EXWG - IMGW)$

mit NZL für die gesamten Neuzulassungen, L für die Fahrzeuglöschungen, die dem Ersatzbedarf entsprechen, und (EXGW – IMGW) für den Saldo aus dem Export und Import von Gebrauchtfahrzeugen. Der Neubedarf entspricht den Bestandsveränderungen, kann also auch negativ sein:

(2) $$B_t - B_{t-1} = NZLNEU_t$$

Für die Neuzulassungen gilt dann:

(3a) $$NZL_t - B_t - B_{t-1} + L_t + (EXGW - IMGW)_t$$

bzw. unter Berücksichtigung von (2):

(3b) $$NZL_t = NZLNEU_t + L_t + (EXGW - IMGW)_t$$

Vernachlässigt man den Saldo des Außenhandels mit Gebrauchtwagen, so vereinfacht sich (3b) zu:

(4) $$NZL_t - NZLNEU_t + L_t$$

Die gesamten Neuzulassungen setzen sich also aus dem Neu- und Ersatzbedarf zusammen. Der Neubedarf darf daher weder mit den Neuzulassungen noch mit dem Ersatzbedarf gleichgesetzt werden. Es handelt sich hier um eine rein statistische Kenngröße, die allerdings für die Bewertung und Prognose des Automobilmarktes von großer Relevanz ist. Die Abbildung 3 veranschaulicht die wesentlichen, hier modellhaft dargestellten Zusammenhänge anhand von Daten aus dem Jahr 2011.

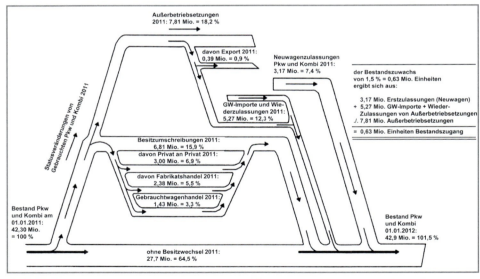

Abb. 3: Statusveränderungen sowie Bestandszuwachs bei Pkw und Kombi [Quellen: KBA-Daten, Berechnungen am Institut für Automobilwirtschaft (IFA) 2012]

3.2 Bestandsentwicklung

Die Entwicklung des Bestandes ist ein Indikator für die wirtschaftliche Bedeutung des Automobils. Die Abbildung 4 zeigt ihren Verlauf in Deutschland (bis 1990 alte Bundesländer) seit Anfang der 60er Jahre. Es ist zu erkennen, dass die Bestandsentwicklung bis in die 90er Jahre durch hohe Wachstumsraten gekennzeichnet war.

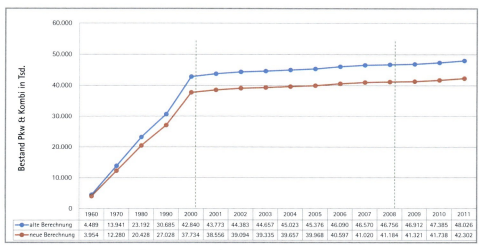

Abb. 4: Bestandsentwicklung bei Pkw und Kombi[1] [Quellen: KBA-Daten, GDV 2011, Berechnungen am Institut für Automobilwirtschaft (IFA) 2012]

Der Fahrzeugbestand ist eine wichtige Bestimmungsgröße für die Höhe des Ersatzbedarfes, des Gebrauchtwagenmarktes und des Werkstatt- und Reparaturbedarfs. Insgesamt hat sich das Bestandswachstum im Zeitverlauf abgeschwächt (siehe Tabelle 5). Ausgehend von den 70er Jahren mit jährlichen Wachstumsraten von über fünf Prozent im Durchschnitt, liegt das durchschnittliche Bestandswachstum heute jährlich bei nur noch rund einem Prozent. Allerdings müssen die Sondereffekte des Jahres 2009 durch die Umwelt- bzw. Abwrackprämie in die Analysen einbezogen werden, wodurch die Wachstumsraten in der letzten Dekade nur begrenzt aussagefähig sind.

Das durchschnittliche Fahrzeugalter von Pkw ist seit Anfang der 90er Jahre von rund sechs auf mittlerweile 8,8 Jahre gestiegen. Ursache dafür ist die technische Verbesserung der Langzeitqualität der Fahrzeuge, insbesondere durch besseren Korrosionsschutz und die Verringerung der durchschnittlichen jährlichen Fahrleistungen je Pkw. Das häufig vorgetragene Argument einer

---

[1] Stichtag bis zum Jahr 2000 der 1. Juli, ab dem Jahr 2001 der 1. Januar. Bis 2008 erfolgt der Ausweis der Bestandszahlen nach dem alten Berechnungsschema (angemeldete Fahrzeuge inkl. vorübergehender Stilllegungen/Außerbetriebsetzungen). Ab 1. Januar 2008 nur noch angemeldete Fahrzeuge ohne vorübergehende Stilllegungen/Außerbetriebsetzungen (neue Berechnung).

Jahr	Kraftfahrzeuge insgesamt[1,2]	davon Personenkraftwagen[1]	davon Lastkraftwagen[1]	nachrichtlich Kraftfahrzeuge mit Versicherungskennzeichen	nachrichtlich Neuzulassungen (fabrikneuer Kfz)	nachrichtlich Besitzumschreibungen (gebrauchter Kfz)
		jahresdurchschnittliche Veränderungsraten in Prozent				
1950–1960	14,8	23,6	5,9	°	9,0	16,0
1960–1970	7,7	12,0	4,2	-7,1	6,8	8,9
1970–1980	4,9	5,2	2,2	7,2	1,7	4,7
1980–1990	2,8	2,8	0,8	-7,6	2,0	2,5
1990–2000	3,7	3,4	6,2	5,3	1,6	1,7
2000–2010	1,0	1,0	0,8	2,8	-1,6	-1,3
		Veränderung gegenüber Vorjahr in Prozent				
1998	1,2	0,7	2,4	6,9	5,3	0,4
1999	2,1	1,6	4,0	-0,3	2,0	3,3
2000	1,5	1,2	2,5	-8,5	-10,5	-3,3
2001	2,2	2,2	3,3	0,0	-2,0	-2,3
2002	1,6	1,4	1,5	5,5	-3,5	-5,2
2003	0,7	0,6	-1,1	-5,9	-0,7	-1,0
2004	0,8	0,8	-1,3	5,0	1,1	-2,4
2005	0,8	0,8	-0,5	7,4	1,5	-0,3
2006	0,7	1,6	0,0	1,8	4,1	0,9
2007	1,1	1,0	1,2	6,1	-7,2	-5,5
2008	0,7	0,4	2,3	2,8	-1,5	-2,1
2009	0,6	0,3	1,0	10,6	16,2	-1,0
2010	1,2	1,0	1,6	-4,1	-20,4	6,1
2011	1,4	1,4	2,4	°	°	°

Tab. 5: Veränderungsraten im Fahrzeugbestand[2] (Quelle: GDV 2011)

Verschlechterung der Haltbarkeit von Fahrzeugen oder gar eines von den Automobilherstellern geplanten Verschleißes („planned obsoloscence") findet also in diesen Daten keine Bestätigung. Aus den Bestandszahlen wird häufig eine andere sehr aussagekräftige Kenngröße abgeleitet, nämlich die sogenannte Motorisierungsdichte. Die Motorisierungsdichte wird vor allem für nationale oder internationale Vergleiche verwendet, weil hier der Einfluss unterschiedlicher Bevölkerungsgrößen ausgeschaltet wird. Sie ist ein Indikator für die Marktdurchdringung bei einer gegebenen Bevölkerung. Die Abbildung 6 zeigt die Motorisierungsdichte in verschiedenen Regionen und Ländern.

> Die **Motorisierungsdichte** errechnet sich aus der Division des Fahrzeugbestandes durch die Gesamtbevölkerung oder – was sinnvoller ist – die fahrfähige Bevölkerung. Als zur fahrfähigen Bevölkerung gehörig gelten alle Erwachsenen über 18 Jahren.

Die Motorisierungsdichte dient nicht zuletzt als wesentliche Kennzahl für die Reife eines Marktes bzw. die Marktsättigung. Märkte mit einer hohen Motorisierungsdichte werden häufig als „gesättigt" bezeichnet. Dabei wird deutlich, dass die Regionen der sogenannten Triademärkte,

---

[2] (1) ohne vorübergehende Stilllegungen, Zeitreihe der Absolutzahlen vor 2008 angepasst
(2) nicht enthalten sind (zulassungsfreie) Kraftfahrzeuge mit Versicherungskennzeichen

NACHFRAGESTRUKTUR UND -ENTWICKLUNG

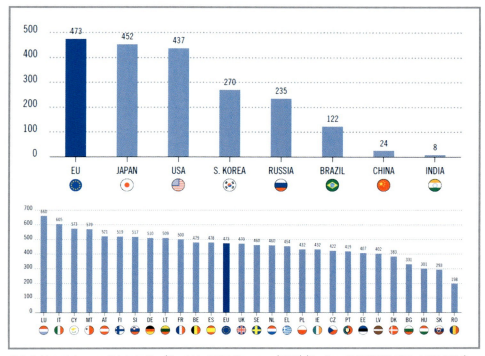

Abb. 6: Motorisierungsdichte in Pkw/Kombi je 1.000 Personen (2010) (Quellen: EUROSTAT 2011, ACEA 2011)

also Westeuropa, USA und Japan, einen hohen Sättigungsgrad aufweisen. Demgegenüber liegt die Motorisierungsdichte der Wachstumsmärkte – z. B. in den BRIC-Staaten Brasilien, Russland, Indien und China – weit unter diesem Niveau. Solche vereinfachenden Aussagen auf Basis der Motorisierungsdichte werden allerdings der Komplexität des Sättigungsbegriffes nicht gerecht. Die Bestimmung eines Sättigungsniveaus erweist sich nämlich als ein in Theorie und Praxis gleichermaßen schwieriges Unterfangen. Geht man von einem absoluten Sättigungsbegriff aus, so könnte man – unter der Annahme einer konstanten fahrfähigen Bevölkerung – die Marktsättigung bei einer Motorisierungsdichte von eins als erreicht ansehen. Dies würde bedeuten, dass ein Markt dann gesättigt ist, wenn jeder fahrfähige Einwohner eines Landes genau ein Auto besitzt, die Nachfrage also nur noch aus dem Ersatzbedarf besteht. Zwar erscheint eine solche Feststellung durchaus plausibel, doch erweist sie sich als nicht belastbar. Denn warum sollte das absolute Sättigungsniveau z. B. nicht bei zwei Fahrzeugen je fahrfähigem Einwohner liegen, wenn die Realeinkommen so hoch sind, dass sich jeder erwachsene Bürger zwei Fahrzeuge leisten kann? Oder umgekehrt könnte das Sättigungsniveau schon bei durchschnittlich 0,8 Fahrzeugen erreicht sein, wenn sich z. B. die Infrastruktur als nicht mehr weiter aufnahmefähig erweist. Offensichtlich erfordert die Bestimmung eines absoluten Sättigungsniveaus die Ermittlung eines den Motorisierungsprozess absolut limitierenden Faktors. Ein derart limitierender Faktor ist aber allenfalls theoretisch, nicht jedoch empirisch zu ermitteln.

Aus der Analyse verschiedener Märkte wird außerdem deutlich, dass ein Markt auch dann noch wachsen kann, wenn die maximale Motorisierungsdichte erreicht ist. Dies ist nämlich dann der Fall, wenn die Bevölkerung weiter zunimmt und kein anderer limitierender Faktor wirksam wird. In der Konsequenz empfiehlt es sich daher, den Sättigungsbegriff mehrdimensional zu fassen, wobei der jeweils limitierende Faktor als Differenzierungsmerkmal verwendet werden kann. Dementsprechend kann von einer ökonomischen, infrastrukturellen und ökologischen Sättigung des Marktes gesprochen werden. Die jeweils zugeordneten limitierenden Faktoren sind dann die Realeinkommen, die verfügbare Infrastruktur und die Aufrechterhaltung eines globalen ökologischen Gleichgewichtes. Es liegt auf der Hand, dass sich daraus dann unterschiedliche Sättigungsniveaus ableiten lassen. So dürfte das infrastrukturelle und ökologische Sättigungsniveau zweifellos unterhalb des ökonomischen liegen.

3.3 Nachfrageentwicklung

Im Unterschied zum Bestand handelt es sich bei der Automobilnachfrage um eine Flussgröße. In der Praxis hat sich daher die Verwendung der Neuzulassungen bzw. Besitzumschreibungen als Nachfrageindikatoren für den Neu- bzw. Gebrauchtwagenmarkt durchgesetzt. Ist dies für den Gebrauchtwagenmarkt aufgrund des engen zeitlichen Zusammenhangs zwischen Kaufabsicht und Kaufvollzug völlig unproblematisch, so muss im Neuwagenmarkt zumindest auf die methodischen Mängel dieser Kenngröße hingewiesen werden. Da jede Zulassung eines fabrikneuen Fahrzeugs letztlich immer das Ergebnis des Zusammentreffens von Nachfrage *und* Angebot ist, muss bei einer Verwendung von Neuzulassungen als Nachfrageindikator unterstellt werden, dass das Angebot auf dem Neuwagenmarkt vollkommen elastisch ist. Es liegt auf der Hand, dass diese Annahme in einer starken Aufschwungphase aufgrund Kapazitätsbeschränkungen bei den Herstellern nicht unbedingt zutreffen muss. Die Neuzulassungen würden in einer solchen Situation die tatsächliche Nachfrageentwicklung unterzeichnen. Darüber hinaus weist die Entwicklung der Neuzulassungen aufgrund von Lieferzeiten einen gewissen zeitlichen Nachlauf (time lag) auf. Die Neuzulassungen eines Monats zeigen also nicht, wie hoch die Nachfrage in diesem Monat ist, sondern wie hoch die Nachfrage vor einigen Wochen war. Bei einer Marktanalyse auf der Grundlage von Jahresdaten können solche zeitlichen Verzögerungen aber weitgehend vernachlässigt werden, während sich kurzfristige Absatz- und Produktionsplanungen an den Auftragseingängen orientieren müssen.
Die Abbildung 7 veranschaulicht die Entwicklung der Automobilnachfrage in Deutschland. Es wird deutlich, dass die Besitzumschreibungen bereits seit Anfang der ersten Dekade des 21. Jahrhunderts tendenziell rückläufig sind, während der Gebrauchtwagenmarkt bis in die 90er Jahre hinein schneller wuchs als der Neuwagenmarkt. Mittlerweile liegt das Verhältnis zwischen diesen beiden Märkten bei knapp 1:2, d.h., auf eine Zulassung eines fabrikneuen Fahrzeuges kommen etwa zwei Besitzumschreibungen.
Betrachtet man den Neuwagenmarkt genauer, so zeigt der Verlauf der Neuzulassungen nach einer steilen und durch keine Einbrüche gestörten Entwicklung in den 50er und frühen 60er

NACHFRAGESTRUKTUR UND -ENTWICKLUNG

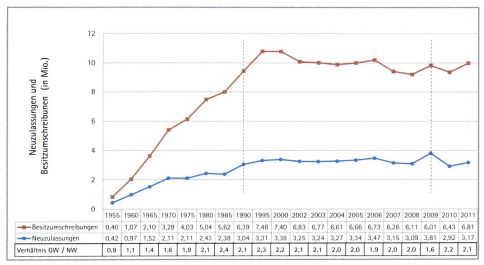

Abb. 7: Neuzulassungen und Besitzumschreibungen in Deutschland[3] (Quelle: KBA-Daten)

Jahren vier ausgeprägte Konjunkturzyklen mit den Rezessionsjahren 1966/67, 1973/74, 1980/81 und 1992/93. Die Rückläufigkeit der Jahre 2007 und 2008 lag ursächlich in der weltweiten Finanz- und Wirtschaftskrise. Die hohen Zahlen bei den Neuzulassungen im Jahr 2009 sind dem Konjunkturprogramm mit der Umwelt- bzw. Abwrackprämie geschuldet. Wichtig ist hinsichtlich der Gesamtsituation auf dem deutschen Automobilmarkt, dass bis in die 90er Jahre hinein keine Rezession auf dem Automobilmarkt in eine längere Stagnationsphase gemündet hat, sondern immer sehr schnell durch einen Konjunkturaufschwung abgelöst worden ist. Außerdem waren die Konjunkturzyklen auf dem Automobilmarkt bis dahin immer eingebettet in die konjunkturellen Schwankungen der Gesamtwirtschaft. Seit der ersten Dekade des 21. Jahrhunderts ist hier eine deutliche Umorientierung erkennbar, denn der Gesamtmarkt für neue und gebrauchte Automobile ist seither von nachhaltigen Sättigungstendenzen geprägt. Es ist vor diesem Hintergrund davon auszugehen, dass sich die Neuzulassungen kurz- und mittelfristig auf ein Niveau von rund 3 Mio. Pkw und Kombi jährlich einpendeln.

Neben den konjunkturellen Zyklen weist der Verlauf der Automobilnachfrage auch saisonale Schwankungen auf, die bei einer unterjährigen Betrachtungsweise deutlich werden. Das saisonale Hoch im Frühjahr wird durch das ferienbedingte Sommerloch abgelöst. In den Monaten September und Oktober folgt noch einmal ein leichtes Hoch, ehe dann die Nachfrage in den Wintermonaten meistens auf ihre jährlichen Tiefstände zurückfällt. Bezogen auf die beiden Jahreshälften entfallen auf die Monate Januar bis Juni in der Regel deutlich über 50 Prozent der gesamten Jahresabsatzmenge. Die Abbildung 8 zeigt den saisonalen Verlauf auf dem Neuwagenmarkt für die Jahre 2009, 2010 und 2011.

---

[3] Bis 1990 nur alte Bundesländer; 2009 mit Sondereinflüssen aus der Umwelt-/Abwrackprämie

Abb. 8: Neuzulassungen in Deutschland 2010, 2011 sowie bis März 2012 (Quelle: KBA-Daten)

Schließlich ist aus dem Verlauf der Nachfragekurve ein weiterer Trend abzuleiten. Wie bereits in der Abbildung 7 zu erkennen war, hat sich die Nachfrage nach Neuwagen insbesondere in der ersten Dekade des 21. Jahrhunderts deutlich abgeschwächt. Gerade diese Abflachung des Nachfragetrends ist ein Indiz für den hohen Reifegrad des deutschen Automobilmarktes. Verantwortlich dafür ist die Verlangsamung des Anstiegs des Neubedarfs. Dies kommt in der zunehmenden Bedeutung des Ersatzbedarfes für die gesamten Neuzulassungen zum Ausdruck. Bereits seit Mitte der 60er Jahre ist ihr Anteil von 35 Prozent auf über 90 Prozent zu Beginn der 90er Jahre angestiegen (siehe Abbildung 9).

Bei der Nachfrage nach Pkw und Kombi in Deutschland ist außerdem nach privaten und gewerblichen Neuwagenkunden zu unterscheiden. Nur rund 1,26 Mio. Fahrzeuge, also nur rund

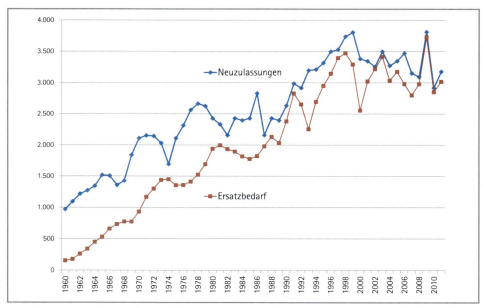

Abb. 9: Neuzulassungen und Ersatzbedarf in Deutschland (in Tsd. Neuwagen) (Quelle: KBA-Daten)

40 Prozent der Neufahrzeuge, wurden 2011 durch Privatpersonen zugelassen (siehe Tabelle 10). Der hohe gewerbliche Anteil zeigt einerseits, dass der Flottenbereich im Neuwagengeschäft eine zunehmend dominante Rolle einnimmt. Darüber hinaus wurden andererseits 2011 rund ein Fünftel der Neufahrzeuge auf den Automobilhandel sowie zusätzlich knapp neun Prozent der neuen Pkw und Kombi auf die Automobilhersteller selbst zugelassen. Zusammengenommen wurden also über ein Viertel der Neuzulassungen über die Vertriebsorgane der Automobilbranche zugelassen. Die über 850.000 Fahrzeuge werden zeitversetzt als Gebrauchtwagen kommen und so die Angebotssituation auf diesem weiteren wichtigen automobilen Teilmarkt beeinflussen.

INSTITUTIONELLE ABGRENZUNG		2010		2011	
Neuzulassungen der Privathalter		1.232.468	42,57 %	1.260.815	40,04 %
Gewerbliche Neuzulassungen		1.662.895	57,43 %	1.888.278	59,96 %
darunter	Automobilhandel	535.615	18,50 %	580.234	18,43 %
	Automobilhersteller	223.772	7,73 %	270.980	8,61 %
	Autovermieter	290.664	10,04 %	321.717	10,22 %
	Sonstige	612.844	21,16 %	715.347	22,7 %
Neuzulassungen gesamt		2.895.363	100,00 %	3.149.093	100,00 %

Tab. 10: Institutionelle Abgrenzung der Neuzulassungen [Quellen: KBA-Daten, Berechnungen am Institut für Automobilwirtschaft (IFA) 2012]

3.4 Bestimmungsfaktoren der Automobilnachfrage

Die Automobilnachfrage lässt sich nach räumlichen, zeitlichen und sachlichen Kriterien ausdifferenzieren. Unter räumlichen Aspekten kann zunächst zwischen In- und Auslandsnachfrage unterschieden werden. Unter zeitlichen Aspekten kann außerdem zwischen der kurz-, mittel- und langfristigen Nachfrage unterschieden werden. Kurzfristig heißt dabei in der Regel ein Zeitraum bis zu einem Jahr, mittelfristig zwischen einem und fünf Jahren und langfristig fünf bis 20 Jahre. Sachlich ist schließlich zwischen der Nachfrage nach Pkw insgesamt, nach einzelnen Pkw-Klassen, nach Fabrikaten sowie nach einzelnen Baureihen und Typen zu unterscheiden. Aus der Kombination dieser Differenzierungsmerkmale ergibt sich eine Vielzahl von Analyseebenen für die jeweiligen Bestimmungsfaktoren der Pkw-Nachfrage.

Die einzelnen Nachfragesegmente unterliegen teilweise sehr unterschiedlichen Bestimmungsfaktoren. So ist z. B. der Wechselkurs ein wichtiger Bestimmungsfaktor der Exportnachfrage, während er für die Inlandsnachfrage sowie innerhalb der Währungsunion keine Rolle spielt. Ebenso kann das Zinsniveau die kurz- und mittelfristige Nachfrage massiv beeinflussen, während es auf die längerfristige Entwicklung keinen nachweisbaren Einfluss ausübt, da sich im Konjunkturverlauf Hoch- und Niedrigzinsphasen in der Regel ablösen. Grundsätzlich sollte bei der Analyse der Bestimmungsfaktoren aber zwischen solchen Faktoren unterschieden werden, die von einem einzelnen Anbieter beeinflussbar sind, und solchen, bei denen dies nicht der Fall ist. Unternehmenspolitisch beeinflussbare Bestimmungsfaktoren sind die Produkt-, Preis-, Distributions- sowie Kommunikationspolitik, also die klassischen vier instrumentalstrategischen Elemente im Marketing. Nicht von einem Unternehmen beeinflussbar sind hingegen Bestimmungsfaktoren wie die verfügbaren Einkommen, das Zinsniveau oder Wechselkurse. Wie unschwer zu erkennen ist, steigt die Bedeutung der beeinflussbaren Bestimmungsfaktoren auf die Nachfrage, je stärker disaggregiert das jeweilige Nachfragesegment ist. Die Nachfrage nach einem Pkw eines bestimmten Fabrikates und Typs wird sehr viel stärker durch den Einsatz der jeweiligen Marketinginstrumente bestimmt als z. B. die Gesamtnachfrage nach Pkw in Deutschland. Daher wird auch die Analyse des Einflusses dieser unterschiedlichen Arten von Bestimmungsfaktoren auf die Nachfrage im Marketing sachlich getrennt: Während die Analyse des Einflusses der Marketinginstrumente auf die Nachfrage der Marketingforschung zugewiesen wird, zählt die Analyse der nicht beeinflussbaren Bestimmungsfaktoren zur Marktforschung.

Nachfolgend wird insbesondere auf die Bestimmungsfaktoren der mittelfristigen Gesamtnachfrage nach Pkw in Deutschland näher eingegangen, weil diese Betrachtungsebene häufig den Ausgangspunkt für räumlich und sachlich differenziertere Analysen der Nachfrageentwicklung darstellt. Da die mittelfristige Betrachtungsweise einen Zeitraum von fünf Jahren unterstellt, ist dies annähernd gleichbedeutend mit einer Analyse der konjunkturellen Bestimmungsfaktoren der Automobilnachfrage. Grundsätzlich lassen sich ökonomische, demografische, nutzungsabhängige, technische sowie staatlich beeinflussbare Bestimmungsfaktoren der privaten Automobilnachfrage unterscheiden (siehe Abbildung 11).

Der Einfluss dieser Bestimmungsfaktoren auf die Nachfrageentwicklung ist unterschiedlich stark und im Zeitablauf nicht stabil. Gleichwohl ist es wichtig, möglichst viele relevante der quantitativen Zusammenhänge zwischen der Automobilnachfrage und den verschiedenen Bestimmungsfaktoren zu ermitteln, weil sich daraus dann begründete Prognosen für die künftige Marktentwicklung ableiten lassen.

Ökonomische Bestimmungsfaktoren
- Verfügbare Realeinkommen der privaten Haushalte
- Vermögen der privaten Haushalte
- Zinsniveau
- Betreiberkosten/Halterkosten (Wertverlust, Kraftstoffe, Service, Steuern, Versicherung etc.)
- Konsumklima
- Preisrelation Neu- zu Gebrauchtwagen

Demographische Bestimmungsfaktoren
- Bevölkerung
- Altersstruktur
- Zahl der privaten Haushalte
- Haushaltsgröße

Staatlich beeinflusste Bestimmungsfaktoren:
- Steuerliche Belastung der Anschaffung und Nutzung von Automobilen
- Temporäre staatliche Kaufanreize
- Veränderung technischer Vorschriften
- Quantität und Qualität der Verkehrsinfrastruktur

Nutzungsabhängige Bestimmungsfaktoren
- Fahrleistungen
- Durchschnittliche Haltedauer im Erstbesitz

Technische Bestimmungsfaktoren
- Technische Standfestigkeit der Fahrzeuge
- Basisinnovationen in der Automobiltechnik

Abb. 11: Bestimmungsfaktoren der Automobilnachfrage (Quelle: eigene Darstellung)

4 Anbieter- und Angebotsstrukturen

4.1 Konzentrationsprozess in der Automobilindustrie

Bis in die 50er Jahre hinein agierten in Deutschland noch rund 30 rechtlich selbstständige Unternehmen als Hersteller von Pkw und Kombi. Unter Berücksichtigung der kapitalmäßigen Abhängigkeiten musste diese Zahl aber bereits zu dieser Zeit auf elf Unternehmen korrigiert werden. Fasst man die Anzahl der relevanten Anbieter in Deutschland auf Konzernebene zusammen, dann lassen sich heute nur noch fünf Automobilanbieter identifizieren (siehe Abbildung 12).

Während die Zahl der rein deutschen Automobilhersteller seit Mitte der 50er Jahre abgenommen hat, ist die Zahl der Importeure deutlich angestiegen, insbesondere durch den Markteintritt der japanischen Hersteller in den frühen 70er und 80er Jahren. Aber auch hier hat der Konsolidierungsprozess massiv Einzug gehalten, sodass von den ursprünglich 36 Konzernen heute nur elf Konzerne weltweit agieren (siehe Abbildung 13).

Daneben existiert heute zwischen den Konzernen eine Fülle von Verflechtungen über Beteiligungen und projektbezogene Verträge. Nicht zuletzt vor diesem Hintergrund wird der Konzentrationsprozess auch künftig noch voranschreiten, denn aus

Abb. 12: Konsolidierung der deutschen Automobilindustrie (Quelle: eigene Darstellung)

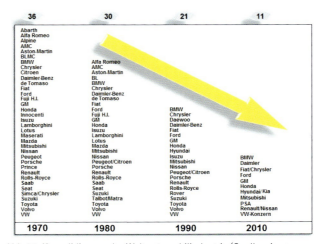

Abb. 13: Konsolidierung der Weltautomobilindustrie (Quelle: eigene Darstellung)

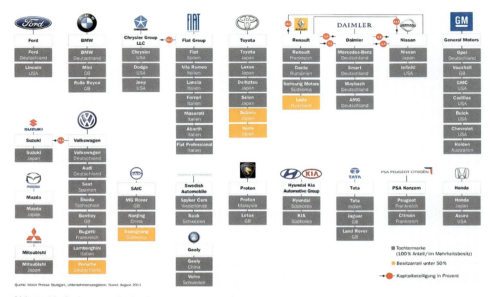

Abb. 14: Verflechtungen in der Automobilindustrie (Quelle: Motorpresse Stuttgart 2011, Stand August 2011)

Wettbewerbs- und Kostengründen gleichermaßen werden immer mehr Marken unter einem Konzerndach gebündelt. Die Abbildung 14 zeigt exemplarisch vertragliche Verflechtungen mit deutschem und europäischem Schwerpunkt.

Der Konzentrationsprozess liefert Ansatzpunkte hinsichtlich des Reifegrades in den Automobilmärkten, insbesondere in der Triade Westeuropa, Japan und Nordamerika. Global betrachtet sind aber gerade die Wachstumsmärkte, also die sogenannten „Emerging Markets", von beson-

Abb. 15: Autobauer im Spannungsfeld von Absatzvolumen und Globalisierung (Quelle: eigene Darstellung)

derem Interesse. Diesen Märkten – wie den sogenannten BRIC-Staaten und künftig den Next-11-Staaten – gilt derzeit das besondere Interesse der global agierenden Automobilkonzerne, da sie in Zukunft hohe Absatzvolumina versprechen. Allerdings sind gerade in Asien ebenfalls selbstständige Autobauer etabliert, von denen einige ebenfalls strategische Ambitionen haben, den Weltautomobilmarkt zu erobern.

Hinsichtlich des Zeitpunkts der tatsächlichen Ausweitung sowie hinsichtlich der Intensität einer global ausgerichteten Marktbearbeitung einzelner Konzerne kann demgegenüber bislang nur spekuliert werden (siehe Abbildung 15). Insgesamt ist aber künftig davon auszugehen, dass die Wettbewerbsintensität in mittel- und langfristiger Perspektive tendenziell zunehmen wird.

4.2 Konzentrationsgrad auf dem deutschen Automobilmarkt

Die absolute Zahl der im Markt agierenden Unternehmen und Konzerne sagt verhältnismäßig wenig über den tatsächlichen Konzentrationsprozess aus. In der Tabelle 16 sind die Marktanteile einzelner Automobilanbieter für den deutschen Gesamtmarkt dargestellt. Tatsächlich wird der deutsche Automobilmarkt von jeweils einigen wenigen Unternehmen und Konzernen dominiert. Die Konzerne Volkswagen und Daimler realisierten beispielsweise zusammen mit der BMW Group im Jahr 2011 mehr als die Hälfte des Marktvolumens. Nimmt man die Fahrzeuge von Ford und GM sowie die fünf großen Importeure Renault/Dacia/Nissan, Peugeot/Citroën, Toyota, Hyundai/Kia und Fiat hinzu, so waren über 90 Prozent des Absatzes abgedeckt.

Konzern	1995 MA in %	Kum.	Konzern	2007 MA in %	Kum.	Konzern	2011 MA in %	Kum.
Volkswagen*	28,1		Volkswagen*	32,7		Volkswagen*	35,9	
GM/Opel	17,1		Daimler**	11,4		Daimler**	9,9	
Ford***	11,4	56,6	GM/Opel	10,1	54,2	BMW	9,3	55,1
Daimler**	7,6		Ford***	9,9		GM/Opel	9,0	
BMW	6,5		BMW	9,1		Renault****	7,3	
Renault****	5,2		Renault****	5,8		Ford***	7,2	
PSA: Peugeot/Citroën	4,1		PSA: Peugeot/Citroën	5,3		PSA: Peugeot/Citroën	4,7	
Fiat/Alfa/Lancia	4,1		Toyota*****	4,6		Hyundai/Kia	4,1	
Nissan	2,9		Hyundai/Kia	2,8		Toyota*****	2,9	
Mazda	2,1	89,1	Fiat/Alfa/Lancia	2,8	94,5	Fiat/Alfa/Lancia	2,9	93,2

*) Volkswagen mit Konzernmarken wie Audi, Seat, Skoda
**) inkl. Smart, ab 2008 ohne Chrysler
***) bis 2009 inkl. Mazda und Volvo, ab 2009 Ford nur noch inkl. Mazda (Volvo wurde im Jahr 2009 an Geely verkauft)
****) inkl. Nissan, Dacia
*****) inkl. Lexus, Daihatsu

Tab. 16: Anbieterkonzentration auf dem deutschen Automobilmarkt [Quellen: KBA-Daten, Berechnungen am Institut für Automobilwirtschaft (IFA) 2012]

Zwar bestehen auf einzelnen Märkten wie dem deutschen Automobilmarkt keine rechtlichen oder handelspolitischen Begrenzungen für neue Anbieter. Gleichwohl wird der Markteintritt durch wirtschaftliche Barrieren, die der einzelne Newcomer zu überwinden hat, erschwert. Als wichtigste Markteintrittshemmnisse gelten grundsätzlich die sogenannten „product differentation barriers to entry" und „scale barriers to entry". Unter „product differentation barriers to entry" sind dabei die Bekanntheit und das Image, das die etablierten Marken haben und ihnen einen gewissen Schutz vor Neuankömmlingen gewährt, aufzufassen. Als „scale barriers to entry" gelten dagegen größenbedingte Kostenvorteile, vor allem in der Entwicklung und Produktion von Automobilen. Das bedeutet, dass es für einen kleinen Anbieter sehr schwierig ist, marktadäquate Produkte zu wettbewerbsfähigen Preisen anzubieten. Insofern ist es in der Tat unwahrscheinlich, dass ein neu gegründetes Unternehmen ohne Weiteres mit einem eigenen Produktangebot in den deutschen Automobilmarkt eintreten wird.

Dennoch haben die beiden genannten Markteintrittsbarrieren zweifellos an Bedeutung verloren. Die „product differentation barriers to entry" geraten vor allem wegen der tendenziellen Markentreue an ihre Grenzen. Dadurch gelingt es auch neuen Fabrikaten in der Regel, relativ schnell einen gewissen Marktanteil zu erobern. Die „scale barriers to entry" verlieren dagegen wegen der zunehmenden Globalisierung und Kooperationsbestrebungen von Unternehmen sowohl im Bereich der Produktentwicklung als auch produktionsseitig an Bedeutungsgehalt.

Die wichtigste Markteintrittsbarriere in den europäischen Markt dürfte heute der länderspezifische Aufbau eines eigenen, leistungsfähigen Händler- und Servicenetzes sein. Gerade die Anforderungen an einen Händlerbetrieb hinsichtlich der Personal- und Sachinvestitionen sind inzwischen so hoch, dass es schwer fallen dürfte, innerhalb eines überschaubaren Zeitraums ausreichende Renditen zu erreichen. Vor diesem Hintergrund ist es für einen neuen Anbieter sehr schwer, geeignete Vertriebspartner zu finden, die willens und in der Lage sind, dieses unternehmerische Risiko einzugehen. Beim Aufbau eines schlagkräftigen Händlernetzes bis zur wirtschaftlichen Tragfähigkeit erweist sich dabei insbesondere die Tatsache, dass neue Vertriebspartner im Handel der neu in den Markt eingeführten Marken ihre Werkstatt nicht aus einem vorhandenen Bestand heraus auslasten können. Von allen Markteintrittsbarrieren dürfte daher der Aufbau eines flächendeckenden Servicenetzes heute die gravierendste sein.

4.3 Strategische Optionen für Automobilanbieter

Im Hinblick auf die Wahl der strategischen Zielobjekte und der strategischen Vorteile stellt Porter vier wettbewerbsstrategische Grundkonzeptionen bereit. Ist das strategische Zielobjekt der Gesamtmarkt, so kann zwischen einer Strategie der Leistung oder einer Strategie der Kostenführerschaft unterschieden werden (siehe Abbildung 17). Die Leistungsführerschaft kann dabei in einer überdurchschnittlichen Produktqualität, einer innovativen Produkttechnik oder auch einem besonders kundenfreundlichen Service bestehen. Dem steht die Fokussierungsstrategie gegenüber, bei der sich ein Unternehmen auf ein bestimmtes Marktsegment konzentriert. Die Fokussierungsstrategie kann nun ebenfalls nach den Kriterien Leistung/Kosten weiter ausdifferenziert werden. Eine leistungsorientierte Fokussierungsstrategie kann als qualitative Spezialisierungsstrategie, die kostenorientierte Fokussierungsstrategie hingegen als Strategie der selektiven Kostenführerschaft bezeichnet werden.

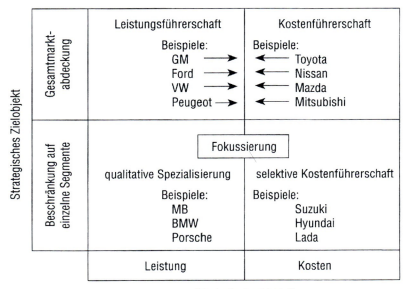

Abb. 17: Strategische Optionen für Automobilhersteller (Quelle: eigene Darstellung in Anlehnung an Porter 2008)

Welche Relevanz besitzen aber diese vier strategischen Optionen für die Automobilindustrie? Betrachtet man zunächst die Fokussierungsstrategien, so liegen die möglichen Chancen einer selektiven Kostenführerschaft in der Konzentration des Angebots auf preissensible Kundengruppen mit einer entsprechend klaren Ausrichtung der gesamten Marktleistung. Die Wahrscheinlichkeit, eine solche Strategie auf dem Automobilmarkt erfolgreich realisieren zu können, ist indessen gering. Aufgrund hoher Entwicklungskosten und einer hohen Kapitalintensität bei der Produktion haben größenbedingte Kostenvorteile („economies of scale") in der Automobilindustrie eine erhebliche wettbewerbsstrategische Bedeutung für Kostenführerschaftstrategien. Im Prinzip ist eine Strategie der selektiven Kostenführerschaft daher nur durchzuhalten, wenn die Automobilfertigung in Lizenz erfolgt, da dann die entsprechenden Entwicklungs- und Anlagekosten entfallen bzw. stark reduziert werden können. Insofern bietet sich eine solche Strategie für Unternehmen in den sogenannten „Emerging Markets" und weniger für Märkte mit hohem Reifegrad an. Beispielsweise ist es sicherlich kein Zufall, dass südkoreanische Unternehmen mit diesem strategischen Ansatz in der Vergangenheit teilweise beachtliche Erfolge auch in den reifen Automobilmärkten der westlichen Industrieländer erzielen konnten.

Die Chance einer qualitativen Spezialisierungsstrategie mit einer Konzentration auf Premiumsegmente des Marktes besteht zweifellos in der damit möglichen eindeutigen Positionierung einer Marke. Die Spezialisierung erlaubt die Gestaltung eines zielgerichteten Imageprofils. Klassische Vertreter dieser Strategie sind die Unternehmen Mercedes-Benz, BMW und Porsche, aber auch die Marke Volvo, die mittlerweile durch die Geschicke eines chinesischen Mutterkonzerns gesteuert wird. Mit einer qualitativen Spezialisierungsstrategie sind jedoch offensichtlich zwei Risiken verbunden: Zum einen unterliegen gerade Unternehmen, die eine solche Strategie verfolgen, dem Druck der „economies of scale", da sie ihre technologische Spitzenstellung nur über einen entsprechend hohen Entwicklungsaufwand aufrechterhalten können. Solange die überdurchschnittlichen Stückkosten über ein Preispremium im Markt durchgesetzt werden können, ist diese Strategie erfolgreich, wie z. B. BMW derzeit eindrucksvoll unter Beweis stellt. Durch das Eintreten der Massenhersteller in die Marktsegmente der Spezialisten mit eigenen Marken (wie z. B. Toyota mit Lexus oder Nissan mit Infiniti) besteht jedoch die Gefahr, dass die Preisdurchsetzungsspielräume immer enger werden. Das zweite Risiko, dem die Spezialisten unterliegen, ist die Gefahr, dass bei zunehmender Produktdifferenzierung die Kosten durch sinkende Losgrößen exponentiell steigen. Dabei spielt insbesondere die wachsende Teilevielfalt eine wichtige Rolle, die zu entsprechenden Komplexitätskosten führt.

Automobilhersteller, die mit ihrem Produktprogramm den Gesamtmarkt abdecken, werden häufig als Massenhersteller oder auch als Full-Line-Anbieter bezeichnet. Praktisch alle der ganz großen international agierenden Automobilunternehmen sind heute zu dieser Kategorie zu zählen. Wie unschwer zu erkennen ist, wird die Differenzierung der strategischen Ansätze für diese Unternehmen in der Automobilwirtschaft aus zwei Gründen nur unzulänglich gerecht: Erstens ist zu konstatieren, dass einige Unternehmen einzelne Marktsegmente mit unterschiedlichen Strategien angehen. Während in einem Segment eine Kostenführerschaft angestrebt wird, verfolgen sie in einem anderen Marktsegment eine Strategie der Leistungsführerschaft. Deutlicher Ausdruck dieser selektiven, strategischen Vorgehensweise ist der Trend zu Mehrmarkenunternehmen, die einzelne Segmente unter verschiedenen Marken mit jeweils eigenständigem Profil bearbeiten (z. B. der Volkswagen-Konzern mit den Marken VW, Audi, Seat und Skoda). Zweitens wird die Unterscheidung zwischen Leistungs- und Kostenführerschaft nicht zuletzt aus den Erfahrungen mit japanischen Herstellern grundsätzlich in Frage gestellt. Ihnen ist es gelungen, überdurchschnittliche Fertigungsqualität mit überdurchschnittlicher Produktivität in Einklang zu bringen. Insofern basiert die Unterscheidung zwischen Leistungs- und Kostenführerschaft bei Porter auf der veralteten Vorstellung über einen Trade-off – also einen Zielkonflikt – zwischen Produktivität und Qualität.

Folgt man den vorangegangenen Überlegungen, dann gibt es heute auf dem Automobilmarkt nicht mehr die strategische Option Leistungs- oder Kostenführerschaft. Notwendig ist vielmehr eine jeweils marktsegmentspezifische Kombination beider strategischen Ansätze. Das neue strategische Paradigma dafür lautet: Lean Management. Dieses Paradigma gilt für die Spezialisten in gleicher Weise wie für die Full-Line-Hersteller, da sich die Art der Marktbearbeitung zwischen beiden Unternehmenstypen dort überschneidet, wo die Full-Line-Hersteller – möglicherweise unter einer eigenständigen Marke – in Premiumsegmente eindringen.

4.4 Marktform und Wettbewerbsintensität

Im klassischen Marktformenschema der mikroökonomischen Theorie ist der Automobilmarkt dem Oligopol zuzuordnen: Vielen Nachfragern stehen relativ wenige Anbieter gegenüber. Kennzeichnend für einen oligopolistischen Markt ist eine hohe Wettbewerbsintensität. Sie ergibt sich aus der engen wechselseitigen Reaktionsverbundenheit der Anbieter aufgrund der großen Transparenz im Markt. Aktionen eines Anbieters führen daher sehr schnell zu Reaktionen des Wettbewerbs. So lassen sich z. B. in einzelnen Marktsegmenten, z. B. im Oberklassesegment, einige wenige Marktführer identifizieren. Ein mögliches Abstimmungsverhalten zwischen ihnen wurde auf dem deutschen Markt durch den relativ unbehinderten Marktzugang für ausländische Unternehmen bislang verhindert.

Wenn aufgrund ähnlich verlaufender Anpassungen von Listenpreisen durch die Automobilhersteller, wie sie zumeist im Frühjahr und Herbst zu beobachten sind, zuweilen auf eine geringe Wettbewerbsintensität auf dem Automobilmarkt geschlossen wird, beruht dies auf einer Unkenntnis der tatsächlichen Wettbewerbsstrukturen. Unter den Bedingungen eines stark wachsenden Marktes wurde der Wettbewerb zwischen den Herstellern vor allem über die technische und qualitative Differenzierung der Produkte, die Verbesserung der Leistungsfähigkeit der Vertriebs- und Servicepartner sowie durch eine intensive Kommunikationspolitik ausgetragen.

Unter den jetzt und in Zukunft geltenden Bedingungen des Verdrängungswettbewerbs werden diese Marketinginstrumente auf einem anspruchsvollen Automobilmarkt wie dem deutschen zweifellos ihre Bedeutung behalten, doch zeichnet sich sehr deutlich inzwischen auch eine Intensivierung des Preiswettbewerbs ab. Dieser äußert sich allerdings nicht oder nur relativ selten in der Absenkung von Listenpreisen, da die Listenpreise eine strategische Positionierungs- und Steuerungsfunktion haben. Stattdessen nimmt der Konditionenwettbewerb in Form teils offener, teils versteckter Preisnachlässe deutlich zu (Hauspreise, überhöhte Inzahlungnahme von Gebrauchtwagen, unentgeltliche Leistungen und Zusatzausstattungen, subventionierte Finanzierungs- und Leasingangebote etc.). In einer ersten Phase drückt sich dies in sinkenden Neuwagenrenditen des Automobilhandels aus. In einer zweiten Phase werden aber auch die Hersteller durch entsprechende Stützungsprogramme davon betroffen sein. Angesichts des weiteren Aufbaus von Produktionskapazitäten und der sukzessiven Öffnung des europäischen Binnenmarktes ist zu erwarten, dass die Wettbewerbsintensität auf den reifen Automobilmärkten – wie es der deutsche Markt ist – weiter zunehmen wird.

5 Fazit

Jeder siebte Arbeitsplatz in Deutschland steht direkt oder indirekt mit dem Automobil in Verbindung. Über 700.000 Menschen sind derzeit im größten Industriezweig des Landes beschäftigt. Gut 400.000 Arbeitnehmerinnen und Arbeitnehmer waren 2011 unmittelbar am Bau von

Kraftfahrzeugen beteiligt. Etwa 310.000 Beschäftigte arbeiten der Automobilherstellung zu. Die Bandbreite der Produkte, die für die Produktion von Automobilen benötigt werden, ist groß. Nicht eingerechnet sind Ingenieurbüros, der Automobilhandel sowie Werkstätten und Tankstellen. Schon allein diese Daten belegen die hohe Bedeutung der Automobilwirtschaft für die Ökonomie Deutschlands.

Mit über 270 Mrd. Euro Umsatz (2011) beläuft sich der Umsatz auf rund ein Fünftel des Gesamtumsatzes der deutschen Industrie. Der Schwerpunkt der Branche liegt im Bereich Personenkraftwagen, denn mehr als 90 Prozent der Autoproduktion entfällt darauf. Aus gutem Grund, denn gut 80 Prozent aller Verkehrsleistungen im Personenverkehr werden in Deutschland mit dem Automobil erbracht. Die deutsche Autoindustrie produzierte knapp 13 Mio. Fahrzeuge im vergangenen Jahr, davon 5,9 Mio. in Deutschland. Jedes fünfte Auto weltweit trägt einen deutschen Markennamen. Damit steht Deutschland im Ländervergleich auf Platz vier der Autobauer. Nur in Japan, den USA und China werden noch mehr Wagen hergestellt.

Die hohe Qualität deutscher Autos wird international geschätzt. Die deutschen Hersteller verkaufen einen Großteil ihrer Produkte ins Ausland. Mit einem Anteil von fast 20 Prozent an den Gesamtexporten ist dieser Wirtschaftszweig eine wichtige Stütze der Exportnation Deutschland. Wichtigste deutsche Handelspartner im Hinblick auf das Automobil sind die USA und Großbritannien. Die höchsten Wachstumsraten konnten aber in den osteuropäischen Nachbarstaaten erzielt werden.

Die deutsche Automobilindustrie nutzt im internationalen Wettbewerb die Chancen der Globalisierung. Sie produziert nicht nur in Deutschland, sondern auch in anderen Ländern. Einzelne Komponenten lassen sich günstiger im Ausland herstellen. Rund 40 Prozent der Wertschöpfung der aus Deutschland exportierten Autos stammt heute aus dem Import von Teilen und Vorleistungen. Dass der Standort Deutschland darunter nicht leidet, sondern profitiert, belegen die oben genannten Zahlen. Die Branche wächst nach dem deutlichen Einbruch durch die Finanz- und Wirtschaftskrise und sichert dadurch qualifizierte Arbeitsplätze am Standort Deutschland.

Auch in Sachen Investitionen nimmt die Automobilindustrie einen Spitzenplatz ein. In den letzten zehn Jahren investierte sie 100 Mrd. Euro am Standort Deutschland. Das entspricht einem Anteil von 23 Prozent an den gesamten Industrieinvestitionen in Deutschland. In Forschung und Entwicklung investierte die Branche in den letzten fünf Jahren 77 Mrd. Euro. Nahezu ein Drittel aller Aufwendungen der deutschen Industrie für Forschung und Entwicklung werden damit im Automobilbereich getätigt. Ungefähr 84.000 Menschen sind hier beschäftigt. Mit ihren Forschungstätigkeiten tragen sie dazu bei, die Zukunftsfähigkeit des Standortes zu sichern. Davon profitieren Unternehmen, Kunden und Mitarbeiter gleichermaßen. Der Markt für Autos wird sich weiter vergrößern. Der weltweite Absatz von derzeit 56,9 Mio. Pkw und Kombi dürfte bis zum Jahr 2015 auf mehr als 87 Mio. Fahrzeuge ansteigen.

NEUZULASSUNGEN P.A. IN MIO.		2008	2010	2011	2010/ 2008	2011/ 2010	2030	2030/ 2020
Europa		18,62	16,46	15,50	-16,1%	-5,8%	18,26	3,5%
	Westeuropa	13,56	12,98	11,70	-9,9%	-4,9%	13,87	2,3%
	Osteuropa	5,06	3,48	2,69	-32,8%	-22,8%	4,39	7,5%
Amerika		19,10	17,93	19,40	-8,0%	+18,2%	23,67	9,8%
	NAFTA	15,85	13,93	15,30	-12,7%	+9,8%	16,79	5,6%
	darunter USA	13,19	11,55	12,73	-12,8%	+10,2%	13,89	5,2%
	Südamerika	3,25	4,0	4,10	15,1%	+2,6%	6,88	21,8%
Asien		13,74	20,74	21,03	46,9%	+1,4%	44,21	31,0%
	China	5,69	11,27	12,22	77,0%	+8,4%	25,92	32,9%
	Indien	1,54	2,10	2,23	36,4%	+6,0%	6,43	53,0%
	Japan	4,23	4,12	3,55	-2,6%	-13,9%	4,24	0,9%
	Rest: Asien	2,28	3,90	3,03	71,1%	-22,3%	7,63	30,4%
RoW		0,97	0,95	0,98	+3,2%	+4,4%	1,27	10,0%
Welt		52,43	56,06	56,91	+3,6%	+1,5%	87,40	18,0%

Tab. 18: Neuzulassungen weltweit [Quellen: VDA-Daten, Berechnungen am Institut für Automobilwirtschaft (IFA) 2012]

Vor allem in Osteuropa, Asien und Lateinamerika wird die Nachfrage nach Autos in den nächsten Jahren deutlich wachsen (siehe Tabelle 18). Die deutschen Unternehmen sind für diese Entwicklung gut aufgestellt.

Die hier dargestellten Zusammenhänge machen deutlich, dass die Automobilwirtschaft in vielfacher Hinsicht eine Schlüsselbranche der deutschen, aber auch der europäischen Wirtschaft darstellt. Daraus leitet sich an die politischen Entscheidungsträger die Forderung nach einem stärker vernetzten Denken und Handeln in der Wirtschafts-, Finanz-, Verkehrs- und Umweltpolitik ab. Insbesondere bedarf es längerfristig gültiger Aussagen über die Gestaltung der künftigen Verkehrsinfrastruktur und des Verkehrsmanagements, der Umweltgesetzgebung hinsichtlich der Produktion, Nutzung und Entsorgung von Automobilen sowie schließlich auch über die künftige steuerliche Belastung der Anschaffung und des Betriebes von Automobilen. Aufgabe der Automobilwirtschaft ist es dann, das vorhandene technologische und konzeptionelle Potenzial in markt- und umweltgerechte Produkte und Serviceleistungen umzusetzen. Damit werden dann wichtige Voraussetzungen für die Sicherung von Wachstum und Beschäftigung in dieser Branche geschaffen.

Prof. Dr. Stefan Reindl

II Das Automobil als dominierendes Verkehrsmittel

Das Automobil ist in den industrialisierten Gesellschaften das wichtigste Verkehrsmittel. In diesem Kapitel werden sowohl die Entwicklungen und Strukturen im Personennahverkehr als auch im Güterverkehr erläutert sowie mobilitäts- und verkehrspolitische Tendenzen aufgezeigt. Mit einem Ausblick auf die Perspektiven in der Verkehrsentwicklung schließt das Kapitel ab.

1 Bedeutung des Automobils für den Personenverkehr und Gütertransport
2 Entwicklung und Struktur des Personenverkehrs
3 Entwicklung und Struktur des Güterverkehrs
4 Mobilität und Verkehrspolitik
5 Perspektiven der Verkehrsentwicklung

1 Bedeutung des Automobils für Personenverkehr und Gütertransport

Der Trend zur Massenmotorisierung setzte bereits mit der Einführung der Fließbandfertigung durch Henry Ford und der damit einhergehenden Verbilligung des Automobils ein. Das Automobil ist nicht zuletzt vor diesem Hintergrund heute in allen industrialisierten Gesellschaften das dominierende Verkehrsmittel. Was ist aber unter „Verkehr", „Verkehrsmittel" und „Verkehrsträger" zu verstehen?

> **DEF.** In der Verkehrswissenschaft umfasst **Verkehr** alle technischen, organisatorischen und ökonomischen Maßnahmen, um Personen, Güter (und Nachrichten) befördern zu können.

Dazu werden Verkehrsmittel benötigt. Zu den **Verkehrsmitteln i.w.S.** zählen alle technischen oder organisatorischen Einrichtungen, die Ortsveränderung ermöglichen bzw. Personen, Gütern und Nachrichten helfen, Wegstrecken zu überwinden. Als **Verkehrsmittel i.e.S.** sind Fahrzeuge mit oder ohne eigenen Antrieb, die der Beförderung von Personen oder Gütern dienen, aufzufassen. Je nach Verkehrsweg sind Schienen-, Wasser-, Straßen- und Luftfahrzeuge zu unterscheiden. Eine weitergehende Differenzierung kann nach der Art des Transportgefäßes, der Art des Antriebes etc. erfolgen.

Verkehrsmittel sind wiederum Elemente der *Verkehrsträger* und lassen sich wie diese dem Land-, Wasser- und Luftverkehr zuordnen. In der Verkehrsstatistik werden sie als Verkehrsbereiche geführt. In der Ökonomie werden Verkehrsträger zudem institutionell in Unternehmen und öffentliche Einrichtungen gegliedert, die sich einer bestimmten Verkehrsart bedienen und gewerbsmäßig gegen Entgelt Transporte von Personen, Gütern und Nachrichten anbieten. Im allgemeinen Sprachgebrauch werden Verkehrsträger auch als Verkehrsmittel bezeichnet.

Grundlegend ist auch nach der Beförderung von Personen und Gütern zu unterscheiden. Der Personenverkehr resultiert aus der für moderne Gesellschaften typischen räumlichen Ausdifferenzierung der verschiedenen Lebensfunktionen, insbesondere von Wohnen, Arbeiten, Einkaufen und Freizeitgestaltung. Grundlage des Güterverkehrs ist die ebenfalls für moderne Wirtschaften kennzeichnende räumliche Trennung von Produktion und Verbrauch sowie die arbeitsteilige Organisation des Wirtschaftens. Verkehrliche Prozesse sind insofern sowohl Ursache als auch Folge struktureller räumlicher Funktionstrennungen.

2 Entwicklung und Struktur des Personenverkehrs

2.1 Mobilität und Personenverkehr

Mobilität bezieht sich zunächst auf jegliche Bewegungsart von Personen oder Gruppen innerhalb räumlicher oder gesellschaftlicher Systeme. Hauptsächlich verwendet wird der Begriff allerdings im Zusammenhang mit der Verkehrsmobilität. Diese bezeichnet die individuelle Fähigkeit, möglichst viele verschiedene Ziele für die jeweils gewünschten Verkehrszwecke in einer bestimmten Zeit zu erreichen. Mobilität ist danach also die Gesamtheit aller aktivitätsbezogenen Ortsveränderungen bzw. zurückgelegten Wege von Personen unabhängig von der Wegelänge und der Art der Fortbewegung. Nach Angaben des Statistischen Bundesamtes gibt ein privater Haushalt etwa 330 Euro monatlich für die Mobilität aus – das sind über 15 Prozent aller Konsumausgaben privater Haushalte.

Gebräuchliche Mobilitätskennziffern (siehe Tabelle 1) sind beispielsweise die *Anzahl der pro Person und Tag zurückgelegten Wege*, der *mittlere Zeitaufwand für die Verkehrsteilnahme*, die *Anzahl der Aktivitäten außer Haus*, die *„Ausgänge"* bzw. *Wegeketten zur Verknüpfung mehrerer Aktivitäten* sowie die *durchschnittlichen Wegelängen*.

		2002	2008
Wege pro Pers. und Tag	Anzahl	3,3	3,4
Wege pro mobiler Pers. und Tag	Anzahl	3,9	3,8
Unterwegszeit pro Pers. und Tag (ohne rbW)	h:min	1:20	1:19
Unterwegszeit pro mobiler Pers. und Tag (ohne rbW)	h:min	1:25	1:28
durchschnittliche Wegelänge	km	11,2	11,5
Tagesstrecke pro Pers. und Tag	km	37	39
Tagesstrecke pro mobiler Pers. und Tag	km	43	44

rbW = regelmäßig berufliche Wege

Tab. 1: Zentrale Mobilitätskennziffern (Quelle: infas/DLR 2010)

Zusammenfassend lässt sich der allgemeine Eindruck einer Mobilitätszunahme aus dem Anstieg der durchschnittlichen Wegelängen als Folge der anwachsenden privaten Motorisierung erklären. Der aus der Verkehrsmobilität resultierende Personenverkehr ist nach verschiedenen Gesichtspunkten zu differenzieren:
- nach der *Organisationsform* in Individualverkehr (IV) und öffentlichen Verkehr (ÖV),

- nach dem *technischen Verkehrsweg* in straßengebundenen (Straßenverkehr), schienengebundenen (Straßenbahn, U-Bahn, S-Bahn, Eisenbahn), wassergebundenen (Personenschifffahrt) und luftgebundenen Personenverkehr (Luftverkehr) sowie
- nach dem *Verkehrszweck* in Berufs-, Ausbildungs-, Dienstreise- und Geschäftsverkehr etc.

Der gesamte Personenverkehr setzt sich außerdem aus dem motorisierten und nicht motorisierten Verkehr zusammen. Zum nicht motorisierten Verkehr gehören Wege, die zu Fuß oder mit dem Fahrrad zurückgelegt werden. Der motorisierte Verkehr umfasst den motorisierten Individualverkehr (MIV) mit Personenkraftwagen (Pkw) und motorisierten Zweirädern, den öffentlichen Straßenpersonenverkehr (ÖSPV) mit Omnibus, Straßenbahn und U-Bahn, den Eisenbahnverkehr mit Bahn und S-Bahn sowie den Luftverkehr. Zur Erfassung des Personenverkehrs werden üblicherweise folgende statistische Kennziffern verwandt:

- *Personenverkehrsaufkommen* [P]: Zahl der in einem bestimmten Zeitraum beförderten Personen,
- *Personenverkehrsleistung* [Pkm]: Multiplikation des Personenverkehrsaufkommens mit den durchschnittlich zurückgelegten Entfernungen,
- *Verkehrsmittelbezogene Fahrleistungen* [Fzgkm]: Division der Personenverkehrsleistungen mit dem durchschnittlichen Besetzungsgrad der einzelnen Verkehrsmittel; die Berechnung ergibt die von den verschiedenen Verkehrsmitteln zurückgelegten Strecken.

Im Jahr 2010 wurden im Bundesgebiet rund 70,7 Mrd. Personen befördert. Auf Basis des Jahres 1960 mit 23,8 Mrd. Beförderungsfällen ergibt sich ein Zuwachs im Zeitraum zwischen 1960 und 2010 von knapp 200 Prozent. Im gleichen Zeitraum stiegen die Personenverkehrsleistungen von 262 Mrd. auf etwa 1.100 Mrd. Pkm. Die Verkehrsleistungen in Deutschland haben sich demnach zwischen 1960 und 2010 vervierfacht und weisen eine wesentlich stärkere Wachstumsdynamik auf als das Personenverkehrsaufkommen. Offensichtlich nehmen die durchschnittlich zurückgelegten Entfernungen zu. Das stärkste Wachstum bei den Verkehrsleistungen war im Flugverkehr zu verzeichnen. Der motorisierte Individualverkehr hat sich außerdem fast verfünffacht, während die Verkehrsleistung im Schienenverkehr nahezu konstant geblieben ist, weshalb der Anteil des Schienenverkehrs von 26 auf sieben Prozent an den gesamten Personenverkehrsleistungen gesunken ist. Bis in die 90er Jahre begünstigten steigende Realeinkommensspielräume, ein verhältnismäßig verhaltener Anstieg der Mobilitätskosten sowie der starke Ausbau der Verkehrsinfrastruktur das Wachstum beim Personenverkehrsaufkommen sowie insbesondere bei den Verkehrsleistungen nachhaltig. Die besondere Bedeutung, die die zunehmende Freizeit in Verbindung mit steigenden Realeinkommen auf die Verkehrsentwicklung hat, zeigt eine Analyse des Personenverkehrs nach Verkehrszwecken. Mit einem Anteil von 32,2 Prozent ist der Einkaufsverkehr, der beispielsweise Arztbesuche und Wege zu Behörden und Ämtern einschließt, der bedeutendste Fahrtzweck – dicht gefolgt vom Freizeitverkehr. Fasst man Freizeit- und Urlaubsverkehr zum Begriff der „Erlebnismobilität" und Berufs-, Ausbildungs-, Geschäfts- und Dienstreise- sowie Einkaufsverkehr zur „Zwangsmobilität" zusammen, so entfällt das Personenverkehrsaufkommen zu fast einem Drittel (31,5 Prozent) auf den Erlebnisbereich.

Für verkehrspolitische Fragestellungen sind aber neben dem Verkehrsaufkommen vor allem die Fahrleistungen von besonderer Bedeutung, denn die von den einzelnen Verkehrsmitteln zurückgelegten Strecken determinieren die Verkehrs- und Umweltbelastung. Ähnlich wie beim Verkehrsaufkommen ist die anteilige Verkehrsleistung beim Ausbildungsverkehr sowie beim Geschäfts- und Dienstreiseverkehr deutlich zurückgegangen (siehe Tabelle 2).

Verkehrszwecke Verkehrsleistung nach Verkehrsarten – in % –	Beruf		Ausbildung		Geschäfts- und Dienstreise		Einkauf		Freizeit		Begleitung		Urlaub		Anteil der Verkehrsarten insgesamt	
	1994	2008	1994	2008	1994	2008	1994	2008	1994	2008	1994	2008	1994	2008	1994	2008
Fußwege	1,1	0,7	4,2	4,8	0,2	0,5	8,0	5,2	4,3	4,6	–	3,0	–	–	2,9	3,0
Fahrradverkehr	2,1	2,5	7,0	5,3	0,2	0,2	4,0	3,2	2,9	4,3	–	1,3	–	–	2,4	2,8
ÖSPV	10,5	6,0	38,8	36,1	2,2	2,2	12,4	6,1	6,6	6,5	–	1,8	6,4	9,2	8,9	6,8
Eisenbahn	11,5	9,6	18,6	12,7	4,6	8,4	5,6	2,9	5,6	7,7	–	1,3	7,4	5,4	7,4	7,0
MIV	74,7	81,3	31,4	40,9	85,7	75,2	69,9	82,8	80,4	75,3	–	92,7	62,9	51,1	75,1	75,4
Luftverkehr	–	–	–	–	7,1	13,6	–	–	0,2	1,7	–	–	23,4	34,3	3,1	5,2
Anteil der Fahrtzwecke insgesamt	20,1	18,0	4,9	3,5	15,3	13,9	11,5	16,4	40,0	35,3	–	5,1	8,2	7,8	100,0	100,0

Tab. 2: Fahrtzwecke und Verkehrsleistung im Personenverkehr in Prozent[1] (Quelle: DIW 2011)

Darüber hinaus ist festzuhalten, dass die jährlichen Fahrleistungen je Pkw langfristig betrachtet deutlich rückläufig sind. Sie sanken beispielsweise von 15.300 km im Jahr 1970 auf 14.100 km im Jahr 2009, wenngleich der Vergleich beider Jahre – wegen des Wegfalls der Erfassung vorübergehend stillgelegter Fahrzeuge in der Statistik seit 2002 – in der Aussagekraft eingeschränkt ist. Der wichtigste Grund für die rückläufigen Fahrleistungen je Pkw liegt in dem zunehmenden Mehrfachbesitz von Automobilen innerhalb der privaten Haushalte, da Zweit- und Drittfahrzeuge in der Regel weniger gefahren werden. Außerdem kommt hier auch ein in Teilbereichen verändertes Mobilitätsverhalten (z. B. verstärkte Nutzung des Flugzeuges im Geschäfts- und Urlaubsverkehr) zum Ausdruck. Die rückläufigen Fahrleistungen je Fahrzeug und Jahr haben zur Folge, dass die durchschnittliche Haltedauer von Pkw im Erstbesitz steigt und sich damit die Kaufzyklen der Neuwagenkäufer verlängern. Außerdem trägt diese Entwicklung dazu bei, dass die Werkstattaufenthalte je Fahrzeug und Jahr zurückgehen.

Andererseits weisen die gesamten Fahrleistungen von Pkw und Kombi insgesamt eine weiterhin steigende Tendenz auf. Sie stiegen seit 1970 mit 212,9 km um immerhin fast das Dreifache auf 611 Mrd. Fahrzeugkilometer. Wesentliche Ursache dafür ist das veränderte Mobilitätsverhalten mit einem anhaltenden Wachstum der Fahrzeugbestände in Deutschland.

---

[1] ÖSPV = Öffentlicher Straßenpersonenverkehr; Eisenbahnverkehr einschl. S-Bahn; ab 2002 wird mit „Begleitung" ein neuer Verkehrszweck eingeführt; aufgrund geänderter Abgrenzung und grundlegender Neuberechnungen ist die Vergleichbarkeit mit den vorangehenden Jahren stark eingeschränkt.

2.2 Rolle des Automobils im Personenverkehr

Wenngleich auch Busse eine wichtige Rolle im Bereich des öffentlichen Personennahverkehrs (ÖPNV) haben, ist die Verkehrsleistung des motorisierten Individualverkehrs mit einem Anteil von 80 Prozent mit Abstand am höchsten. Nach vorliegenden Untersuchungen zur Entwicklung des Personenverkehrs dürfte die Dominanz des motorisierten Individualverkehrs mittels Pkw und Kombi auch in Zukunft erhalten bleiben. Bis ins Jahr 2025 könnte die Verkehrsleistung in diesem Bereich sogar um bis zu 50 Prozent wachsen (siehe Abbildung 3).

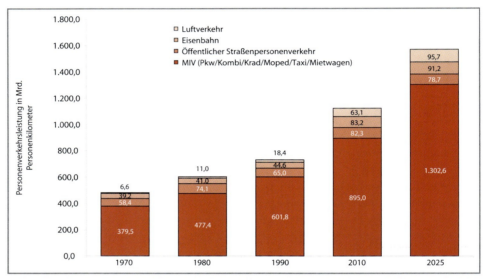

Abb. 3: Entwicklung der Personenverkehrsleistungen in Deutschland (in Mrd. Pkm)[2]
[Quellen: DIW 2011, Berechnungen am Institut für Automobilwirtschaft (IFA) 2011]

Die wesentlichen Determinanten für die Wahl eines Verkehrsmittels im Personenverkehr sind:
- *Schnelligkeit*: Zeitbedarf für die Überwindung der Distanz zwischen zwei Raumpunkten in einem Verkehrsnetz.
- *Flexibilität*: Zeitliche und ortsbezogene Unabhängigkeit in Bezug auf den Zugriff und die Nutzung verschiedener Verkehrsmittel.
- *Netzbildungsfähigkeit*: Eignung eines Verkehrsmittels oder -systems zur direkten Durchführung von Fahrten bzw. zur unmittelbaren Überwindung von Wegen zwischen allen relevanten Raumpunkten.
- *Zuverlässigkeit*: Verlässlichkeit im Hinblick auf die An- und Abfahrtszeiten sowie im Hinblick auf unvorhersehbare Unterbrechungen der Fahrten.

---
[2] Ab 1990 alte und neue Bundesländer.

- *Sicherheit*: Passive und aktive Sicherheit von Verkehrsmitteln und -systemen zur Senkung des Verletzungs- und Tötungsrisikos in Relation zum Verkehrsaufkommen und zur Verkehrsleistung.
- *Bequemlichkeit*: Komfort- und Convenience-Aspekte bei der einzelnen Fahrt sowie bei der Akquisition des Verkehrsmittels (Buchung, Fahrkartenkauf etc.).
- *Umweltverträglichkeit*: Energie- und Umweltbilanz einzelner Verkehrsträger und -mittel, vor allem hinsichtlich der externen Kosten des Verkehrs.
- *Transportkapazität*: Flexibilität im Hinblick auf die Beförderung unterschiedlich großer Personengruppen.
- *Kosten des Verkehrsmittels*: Kosten der Nutzung und sogenannte Halterkosten (beim MIV) unter Vollkostengesichtspunkten (fixe und variable Kosten).

Je nach Fahrtzweck kommt diesen verschiedenen Faktoren eine unterschiedliche Bedeutung zu. So sind im Berufsverkehr vor allem die Zuverlässigkeit, Schnelligkeit und die Kosten von Bedeutung. Demgegenüber kommt es im Freizeitverkehr vor allem auf die zeitliche Flexibilität, die Netzbildungsfähigkeit und die Bequemlichkeit an – zweifellos Eigenschaften, über die vor allem das Automobil verfügt.

Trotz der Verteuerung des motorisierten Individualverkehrs durch Ökosteuer und andere Preissteigerungen bei den Halterkosten hat das Automobil in den vergangenen Jahren nichts von seiner herausragenden Bedeutung für den Personenverkehr eingebüßt. Neben den Kosten für Wartung und Reparatur sind vor allem die Kraftstoffkosten sowie die Prämien für die Kfz-Versicherung stark angestiegen (siehe Tabelle 4).

	2007	2010	2007/2010 IN %
Autokostenindex (2005=100)			
Gesamtindex	107,0	111,6	4,3 %
Krafträder	105,4	112,7	6,9 %
Personenkraftwagen	105,6	106,4	0,8 %
Kraftstoffe	109,8	116,1	5,7 %
Reparaturen, Inspektion, etc.	106,0	113,1	6,7 %
Garagenmiete	101,5	102,8	1,2 %
Fahrschule	105,0	110,2	5,0 %
Kfz-Versicherung	108,5	118,6	9,3 %
Kfz-Steuer	104,7	104,5	–0,1 %
Preisindex für fremde Verkehrsleistungen	108,4	119,4	10,1 %
Lebenshaltungskosten (2005=100)	103,9	108,2	4,1 %

Tab. 4: Entwicklung der Autokosten zwischen 2007 und 2010 [Quellen: VDA 2011, Berechnungen am Institut für Automobilwirtschaft (IFA) 2011]

Insgesamt haben sich im Zeitraum von 2007 bis 2010 die Autokosten in ähnlich hohem Maße nach oben entwickelt wie die Lebenshaltungskosten. Zu berücksichtigen ist außerdem, dass die Preise für den Öffentlichen Verkehr (ÖV) in diesen Jahren stärker angestiegen sind als die Kosten für den motorisierten Individualverkehr (MIV).

Die überragende Bedeutung und Akzeptanz des Automobils für die Mobilität ist nicht auf bestimmte Personengruppen, Verkehrszwecke oder Regionen beschränkt. So besitzen heute rund 54 Mio. Personen eine Fahrerlaubnis für Kraftfahrzeuge, also rund 88 Prozent der Erwachsenen. Vor allem jüngere Menschen wollen auch künftig ihr eigenes Auto besitzen. Nach einer Studie der Unternehmensberatung McKinsey & Company aus dem Jahr 2012, die auf einer Umfrage unter 3.400 Deutschen basiert, gehen 78 Prozent der unter 25-Jährigen davon aus, auch in zehn Jahren ein eigenes Auto zu fahren. Insgesamt waren knapp 80 Prozent aller Befragten überzeugt, dass ihnen das Auto im Vergleich zu anderen Luxusgütern auch in Zukunft die größte Wertschätzung einbringe. Trotzdem werden gerade in Ballungszentren künftig alternative, verkehrsträgerübergreifende Mobilitätssysteme eine stärkere Rolle spielen. So gaben 31 Prozent der Großstadtbewohner innerhalb der Studie an, künftig stärker das Car-Sharing-Konzept nutzen zu wollen.

3 Entwicklung und Struktur des Güterverkehrs

3.1 Entwicklungslinien im Güterverkehr

Ähnlich wie der Personenverkehr weist auch der Güterverkehr eine längerfristig betrachtet starke Wachstumsdynamik auf. Analog zum Personenverkehr sind die wichtigsten Messgrößen des Güterverkehrs:
- das *Güterverkehrsaufkommen*, das die Zahl der transportierten Tonnen misst,
- die *Güterverkehrsleistung*, die sich aus der Multiplikation des Transportaufkommens mit der durchschnittlichen Entfernung ergibt, sowie
- die *verkehrsmittelbezogenen Fahrleistungen*.

Die Tabelle 5 zeigt die Entwicklung der Güterverkehrsleistungen differenziert nach den jeweiligen Verkehrsträgern. Wie die Tabelle deutlich macht, weist der Straßengüterverkehr – neben dem Luftverkehr – die mit Abstand stärkste Wachstumsdynamik auf. Insgesamt ist der gesamte binnenländische, das heißt, der auf Transportwegen im Bundesgebiet durchgeführte Güterverkehr, zwischen 1991 und 2009 um rund 94 Prozent gewachsen – er hat sich also nahezu verdoppelt. Auch die Güterverkehrsleistungen der anderen Verkehrsarten bzw. -träger sind langfristig betrachtet gestiegen, allerdings nur unterdurchschnittlich. Insgesamt muss bei der Entwicklung des Güterverkehrs beachtet werden, dass dieser – stärker als der Personenverkehr – konjunkturellen Schwankungen unterliegt.

Innerhalb des Straßengüterverkehrs erfolgt seit 1995 eine Unterscheidung zwischen Nah-, Regi-

ENTWICKLUNG UND STRUKTUR DES GÜTERVERKEHRS

Verkehrsarten/Verkehrsträger	Güterverkehrsleistungen (in Mrd. tkm)		Anteile (in v. H.)	
	1991	2009	1991	2009
Bahn	61,9	95,8	20,6 %	16,4 %
Binnenschiff	54,8	55,7	14,0 %	9,5 %
Straßengüterverkehr	169,9	414,6	61,5 %	71,1 %
(deutsche Lastkraftfahrzeuge)	(131,0)	(275,6)	(49,1)	(47,2)
(ausländische Lastkraftfahrzeuge)	(38,9)	(139,0)	(12,4)	(23,8)
– Gewerblicher Verkehr	79,1	218,3	30,5	37,4
Fernverkehr (über 150 km)	55,5	167,9	21,6	28,8
Regionalverkehr (51 bis 150 km)	-	35,4	-	6,1
Nahverkehr (bis 50 km)	23,6	15,0	8,9	2,6
– Werkverkehr	51,9	57,3	18,6	9,8
Fernverkehr (über 150 km)	26,1	27,7	11,2	4,7
Regionalverkehr (51 bis 150 km)	-	17,8	-	3,1
Nahverkehr (bis 50 km)	25,8	11,8	7,4	2,0
Rohrfernleitungen	13,3	16,0	3,9 %	2,7 %
(Luftverkehr)	(439,5)	(1.294,0)	(-)	(-)
Binnenländischer Verkehr	300,3	583,3	100 %	100 %

Tab. 5: Entwicklung und Struktur des Güterverkehrs in Deutschland (Quelle: DIW 2011)

onal- und Fernverkehr: Der Nahverkehr ist auf einen Umkreis von lediglich bis zu 50 km bezogen. Regionalverkehr bezieht sich auf Transporte von 51 km bis zu 150 km um den Betriebsstandort. Darüber liegende Transportstrecken werden dem Fernverkehr zugeordnet. Wie die Tabelle 5 zeigt, ist die Wachstumsdynamik – bezogen auf die Güterverkehrsleistungen – im Straßengüterfernverkehr deutlich stärker als im Straßengüternahverkehr. Die wesentlichen Treiber des Wachstums im Güterverkehr sind:

- die allgemeine wirtschaftliche Entwicklung bzw. das Wirtschaftswachstum,
- die zunehmende, vor allem internationale Arbeitsteilung,
- der Ausbau der Verkehrsinfrastruktur, insbesondere die West-Ost-Achsen, sowie
- der starke Wettbewerb im gewerblichen Güterverkehr im internationalen Kontext, der bislang zu verhältnismäßig geringem Anstieg der Transportkosten geführt hat.

Die konsequente Ausschöpfung von Rationalisierungsoptionen im Güterkraftgewerbe hat bereits zu einer drastischen Reduktion von Leerfahrten, einer höheren Auslastung der Fahrzeuge sowie zu einer Entkopplung der Verkehrsleistungen von den Fahrleistungen geführt (siehe Abbildung 6). Darin kommt eine Steigerung der Transporteffizienz in Form einer besseren gewichtsmäßigen Auslastung der Fahrzeuge, bedingt durch ein professionelleres Transport- und Logistikmanagement, zum Ausdruck. Neben betriebswirtschaftlichen Effekten bei Frachtführern und Spediteuren ließ sich dadurch ebenfalls eine nachhaltige Entlastung der externen Kostenseite erreichen.

DAS AUTOMOBIL ALS DOMINIERENDES VERKEHRSMITTEL

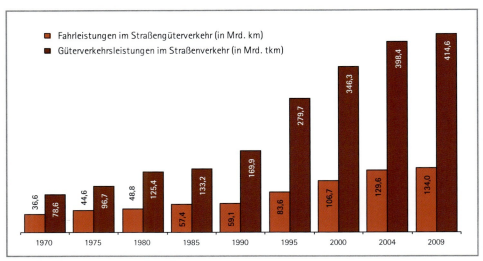

Abb. 6: Fahr- und Verkehrsleistungen im Güterverkehr[3] (Quelle: DIW 2011)

3.2 Rolle des Lkw im Güterverkehr

Insgesamt erweist sich der Lkw im Güterverkehr als das dominierende Verkehrsmittel. Gerade im Nahverkehr ist er unverzichtbar, da hier andere Verkehrsmittel und -träger nicht wirtschaftlich effizient eingesetzt werden können. Aber auch im Fernverkehr, wo der Lkw hauptsächlich im Wettbewerbsverhältnis mit Bahn und Schiff steht, ist er der mit Abstand wichtigste Verkehrsträger.

Der Anteil des Lkw an der Güterverkehrsleistung hatte in der Vergangenheit die größte Wachstumsdynamik. Die dominierende Rolle des Straßengüterverkehrs ist ungebrochen und zwar – wie die Prognose in Abbildung 7 zeigt – mit anhaltend steigender Tendenz. Ähnlich wie im Personenverkehr lauten die generellen Determinanten für die Wahl des Transportmittels im Güterverkehr:

- *Schnelligkeit*: Zeitbedarf für die Überwindung der Distanz zwischen zwei Raumpunkten in einem Verkehrsnetz.
- *Flexibilität*: Zeitliche und ortsbezogene Unabhängigkeit in Bezug auf den Zugriff und die Nutzung verschiedener Verkehrsmittel.
- *Pünktlichkeit/Zuverlässigkeit*: Verlässlichkeit im Hinblick auf die Abhol- und Anlieferungszeiten sowie im Hinblick auf unvorhersehbare Unterbrechungen der Transporte.
- *Sicherheit*: Sicherheit von Transportmitteln und -systemen gegenüber Beschädigung oder Vernichtung von Transportgütern in Relation zum Verkehrsaufkommen und zur Verkehrsleistung.

---

[3] Ab 1990 alte und neue Bundesländer.

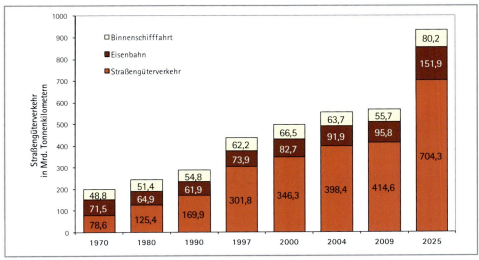

Abb. 7: Entwicklung der Güterverkehrsleistungen in Deutschland[4]
[Quellen: DIW 2011, Berechnungen am Institut für Automobilwirtschaft (IFA) 2011]

- *Transportkapazität*: Flexibilität im Hinblick auf die Beförderung unterschiedlich großer und gearteter Transportgüter und -volumina.
- *Netzbildungsfähigkeit*: Eignung eines Transportmittels oder -systems zur direkten Durchführung von Fahrten bzw. zur unmittelbaren Überwindung von Wegen zwischen allen relevanten Raumpunkten.
- *Logistikleistungen*: Organisation von Transportketten und Verknüpfung verschiedener Verkehrsmittel durch Spediteure und Transporteure.
- *Umweltverträglichkeit*: Energie- und Umweltbilanz der Verkehrsträger und -mittel im Güterverkehr, vor allem hinsichtlich der externen Kosten des Verkehrs.
- *Kosten*: Kosten der Nutzung und Inanspruchnahme von Speditions- und Transportleistungen (fixe und variable Kosten).

Die ersten acht Determinanten bestimmen im Wesentlichen die sogenannte Verkehrswertigkeit, womit die jeweilige verkehrsträgerspezifische Leistungsfähigkeit gemeint ist. Die Bedeutung, die die genannten Kriterien für die Verkehrsmittelwahl haben, hängt aber von den jeweils zu transportierenden Gütern ab.

Die jeweils güterspezifischen Anforderungen an ein Transportmittel werden auch als Affinität bezeichnet. Es ist demnach zwischen Lkw-affinen, bahnaffinen und schiffaffinen Gütern zu unterscheiden. Als typische bahnaffine Güter gelten Kohle, Eisen und Stahl, da es bei diesen Gütern vor allem auf eine große Transportkapazität ankommt. Erze sowie Steine und Erden gelten demgegenüber als schiffsaffin, wobei auch hier die Transportkapazität eine entscheidende Rolle

---

[4] Ab 1990 alte und neue Bundesländer.

spielt. Typisch Lkw-affine Gütergruppen sind landwirtschaftliche Erzeugnisse sowie ganz generell hochwertige Investions- und Konsumgüter. Bei diesen Gütergruppen kommen die spezifischen Stärken des Lkw – Schnelligkeit durch Haus-zu-Haus-Verkehre, Flexibilität, Netzbildungsfähigkeit und Sicherheit für das Transportgut gegenüber Beschädigungen – besonders zum Tragen.

4 Mobilität und Verkehrspolitik

4.1 Grundlegende Aspekte der Verkehrspolitik

4.1.1 Ziele der Verkehrspolitik

Die Verkehrspolitik befindet sich im Schnittfeld verschiedener Politikbereiche. Dementsprechend kann ein relativ breites Spektrum verkehrspolitischer Ziele identifiziert werden:

1. *Ordnungspolitische Ziele*: Steigerung der Effizienz im Verkehrssektor durch einen fairen Wettbewerb der Verkehrsträger.
2. *Wachstumspolitische Ziele*: Schaffung einer leistungsfähigen Verkehrsinfrastruktur als Standortfaktor zur Initiierung von Wachstumsprozessen.
3. *Konjunkturpolitische Ziele*: Infrastrukturinvestitionen als Instrument der Beschäftigungspolitik.
4. *Verteilungspolitische Ziele*: Unterstützung von sozial benachteiligten Gruppen durch spezielle verkehrsbezogene Tarife.
5. *Gemeinwirtschaftliche Ziele*: Sicherstellung der grundgesetzlich geforderten „Gleichmäßigkeit der Lebensverhältnisse" durch ein flächendeckendes Verkehrsangebot.
6. *Umweltpolitische Ziele*: Minimierung der Umweltbelastungen durch den Verkehr.

> **DEF.** **Verkehrspolitik** ist eine spezielle Wirtschaftspolitik (sektorale Strukturpolitik), die sich mit dem Transport von Personen, Gütern und Nachrichten und den damit verbundenen Dienstleistungen (Logistik) befasst. Sie umfasst materialwirtschaftlich-technische, juristische und ökonomische Fragestellungen.

Teilweise besteht zwischen diesen Zielen eine weitgehende Kongruenz (z. B. zwischen wachstums- und konjunkturpolitischen Zielen). Teilweise bestehen aber auch Zielkonflikte, und zwar insbesondere zwischen den ordnungspolitischen und den verteilungs-, gemeinwirtschaftlichen und umweltpolitischen Zielen. So müsste z. B. unter rein wirtschaftlichen Gesichtspunkten zweifellos das Angebot an öffentlichen Verkehrsmitteln in ländlichen Räumen reduziert werden. Damit würden aber Bewohner in diesen Regionen benachteiligt.

4.1.2 Instrumente der Verkehrspolitik

Die Verkehrspolitik umfasst ein sehr breites Spektrum an teils speziellen, teils eher allgemein ansetzenden Instrumenten:

- *Ordnungspolitische Instrumente*: Dazu gehört die qualitative Selektion der Marktteilnehmer (z. B. Fahren eines Pkw nur mit Führerscheinbesitz), die quantitative Selektion der Marktteilnehmer (z. B. durch kontingentierte Konzessionen bei Taxis), staatlich beeinflusste Preise (z. B. im Bereich des öffentlichen Straßenpersonenverkehrs) sowie Gebote und Verbote (z. B. Festlegung von Abgasgrenzwerten). Eine Reihe von ordnungspolitischen Instrumenten hat in den letzten Jahren erheblich an Bedeutung verloren. Dies gilt insbesondere für den gesamten Bereich des Güterverkehrs, der in den 90er Jahre sukzessive dereguliert worden ist (z. B. Aufhebung des Kabotageverbots).
- *Infrastrukturpolitische Instrumente*: Dazu zählen der Verkehrswegebau sowie die Verkehrssteuerung. Während sich der Verkehrswegebau heute in Deutschland im Wesentlichen auf die Modernisierung der vorhandenen Infrastruktur beschränkt, ist es wahrscheinlich, dass die Verkehrssteuerung durch elektronische Systeme (Telematik) erheblich an Bedeutung gewinnen wird.
- *Fiskalpolitische Instrumente*: Diese umfassen allgemeine, insbesondere aber spezielle verkehrsbezogene Steuern (Kraftfahrzeug- und Mineralölsteuer) sowie Gebühren und Subventionen. Die fiskalpolitischen Instrumente haben heute eine dominante Bedeutung im Rahmen der Verkehrspolitik, wobei jedoch nicht nur deren Lenkungsfunktion, sondern auch ihre Ergiebigkeit im Hinblick auf Steuermehreinnahmen eine erhebliche Rolle spielt.

In der praktischen Verkehrspolitik werden die einzelnen Instrumente in der Regel nicht isoliert eingesetzt, sondern zielbezogen miteinander kombiniert.

4.1.3 Träger der Verkehrspolitik

Entsprechend der föderalen Struktur der Bundesrepublik Deutschland befinden sich die Träger der Verkehrspolitik auf den Ebenen des Bundes (Bundesminister für Verkehr, Bundestag), der Länder (Länderminister für Verkehr, Länderparlamente) sowie der Kommunen (Kommunalparlamente, Verwaltungsorgane). Die Zuständigkeiten zwischen Bund und Ländern im Bereich der Verkehrspolitik sind verfassungsrechtlich geregelt.

> Es wird zwischen einer ausschließlichen und einer konkurrierenden Gesetzgebung unterschieden. In den Bereich der *ausschließlichen Gesetzgebung* des Bundes nach Art. 73 des Grundgesetzes fallen u. a. die Bundesbahn, der Luftverkehr sowie das Post- und Fernmeldewesen. In den Bereich der *konkurrierenden Gesetzgebung* fallen dagegen u. a. folgende Entscheidungsbereiche nach Art. 74 des Grundgesetzes: die Hochsee- und Küstenschifffahrt, die Binnenschifffahrt, die Fernstraßen sowie die Erhebung und Verteilung von Gebühren für die Benutzung öffentlicher Straßen.

Zu berücksichtigen ist weiterhin, dass es neben den eigentlichen politischen Entscheidungsträgern auch zahlreiche Einflussträger gibt. Dazu gehören vor allem Verbände, Bürgerinitiativen, Gewerkschaften und Umweltschutzorganisationen.

Einen zunehmenden Einfluss auf die deutsche Verkehrspolitik nehmen mittlerweile auch internationale Entscheidungs- und Einflussträger. Dies gilt insbesondere für die EU. Grundsätzlich verpflichtet der EG-Vertrag die Mitgliedsstaaten der Gemeinschaften zu einer einheitlichen Verkehrspolitik (vgl. Artikel 3 Buchstabe c, Artikel 14, 18, 94 und 95 EG-Vertrag). Vor allem durch die Beschlussfassung bei Themen wie dem gemeinsamen Zolltarif, dem freien Dienstleistungsverkehr, dem freien Kapitalverkehr, der Angleichung einzelstaatlicher Rechtsvorschriften (Artikel 26, 49, 60, 94 bzw. 95 EG-Vertrag) konnte eine entscheidende Weichenstellung im Entscheidungsmechanismus für den Binnenmarkt geschaffen werden. Dies führte zu einer Deregulierung der europäischen Verkehrsmärkte, insbesondere auch im Bereich des Straßengüterverkehrs (z. B. Aufhebung des Kabotageverbotes). Auch in anderen Bereichen, wie etwa der Infrastrukturpolitik und der Vertretung der EU-Mitgliedsstaaten gegenüber Nicht-EU-Mitgliedern, gewinnt die europäische Verkehrspolitik einen zunehmenden Einfluss.

4.2 Verkehrspolitische Handlungsfelder

4.2.1 Reduktion der Umweltbelastungen

Einer der wichtigsten verkehrspolitischen Handlungsbereiche ist heute die Reduktion des Ressourcenverbrauchs und der Umweltbelastung durch verkehrliche Aktivitäten.

> Bei Umweltproblemen handelt es sich um den klassischen Fall sogenannter externer Effekte. Dies sind aus den Aktivitäten eines Wirtschaftssubjektes bei anderen Wirtschaftssubjekten resultierende Wirkungen, wobei es sich hier grundsätzlich um Erträge (positive externe Effekte) oder Kosten (negative externe Effekte) handeln kann. Umweltbelastungen gehören selbstredend zur Gruppe der negativen externen Effekte.

Problematisch in diesem Zusammenhang ist die Ermittlung der zuordenbaren Kosten sowie deren Fälligkeit – vereinfacht dargestellt: Wann werden Umweltausgaben in welcher Höhe fällig? Ein Vergleich der heutigen Verhältnisse zum Jahr 2000 zeigt vor diesem Hintergrund, dass die jährlichen Umweltschutzausgaben in Deutschland um 1,1 Mrd. Euro gestiegen sind. In der Diskussion über Maßnahmen zum Umweltschutz sind daneben die umweltbezogenen Steuern von besonderem Interesse.[5] Sie zählen zu den wirtschaftlichen Instrumenten in der Umweltpolitik.

---

[5] In den Bereich der Umweltsteuern zählen in Deutschland die Energiesteuer (früher: Mineralölsteuer), die Kraftfahrzeugsteuer und die Stromsteuer. Hinzu kommt die „Ökosteuer", die zum 1. April 1999 eingeführt wurde.

Der Personen- und Güterverkehr belastet die Umwelt in vielfacher Weise. Der Verkehrsbereich ist in Deutschland seit 2000 der größte Endenergieverbraucher. Im Jahr 2009 betrug sein Anteil rund 28 Prozent am Gesamtenergieverbrauch. Er emittiert Schadstoffe und Lärm, er verbraucht endliche Rohstoffe und natürliche Flächen, er zerschneidet Biotope, er verschärft das Klimaproblem durch die Erzeugung von Treibhausgasen und verschlechtert die Lebensqualität in den Städten. Neben den Schäden durch das Verkehrsmittel selbst treten also auch Belastungen durch die verkehrsträgerspezifische Infrastruktur auf (siehe Tabelle 8).

Gegenstand der Nachweisung	Einheit	Gesamtwirtschaft	Verkehr gesamt	Anteil Verkehr	Straßenverkehr	Anteil Straßenverkehr
Energieverbrauch	PJ	9.126	2.575	28,2%	2.115	23%
Kohlendioxid (CO_2)	Mio. t	840	152	18,1%	144	17%
Stickstoffoxide (NO_x)	kt	1.294	629	48,6%	566	44%
Schwefeloxide (SO_x)	t	494	2	0,4%	1	0%
Organische Verbindungen	kt	1.280	136	10,6%	128	10%
Staubemissionen	kt	256	46	17,8%	43	17%
Siedlungs- und Verkehrsfläche	km²	47.700	17.931	37,6%	15.737	33%

Tab. 8: Ausgewählte verkehrliche Umwelteffekte (Quelle: Statistisches Bundesamt 2012b, Daten 2008/2009)

Bei den energiebedingten CO_2-Emissionen dominiert die Energiewirtschaft. Der verkehrsbezogene Anteil belief sich dagegen 2009 lediglich auf etwas mehr als 18 Prozent. Im Zeitraum von 1990 bis 2009 sanken die CO_2-Emissionen des Verkehrs sogar um etwa sechs Prozent. Sparsamere Motoren und weiterentwickelte Fahrzeugkonstruktionen sowie die Zunahme des Anteils von Pkw mit Dieselmotor trugen maßgeblich zu dieser Reduktion bei.

Obgleich letztlich von allen Verkehrsträgern umweltbelastende Wirkungen ausgehen, konzentrieren sich die politischen Aktivitäten sehr stark auf den Bereich des motorisierten Individualverkehrs, der häufig als „Umweltfeind Nr. 1" bezeichnet wird. Leitbild der ökologisch ausgerichteten Verkehrspolitik ist das Konzept der „Sustainable Mobility", also einer auf Dauer tragbaren, nachhaltigen Mobilität. Denn zwischen Verkehr, Wirtschaft, Umwelt und Gesellschaft bestehen enge Wechselwirkungen. Aus dem Konzept der Nachhaltigkeit muss jede politische Entscheidung, die aus einem der drei Gesichtspunkte heraus getroffen wird, auf das Ganze hin betrachtet werden (siehe Abbildung 9).

Zwar ist die Belastung durch die Kraftfahrzeugsteuer seit 1997 auf ähnlich hohem Niveau geblieben. Insgesamt sind aber die steuerlichen Belastungen des Kraftfahrzeugverkehrs deutlich gestiegen. Ursächlich war die Anhebung der Mineralölsteuersätze.[6] Die Veränderungen bei der Besteuerung des Kraftfahrzeugverkehrs haben aus dem ökologischen Gedanken heraus sowohl ökonomische als auch soziale Aspekte nachhaltig beeinflusst. So trifft die Erhöhung der Mineralölsteuer beispielsweise vor allem Pendler und das Transport- und Speditionsgewerbe. Die daraus resultierende Ausgabenlast schränkt gleichzeitig den Konsum und die Investitionstätigkeit in

---

[6] Einführung der Ökosteuer im April 1999, Umsetzung des Energiesteuergesetzes vom 15. Juli 2006 und das fünfte Gesetz zur Änderung des Kraftfahrzeugsteuergesetzes vom 27. Mai 2010.

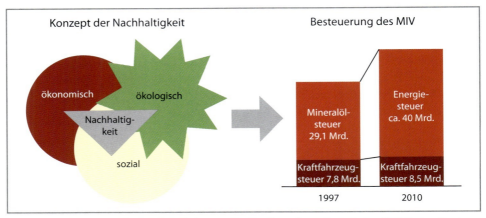

Abb. 9: Nachhaltigkeitskonzept vs. Steuerbelastung (Quelle: eigene Darstellung, Daten: Statistisches Bundesamt 2012a)

anderen Bereichen ein. Veränderungen bei einzelnen Elementen im Nachhaltigkeitskonzept sind demnach generell von komplexen Interdependenzen begleitet.

Aus Ökobilanzen wird deutlich, dass mehr als 80 Prozent der Umweltauswirkungen eines Kraftfahrzeuges aus dem Fahrbetrieb resultieren. Die Produktion trägt mit etwa zehn Prozent, das Recycling mit weniger als zehn Prozent zu den Umweltauswirkungen des Automobils bei.

Nachhaltige Entwicklung muss deswegen als ein langfristiges gesellschaftliches Projekt betrachtet werden. In diesem Spannungsfeld müssen sich so auch die Umweltkonzepte der Automobilindustrie behaupten. Vor diesem Hintergrund setzen Akteure der Automobilindustrie mit ihren Maßnahmen und Konzepten zum Umweltschutz vorrangig beim Fahrzeug selbst an. Umweltoptimierte Produktkonzepte beziehen sich auf die Minderung von Emissionen, die Verringerung des Kraftstoffverbrauchs, die Schonung von Ressourcen und die Reduzierung der Beanspruchung von Deponien durch Recycling.

4.2.2 Verkehrspolitische Basisstrategien

Zur Vermeidung möglicher Umweltschädigungen wird heute eine Vielzahl von politischen Maßnahmen diskutiert und teilweise auch umgesetzt. Dabei kann grundsätzlich zwischen drei strategischen Ansätzen unterschieden werden (siehe Abbildung 10 auf S. 62):

- *Strategie der Verkehrsvermeidung*: Sie zielt darauf ab, generell das Niveau der verkehrlichen Aktivitäten zu reduzieren.
- *Strategie der Verkehrsverlagerung*: Bei ihr wird versucht, verkehrliche Aktivitäten auf Verkehrsträger zu verlagern, deren Umweltbelastungen vergleichsweise gering sind.
- *Strategie der Verkehrsoptimierung*: Sie hat zum Ziel, unter Aufrechterhaltung eines gegebenen verkehrlichen Aktivitätsniveaus, die verkehrlichen Abläufe im Sinne einer Minimierung der Umweltbelastungen zu optimieren.

Zu jeder dieser Strategien lassen sich typische verkehrspolitische Maßnahmen zuordnen, wobei einzelne Maßnahmen durchaus allen drei Strategiekonzepten zugeordnet werden können.

Die bisherigen Erfahrungen mit Strategien der Verkehrsvermeidung und der Verkehrsverlagerung zeigen, dass die Wirksamkeit der einschlägigen Maßnahmen auf das Verkehrsverhalten eher gering ist. Dies ist insofern nicht überraschend als eine Vielzahl von Determinanten der Verkehrsentwicklung einer direkten verkehrspolitischen Beeinflussung entzogen ist.
Aktuell spielen in der Verkehrspolitik fiskal-, ordnungs- und infrastrukturpolitische Handlungsansätze zur Minimierung der Umweltbelastungen durch den motorisierten Individualverkehr eine besonders wichtige Rolle: Schon seit längerem wird aus *fiskalpolitischer Perspektive* eine an Emissionen orientierte Besteuerung im Sinne des Pigou-Modells für Pkw angestrebt.[7] Damit soll eine „Internalisierung der externen Kosten" der Pkw-Nutzung erreicht werden. Nicht zuletzt vor diesem Hintergrund wurde das Kraftfahrzeugsteueränderungsgesetz 1997 mit einer grundlegenden Reform der Besteuerung von Personenkraftwagen initiiert. Parallel dazu wird die Diskussion um die Erhöhung der Mineralölsteuer sowie hinsichtlich der CO_2-Besteuerung des motorisierten Individualverkehrs (MIV) sukzessive fortgeführt. Zu den fiskal- und verkehrspolitischen Maßnahmen zählen auch streckenbezogene Gebühren (Road Pricing). So wird für die Benutzung der deutschen Autobahnen seit dem 1. Januar 2005 eine streckenbezogene Autobahnbenutzungsgebühr (Lkw-Maut) erhoben. Seither unterliegen in- und ausländische Lkw ab zwölf Tonnen zulässigem Gesamtgewicht der Mautpflicht. Mit der Einführung der Maut nimmt die Bundesrepublik einen Systemwechsel vor – von der Steuerfinanzierung hin zu einer Nutzerfinanzierung des Autobahnbaus. Solche Gebühren stehen mittlerweile auch für Pkw und Kombi in der Diskussion. Generell sorgt die Maut für eine verursachergerechtere Anlastung der Kosten für den Erhalt und den Ausbau des Streckennetzes. Sie gilt als Voraussetzung für eine moderne Verkehrsinfrastruktur. Außerdem lassen sich damit Anreize zur ökologisch sinnvollen Verlagerung des Personen- und Güterverkehrs auf andere Verkehrsträger bzw. Verkehrsmittel schaffen.
Bei den *ordnungspolitischen Maßnahmen* ist die Festlegung von Grenzwerten für Schadstoff- und Lärmemissionen von dominierender Bedeutung. Im Vergleich zu fiskalpolitischen Maßnahmen, wie etwa die Erhöhung der Mineralölsteuer, haben Grenzwerte den Vorteil, dass sie eine schnelle und berechenbare Wirkung haben. Außerdem ist die politische Akzeptanz höher als bei steuerlichen Maßnahmen. Andererseits haben Grenzwerte eine pauschale Wirkung, das heißt, sie treffen Vielfahrer und Wenigfahrer in gleicher Weise. Außerdem geht von Grenzwerten, die in der Regel für mehrere Jahre festgelegt werden, keine dynamische Anreizwirkung zur Minimierung der Emissionen aus. Ferner erfordert ihre Änderung häufig einen langen politischen Aus-

---

[7] Pigou kam bereits in den 1920er Jahren zu dem Ergebnis, dass die Ausblendung von Umweltschäden den zentralen Lenkungsmechanismus der Volkswirtschaft, die Zuweisung der Finanzmittel, die Allokationswirkung des Preis- und Kostensystems in Frage stellen würde. Da die Natur praktisch zum Nulltarif zu haben sei, bildeten die sich im Marktgeschehen ergebenden Energiepreise die wahren Kosten von Energieerzeugung und Energienutzung verfälscht ab. Die Umweltkosten würden externalisiert. Um dieses Phänomen zu bekämpfen, forderte Pigou die Einbeziehung externer Effekte in die Preisbildung. Da dies der Markt selbst nicht leisten kann, ist nach Aussage von Pigou eine internalisierende Rahmensetzung nötig, um die Differenz zwischen den privaten Kosten einer wirtschaftlichen Aktivität und ihren gesamtwirtschaftlichen Folgekosten den Verursachern finanziell anzulasten.

DAS AUTOMOBIL ALS DOMINIERENDES VERKEHRSMITTEL

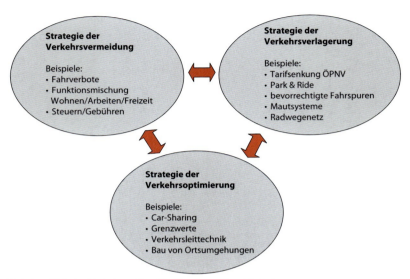

Abb. 10: Verkehrspolitische Basisstrategien (Quelle: eigene Darstellung)

handlungsprozess. Und schließlich wirken sich veränderte Grenzwerte nur bei neu in den Verkehr kommenden Fahrzeugen aus, sodass die Gesamtwirkung reduzierter Grenzwerte vom Umschlag des gesamten Fahrzeugbestandes abhängig ist.

Seit 2012 werden bei Neufahrzeugen (Pkw) zusätzlich die Emissionen des Klimagases CO_2 stufenweise bis zum Jahr 2015 auf 120 g/km begrenzt. Darüber hinaus wurde ein Langzeitzielwert von 95 g/km für 2020 festgelegt. Für leichte Nutzfahrzeuge wurde ein CO_2-Zielwert von 175 g/km für 2017 und 147 g/km für das Jahr 2020 festgelegt. Zwischen Rat und EU-Parlament kam es im Dezember 2008 zu dieser Einigung, der Verordnung 443/2009 vom 23. April 2009 zu CO_2-Emissionen von Neuwagen.

Heftig diskutiert wurde und wird daneben die Einführung eines generellen Tempolimits auf Autobahnen zur Minimierung der Umweltbelastungen durch Pkw. Allerdings konnte in mehreren Gutachten nachgewiesen werden, dass von einer solchen Maßnahme eine nur geringe Umweltentlastung ausgehen würde, sodass die Diskussion um diese Maßnahme schon mehrfach zum Stillstand gekommen ist.

Eine Maßnahme, die in den Bereich der *infrastrukturpolitischen Maßnahmen* fällt, ist die Verbesserung der Angebotsqualität umweltschonender Verkehrsträger, um ihre Akzeptanz in der Bevölkerung zu erhöhen. Konkret bedeutet dies beispielsweise die Optimierung von Verkehrsverbünden durch eine bessere Abstimmung von Fahrplänen zwischen unterschiedlichen öffentlichen Verkehrsmitteln. Weiterhin gehört dazu die Einrichtung von bevorrechtigten Fahrspuren für Busse und Fahrradfahrer sowie das verstärkte Angebot von Park&Ride-Parkplätzen. Auch Maßnahmen der Verkehrsberuhigung sowie die Entschärfung von Stauschwerpunkten durch einen partiellen Ausbau der Verkehrsinfrastruktur (z.B. durch Ortsumgehungen) tragen zu einer Minimierung der Umweltbelastungen bei.

4.2.3 Erhöhung der Verkehrssicherheit

Das Bedürfnis nach Sicherheit ist ein originäres Bedürfnis der Verkehrsteilnehmer. Verkehrspolitische Maßnahmen zur Erhöhung der Verkehrssicherheit sind:

- *Ordnungspolitische Maßnahmen*: Dazu gehört die Sicherstellung der Einhaltung der Straßenverkehrsordnung und der gesetzlichen Regelungen zur Fahrzeugsicherheit sowie insbesondere die Einführung und Kontrolle von Tempolimits bei Gefahrenschwerpunkten.
- *Infrastrukturpolitische Maßnahmen*: Sie bestehen insbesondere in der Entschärfung von Gefahrenpunkten durch verkehrstechnische Maßnahmen. In Zukunft wird in diesem Bereich die Telematik eine ebenfalls wachsende Bedeutung haben.

Die Risikoprofile der verschiedenen Verkehrsträger sind deutlich unterschiedlich ausgeprägt. Dabei steht der motorisierte Individualverkehr in besonderer Weise in der Diskussion (siehe Abbildung 11), da die Zahl der Getöteten bezogen auf die jeweiligen Fahrleistungen bei Automobilen deutlich höher ist als etwa bei der Bahn oder dem Flugzeug. Andererseits ist festzustellen, dass die Zahl der Verkehrsunfälle in den letzten Jahren – trotz deutlich gestiegener Fahrzeugbestände und Fahrleistungen – erheblich zurückgegangen ist. So erreichte die Zahl der bei Verkehrsunfällen Getöteten im Jahr 2009 mit rund 3.900 Personen den niedrigsten Stand seit Gründung der Bundesrepublik Deutschland.

Es wird dennoch niemand der Auffassung widersprechen, dass jeder Tote im Verkehr ein Toter zu viel ist und die Zahl der Verkehrsunfälle weiter reduziert werden sollte. Neben dem menschlichen Leid, das hinter jedem Unfall mit Toten und Verletzten steht, gilt es auch den enormen volkswirtschaftlichen Einfluss zu bedenken, der durch Unfälle mit Sachschäden entsteht. So wird der ökonomische Schaden durch Verkehrsunfälle mit 700 Mrd. Euro beziffert.

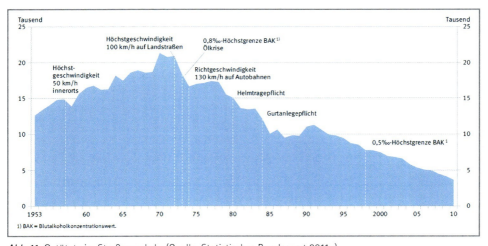

Abb. 11: Getötete im Straßenverkehr (Quelle: Statistisches Bundesamt 2011a)

Die Automobilindustrie muss dem Thema Sicherheit aber auch deshalb weiterhin höchste Priorität einräumen, weil die Fahrzeugsicherheit für die Käufer eines der wichtigsten Kriterien für deren Kaufentscheidung ist. Über 80 Prozent der Autofahrer geben an, dass für sie „Sicherheit" ein sehr wichtiger Kaufgrund für das gewählte Modell und die gewählte Marke ist. Daher stellt die Steigerung der aktiven und passiven Sicherheit ebenso eines der wichtigsten Ziele in der Fahrzeugentwicklung bei den Automobilherstellern dar.

 Passive Sicherheitseinrichtungen sind darauf gerichtet, die Folgen abzumildern, wenn ein Unfall nicht zu vermeiden ist. *Aktive Sicherheitseinrichtungen* sollen dagegen helfen, einen Unfall zu verhindern oder die Härte und Wucht des Aufpralls herabzusetzen.

Aktive Sicherheit				Passive Sicherheit	
Normale Fahrzeugbewegung	Kritische Fahrsituationen	Pre-Crash		In-Crash	Post-Crash
Beispiele: • Verkehrsnachrichten • Parkleitsysteme • Navigation • Abstandswarner • Blind Spot Detection	Beispiele: • Night Vision • Lane Departure Warning • Notruf • ESP • Bremsassistent • ABS	Beispiele: • PRE-SAFE	Unfall	Beispiele: • Gurtstraffer • Innenraumoptimierung • Sicherheitszelle • Airbag	Beispiele: • automatischer Warnruf an nachfolgende Fahrzeuge
Verkehrsleittechnik				Aktive Schutzsysteme	
		Fahrzeugassistenzsysteme			Pro-aktive Schutzsystme

Abb. 12: Ganzheitliches Sicherheitskonzept für Automobile (Quelle: eigene Darstellung)

Die ganzheitliche Optimierung des Gesamtsystems von aktiven und passiven Sicherheitsmaßnahmen (siehe Abbildung 12) verspricht größere Zugewinne an Sicherheit als die Optimierung der einzelnen Elemente allein, wobei natürlich auf Letzteres nicht verzichtet werden sollte. So entstanden die ersten Überlegungen, die Steigerung der Fahrzeugsicherheit in umfassende Verkehrsmanagementkonzepte einzubinden, deren Ziel neben einer Erhöhung der Verkehrssicherheit gleichzeitig auch eine Verbesserung des Verkehrsflusses und einer Steigerung der Umweltverträglichkeit ist.

4.2.4 Einsatz von Verkehrsleittechnik und Fahrerassistenzsystemen

Die Entstehung einer ganzheitlichen, systemischen Sichtweise für verkehrliche Abläufe und die Erkenntnis, dass eine Optimierung dieser Abläufe im Hinblick auf gesellschaftlich relevante Zielsetzungen eine zeitnahe Bereitstellung entscheidungsrelevanter Informationen erfordert, war die Geburtsstunde der Telematik. Neben der Verkehrsleittechnik gehört dazu auch der Bereich der sogenannten Fahrerassistenzsysteme, die die Aufgabe haben, den Fahrer bei der Erfüllung seiner Fahraufgabe zu unterstützen.

> **DEF.** **Telematik** – ein Kunstwort aus der Zusammenführung der Begriffe Telekommunikation und Informatik – bezeichnet in einer weiten Fassung des Begriffs die intra- und intermodale Vernetzung der Verkehrsträger durch informations- und kommunikationstechnische Systeme.

Eine Vielzahl an Forschungsprojekten auf dem Gebiet der *Verkehrstelematik* macht die hohe Priorität deutlich, mit der die Automobilhersteller in diesem Bereich seit nunmehr 25 Jahren aktiv sind. Ein erster Schritt zur Sicherstellung eines gleichmäßigen und flüssigen Verkehrs im Straßennetz ist der Einsatz der *Verkehrsleittechnik*.

> **DEF.** **Verkehrsleittechnik** ist die anlagentechnische Konzeption eines Verkehrsbeeinflussungssystems. Es umfasst die technischen Einrichtungen zur Erfassung, Verarbeitung, Verteilung und Visualisierung verkehrsrelevanter Daten.

Die Verstetigung verkehrlicher Abläufe ist dabei nicht nur unter Effizienzgesichtspunkten und hinsichtlich der Reduzierung von Umweltbelastungen zu betrachten, da unnötiger Energieverbrauch und unnötige Emissionen vermieden werden. Ein wesentlicher Aspekt ist aber auch die Erhöhung der Verkehrssicherheit. Es ist daher nicht überraschend, dass die Harmonisierung des Verkehrsflusses einen wesentlichen Schwerpunkt in verschiedenen Forschungsprojekten darstellt. Neben der *kollektiven Verkehrsbeeinflussung* tragen auch Systeme der *individuellen Verkehrsleittechnik* wie z. B. dynamische Navigationssysteme potenziell zur Stauvermeidung bei. Allerdings besteht hier die Gefahr, dass der Stau auf nachgeordnete Straßen verlagert wird (z. B. von einer Autobahn auf eine Bundesstraße). Daher müssen auch Nebenstraßen zwingend in das System der Verkehrsbeobachtung mit einbezogen werden.

Ein wesentlicher Fortschritt in der Verkehrsleittechnik wäre darüber hinaus dann erreicht, wenn der Aufbau von leistungsfähigen Adhoc-Netzen gelänge. Unter einem Adhoc-Netz ist eine sich selbst organisierende Form der Kommunikation gemeint, bei der Daten direkt zwischen Fahrzeugen in einem lokalen Gebiet ohne eine vorab installierte Infrastruktur ausgetauscht werden.

Der Aufbau solcher Adhoc-Netze stellt jedoch sehr hohe Anforderungen an die Datensicherheit, Standardisierung und insbesondere an das Vorhandensein entsprechender Frequenzen.

Neben der Verkehrsleittechnik haben in den letzten Jahren auch *Fahrerassistenzsysteme* erheblich an Bedeutung gewonnen, ohne dass deren Potenzial bereits vollständig ausgeschöpft wäre.

> **DEF.** Unter dem Begriff der **Fahrerassistenzsysteme** können alle Technologien zusammengefasst werden, die dem Fahrer helfen, seine Fahraufgabe unfallfrei zu erfüllen.

Eines der ersten Assistenzsysteme war das Anti-Blockier-System (ABS), das bereits im Jahr 1979 Einzug in ein Serienfahrzeug gefunden hat. Es vereinigt die für Assistenzsysteme typischen Merkmale, nämlich die ständige Verfügbarkeit einerseits und der lediglich situative und selbstgesteuerte Einsatz andererseits. Das ABS war und ist insofern ein „intelligentes" System als es fahrkritische Zustände „erkennt" und dann wirksam wird.

Mittlerweile ist eine Vielzahl solcher Systeme in den Bau von Serienautomobilen eingeflossen. Beispielhaft sei hier das Electronic Stability Programme ESP genannt, mit dem das Unter- oder Übersteuern eines Fahrzeugs verhindert und damit die Fahrstabilität und Kontrollierbarkeit des Fahrzeuges deutlich erhöht wird. Ein weiteres System, das heute schon bei vielen Serienfahrzeugen zum Einsatz kommt, ist der sogenannte Bremsassistent. Er verstärkt automatisch die Bremskraft, wenn erkennbar ist, dass der Fahrer in einer kritischen Fahrsituation nicht mit ausreichendem Druck das Bremspedal betätigt.

Im Hinblick auf die zukünftige Entwicklung werden im Bereich der Fahrerassistenzsysteme Sensoren eine erhebliche Bedeutung bekommen. Die Entwicklung geht hier in Richtung einer „Rundum-Sensorik" für das komplette Fahrzeug. Dazu zählen beispielsweise die *Blind Spot Detection* (Überwindung des „toten Winkels"), die *Lane Departure Warning* (unbeabsichtigter Wechsel der Fahrspur) und die *Night Vision* (Verbesserung der Nachtsicht). Insgesamt führt der verstärkte Einsatz von Sensoren dazu, dass sich die Wahrnehmung des Fahrers verbessert und die Verarbeitung von Informationen erleichtert wird. Ziel der weiteren Entwicklung in diesem Bereich ist es, die Reichweite der Sensoren, die bislang auf den Nahbereich des Fahrzeuges beschränkt ist, zu erhöhen.

Grundsätzlich ließe sich schon heute technisch der Übergang vom assistierten zum *automatischen Fahren* umsetzen. Letztlich würde das Fahrzeug damit wie im schienengebundenen Verkehr der individuellen Steuerung durch den Fahrer weitgehend entzogen. Die Umsetzung stößt dabei teilweise auf erhebliche technische und organisatorische sowie auf haftungs- und datenschutzrechtliche Barrieren. Überwunden werden können diese Barrieren nur, wenn ein Systemführer eine Steuerungsfunktion übernimmt. Ob dies die Politik oder die Wirtschaft sein wird, ist nicht zuletzt auch eine Frage der ordnungspolitischen Orientierung in der Verkehrspolitik.

4.2.5 Erhaltung der Mobilität

Bei allen Verkehrsträgern zeigen sich in den letzten Jahren in zunehmendem Maße Engpässe. Dies gilt nicht nur für die Bahn und den Flugverkehr, wie die große Zahl von Verspätungen deutlich macht, sondern im Besonderen für den motorisierten Individualverkehr.

Die Verkehrsbelastung und Staubildung auf der Straße haben sich in den letzten Jahren für jeden erkennbar erhöht. Und obwohl die Fernstraßen zu den wirtschaftlichsten Verkehrswegen zählen, hinken die erforderlichen Investitionen deutlich hinter den Fahrleistungsentwicklungen hinterher: Während bei den Fahrleistungen auf den Bundesfernstraßen zwischen 1993 und 2008 eine Steigerung um 30 Prozent zu verzeichnen war, stiegen die Investitionsausgaben im gleichen Zeitraum von 4,63 Mrd. Euro (im Jahr 1992) unzureichend auf rund 5,8 Mrd. Euro (im Jahr 2008). Verkehrsexperten sind sich einig, dass für einen bedarfsgerechten Ausbau des Bundesfernstraßennetzes rund 7 Mrd. Euro pro Jahr zu veranschlagen sind.

Nach verschiedenen Untersuchungen weist schon heute ein Viertel des Autobahnnetzes gravierende Engpässe auf: Bis zu 250 Streckenkilometer sind den Untersuchungsergebnissen sogar so stark belastet, dass es dort täglich zu großen Staus kommt. Das Netz ist außerdem auf vielen Streckenabschnitten veraltet, wodurch die Qualität der Autobahnen zunehmend zu wünschen übrig lässt. Derzeit sind über 20 Prozent der Autobahnen nicht ohne Weiteres gebrauchsfähig, das heißt, sie sind gezeichnet durch deutlich bis sehr stark wahrnehmbare Unebenheiten, erkennbare Spurrinnen mit Aquaplaninggefahr bei Nässe und stellenweise schlechter bis sogar unzureichender Griffigkeit. Darin liegen nicht zuletzt auch Gefahren für die Aufrechterhaltung der Verkehrssicherheit. Zunehmende Staubildungen führen außerdem zu zusätzlichen ökologischen Belastungen und volkswirtschaftlich gesehen zu Zeitverlusten und damit auch tendenziell zu höheren Kosten.

Grundsätzlich gibt es zur Sicherstellung der Mobilität zwei Möglichkeiten: zum einen den quantitativen und qualitativen Ausbau der Verkehrsinfrastruktur und zum anderen die Bewirtschaftung der vorhandenen Infrastrukturkapazitäten durch Straßenbenutzungsgebühren (Road Pricing).

Was die Gestaltung der Verkehrsinfrastruktur anbelangt, ist festzustellen, dass deren quantitativer Ausbau, insbesondere der Neu- und Ausbau von Straßen, an die Grenzen der sozialen Akzeptanz und damit auch der politischen Durchsetzbarkeit gestoßen ist. Daher wird in Zukunft die qualitative Verbesserung der Verkehrsinfrastruktur eine wachsende Bedeutung bekommen. Eine Schlüsselrolle wird dabei die Telematik spielen.

5 Perspektiven der Verkehrsentwicklung

Nahezu alle Prognosen gehen davon aus, dass der Personen- und Güterverkehr in Zukunft weiter ansteigen wird. Besonders hohe Zuwächse werden im Freizeitverkehr und vor allem im Urlaubsverkehr erwartet. Demgegenüber wird nach einer Reihe von Prognosen der Berufs- und Ausbildungsverkehr nur unterdurchschnittlich wachsen. Im Prinzip lassen sich die folgenden, die Verkehrsleistungen im Personenverkehr fördernden Faktoren identifizieren:

- der hohe Freizeitanteil,
- das relativ hohe Einkommensniveau,
- die zunehmende Altersmobilität sowie
- quantitative und qualitative Angebotsverbesserungen.

Demgegenüber lassen sich dämpfende Faktoren identifizieren. Sie lassen sich wie folgt zusammenfassen:

- Stagnation der Wohnbevölkerung,
- Infrastrukturengpässe und
- steigende Mobilitätskosten.

Aufgrund dieser gegenläufigen Faktoren kann in Zukunft mit einem weiteren, allerdings nur noch moderaten Wachstum der Personenverkehrsleistungen gerechnet werden, wobei das Automobil jedoch seine dominierende Stellung behalten dürfte. Höhere Zuwachsraten als im Personenverkehr werden im Güterverkehr, und zwar insbesondere im Güterfernverkehr, vorhergesagt. Begründet wird dies im Wesentlichen mit den folgenden Faktoren:

- die zunehmende internationale Arbeitsteilung,
- das weitere Wirtschaftswachstum sowie
- verkehrsfördernde Distributionskonzepte (E-Commerce).

Als den Güterverkehr eher begrenzende Faktoren sind zu nennen:

- weiterer Anstieg des Dienstleistungsanteils am Sozialprodukt,
- Engpässe in der Verkehrsinfrastruktur sowie
- tendenziell steigende Transportkosten.

Auch im Güterverkehr erscheint daher ein weiteres, wenngleich sich abschwächendes Wachstum wahrscheinlich. Allerdings muss dabei deutlich zwischen Verkehrs- und Fahrleistungen differenziert werden. Gerade bei den infrastruktur- und umweltrelevanten Fahrleistungen ist mit einem nur noch verhaltenen Wachstum zu rechnen, da die Transporteffizienz weiter deutlich zunehmen wird. Andererseits kann es in speziellen Verkehrsbereichen durchaus zu einem stärkeren Wachstum kommen. So wäre z. B. denkbar, dass bei einer starken Ausbreitung des Online-Shoppings die Verteilerverkehre mit Transportern in Zukunft stark ansteigen.

Prof. Dr. Reinhold Bopp

III Das Management der automobilwirtschaftlichen Wertschöpfungsstrukturen

In der Automobilwirtschaft haben sich in den letzten Jahren netzwerkorientierte Wertschöpfungsstrukturen entwickelt. Dieses Kapitel erläutert im Hinblick auf die Gestaltung von Wertschöpfungsstrukturen die zu unterscheidenden Integrationsformen, die Messung des Integrationsgrades sowie die zu berücksichtigenden Determinanten in Entscheidungsprozessen.

1 Einleitung
2 Integrationsformen zur Gestaltung von Wertschöpfungsstrukturen
3 Messung des Integrationsgrades in Wertschöpfungsstrukturen
4 Transaktionskostentheorie und Wertschöpfungsstrukturen
5 Determinanten bei der Gestaltung automobilwirtschaftlicher Wertschöpfungsstrukturen
6 Fazit und Ausblick

1 Einleitung

Das Ziel produktiver Tätigkeit in einer Geldwirtschaft ist die Wertschöpfung, also der Wertbildungsprozess in Wirtschaftseinheiten durch die Kombination von Produktionsfaktoren (vgl. Woll 1987). Nach Michael E. Porter lassen sich dabei gegenüber dem Wettbewerb Vorteile erzielen, wenn das Unternehmen strategisch relevante Aktivitäten billiger (Kostenvorteil) oder besser (Differenzierungsvorteil) als die Konkurrenz durchführen kann. Zur Analyse der Stärken und Schwächen hat Porter das Modell der Wertkette entwickelt (siehe Abbildung 1):

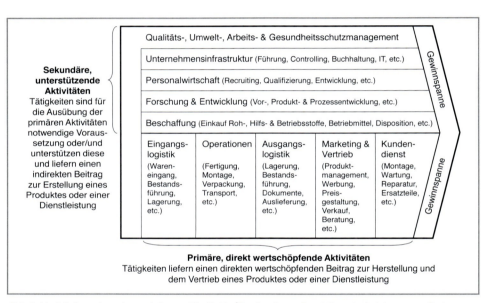

Abb. 1: Modell der unternehmensinternen Wertkette (Quelle: eigene Darstellung in Anlehnung an Porter 1989)

Die Wertkette eines Unternehmens ist mit den Wertketten der Lieferanten und Abnehmer verknüpft. Daher stehen nicht einzelne Unternehmen, sondern vom Unternehmen gesteuerte Wertschöpfungsketten im Wettbewerb zueinander (siehe Abbildung 2 auf S. 72).

 Die unternehmensinterne Abfolge von Aktivitäten kann als Wertkette (Value Chain) bezeichnet werden, die unternehmensübergreifende Abfolge von Aktivitäten als Wertschöpfungskette (Supply Chain).

In den letzten Jahren haben sich die ausgeprägten hierarchischen Strukturen der Wertschöpfungsketten zu netzwerkorientierten Strukturen weiterentwickelt. Dies zeigt sich sowohl in den Beziehungen der Automobilhersteller untereinander, zwischen Herstellern und Zulieferern, zwischen Zulieferern und auch im Bereich der Handels. Daher wird verallgemeinernd von Wertschöpfungssystemen, Wertschöpfungsarchitekturen oder Wertschöpfungsstrukturen gesprochen.

Für im Wettbewerb stehende Unternehmen ergeben sich bzgl. der Wertschöpfungsstrukturen zwei wesentliche und in wechselseitiger Beziehung stehende **Managementaufgaben**:

- Gestaltung der Wertschöpfungsstruktur bzw. des Integrationsgrades:
    - Im Fokus der Betrachtungen steht dabei der vertikale Integrationsgrad, also die Entscheidungen, welche Wertschöpfungsaktivitäten innerhalb des Unternehmens und welche von Wertschöpfungspartnern durchgeführt werden sollen.
    - Der vertikale Integrationsgrad ist die Folge von strategischen, kurzfristig nicht reversiblen Entscheidungen unter Berücksichtigung zahlreicher Determinanten, die ihrerseits Zielkonflikte aufweisen. So kann eine Fremdvergabe zu reduzierten Kosten, aber auch zu einem Verlust an Differenzierungsmöglichkeiten führen, weil der Lieferant ähnliche Lösungen auch anderen Herstellern anbieten könnte.
    - Im Kapitel XIII werden die aus Sicht der Hersteller in Richtung Beschaffungsmarkt „upstream" orientierten Wertschöpfungsstrukturen detaillierter behandelt (Beschaffungsstrukturen), in Kapitel X die „downstream" in Richtung Absatzmarkt orientierten Strukturen (Vertriebsstrukturen).
- Gestaltung des unternehmensübergreifenden Wertschöpfungsprozesses:
    - Bei der Gestaltung des Wertschöpfungsprozesses handelt es sich um Entscheidungen zur Optimierung der Schnitt- bzw. Nahtstellen zwischen den verschiedenen Wertschöpfungspartnern innerhalb einer Wertschöpfungsstruktur.
    - Weiterhin müssen die unternehmensinternen Prozesse und deren Abstimmung auf die unternehmensübergreifenden Prozesse optimiert werden.
    - In den bereits genannten Kapiteln X und XIII wird u. a. auf die Gestaltung der Prozesse innerhalb der Vertriebs- und Beschaffungsstrukturen eingegangen.

2 Integrationsformen zur Gestaltung von Wertschöpfungsstrukturen

2.1 Vertikale Integration

Bei der Gestaltung der Wertschöpfungsstruktur lassen sich verschiedene Formen der Integration in Betracht ziehen (vgl. Abbildung 2 und Adam 1997). **Vertikale Integration** bedeutet das Zusammenfassen von Betrieben unterschiedlicher Produktionsstufen und gleicher Branche unter einer einheitlichen Unternehmensführung. Oft wird in diesem Zusammenhang auch von „Make or Buy"-Entscheidungen gesprochen.

Die vertikale **Rückwärtsintegration** bezieht sich dabei auf die Input-Situation des Unternehmens und betrifft die vorgelagerten Zulieferer, d. h., bisher zugekaufte Güter für die Weiterverarbeitung im Unternehmen werden selbst hergestellt oder gewonnen.

Die vertikale **Vorwärtsintegration** bezieht sich auf die Output-Situation des Unternehmens und betrifft somit die nachgelagerten Produktions- und insbesondere Handelsstufen, d. h., bisher von nachgelagerten Stufen erbrachte Leistungen werden selbst erstellt.

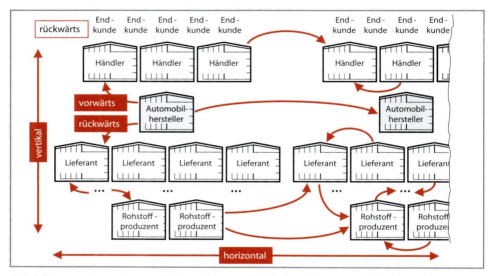

Abb. 2: Formen der Integration am Beispiel der Automobilwirtschaft (Quelle: eigene Darstellung)

Die Internalisierung von Produktions- bzw. Handelsstufen kann auf verschiedene Arten erfolgen, z. B. durch Aufbau einer eigenen Leistungserstellung, durch Gründung eines verbundenen Unternehmens, durch Vergrößerung des Unternehmens durch Anteilskäufe an anderen Unternehmen, durch Übernahmen oder durch Kooperationen. Dabei werden Markttransaktionen durch unternehmensinterne Koordinationsformen ersetzt (vgl. Kapitel 4).

Im Rahmen der optimalen Gestaltung der Schnittstellen kommt der Verknüpfung der externen Leistungserstellungsprozesse mit den unternehmensinternen Prozessen eine wesentliche Bedeutung zu. So siedeln sich z. B. zur Unterstützung der Automobilentwicklung externe Partner räumlich in unmittelbarer Nachbarschaft der Entwicklungszentren der Hersteller an (vgl. Entwicklungsdienstleister in Umgebung des BMW Forschungs- und Ingenieurszentrums in München) oder werden sogar räumlich in das Entwicklungsprojekt zur personellen Vernetzung als Resident Engineers integriert. Die Vorteile einer geringen vertikalen Integration bleiben so erhalten, gleichzeitig können Nachteile wie z. B. eine erschwerte Reaktionsfähigkeit, Kommunikation und Abstimmung sowie erhöhter Steuerungsaufwand gemindert werden.

2.2 Weitere Formen der Integration

Neben der vertikalen Integration lassen sich weitere Formen der Integration unterscheiden:

- **Horizontale Integration** bedeutet ein Zusammenfassen von Betrieben gleicher Produktionsstufe und Branche unter einer einheitlichen Unternehmensführung. In den letzten Jahren hat aufgrund des enormen Wettbewerbs in der Automobilindustrie die Bereitschaft der Hersteller, der Zulieferer und Händler zur horizontalen Integration durch Übernahmen, Kooperationsverträge, gegenseitige Beteiligungen oder andere Formen der Verflechtung in einzelnen Leistungsbereichen stark zugenommen (vgl. VW AG 2010 oder http://www.toomanycars.info/CarRelationship/Car_Rel-Image2.html). Wesentliche Ziele sind:
  - die Erweiterung des Marken- bzw. Produktportfolios,
  - die Erschließung neuer Märkte bzw. neuer Kunden und Zugriff auf vorhandene Infrastruktur und Produktionsstätten,
  - der Zugriff auf Know-how und neue Technologien sowie
  - die Erzielung von Skalen- und Synergieeffekten.

- Unter der **lateralen (diagonalen) Integration** versteht man ein Zusammenfassen von Betrieben unterschiedlicher Produktionsstufe und Branche unter einer Unternehmensführung mit den Zielen der Diversifikation und der Risikoverteilung auf unterschiedliche Märkte.
  Als Beispiel für eine langfristig wenig erfolgreiche laterale Integration steht die Daimler AG, die als Daimler-Benz AG unter ihrem Finanz- und späteren Vorstandsvorsitzenden Edzard Reuter zwischen 1984 und 1995 versuchte, durch extreme Diversifizierung sich zu einem integrierten Technologiekonzern mit geringeren Marktabhängigkeiten und besserem Zugang zu Schlüsseltechnologien zu entwickeln. Dazu wurden namhafte Unternehmen verschiedenster Branchen integriert, z. B. AEG (Elektrik, Elektronik und Bahntechnik), MTU (Antriebstechnik, Luftfahrt), Dornier (Luft- und Raumfahrt) und MBB (Luft- und Raumfahrt, Militärtechnik).

- Unter der **Desintegration** wird ein Ausgliedern von Betrieben in rechtlich selbstständige Unternehmen mit eigener Unternehmensführung verstanden, mit den Zielen der Risikoverteilung, der Kostenreduzierung, der Spezialisierung oder der Flexibilisierung. Bei der vertikalen Desintegration werden vor- oder nachgelagerte Stufen der Fertigung oder des Handels von einem Unternehmen mit dem Ergebnis der Unternehmensverkleinerung (Anteilsverkäufe oder Outsourcing) externalisiert und unternehmensinterne Formen der Koordination durch Markttransaktionen ersetzt. Als prominente Beispiele für die vertikale Desintegration können das Herauslösen des Zulieferers Delphi Corporation im Jahr 1999 aus der General Motors Company oder das Herauslösen des Zulieferers Visteon Corporation im Jahr 2000 aus der Ford Motor Company betrachtet werden. Durch vertikale Desintegration – u. a. zur Ermöglichung geringerer Lohnkosten – haben sich zwei Megalieferanten entwickelt. Beide Automobilhersteller hatten zuvor eine Vielzahl von Zulieferunternehmen aufgekauft und diese Umfänge vertikal integriert.

2.3 Netzwerkstrukturen

Als wesentliche Hybridformen zwischen Markt und Hierarchie haben sich in den letzten Jahren neben Joint Ventures strategische Allianzen in Form ganzer Unternehmensnetzwerke entwickelt, die je nach Wertschöpfungsstufe und Branche der Netzwerkpartner als horizontale, vertikale und laterale Netzwerke ausgeprägt sein können (vgl. Wallentowitz/Freialdenhoven/Olschewski 2009). Netzwerke bestehen aus Organisationen, die über vor-, nach-, horizontal und ggf. lateral gelagerte Verbindungen an den verschiedenen Prozessen und Vorgängen der Wertschöpfung beteiligt sind und aus Sicht des Endverbrauchers Werte in Form von Produkten und Dienstleistungen schaffen. Das übergeordnete Ziel von Netzwerken besteht darin, dass die Mitglieder einen Wettbewerbsvorteil gegenüber Firmen außerhalb des Netzwerkes erlangen (vgl. Wertz 2000). Netzwerke weisen bei der Leistungserstellung gegenüber unternehmensinternen und marktlichen Koordinationsformen wesentliche Vorteile auf (vgl. u. a. Sanz/Semmler/Walther 2007):

- Reduzierung von Transaktionskosten, insbesondere durch auftragsbezogenen Rückgriff auf bereits vorhandene Wertschöpfungsstrukturen und dadurch weitgehende Vermeidung umfangreicher auftragsspezifischer Regelungen, durch Steigerung der gegenseitigen Berechenbarkeit und durch intensiven, abgestimmten Einsatz von Informations- und Kommunikationstechnologien;
- Reduzierung von Leistungskosten durch Skaleneffekte, Synergieeffekte, Nutzung von Restkapazitäten der Partner u. Ä.;
- Erweiterung des Leistungsportfolios im Hinblick auf Produkte und Technologien;
- Zugriff auf zusätzliches Know-how;
- Verbesserung der Erschließung neuer Märkte durch Nutzung der Erfahrungen und Infrastruktur von etablierten Partnern;
- Verbesserte gemeinsame Marktbearbeitung, insbesondere im Hinblick auf die Übernahme komplexer und umfangreicher Aufträge;
- Nutzung der sich prinzipiell aus einer vertikalen Arbeitsteilung ergebenden kosten- und absatzwirtschaftlichen sowie strategischen Effekte;
- Erhöhte Flexibilität, Anpassungs- und Wandlungsfähigkeit sowie
- Risikoteilung bei hohen Unsicherheiten.

Fokale Netzwerke bilden sich um ein bestimmendes Unternehmen herum, z. B. einen Automobilhersteller oder einen Megalieferanten, während polyzentrische Netzwerke aus Partnern von in etwa gleicher Prägung und Größe bestehen. Die Aktivierung der für eine Leistungserstellung relevanten Partner aus einem Netzwerk wird häufig auch als virtuelles Unternehmen bezeichnet.

3 Messung des Integrationsgrades in Wertschöpfungsstrukturen

3.1 Messung der Fertigungstiefe

Der Grad der vertikalen Integration bezeichnet, inwieweit eine Leistung durch vollständigen Fremdbezug bzw. durch vollständige Eigenerstellung erbracht wird. Der Integrationsgrad wird allgemein ermittelt als Anteil der eigenen Wertschöpfung bzw. der eigenen Leistung an der Gesamtleistung, gemessen durch den Umsatz:

$$0 < \text{Integrationsgrad} = \text{Fertigungstiefe} = \text{Wertschöpfungsquotient} = \frac{\text{Eigene Wertschöpfung}}{\text{Umsatz}} < 1$$

Je weniger Leistungen von einem Unternehmen fremdbezogen werden, umso mehr strebt der Grad der vertikalen Integration von einer partiellen Integration nahe dem Wert null hin zur vollen Integration mit dem Wert eins. Ein Sonderfall der vertikalen Integration wird als „quasi-integriert" bezeichnet. Hierbei liegt ein geringer vertikaler Integrationsgrad vor, in der das Unternehmen gegenüber den vorgelagerten externen Produktionsstufen (Zulieferern) jedoch eine sehr hohe Marktmacht besitzt und nicht jede einzelne Transaktion über den Marktmechanismus von Angebot und Nachfrage gesteuert wird, sondern über langfristige, vertragliche Bezugsbindungen und Leistungsvereinbarungen. Dies ist z. B. zwischen den Automobilherstellern und ihren wesentlichen Zulieferern bzw. ihren Vertragshändlern der Fall.

Der Grad der vertikalen Integration wird oftmals vereinfacht auch mit der Fertigungstiefe eines Unternehmens gleichgesetzt, also dem Anteil der Leistungserstellung, der im Unternehmen selbst durchgeführt wird. Der Integrationsgrad wird dann auch als Wertschöpfungsquotient bezeichnet. Die für die Berechnung benötigten Daten können der Gewinn-und-Verlust-Rechnung entnommen werden. Die eigene Wertschöpfung kann durch die Aufsummierung aller nicht vorleistungsbedingter Aufwendungen (z. B. für Personal, Zinsen, Steuern, Gewinn) ermittelt werden oder durch Subtraktion des Materialaufwandes von der Gesamtleistung.

Die Fertigungstiefe kann sowohl für ein Unternehmen insgesamt als auch für ein einzelnes Werk (Betriebsstätte) bzw. einen einzelnen Produktionsbereich ermittelt werden. Bei der Ermittlung der Fertigungstiefe für ein einzelnes Werk werden unternehmensinterne Zulieferungen im Rahmen eines Produktionsverbundes (z. B. Lieferungen von Motoren und Getrieben an verschiedene Montagewerke) häufig als Fremdbezug behandelt.

Bei den deutschen Automobilherstellern liegt die Fertigungstiefe – abhängig von Hersteller, Marke und betrachtetem Modell – bei lediglich noch rund 20 bis 30 Prozent. Das bedeutet, dass nur ein Viertel der mit der Herstellung eines Automobils verbundenen Wertschöpfung durch die Automobilfirmen selbst erbracht wird und mehr als drei Viertel durch die Zulieferer.

3.2 Differenzierte Betrachtung der Fertigungstiefe

Während bei der Gestaltung von Wertschöpfungsstrukturen bei Herstellern und Zulieferern zunächst der Produktionsbereich im Mittelpunkt stand, sind inzwischen die der Produktion vor- und nachgelagerten Aktivitäten und die unterstützenden Prozesse in den Fokus gerückt, z. B.:
- Forschung und Vorentwicklung, z. B. carbonfaserverstärkte Kunststoffe;
- Entwicklung, Produkt- und Prozessengineering, z. B. Konstruktionsdienstleistungen;
- Qualitätswesen, z. B. Qualitätsplanung, Durchführung von Meß- und Prüfaufgaben;
- Logistik, z. B. Logistikplanung, Kommissionierung, Montage;
- Informationstechnik, z. B. Netzwerkbetrieb, Softwareentwicklung;
- Betriebsmittel-/Werkzeugbau, Reinigung und Instandhaltung, Technische Dienste;
- Personalwesen, z. B. Personalsuche, Lohnabrechnung, Zeitkontenverwaltung;
- Finanzwesen, z. B. Buchhaltung, sowie
- Arbeits-, Sicherheits- und Umweltmanagement.

Genau genommen setzt sich also der vertikale Integrationsgrad für ein Unternehmen zusammen aus den Integrationsgraden der einzelnen Aktivitäten des porterschen Wertkettenmodells. Wird der Integrationsgrad lediglich auf die direkte Leistungserstellung bezogen, also denjenigen Bereich eines Unternehmens, der sich mit der Fertigung und der Montage von Produkten beschäftigt, dann wird dieser als Fertigungstiefe bezeichnet und berechnet als Anteil der unternehmensintern erbrachten Herstellungsleistungen an den gesamten Herstellungsleistungen innerhalb eines bestimmten Zeitraumes.

Gleichermaßen können für die anderen Aktivitäten die Bezeichnungen Entwicklungstiefe, Logistiktiefe, Vertriebstiefe, etc. verwendet werden. Im Entwicklungsbereich werden derzeit noch rund 50 Prozent der Leistung durch die Hersteller selbst erbracht. Der jeweilige Integrationsgrad ist – analog der Bestimmung der Fertigungstiefe – definiert als der Anteil der unternehmensintern erbrachten jeweiligen Leistungen an den gesamten jeweiligen Leistungen innerhalb eines bestimmten Zeitraumes. Bei dieser differenzierenden Betrachtungsweise kann als Bezugsgröße (Gesamtleistung) jedoch nicht der Umsatz angesetzt werden, sondern die bei dieser Aktivität insgesamt entstehenden Kosten für Eigen- und Fremdleistungen, ggf. erweitert durch einen kalkulatorischen Zuschlag für Zinsen, Steuern und Unternehmensgewinn. Die unternehmensintern erbrachten Leistungen ergeben sich aus der Differenz der Gesamtleistung und den angefallenen Kosten für extern erbrachte Leistungen.

3.3 Messung der Vertriebstiefe

Die Vertriebstiefe kann grundsätzlich als Relation zwischen der eigenen und der gesamten Vertriebsleistung definiert werden:

$$\text{Vertriebstiefe} = \frac{\text{Eigene Vertriebsleistung}}{\text{Gesamte Vertriebsleistung}}$$

Die Ermittlung der hierfür benötigten Größen weist einige Schwierigkeiten auf, weshalb es keine wirklich aussagekräftig zu vergleichende Kennzahl gibt. Zunächst wird eine klare Abgrenzung für eine Vertriebsergebnisrechnung benötigt, um zu ermitteln, welche Vertriebsleistungen durch den Hersteller selbst und welche durch externe Partner erfolgt sind. Weiter ist die Ermittlung der Gesamtleistung des Vertriebs problematisch, da z. B. die Einbeziehung der Umsatzleistungen der Absatzmittler notwendig, aber nur in seltenen Fällen zugänglich ist. Darüber hinaus hat sich keine einheitliche Festlegung durchgesetzt, welche Objekte vertrieblicher Leistungen zu berücksichtigen sind (Neuwagen, Gebrauchtwagen, Teilegeschäft, Werkstattgeschäft, Zubehör, Finanzdienstleistung, sonstige Leistungen).

4 Transaktionskostentheorie und Wertschöpfungsstrukturen

4.1 Transaktionskostentheorie und Transaktionskosten

Aufgrund der hohen Bedeutung für den langfristigen Unternehmenserfolg beschäftigt sich die Forschung und Wissenschaft mit der Frage nach der für eine bestimmte Transaktion bzw. Leistungserstellung optimalen Form der Koordination (vgl. Wertz 2000, Bartelt 2002, Heidtmann 2008, Wallentowitz/Freialdenhoven/Olschewski 2009, Stratmann 2010). Die Ansätze der Neuen Institutionenökonomik versuchen zu erklären, welche zur Verfügung stehenden Institutionen für die Koordination einer Leistungsbeziehung die geeignetsten sind. Unter Institutionen werden formelle und informelle Regeln verstanden, in Verbindung mit den Mechanismen ihrer Durchsetzung, z. B. Gesetze, Verträge, Normen, bis hin zu Benimmregeln und Bräuchen. Durch Institutionen wird das Verhalten in Transaktionen beschränkt und für andere Interaktionsteilnehmer vorhersehbar. Die Nichteinhaltung der Regeln resultiert in monetären oder nichtmonetären Sanktionen durch Staat und Gesellschaft oder auch marktliche Reaktionen durch Image- bzw. Reputationsverlust. Für die Gestaltung von Wertschöpfungsstrukturen weist insbesondere der Ansatz der Transaktionskostentheorie einen sehr hohen empirischen Bewährungsgrad auf.

Die Transaktionskostentheorie hat das Ziel, zu erklären, warum es Organisationen und unterschiedliche Formen von Austauschbeziehungen gibt, in deren Rahmen Transaktionen abgewickelt werden. Dazu versucht das Konzept der Transaktionskostentheorie, diese unterschiedlichen Formen hinsichtlich ihrer Effizienz durch einen relativen Vergleich der jeweils anfallenden Transaktionskosten zu beurteilen und somit die jeweils optimale Form zu ermitteln. Die Transaktionskostentheorie berücksichtigt durch ihre Annahmen sowohl kosten- als auch absatzwirtschaftliche Aspekte, jedoch keine strategischen Überlegungen.

Transaktionskosten sind ganz allgemein Kosten der Information und Kommunikation, die sich aus der Organisation und Steuerung der arbeitsteiligen Prozesse ergeben. Sie entstehen – jedoch in unterschiedlicher Höhe – grundsätzlich bei allen Formen arbeitsteiliger Prozesse der Leistungserstellung, also unabhängig davon, ob die Leistung intern erbracht, extern im Markt beschafft oder durch eine alternative Form, wie z. B. einem Joint Venture, dargestellt wird. Transaktionskosten fallen sowohl auf der Anbieter- als auch auf der Nachfragerseite an und werden bei interner Leistungserstellung auch als Organisationskosten bezeichnet. Konkret sind unter Transaktionskosten die in Abbildung 3 dargestellten Kostenarten zu verstehen.

Ex-ante Transaktionskosten
- **Anbahnungskosten**, z. B. Kosten für:
    - Kosten für Informationsbeschaffung,
    - Suche nach geeigneten externen Partnern,
    - Einholen und Bewerten von Angeboten;
- **Vereinbarungskosten**, z. B. Kosten für:
    - Verhandlungsführung über wesentliche Elemente der Zusammenarbeit (Leistung, Preise, Qualität, Lieferbedingungen, etc),
    - Vertragsformulierung,
    - Vertragsabschluss;

Ex-post Transaktionskosten
- **Abwicklungs-, Kontroll- & Durchsetzungskosten**, z.B. Kosten für:
    - Kosten für den Geschäftsbetrieb,
    - Planungs- und Bestellvorgänge,
    - Lieferabwicklung,
    - Leistungsüberprüfung (Wareneingangskontrollen oder Absatzzielerreichung, Einhaltung von Standards),
    - Reklamationswesen,
    - Rechnungsabwicklung;
- **Anpassungs- und Ausstiegskosten**, z. B. Kosten für:
    - Nachverhandlungen aufgrund geänderter Rahmenbedingungen,
    - Änderung von langfristigen Vereinbarungen oder Verträgen,
    - Kosten für die (ggf. frühzeitige) Beendigung von Geschäftsbeziehungen

Abb. 3: Kostenarten innerhalb der Transaktionskosten (Quelle: eigene Darstellung in Anlehnung an Diez 2005)

Neben den Transaktionskosten entstehen durch die Erbringung einer Leistung sogenannte Leistungskosten, jedoch je nach Integrationsgrad und institutionellem Arrangement in unterschiedlicher Höhe. Zur Erfassung der Leistungskosten sind im Wesentlichen die im Rahmen des betrieblichen Rechnungswesens erfassten Entwicklungs-, Produktions- und Vertriebskosten zu berücksichtigen. Die Transaktionskostentheorie geht jedoch davon aus, dass die Leistungskosten von der Form der Austauschbeziehung nahezu unabhängig sind, und berücksichtigt diese Leistungskosten bei ihren Erklärungsansätzen zunächst nicht.

Institutionelle Arrangements sind Organisations- bzw. Koordinationsformen, innerhalb derer Transaktionen abgewickelt werden. Sie werden beschrieben durch entwicklungsfähige, multilateral akzeptierte Regelkomplexe, v. a. Verträge. Die Ausgestaltung institutioneller Arrangements verursacht für die Akteure Transaktionskosten. Weiter hat die inhaltliche Art und Weise, wie das institutionelle Arrangement ausgestaltet ist, d. h., welche formellen und informellen Regelungen getroffen werden, Auswirkungen auf die Gestaltung des vertikalen Wertschöpfungsprozesses – also die im Rahmen der Leistungserbringung zu realisierenden, übergreifenden Prozesse – sowie die Möglichkeit, die Akteure zu integrieren. Damit hat die Ausgestaltung des institutionellen Arrangements genau genommen Einfluss auf sowohl die Leistungs-, als auch die Transaktionskosten. Als Beispiel kann die Leistungserbringung in Form eines Joint Ventures mit einem Zulieferer angeführt werden. Den im Vergleich zur Fremdbeschaffung des Umfangs erhöhten Such- und Vereinbarungskosten stehen für die Partner Vorteile durch die Gestaltungsmöglichkeiten bei kosten- und absatzwirtschaftlichen sowie strategischen Aspekten gegenüber.

Das Verhalten der Akteure im Rahmen von Austauschbeziehungen und die vorliegenden Umweltfaktoren wirken sich auf die Höhe der Transaktionskosten aus. Die wesentlichen Einflussfaktoren sind in Abbildung 4 dargestellt.

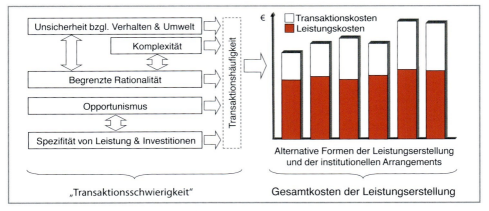

Abb. 4: Wesentliche Einflussgrößen auf die Transaktionskosten (Quelle: eigene Darstellung in Anlehnung an Preisendörfer 2008)

Für eine wirtschaftlich abgesicherte Entscheidung sind die Transaktionskosten in ihrer tatsächlichen Höhe zu berücksichtigen, insbesondere da diese im Einzelfall bis zu 50 Prozent der Gesamtkosten einer Leistungserstellung ausmachen. Bei der Bestimmung der absoluten Höhe ist problematisch, dass in den Kostenrechnungssystemen Transaktionskosten allenfalls im Rahmen von Gemeinkostenanalysen in den Verwaltungsbereichen ermittelt oder mit Hilfe der Prozesskostenrechnung errechnet werden können. In sehr vielen Fällen sind Teile der Transaktionskosten außerdem den „Eh-da"-Kosten zuzurechnen und damit nicht entscheidungsrelevant, da z. B. eine einzelne Entscheidung für eine weitere Fremdvergabe nicht unmittelbar zu Kosten- bzw. Personalanpassungen im Einkauf führt.

4.2 Koordinationsformen zur Leistungserstellung

Zur Koordination der Leistungserstellung können als institutionelle Arrangements die beiden Extremformen „Markt" und „Hierarchie" eingesetzt werden. Damit sind der Bezug einer Leistung auf Basis des Mechanismus von Angebot und Nachfrage bei Kauf einer Leistung bzw. auf Basis von organisationalen Weisungsbefugnissen im Falle der unternehmensinternen Leistungserstellung zu verstehen. Zwischen den beiden Extremformen existieren eine Vielzahl hybrider Varianten mit marktlichen und hierarchischen Elementen zur Koordination und Überwachung von Transaktionen (siehe Abbildung 5). Zur Reduzierung von Unsicherheit und gegen opportunistisches Verhalten werden dabei unterschiedliche Vertragsbeziehungen eingegangen.

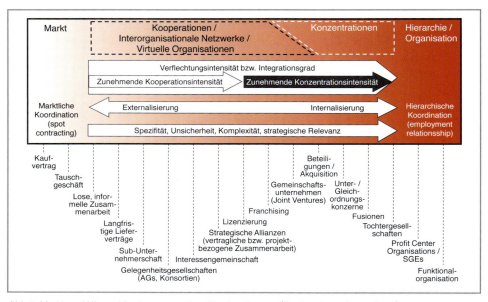

Abb. 5: Markt und Hierarchie als extreme Koordinationsformen (Quelle: eigene Darstellung)

Beispiele für das Ersetzen der Koordinationsform Hierarchie durch marktlicher geprägte Koordinationsformen (Hybrid oder sogar Markt) sind die Fremdvergabe eines bisher durch den Automobilhersteller selbst produzierten Aggregats an einen Zulieferer oder die Auflösung werkseigener Verkaufsniederlassungen und Vergabe des Vertriebs in diesen Gebieten an wirtschaftlich und rechtlich selbstständige Händler. Dabei sinkt der vertikale Integrationsgrad des Automobilherstellers. In der Automobilbranche werden im Zuge der Abkehr von marktlichen Beziehungen hin zu langfristigen Partnerschaften zunehmend relationale, unvollständige Verträge eingesetzt, die gleichzeitig vielfach neoklassische Vertragselemente enthalten (vgl. Schonert 2008). Über Rahmenverträge werden die dauerhaften Partnerschaften festgeschrieben und z. B. Preise, Stundensätze oder Gewährleistungsansprüche bzw. Absatzmengen festgelegt.

4.3 Entscheidungsregeln

Bei einer geplanten Variation des vertikalen Integrationsgrades müssen sowohl die Transaktionskosten als auch die Leistungskosten der Alternativen gegenübergestellt werden (vgl. Abbildung 4). Es ist diejenige Koordinationsform am vorteilhaftesten, die die geringste Summe aus Transaktions- und Leistungskosten für die beteiligten Partner mit sich bringt.

Die strategische Relevanz wird bei der Transaktionskostentheorie nicht berücksichtigt, spielt aber bei der Entscheidung für eine geeignete Koordinationsform der Leistungserstellung eine große Rolle (vgl. Stratmann 2010). Ist eine Leistung strategisch relevant, dann bietet sie einen wesentlichen Kosten- oder Differenzierungsvorteil und ist zwangsläufig auch spezifisch. Ein Beispiel hierfür ist die Aluminium-Space-Frame-Bauweise beim Hersteller Audi. Nicht jede spezifische Leistung ist jedoch strategisch relevant, weil sie häufig vom Kunden nicht wahrgenommen wird und daher für den Markterfolg ohne Bedeutung ist.

Je unspezifischer, risikoloser („sicherer"), einfacher und strategisch weniger relevant Leistungen sind – also vor allen Dingen bei Standardprodukten – desto niedriger kann der Integrationsgrad im Unternehmen sein. In diesem Fall treten nur geringe Transaktionskosten auf, da die Vereinbarungs- und Kontrollkosten gering sind und der externe Anbieter kann hier leichter Leistungskostenvorteile realisieren. Das getroffene institutionelle Arrangement könnte sich also z. B. auf einen einfachen Jahresvertrag mit der Festlegung von Lieferpreisen, -mengen und -terminen beschränken. Nachträgliche Vertragsanpassungen sind mit geringen Kosten und Risiken verbunden und können von einem Partner autonom durchgesetzt werden, indem er sich ggf. einen neuen Anbieter sucht. Opportunistisches Handeln des Lieferanten wird durch die vorhandene Konkurrenzsituation, opportunistisches Handeln durch den Kunden durch eine Vielzahl möglicher Kunden eingeschränkt.

Mit zunehmender Abhängigkeit der Partner durch transaktionsspezifische Investitionen, z. B. in Anlagen oder den Aufbau von entsprechendem Know-how, sowie zunehmender Unsicherheit, steigt der Anreiz der Vertragspartner, opportunistisch zu handeln. In einer hybriden Organisationsform schützen sich die Partner durch Vereinbarung von Informationspflichten oder Sanktionen bei Nichtvertragserfüllung vor opportunistischem Verhalten und nehmen anfallende Nachverhandlungs- oder Anpassungskosten vorweg.

Je spezifischer, unsicherer und komplexer und je größer die strategische Relevanz einer Leistung ist, desto höher sollte der Integrationsgrad im Unternehmen sein, die Leistung also selbst erstellt werden. Bei dieser Art von Leistungen sind die Transaktionskosten deutlich höher als die Kosten der internen Koordination (Organisationskosten) und es treten gleichzeitig keine oder nur geringe Vorteile hinsichtlich der Leistungskosten auf. Hochspezifische und strategisch relevante Leistungen würden bei einem externen Bezug umfangreiche Informationsbeschaffung, sehr detaillierte Verhandlungen, rechtliche Regelungen und auch eine entsprechende Kontrolle der getroffenen Vereinbarungen erfordern. Dementsprechend hoch wären daher die Anbahnungs-, Vereinbarungs- und Kontrollkosten des Fremdbezugs. Außerdem sind Anpassungen intern wesentlich leichter abzuwickeln und opportunistisches Handeln wird stark eingeschränkt.

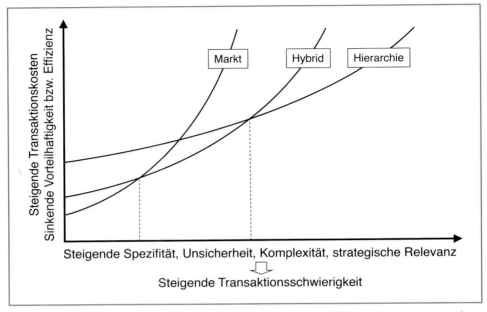

Abb. 6: Vergleich von Koordinationsformen (Quelle: eigene Darstellung in Anlehnung an Williamson 1985)

Ein alternativer Integrationsgrad kann die Folge möglicher Ein- oder Ausgliederungsbarrieren sein. Darunter fallen rechtliche Restriktionen (z. B. langfristige vertragliche Bindungen und Ausgleichsansprüche bei vorzeitiger Kündigung), nicht rechtzeitig aufzubauendes Know-how, mangelnde Investitionsmittel (Kapital) oder fehlende Verfügbarkeit der Leistung am Markt. Macht-Abhängigkeits-Strukturen – wie in der Automobilbranche häufig anzutreffen – und zusammenhängende Transaktionen können außerdem dazu führen, dass Akteure ineffiziente Strukturen über längere Zeit aufrechterhalten. Eine Auftragsvergabe kann an einen zweiten, nicht wirtschaftlich darstellbaren Auftrag gekoppelt sein, in dem von einem Direktlieferanten Erzeugnisse auf einer Vorstufe (z. B. Teppichware) an weitere Lieferanten verkauft werden müssen, um später im Fahrzeug ein einheitliches Gesamtbild des Innenraums sicherzustellen.

Weiterhin haben bei Entscheidungen bezüglich des vertikalen Integrationsgrades die Risikobereitschaft und das gegenseitige Vertrauen der Partner sowie auftretende Zufälligkeiten und gesetzliche Einflüsse wesentliche Bedeutung.

5 Determinanten bei der Gestaltung automobilwirtschaftlicher Wertschöpfungsstrukturen

5.1 Kostenwirtschaftliche Determinanten

5.1.1 Überblick über kostenwirtschaftliche Determinanten

Aufbauend auf den grundsätzlichen Überlegungen der Transaktionskostentheorie werden im Folgenden die in der Automobilwirtschaft bedeutenden Entscheidungskriterien bei der Gestaltung des vertikalen Integrationsgrades näher betrachtet. Bei der Gestaltung der Wertschöpfungsstrukturen und der unternehmensübergreifenden Wertschöpfungsprozesse stehen in wettbewerbsintensiven Branchen die kostenwirtschaftlichen Determinanten im Vordergrund. Dazu zählen Faktorpreis- und -einsatzmengendifferenzen, sowie eine mögliche Reduzierung und Variabilisierung fixer Kosten.

Die kostenwirtschaftlichen Determinanten wirken sich bei der Bewertung verschiedener Integrationsgrade und der möglichen institutionellen Arrangements sowohl auf die Leistungs- als auch die Transaktionskosten aus. Beispielsweise können durch Einsatz eines Qualitätsdienstleisters im Bereich der Wareneingangsprüfungen durch Lohnkostenvorteile oder höhere Produktivität die Kontrollkosten als Teil der Transaktionskosten reduziert werden.

Die Gestaltung des Integrationsgrades bzw. die Entscheidung über die Auslagerung oder die Eigenerstellung einer Leistung beeinflusst nicht nur das Kostenniveau, sondern auch die Kostenstruktur. So führt z. B. eine Reduktion der Fertigungstiefe zu einem Anstieg der Material- und Transportkosten bei gleichzeitiger Abnahme der Lohn- und Fertigungskosten sowie der Abschreibungen für Fertigungseinrichtungen.

5.1.2 Faktorpreisdifferenzen bzw. -vorteile

Faktorpreise sind die Kosten für die Nutzung von Produktionsfaktoren, wie Lohnkosten für einen Arbeitnehmer, Kosten für eingesetztes Material, Maschinenstundensätze oder auch Zinsen für die Nutzung von Kapital. Bei einem externen Anbieter (z. B. Zulieferer im Vergleich zum Hersteller oder Vertragshändler bzw. -werkstatt im Vergleich zu herstellereigener Niederlassung) können die für die Leistungserstellung eingesetzten Produktionsfaktoren ggf. geringere Kosten je eingesetzter Einheit des Produktionsfaktors verursachen als beim Hersteller. Große Faktorpreisdifferenzen sind festzustellen bei den Lohn- und Gehaltskosten in verschiedenen Branchen und Gewerkschaftszugehörigkeiten, auf verschiedenen Stufen der Zulieferkette und in verschiedenen Unternehmensgrößen sowie an verschiedenen Standorten im In- und Ausland (Global Sourcing).

Grundsätzlich befinden sich die Löhne und Gehälter bei den Automobilherstellern gegenüber den oftmals mittelständischen oder auch kleinen Zulieferern, Dienstleistern und Händlern auf einem sehr hohen Niveau. Ursachen dafür liegen in einem hohen gewerkschaftlichen Organisationsgrad in Verbindung mit kaum reversiblen Lohn- und Gehaltsentwicklungen während konjunktureller Hochphasen bzw. in Phasen von Arbeitskräfteknappheit.

5.1.3 Faktoreinsatzmengendifferenzen bzw. -vorteile

Faktoreinsatzmengenvorteile entstehen dann, wenn für die Leistungserstellung eine geringere Menge an Produktionsfaktoren eingesetzt wird. So können z. B. beim Automobilvertrieb, bei Entwicklungs- oder bei Logistikdienstleistungen aufgrund geringeren bürokratischen Aufwands bei den deutlich kleineren Vertragshändlern bzw. den externen Dienstleistungsunternehmen im Vergleich zu einem Großunternehmen geringere Gemeinkosten anfallen.

Bei **Skaleneffekten** sinken die langfristigen Durchschnittskosten (Stückkosten) durch die Vergrößerung der Produktionsmenge aufgrund von Fixkostendegressionseffekten. Zulieferer können so z. B. durch die Bündelung von Fertigungsumfängen für verschiedene Hersteller geringere Stückkosten realisieren. Skaleneffekte sind auch einer der Gründe für horizontale Integrationen unter Herstellern, da auch hier gebündelte Produktionsvolumina über niedrigere Stückkosten zu Wettbewerbsvorteilen führen. Beispielsweise setzen Peugeot und BMW ebenso wie Daimler und Renault-Nissan im Zuge der jeweiligen Kooperationen für bestimmte Modelle die gleichen Motoren ein. Skaleneffekte sind Bestandteil des umfassenderen Konzepts der **Erfahrungskurve**. Typischerweise sinken – je nach Branche, Produkt, Produktionstyp etc. – die Stückkosten um 20 bis 30 Prozent bei einer Verdoppelung der kumulierten Ausbringungsmenge. Die Stückkosten sinken dabei durch:

- Lernkurven- bzw. Übungseffekte,
- Optimierungen an den Produktionsverfahren, Rationalisierung,
- effizienteren Personaleinsatz,
- verbesserte Materialausbeute und geringere Ausschussraten,
- höhere Auslastung, größere Lose, größere Einkaufsvolumina,
- Spezialisierung und Standardisierung,
- alternative Organisationsformen, insbesondere in der Produktion, sowie
- Fixkostendegressionseffekte und geringere Gemeinkostenumlagen.

Negative Skaleneffekte (Diseconomies of Scale) – also steigende Stückkosten – können ab einem bestimmten Punkt auftreten, wenn durch hohe Produktions- und Verkaufsmengen und die wachsende Betriebsgröße etwa steigende Kosten für Unternehmensführung (z. B. weiterer Geschäftsführer) oder für die Rechnungsstellung und -kontrolle entstehen sowie die Initiative und Leistungsbereitschaft des Einzelnen („Rädchen in der Maschinerie") zurückgehen.

Einen weiteren kostensenkenden Einfluss hat der **Verbundeffekt** (Economies of Scope) und der eng damit zusammenhängende **Synergieeffekt**. So können bei Kooperationen Produktionsfaktoren gemeinsam genutzt werden oder Zulieferer Produktionserfahrungen auf ähnliche Produktionsprozesse für verschiedene Automobilhersteller übertragen.

5.1.4 Reduzierung und Variabilisierung fixer Kosten

Mit einer Reduzierung des vertikalen Integrationsgrades können **Fixkosten** für Betriebsmittel und Personal verringert werden und es können aufgrund der geringerer Unternehmensgröße Organisations- und Bürokratiekosten (indirekte und Gemeinkosten) niedriger angesetzt werden. Die genannten Kosten fallen dann beim jeweiligen Partner an und werden von diesem bei der Preisfindung berücksichtigt.

Durch den Entfall der genannten Kosten und die Reduzierung der notwendigen **Investitionen** für die Leistungserstellung können der Kapitalbedarf und die Kapitalbindung im Unternehmen reduziert und damit die Kostenstruktur beeinflusst werden, z. B. durch die Erhöhung der Eigenkapitalquote oder den Abbau von Fremdkapitalzinsen. Dies ist auch insbesondere dann von Bedeutung, wenn die für eine Leistungserstellung zu tätigenden Investitionen, z. B. für benötigte Fertigungsanlagen, vom Unternehmen aufgrund eines Finanzierungsproblems nicht erbracht werden können, im Rahmen der Budgetierung nicht berücksichtigt wurden oder eine Mittelfreigabe aus übergeordneten Überlegungen nicht erfolgt.

> Mit einer Reduzierung der Fertigungstiefe geht eine Reduzierung der Durchlaufzeit einher. Daraus ergeben sich geringere Finanzierungs- und Lagerhaltungskosten für das im Umlauf und in den Lagern befindliche Material auf unterschiedlichen Fertigungsstufen und – bei geeigneter Steuerung leistungsfähiger Partner – eine erhöhte Flexibilität, z. B. verkürzte Reaktionszeiten auf Kundenwünsche.

Die Reduzierung des vertikalen Integrationsgrades ermöglicht weiter die **Variabilisierung fixer Kosten**. Kosten des Fremdbezugs oder des Vertriebs über Partner sind flexibler beeinflussbar als die der Eigenfertigung oder des eigenen Vertriebs, z. B. durch Anpassung des Leistungsbezugs an die jeweilige Marktsituation über jährlich zu vereinbarende Abnahmemengen und Preise. In einem durch starke Konjunkturzyklen geprägten Markt ist dies ein wichtiger strategischer Vorteil, den die Automobilhersteller aufgrund ihrer Marktmacht gegenüber den Lieferanten, Dienstleistern und Händlern weitgehend nutzen.

5.1.5 Kostenoptimierung durch institutionelle Arrangements

Die Stärke der dargestellten kostenwirtschaftlichen Einflussfaktoren kann durch eine entsprechende Ausgestaltung der Verträge bzw. der institutionellen Arrangements nachhaltig beeinflusst werden. Dies wird durch die nachfolgend aufgeführten **Gestaltungsmaßnahmen** am Beispiel der Hersteller-Zulieferer-Beziehung aufgezeigt. Diese lassen sich sinngemäß auf andere extern für den Hersteller erbrachte Leistungen, wie z. B. Entwicklungs- und Logistikdienstleistungen oder auch Vertriebsleistungen, übertragen.

- **Bezugsbindungen:** Ziel ist die Sicherstellung möglichst hoher Produktionsvolumina beim Lieferanten, z. B. durch Single Sourcing oder Verblockung von Modellen und Modellreihen, sodass (nahezu) identische Lieferumfänge von einem Lieferanten bezogen und in verschiedene Fahrzeugmodelle verbaut werden.
- **Verzicht auf Wettbewerbsklauseln:** Ziel ist die Schaffung von Möglichkeiten für den Lieferanten, über die eigene Abnahmemenge hinaus die Produktionsvolumina zu erhöhen oder Synergieeffekte zu nutzen, z. B. indem ein Zulieferer ein Produkt auch an andere Hersteller liefern kann.
- **Preisgleitklauseln:** Ziel ist die Motivation des Lieferanten zur umfassenden Nutzung von Kostensenkungspotenzialen und Schaffung einer Win-win-Situation für beide Partner, meist verbunden mit einem vereinbarten Aufteilungsfaktor, z. B. Festlegung von Bezugspreisreduzierungen bzw. zu erschließenden Ratiopotenzialen (Savings) über die gesamte Vertragslaufzeit.
- **Lange Vertragslaufzeiten:** Ziel ist die Steigerung der kumulierten Produktionsmenge und die Schaffung der Möglichkeit für den Zulieferer, spezifische Investitionen aufgrund längerer möglicher Amortisationszeiträume einfacher tätigen zu können, z. B. durch Vereinbarung einer Vertragslaufzeit über den gesamten Modellzyklus. Hierbei ist anzumerken, dass im Zuge umfassender Kostensenkungsmaßnahmen von den Herstellern auch während der Vertragslaufzeit – z. B. zum Facelift – neue Anfragerunden gestartet werden mit dem Ziel, den Lieferanten zu weiteren Kostensenkungen zu motivieren bzw. ggf. einen Lieferantenwechsel vorzunehmen.

5.2 Absatzwirtschaftliche Determinanten

Neben kostenwirtschaftlichen Determinanten spielen bei Entscheidungen über den vertikalen Integrationsgrad auch absatzwirtschaftliche Überlegungen eine Rolle. Konkret sind in der Automobilwirtschaft aus absatzwirtschaftlicher Sicht die folgenden Entscheidungskriterien von wesentlicher Bedeutung:

- **Bewahrung von Differenzierungsmöglichkeiten:** Eine zunehmende Reduzierung der Entwicklungs- und Fertigungstiefe bedeutet einen zunehmenden Verlust an Möglichkeiten, sich bezüglich der Merkmale des Fahrzeugs vom Wettbewerb zu differenzieren. Dies trifft beispielsweise zu, wenn das vom Zulieferer Schaeffler mit Fiat serienreif entwickelte, vollvariable hydraulische Ventilsteuersystem MultiAir von Schaeffler auch Wettbewerbern angeboten werden kann.
- **Beeinflussbarkeit markenprägender Merkmale:** Bei Entscheidungen über den vertikalen Integrationsgrad einer Leistung ist zu berücksichtigen, inwieweit diese Leistung einen Beitrag zur Erfüllung der markenspezifischen Kundenanforderungen leistet, wie z. B. der Motor im Falle eines Sportwagenherstellers.

- **Sicherung von Innovationen:** Zulieferer und Dienstleister können Spezialisierungsvorteile nutzen und eventuell besser Innovationen erarbeiten, die zur Steigerung der Attraktivität des Produktprogramms und zur Verbesserung der Prozessabläufe des Herstellers führen. In der Regel können diese Innovationen jedoch nicht langfristig spezifisch oder sogar im Sinne einer Differenzierungsmöglichkeit strategisch relevant für einen Hersteller sein, weil sie über den Zulieferer prinzipiell auch anderen Herstellern zur Verfügung stehen.
- **Qualitätsverbesserungen:** Externe Partner **können eventuell aufgrund ihres** Know-hows durch Spezialisierung in der Lage sein, Komponenten, Systeme oder Module qualitativ besser herzustellen oder allgemein eine Leistung qualitativ hochwertiger und mit weniger Fehlern zu erbringen als ein Automobilhersteller.
- **Realisierung von Zeitvorteilen:** Sollen neue und innovative Leistungen in Produkten oder Prozessen eingesetzt werden, so verfügen externe Partner eventuell bereits durch eigene Forschung und Entwicklung oder Übertragung von Erfahrungen aus anderen Anwendungen über Know-how in einem bestimmten Feld, das der Hersteller selbst zuerst noch aufbauen müsste, z. B. beim Leichtbau oder bezüglich Elektronikkomponenten im Antriebsstrang.

Bei einer Reduzierung des vertikalen Integrationsgrades muss beachtet werden, dass es bezüglich absatzwirtschaftlicher Determinanten eher um die Eliminierung bisher vorhandener Wettbewerbsnachteile geht, als direkt langfristig Wettbewerbsvorteile zu schaffen. Gleichzeitig reduziert eine Fremdvergabe die Komplexität im Unternehmen und eröffnet die Möglichkeit, sich besser auf den Auf- und Ausbau seiner Differenzierungsvorteile zu konzentrieren und damit indirekt einen Beitrag zur Erschließung von Wettbewerbsvorteilen zu liefern.

Entscheidungskriterien aus absatzwirtschaftlicher Sicht sind nicht nur bezüglich Entwicklung und Produktion, sondern grundsätzlich bezüglich aller marktwirksamen Aktivitäten zu berücksichtigen. So kann beispielsweise eine überragende logistische Leistungsfähigkeit in Bezug auf lagerlose, produktionssynchrone Belieferungsformen (insbesondere bei der Just-in-Sequence-Belieferung) in einem variantenreichen Produktsegment einen wesentlichen Wettbewerbsvorteil darstellen. Für ein Unternehmen ergibt sich dann die Frage, ob eine solche Leistungsfähigkeit als Fremdleistung eingekauft oder in Eigenleistung erbracht werden soll. Im Bereich der Unterstützungsprozesse, z. B. Informationstechnologie oder Buchhaltung, ist die Fremdvergabe von geringerer direkter Auswirkung auf das Produkt und dessen Markterfolg, sodass hier kostenwirtschaftliche Determinanten von größerer Bedeutung sind.

Bei der Entscheidung über den Grad der herstellereigenen und nicht durch Absatzmittler, z. B. rechtlich selbstständige Vertragshändler, erbrachten Vertriebsaktivitäten – also der Vertriebstiefe – lassen sich die absatzwirtschaftlichen Determinanten wie folgt formulieren:

- **Ausschöpfung des Marktes:** Die Marktausschöpfung hängt von der Abdeckung der Fläche (Extensität) und von der Bearbeitung des Marktes (Intensität) ab. Mit Hilfe von Absatzmittlern kann einfacher ein flächendeckendes Vertriebsnetz aufgebaut werden als mit herstellereigenen Niederlassungen. Hauptgründe liegen hier in entfallenden Sach- und Humaninvestitionen und Geschwindigkeitsvorteilen gegenüber einem eigenen Niederlassungsnetz. Außerdem kann durch die höhere Motivation bzw. eine existenzielle Abhängigkeit rechtlich

und wirtschaftlich selbstständiger Absatzmittler eine intensivere Bearbeitung ihres Marktverantwortungsgebietes erwartet werden als beim Vertrieb über Niederlassungen („Angestelltenmentalität"), deren Anreizsysteme im Wesentlichen in erfolgsabhängigen Gehaltsbestandteilen bestehen.
- **Zufriedenheit der Kunden:** Generell weisen Niederlassungen und große Vertragshändler aufgrund des Anonymisierungsgrades der Kundenbeziehung tendenziell eine niedrigere Kundenzufriedenheit auf als Kleinbetriebe.
- **Einflussnahme auf den Point of Sale:** Der Einfluss des Herstellers am Point of Sale sinkt beim Einsatz selbstständiger Vertragshandelspartner und freier Händler. So können Einschränkungen im Leistungsspektrum erfolgen, der Handelspartner vertreibt möglicherweise weitere und konzernfremde Marken oder der Markenauftritt lässt sich aufgrund des Konfliktes zwischen der Markenprofilierung des Herstellers und der Einkaufsstättenprofilierung des Absatzmittlers nicht vollständig durchsetzen.

5.3 Strategische Determinanten

Neben den kosten- und absatzwirtschaftlichen Faktoren beeinflussen darüber hinaus strategische Determinanten Entscheidungen hinsichtlich des vertikalen Integrationsgrades:
- **Reduktion der Komplexität:** Um die enorme Vielfalt an Modellen, Derivaten und Varianten sowie an Technologien und Fertigungsverfahren für die Fahrzeughersteller beherrschbar zu machen, werden von diesen ganze Module und Systeme entwicklungs- und produktionsseitig auf Zulieferer verlagert. Durch eine zunehmende Arbeitsteilung kann jedoch die Komplexität auch zunehmen, z. B. im Falle einer international verteilten Karosserieentwicklung gemeinsam mit verschiedenen Entwicklungs- und Designzentren und externen Entwicklungspartnern, in Verbindung mit der Werkzeugentwicklung und -herstellung in Japan, wobei die Werkzeuge dann auf Produktionsanlagen von US-amerikanischen Zulieferern laufen sollen, um von dort den Karosseriebau des Herstellers in den USA zu versorgen. Im Vertrieb ist festzustellen, dass die Einschaltung von Absatzmittlern den Hersteller von der Übernahme von Verkaufsaufgaben entlastet. Andererseits steigen dadurch – im Vergleich zu einem direkten Vertrieb – die Transaktionskosten für die komplexe Steuerung eines umfangreichen Systems aus oftmals kleinen Vertragshändlern.
- **Verlagerung von Risiken:** Marktliche, technologische und finanzielle Risiken können für den Hersteller durch die Fremdvergabe von Entwicklungs- und Fertigungsleistung reduziert werden. Auch bei der Marktbearbeitung mit Hilfe selbstständiger Absatzmittler kann der Hersteller aufgrund seiner Machtposition Risiken im Hinblick auf Absatzprobleme und auf die dann verstärkt anstehende Lagerhaltung mit diesen Partnern teilen bzw. diese Risiken weitgehend auf die Absatzmittler verlagern.

- **Erhöhung der Abhängigkeit:**
  - Abhängig von der Struktur des Beschaffungsmarktes kann sich eine verbesserte **Machtposition** von einzelnen Zulieferern mit spezifischem Know-how und hoher Unternehmensgröße ergeben. Im Vertrieb ist der Grad der Abhängigkeit des Herstellers von seiner Handelsorganisation und die Möglichkeit, seine Marketingführerschaft durchzusetzen, stark von der Größe der Absatzmittler bestimmt und davon, ob es sich um markenexklusive Händler handelt oder nicht. Jedoch kann selbst bei Megazulieferern und großen markenexklusiven Händlern durch erhebliche wirtschaftliche Verluste bei Kündigung der Zusammenarbeit nicht von einer „Macht des Zulieferers bzw. des Handels", sondern eher von einer intensiven wechselseitigen Abhängigkeit gesprochen werden.
  - Bei zunehmender Fremdvergabe von Zulieferleistungen – insbesondere im Zuge von Single- und Global-Sourcing-Strategien – steigen die Anforderungen an die Steuerung und Koordination der Lieferanten, um die Versorgungssicherheit zu gewährleisten, und die **Versorgungssicherheit** sinkt. Beispielsweise sind infolge der Katastrophen in Japan im Jahr 2011 bei Herstellern und in der Zulieferkette Versorgungsprobleme und Produktionsstillstände aufgetreten.
  - Da Entscheidungen zur Gestaltung der Fertigungstiefe nicht kurzfristig reversibel sind, können anhaltende Fremdvergaben bestimmter Leistungen einen dauerhaften **Know-how-Verlust** und Verlust von Differenzierungsvorteilen bedeuten sowie den Verlust der eigenen Weiterentwicklungsmöglichkeit und auch den ungewollten Transfer dieses Know-hows zum Wettbewerber. Im Vertrieb ist ein intensiver Kundenkontakt für den Hersteller weitaus besser durch einen direkten Zugang zum Markt über den direkten Vertrieb mit eigenen Niederlassungen anstelle von Absatzmittlern möglich.
  - **Veränderung der Wettbewerbssituation:** Eine Entscheidung hinsichtlich des vertikalen Integrationsgrades kann zu einer Veränderung der Wettbewerbssituation führen. Ein Zustandekommen der geplanten Übernahme des Automobilherstellers Opel durch den Megazulieferer Magna (Vorwärtsintegration) hätte sich stark negativ auf die Geschäftsbeziehungen mit den Wettbewerbern von Opel ausgewirkt.
  - **Gesetzliche Rahmenbedingungen und Protektionismus:** Bei der Erschließung neuer Märkte im Zuge der Globalisierung sind die jeweils herrschenden gesetzlichen Rahmenbedingungen zu beachten. Um eine Produktion in einem neuen Markt zu ermöglichen oder um hohe Einfuhrzölle zu umgehen, sind von den Automobilherstellern in vielen Ländern Vorgaben bezüglich der national von den dortigen Zulieferern erbrachten Wertschöpfung (Local Content) zu berücksichtigen.

6 Fazit und Ausblick

Über einen kosteneffizienten Produktionsprozess und eine hohe Fertigungsqualität lassen sich strategische Wettbewerbsvorteile kaum dauerhaft realisieren. Daher sind die Automobilhersteller gefordert, in Zukunft in den Bereichen Produktentwicklung sowie Vertrieb und Marketing mehr zu investieren und ein überlegenes Produkt- und Markenmanagement aufzubauen. Aufgrund begrenzter Ressourcen erfordert dies umgekehrt einen Rückgang der Investitionen und des Integrationsgrads im Bereich der Produktion.

Zu erwarten ist, dass es zu jeweils konzern- und markenspezifisch unterschiedlichen Integrationsmodellen kommen wird, wobei Premiumhersteller gegenüber Volumenherstellern tendenziell einen höheren Integrationsgrad aufweisen und insbesondere die Volumenhersteller aus Kostengründen den vertikalen Integrationsgrad tendenziell weiter reduzieren werden. Eine umfangreiche und detaillierte Untersuchung der Entwicklung der Wertschöpfungsanteile bezogen auf die Hauptmodule der Fahrzeuge findet sich in [VDA 2004]. Wichtig für eine deutlichen Verbesserung der Kostenposition ist, dass nicht einzelne Komponenten, sondern ganze Module und Systeme bezogen werden – und zwar von wenigen, leistungsfähigen Zulieferpartnern. Um diese Leistungsfähigkeit zu erreichen, gehen die Hersteller langfristige und partnerschaftliche Bindungen ein.

Um absatzwirtschaftlichen und strategischen Zielsetzungen gerecht zu werden, muss insbesondere bei den deutschen Premiummarken mit dem Schwerpunkt auf Innovationsführerschaft und Differenzierung, aber auch bei den weltweit durch ihr hohes Leistungsniveau anerkannten deutschen Volumenmarken, eine enge Kontrolle der gesamten Wertschöpfungsstruktur in Form eines konsequenten Netzwerkmanagements durch den Hersteller erfolgen. In den letzten Jahren hat neben krisenbedingten Insolvenzen insbesondere die horizontale Integration im Rahmen von Übernahmen, Zusammenschlüssen und strategischen Allianzen bzw. Partnerschaften unter Herstellern und Zulieferern für eine starke Konsolidierung gesorgt (vgl. Diehlmann/Häcker 2010). Durch die eindeutigen Trends in Richtung alternativer Antriebe, der Elektrifizierung des Antriebsstrangs, dem Downsizing herkömmlicher Motoren in Verbindung mit immer restriktiveren Abgasvorschriften, dem Leichtbau und dem zunehmenden Elektronikanteil in bisherigen und neuen Fahrzeugfunktionen bis hin zum vernetzten Fahrzeug entstehen neue oder geänderte Wertschöpfungsumfänge. In den nächsten Jahren wird sich herauskristallisieren, welche Umfänge bei den Herstellern und welche Umfänge bei den Zulieferern positioniert sein werden und welche zusätzlichen Chancen sich dadurch für den Handel und den Service ergeben. Da die Diskussion, welche Antriebskonzepte sich langfristig durchsetzen werden, in vollem Gange ist, werden die Hersteller eine Vielzahl von Entwicklungsrichtungen parallel verfolgen. Der dadurch entstehende Aufwand für Produkte, Technologien und Herstellungsprozesse ist am vorteilhaftesten in enger Zusammenarbeit und partnerschaftlich von den Herstellern und ihren Zulieferern gemeinsam zu erbringen, was auf eine weitere Verringerung der Entwicklungstiefe hindeutet. Neben strategischen Erwägungen werden das technologische Know-how und die rasche Realisierung von Skaleneffekten in der Produktion alternativer Antriebssysteme im Fokus stehen. Insbesondere die Erzielung von Skaleneffekten durch standardisierte Module, Teilsysteme und Komponenten ist aufseiten der Lieferanten eher möglich. Es ist zu erwarten, dass die Integrationsfunktion von Teilsystemen und Komponenten jedoch als Kernkompetenz bei den Herstellern liegen wird.

Durch die produktbezogenen Veränderungen ist mit neuen Akteuren in der Automobilwirtschaft zu rechnen, z. B. branchenfremde Zulieferer aus dem Leichtbau und der Informations- und Telekommunikationstechnik, Kleinanbieter von Elektrofahrzeugen bis hin zu Energieproduzenten, Netz- und Infrastrukturbetreibern sowie weiteren Dienstleistern. Der Energiekonzern RWE bietet bereits ein Komplettpaket über einen Liefervertrag für Ökostrom, ein Elektrofahrzeug und eine Ladestation an. Die klassischen Automobilhersteller reagieren durch Ausweitung ihrer Geschäftsmodelle, z. B. Audi im Bereich der Offshore-Stromerzeugung über Windkraft und die Produktion von Methangas. Um den Zugriff auf entscheidende Kompetenzen und Rohstoffe, z. B. in der Speichertechnik oder bei den Seltenen Erden, sicherzustellen, erweitern die Hersteller ihre Wertschöpfungsnetzwerke um geeignete Partner.

Neben den produktbezogenen Veränderungen werden sich aufgrund des weltweit enorm zunehmenden Bedarfs an Mobilität bei gleichzeitiger Verstärkung der Umwelt- und Platzproblematik, insbesondere in Megacitys, neue Mobilitätskonzepte entwickeln und etablieren, wie z. B. Car-Sharing oder multimodale Mobilitätskonzepte. Diese neuen Mobilitätskonzepte und die damit befassten Akteure werden ebenfalls zu wesentlichen Veränderungen in den Wertschöpfungsstrukturen beitragen.

Im Zuge der Umgestaltung der Wertschöpfungsstrukturen wird für kleine und mittlere Zulieferunternehmen die Fähigkeit, globale Netzwerke zu bilden und in diesen globalen Netzwerken zu agieren, von überlebenswichtiger Bedeutung werden.

Neben dem Eintritt neuer Akteure in die automobilwirtschaftlichen Strukturen werden neue Geschäftsverbindungen auch gegengerichtet entstehen. Beispielsweise werden von den traditionell stark auf die automobilen Kunden fokussierten Zulieferunternehmen durch den Transfer von Kernkompetenzen in neue Produkte und Geschäftsfelder zunehmend neue Strukturen aus der automobilen Welt in den Non-Automotive-Bereich entstehen.

Prof. Dr. Wolfram Sopha

IV Herausforderung Globalisierung: Rahmenbedingungen einer ganzheitlichen Strategie für Automobilhersteller

Die Globalisierung stellt die Automobilindustrie vor neue Herausforderungen: Das bisher meist nationale Umfeld wird durch ein internationales ersetzt. Neben Zahlen, Fakten und Prognosen wird in diesem Kapitel dargestellt, welchen Trends und Herausforderungen sich die Automobilindustrie im Rahmen der Globalisierung stellen muss und welche Maßnahmen sie dabei ergreifen kann. Abschließend werden die Trends und Maßnahmen anhand zweier Fallbeispiele erläutert.

1 Einleitung
2 Zahlen, Fakten und Prognosen
3 Herausforderungen im globalen Kontext
4 Maßnahmen im globalen Kontext
5 Fallbeispiele
6 Zusammenfassung

1 Einleitung

Durch die Globalisierung, auch auf dem Automobilmarkt, hat der nationale Hersteller seinen Rang verloren und internationale Produzenten mit ihren Produkten agieren auf dem Weltmarkt. Doch nicht nur der Vertrieb, auch die Produktion der Automobilindustrie verlagert sich ständig in neue Gebiete, hauptsächlich in asiatische Richtung. Die weltweite Automobilnachfrage ist kontinuierlich gewachsen, der Marktsättigung der traditionellen Märkte stehen neue Wachstumsmärkte gegenüber. Welchen Herausforderungen muss sich die Automobilindustrie stellen, um diesem Wettbewerb auf den schnell wachsenden neuen Märkten, wie China, Indien, Russland und Brasilien (BRIC), gewachsen zu sein? Welche Maßnahmen sind erforderlich, um hier langfristig bestehen zu können?

Durch die Globalisierung und die Verflechtungen der Volkswirtschaften ist es heute der Automobilindustrie möglich, ihre Wachstumsstrategien auszudehnen, was die internationalen Automobilhersteller ständig vor neue Herausforderungen stellt. Um mittelfristig überlebensfähig zu sein, müssen sie ihre Strategien deutlich offensiver ausrichten, denn die globalen Märkte rücken immer enger zusammen und neue Technologien werden immer schneller weltweit eingesetzt.

Für global agierende Unternehmen ist es wichtig, die Besonderheiten der „Emerging-Markets" zu kennen, um in den für das Unternehmen am geeignetsten Ländern vertreten zu sein. Mittlerweile kann es sich kein Automobilhersteller mehr leisten, nicht alle Potenziale auszunutzen.

Nicht nur Unternehmen oder ganze Wertschöpfungsnetzwerke stehen heute im Wettbewerb, sondern Automobilregionen oder Nationalstaaten versuchen, durch besondere Merkmale wie Arbeitskosten, Subventionen und Innovationsförderung sich für die Standortentscheidung attraktiv zu präsentieren.

Ziel dieses Kapitels ist es, Rahmenbedingungen und ausgewählte Aspekte potenzieller Wachstumsstrategien näher zu beleuchten. Das sind zum einen wichtige **Zahlen, Fakten und Prognosen**, die Veränderungen im Bereich der Produktion, z. B. durch die Verlagerung von Produktionsanlagen in neue Märkte oder Produktionsanlagen neuer Marktteilnehmer in den BRIC-Ländern, vor allem China, betreffen. Eine Betrachtung der Verkaufszahlen bringt Aufschluss über die Entwicklung einzelner Absatzmärkte und lässt auf eine Verlagerung in neue Märkte schließen. Eine dritte Komponente, die das enorme Potenzial der neuen Märkte speziell von China und Indien zeigt, ist die Pkw-Dichte pro 1.000 Einwohner. Des Weiteren sind gewisse **Trends und Herausforderungen** absehbar, denen sich die globalen Automobilhersteller stellen müssen. Verschiedene **Maßnahmen** können als Antwort auf diese Herausforderungen den Automobilherstellern mögliche Wege in die Zukunft beschreiben. Anschließend werden diese Trends und Maßnahmen anhand von zwei **Fallbeispielen** näher erläutert, aus der Sicht eines Herstellers der etablierten Märkte und der eines relativ jungen Wettbewerbers aus Fernost.

Die hier genannten Herausforderungen und Maßnahmen sind lediglich beispielhaft und spiegeln häufig genannte Aspekte aktueller Studien wider (vgl. Bernhart et al. 2011; Fournier 2012; Leschus et al. 2009; Winterhoff et al. 2009a; Winterhoff et al. 2009b; Schmid/Grosche 2008a; Weert/Schmidt 2008).

Die Ziele der Automobilhersteller sind klar: Es geht um Steigerung der Rendite, Wachstum und Erweiterung des Markteinflussgebietes, um somit die langfristige Überlebensfähigkeit zu sichern (siehe Abbildung 1).

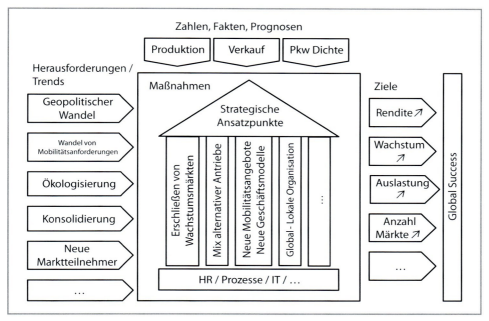

Abb. 1: Herausforderungen für Automobilhersteller im globalen Kontext (Quelle: eigene Darstellung angelehnt und erweitert nach Bernhart et al. 2011, S. 6).

2 Zahlen, Fakten und Prognosen

2.1 Produktion und Verkauf

Auf den Märkten der Automobilindustrie scheinen Marktanteilsgewinne in den Ländern der Triade, die durch Bevölkerungsrückgang und Sättigung der Märkte gekennzeichnet sind, hinsichtlich der Stückzahlen mittelfristig nicht realisierbar. Trotzdem sind diese Märkte durch die große Zahl des Ersatzbedarfs (vgl. Becker, H. 2010a, S. 24 ff.), der Anreicherung der Fahrzeugwerte und der Ausdehnung und Verbesserung des Vertriebs und Services von hoher Bedeutung und Wachstumsträger (vgl. Winterhoff et al. 2009a, S. 27 f.). Die Verdrängung bestehender Anbieter durch neue Konkurrenten, die sich über eine aggressive Preispolitik etablieren wollen, verstärkt die Wettbewerbsintensität und ändert dadurch die Marktanteile.

Produktion: Weltweit wurden 2010 63,6 Mio. Pkw produziert. Somit konnte die Produktion seit 2000 von 41 Mio. Pkw um ca. ⅓ gesteigert werden. Mit 35,3 Mio. Pkw hatten die Märkte der Triade 2010 zwar noch den größten Anteil, doch es besteht ein klarer Trend zur Mengenverschiebung zugunsten der Märkte der BRIC-Staaten mit in Summe bereits 17,8 Mio. Pkw – im Vergleich zu 3,4 Mio. Pkw im Jahr 2000. Die Triade-Länder haben somit einen Anteil von 55 Prozent der produzierten Pkw gegenüber 28 Prozent der BRIC-Staaten; doch ist China mit 11 Mio. (17 Prozent) neben Japan 8,3 Mio. (13 Prozent), USA 7,5 Mio. (12 Prozent) und Deutschland 5,5 Mio. (8,6 Prozent) das wichtigste Produktionsland des Jahres 2010. Der Zahlenvergleich der Herstellung von Pkw in China 2000 mit nur 0,6 Mio. spricht für die Veränderungen in der Automobilindustrie (vgl. ACEA 2011, S. 37; KAMA 2011; OICA 2011; VDA 2011, S. 16–26).

Verkauf: Nachdem der Absatz von Neuwagen 2009 aufgrund der Finanzkrise auf vielen wichtigen Märkten stark rückläufig war, konnten sich die Absatzzahlen 2010 mit insgesamt 61,7 Mio. Pkw wieder gut behaupten. Wachstumstreiber waren die BRIC-Staaten sowie Nordamerika. Mit einem Anteil von 11,3 Mio. (18,3 Prozent) lag China knapp hinter Nordamerika mit 11,6 Mio. (18,8 Prozent), gefolgt von Japan mit 4,2 Mio. (6,8 Prozent), Brasilien mit 3,3 Mio. (5,3 Prozent) vor Deutschland mit 2,9 Mio. (5,2 Prozent) und Indien mit 2,4 Mio. (3,8 Prozent) (vgl. ACEA 2011, S. 56; KAMA 2011; KBA 2011; VDA 2011, S. 24–25). 2000 wurde noch ein Anteil von 73 Prozent der weltweit produzierten Pkw in den Triade-Märkten vermarktet. Dieser hat sich 2010 zugunsten der BRIC-Märkte auf 51 Prozent reduziert und wird wahrscheinlich sogar noch weiter rückläufig sein. Auch der Anteil der in den Triade-Märkten produzierten Pkws wird von 75 Prozent im Jahr 2000 und 55 Prozent im Jahr 2010 einen wahrscheinlich ähnlichen Weg gehen. Es lässt

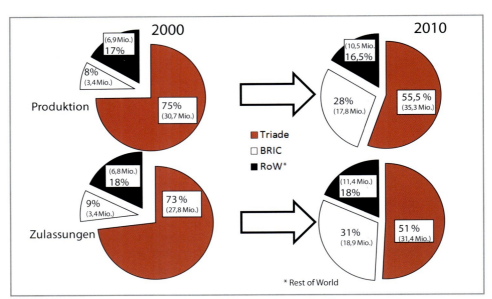

Abb. 2: Entwicklung von Produktion und Verkauf von 2000 bis 2010 in den Triade- sowie BRIC-Märkten (Quelle: eigene Darstellung, Zahlen: ACEA, VDA, OICA).

sich erkennen, dass sich die Verlaufskurven von Produktion und Verkauf auf den verschiedenen Märkten quasi parallel entwickelt haben (siehe Abbildung 2).

Die Abhängigkeit der einzelnen Märkte von dem globalen Automobilmarkt wird zudem deutlich, wenn man die Exportzahlen betrachtet. Beispielsweise hat Deutschland als eines der größten Exportländer mit 4,2 Mio. Einheiten 75 Prozent der Gesamtproduktion exportiert, davon elf Prozent nach China (vgl. VDA 2011).

2.2 Motorisierungsdichte

Die Motorisierungsdichte – vorhandene Pkw pro 1.000 Einwohner – gilt als Gradmesser der Sättigung des Marktes. Bei einer Dichte von mehr als 800 Pkw pro 1.000 Einwohner in den USA und ca. 500 Pkw in Westeuropa und Japan ist in der Triade bereits ein Niveau erreicht, das nur noch wertmäßige, aber kaum noch volumenmassige Wachstumspotenziale bietet (vgl. VDA 2011). Die Motorisierungsdichte der BRIC- und Next-11-Staaten hat dagegen noch hohes Entwicklungspotenzial – bis hin zum Niveau der Triade-Märkte. In China und Indien hat im Vergleich statistisch gesehen bisher nur ca. jeder 40. bzw. 70. Einwohner einen Pkw (vgl. OICA 2011) (siehe Abbildung 3).

Außerdem ist die Entwicklung der Bevölkerungszahlen, die in den Staaten der Triade negativ verläuft, in den BRIC- und Next-11-Staaten dagegen erhebliche Zuwächse erwarten lässt, bei Prognosen in die Zukunft zu berücksichtigen. Hier sind erhebliche Wertschöpfungen für die globale Automobilindustrie möglich.

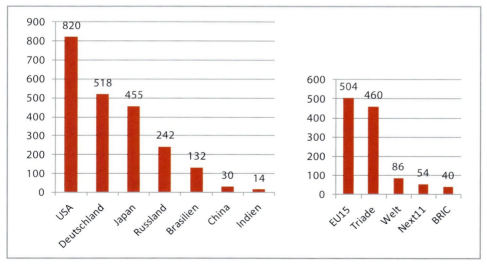

Abb. 3: Motorisierungsgrad pro 1.000 Einwohner im internationalen Vergleich [Quelle: eigene Darstellung, Zahlen: ACEA, OICA, VDA (2011)]

Während sich in den EU-Staaten die Verkehrsdichte in den letzten Jahren leicht verringerte, stieg sie in China von 3,5 (1995) auf 30 (2010) und könnte sich auf 300 Pkw pro 1.000 Einwohner (2030) verzehnfachen (vgl. Leschus et al. 2009, S. 7).

 Die Wachstumszuwächse der Automobilmärkte werden in der Zukunft in den Schwellenländern sein.

2.3 Märkte China und Indien

Die Neuzulassungen in Indien stiegen 2010 im Vergleich zum Jahr 2009 um 31 Prozent, in China sogar um 34 Prozent. Damit ist China auf Platz zwei hinter den USA, während Indien den sechsten Platz belegt (vgl. VDA 2011). Die Öffnung des indischen Marktes für Direktinvestitionen im Jahre 2000 – in China sind im Gegensatz Investitionen nur über Joint Ventures möglich – ließ die Produktionszahlen stark ansteigen. Trotzdem dominieren indische Hersteller mit mehr als 80 Prozent den Markt. Auf das Segment Kompaktklasse entfällt dort auch der Hauptabsatz von Pkw. China will zum Marktführer der Elektromobilität werden und fördert durch staatliche Reglementierung international konkurrenzfähige Großkonzerne und eigene Automobilmarken. Mit Joint Ventures nutzen sie den westlichen Know-how-Vorsprung (vgl. Diehlmann 2010, S. 14; Wallentowitz et al. 2009, S. 65; Meyring 2009, S. 35).

3 Herausforderungen im globalen Kontext

3.1 Geopolitischer Wandel

Die dramatische Verschiebung der Produktionskapazitäten und des Umsatzes nach Asien bringt erhebliche Veränderungen. So soll China bis 2025, bezogen auf die Kaufkraft, die zweitgrößte Volkswirtschaft der Welt sein, während die USA ihre erste Position halten wird und Indien den dritten Rang bezieht. Der am schnellsten wachsende Markt der BRIC- und Triade-Länder ist China, gefolgt von Indien, das Deutschland bis dann in Bezug auf das BIP fast eingeholt haben wird. Die Gruppe der Länder der Next 11 könnte auf lange Sicht wegen der Wachstumsraten und der Bevölkerungszahlen der Gruppe der größten Volkswirtschaften weltweit beitreten, da ihr Wachstum zwar niedriger als das der BRIC-Länder, aber deutlich höher als das der Triade-Länder war. Die Länder der Next 11 werden zukünftig an Bedeutung gewinnen, und dies würde wahrscheinlich eine Verschiebung zu den Low-Cost-Standorten bewirken (vgl. Bernhart et al. 2011, S. 7).

HERAUSFORDERUNGEN IM GLOBALEN KONTEXT

3.2 Wandel von Mobilitätsanforderungen

Die Ausbreitung städtischer Lebensformen, das Wachstum von Städten ist seit Jahrhunderten zu beobachten, hat aber in den Schwellen- und Entwicklungsländern Ausmaße angenommen, die kaum vorstellbar waren. Heute leben weltweit mehr Menschen in Städten als auf dem Land und manche der Megacitys mit bis zu 30 Mio. Einwohnern haben bereits eine größere Wirtschaftskraft als einige Länder. Die Ballungsräume ziehen immer mehr junge Menschen aus ländlichen Gebieten an. Arbeitsplätze, kurze Wege zu wichtigen Dienstleistungen und Vergnügungsangeboten sowie ein buntes Wohnumfeld und die Möglichkeit, sich mit öffentlichen Verkehrsmitteln zu bewegen, sind neben der Verteuerung des Treibstoffs, dem Ökologietrend oder gesellschaftlichem Umdenken wichtigen Gründe für die Veränderung der Mobilitätsanforderungen der Konsumenten (vgl. Buhl 2009, S. 5).

Das Statussymbol Auto verliert zudem in Metropolregionen für jüngere Generationen an Wert, was in Japan zuerst in den 1990er Jahren aufkam und mit dem Namen „Kuruma Banare" bezeichnet wird. Durch öffentliche Verkehrsmittel wird es in städtischen Räumen oft überflüssig, ein eigenes Auto zu besitzen; ein weiterer Trend ist die „Demotorisierung", in den Triade-Ländern bereits erkennbar. Aus diesen Veränderungen ergeben sich neue Kundenanforderungen an die künftige Befriedigung der Mobilität (vgl. Winterhoff et al. 2009a, S. 62).

Nachhaltigkeit, flexibler Besitz, Individualität sowie optimierte Kosten sind für die meisten Kunden bei der Kaufentscheidung wichtiger als Luxus und hohe Motorleistung. Die Wahl eines kleineren Fahrzeugs mit geringem Verbrauch ist in den Schwellenländern allerdings weniger eine persönliche, denn eine budgetäre Entscheidung. Das überproportionale Wachstum des „Small-Car"-Segments führt zu einem höheren Kostendruck, trotz wachsender Stückzahlen. Hochwertige Kompaktfahrzeuge, z. B. Citroën DS3 und Audi A3, und kleine Premiumautomobile, z. B. Mini, generieren höhere Gewinne und können dieses Phänomen etwas abfedern (vgl. Bernhart et al. 2011, S. 52).

Da der Verkehr nicht nur in den Schwellenländern wie China und Indien ständig weiter wächst, muss nach intelligenten Mobilitätssystemen mit minimalen CO_2-Emissionen gefragt werden, die trotz der Urbanisierung maximale Mobilität ermöglichen, denn Staus kosten die Volkswirtschaften Millionen.

3.3 Ökologisierung

Die Themen Nachhaltigkeit und Klimawandel nehmen in der öffentlichen Diskussion in den Triade-Staaten deutlich zu und „globale Erwärmung" und „CO_2-Fußabdruck" sind deren Schlagworte, wie auch Umweltschutz, Ressourcenschonung und Corporate Social Responsibility.

Für die Auswirkungen der Herstellung und Produktion der Produkte fühlt sich der Käufer mitverantwortlich. Dieses neue Bewusstsein der Konsumenten führt dazu, dass Wachstum unter dem Gesichtspunkt der Ökonomie, Ökologie und dem gesellschaftlichen Engagement gesehen werden muss. Nachhaltigkeit und Umweltaspekte bestimmen immer häufiger die Kaufentscheidung. Produkte, bei deren Entwicklung man sich nicht an diesem Trend orientiert, werden vermutlich kaum am Markt zu verkaufen sein.

Dieser substanzielle Wandel durch den neuen Konsumententyp der LOHAS (Lifestyle of Health and Sustainability) wird keine vorübergehende Erscheinung sein, sondern Auswirkungen auf all unsere Märkte haben (vgl. Winterhoff et al. 2009a, S. 24). Auch die Verknappung und die damit verbundene Verteuerung der Rohstoffe verändern die Prioritäten der Wirtschaft und der Gesellschaft. Auf die Erschöpfung der Ölreserven und den Klimawandel reagiert die Politik unterschiedlich. Neben verkehrsstrategischen Maßnahmen, wie der Einführung einer Citymaut, verpflichtete sich die EU, die Treibhausgasemissionen bis 2020 um mindestens 20 Prozent zu senken, und hofft, dies durch Besteuerung nach der Höhe der CO_2-Emission von Pkw zu erreichen. Um eine Erderwärmung von mehr als zwei Prozent zu verhindern, wird die Einschränkung der CO_2-Emissionen zwischen zehn und 35g/km/Pkw betragen und weltweit Gültigkeit haben müssen. Die Automobilhersteller werden allerdings nicht in der Lage sein, die strengen Ziele von 95g/km/Pkw in der EU und 120g/km/Pkw in den USA bei einer jährlichen Verbesserung von rund zwei Prozent im konventionellen Antriebsstrang und einer heutigen durchschnittlichen Emission von 140g/km/Pkw zu erfüllen (vgl. Fournier 2012, S. 411). Weitere Anstrengungen sind hier zwingend erforderlich. Die ständig steigenden CO_2-Emissionen – bis 2025 wird ein Anstieg um 30 Prozent prognostiziert – werden aber den wichtigsten Treibern dieses Wachstums, der Stromerzeugung, dem Transport und den industriellen Prozessen, angelastet, wobei China 2020 das am stärksten CO_2-emittierende Land sein wird.

Der wichtigste Energieträger wird 2025 das Erdöl sein, gefolgt von Kohle und Gas. Fossile Brennstoffe decken etwa 80 Prozent des Primärenergiebedarfs. Ab 2025 wird der Bedarf an Kohle den des Erdöls übertreffen. In den BRIC-Staaten, vor allem in Asien, wächst aufgrund des starken wirtschaftlichen Wachstums die Nachfrage nach Primärenergie. China könnte zur gleichen Zeit weltweit der größte Öl- und Gasimporteur werden. Die erneuerbaren Energien, Biomasse, Abfall, Wasser- und Windkraft, werden größere Marktanteile gewinnen. Ihr wachsender Anteil, im Vergleich zur gesamten Stromerzeugung noch unverhältnismäßig, kann zu Preisschwankungen und deutlichen Preiserhöhungen führen, da die Produktion teurer und weniger zuverlässig ist (vgl. Bernhart et al. 2011, S. 20).

3.4 Konsolidierung

Der globale Ausbau ihrer Unternehmen wird von fast allen Automobilherstellern angestrebt. Neben Firmen im Automobilbereich wurden früher aber auch branchenfremde Unternehmen akquiriert (Cross-Industrie M&A), sowie auch andere Kooperationen vorgenommen.

Von mehr als 50 unabhängigen Automobilherstellern im Jahr 1960 sind 2011 nur zwölf übrig geblieben (BMW, Daimler, Fiat, Ford, GM, Honda, Hyundai, PSA, Renault/Nissan, Toyota, Volkswagen), langfristig werden wahrscheinlich sogar nur sechs bis neun Unternehmen, die durch

Minder- und Mehrheitsbeteiligungen miteinander verbandelt sind, weiter existieren (vgl. Mattes et al, 2004, S. 17).

Laut dem IWK Survival Index werden sich vor allem die beiden japanischen Hersteller Honda und Toyota behaupten können, dicht gefolgt von den deutschen Konzernen BMW, Daimler und Volkswagen, im Mittelfeld befinden sich Unternehmen wie Hyundai, Nissan, mittlerweile auch Fiat. Die amerikanischen Hersteller liegen am Ende der Platzierung (vgl. Becker, 2010/1, S. 59).

Die anhaltende globale Intrabranchenkonsolidierung prägt bis heute das Bild der Automobilindustrie (vgl. Reichhuber, 2010, S. 42). Der Aufbau eines globalen Produktionsnetzes, die Ausweitung der Angebotsprogramme, die Sicherung der Technologie und Beschaffungskanäle sind die Gründe vieler Fusionen und Akquisitionen und stehen oft im Widerspruch zu kostenorientierten Überlegungen. Die Megafusionen lösen selten die Kostensituation, führen jedoch zu vernetzten Unternehmensverbünden, die an die Organisation besondere Herausforderungen stellen. Nachfolgende Grafik zeigt die nach Produktionszahlen aktuell größten Automobilhersteller. Die beispielhaft gezeigten Verknüpfungen symbolisieren die vielschichtigen gemeinsamen Projekte und Beteiligungen, welche vielleicht schon ein Zeichen für die nächste Konsolidierungsrunde darstellen (vgl. Abb. 4).

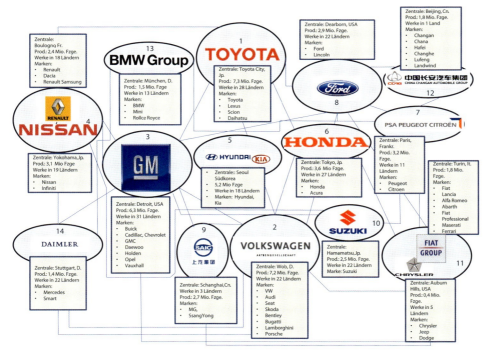

Abbildung 4: Konsolidierung der größten Automobilhersteller. Eigene Darstellung, vgl.: OICA, 2011 ; o. A. (2011)/3: Wer mit wem?

3.5 Neue Marktteilnehmer

Im Jahre 2010 waren die 16 größten Automobilproduzenten ausnahmslos Hersteller, die ursprünglich aus den Triade-Staaten stammten. Die neuen Hersteller auf den Wachstumsmärkten profitieren insbesondere vom Wachstum des jeweiligen Heimatmarktes. Mindestens fünf Automobilhersteller aus China und Indien werden wohl bis 2020 zu den etablierten globalen Automobilherstellern aufschließen, darunter SAIC, FAC, Dongfeng, ChangAn, Geely aus China und Tata aus Indien. Neben den globalen Marken des Joint Ventures mit VW und GM wird allein von SAIC bis 2020 erwartet, 3,2 Mio. Fahrzeuge zu vermarkten. Indiens größter Hersteller Maruti Udyog Ltd., Anteilsmehrheit bei Suzuki, produzierte 2009 960.000 Pkw und erreichte damit Platz 17 in oben genanntem Ranking.

Es ist zu erwarten, dass sich durch das enorme Wachstumspotenzial ihrer Heimatmärkte die chinesischen und indischen Hersteller auf das Ziel einrichten, Marktführer mit ihren eigenen Produkten zu werden, aber auch gut abgestimmte Globalisierungsstrategien verfolgen, um sich auch in den „Emerging-Markets" in Asien, dem Mittlerem Osten und Afrika zu profilieren. Im unteren Segment und in den neuen Märkten sind sie bereits gegen die globalen Automobilhersteller erfolgreich, und sie werden versuchen, auch die etablierten Märkte im Premiumsegment zu erobern. Die neuen Wettbewerber müssen dafür allerdings in Forschung und Entwicklung, Produktportfolio und Produktqualität, Vertriebsnetz, Marken- und Personalwesen wettbewerbsfähiger werden, was viel Zeit beanspruchen wird. Die Entwicklung der koreanischen Automobilhersteller zeigt aber, dass die neuen Wettbewerber global bis 2020 zu relevanten Akteuren werden könnten (vgl. Winterhoff et al. 2009a, S. 48).

Ein weiteres Indiz für die globale Verschmelzung ist der teilweise Verlust der Authentizität einer Marke. Dies haben die neuen Wettbewerber zwar erkannt, aber ihre ehrgeizigen Expansionsstrategien haben trotzdem höhere Priorität. Die chinesischen Hersteller kauften Namensrechte, wie z. B. Rover, Volvo und Saab. Auch die Übernahme von Jaguar und Land Rover durch den indischen Konzern Tata zeigt, dass man mittelfristig mit neuen Herstellern auf etablierten Märkten rechnen muss (vgl. Becker/Diez 2010, S. 21).

4 Maßnahmen im globalen Kontext

4.1 Erschließung von Wachstumsmärkten

Im Zuge der Globalisierung der Märkte ist es für die Automobilindustrie von hoher Relevanz, sich erfolgreich zu positionieren, um eine Ausweitung ihres Markteinflusses zu erreichen. Für eine Grundorientierung des Managements stehen den Unternehmen hierbei grundsätzlich drei Strategien zur Verfügung: Heimatmarktorientierung (ethnozentrischer Ansatz), Gastlandorientierung (poly- oder regiozentrischer Ansatz) und Weltmarktorientierung (geozentrischer Ansatz).

> **DEF.**
> Unter dem **ethnozentrischen Ansatz** ist eine Vermarktung von Überschussmengen in andere Märkte über direkten oder indirekten Export zu verstehen: Hierbei sind die Hersteller zwar in den Zielmärkten präsent, eine Produktanpassung an den lokalen Geschmack wird dabei oft verfehlt.
> Tendenziell erfolgreicher ist die Strategie der **polyzentrischen Orientierung**: Hier werden beispielsweise Tochtergesellschaften oder Produktionsstätten in den Zielmärkten etabliert und die Produktanpassung wird dem lokalen Markt überlassen.
> Die erfolgreichste Strategie ist der **geozentrische Ansatz**: Hierbei wird weltweit operiert. Eine Vielzahl von Niederlassungen und Tochtergesellschaften prägt diesen Ansatz. Produktion, Personalrekrutierung sowie Kapitalbeschaffung erfolgen international (vgl. Marschner 2004, S. 117).

Um als international agierender Automobilhersteller neue Märkte zu erschließen, sind verschiedene Realisierungsstrategien als Mix der oben genannten Ansätze möglich. Klassische Managementstrategien wie Export, Vertrieb über NSCs (= National Sales Companies) oder Importeure, Strategische Allianzen, M&As, Joint Ventures oder Etablierung von Auslandsniederlassungen bzw. die Gründung von Tochtergesellschaften sind denkbare Optionen (vgl. Schmid/Grosche 2008a, S. 13). Darüber hinaus bieten sich noch Exportstrategien über die Fertigungsarten SKD/CKD an. Man spricht hier von semi knocked down (SKD), wenn der Fahrzeugbausatz bereits montierte Elemente, wie die Karosserie, enthält, und von completely knocked down (CKD), wenn das gesamte Fahrzeug noch in seine Einzelteile zerlegt ist (vgl. Schmidt 2009, S. 47).
Auch Lizenzierung ist eine gängige Marktwachstumsstrategie: Fiat beispielsweise lässt in den wichtigen Wachstumsmärkten wie China, Indien oder Russland bisher nur in Lizenz fertigen (vgl. Kulic 2009, S. 96). Schon Daimler hat nach der Entwicklung seines ersten nichtstationären Verbrennungsmotors 1883 für die Vermarktung die Lizenzierung zur Fertigung nach Frankreich, England und USA als Internationalisierungsstrategie gewählt, dies allerdings aufgrund des fehlenden Interesses seines damaligen Arbeitgebers Deutz an einer wirtschaftlichen Verwertung (vgl. Kutschker/Schmid 2011, S. 437).
Andere Markteintrittsstrategien, wie z. B. Franchising, sind im Automobilumfeld eher im Bereich After Sales und Service zu finden.

4.2 Mix alternativer Antriebe

Fahrzeugbauer verfolgen das Ziel der Mobilität ohne Emission bereits seit Jahren mit Hochdruck. Verbrennungsmotoren benötigen durch konsequentes Downsizing, gezielte Auflading und elektrische Steuerung weniger Treibstoff als früher und dürften dadurch vor allem ihren Platz im Überlandverkehr behaupten. Hybridkonzepte mit Verbrennungsmotor und elektrischem Antrieb oder Elektrofahrzeuge mit Benzinmotor werden die Universalfahrzeuge der Zukunft sein (vgl. Wallentowitz et al. 2009, S. 158 ff.). Nachholbedarf besteht für rein elektrisch betriebene Batterie- und Brennstoffzellenfahrzeuge, bei der Optimierung von Ladezyklenfenstern und hochenergetischer Zellen sowie bei der Infrastruktur. Daimler und der Energieversorger RWE starteten 2008 das Projekt „e-mobil Berlin" mit 100 Elektrofahrzeugen der Marken Smart und Mercedes-Benz, die an 500 Ladestationen betankt werden sollten. BMW und Vattenfall Europa begannen mit 50 Elektro-Minis, an Berliner Ökostromtankstellen oder der heimischen Steckdose aufladbar, die Alltagstauglichkeit unter dem Namen „Mini E Berlin – powered by Vattenfall" zu überprüfen. Der Flottenversuch sollte auch darüber Aufschluss geben, wie weit die Windenergievolatilität bei dem Ladevorgang durch Smart-Grid-Technologien ausgeglichen werden kann. Weitere Tests sind im Großraum London und in den USA vorgesehen (vgl. Buhl 2009, S. 6).

Den Kunden schrecken noch die hohen Kaufpreise der neuen Möglichkeiten ab, doch es geht auch anders: Sixt und RWE haben in einem Feldversuch Elektroautos auf Basis verschiedener Fiat-Modelle in mehreren deutschen Städten zur Miete angeboten (vgl. o. A., o. J., „Mit RWE aufladen, mit Sixt durchstarten"). Leider war das Projekt aufgrund fehlender Langstreckentauglichkeit bislang nicht erfolgreich. An das Elektroauto glauben Sixt und RWE aber weiterhin (vgl. Kunz 2011).

Es ist wahrscheinlich, dass die traditionelle Wertschöpfungskette im Bereich Elektromobilität auf den Kopf gestellt wird. Bis auf die Batterie sind Elektrofahrzeuge viel einfacher zu entwickeln, zu bauen und zu warten, was neue Akteure auf den Plan bringen könnte. Elektrofahrzeuge werden austauschbarer und bieten letztendlich weniger Raum für echte Innovationen. Die Entwicklung diverser Komponenten könnte leicht fremdvergeben werden. Um trotzdem höhere Preise rechtfertigen zu können, müssen neue Wege gegangen werden: Dies könnte evtl. durch besondere technologische Komponenten geschehen. Ultra-Light-Materialien, wie Kohlefaser oder Aluminium, könnten bei der Gewichtsreduktion helfen und damit ein sportliches Fahrerlebnis erlauben. Beispielsweise versucht BMW mit dem Mega City Vehicle 2013 diesen Ansatz zu gehen (vgl. Bernhart et al. 2011, S. 12, 58).

 Nachhaltigkeit und Umweltfreundlichkeit sind Möglichkeiten der Produktdifferenzierung, diese werden von den Kunden mittlerweile aber schon als Selbstverständlichkeit gesehen. Besonders im Premiumsegment ist es wichtig, diesen Trend zu nutzen (vgl. ebd., S. 22).

Neue technische Lösungen benötigen bis zu ihrer Implementierung oft Jahre, doch durch das Kaufverhalten, hin zu ultra-low Emission Vehicles, erhöht sich der Druck, auch durch umweltbedingte Bestimmungen und Regierungen mit „grüner" Gewichtung, zeitnah zu agieren. Der chinesische Batteriehersteller BYD könnte, anstatt in die Entwicklung konventioneller Antriebe zu investieren, direkt bei der Produktion von Elektrofahrzeugen einsteigen (vgl. Winterhoff et al. 2009b, S. 6). Die Akzeptanz der Käufer, elektrisch zu fahren, wäre schon heute gegeben.

Die neuen Ökomobile werden zwar den Energieverbrauch und den Schadstoffausstoß verringern, aber Staus in den Ballungsräumen leider nicht. Vielleicht wäre es in Zukunft besser, Autos nicht mehr zu besitzen, sondern, wenn es erforderlich ist, nur zu nutzen. Lösungen werden erwartet – neue Fahrzeuge und Verkehrssysteme oder einfach geringere Mobilität.

4.3 Neue Mobilitätskonzepte und Geschäftsmodelle

Die schwindende Bedeutung des Fahrzeugs als Statussymbol und die wachsende Nachfrage nach flexiblen Besitz- und Finanzierungsmodellen lässt die Automobilindustrie neue Modelle der Mobilität und damit neue Umsatzmöglichkeiten generieren (vgl. Bernhart et al. 2011, S. 54). Im Folgenden werden beispielhaft drei Geschäftsmodelle erläutert, durch die im Bereich der Mobilitätskonzepte zusätzliche Erträge generiert werden können: Car-Sharing, (IT-)Dienstleistungen sowie das Geschäftsmodell Apple:

- **Car-Sharing**: Das Car-Sharing kann in den Ballungsräumen der entwickelten Märkte die Lücke der Konnektivität zu Bahn oder Flug schließen, doch auch andere Lösungen können Akzeptanz gewinnen (vgl. Bernhart et al. 2011, S. 55). Die Tatsache, dass ein zu teilendes Fahrzeug bis zu 38 ersetzt, zwingt die Automobilhersteller, alternative Einnahmequellen zu generieren (vgl. ebd., S. 65). Daimler hat sich mit dem Car-Sharing-Angebot car2go in mehreren Städten etabliert, Nissan hat ein Mobilitätskonzept für Berufspendler mit Elektrofahrzeugen sowie Stadt- und Tourismusregionen mit IT-unterstützter Reiseplanung entwickelt, während Peugeot und Citroën mit dem flexiblen Mietkonzept Mu by Peugeot und der multimodalen Reiseplanung Citroën Multicity die Kundenbedürfnisse nach Mobilität bedienen. BMW wurde mit DriveNow zusammen mit dem Autovermieter Sixt aktiv. Auch der Hersteller Volkswagen ist im Herbst 2011 mit Quicar in das Car-Sharing-Geschäft eingestiegen. In Frankreich erhielt das Car-Sharing-Angebot Autolib den Zuschlag für Paris und 45 Vorstädte für zwölf Jahre. Nach Schätzungen der Stadt sollen durch dieses Projekt 22.500 Privatautos weniger den Pariser Verkehr belasten (vgl. Fournier 2012, S. 418).

- **(IT-)Dienstleistungen**: Ein weiteres interessantes Feld sind IT-Dienstleistungen im Bereich der Teleservices, die neben dem reinen Fahren dem Fahrer einen elementaren Zusatznutzen bieten. Mit staatlicher Förderung starten Automobilhersteller wie Toyota und Mazda in diesem Zusammenhang Pilotprojekte. Das Segment M2M-Kommunikation-Telematik hat für Toyota wachsende Bedeutung. Die Themen Service, Sicherheit und Komfort beinhalten auch Navigation, Media-on-demand und Connectivity, woraus sich neue Angebote für Kurzstreckenmobilität innerhalb der Ballungsräume oder Verbindungen zu öffentlichen Verkehrsmitteln ableiten lassen. Toyota investiert in diesem Zusammenhang stark in den Bereich Robotik und generiert bereits neue Umsatzströme (vgl. Winterhoff et al. 2009a, S. 62).

- **Geschäftsmodell Apple**: Aufstrebende Akteure wie BYD aus China diskutieren, ob sie etablierten Automobilherstellern modulare Technologiekomplettpakete für Elektrofahrzeuge – von der Batterie, den Elektromotoren bis zu kompletten Fahrzeugarchitekturen – anbieten können. Nur das Innen- und Außendesign müsste dann den Wünschen der verschiedenen Automobilhersteller angepasst werden. Magna verfolgt bereits solche Strategien und Apple könnte als Vorbild für die Annäherung der Automobil- und der IT-Industrie dienen. Apples Erfolg basiert auf seinem ganzheitlichen und generalistischen Ansatz sowie vor allem dem frühzeitigen Erspüren von Trends. Älteren Menschen bietet Apple andere Benutzeroberflächen an als jüngeren Zielgruppen. Von Apple lernen bedeutet für die Automobilhersteller, sich flexibel zu zeigen; die Fahrzeuge müssen zu dem jeweiligen Kunden und dessen Lebensumfeld bzw. Lifestyle passen (vgl. Bernhart et al. 2011, S. 72).

Aber auch andere Dienstleistungen sind denkbar. Da bei Elektroautomobilen im Vergleich zu konventionellen Fahrzeugen mit ihren mittlerweile High-Tech-Verbrennungsmotoren eine relativ einfache Technik zum Einsatz kommt, müssten nicht mehr unbedingt nur Automobilhersteller diese Fahrzeuge anbieten. Es könnten Dienstleister ihren bekannten Namen nutzen – z. B. Bosch –, um ihr Geschäftsfeld zu erweitern. Aber auch Firmen wie Gucci oder Red Bull könnten ihre Marke einbringen und einen Hype erzeugen. Doch auch für Automobilhersteller ist der Bereich Dienstleistung bei Elektrofahrzeugen interessant. Viele unterschiedliche Modelle bieten sich an, z. B. der Kauf mit Mobilitätsservice – mit einer festen monatlichen Pauschale oder höheren Gebühren, mit oder ohne Batterie, mit Aufladung und Wartung der Batterie, mit reserviertem Parkplatz oder Musikdownloads, geleast oder finanziert (vgl. ebd., S. 57). Die Modelle müssen flexibel sein und sicherstellen, dass die Automobilhersteller die Kundenkontaktdaten behalten. Bei Nissan wird bereits die Strategie diskutiert, sich lediglich auf die Entwicklung, das Design und das Marketing zu konzentrieren und die Fertigung der Automobile Produzenten in Billiglohnländern zu überlassen. Es ist wahrscheinlich, dass zukünftig neben den Automobilherstellern neue Dienstleister, Versorgungsunternehmen und Anbieter für Infrastruktur um das Budget des Konsumenten kämpfen werden (vgl. Winterhoff et al. 2009a, S. 62).

4.4 Global-lokale Organisationsstrukturen

Hatte ein Automobilhersteller erstmalig im Ausland zu tun, wurde zu Beginn in der Regel lediglich das Konzept des Inlandsgeschäfts über die Grenzen hinaus ausgedehnt. Reorganisationsmaßnahmen kamen oft erst dann zum Tragen, wenn Umfang und Vielfalt der Exporte die bisherige Struktur unmöglich machten (vgl. Müller 2003, S. 171).

Die Organisationsstruktur der Unternehmen wird von der Regionalisierung sehr stark beeinflusst. In Mexiko arbeiten z. B. zwei Organisationen für Volkswagen, eine für den Export, die andere ist auf den heimischen Markt spezialisiert. Der Hersteller ist damit sowohl global als auch regional orientiert. In der Studie von Roland Berger „Landscape 2025" wird diese Entwicklung mit „glo/

cal" benannt, was die Anpassung eines globalen Marktes auf lokale Besonderheiten bedeutet (vgl. Bernhart et al. 2011, S. 69). Diese Organisationsprozesse können auf globale Strategien zurückgreifen, parallel mit global-regionalen Netzwerken aus regionalen F&E-Dependancen kommunizieren, standardisierte Module des zentralen technischen Entwicklungszentrums nutzen und sehr spezifische Produkte für den lokalen Markt entwickeln. Die Produktion ist standardisiert, die Produktionsstätten meist dezentral organisiert und die Einführung neuer Modelle, deren weltweite Entwicklung eine bestimmte Region generierte, findet meist mit minimaler Verzögerung zwischen der ersten und der letzten Region statt. In Zukunft werden die Automobilhersteller nach globalen Partnern suchen, um die lokalen Differenzierungen reduzieren zu können (vgl. Reichhuber 2010, S. 71 ff.).

Zu den Unterschieden der Regionen zählen neben Fahrzeugdesign vor allem unterschiedliche Arten der Antriebssysteme. Während man in Europa an der Verbesserung der Effizienz der Antriebsstoffe arbeitet, liegt in den USA der Schwerpunkt auf leistungsfähigen Turbomotoren sowie Hybridsystemen und in China sind eher Elektrofahrzeuge im Fokus (vgl. Bernhart et al. 2011, S. 70). Die Folge sind lokale F&E-Abteilungen, welche als Kompetenzzentren in einem weltweiten F&E-Netzwerk agieren. Diese Struktur dezentraler Organisationseinheiten ermöglicht Unternehmen eine hinreichend regionale Präsenz, um die Entwicklung von Produkten auf dem lokalen Markt anzupassen. Während eine Dezentralisierung von Marketing und Vertrieb bei den großen Automobilherstellern heutzutage selbstverständlich ist und in allen wichtigen Märkten weltweit eigene Vertriebstöchter und Händlernetze unterhalten werden, ist eine dezentrale Organisation in den Wertschöpfungsfunktionen Produktion sowie F&E bislang nicht üblich. Im Kampf um weltweite Marktanteile stellt jedoch gerade die Dezentralisierung dieser beiden Wertschöpfungsaktivitäten einen Schlüssel zum Erfolg dar (vgl. Schmid/Grosche 2008b, S. 7).

Auch die Kaufentscheidungen der Konsumenten sind sehr regional geprägt. Die Trends in alten und neuen Märkten differieren stark und damit auch die Anforderungen an die globalen Automobilhersteller und Automobilzulieferer (vgl. Bernhart et al. 2011, S. 69). Während in den Schwellenländern immer mehr junge Menschen sich Zugang zur Mobilität, mit allem, was dazu gehört, wünschen, wird in den alternden Gesellschaften der gesättigten Märkte eher eine Mobilitätsdienstleistung gefragt sein. Die Automobilhersteller werden sich auf beides im Hinblick auf flexible Modelle, Technik, Preise und Geschäftsmodelle einstellen müssen.

Natürlich zieht diese global-lokale Strategie auch einen gewissen Mehraufwand nach sich: Es ist mit höheren Marktbearbeitungskosten durch permanenten Abstimmungsaufwand zu rechnen, beispielsweise durch die Koordination unterschiedlicher Markenauftritte. Die Vorteile liegen dennoch auf der Hand: Es ist von einer höheren Kundenbindung durch die lokale Anpassung auszugehen; kleinere, lukrativere Marktsegmente können Berücksichtigung finden, die Organisation kann durch die Dezentralisierung an Flexibilität gewinnen und last, but not least ist der „Country of origin"-Effekt immer ein positives Verkaufsargument (vgl. Zentes 2004, S. 399).

5 Fallbeispiele

5.1 Volkswagen

Der Automobilkonzern Volkswagen strebt die Marktführerschaft bis 2018 an. Mit der weit fortgeschrittenen Modularisierung und dem breiten Produkt- und Markenportfolio ist VW für den Wettbewerb, hauptsächlich mit Toyota, gut aufgestellt. Neben der Kernmarke gehören acht Automobilhersteller sowie MAN und Porsche zum Konzern. Insgesamt wurden 7,2 Mio. Fahrzeuge 2010 in 22 Ländern in 62 Produktionsstätten (vgl. Volkswagen AG 2011a) von 400.000 Mitarbeitern hergestellt und in 153 Ländern verkauft (vgl. OICA 2011).

Erschließung von Wachstumsmärkten: Während bei der Erschließung neuer Märkte VW in Brasilien mit seinem Tochterunternehmen VW do Brasil und in China mit seinem Joint-Venture-Partner Shanghai Automotive Industry Corporation (SAIC) mit speziell für diese Märkte entwickelten Modellen seine dortigen Marktanteile steigerte, sind die Erfolge für die Märkte Indien und Nordamerika noch ausbaubar (vgl. Wimmer et al. 2010, S. 20). Just 2010 hat VW neue Greenfield-Werke in Chattanooga/USA (vgl. Volkswagen AG 2011b) sowie in Pune/Indien (vgl. Volkswagen AG 2011c) fertiggestellt, schon scheinen die Verkaufszahlen dieses Engagement zu honorieren. Allerdings wurden die Modelle speziell auf die Wünsche der amerikanischen sowie indischen Kunden abgestimmt, die Basispreise dem Marktumfeld angepasst und auch die Werbespots lokalisiert (vgl. Wimmer 2010, S. 39).

Mix alternativer Antriebe: Im Portfolio von VWs Antriebskatalog befinden sich bereits Technologien wie Downsizing konventioneller Verbrennungsmotoren, Elektroantrieb, Erdgas-, LPG- und Hybridtechnologie. Mittels dieser Durchmischung versucht VW, seinen Flottenkohlendioxidausstoß drastisch zu reduzieren (vgl. Volkswagen AG 2010).

Neue Mobilitätsangebote und Geschäftsmodelle: Im Segment der Mobilitätsangebote bietet VW seit 2011 ein neues Kurzzeitvermietkonzept bzw. Car-Sharing-Modell namens „Quicar" mit minutengenauer Abrechnung in Hannover an. Das Modell lehnt sich an das Car2Go-Modell von Mercedes an, allerdings hat der Kunde die Möglichkeit, auf die gesamte Fahrzeugpalette zurückzugreifen. Bei Erfolg sollen die 50 Stationen noch weiter ausgebaut werden (vgl. Fournier 2012, S. 419).

Global-lokale Organisation: Entwicklungsaufgaben werden bei VW, von einem Entwicklungslabor in China abgesehen, ausschließlich in Europa durchgeführt, was die Wünsche und Bedürfnisse der weltweiten Kunden nicht immer genügend bedient. Aufgrund der fehlenden Dezentralisierung ist es noch nicht möglich, Fahrzeugmodelle auf lokale Bedürfnisse anzupassen, sodass die Gefahr besteht, dass die Produkte für die Schwellen- und Entwicklungsländer zu aufwendig und zu teuer werden. Oft werden auch deutsche Ansprüche als Maßstab angelegt, die die Bedürfnisse der entsprechenden Märkte übererfüllen. Nach Absatzeinbrüchen mangels marktgerechter Modelle hat der chinesische Joint-Venture-Partner SAIC von VW in eigenständiger Entwicklung spezielle Modelle für den chinesischen Markt entwickelt. Dies gilt als positives Beispiel für erfolgreiche Dezentralisierung von Entwicklungsaktivitäten (vgl. Schmid/Grosche 2008b, S. 20–28).

5.2 Geely

Der neue Wettbewerber aus Fernost, Hauptsitz in der ostchinesischen Provinz Zhejiang, produziert erst seit 1997 Pkws, gehört aber bereits zu den zehn größten Autobauern in China. In acht Produktionsstätten können mit ca. 11.000 Mitarbeitern bis zu 680.000 Fahrzeuge pro Jahr produziert werden, 2010 wurden 420.000 Einheiten verkauft. 2010 hat Geely von Ford den ehemals verlustreichen Automobilhersteller Volvo erworben und in sein Portfolio genommen. Bereits 2011 konnte die Volvo-Sparte Gewinn abführen. Geely hofft, durch den Einstieg in das Premiumgeschäft – anhand neuer attraktiver Modelle – traditionelle BMW-, Audi- oder Mercedes-Käufer abwerben zu können.

Erschließung von Wachstumsmärkten: Interessant ist, dass Geely nicht nur in China wachsen, sondern auf die etablierten Märkte expandieren will. Die 100%ige Tochter „Geely International Corporation" wurde 2002 gegründet und ist für den Import und Export zuständig. Anfänglich waren sehr preisgünstige Produkte maßgeblich, heute beinhaltet die Wachstumsstrategie bereits Fahrzeuge auf einem höheren Qualitätslevel mit den unterschiedlichsten technologischen Komponenten, mit denen Geely neue Märkte erschließen will. Die Dezentralisierung beinhaltet Fabriken in der Ukraine, Russland und Indonesien sowie 300 Vertriebsstellen weltweit. Durch den Erwerb von Volvo könnte Geely mit nur geringem Zusatzaufwand quasi in 100 Ländern vertreten sein, was für den Vertrieb der anderen Marken des Autobauers wahrscheinlich förderlich sein wird. Geely startet bereits seinen ersten Expansionsversuch nach Europa. Mit der Limousine „Emgard EC7" ist geplant, sich über ein Netz von 30 bis 40 Händlern in England zu etablieren. 2015 will das Unternehmen 2 Mio. Fahrzeuge bauen und zehn Werke im Ausland betreiben, um den Export anzukurbeln (vgl. o. A. 2011a, „Geely drängt nach Europa"). Um mit Volvo in China zu wachsen, muss Geely mit seiner neuen Tochter allerdings eine neue Automarke gründen, eine Auflage der chinesischen Regierung, die auch westliche Autohersteller erfüllen müssen. Ziel ist, das Know-how neuer Technologien nach China zu transferieren (vgl. o. A. 2011b, „Geely plant China-Joint-Venture mit Volvo").

Mix alternativer Antriebe: Auf diversen Autoshows hat Geely seine Pilotmodelle, ausgestattet mit allen möglichen Antrieben, vorgestellt: Ob das Geely IG Fantastic Concept Car, das mit Solarpanelen die Batterie unterstützen und die Klimaanlage auch im Stand betreiben soll, rein elektrisch betrieben oder als Hybrid auf den Markt kommen wird, ist noch offen. Auf jeden Fall ist ab 2012 die Massenproduktion von E-Autos und Hybridfahrzeugen geplant. Da die chinesische Regierung die Innovationen großzügig fördert, werden die ausländischen Wettbewerber es schwer haben, sich bei diesen aggressiven Marktbedingungen zu positionieren. Für China würde dies einen großen Schritt in Richtung „grünerer" Ökobilanz bedeuten.

Neue Mobilitätsangebote und Geschäftsmodelle: Das Geschäftsmodell der klassischen Mobilitätskonzepte mit Car-Sharing, dezidierten Dienstleistungen und Finanzierungen ist noch nicht das Geschäftsfeld von Geely. Das Unternehmen hat bei den internationalen Autoshows visionäre Mobilitätskonzepte vorgestellt, wie das Elektrofahrzeug Mc Car, das mittels eines im Heck befindlichen kleinen Elektrotrikes dem Besitzer theoretisch ungeahnte Mobilität ermöglichen könnte.

Da die chinesischen Anbieter ihren Markt genau kennen und zielgerichtet ihre Angebote auf die Nachfrage ausrichten können, hat Geely im Segment Low-Cost-Cars gute Chancen der Markterweiterung, da hohe Standardisierung, lokale Produktion und lokales Management hier maßgebliche Erfolgsfaktoren sind (vgl. Hüttenrauch/Baum 2008, S. 78).

Global-lokale Organisation: Die Fahrzeuge, die Geely auf seinen Zielmärkten vertreibt, unterscheiden sich wesentlich von denen, die auf dem heimischen Markt verkauft werden. Dieses Eingehen auf die Besonderheiten der einzelnen Märkte ist der Schlüssel des Erfolges und des Wachstums der Marktanteile.

5.3 Vergleich der beiden Fallbeispiele

Tabelle 6 zeigt die Besonderheiten der jeweiligen Expansionsstrategien der beiden sehr unterschiedlichen Automobilhersteller, der VW AG und der Geely International Corporation.

	VW	GEELY
ERSCHLIESSEN VON WACHSTUMS-MÄRKTEN	<ul><li>Präsenz in Europa, Südamerika, China, NEU: USA und Indien</li><li>Produktion in 22 Ländern</li><li>Vertrieb in 153 Ländern</li><li>JV mit SAIC und CFA (China)</li><li>globale Technologie/lokales Design</li><li>Premiumfahrzeuge/Sonderlösungen für China</li><li>Low-Cost-Cars für Indien</li></ul>	<ul><li>Präsenz in Ungarn, Indonesien, China, Russland</li><li>Produktion in vier Ländern</li><li>300 Vertriebsstellen</li><li>durch Volvo quasi weltweite Präsenz</li><li>Markteintritt über Preisstrategie</li><li>Upgrade über Qualitätssprung geplant</li><li>UK als Testmarkt für Europa</li><li>neue Fahrzeugmarke für China</li></ul>
MIX ALTERNATIVER ANTRIEBE	<ul><li>VW strebt E-Mobility-Führerschaft an</li><li>breites Portfolio alternativer Antriebe im Angebot</li></ul>	<ul><li>bisher nur Pilotversionen: Hybrid, E-Auto, Solar</li></ul>

NEUE MOBILITÄTS-ANGEBOTE UND GESCHÄFTS-MODELLE	■ Car-Sharing Quicar in Hannover ■ Standarddienstleistungen bzw. Geschäftsmodelle rund um Sales/After Sales/Service	■ keine klassischen Mobilitätskonzepte, Präsentation E-Studie Mc Car ■ Emerging Markets: Geschäftsmodell Low-Cost-Cars
GLOBAL-LOKALE ORGANISATION	■ bisher: sehr zentralistische Unternehmenskultur ■ NEU: F&E sowie Produktion teilweise lokal	■ Anpassung an lokale Märkte

Tab. 6: Besonderheiten der jeweiligen Expansionsstrategien der VW AG und der Geely International Corporation (Quelle: eigene Darstellung)

Mittlerweile ist VW auf fast allen relevanten Märkten stark vertreten, inkl. USA und Indien. Tendenziell werden standardisierte Technologien an die entsprechenden Absatzmärkte angepasst bzw. lokalisiert. Es gibt Sonderlösungen für nahezu jede Kundengruppe und jeden Absatzmarkt. Für unterrepräsentierte Schwellenmärkte gilt dies allerdings nur begrenzt. Geely ist erst am Beginn seines Expansionspfades. Präsenz besteht außer auf dem Heimatmarkt China bisher nur in wenigen ausgewählten Ländern in Osteuropa und Asien, dafür aber bereits in Russland. Europa steht auf der Agenda ganz oben, die Machbarkeit soll mit England getestet werden.

Im Bereich der alternativen Antriebe strebt VW die Weltmarktführerschaft an. Ein breites Portfolio alternativer Antriebskonzepte deckt die gängigen Technologien ab. Auch hier ist Geely noch am Anfang. Auf Messen ausgestellte Prototypen zeigen abenteuerliche, aber mutige Ideen, wohin die Reise gehen könnte.

Quasi alle erdenklichen Mobilitätsangebote und Geschäftsmodelle stehen auf dem Leistungskatalog von VW, Testmarkt ist hier meist der Heimatmarkt Deutschland, ein gutes Beispiel ist das Car-Sharing-Modell Quicar. Geely hat sich dieses Themas, außer einigen Ideen und Pilotmodellen, quasi noch nicht angenommen.

Was den sehr interessanten Aspekt der global-lokalen Organisationsstruktur betrifft, bleibt festzustellen, dass VW seine Lektion gelernt hat, dass nur durch Dezentralisierung lokale Kundenansprüche entsprechend umgesetzt werden können, z. B. in China, Indien und den USA. Geely passt seine Produkte bereits sehr stark an lokale Anforderungen an. Entwicklungsaktivitäten sind aufgrund der noch überschaubaren Größe eher zentralistisch organisiert.

Final kann gesagt werden, dass hier zwei sehr ungleiche Partner verglichen wurden. VW scheint in allen Segmenten vorne zu liegen. Allerdings hat Geely die entscheidenden Punkte schnell gelernt und könnte, sollte dieses Tempo beibehalten werden, sich in der Zukunft zu einem ernsthaften Wettbewerber entwickeln.

6 Zusammenfassung

Da die Motorisierungsdichte in den Märkten der Triade als nahezu gesättigt gilt und die Bevölkerungszahlen dort rückläufig sind, müssen neue Konzepte gefunden werden, um trotzdem Einnahmen zu generieren. Hier spielt die Ökologisierung eine große Rolle. Nachhaltigkeit und geringe CO_2-Emissionen werden immer wichtiger und neue Antriebsarten werden entwickelt. Das Erdöl wird auch zukünftig wichtigster Energieträger sein, doch das Elektromobil könnte in urbanen Zentren dominieren und die automobile Wertschöpfungskette grundlegend verändern. Die Zusammenarbeit mit branchenfremden Firmen, wie mit Energieversorgern oder IT-Firmen, wird notwendig werden.

Unterschiedliche Modelle von Dienstleitungen, wie z. B. Mobilitätsservices, bieten sich an. Die Investitionen, die für neue Entwicklungen und deren Durchsetzung erforderlich sind, können meist nur mit Kooperationen und Konsolidierung erreicht werden. Sie prägen das Bild der heutigen Automobilwirtschaft. Für neue Wettbewerber bedeutet dies hohe Hürden, die Zeit, Kapital und Vertriebsnetze benötigen.

Ob wegen der Verteuerung des Treibstoffs oder wegen des Ökologietrends, das Automobil hat in Ballungsräumen und da besonders bei jungen Menschen an Status verloren. Der Kunde fragt nach flexiblem Besitz, optimiertem Kosten-Nutzen und Nachhaltigkeit und in den wachsenden Schwellenländern nach „Small-Cars". Trotz höherer Stückzahlen entsteht für den Hersteller ein enormer Kostendruck, der durch Zusammenarbeit mit externen Partnern oder durch „low cost, low tech" zu minimieren wäre.

Ausgehend von den Heimatmärkten werden die neuen Wettbewerber versuchen, globale Märkte zu bedienen, um ihre Kosten zu senken und sich besser zu positionieren. Dabei wird sich das Angebot flexibel am Markt orientieren müssen. Die Organisationsstruktur der Unternehmen wird von der Regionalisierung beeinflusst. Die Produktion ist standardisiert, die Produktionsstätten dezentralisiert und die neuen angepassten Modelle werden von einer bestimmten Region für den weltweiten Verkauf entwickelt.

Entscheidend für den Fortbestand eines Herstellers werden in Zukunft seine Positionierung am Markt, seine regionale Präsenz, die Flexibilität der Produkte und deren Antriebssysteme, die Bereitschaft zu Konsolidierung und Vernetzung, die Zusammenarbeit mit branchenfremden Firmen und die Fähigkeit, sich schnell auf verändernde Rahmenbedingungen einzustellen, sein.

Uwe Brossette

V Rechtsgrundlagen des Automobilvertriebs

Das Automobilvertriebsrecht vereinigt in sich eine Vielzahl zivilrechtlicher Aspekte und ist zudem geprägt von einer Vielzahl von Regelungen des nationalen und europäischen Kartellrechts. In diesem Kapitel wird – mit Hinblick auf das europäische Wettbewerbsrecht – das Verbot wettbewerbsbeschränkenden Verhaltens gem. Art. 101 Abs. 1 AEUV erläutert, ein Überblick über die Gruppenfreistellung im Automobilsektor gegeben sowie die Vertikal-GVO Nr. 330/2010, die den Bezug, Verkauf und Weiterverkauf von neuen Kraftfahrzeugen regelt, und die GVO Nr. 461/2010, die für die Kfz-Anschlussmärkte (= der Werkstatt- und/oder Ersatzteilmarkt) gültig ist, erklärt. Abschließend wird auf die noch bis zum 31.05.2013 geltende GVO Nr. 1400/2002 kurz eingegangen.

1 Vorbemerkung
2 Verbot wettbewerbsbeschränkenden Verhaltens gem. Art. 101 Abs. 1 AEUV
3 Gruppenfreistellung im Automobilsektor – Überblick
4 Vertikal-GVO Nr. 330/2010
5 GVO Nr. 461/2010
6 GVO Nr. 1400/2002

1 Vorbemerkung

Das Automobilvertriebsrecht ist weitgehend nicht kodifiziert. Es vereinigt in sich eine Vielzahl zivilrechtlicher Aspekte (BGB, HGB, AGB-Recht etc.) und ist zudem geprägt von einer Vielzahl von Regelungen des nationalen und europäischen Kartellrechts. Die nachfolgenden Ausführungen konzentrieren sich im Wesentlichen auf die Bedeutung, die dem europäischen Wettbewerbsrecht beim Automobilvertrieb zukommt.[1]

2 Verbot wettbewerbsbeschränkenden Verhaltens gem. Art. 101 Abs. 1 AEUV

Den primärrechtlichen Kern des Wettbewerbsrechts für Unternehmen bildet das Kartellverbot des Art. 101 des Vertrags über die Arbeitsweise der Europäischen Union (= AEUV).[2] Diese Grundnorm ist für das Verständnis des Automobilvertriebsrechts von außerordentlich großer Bedeutung.
Art. 101 Abs. 1 AEUV enthält ein allgemeines, unmittelbar anwendbares Verbot wettbewerbsbeschränkenden Verhaltens (**Kartellverbot**) mit Nichtigkeitsfolge (Abs. 2), das durch die Möglichkeit von Befreiungen abgemildert wird (Abs. 3). Die Regelung der Freistellung für Gruppen von Vereinbarungen erfolgt durch die EU-Kommission und ist daher Gegenstand des sekundären Gemeinschaftsrechts.[3]

2.1 Wettbewerbsbeschränkendes Verhalten

Vereinbarungen zwischen Unternehmen, Beschlüsse von Unternehmensvereinigungen und aufeinander abgestimmte Verhaltensweisen, welche den Handel zwischen Mitgliedsstaaten zu beeinträchtigen geeignet sind und eine Verhinderung, Einschränkung oder Verfälschung des Wettbewerbs innerhalb des Binnenmarkts bezwecken oder bewirken, sind **wettbewerbsbeschränkende Verhaltensweisen**.
Eine **Vereinbarung** liegt vor, wenn die betreffenden Unternehmen ihren gemeinsamen Willen zum Ausdruck gebracht haben, sich auf dem Markt in einer bestimmten Weise zu verhalten.[4] Nicht erforderlich ist dabei, dass die Willenserklärungen die zivilrechtlichen Anforderungen erfüllen, die an die Verbindlichkeit von Angebot und Annahme gestellt werden. Ausreichend ist vielmehr, dass es faktisch zu einer Bindung kommt, sodass auch die sog. „Gentlemen's Agreements" vom

---

[1] Vgl. zur chronologischen Entwicklung des Automobilvertriebsrechts: Brossette, in: Brachat/Meunzel S. 55 ff.
[2] Immenga/Mestmäcker, in: Immenga/Mestmäcker, Einleitung Rn. 9.
[3] Ebenda, Einleitung Rn. 10.
[4] Walz, S. 114.

Vereinbarungsbegriff erfasst sind.[5] Nach der Rechtsprechung werden vom Vereinbarungsbegriff auch einseitig ausgestaltete Maßnahmen erfasst, wenn sich diese aufgrund der vertriebsvertraglich immanenten Interessenswahrnehmungspflicht in den Gesamtrahmen des vertraglichen Systems einfügen und davon auszugehen ist, dass sich der betroffene Vertragspartner daran hält,[6] indem er beispielsweise zur Vermeidung von Sanktionen das einseitige Verlangen in die Praxis umsetzt.[7]

Beschlüsse von Unternehmensvereinigungen stellen eine Sonderform der Vereinbarungen dar, die durch verbindliche und gleich gerichtete Willensäußerungen der Mitgliedsunternehmen zustande kommen.[8]

Abgestimmtes Verhalten sieht der EuGH in jeder Form der Koordinierung zwischen zwei oder mehreren Unternehmen (z.B. durch mittelbare oder unmittelbare Kontaktaufnahme), die zwar noch nicht zum Abschluss einer Vereinbarung geführt hat, die jedoch eine bewusste Zusammenarbeit an die Stelle des mit Risiken behafteten Wettbewerbs treten lässt.[9] Bereits eine einzige Kontaktaufnahme kann je nach Struktur des Marktes ausreichen, um es den beteiligten Unternehmen zu ermöglichen, ihr Marktverhalten abzustimmen. Entscheidend ist nicht so sehr, wie viele Treffen es zwischen den beteiligten Unternehmen gegeben hat, sondern ob der oder die stattgefundenen Kontakte es ihnen ermöglicht haben, die mit ihren Wettbewerbern ausgetauschten Informationen bei der Festlegung ihres Verhaltens auf dem jeweiligen Markt zu berücksichtigen und eine praktische Zusammenarbeit an die Stelle der mit dem Wettbewerb verbundenen Risiken treten zu lassen.[10] Hiervon zu unterscheiden ist das bloße Parallelverhalten, also eine (bloße) autonome Verhaltensweise der betroffenen Unternehmen, die u.a. aus der Marktbeobachtung selbst folgt.

Verhaltensweisen, die gegen Art. 101 Abs. 1 AEUV verstoßen, ohne dass die Freistellungsvoraussetzungen des Art. 101 Abs. 3 AEUV erfüllt wären, sind nichtig und können nach Art. 23 Abs. 2 lit. a der VO Nr. 1/2003 von der Kommission bzw. von den nationalen Kartellbehörden mit Bußgeldern in Höhe von bis zu zehn Prozent des weltweiten Konzernumsatzes der an der Vereinbarung beteiligten Unternehmen belegt werden.[11]

---

[5] EuG, Urt. v. 20.03.2002, Rs. T-9/99, Slg. 2002/II-1487, Tz. 200 – „HFB u.a./Kommission".
[6] EuGH, Urt. v. 18.09.2003, Rs. C-338/00 P, Tz. 60 – „Volkswagen/Kommission"; vgl. auch EuG, Urt. v. 03.12.2003, Rs. T-208/01, Tz. 36 ff – „Volkswagen/Kommission".
[7] Kommission, Leitlinien für vertikale Beschränkungen, ABl. EU 2010 C 130/1, Tz. 25 lit. a.
[8] Walz, S. 115; ausführlich hierzu Schultze/Pautke/Wagener, Art. 1 Abs. 1 lit. a, Rn. 114–117.
[9] EuGH, Urt. v. 16.12.1975, Rs. 40/73 u.a., Slg. 1975/1663, Tz. 26, 28 – „Suiker Unie u.a./Kommission"; Urt. v. 14.07.1972, Rs. 52/69, Slg. 1972/787, Tz. 26 – „Geigy/Kommission".
[10] EuGH, Urt. v. 04.06.2009, Rs. C-8/08, Slg. 2009, I-4529, Tz. 26 – „T-Mobile Netherlands u.a.".
[11] Schultze/Pautke/Wagener, Einleitung Rn. 17.

2.2 Adressaten des Kartellverbots gemäß Art. 101 Abs. 1 AEUV

Das Kartellverbot des Art. 101 Abs. 1 AEUV erfasst nur Verhaltensweisen von **Unternehmen**. Der Unternehmensbegriff des Art. 101 Abs. 1 AEUV ist weit auszulegen.

> **DEF.** Ein **Unternehmen** im Sinne des Wettbewerbsrechts ist jede eine wirtschaftliche Tätigkeit ausübende Einheit, unabhängig von ihrer Rechtsform und der Art ihrer Finanzierung,[12] wobei als wirtschaftliche Tätigkeit das Anbieten von Gütern oder Dienstleistungen auf einem bestimmten Markt zu verstehen ist.[13]

Wenn einer der Beteiligten einer wettbewerbsbeschränkenden Vereinbarung für Rechnung eines anderen Unternehmers agiert (z. B. als **Handelsvertreter**), ist die Abgrenzung durchaus schwierig. Denn überall dort, wo Handelsvertreter auftreten, sind zwei Märkte zu unterscheiden: Zum einen der Markt, auf dem die Güter oder Dienstleistungen des Geschäftsherrn potenziellen Kunden angeboten werden, und zum anderen der Markt, auf dem der Handelsvertreter möglichen anderen Geschäftsherren seine Vermittlerdienste anbietet.[14]

Nach der Rechtsprechung des EuG und des EuGH ist ein (rechtlich selbstständiger) Handelsvertreter, soweit es um den Vertrieb der Güter oder Dienstleistungen des Geschäftsherrn durch den Vertreter auf dem jeweiligen **Produktmarkt** geht, nicht ohne Weiteres als Unternehmer im Sinne von Art. 101 Abs. 1 AEUV anzusehen.

Nur soweit der Handelsvertreter wirtschaftlich selbstständig auf dem Markt für die Güter und Dienstleistungen des Geschäftsherrn agiert, ohne mit Letzterem eine wirtschaftliche Einheit zu bilden, können Art. 101 Abs. 1 AEUV und die Gruppenfreistellungsregelungen überhaupt Anwendung finden.

Das Kriterium der wirtschaftlichen Einheit dient als dogmatischer Ansatz für die kartellrechtliche Privilegierung des Handelsvertreterverhältnisses.[15] Der EuGH hat bereits mehrfach entschieden, dass ein Absatzmittler, „[der] für seinen Geschäftsherrn tätig [ist], grundsätzlich als ein in dessen Unternehmen eingegliedertes Hilfsorgan angesehen werden [kann], das den Weisungen des Geschäftsherrn zu folgen hat und sonach mit dem betroffenen Unternehmen ebenso wie ein Handlungsgehilfe eine wirtschaftliche Einheit bildet."[16]

---

[12] Ständige Rechtsprechung; vgl. EuGH, Urt. vom 23.04.1991, Rs. C-41/90, Slg. 1991, I-1979, Tz. 21 – „Höfner und Elser"; vom 18.06.1998, Rs. C-35/96, Slg. 1998, I-3851, Tz. 36 – „Kommission/Italien"; vom 10.01.2006 Rs. C-222/04, Slg. 2006, I-0000, Tz. 107 – „Cassa di Risparmio di Firenze" und vom 11.07.2006, Rs. C-205/03 P, Slg. 2006, I-0000, Tz. 25 – „FENIN/Kommission".

[13] EuGH, Urt. vom 16.06.1987, Rs. 118/85, Slg. 1987, 2599, Tz. 7 – „Kommission/Italien"; vom 18.06.1998, Rs. C-35/96, Slg. 1998, I-3851, Tz. 36 – „Kommission/Italien" und vom 10.01.2006, Rs. C-222/04, Slg. 2006, I-0000, Tz. 108 – „Cassa di Risparmio di Firenze".

[14] EuGH, Urt. v. 14.12.2006, Rs. C-217/05, Slg. 2006, I 11987 Tz. 42ff. und 62 – „CEES"; vgl. auch: Brossette, KSzW 2010, 173, 174.

[15] Bechtold/Bosch/Brinker/Hirsbrunner, Art. 81, Rn. 53.

[16] EuGH, Urt. v. 16.12.1975, Rs. 40/73 u.a., Slg. 1975, 1663, Tz. 480 KSzW „Suiker Unie"; Urt. v. 24.10.1995, Rs. C-266/93, Slg. 1995, I-3477 – „Volkswagen und VAG Leasing".

Anders verhält es sich, wenn aus den mit dem Unternehmen getroffenen Abmachungen für den Handelsvertreter Aufgaben erwachsen oder verbleiben, die aus wirtschaftlicher Sicht denen eines Eigenhändlers ähneln und wonach der Vertreter die finanziellen Risiken des Absatzes oder der Abwicklung der mit Dritten geschlossenen Verträge zu tragen hat.[17]

Nach der Auffassung der Kommission muss die Frage des Risikos im Einzelfall beantwortet werden. Sie geht insoweit davon aus, dass Art. 101 Abs. 1 AEUV für Verpflichtungen des Handelsvertreters in Bezug auf die für den Auftraggeber ausgehandelten und/oder abgeschlossenen Verträge grundsätzlich nicht anwendbar ist, wenn das Eigentum an den gekauften oder verkauften Vertragswaren nicht beim Vertreter liegt oder der Vertreter die Dienstleistungen nicht selbst erbringt.[18]

Allerdings stellt die Kommission auch klar, dass der Handelsvertretervertrag insbesondere dann dem Kartellverbot des Art. 101 Abs. 1 AEUV unterworfen ist, wenn der Handelsvertreter mit dem Vermittlungsvertrag finanzielle oder geschäftliche Risiken übernimmt, die unmittelbar mit den Kundenverträgen verbunden sind, die er für den Auftraggeber ausgehandelt hat, bzw. wenn er in die Geschäftsausstattung investieren muss, um die Vermittlungsaufgabe überhaupt ausführen zu können.[19]

Auf dem Markt, auf dem der Handelsvertreter seine **Vermittlerdienste** anbietet, ist er stets als ein selbstständiger Wirtschaftsteilnehmer und damit als ein Unternehmen im Sinne von Art. 101 Abs. 1 AEUV aufzufassen. Klauseln in einem Handelsvertretervertrag, in denen ein Geschäftsherr seinem Handelsvertreter etwa die ausschließliche Betreuung bestimmter Kunden oder Gebiete überträgt (Alleinvertreterklauseln) oder in denen er umgekehrt von seinem Handelsvertreter verlangt, nicht für andere Geschäftsherrn tätig zu sein (Wettbewerbsverbote), müssen sich deshalb an Art. 101 AEUV messen lassen.[20] An dieser Vorschrift orientiert sich auch die Rechtsprechung, soweit es darum geht, dass ein Handelsvertreter für mehr als nur einen Geschäftsherrn[21] oder aber teils für einen Geschäftsherrn und teils auf eigene Rechnung arbeitet.[22]

2.3 Verhinderung, Einschränkung und Verfälschung des Wettbewerbs

Art. 101 Abs. 1 AEUV erfasst nur Verhaltensweisen von Unternehmen, die den Wettbewerb „durch Verhinderung, Einschränkung und Verfälschung" beschränken.

---

[17] EuGH, Urt. v. 16.12.1975, Rs. 40/73 u.a., Slg. 1975, 1663, Tz. 541 – „Suiker Unie"; Urt. v. 14.12.2006, Rs. C-217/05, Slg. 2006, I 11987, Tz. 42 – „CEES".
[18] Funke/Just, KSzW 2010, 151, 153; Kommission, Leitlinien für vertikale Beschränkungen, ABl. EU 2010 C 130/1, Tz. 16.
[19] Ebenda, Tz. 13, 14.
[20] Ebenda, Tz. 19.
[21] In diesem Sinne: EuGH, Urt. v. 01.10.1987, Rs. 311/85, Slg. 1987, 3801, Tz. 20, 21 – „Flämische Reisebüros"; Urt. v. 03.07.1985, Rs. 243/83, Slg. 1985, 2015, Tz. 20, 21 – „Binon".
[22] Vgl. dazu EuGH, Urt. v. 16.12.1975, Rs. 40/73 u.a. Slg. 1975, 1663, insbesondere Tz. 544 bis 547 – „Suiker Unie" sowie Urt. v. 24.10.1995, Rs. C-266/93, Slg. 1995, I-3477, Tz. 19 – „Volkswagen und VAG Leasing".

2.3.1 Begriffsbestimmung

Unter **Verhinderung** versteht man den totalen Ausschluss des Wettbewerbs; unter **Einschränkung** dessen spürbare Beschränkung.[23] Dem Begriff der **Verfälschung** kommt keine eigenständige Bedeutung zu; er ist vielmehr als Oberbegriff zu verstehen.[24]

Entscheidend bei allen Begriffen ist, dass jeweils ein Eingriff in die unternehmerische Handlungsfreiheit vorausgesetzt wird. Wird diese Handlungsfreiheit bei mindestens einem Beteiligten spürbar eingeschränkt, liegt eine Wettbewerbsbeschränkung vor.[25]

2.3.2 Beispiele für Wettbewerbsbeschränkungen

Art. 101 Abs. 1 lit. a) bis e) AEUV enthält einen nicht abschließenden Beispielkatalog für horizontale und vertikale Wettbewerbsbeschränkungen, namentlich die Beschränkung des Preiswettbewerbs (lit. a), die Einschränkung oder Kontrolle u. a. des Absatzes (lit. b), die Aufteilung der Märkte (lit. c), die Anwendung unterschiedlicher Bedingungen bei gleichwertigen Leistungen (lit. d) und die Verpflichtung zur Abnahme zusätzlicher Leistungen (lit. e).

2.3.3 Zweck und Wirkung der Wettbewerbsbeschränkung

Art. 101 Abs. 1 AEUV verbietet dem Wortlaut nach nur Verhaltensweisen, die Wettbewerbsbeschränkungen **bezwecken** oder **bewirken**. Beide Tatbestandsmerkmale sind alternativ zu verstehen. Der Zweck einer wettbewerbsbeschränkenden Verhaltensweise ist anhand objektiver Umstände zu ermitteln, auf die subjektiven Beweggründe kommt es nicht an.[26] Lässt sich der Zweck nicht feststellen, sind die wettbewerbsbeschränkenden Wirkungen zu untersuchen, wobei nicht nur auf die Auswirkungen bei den Beteiligten selbst, sondern auch die von Dritten, nicht nur auf die aktuellen, sondern auch auf die potenziellen Wirkungen abzustellen ist.[27]

2.3.4 Spürbare Beeinträchtigung des zwischenstaatlichen Handels

An einer Wettbewerbsbeschränkung fehlt es, wenn die Vereinbarung die Wettbewerbsverhältnisse auf dem relevanten Markt nur geringfügig beeinträchtigt, also nicht **spürbar** ist. Mit diesem ungeschriebenen Tatbestandsmerkmal beugen Gerichte und Kommission einer zu weiten Anwendung des Kartellverbots vor. Der EuGH geht davon aus, dass eine Absprache nicht gegen

---

[23] Bunte, in: Langen/Bunte, Art. 81, Rn. 79.
[24] EuGH, Urt. v. 13.07.1966, Slg. 1966, 457, 483 – „Italien/Kommission".
[25] Lübbig, in: Wiedemann, § 7, Rn. 21.
[26] Ebenda, Rn. 26.
[27] Ebenda

Art. 101 Abs. 1 AEUV verstößt, „wenn sie den Markt wegen der schwachen Stellung der Beteiligten auf dem Markt der fraglichen Produkte nur geringfügig beeinträchtigt."[28] Rückschlüsse auf die Marktauswirkungen können sich aus der Art und der Menge der den Gegenstand der Vereinbarung bildenden Erzeugnisse, aus den Marktanteilen der beteiligten Unternehmen oder aber auch aus deren Bedeutung und sonstiger Stellung ergeben.[29]

Die Kommission hält sich bei ihren Entscheidungen an ihre **Bagatellbekanntmachung** („de minimis") vom 22.12.2002, in der sie die Frage der Spürbarkeit der Wettbewerbsbeschränkung anhand von quantitativen und qualitativen Kriterien beurteilt.[30] Allerdings dürfen auch unterhalb der vorgegebenen Marktanteilsschwellen keine der in der Bekanntmachung aufgeführten Kernbeschränkungen vereinbart werden, z. B. Preisabsprachen, Aufteilung von Märkten oder Produktions-/Absatzbeschränkungen zwischen Wettbewerbern sowie Beschränkungen des Gebiets und des Kundenkreises oder Querlieferungsverbote bei Absprachen zwischen Nicht-Wettbewerbern.[31]

2.4 Freistellung vom Verbot wettbewerbsbeschränkenden Verhaltens gem. Art. 101 Abs. 3 AEUV

Wettbewerbsbeschränkendes Verhalten ist nicht ausnahmslos verboten. Wenn die davon ausgehenden wettbewerbsfördernden Auswirkungen bei einem abwägenden Vergleich die negativen Folgen für den Wettbewerb überwiegen, kann es vom Kartellverbot des Art. 101 Abs. 1 AEUV freigestellt sein.[32] Dies ist der Fall, wenn die folgenden vier Voraussetzungen des Art. 101 Abs. 3 AEUV vollständig erfüllt sind:

a) die Wettbewerbsbeschränkungen dienen der Verbesserung der Warenerzeugung bzw. -verteilung oder der Förderung des technischen oder wirtschaftlichen Fortschritts (Effizienzgewinne) und
b) die Wettbewerbsbeschränkungen sind für diese Effizienzgewinne unerlässlich und
c) die Verbraucher werden angemessen an den Effizienzgewinnen beteiligt und
d) der Wettbewerb um die relevanten Produkte wird durch das wettbewerbsbeschränkende Verhalten der beteiligten Unternehmen nicht zu einem wesentlichen Teil ausgeschaltet.

Die Ausnahme vom Kartellverbot kommt in Form einer **Einzelfreistellung** oder einer **Gruppenfreistellung** in Betracht.

---

[28] EuGH, Urt. v. 09.07.1969, Slg. 1969, 295, 302 – „Völk/Vervaecke".
[29] EuGH, Urt. v. 25.10.1983, Slg. 1983, 3151, 3201 – „AEG"; Bunte, in: Langen/Bunte, Art. 81, Rn. 126.
[30] Bekanntmachung der Kommission über Vereinbarungen von geringer Bedeutung, die den Wettbewerb gemäß Art. 81 Abs. 1 des Vertrages zur Gründung der Europäischen Gemeinschaft nicht spürbar beschränken („de minimis"), ABl. 2001/C 368/13.
[31] Bunte, in: Langen/Bunte, Art. 81, Rn. 129.
[32] Schultze/Pautke/Wagener, Einleitung Rn. 19.

2.4.1 Einzelfreistellung

Mit der VO Nr. 1/2003 wurde das frühere Anmelde- und Freistellungssystem abgeschafft und durch ein **System der Legalausnahme** ersetzt. Für eine Freistellung vom Kartellverbot ist nicht mehr eine Entscheidung der Kommission erforderlich. Vielmehr sind wettbewerbsbeschränkende Vereinbarungen, die die gesetzlichen Voraussetzungen des Art. 101 Abs. 3 AEUV erfüllen, mit ihrem Abschluss wirksam.[33]

Die Unternehmen müssen dabei selbst beurteilen, ob eine Vereinbarung unter Art. 101 Abs. 1 AEUV fällt und die Freistellungsvoraussetzungen des Abs. 3 gegeben sind (**Prinzip der Selbstevaluierung**). Dabei können sich die Unternehmen auf die Gruppenfreistellungsverordnungen, die Rechtsprechung, die Entscheidungspraxis sowie die Ausführungen der Kommission in ihren Leitlinien und Bekanntmachungen stützen. Allerdings tragen sie auch das volle Risiko einer fehlerhaften Einschätzung. Stellt die Kommission auf eine Beschwerde hin oder von Amts wegen eine Zuwiderhandlung gegen Art. 101 AEUV fest, kann sie die beteiligten Unternehmen nach Art. 7 VO Nr. 1/2003 verpflichten, dies abzustellen[34] und ggf. gem. Art. 23 VO 1/2003 Bußgelder bis zu zehn Prozent des Gesamtumsatzes der beteiligten Unternehmen verhängen.[35]

2.4.2 Gruppenfreistellung

Nach Art. 101 Abs. 3 AEUV ist die Kommission befugt, per Verordnung Freistellungen für Gruppen von Vereinbarungen zu gewähren.

> **DEF.**
>
> **Gruppe** in diesem Sinne sind nach der Definition von Bunte „Vereinbarungen, denen gemeinsame oder vergleichbare Tatbestände zugrunde liegen, die angesichts der weitgehenden Gleichförmigkeit der Interessen der Beteiligten selbst, ihrer Handelspartner, ihrer Wettbewerber sowie der Verbraucher einer typisierenden Beurteilung zugänglich sind; sie müssen nicht stets einen Vertragstyp betreffen."[36]

Gruppenfreistellungsverordnungen (GVO) sind in all ihren Teilen verbindlich und gelten unmittelbar in jedem Mitgliedsstaat.[37] Sie konkretisieren für bestimmte Gruppen von Vereinbarungen die in Art. 101 Abs. 3 AEUV enthaltenen allgemeinen Voraussetzungen, unter denen eine wettbewerbsbeschränkende Vereinbarung vom Kartellverbot ausgenommen ist. Erfüllt eine Vereinbarung die tatbestandsmäßigen Voraussetzungen einer GVO, ist sie wirksam und durchsetzbar.[38]

---

[33] Vgl. Kommission, Weißbuch der Kommission über die Modernisierung der Vorschriften der Art. 85 und 86 EG-Vertrag, ABl. 1999 C 132/1 8, Rn. 11.
[34] Sura, in: Langen/Bunte, Art. 7 VO Nr. 1/2003 Rn. 1.
[35] Bechtold/Bosch/Brinker/Hirsbrunner, Art. 23 VO 1/2003 Rn. 40.
[36] Bunte, in: Langen/Bunte, Art. 81, Rn. 230.
[37] Ebenda, Art. 81, Rn. 234.
[38] Ebenda, Art. 81, Rn. 234.

Entspricht eine Vereinbarung nicht den Voraussetzungen einer GVO, ergibt sich hieraus aber nicht zwingend die Nichtigkeit nach Art. 101 Abs. 2 AEUV. In Betracht kommt insoweit eine Einzelfreistellung, wenn die Tatbestandsvoraussetzungen der Legalausnahme gem. Art. 101 Abs. 3 AEUV erfüllt sind.[39] Enthält die Vereinbarung jedoch eine Kernbeschränkung, ist eine Einzelfreistellung unwahrscheinlich, da die als Kernbeschränkung eingestuften Verhaltensweisen als bezweckte Wettbewerbsbeschränkungen einzustufen sind.[40]

3 Gruppenfreistellung im Automobilsektor – Überblick

Für vertikale Vereinbarungen im Automobilsektor sind derzeit drei von der EU-Kommission erlassene Gruppenfreistellungsverordnungen von Bedeutung. Dabei differenziert die Kommission zwischen dem Markt für den Verkauf neuer Kraftfahrzeuge einerseits und den Kfz-Anschlussmärkten anderseits, d.h. dem Markt für Werkstattdienstleistungen und dem Markt für Ersatzteile.[41]

Die Anschlussmärkte werden durch die Vorschriften der GVO Nr. 461/2010[42] (Kfz-GVO im eigentlichen Sinne) geregelt. Im Bereich des Neuwagenvertriebs gibt es erstmals seit 1985 keine sektorspezifischen Sonderregeln mehr. Vielmehr gelten für die diesbezüglichen Vereinbarungen (nach Ablauf einer Übergangsfrist gem. Art. 2 Kfz-GVO ab dem 01.06.2013) die Regelungen der allgemeinen Vertikal-GVO Nr. 330/2010[43] nebst den insoweit von der Kommission veröffentlichten Leitlinien.[44] Bis zum 31.05.2013 müssen sich die Neuwagenvertriebsverträge noch an den Regelungen der GVO Nr. 1400/2002 (Alt-Kfz-GVO), soweit diese den Bezug, Verkauf und Weiterverkauf neuer Kraftfahrzeuge betreffen, messen lassen. Dies gilt auch dann, wenn ein Neuwagenvertriebsvertrag wegen der konkret enthaltenen Wettbewerbsbeschränkungen oder der Marktstärke des Herstellers nicht von den automatischen Freistellungsmöglichkeiten der Alt-Kfz-GVO profitieren kann. Ein Rückgriff auf die Vertikal-GVO ist insoweit nicht möglich (Art. 2 Abs. 5 Vertikal-GVO).[45]

---

[39] BGH, Urt. v. 13.07.2004, KZR 10/03, Tz. 108, WuW/E DE-R 1335, 1339.
[40] Kommission, Leitlinien für vertikale Beschränkungen, ABl. EU 2010 C 130/1, Tz. 23; Bunte, in: Langen/Bunte, Art. 81, Rn. 241.
[41] Kommission, Ergänzende Leitlinien für vertikale Beschränkungen in Vereinbarungen über den Verkauf und die Instandsetzung von Kraftfahrzeugen und den Vertrieb von Kraftfahrzeugersatzteilen, ABl. 2010 C 138/16, Tz. 11, kurz: Kfz-LL.
[42] Verordnung (EU) Nr. 461/2010 der Kommission vom 27.05.2010 über die Anwendung von Art. 101 Abs. 3 des Vertrages über die Arbeitsweise der Europäischen Union auf Gruppen von vertikalen Vereinbarungen und abgestimmten Verhaltensweisen im Kraftfahrzeugsektor; ABEU 2010 L 129/52, http://eur-lex.europa.eu/LexUriServ/LexUriServ.do?uri=OJ:L:2010:129:0052:0057:DE:PDF.
[43] Verordnung (EU) Nr. 330/2010 der Kommission vom 20.04.2010 über die Anwendung von Art. 101 Abs. 3 des Vertrages über die Arbeitsweise der Europäischen Union auf Gruppen von vertikalen Vereinbarungen und abgestimmten Verhaltensweisen; ABl. L 102/1 v. 23.04.2010; http://eur-lex.europa.eu/LexUriServ/LexUriServ.do?uri=OJ:L:2010:102:0001:0007:DE:PDF.
[44] Kommission, Leitlinien für vertikale Beschränkungen vom 10.05.2010; ABl. C 130/2 vom 19.05.2010; http://eur-lex.europa.eu/LexUriServ/LexUriServ.do?uri=SEC:2010:0411:FIN:DE:PDF.
[45] Schultze/Pautke/Wagener, Art. 2 Abs. 5, Rn. 466 a.E.

Die Vorgaben der Vertikal-GVO Nr. 330/2010 sind aber auch für Vereinbarungen über die Erbringung von Werkstattdienstleistungen und den Ersatzteilvertrieb von Bedeutung. Gem. Art. 4 GVO Nr. 461/2010 setzt die Freistellung wettbewerbsbeschränkender Vereinbarungen im Service- und Teilevertriebsbereich voraus, dass zum einen sämtliche Voraussetzungen der Vertikal-GVO erfüllt sein müssen und zum anderen keine der in Art. 5 GVO Nr. 461/2010 aufgeführten Kernbeschränkungen enthalten sind.

4 Vertikal-GVO Nr. 330/2010

Nach Ablauf der Übergangszeit von drei Jahren am 31.05.2013 gelten für den Bezug, Verkauf und Weiterverkauf von neuen Kraftfahrzeugen die Vorschriften der Vertikal-GVO Nr. 330/2010.

4.1 Anwendungsbereich der GVO Nr. 330/2010

Nach Art. 2 Abs. 1 GVO Nr. 330/2010 gilt die Freistellung vom Kartellverbot nur für vertikale Vereinbarungen zwischen Nicht-Wettbewerbern, die vertikale Beschränkungen enthalten.

> **DEF.** Die **vertikale Vereinbarung** wird in Art. 1 Abs. 1 lit. a) definiert als „eine Vereinbarung oder abgestimmte Verhaltensweise, die zwischen zwei oder mehr Unternehmen, von denen jedes für die Zwecke der Vereinbarung oder der abgestimmten Verhaltensweise auf einer anderen Ebene der Produktions- oder Vertriebskette tätig ist, geschlossen wird und die die Bedingungen betrifft, zu denen die beteiligten Unternehmen Waren oder Dienstleistungen beziehen, verkaufen oder weiterverkaufen dürfen."

Normadressaten sind ausschließlich Unternehmen.[46] Von Art. 101 Abs. 1 AEUV und folglich auch von der Vertikal-GVO werden nur Vereinbarungen oder abgestimmte Verhaltensweisen erfasst. Auch scheinbar einseitiges Verhalten fällt darunter, wenn erstens dargelegt werden kann, „dass ein beteiligtes Unternehmen die Mitwirkung des anderen Unternehmens bei der Verwirklichung seines einseitigen Handels ausdrücklich oder stillschweigend verlangt, und zweitens [...] das andere Unternehmen dieser Forderung nachgekommen ist, indem es dieses einseitige Verhalten in die Praxis umgesetzt hat."[47] Für die Abgrenzung ist unerheblich, ob die beteiligten Unternehmen

---

[46] Vgl. Kapitel 2.2.
[47] Kommission, Leitlinien für vertikale Beschränkungen, ABl. EU 2010 C 130/1, Tz. 25 lit. a; vgl. auch EuGH, Urt. v. 06.01.2004, Rs. C-2/01 P u.a., Slg. 2004, II-3383 – „Adalat" und Urt. v. 13.07.2006, Rs C-74/04 P, Slg. 2006, I-6585 – „Volkswagen", vgl. oben Kapitel 2.1.

einen schriftlichen Vertrag geschlossen haben oder nicht. Entscheidend ist ausschließlich, ob eine Zustimmung zu einem bestimmten einseitigen Verhalten aus den Umständen festgestellt werden kann.[48]

Die Unternehmen müssen für **Zwecke der Vereinbarung** auf unterschiedlichen Stufen der Produktions- oder Vertriebskette tätig sein, wie es typischerweise im Verhältnis von Automobilhersteller und -händlern/-werkstätten der Fall ist. Für die Annahme einer vertikalen Vereinbarung ist einzig entscheidend, dass das vertikale Stufenverhältnis zwischen den Beteiligten gerade im Hinblick auf die Durchführung der freizustellenden Vereinbarung besteht.[49]

Art. 1 Abs. 1 lit. a) Vertikal-GVO verlangt zudem, dass die vertikale Vereinbarung die „Bedingungen betrifft, zu denen die beteiligten Unternehmen Waren beziehen, verkaufen und weiterverkaufen dürfen." Gemeint sind damit im Wesentlichen **Bezugs- und Vertriebsvereinbarungen**.[50] Nicht vom Anwendungsbereich der Vertikal-GVO erfasst sind hingegen Miet- und Leasingverträge als solche.[51] Bei diesen Verträgen fehlt es an dem erforderlichen Verkaufsgeschäft hinsichtlich der Vertragsware bzw. -dienstleistung.

4.2 Maßgebliche Marktanteilsschwelle, Art. 3 GVO Nr. 330/2010

Der Anwendungsbereich der Vertikal-GVO, und damit die Möglichkeit einer Gruppenfreistellung für wettbewerbsbeschränkende vertikale Vereinbarungen, ist gem. Art. 3 Abs. 1 der Vertikal-GVO nur eröffnet, „wenn der Anteil des Anbieters an dem relevanten Markt, auf dem er die Vertragswaren oder -dienstleistungen anbietet, und der Anteil des Abnehmers an dem relevanten Markt, auf dem er die Vertragswaren oder -dienstleistungen bezieht, jeweils nicht mehr als 30 Prozent beträgt."

4.2.1 Definition des Marktes

Die Definition des Marktes dient der genauen Abgrenzung des Gebietes, auf dem Unternehmen miteinander im Wettbewerb stehen. Hauptzweck der Marktdefinition ist die systematische Ermittlung der Wettbewerbskräfte, denen sich die beteiligten Unternehmen zu stellen haben.[52]

Zur Festlegung des **relevanten Markts** müssen der sachlich und der räumlich relevante Markt abgegrenzt werden. Definitionen hierzu liefert die Kommission in den Leitlinien zur Vertikal-GVO.[53]

---

[48] Vgl. EuGH, Urt. v. 13.07.2006, Rs. C-74/04, I-6585, – „Volkswagen".
[49] Schultze/Pautke/Wagener, Art. 2 Abs. 1, Rn. 126.
[50] Kommission, Leitlinien für vertikale Beschränkungen, ABl. EU 2010 C 130/1, Tz. 25 lit. d).
[51] Ebenda, Tz. 26.
[52] Bekanntmachung der Kommission über die Definition des relevanten Marktes im Sinne des Wettbewerbsrechts der Gemeinschaft, ABl. C 372, S. 5.
[53] Kommission, Leitlinien für vertikale Beschränkungen, ABl. EU 2010 C 130/1, Tz. 88, 89.

> **DEF.**
>
> Der **sachlich relevante Markt** umfasst alle Waren oder Dienstleistungen, die von den Abnehmern hinsichtlich ihrer Eigenschaften und Preise sowie des Verwendungszwecks als austauschbar angesehen werden.
>
> Der sachlich relevante Markt hängt in erster Linie von der **Substituierbarkeit** aus Sicht der Abnehmer ab. Beim Vertrieb von Endprodukten bestimmen in der Regel die Präferenzen der Endverbraucher, was die direkten Abnehmer als Substitute ansehen. Ein Händler, der als Wiederverkäufer agiert, kann beim Bezug von Endprodukten die Präferenzen der Endverbraucher nicht außer Acht lassen. Außerdem betreffen vertikale Beschränkungen auf der Ebene des Vertriebs zumeist nicht nur den Verkauf von Produkten durch den Anbieter an den Abnehmer, sondern auch den Weiterverkauf dieser Produkte. Da in der Regel unterschiedliche Vertriebsformen miteinander im Wettbewerb stehen, werden die Märkte im Allgemeinen nicht anhand der angewandten Vertriebsform abgegrenzt. In den Fällen, in denen Anbieter grundsätzlich ganze Produktpaletten verkaufen, kann die Palette den Markt bilden, wenn solche Paletten – und nicht die darin enthaltenen Einzelprodukte – von den Abnehmern als Substitute angesehen werden.
>
> Der **räumlich relevante Markt** umfasst das Gebiet, in dem die beteiligten Unternehmen die relevanten Waren oder Dienstleistungen anbieten bzw. nachfragen, in dem die Wettbewerbsbedingungen hinreichend homogen sind und das sich von benachbarten Gebieten durch merklich andere Wettbewerbsbedingungen unterscheidet.
>
> Da Händler gewerbliche Abnehmer sind, ist der räumliche Großhandelsmarkt üblicherweise umfangreicher als der Einzelhandelsmarkt, auf dem das Produkt an die Endverbraucher weiterverkauft wird. Dies führt häufig zur Abgrenzung nationaler oder noch größerer Großhandelsmärkte. Bei homogenen Marktbedingungen und sich überschneidenden örtlichen bzw. regionalen Absatzgebieten können die Einzelhandelsmärkte jedoch auch größer als das Suchgebiet der Endverbraucher sein.

4.2.2 Berechnung der Marktanteile nach der GVO

Im Bereich des Automobilvertriebs entspricht es der tatsächlichen Übung, den Marktanteil eines Herstellers nicht anhand des Wertes, sondern auf der Grundlage der Menge der neu zugelassenen Fahrzeuge zu bestimmen.[54] Bei der Berechnung ist nicht nur auf die Fahrzeuge einer Marke abzustellen. Vielmehr sind auch die Fahrzeugmengen anderer Marken zu berücksichtigen, die von **verbundenen Unternehmen** im Sinne von Art. 1 Abs. 2, zweiter Unterabsatz Vertikal-GVO verkauft wurden (z. B. Konzernmarken).

---

[54] Kommission, Ergänzende Leitlinien für vertikale Beschränkungen in Vereinbarungen über den Verkauf und die Instandsetzung von Kraftfahrzeugen und den Vertrieb von Kraftfahrzeugersatzteilen, ABl. 2010 C 138/16, Tz. 12, dort Fußnote 4.

4.2.3 Sachlich relevanter Markt im Neufahrzeugvertrieb

Zur Bestimmung des sachlich relevanten Marktes hält die Kommission in ihren Leitlinien zur Kfz-GVO auch fest, dass hierzu „alle Fahrzeuge gehören, die vom Kunden aufgrund ihrer Produkteigenschaften, ihrer Preise und ihres Verwendungszwecks als austauschbar oder substituierbar angesehen werden."[55] Daraus folgt, dass der sachlich relevante Markt für jedes Fahrzeugsegment einzeln zu bestimmen ist, wobei die Kommission den Markt bislang in die Segmente Kleinstwagen, Kleinwagen, Mittelklasse, Obere Mittelklasse, Oberklasse, Luxusklasse, Sportwagen, Mehrzweckfahrzeuge, Geländewagen, leichte, mittlere und schwere Nutzfahrzeuge unterteilt hat.[56]

4.2.4 Besonderheiten bei Produktportfolios

Da die meisten Hersteller mehrere Modelle ihrer Fahrzeugpalette über ein und denselben Händlervertrag vertreiben, kann es vorkommen, dass in einigen Segmenten die Marktanteilsschwelle von 30 Prozent überschritten wird und in anderen nicht. Dies hat zur Folge, dass die GVO nur in Bezug auf die Fahrzeuge gilt, bei denen die Voraussetzungen für die Anwendung der GVO erfüllt sind. Der Händlervertrag ist daher nicht in Bezug auf alle, sondern nur auf einige Fahrzeuge aufgrund der Vertikal-GVO vom Kartellverbot freigestellt.[57] In Bezug auf die Fahrzeugsegmente, bei denen der Hersteller die 30-%-Marktanteilsschwelle überschreitet, gelten nach Ansicht der Kommission die allgemeinen Wettbewerbsregeln,[58] d. h.,

a) es besteht keine Gruppenfreistellung, aber auch keine Vermutung der Rechtswidrigkeit.
b) Kommt auch eine Einzelfreistellung nicht in Betracht, kann geprüft werden, ob geeignete Abhilfemaßnahmen möglich sind, die die Wettbewerbsprobleme im Zusammenhang mit dem bestehenden Vertriebssystem lösen können.
c) Ist keine Abhilfe möglich, muss der Hersteller andere Vertriebsregelungen treffen.

4.2.5 Räumlich relevanter Markt im Neufahrzeugvertrieb

Die Kommission hat sich in Bezug auf den räumlich relevanten Markt im Neufahrzeugvertrieb bislang nicht abschließend festgelegt. Da jedoch die Bedingungen, zu denen Neufahrzeuge vertrieben werden, von einer Vielzahl von national-gesetzlichen Regelungen (steuerlicher, versicherungsrechtlicher und sonstiger Art) beeinflusst werden und zudem die Hersteller ihre Vertriebsnetze überwiegend über nationale Gesellschaften steuern, erscheint es sachgerecht, das jeweilige Gebiet des Mitgliedsstaats als das in räumlicher Hinsicht relevante aufzufassen.[59]

---

[55] Ebenda, Tz. 12, dort Fußnote 4.
[56] Kommission, Entscheidung v. 14.03.1994, M.461 – „BMW/Rover"; v. 12.05.1999, M.1519 – „Renault/Nissan"; v. 26.03.1999, M.1452 – „Ford/Volvo"; v. 15.03.2000, M.1672 – „Volvo/Scania".
[57] Kommission, Leitlinien für vertikale Beschränkungen, ABl. EU 2010 C 130/1, Tz. 72.
[58] Ebenda, Tz. 73.
[59] So auch Wegner/Oberhammer, BB 2011, 1480, 1482 und Simon, EWS 2010, 497, 498.

4.2.6 Relevanter Markt für den Marktanteil des Händlers

Bei der Marktanteilsbestimmung des Händlers ist nicht der Absatzmarkt, sondern der Bezugsmarkt ausschlaggebend.[60] Es kommt also nicht drauf an, welchen (Verkaufs-)Marktanteil der Händler in seinem unmittelbaren Absatzgebiet hält, sondern auf den (Einkaufs-)Anteil in dem Gebiet, wo er seine Fahrzeuge einkauft. Wegen der vertraglichen Bindung zur nationalen Vertriebsgesellschaft des Herstellers und in Anbetracht der Tatsache, dass der Anteil grenzüberschreitender Verkäufe nach wie vor gering ist, ist auch bei der Marktanteilsberechnung des Händlers eine nationale Abgrenzung vorzunehmen.[61] Ein Händlervertrag fällt mithin dann nicht in den Anwendungsbereich der Vertikal-GVO, wenn ein Händler bei einem Hersteller (einschließlich der mit ihm verbundenen Unternehmen) mehr als 30 Prozent der Fahrzeuge eines Segments einkauft, was unwahrscheinlich ist.

4.3 Kernbeschränkungen, Art. 4 GVO Nr. 330/2010

Die in Art. 4 GVO Nr. 330/2010 aufgeführten **Kernbeschränkungen** beschreiben Verhaltensweisen, die sich besonders schädlich auf den Wettbewerb auswirken. Enthält ein Händlervertrag solche Beschränkungen, scheidet nicht nur für die einzelne Klausel, sondern für sämtliche in der Vereinbarung enthaltenen Wettbewerbsbeschränkungen im Sinne von Art. 101 Abs. 1 AEUV die Freistellung vom Kartellverbot aus, da Kernbeschränkungen grundsätzlich nicht abtrennbar sind.[62]

Die gravierenden wettbewerbsschädigenden Auswirkungen von Kernbeschränkungen werden im Regelfall auch nicht durch Effizienzgewinne im Sinne von Art. 101 Abs. 3 AEUV aufgewogen werden können, sodass auch eine Einzelfreistellung unwahrscheinlich ist.[63]

Kernbeschränkungen müssen nicht zwingend unmittelbar in der vertikalen Vereinbarung formuliert sein. Sie können sich auch mittelbar, für sich allein oder in Verbindung mit anderen Umständen unter der Kontrolle der Vertragsparteien ergeben, wenn die Parteien erkennbar den Zweck verfolgen, eine oder mehrere in Art. 4 lit. a) bis e) GVO Nr. 330/2010 beschriebene Wettbewerbsbeschränkung herbeizuführen. Dies dient vor allem dem Ziel, Umgehungsmöglichkeiten auszuschließen.[64]

4.3.1 Preisbindung, Art. 4 lit. a) GVO Nr. 330/2010

Nach Art. 4 lit. a) entfällt die Freistellung für vertikale Vereinbarungen, die die Möglichkeiten des Abnehmers (= Händlers) beschränken, seinen Verkaufspreis selbst festzulegen bzw. eine solche Beschränkung bezwecken.[65] Diese Kernbeschränkung wird auch als **Preisbindung der zweiten**

---

[60] Simon, EWS 2010, 497, 498; Schultze/Pautke/Wagener, Art. 7, Rn. 500.
[61] Wegner/Oberhammer, BB 2011, 1480, 1483.
[62] Schultze/Pautke/Wagener, Art. 7, Rn. 516; Kommission, Leitlinien für vertikale Beschränkungen, ABl. EU 2010 C 130/1, Tz. 70.
[63] Kommission, Leitlinien für vertikale Beschränkungen, ABl. EU 2010 C 130/1, Tz. 47.
[64] Schultze/Pautke/Wagener, Art. 7, Rn. 518.
[65] Ebenda, Art. 7, Rn. 519.

Hand oder **vertikale Preisbindung** bezeichnet.[66] Sie umfasst nicht Beschränkungen der Preisgestaltungsfreiheit des Herstellers. Diese sind, wenn auch deren übrigen Voraussetzungen der Vertikal-GVO erfüllt sind, freigestellt.[67]

Wenn sich aus dem Vertrag zwischen Hersteller und Händler Fix- oder Mindestpreise für den Weiterverkauf der gelieferten Waren ergeben, liegt eine unmittelbare Preisbindung vor. Diese Fixierung kann einerseits den Endpreis selbst[68] oder andererseits einzelne Preisbestandteile,[69] die zur Festlegung des Endpreises von Bedeutung sind, betreffen. Zudem stellen Verpflichtungen des Händlers, bei unterschiedlichen Kundengruppen (z. B. Einzelkunden/Großkunden) oder Absatzkanälen (z. B. offline/online) unterschiedliche Preise anzusetzen (sog. „dual pricing" oder Preisspaltung), ggf. im Rahmen eines „Kickback-Programms",[70] eine unmittelbare Kernbeschränkung dar.[71]

Als Beispiele für indirekte Preisbindungen führt die Kommission in ihren Leitlinien Vereinbarungen über Absatzspannen oder höchstens zulässige Kundennachlässe an. Hierzu gehören auch Absprachen über Sonderrabatte oder Werbekostenzuschüsse für diejenigen Händler, die ein bestimmtes Preisniveau nicht unterschreiten.[72] Aber auch Drohungen, Einschüchterungen, Abmahnungen, Vertragsstrafen, Einschränkungen bei der Belieferung sowie Vertragskündigungen wegen Nichteinhaltung des Preisniveaus zählen hierzu, insbesondere wenn diese Maßnahmen mit z. B. einem Preisüberwachungssystem kombiniert werden.[73] Wichtig ist in diesem Zusammenhang jedoch stets die Abgrenzung zum einseitigen Verhalten, das nicht unter das Kartellverbot des Art. 101 Abs. 1 AEUV fällt.[74]

Höchstpreisfestlegungen und Preisempfehlungen stellen nach Art. 4 lit. a) zweiter Halbsatz GVO Nr. 330/2010 grundsätzlich keine Kernbeschränkungen dar und sind damit nach der Vertikal-GVO freistellungsfähig.[75] Dies gilt jedoch nur, „sofern sich diese nicht infolge der Ausübung von Druck oder der Gewährung von Anreizen durch eines der beteiligten Unternehmen tatsächlich wie Fest- oder Mindestpreise auswirken."

Ob **Höchstpreisbindungen**, also die Verpflichtung des Händlers, die Vertragsware nicht über dem fixierten Preis verkaufen zu dürfen, überhaupt wettbewerbsbeschränkend im Sinne von Art. 101 Abs. 1 AEUV sind, wird vereinzelt angezweifelt. Die Vertreter dieser Ansicht führen an, dass Höchstpreise im Ergebnis dem Verbrauchernutzen dienten und daher die von ihnen ausgehenden wettbewerbsschädlichen Wirkungen geringer seien als diejenigen, die von Fest- und Mindestpreisen ausgingen.[76] Dabei wird jedoch übersehen, dass Höchstpreisfixierungen ebenso wie Fest- und Mindestverkaufspreise verhindern, dass sich der Preis unter Berücksichtigung von

---

[66] Kommission, Leitlinien für vertikale Beschränkungen, ABl. EU 2010 C 130/1, Tz. 48.
[67] Schultze/Pautke/Wagener, Art. 7, Rn. 520.
[68] Kommission, Entsch. v. 16.07.2003, COMP/F-1/37.975 – „Yamaha".
[69] Bechtold/Bosch/Brinker/Hirsbrunner, Art. 4 VO 2790/1999 Rn. 5.
[70] BKartA, Fallbericht v. 18.06.2010, B 5 – 100/09 – „Garmin", http://www.bundeskartellamt.de/wDeutsch/download/pdf/Kartell/Kartell10/Fallberichte/B05-100-09_Preisbindung_Garmin.pdf.
[71] Schultze/Pautke/Wagener, Art. 7, Rn. 528, 760 f.; Kommission, Leitlinien für vertikale Beschränkungen, ABl. EU 2010 C 130/1, Tz. 52 lit. c, 64.
[72] Ebenda, Tz. 48.
[73] Ebenda.
[74] Vgl. Kapitel 2.1; EuGH, Urt. v. 13.07.2006, Rs. C-74/04 P, Slg. 2006 I-6585 – „Volkswagen II".
[75] Schultze/Pautke/Wagener, Art. 7, Rn. 537.
[76] Ebenda, Art. 7, Rn. 541.

Angebot und Nachfrage frei am Markt bilden kann. Damit beschränken Höchstpreise ebenso wie alle anderen Einwirkungen auf die Preisgestaltungsfreiheit die Handlungsalternativen des Gebundenen und bewirken dadurch eine Wettbewerbsverfälschung.[77] Die Kommission sieht dies offenbar ebenso. Für sie geht von Preisobergrenzen und -empfehlungen die Gefahr aus, dass der angegebene Wert als Orientierungspreis dient, an den sich alle oder jedenfalls die meisten Händler halten, was im Ergebnis zu einer Aufweichung des Wettbewerbs führen und eine Kollusion zwischen Anbietern begünstigen kann.[78]

Praktisch bedeutsam ist dieser Aspekt im Automobilbereich insbesondere bei Höchstpreisbindungen im Ersatzteilvertrieb. Da die meisten Hersteller auf diesem (markenspezifisch abzugrenzenden[79]) Markt einen Anteil von mehr als 30 Prozent haben dürften, ist der Anwendungsbereich der Vertikal-GVO regelmäßig nicht eröffnet. Da jedoch Höchstpreisbindungen eine vom Kartellverbot des Art. 101 Abs. 1 AEUV erfasste Wettbewerbsbeschränkung darstellen, sind diese nur erlaubt, wenn hierfür eine Einzelfreistellung gem. Art. 101 Abs. 3 AEUV in Betracht kommt. Ob dies im Einzelfall anzunehmen ist, ist nur nach sorgfältiger Feststellung der damit einhergehenden Effizienzgewinne möglich,[80] aber wegen der damit verbunden Gefahren für den Wettbewerb eher unwahrscheinlich.

Der Begriff der **Preisempfehlung** erfasst die einseitige, ausdrücklich oder der Sache nach als unverbindlich gekennzeichnete Nennung des Verkaufspreises mit der Maßgabe, dass er vom Händler sowohl unter- als auch überschritten werden darf.[81] Die Besonderheit liegt hierin, dass die Preise dem Händler nur nahe gelegt, nicht jedoch vorgeschrieben werden. Es dürfen keinerlei Druckmittel, Nachteilsandrohungen, Anreize oder Vorteilsversprechungen zur Einhaltung der Preisempfehlung ausgeübt werden.[82]

Beim Vertrieb über Handelsvertreter ist stets zu prüfen, ob mit der Vertriebsvereinbarung auch Risiken aus den vermittelten Geschäften auf den Vertreter übertragen werden.[83] Wenn dem so ist, handelt es sich um eine Vereinbarung zwischen Unternehmen, sodass die vertraglichen Wettbewerbsbeschränkungen dem Kartellverbot des Art. 101 Abs. 1 AEUV unterliegen. Dies gilt insbesondere für die Bindung des Handelsvertreters an den vom Hersteller vorgegebenen Preis. Wenn diese Preisbindung mit dem Verbot für den Handelsvertreter einhergeht, Preisnachlässe zulasten der eigenen Provision zu gewähren (sog. **Provisionsabgabeverbot**), liegt eine Kernbeschränkung im Sinne von Art. 4 lit. a) GVO Nr. 330/2010 vor.[84] Hat der Vertreter jedoch die Möglichkeit, dem Kunden auf eigene Kosten Preisvorteile einzuräumen, ist die Bindung an den vom Hersteller vorgegebenen Preis nur als Höchstpreisbindung zu qualifizieren, die im Anwendungsbereich der Vertikal-GVO zulässig ist.[85]

---

[77] Bechtold/Bosch/Brinker/Hirsbrunner, Art. 4 VO 2790/1999 Rn. 6; vgl. zu diesem Komplex auch Metzlaff, BB 2000, 1201, 1206; Bechtold, EWS 2001, 4952.
[78] Kommission, Leitlinien für vertikale Beschränkungen, ABl. EU 2010 C 130/1, Tz. 227.
[79] Vgl. Kap. 5.1.
[80] Kommission, Leitlinien für vertikale Beschränkungen, ABl. EU 2010 C 130/1, Tz. 229.
[81] Schultze/Pautke/Wagener, Art. 7, Rn. 555.
[82] Bechtold/Bosch/Brinker/Hirsbrunner, Art. 4 VO 2790/1999 Rn. 7.
[83] Vgl. Kapitel 2.2.
[84] Kommission, Leitlinien für vertikale Beschränkungen, ABl. EU 2010 C 130/1, Tz. 49.
[85] Bechtold/Bosch/Brinker/Hirsbrunner, Art. 4 VO 2790/1999 Rn. 8.

4.3.2 Gebiets- und Kundenkreisbeschränkungen, Art. 4 lit. b) GVO Nr. 330/2010

Nach Art. 4 lit. b) stellen alle Beschränkungen des Gebiets, in das, oder der Kundengruppe, an die der Händler Vertragswaren oder Dienstleistungen verkaufen darf, schwerwiegende und aus diesem Grund verbotene Kernbeschränkungen dar. Mit diesem Verbot begegnet der Verordnungsgeber der für den Binnenmarkt schädlichen Gefahr der Aufteilung von Märkten[86] und stellt sicher, dass ein Händler die von ihm im Rahmen einer vertikalen Vereinbarung erworbene Ware an jedermann in der EU bzw. dem EWR weiterverkaufen darf.[87]

Eine **Gebietsbeschränkung** liegt insbesondere vor, wenn einem Händler ein bestimmtes Verkaufsgebiet zugewiesen wird und er nicht das Recht hat, in andere Gebiete hineinzuverkaufen bzw. dort werbliche Aktivitäten zu entfalten.[88] Auch mittelbare Gebietsbeschränkungen sind verboten, wenn der Hersteller z.B. die Gewährung der Einkaufskonditionen davon abhängig macht, wohin der Händler die Vertragsware verkauft, die Belieferung von Händlern außerhalb ihres Gebiets einstellt bzw. die Liefermengen reduziert oder der Hersteller keine unionsweiten Garantieleistungen vorsieht.[89]

Die **Kundenkreisbeschränkung** umfasst das an einen Händler gerichtete Verbot, einen oder mehrere individuell oder durch allgemeine Merkmale bezeichneten Kunden zu beliefern. Dies kann nach räumlichen Kriterien geschehen oder nach Branchen, Funktionen oder anderen Kriterien.[90]

Diese Kernbeschränkungen gelten jedoch nicht einschränkungslos. Die Vertikal-GVO sieht vier Ausnahmefälle (sog. Gegenausnahmen) vor.

1. Ausnahme: Aktive Verkaufsbeschränkungen

Nach Art. 4 lit. b) Ziff. i) sind **Beschränkungen des aktiven Verkaufs** in Gebiete oder an Kundengruppen, die der Hersteller sich selbst vorbehalten oder einem anderen Händler zugewiesen hat, zulässig, sofern dadurch nicht der Verkauf durch die Kunden des Händlers eingeschränkt wird.

Für die Kommission[91] sind Verkäufe **aktiv**, wenn

- individualisierte Kunden angesprochen werden, sei es mittels persönlicher Ansprache, telefonisch oder persönlich, sei es durch Direktversand von Briefen oder E-Mails,
- mittels Werbung in den Medien, über das Internet oder durch andere verkaufsfördernde Maßnahmen gezielt Kundengruppen bzw. Kunden in einem bestimmten Gebiet angesprochen werden.

Passiv sind Verkäufe hingegen, wenn

- unaufgeforderte Bestellungen individueller Kunden erfüllt werden (sog. Komm-Kunden),

---

[86] Kommission, Leitlinien für vertikale Beschränkungen, ABl. EU 2010 C 130/1, Tz. 50.
[87] Schultze/Pautke/Wagener, Art. 7, Rn. 596.
[88] Bechtold/Bosch/Brinker/Hirsbrunner, Art. 4 VO 2790/1999 Rn. 10.
[89] Kommission, Leitlinien für vertikale Beschränkungen, ABl. EU 2010 C 130/1, Tz. 50.
[90] Schultze/Pautke/Wagener, Art. 7, Rn. 595.
[91] Kommission, Leitlinien für vertikale Beschränkungen, ABl. EU 2010 C 130/1, Tz. 51.

- allgemeine Werbe- und Verkaufsförderungsmaßnahmen ergriffen werden, die sowohl die Kunden/Kundengruppen im eigenen Gebiet als auch außerhalb erreichen, wenn sich die „Grenzüberschreitung" vernünftigerweise nicht verhindern lässt.

Die **Website** eines Händlers ist als eine Form des passiven Verkaufs anzusehen, da damit den Kunden lediglich ein Medium zur Verfügung steht, den Händler zu erreichen. Für die Kommission ist der Umstand, dass eine Website auch Wirkungen über das eigene Gebiet oder die Kundengruppe des Händlers hinaus haben kann, eine Folge des technischen Fortschritts; das Aufrufen der Website eines Händlers und die anschließende Kontaktaufnahme durch den Kunden, aus der sich der Verkauf und die Lieferung ergeben, gelten daher als passiver Verkauf.[92]

Aktive Verkaufsbeschränkungen sind nur hinsichtlich derjenigen Gebiete oder Kundengruppen zulässig, die der Hersteller „sich selbst oder ausschließlich einem anderen" Händler zugewiesen hat. Pro Gebiet bzw. Kundengruppe darf nur eine **Zuweisung** an einen bestimmten Händler bzw. an den Hersteller selbst erfolgen. Die Zuweisung an mehrere Händler oder an Händler und Hersteller ist nicht von der Ausnahme erfasst.[93] Zudem muss sich der Hersteller verpflichtet haben, den Alleinvertriebshändler vor aktivem Verkauf in das ihm ausschließlich zugewiesene Gebiet oder an seine Kundengruppe durch andere Händler zu schützen.[94]

Schließlich setzt die Freistellung aktiver Verkaufsbeschränkungen in Alleinvertriebssystemen gem. Art. 4 lit. b) Ziff. i) voraus, dass „der Verkauf durch die Kunden des Abnehmers nicht beschränkt wird."[95] Gemäß Art. 1 Abs. 1 lit. i) Vertikal-GVO ist unter „Kunde des Abnehmers" ein nicht an der Vereinbarung beteiligtes Unternehmen zu verstehen. Dieses Unternehmen muss mit den gekauften Waren nach eigenem Belieben verfahren können, wozu auch der unmittelbare Weiterverkauf gehört. Um in den Genuss der Freistellung zu gelangen, darf daher Alleinvertriebshändlern kein Wiederverkäuferbelieferungsverbot auferlegt werden. Es darf auch nicht verlangt werden, dass die Händler nur an solche Kunden Fahrzeuge verkaufen, die sich zur Einhaltung bestimmter Mindesthaltedauern verpflichtet haben.[96]

2. Ausnahme: Sprunglieferungsverbot für Großhändler

Art. 4 lit. b) Ziff. ii) erlaubt dem Hersteller, **Großhändlern** den aktiven und passiven Verkauf von Vertragswaren an Endkunden zu beschränken.[97] Es ist daher zulässig, dem Großhändler zu untersagen, dass er die aus seiner Vertriebsstufe resultierenden Einkaufsvorteile dazu verwendet, mit Händlern der Einzelhandelsstufe in direkten Wettbewerb zu treten, indem er die Produkte unmittelbar an Endkunden verkauft.[98]

---

[92] Ebenda, Tz. 52.
[93] Bechtold/Bosch/Brinker/Hirsbrunner, Art. 4 VO 2790/1999 Rn. 13.
[94] Kommission, Leitlinien für vertikale Beschränkungen, ABl. EU 2010 C 130/1, Tz. 51.
[95] Schulte/Pautke/Wagener, Vertikal-GVO, 3. Auflage, 2011, Art. 7, Rn. 652.
[96] Bechtold/Bosch/Brinker/Hirsbrunner, Art. 4 VO 2790/1999 Rn. 14.
[97] Vgl. hierzu auch: EuGH, Urt. v. 25.10.1977, Slg. 1977, 1875, 1908 f – „Metro/SABA"; Kommission, Entsch. v. 15.12.1975, Rs. IV/847, ABl. EG 1976 L 28/19 – „SABA".
[98] Schultze/Pautke/Wagener, Art. 4 lit. b, Rn. 655.

3. Ausnahme: Wiederverkäuferbelieferungsverbot im selektiven Vertrieb

Art. 4 lit. b) Ziff. iii) erlaubt eine Beschränkung des Kundenkreises in selektiven Vertriebssystemen. Der selektive Vertrieb ist im Kraftfahrzeugsektor derzeit das am weitesten verbreitete Vertriebssystem.[99] Selektivvertriebsvereinbarungen führen ebenso wie Alleinvertriebsvereinbarungen zu einer Begrenzung der Anzahl der zugelassenen Händler. Der Unterschied zum Alleinvertrieb besteht jedoch darin, dass die Beschränkung der Händlerzahl nicht von der Anzahl der Gebiete abhängt, sondern von den Kriterien, die der Hersteller bei der Auswahl seiner Händler anwendet.[100]

> **DEF.**
>
> Nach Art. 1 Abs. 1 lit. e) sind **selektive Vertriebssysteme** dadurch gekennzeichnet, „dass sich der Anbieter verpflichtet, die Vertragswaren oder -dienstleistungen unmittelbar oder mittelbar nur an Händler zu verkaufen, die anhand festgelegter Merkmale ausgewählt werden, und in denen sich diese Händler verpflichten, die betreffenden Waren oder Dienstleistungen nicht an Händler zu verkaufen, die innerhalb des vom Anbieter für den Betrieb des Systems festgelegten Gebiets nicht zum Vertrieb zugelassen sind."

Da diese Definition nur **wechselseitig ausgestaltete Verpflichtungen** zwischen Hersteller und Händler erfasst, kommen auch nur solche Vereinbarungen für den Ausnahmetatbestand des Art. 4 lit. b) Ziff. iii) in Betracht. Vereinbarungen, in denen nur die Händler verpflichtet werden, nicht jedoch der Hersteller, weil sich dieser möglicherweise vorbehalten hat, seine Vertragswaren (z. B. Überproduktionen) auch an außerhalb seiner Vertriebsorganisation stehende Händler zu vertreiben, bzw. der Hersteller diesen Punkt (bewusst oder unbewusst) offen gelassen hat, kommen nicht in den Genuss der (Gruppen-)Freistellung.[101]

Die Vertikal-GVO differenziert nicht nach der Art der Selektion. In Betracht kommt eine Auswahl der Vertriebspartner einerseits nach qualitativen und andererseits nach quantitativen Kriterien. Es ist aber auch eine Kombination aus beiden Formen möglich.[102] Entscheidend im Sinne der Definition des Art. 1 Abs. 1 lit. e) ist lediglich, dass die Vertragspartner **„aufgrund festgelegter Merkmale"** ausgewählt werden.[103]

Qualitative Selektion

Beim **qualitativen Selektivvertrieb** wählt der Hersteller seine Vertriebspartner ausschließlich nach definierten qualitativen Kriterien aus, die durch die Beschaffenheit des Produkts oder der

---

[99] Kommission, Ergänzende Leitlinien für vertikale Beschränkungen in Vereinbarungen über den Verkauf und die Instandsetzung von Kraftfahrzeugen und den Vertrieb von Kraftfahrzeugersatzteilen, ABl. 2010 C 138/16, Tz. 42.
[100] Kommission, Leitlinien für vertikale Beschränkungen, ABl. EU 2010 C 130/1, Tz. 174.
[101] Schultze/Pautke/Wagener, Art. 7, Rn. 219 m. w. N.
[102] Ebenda, Art. 1 Abs. 1 lit. e, Rn. 223.
[103] Bechtold/Bosch/Brinker/Hirsbrunner, Art. 1 VO 2790/1999 Rn. 13.

Art der Dienstleistung bedingt sind.[104] Durch die Anwendung solcher Kriterien wird die Zahl der Händler nicht unmittelbar begrenzt.[105]

Nach Ansicht der Kommission fallen Vereinbarungen, die einen rein qualitativen Selektivvertrieb zum Gegenstand haben, mangels wettbewerbswidriger Auswirkungen nicht unter Art. 101 Abs. 1 AEUV, sofern sie drei Voraussetzungen erfüllen:[106]

1. Die Beschaffenheit der Vertragsware/-dienstleistung (z.B. langlebig, hochwertig, hoch entwickelt, wartungsintensiv) muss die selektive Vertriebsform bedingen, um die diesbezügliche Qualität zu sichern und den richtigen Gebrauch zu gewährleisten.
2. Die Auswahl der Vertriebspartner erfolgt ausschließlich aufgrund objektiver Kriterien qualitativer Art, die für alle potenziellen Vertriebspartner einheitlich festzulegen und diskriminierungsfrei anzuwenden sind.
3. Die aufgestellten Kriterien dürfen nicht über das hinausgehen, was erforderlich ist.

Sind diese drei Voraussetzungen erfüllt, bedarf die Selektivvereinbarung keiner Freistellung, da sie nicht unter Art. 101 Abs. 1 AEUV fällt. Liegt hingegen eine dieser Voraussetzungen nicht vor, ist die Vereinbarung vom Kartellverbot erfasst. Deren Zulässigkeit richtet sich sodann nach der einschlägigen GVO oder außerhalb deren Anwendungsbereichs nach Art. 101 Abs. 3 AEUV.

Quantitative Selektion

Die Zulassung von Vertriebspartnern zu einem selektiven Vertriebssystem kann auch von **quantitativen Selektionskriterien** abhängig gemacht werden.[107] Darunter ist die Auswahl der Händler bzw. Werkstätten anhand von festgelegten Kriterien zu verstehen, die deren Anzahl unmittelbar begrenzen, indem entweder ihre Höchstzahl (absolut bzw. relativ je Einwohnerzahl eines Bezirks oder Stadtgebiets) begrenzt wird oder beispielsweise Mindest- oder Höchstumsätze vorgeschrieben werden.[108]

Quantitative Selektivnetze sind ihrem Wesen nach diskriminierend, da qualitativ geeigneten Vertriebspartnern unabhängig von deren Eignung der Zugang zum Netz verweigert wird,[109] und fallen damit unter Art. 101 Abs. 1 AEUV.[110]

---

[104] Kommission, Ergänzende Leitlinien für vertikale Beschränkungen in Vereinbarungen über den Verkauf und die Instandsetzung von Kraftfahrzeugen und den Vertrieb von Kraftfahrzeugersatzteilen, ABl. 2010 C 138/16, Tz. 43.
[105] Kommission, Leitlinien für vertikale Beschränkungen, ABl. EU 2010 C 130/1, Tz. 175.
[106] Ebenda, Tz. 175, und Kommission, Ergänzende Leitlinien für vertikale Beschränkungen in Vereinbarungen über den Verkauf und die Instandsetzung von Kraftfahrzeugen und den Vertrieb von Kraftfahrzeugersatzteilen, ABl. 2010 C 138/16, Tz. 43.
[107] Schultze/Pautke/Wagener, Art. 7, Rn. 230.
[108] Kommission, Ergänzende Leitlinien für vertikale Beschränkungen in Vereinbarungen über den Verkauf und die Instandsetzung von Kraftfahrzeugen und den Vertrieb von Kraftfahrzeugersatzteilen, ABl. 2010 C 138/16, Tz. 44; Leitlinien für vertikale Beschränkungen, ABl. EU 2010 C 130/1, Tz. 175, 187.
[109] Bechtold/Bosch/Brinker/Hirsbrunner, Art. 1 VO 2790/1999 Rn. 18.
[110] Kommission, Ergänzende Leitlinien für vertikale Beschränkungen in Vereinbarungen über den Verkauf und die Instandsetzung von Kraftfahrzeugen und den Vertrieb von Kraftfahrzeugersatzteilen, ABl. 2010 C 138/16, Tz. 44.

4. Ausnahme: Verwendungsbeschränkung für Einbauteile
Die vierte Gegenausnahme ist für den Automobilvertrieb ohne Belang, weil sie ausschließlich industrielle **Zulieferverhältnisse** betrifft.

4.3.3 Endverbraucherverkaufsbeschränkungen, Art. 4 lit. c) GVO Nr. 330/2010

Die dritte Kernbeschränkung der Vertikal-GVO betrifft aktive und passive Verkaufsbeschränkungen innerhalb selektiver Vertriebssysteme. Wenn ein Hersteller auf Einzelhandelsstufe ein selektives Vertriebssystem betreibt, darf er seine Händler nicht hindern, jeden **Endbenutzer** zu beliefern. Anders als in Alleinvertriebssystemen muss es einem Händler im selektiven Vertrieb also möglich sein, überall – auch über das Internet – um Endkunden zu werben und sich aktiv um diese zu bemühen. Damit wird verhindert, dass auf der Einzelhandelsstufe der markeninterne Wettbewerb (Intra-Brand-Wettbewerb) beschränkt wird.[111]

> **DEF.** Unter **Endverbraucher** sind nicht nur private, sondern auch gewerbliche und institutionelle Endverbraucher zu verstehen. Entscheidend ist allein, dass die Käufer die Vertragsware weder weiterverkaufen noch weiterverarbeiten.[112]

Der zweite Halbsatz von Art. 4 lit. c) enthält eine wichtige Ausnahmeregelung: die sog. **Standortklausel**. Danach erfasst die Kernbeschränkung nicht das Verbot, Geschäfte von nicht zugelassenen Niederlassungen aus zu betreiben.[113] Händler können daher vertraglich daran gehindert werden, an verschiedenen Standorten/Räumlichkeiten geschäftlich tätig zu werden oder neue Verkaufsstätten an anderen Standorten zu eröffnen.[114] Der einzig zulässige Standort muss im Händlervertrag festgeschrieben sein. Verlagerungen können von der Zustimmung des Herstellers abhängig gemacht werden. Enthält der Händlervertrag keine solche Regelung, besteht für den Händler auch keine Festlegung seines Verkaufsstandortes, auch dann nicht, wenn bei der Parteibezeichnung im Vertrag die Geschäftsadresse des Händlers aufgeführt wird. Denn der Wortlaut der Gegenausnahme in Art. 4 lit. c) zweiter Halbsatz eröffnet dem Hersteller lediglich die Möglichkeit, dem Händler weitere Niederlassungen zu untersagen. Macht er von dieser Möglichkeit nicht ausdrücklich Gebrauch, bleibt es bei der generellen Regelung, dass Händlern in selektiven Vertriebssystemen grundsätzlich keinen aktiven und passiven Verkaufsbeschränkungen unterliegen dürfen, damit der Vertrag in den Genuss der Gruppenfreistellung kommt.

---

[111] Bechtold/Bosch/Brinker/Hirsbrunner, Art. 4 VO 2790/1999 Rn. 19.
[112] Kommission, Leitlinien für vertikale Beschränkungen, ABl. EU 2010 C 130/1, Tz. 56.
[113] Schultze/Pautke/Wagener, Art. 4 lit. c, Rn. 802.
[114] Kommission, Leitlinien für vertikale Beschränkungen, ABl. EU 2010 C 130/1, Tz. 57.

4.3.4 Beschränkungen von Querlieferungen, Art. 4 lit. d) GVO Nr. 330/2010

Gegenstand des Art. 4 lit. d) sind Beschränkungen von **Querlieferungen** zwischen den zu einem selektiven Vertriebsnetz i. S. v. Art. 1 Abs. 1 lit. e) zugelassenen Händlern.[115] Dabei ist es unerheblich, ob diese auf derselben oder unterschiedlichen Vertriebsstufen tätig sind.[116] Umfasst werden also auch Lieferungen zwischen A- und B-Händlern oder zwischen Importeur und Einzelhändlern unter Übergehung möglicher Großhändler etc.[117] Diese Regelung bezweckt, die Austauschmöglichkeiten zwischen den autorisierten Händlern sicherzustellen, um so Parallelimporte der Händler zwischen Mitgliedsstaaten zu fördern und der Abschottungen nationaler oder anderweitig räumlich begrenzter Märkte entgegenzuwirken.[118] Im Automobilvertrieb, mit den starken Preisdifferenzen in den unterschiedlichen Nationalstaaten der Union, kommt dieser Regelung herausragende Bedeutung zu.[119]

Der Begriff der Beschränkung ist dabei weit zu verstehen und umfasst alle mittelbaren und unmittelbaren Beschränkungen des aktiven und passiven Verkaufs (Querlieferung) bzw. Kaufs (Querbezug) von Vertragsprodukten unter zugelassenen Händlern.[120]

Die Verpflichtung des Händlers, die Vertragsware nur beim Hersteller oder anderen autorisierten Mitgliedern der Vertriebsorganisation des Herstellers zu kaufen, stellt keine Kernbeschränkung im i. S. d. Art. 4 lit. d) dar. Damit wird dem Händler lediglich der Bezug sog. Graumarktware, also von Produkten, die bereits einmal das autorisierte Vertriebsnetz verlassen haben, verboten. Allerdings muss der Hersteller insoweit im Auge behalten, dass mit einer solchen Klausel der Händler nicht faktisch zur Abnahme von mehr als 80 Prozent seines Jahresbedarfs an Vertragsware und ihrer Substitute (das sind konkurrierende Fahrzeuge anderer Hersteller) verpflichtet wird. Denn bei der als Wettbewerbsverbot i. S. v. Art. 1 lit. d) GVO Nr. 330/2010 eingestuften Abnahmeverpflichtung von mehr als 80 Prozent sind die von dem System angehörenden Händler bezogenen Vertragsprodukte rechnerisch einzubeziehen.[121] Führt diese Klausel im Ergebnis dazu, dass der Händler nicht wenigstens 20 Prozent seines Jahresgesamtbezugs an Neuwagen von anderen Herstellern beziehen kann, ist die Abnahmeverpflichtung zwingend auf fünf Jahre zu beschränken, damit sie nach Art. 5 Abs. 1 Satz 1 lit. a) GVO Nr. 330/2010 freigestellt ist.[122]

Pooling

Eine häufig im Automobilvertrieb vorzufindende legale Form des Querbezugs ist das sog. **Pooling**. Dabei handelt es sich um Absprachen zwischen zugelassenen Händlern eines selektiven

---

[115] Schultze/Pautke/Wagener, Art. 4 lit. d, Rn. 809.
[116] Kommission, Leitlinien für vertikale Beschränkungen, ABl. EU 2010 C 130/1, Tz. 58.
[117] Zur Abgrenzung vom Sprunglieferungsverbot: vgl. Schultze/Pautke/Wagener, Art. 4 lit. d, Rn. 809.
[118] Ebenda, Art. 4 lit. d, Rn. 808; Nolte, BB 1998, 2429, 2435.
[119] Zu den regelmäßigen Preisberichten der Kommission: vgl. http://ec.europa.eu/competition/sectors/motor_vehicles/prices/report.html.
[120] Kommission, Leitlinien für vertikale Beschränkungen, ABl. EU 2010 C 130/1, Tz. 58, 63; Schultze/Pautke/Wagener, Art. 4 lit. d, Rn. 812.
[121] Bechtold/Bosch/Brinker/Hirsbrunner, Art. 4 VO 2790/1999 Rn. 23.
[122] Schultze/Pautke/Wagener, Art. 4 lit. d, Rn. 816.

Vertriebsnetzes, wonach nur derjenige Händler, der vom Hersteller den höchsten Leistungsbonus erhält, die Fahrzeuge direkt beim Hersteller bezieht und diese sodann an die Händler mit geringerem Leistungsbonusniveau zu besseren Konditionen als beim Herstellerdirektbezug weiterverkauft. Die querbeziehenden Händler verkaufen die Fahrzeuge wiederum an Endkunden.

In der Praxis zeigen sich immer wieder mittelbare Formen der Querbezugsbehinderung aufgrund von längerfristig angelegten Bonusprogrammen oder anhand von zeitlich beschränkten Absatzförderungsmaßnahmen (z. B. Inzahlungnahme oder Werksabnahmeprämien).

In einer ergänzenden Stellungnahme zum Leitfaden der Alt-Kfz-GVO hat die Kommission insoweit klargestellt:[123] „Lieferanten müssen sicherstellen, dass ihr Bonussystem, insbesondere soweit Bonusse nicht gezahlt werden, nicht eine indirekte Beschränkung der Querlieferungen von Fahrzeugen zwischen zugelassenen Händlern zur Folge hat. Bonusse, die einem Händler für Verkäufe an Endverbraucher bezahlt werden, sollten deshalb auch in Bezug auf Verkäufe an andere Händler gewährt werden, die berechtigt sind, Fahrzeuge der betreffenden Marke zu verkaufen. Wenn jedoch Händler X einen Bonus für einen Verkauf an Händler Y erhalten hat, liegt keine Beschränkung von Querlieferungen vor, wenn der Händler Y keinen (zweiten) Bonus für den Weiterverkauf desselben Fahrzeugs an einen Endverbraucher erhält."

Wenn mithin die Verweigerung von Bonus- oder Prämienzahlungen die Lieferung von Vertragsware zwischen zugelassenen Händlern finanziell unattraktiv macht, wird die Querlieferungs-/Querbezugsfreiheit der Händler mittelbar eingeschränkt, sodass darin eine Kernbeschränkung zu sehen ist.

Y-Modell der Kommission

Aus dieser grundsätzlichen Klarstellung zur mittelbaren Querbezugsbehinderung durch finanzielle Anreize hat die Kommission ihr sog. **Y-Modell** hergeleitet, um die Grenzen der Gestaltungsmöglichkeiten aufzuzeigen:

Gewährt ein Hersteller einen Bonus oder eine Prämie im Zusammenhang mit dem Einkauf des Fahrzeugs **ab Werk** bzw. Importeur, darf die Zahlung nicht von der zusätzlichen Voraussetzung abhängig gemacht werden, dass der beziehende Händler das Fahrzeug zwingend an einen Endverbraucher verkaufen muss. Vielmehr muss der Bonus bzw. die Prämie auch bezahlt werden, wenn der (werks-)beziehende Händler das Fahrzeug an einen anderen zugelassenen Händler des selektiven Vertriebsnetzes verkauft.

Gewährt ein Hersteller hingegen Bonus oder Prämie im Zusammenhang mit dem **Verkauf** des Fahrzeugs **an einen Endverbraucher**, darf die Zahlung nicht von der zusätzlichen Voraussetzung abhängig gemacht werden, dass der das Endkundengeschäft ausführende Händler das Fahrzeug zwingend ab Werk bzw. Importeur gekauft haben muss. Vielmehr muss der Bonus bzw. die Prämie auch bezahlt werden, wenn der verkaufende Händler das Fahrzeug von einem anderen zugelassenen Händler des selektiven Vertriebsnetzes gekauft hat.

---

[123] Kommission, „Häufig gestellte Fragen" = Ergänzung des Leitfadens der Kommission zur Verordnung (EG) NR. 1400/2002 vom 31.07.2002; http://ec.europa.eu/competition/sectors/motor_vehicles/legislation/faq_de.pdf.

Als dritte nicht querlieferungsbeschränkende Form ist denkbar, dass eine **Prämie** mit einem konkreten Fahrzeug verbunden wird, also sprichwörtlich **mit dem Fahrzeug mitwandert,** und schließlich an denjenigen zugelassenen Händler ausbezahlt wird, der letztendlich – wo auch immer im Binnenmarkt – das Fahrzeug an einen Endkunden verkauft. Bei der Ausgestaltung solcher Prämienaktionen ist jedoch zwingend zu beachten, dass der letztlich prämienberechtigte Händler auch einen durchsetzbaren Anspruch erwirbt und das Zahlungsversprechen nicht nur auf dem Papier besteht. Bei inländischen Händlern, die über ihren Händlervertrag mit dem Hersteller verbunden sind, dürfte dies kein Problem darstellen, da sich der diesbezügliche Anspruch unmittelbar aus dem Rechtsverhältnis zum Hersteller ergeben dürfte. Anders sieht es jedoch bei ausländischen Händlern aus, die jeweils nur vertragliche Beziehungen zu ihrer nationalen Importeursgesellschaft unterhalten und damit gegenüber der ausländischen Vertriebsgesellschaft, die die Prämienzahlung verspricht, über keine für die Anspruchsdurchsetzung erforderliche Vertragsbeziehung verfügt. Um in diesen Fällen dem Vorwurf der mittelbaren Querbezugsbehinderung zu entgehen, müssen solche Prämienaktionen so ausgestaltet werden, dass auch ausländische Händler ohne weitere Anstrengungen den erworbenen Prämienanspruch tatsächlich realisieren können (z. B. über Coupons).

4.3.5 Verkaufsbeschränkungen für Ersatzteile, Art. 4 lit. e) GVO Nr. 330/2010

Die Kernbeschränkung in Art. 4 lit. e) GVO Nr. 330/2010 betrifft Vereinbarungen zwischen Automobilhersteller und Teilezulieferer. Der Automobilhersteller darf seinen Zulieferern nicht verbieten, die gleichen Teile, die sie für die Erstausrüstung verkaufen, auch über die ihnen zur Verfügung stehenden anderen Ersatzteilevertriebswege zu vertreiben. Privilegiert sind aber nur Vertriebswege für die Verwendung der Teile im Reparatur- und Wartungsgeschäft.[124]

4.4 Nicht freigestellte Beschränkungen, Art. 5 GVO Nr. 330/2010

Art. 5 GVO Nr. 330/2010 beinhaltet Regelungen für **Wettbewerbsverbote** im Sinne des Art. 1 Abs. 1 lit. d) GVO Nr. 330/2010. Im Gegensatz zu den Kernbeschränkungen des Art. 4 Vertikal-GVO, die im Falle ihrer Aufnahme in den Händlervertrag die Gruppenfreistellung für sämtliche wettbewerbsbeschränkenden Klauseln des Vertrages entfallen lassen, führt die Aufnahme einer in Art. 5 Vertikal-GVO aufgeführten Verpflichtung nur zum Wegfall der Gruppenfreistellung für die konkrete Klausel.[125] Eine Einzelfreistellung bleibt möglich, da – anders als bei Kernbeschränkungen – für nicht nach Art. 5 Vertikal-GVO freigestellte Beschränkungen nicht vermutet wird, dass sie die Voraussetzungen des Art. 101 Abs. 3 AEUV nicht erfüllen.[126]

---

[124] Bechtold/Bosch/Brinker/Hirsbrunner, Art. 4 VO 2790/1999 Rn. 24.
[125] Schultze/Pautke/Wagener, Art. 5, Rn. 840.
[126] Kommission, Leitlinien für vertikale Beschränkungen, ABl. EU 2010 C 130/1, Tz. 96.

4.4.1 Markenzwang

Ein Wettbewerbsverbot im Sinne des Art. 5 ist nach der Definition in Art. 1 Abs. 1 lit. d) GVO Nr. 330/2010

a) eine unmittelbare oder mittelbare Verpflichtung des Händlers, keine Waren oder Dienstleistungen herzustellen, zu beziehen, zu verkaufen oder weiterzuverkaufen, die mit den Vertragswaren oder -dienstleistungen im Wettbewerb stehen (**Markenexklusivitätsverpflichtung**);

b) eine unmittelbare oder mittelbare Verpflichtung des Händlers, auf dem relevanten Markt mehr als 80 Prozent seines Gesamtbezugs an Vertragswaren oder -dienstleistungen und ihren Substituten vom Hersteller oder von einem vom Hersteller benannten Unternehmen zu beziehen (**Mindestabnahmeverpflichtung**).

Beide Formen des Wettbewerbsverbots fasst die Kommission unter dem Begriff „Markenzwang" zusammen.[127] Kennzeichnend hierfür ist die Verpflichtung oder die Anreizregelung für den Händler, mehr als 80 Prozent seines Bedarfs auf einem bestimmten Markt von einem einzigen Hersteller (bzw. im selektiven Vertriebssystem: vom Hersteller und dessen zugelassenen Händlern) zu beziehen.[128] Anreize können sich vielfältig äußern. Sie können in Mindestlagerverpflichtungen, Mindestbezugs- oder -absatzmengenvorgaben, aber auch im Konditionengefüge zu sehen sein. Zahlt beispielsweise ein Hersteller einem Händler erst bei Erreichen einer bestimmten Absatz-/Bezugsmenge einen Bonus, und zwar rückwirkend auf die Gesamtmenge, liegt in dieser Form der nichtlinearen Preisfestsetzung eine Anreizregelung, die als Markenzwang aufzufassen ist.

Markenzwang birgt die Gefahr der Marktabschottung in sich.[129] Wenn Hersteller ihre Händler exklusiv an sich binden, scheiden diese als Absatzmittler für andere Hersteller aus. Dies kann sich insbesondere für neue Hersteller nachteilig auswirken, da ihnen diese Händler nicht als Vertriebsressource zur Verfügung stehen und ihnen so der Marktzutritt erschwert wird.[130] Um dieser Gefahr zu begegnen, sind Markenzwangklauseln nach der Vertikal-GVO nur freigestellt, wenn sowohl der Marktanteil des Herstellers als auch der Marktanteil des Händlers nicht mehr als 30 Prozent beträgt und das Wettbewerbsverbot – bei Fortbestand des unbefristeten Vertrages im Übrigen[131] – auf fünf Jahre befristet ist. Eine Verlängerung über diese fünf Jahre hinaus bedarf der ausdrücklichen Zustimmung beider Seiten, wobei der Händler völlig frei sein muss, das Wettbewerbsverbot nach Ablauf der fünf Jahre tatsächlich auslaufen zu lassen.[132] Die stillschweigende Verlängerung des Wettbewerbsverbots über den Fünf-Jahres-Zeitraum hinaus ist gem. Art. 5 Abs. 1 zweiter Unterabsatz GVO Nr. 330/2010 ausdrücklich den unbefristeten Wettbewerbsverboten gleichgestellt. Auch anderweitige Umgehungen, z. B. Kettenverträge (d.h. jeweils aufeinanderfolgende befristete Händlerverträge mit ähnlichen Inhalten), sind nicht frei-

---

[127] Ebenda, Tz. 129.
[128] Ebenda, Tz. 129.
[129] Ebenda, Tz. 131.
[130] Ebenda, Tz. 136.
[131] Bechtold/Bosch/Brinker/Hirsbrunner, Art. 5 VO 2790/1999 Rn. 7.
[132] Kommission, Ergänzende Leitlinien für vertikale Beschränkungen in Vereinbarungen über den Verkauf und die Instandsetzung von Kraftfahrzeugen und den Vertrieb von Kraftfahrzeugersatzteilen, ABl. 2010 C 138/16, Tz. 26.

gestellt.[133] Die Parteien eines Händlervertrages werden daher regelrecht zu Neuverhandlungen über eine Verlängerung des Wettbewerbsverbots gezwungen.[134]

Die Kommission stellt in den Leitlinien zur Kfz-GVO ausdrücklich klar, dass Kündigungsdrohungen für den Fall der Nichtverlängerung der Exklusivitätsverpflichtung ebenso wie anderweitige Behinderungen des nicht verlängerungswilligen Händlers der Freistellung des Wettbewerbsverbots ausdrücklich entgegenstehen.[135] Sollte ein Hersteller den Händlervertrag mit ordentlicher Kündigungsfrist, also mit zwei Jahren, vor Ende der Exklusivitätsklausel kündigen und sodann den Abschluss eines neuen Vertrages wiederum mit Exklusivitätsverpflichtung anbieten, ist die Kündigung wegen missbräuchlicher Umgehung des Art. 5 Abs. 1 GVO Nr. 330/2010 unwirksam.[136] Der Hersteller müsste, um der Unwirksamkeit der Kündigung zu entgehen, darlegen und beweisen können, dass im konkreten Einzelfall die Voraussetzungen des Art. 101 Abs. 3 AEUV erfüllt sind.

Eine Befristung der Exklusivitätsverpflichtung ist nur dann nicht erforderlich, wenn der Händler den Neufahrzeugvertrieb aus Räumlichkeiten betreibt, die im Eigentum des Herstellers stehen (Art. 5 Abs. 2 GVO Nr. 330/2010).

4.4.2 Nachvertragliche Wettbewerbsverbote

Nachträgliche Vertriebsverbote zulasten des Händlers sind gem. Art. 5 Abs. 1 lit. b) GVO Nr. 330/2010 grundsätzlich nicht freigestellt. Der Hersteller darf einem Händler daher nicht vertraglich untersagen, auch nach Beendigung des Händlervertrages weiterhin Neufahrzeuge zu vertreiben. Zwar sieht Art. 5 Abs. 3 lit. a) bis d) GVO Nr. 330/2010 einen Ausnahmetatbestand zum Schutz des Know-hows des Anbieters vor. Dieser spielt jedoch im Automobilvertrieb keine Rolle.

4.4.3 Ausschluss bestimmter konkurrierender Markenprodukte

Schließlich sind in einem selektiven Vertriebssystem gem. Art. 5 Abs. 1 lit. c) GVO Nr. 330/2010 Vereinbarungen nicht gruppenfreigestellt, die es einem Händler verbieten, Fahrzeuge bestimmter Hersteller zu vertreiben. Vielmehr muss der Händler frei entscheiden können, welche zusätzliche Marke er vertreiben möchte. Diese Regelung wirkt der Gefahr von Verdrängung und Boykott von konkurrierenden Herstellern oder potenziellen Wettbewerbern entgegen.[137]

---

[133] Schultze/Pautke/Wagener, Art. 5, Rn. 861 m.w.N.; a.A. Wegner/Oberhammer, BB 2011, 1480, 1486, die den aufeinanderfolgenden Abschluss jeweils befristeter Verträge ohne nähere Begründung für zulässig erachten.
[134] Schultze/Pautke/Wagener, Art. 5, Rn. 859.
[135] Kommission, Ergänzende Leitlinien für vertikale Beschränkungen in Vereinbarungen über den Verkauf und die Instandsetzung von Kraftfahrzeugen und den Vertrieb von Kraftfahrzeugersatzteilen, ABl. 2010 C 138/16, Tz. 26.
[136] Vgl. auch Schultze/Pautke/Wagener, Art. 5, Rn. 860.
[137] Kommission, Ergänzende Leitlinien für vertikale Beschränkungen in Vereinbarungen über den Verkauf und die Instandsetzung von Kraftfahrzeugen und den Vertrieb von Kraftfahrzeugersatzteilen, ABl. 2010 C 138/16, Tz. 27; Wegner/Oberhammer, BB 2011, 1480, 1486.

4.5 Code of Conduct

Die Alt-Kfz-GVO Nr. 1400/2002 enthielt in Art. 3 eine Reihe sog. Händlerschutzbestimmungen, die in der Neuregelung keine Fortsetzung erfahren.[138] Mit Auslaufen der Übergangsfrist und Anwendung der Vertikal-GVO ab dem 01.06.2013 ist die (Gruppen-)Freistellung vertikaler Vereinbarungen nicht mehr davon abhängig, dass die in ihren Anwendungsbereich fallenden Verträge zwingend Händlerschutzklauseln enthalten. Das bedeutet aber nicht, dass ab diesem Zeitpunkt Hersteller ihre Geschäftsbeziehungen zu ihren Vertriebspartnern ohne Rücksicht auf deren Interessen gestalten können. In den ergänzenden Leitlinien zur Kfz-GVO Nr. 461/2010 stellt die Kommission ausdrücklich klar, dass Hersteller nur durch transparent gestaltete Vertragsbeziehungen dem Vorwurf entgehen können, das Wettbewerbsverhalten der Händler durch indirekte Maßnahmen („Drohungen, Einschüchterungen, Warnungen oder Strafen") negativ zu beeinflussen.[139] Die erforderliche Transparenz könne sich – so die Kommission – insbesondere daraus ergeben, dass die Hersteller einen öffentlich zugänglichen Verhaltenskodex einhalten, der verbindliche Regelungen zu Mindestkündigungsfristen, Entschädigungszahlungen bei ungerechtfertigter vorzeitiger Beendigung der Vertragsbeziehungen und ein Streitschlichtungsmechanismus enthält. Sollte ein Hersteller, der einem der Herstellerverbänden ACEA und JAMA angehört, die von diesen veröffentlichten und als verbindlich gekennzeichneten Verhaltensstandards[140] nicht beachten, verhält er sich gegenüber seinem Vertragspartner treuwidrig, was der Wirksamkeit einer vertragsrechtlichen Maßnahme (z. B. Abmahnung oder Kündigung) gem. § 242 BGB zivilrechtlich entgegengehalten werden kann.

5 GVO Nr. 461/2010

Seit dem 01.06.2010 gelten für vertikale Vereinbarungen in den Kfz-Anschlussmärkten, d. h. für **Werkstatt- und/oder Ersatzteilvertriebsverträge**, die Regelungen der Kfz-GVO Nr. 461/2010. Mit Blick auf die besonderen Wettbewerbsprobleme auf diesen Märkten ergänzte die Kommission mit der Kfz-GVO die allgemeine Vertikal-GVO um drei zusätzliche Kernbeschränkungen für Werkstatt- und/oder Teilevertriebsverträge.[141] Zeitgleich zur Kfz-GVO veröffentlichte die Kommission mit den ergänzenden Leitlinien auch verbindliche Vorgaben für die Anwendung des Wettbewerbsrechts innerhalb und außerhalb des Anwendungsbereichs der GVO.[142]

---

[138] Vgl. Kap. 6; ausführlich hierzu: Ahlersmeier.
[139] Kommission, Ergänzende Leitlinien für vertikale Beschränkungen in Vereinbarungen über den Verkauf und die Instandsetzung von Kraftfahrzeugen und den Vertrieb von Kraftfahrzeugersatzteilen, ABl. 2010 C 138/16, Tz. 7.
[140] Vgl. ACEA „Code of Good Practise", http://www.acea.be/images/uploads/files/20100906_BER_code_of_conduct.pdf.
[141] Kommission, Ergänzende Leitlinien für vertikale Beschränkungen in Vereinbarungen über den Verkauf und die Instandsetzung von Kraftfahrzeugen und den Vertrieb von Kraftfahrzeugersatzteilen, ABl. 2010 C 138/16, Tz. 16.
[142] Clark/Simon, 478, 480.

Im Markt für Wartungs- und Instandsetzungsarbeiten gibt es im Wesentlichen zwei Typen von Akteuren: auf der einen Seite die markengebundenen Werkstätten, d. h., diejenigen Werkstattbetriebe, die vertraglich mit einem Hersteller verbunden sind, und andererseits die unabhängigen (freien) Werkstattbetriebe, die dem Vertriebsnetz dieses Hersteller nicht angehören. Die unabhängigen Werkstätten üben entscheidenden Wettbewerbsdruck auf die zugelassenen Werkstätten aus, da sie sich in ihrem Geschäftsmodell und damit in ihrer Kostenstruktur deutlich von den Vertragswerkstätten unterscheiden. Freie Werkstätten können daher bestimmte Instandsetzungs- und Wartungsarbeiten zu günstigeren Preisen anbieten als markengebundene Betriebe. Zudem greifen unabhängige Werkstätten häufiger als Vertragswerkstätten, die in den meisten Mitgliedsstaaten 75 Prozent und mehr ihres Bedarfs an Ersatzteilen vom Hersteller beziehen,[143] auf Ersatzteile anderer Marken zurück, sodass der Verbraucher auch von den Preisvorteilen konkurrierender Teile profitieren kann.[144] Nach den Erkenntnissen der Kommission bedarf der Wettbewerb auf dem Kundendienstmarkt eines besonderen Schutzes, weshalb eine über die allgemeinen Regelungen hinausgehende Regelung erforderlich ist.[145] Die Kfz-GVO gilt bis 2023.

5.1 Anwendungsbereich

Ebenso wie beim Vertrieb von Neuwagen ist der Anwendungsbereich der Gruppenfreistellungsverordnungen für Werkstatt- und Teilevertriebsverträge nur eröffnet, wenn sowohl der Hersteller als auch die Werkstatt bzw. der Teilehändler einen Marktanteil von weniger als 30 Prozent haben, Art. 3 GVO Nr. 330/2010. Die bisherige Ausnahme für qualitativ-selektive Vertriebssysteme nach Art. 3 Abs. 1 Alt-Kfz-GVO, die unabhängig vom Marktanteil freigestellt waren, gilt nicht mehr.[146] Bei der Bestimmung des Marktanteils der beteiligten Unternehmen gelten im Kern die gleichen Maßgaben wie beim Neuwagenvertrieb,[147] d. h., zunächst ist der relevante Markt sachlich und räumlich abzugrenzen, das Marktvolumen zu ermitteln und der Anteil, der den beteiligten Unternehmen zukommt, auf dem so abgegrenzten Markt festzustellen. In der jüngeren Vergangenheit ist es zu Irritationen im Hinblick auf die zutreffende Abgrenzung des sachlich relevanten Marktes gekommen.

Nach Ansicht der Kommission sind die Märkte, auf denen Werkstätten Instandsetzungs- und Wartungsdienstleistungen erbringen bzw. Markenersatzteile vertreiben **markenspezifisch** abzugrenzen.[148] Denn für den Fahrer eines bestimmten Fahrzeugs stellt sich in der Regel nur die Frage, ob er für erforderliche Wartungs- und Instandsetzungsarbeiten die Leistungen einer Werkstatt

---

[143] Kommission, Bericht der Kommission zur Bewertung der Verordnung (EG) Nr. 1400/2002 über Vertrieb, Instandsetzung und Wartung von Kraftfahrzeugen vom 28.05.2008; S. 9, sowie Anhang 2 zum Bewertungsbericht, S. 37, http://ec.europa.eu/competition/sectors/motor_vehicles/documents/evaluation_report_de.pdf.
[144] Kommission, Ergänzende Leitlinien für vertikale Beschränkungen in Vereinbarungen über den Verkauf und die Instandsetzung von Kraftfahrzeugen und den Vertrieb von Kraftfahrzeugersatzteilen, ABl. 2010 C 138/16, Tz. 58.
[145] Simon, ÖZK 2010, 83.
[146] Wegner, BB 2010, 1803, 1804.
[147] Vgl. Kap. 4.2.2.
[148] Kommission, Ergänzende Leitlinien für vertikale Beschränkungen in Vereinbarungen über den Verkauf und die Instandsetzung von Kraftfahrzeugen und den Vertrieb von Kraftfahrzeugersatzteilen, ABl. 2010 C 138/16, Tz. 15.

in Anspruch nimmt, die mit dem Hersteller seines Fahrzeugs verbunden ist (Markenwerkstatt), oder ob er eine Werkstatt beauftragt, die keine Sonderbeziehung zum Hersteller unterhält. Damit unterscheiden sich die Sichtweise und das Nachfrageverhalten des Endverbrauchers maßgeblich von denen beim Kauf des Fahrzeugs, wenn er aus Fahrzeugen konkurrierender Hersteller auswählen kann. Nur im Ausnahmefall finden beim Erwerb des Fahrzeugs schon die potenziellen Kosten für die Reparaturen des Fahrzeugs Berücksichtigung, ggf. im Nutzfahrzeugsegment. In diesem Fall geht die Kommission von einem sog. **Systemmarkt** aus, bei dem die einzelnen Hersteller auch im Hinblick auf die von den integrierten Werkstätten erbrachten Serviceleistungen miteinander konkurrieren würden. Dies ist aber in der Regel nicht anzunehmen, weshalb Verkaufs- und Kundendienstmarkt zu trennen sind.[149] Folglich muss auch die Wettbewerbssituation auf beiden Märkten getrennt festgestellt werden. Nach den Erkenntnissen der Kommission wird der überwiegende Anteil an Fahrzeugreparaturen von den Markenwerkstattnetzen ausgeführt.[150] Die hohen Marktanteile, die die Markenbetriebe bei der Reparatur von Fahrzeugen aufweisen, führen dazu, dass die zwischen Herstellern und markengebundenen Werkstätten bzw. Teilehändlern geschlossenen Verträge nicht in den Anwendungsbereich der Kfz-GVO fallen.[151] Enthalten diese Verträge vertikale Beschränkungen, richtet sich deren Zulässigkeit daher nicht nach der Kfz-GVO, sondern danach, ob die Voraussetzungen für eine Einzelfreistellung nach Art. 101 Abs. 3 AEUV gegeben sind.[152]

Der **BGH** stellt im Gegensatz zur Kommission im Rahmen der Marktabgrenzung nicht auf den Endkundenmarkt ab, sondern betrachtet die vorgelagerte Handelsstufe, d. h. den Markt, auf dem sich die Werkstätten als Nachfrager und die Hersteller bzw. Dritte als Anbieter von Ressourcen zur Erbringung von Instandsetzungs- und Wartungsarbeiten an Endkunden gegenüberstehen. Denn für die Marktabgrenzung sei ausschließlich die Sicht der Nachfrager auf der betroffenen Stufe entscheidend, und das seien die Werkstätten selbst und nicht deren Kunden.

Nach Ansicht des BGH umfasst der **vorgelagerte Markt** alle Produkte, Dienstleistungen und Rechte, die den Zutritt auf den nachgelagerten Endkundenmarkt erleichterten. Die Zulassung als Vertragswerkstatt stelle insoweit keinen eigenständigen Markt dar. Sie sei vielmehr nur eine von mehreren untereinander austauschbaren Ressourcen und damit Teil des umfassenderen Marktes, auf dem diese Ressourcen angeboten werden.[153] Zwar können die Verhältnisse auf einem nachgelagerten Markt im Einzelfall auch Auswirkungen auf die Abgrenzung des vorgelagerten Marktes haben, wenn z. B. eine bestimmte Leistung auf der vorgelagerten Stufe deshalb nicht austauschbar ist, weil sie für eine Teilnahme am Wettbewerb auf der nachgelagerten Stufe schlechthin unentbehrlich ist (sog. Essential-facility-Doktrin des EuGH[154]). Dies sei jedoch jedenfalls im Nutzfahrzeugwerkstattbereich, den das Gericht bewertet hat, nicht der Fall. Auf diesem

---

[149] Ebenda, Tz. 57, insbes. dort Fn. 1.
[150] Kommission, Bericht der Kommission zur Bewertung der Verordnung (EG) Nr. 1400/2002 über Vertrieb, Instandsetzung und Wartung von Kraftfahrzeugen vom 28.05.2008, S. 9, http://ec.europa.eu/competition/sectors/motor_vehicles/documents/evaluation_report_de.pdf.
[151] Kommission, Ergänzende Leitlinien für vertikale Beschränkungen in Vereinbarungen über den Verkauf und die Instandsetzung von Kraftfahrzeugen und den Vertrieb von Kraftfahrzeugersatzteilen, ABl. 2010 C 138/16, Tz. 57, insbes. dort Fn. 1.
[152] Simon, ÖZK 2010, 83, 85.
[153] BGH, Urt. v. 30.03.2011 – KZR 6/09, NJW 2011, 2730.
[154] EuGH, Urt. v. 06.04.1995, Rs. C-241/91 P, C-242/91 P, Slg. 1995, I-743-838 – „Magill TV Guide".

Markt konkurrierten vielmehr alle Hersteller und auch Dritte als Anbieter von Know-how zur Durchführung von Instandsetzungsarbeiten miteinander, ohne dass ein Hersteller insoweit eine marktbeherrschende Stellung innehätte.

Der Ansatz des BGH überzeugt bei näherer Betrachtung nicht. Zum einen entspricht es nicht den Tatsachen, dass alle Markenersatzteile und technischen Informationen (z. B. geheime Codedaten) frei im Markt verfügbar sind und diese damit „unverzichtbare Ressourcen" darstellen.[155] Zum anderen verkehrt das Gericht die Zielrichtung der Essential-facility-Doktrin, nämlich das Aufbrechen von Monopolsituationen durch das Kartellrecht, geradezu in das Gegenteil, indem die Marktmacht der Hersteller und ihrer integrierten Vertriebspartner auf der nachfolgenden Handelsstufe sogar noch verfestigt wird.[156] Die Verhältnisse auf dem nachfolgenden Markt außer Acht zu lassen, kann daher nicht aus der Essential-faciltiy-Doktrin begründet werden. Im Gegenteil: Die europäischen Gerichte haben die Verbrauchererwartungen/-abhängigkeiten für oder gegen eine Abgrenzung in vor- und nachgelagerte Märkte stets berücksichtigt.[157]

Schließlich hat der BGH die Rechtsnatur des Kundendienstvertrages nicht zutreffend bewertet. Die vom Hersteller im Rahmen der Kundendienstverträge zur Verfügung gestellten Leistungen sind nicht Selbstzweck und deren wirtschaftlicher Wert ist ohne die nachfolgende Marktstufe nicht zu erfassen. Im Gegensatz zum Händlervertrag fehlt es beim Werkstattvertrag an einem Gegenstand, den der Hersteller zur Verfügung stellt und der von der Werkstatt weitervertrieben wird. Denn Dienstleistungen (hier: Kundendienstarbeiten an Fahrzeugen einer bestimmten Marke) können naturgemäß nur vom jeweiligen Dienstleister selbst erbracht werden.[158] Gegenstand des Werkstattvertrages ist daher nicht die Dienstleistung selbst, sondern das „Wie" zur Erbringung der Kundendienstleistung. Zu diesem Zweck stellt der Hersteller der Vertragswerkstatt ein immaterielles Dienstleistungskonzept im Sinne eines Bündels aus Nutzungsrechten an seinem Know-how zur Reparatur von Fahrzeugen, an Diagnosesoftware, Ersatzteilkatalogen etc. und an seinen Markenrechten zur Verfügung, das die Vertragswerkstatt im Endkundenmarkt einsetzen muss.[159] Dies ist durchaus mit der Leistung eines Franchisegebers vergleichbar, der seinen Franchisenehmern eine Geschäftsmethode zur Verfügung stellt, die diese auf der nachgelagerten Stufe anwenden.[160] Geht es nun um die Bestimmung des Marktanteils des Franchisegebers, ist anerkanntermaßen von dem Wert auszugehen, den die Franchisenehmer auf dem nachgelagerten Markt erzielen.[161] Da die Hersteller im Kundendienstbereich als Quasi-Franchisegeber agieren, ist der Markt auch entsprechend, also markenspezifisch, abzugrenzen.[162]

---

[155] Ruff, amz 1–2, 2012, S. 64, 65.
[156] Ensthaler, NJW 2011, 2701, 2703.
[157] EuG, Urt. v. 12.12.1991, Slg. 1991, II-1439, Tz. 76 – „Hilti"; EuGH, Urt. v. 02.03.1994; Slg. 1994, I-667, Tz. 15 – „Hilti".
[158] Martinek, Rn. 54.
[159] Brossette/Plagens/Schmidt, Rn. 910, 911.
[160] Bechtold/Bosch/Brinker/Hirsbrunner, Art. 3 VO 1400/2002 Rn. 27; vgl. Ensthaler, NJW 2011, 2701, 2702.
[161] Kommission, Ergänzende Leitlinien für vertikale Beschränkungen in Vereinbarungen über den Verkauf und die Instandsetzung von Kraftfahrzeugen und den Vertrieb von Kraftfahrzeugersatzteilen, ABl. 2010 C 138/16, Tz. 92.
[162] Ensthaler, NJW 2011, 2701, 2702.

5.2 Zusätzliche Kernbeschränkungen, Art. 5 GVO Nr. 461/2010

Werkstatt- und/oder Teilevertriebsverträge dürfen keine der in Art. 4 GVO Nr. 330/2010[163] und in Art. 5 GVO Nr. 461/2010 aufgeführten **Kernbeschränkungen** enthalten.

5.2.1 Beschränkung des Verkaufs von Ersatzteilen an freie Werkstätten zu Reparaturzwecken, Art. 5 lit. a) GVO Nr. 461/2010

Die Beschränkung des **Verkaufs von Ersatzteilen** durch Mitglieder eines selektiven Vertriebsnetzes an unabhängige Werkstätten, die diese Teile für die Instandsetzung und Wartung eines Kraftfahrzeuges verwenden, stellt gemäß Art. 5 lit. a) GVO Nr. 461/2010 eine unzulässige Kernbeschränkung dar. Solchermaßen agierende freie Werkstätten, die Ersatzteile nicht zur Weiterveräußerung erwerben, sondern im Rahmen ihrer originären Geschäftsausübung verwenden, sind als Endverbraucher aufzufassen.[164] Vor diesem Hintergrund konkretisiert Art. 5 lit. a) GVO Nr. 461/2010 die Kernbeschränkung des Art. 4 lit. c) GVO Nr. 330/2010, die Endverbraucherverkaufsbeschränkungen in selektiven Vertriebssystemen verbietet.

Im Zusammenhang mit dem Verkauf von Ersatzteilen an freie Werkstätten stellt sich in der Praxis häufig die Frage, welche Anforderungen ein Hersteller an seine Vertriebspartner stellen darf, um den Verkauf an nicht autorisierte Wiederverkäufer zu verhindern. Dabei ist zunächst zu bedenken, dass es grundsätzlich dem Hersteller obliegt, das selektive System zu schützen (z. B. mit System nachverfolgbarer Kontrollnummern). Dabei kann er sich von seinen Vertriebspartnern in gewissem Rahmen unterstützen lassen. Wird jedoch das an sich im selektiven Vertrieb zulässige **Wiederverkäuferbelieferungsverbot** mit einem rigiden System der Nachprüfung (z. B. Einsichtnahmerechte in die Verkaufsunterlagen des Vertriebspartners) und Sanktionen (z. B. Abmahnungen, Vertragskündigungen, Vertragsstrafen) verbunden, könnte dies die zugelassenen Vertriebspartner davon abhalten, überhaupt Markenersatzteile an freie Werkstätten zu liefern, um möglichen Maßnahmen des Herstellers bereits im Vorfeld zu entgehen.

Dies hätte für den Wettbewerb auf den Instandsetzungsmärkten negative Auswirkungen. Nach der zutreffenden Ansicht der Kommission hängt die Wirksamkeit des Wettbewerbs zwischen zugelassenen und unabhängigen Werkstätten im Wesentlichen von dem ungehinderten Zugang zu wesentlichen Vorleistungen wie Ersatzteilen und technischen Informationen ab.[165] Ohne Zugang zu Markenersatzteilen können die unabhängigen Werkstätten nicht wirksam mit den zugelassenen Werkstätten in Wettbewerb treten, da sie nicht in der Lage wären, den Verbrauchern Leistungen von guter Qualität anzubieten.[166] Dies gilt umso mehr, als eine Vielzahl von sichtbaren und

---
[163] Vgl. Kap. 4.3, Art. 4 GVO Nr. 330/2010.
[164] So auch Wegner, BB 2010, 1803, 1807.
[165] Kommission, Ergänzende Leitlinien für vertikale Beschränkungen in Vereinbarungen über den Verkauf und die Instandsetzung von Kraftfahrzeugen und den Vertrieb von Kraftfahrzeugersatzteilen, ABl. 2010 C 138/16, Tz. 13.
[166] Ebenda, Tz. 16.

karosserieintegrierten Ersatzteilen dem Designschutz[167] unterliegt und deshalb auf dem freien Teilemarkt nicht zu erhalten ist. Da Kraftfahrzeughersteller im Hinblick auf sichtbare Ersatzteile (z. B. Motorhaube, Kotflügel, Außenspiegel, Scheinwerfer, Rückleuchten) ein Monopol haben, ist die Sicherstellung der Belieferung der ungebundenen Werkstätten mit Markenersatzteilen für die Aufrechterhaltung des Wettbewerbs essenziell. Legt ein Hersteller seinen Vertriebspartnern aber weitgehende Überwachungspflichten auf, deren Einhaltung er regelmäßig überprüft und im Verfehlungsfall mit vertragsrechtlichen Maßnahmen sanktioniert, kann dies die zugelassenen Vertriebspartner zur Vermeidung solcher Sanktionen abhalten, freie Werkstätten mit Markenersatzteilen zu beliefern. In diesem Fall läge im Verhalten des Herstellers eine mittelbare Kernbeschränkung. Um diese Konsequenz für die Freistellung der Vereinbarungen zu vermeiden, darf der Hersteller seinen Vertriebspartnern lediglich **angemessene Überwachungspflichten** auferlegen. Er kann verlangen, dass der Vertriebspartner vor dem Verkauf der Ersatzteile überprüft, ob der Kunde in einer Wiederverkäuferdatenbank des Herstellers aufgeführt ist. Dem Vertragspartner kann zugemutet werden, bezüglich des Kunden eine Gewerbeauskunft und eine Beschreibung des Betriebs (z. B. Anzahl der Arbeitsplätze) einzuholen. Schließlich kann dem Vertriebspartner zur Auflage gemacht werden, vom Kunden eine schriftliche Erklärung zu verlangen, dass die zu erwerbenden Ersatzteile ausschließlich zur Reparatur von Fahrzeugen in der eigenen Werkstatt bzw. den eigenen Werkstätten verwendet werden. Hat der Vertriebspartner diese Maßnahmen ergriffen und hat sich nicht erwiesen, dass der Kunde die Ersatzteile zum Zwecke des Weiterverkaufs erwirbt, muss er die Ersatzteile verkaufen dürfen, ohne Sanktionen des Herstellers befürchten zu müssen (Grundsatz des in dubio pro libertate). Ergeben sich bei einer späteren Überprüfung Zweifel an der Verwendung der Ersatzteile, muss der Hersteller diese hinnehmen und darf sie nicht zum Anlass nehmen, den Vertriebspartner zu sanktionieren, ohne gleichzeitig Gefahr zu laufen, die Freistellung für sein selektives Vertriebssystem zu verlieren.

5.2.2 Verkaufsbeschränkungen für Anbieter von Ersatzteilen und Ausrüstungsgegenständen, Art. 5 lit. b) GVO Nr. 461/2010

Gemäß Art. 5 lit. b) GVO Nr. 461/2010 darf ein Kraftfahrzeughersteller weder unmittelbar noch mittelbar, für sich allein oder in Verbindung mit anderen Umständen die Möglichkeiten eines Anbieters von Ersatzteilen, Instandsetzungsgeräten, Diagnose- oder Ausrüstungsgegenständen beschränken, diese Waren an zugelassene oder unabhängige Händler bzw. Werkstätten oder Endverbraucher zu verkaufen.

Diese Regelung geht über die verbotene Kernbeschränkung gemäß Art. 4 lit. e) Vertikal-GVO hinaus, wonach ein Hersteller seinen Zulieferern zwar auch nicht die Verkäufe an den unabhängigen Ersatzteilmarkt und Endverbraucher beschränken darf, hingegen aber schon entsprechende Verkäufe an die Mitglieder seines zugelassenen Vertriebsnetzes.[168]

---

[167] Richtlinie 98/71/EG des Europäischen Parlaments und des Rates vom 13.10.1998 über den rechtlichen Schutz von Mustern und Modellen, ABl. Nr. L 289 vom 28.10.1998, S. 28–35.
[168] Wegner, BB 2010, 1803, 1807.

5.2.3 Beschränkung des Rechts auf Dual Branding, Art. 5 lit. c) GVO Nr. 461/2010

Gemäß Art. 5 lit. c) darf die Freiheit eines Zulieferunternehmens, das Bauteile für die Erstmontage von Kraftfahrzeugen liefert, nicht beschränkt werden, sein Waren- oder Firmenzeichen auf diesen Produkten effektiv und gut sichtbar anzubringen. Die Kommission bezweckt mit dieser Regelung mehr Transparenz für Werkstätten und Verbraucher, damit diese leichter feststellen können, welche Ersatzteile für ein bestimmtes Kraftfahrzeug geeignet und kompatibel sind und anstelle des Markenersatzteiles des Kraftfahrzeugherstellers verwendet werden können.[169] Wird dem Zulieferer das **Dual-Branding**-Recht verweigert, beschränkt der Hersteller damit die Vermarktung von OES-Teilen und damit die Auswahlmöglichkeiten der Verbraucher, was mit Art. 101 AEUV unvereinbar ist.

5.3 Wettbewerbsverbote in den Kfz-Anschlussmärkten

Aus der markenspezifischen Marktabgrenzung der Kommission wird vereinzelt der Schluss hergeleitet, dass das Verbot, „Dienstleistungen für Fahrzeuge anderer Marken anzubieten, kein Wettbewerbsverbot im Sinne des Art. 1 Abs. 1 lit. d) Vertikal-GVO" sei.[170] Diese Schlussfolgerung überzeugt jedoch nicht, da zwischen dem Markt, auf dem die Werkstatt ihre Leistungen anbietet (sog. nachgelagerter Markt), und dem Markt, auf dem sie Leistungen des Herstellers nachfragt (sog. vorgelagerter Markt), zu unterscheiden ist. Anders als bei der Bestimmung der Marktmacht eines Anbieters ist für die Frage der Zulässigkeit eines Wettbewerbsverbots der vorgelagerte Markt maßgeblich. Würde ein Hersteller seinen Vertragswerkstätten den Bezug von Ersatzteilen anderer Marken bzw. den Abschluss weiterer Werkstattverträge verbieten, würde dies zum einen die Handlungsfreiheiten der betroffenen Werkstatt limitieren und zum anderen die Möglichkeiten anderer Hersteller beschränken, auf die Ressourcen dieser Werkstatt als Absatzkanal zugreifen zu können. Auf dem Markt, auf dem Werkstätten die spezifischen Leistungen der Hersteller nachfragen, sind Marken ohne Weiteres substituierbar.[171] Die Verpflichtung, keine zusätzliche Marke zu übernehmen, ist daher als Wettbewerbsverbot zu qualifizieren und nur unter den Voraussetzungen des Art. 101 Abs. 3 AEUV freistellungsfähig. Wegen der erheblichen Marktabschottungseffekte, die mit einem solchen Wettbewerbsverbot verbunden sind, und wegen der geringen zu erwartenden Effizienzgewinne, die hieraus für den Verbraucher resultieren, ist eine Einzelfreistellung eher unwahrscheinlich.

---

[169] Kommission, Ergänzende Leitlinien für vertikale Beschränkungen in Vereinbarungen über den Verkauf und die Instandsetzung von Kraftfahrzeugen und den Vertrieb von Kraftfahrzeugersatzteilen, ABl. 2010 C 138/16, Tz. 24.
[170] Wegner, BB 2010, 1803, 1808.
[171] Clark/Simon, 478, 486; BGH, Urt. v. 30.03.2011, KZR 6/09, Tz. 15.

5.4 Besondere Anforderungen an qualitativ-selektive Vertriebssysteme auf den Kfz-Anschlussmärkten

Da die Vertragswerkstattnetze der Hersteller nach der Marktabgrenzung der Kommission im Regelfall einen Marktanteil von deutlich über 30 Prozent haben, ist der Anwendungsbereich der Gruppenfreistellungsverordnungen nicht eröffnet. Eine Möglichkeit zur kartellrechtskonformen Gestaltung der Vertragsbeziehungen besteht in der rein qualitativen Selektion.[172] Qualitativ-selektive Vertriebssysteme unterfallen nach Ansicht der Kommission nicht dem Kartellverbot des Art. 101 Abs. 1 AEUV, wenn die Beschaffenheit der Vertragsware/-dienstleistung die selektive Vertriebsform bedingt, die Auswahl der Vertriebspartner ausschließlich aufgrund objektiver Kriterien qualitativer Art erfolgt, die für alle potenziellen Vertriebspartner einheitlich gelten und diskriminierungsfrei angewendet werden und die aufgestellten Kriterien nicht über das hinausgehen, was erforderlich ist.[173]

Da nach den Feststellungen der Kommission der weitaus größte Teil von Instandsetzungsarbeiten für neuere Kraftfahrzeuge derzeit in zugelassenen Werkstätten durchgeführt wird, ist es wichtig, dass nicht nur zwischen zugelassenen und unabhängigen Werkstätten wirksamer Wettbewerb herrscht, sondern auch zwischen den zugelassenen Werkstätten selbst (sog. **Intra-Brand-Wettbewerb**), was voraussetzt, dass die Netze für neue Teilnehmer zugänglich bleiben.[174]

Die Kommission identifiziert in ihren Leitlinien drei Verhaltensweisen, die diesen Wettbewerb negativ beeinträchtigen können. Diese betreffen nicht nur Selektivvertriebssysteme, sondern jede Form der Zusammenarbeit zwischen Werkstätten und Hersteller, die zu gleichen Abschottungseffekten führen können.[175]

5.4.1 Zugang zu den Netzen der zugelassenen Werkstätten

Die Intensität des Wettbewerbs zwischen zugelassenen Werkstätten wird ganz entscheidend durch die **Zugangsvoraussetzungen** zum Netz bestimmt. Angesichts der generell starken Marktposition von Vertragswerkstattnetzen, ihrer besonderen Bedeutung für die Halter neuerer Fahrzeuge und der Tatsache, dass die Verbraucher nicht bereit sind, für Kundendienstarbeiten lange Wege in Kauf zu nehmen, erachtet es die Kommission als wichtig, dass der Netzzugang im Allgemeinen allen Unternehmen offen steht, die bestimmte Qualitätskriterien erfüllen. Nur dann und bei Vermeidung quantitativer Auswahlkriterien fällt der Werkstattvertrag nicht unter Art. 101 Abs. 1 AEUV.[176] Die Vergabe eines Kundendienstvertrages von der gleichzeitigen Übernahme eines Händlervertrages abhängig zu machen, stellt u. a. ein solches quantitatives Auswahlkriterium dar, da dies nicht durch die Art der Vertragsdienstleistung bedingt ist.[177]

---

[172] Simon, ÖZK 2010, 83, 91; Wegner, BB 2010, 1867, 1868.
[173] Vgl. Kap. 4.3.2.
[174] Kommission, Ergänzende Leitlinien für vertikale Beschränkungen in Vereinbarungen über den Verkauf und die Instandsetzung von Kraftfahrzeugen und den Vertrieb von Kraftfahrzeugersatzteilen, ABl. 2010 C 138/16, Tz. 58, 60.
[175] Ebenda, Tz. 61.
[176] Ebenda, Tz. 70.
[177] Ebenda, Tz. 71.

5.4.2 Missbrauch von Gewährleistungen

Von ausschließlich nach qualitativen Auswahlkriterien zusammengesetzten Netzen von Vertragswerkstätten können aber auch wettbewerbsbeschränkende Wirkungen ausgehen, wenn nach den **Garantiebedingungen** des Herstellers auch nicht unter die Garantie fallende Arbeiten ausschließlich von autorisierten Werkstätten durchzuführen sind.[178] Da mit der Anschaffung eines Fahrzeugs in der Regel hohe Kosten verbunden sind, werden lang andauernde Garantieversprechen der Hersteller vom Verbraucher häufig als attraktiv bewertet. Wenn diese Garantiebedingungen im Ergebnis jedoch dazu führen, dass Fahrzeuge besonders lange in Markenwerkstätten gewartet und repariert werden (müssen), betrifft dies den Wettbewerb zu den unabhängigen Werkstattbetrieben.[179]

Für eine Freistellung nach Art. 101 Abs. 3 AEUV gilt daher der Grundsatz, dass der Besuch der Vertragswerkstatt nur für solche Arbeiten zur Bedingung gemacht werden darf, die auch von der Garantie oder dem Servicepaket abgedeckt sind (z. B. dürfen Durchrostungsgarantien nicht von einer regelmäßigen Inspektion des Fahrzeugs oder Durchführung allfälliger Reparaturen in der Vertragswerkstatt abhängig gemacht werden).[180]

5.4.3 Zugang unabhängiger Marktteilnehmer zu technischen Informationen

Für die Durchführung von Wartungs- und Instandsetzungsarbeiten an Fahrzeugen sind zugelassene und unabhängige Werkstätten in gleicher Weise auf **technische Informationen** angewiesen. Technische Informationen sind urheberrechtlich geschützt.[181]

> Der Begriff „technische Informationen" umfasst u. a. Software, Fehlercodes und sonstige Parameter einschließlich entsprechender Updates, die erforderlich sind, um in elektronischen Steuergeräten vom Hersteller empfohlene Einstellungen vorzunehmen oder wiederherzustellen, und darüber hinaus Fahrzeug-Identifikationsnummern, Teilekataloge, Instandsetzungs- und Wartungsverfahren, Arbeitslösungen sowie Rückrufanzeigen und sonstige Mitteilungen, die innerhalb des autorisierten Werkstattnetzes kostenlos durchgeführt werden.[182]

Die zugelassenen Werkstätten erhalten die technischen Informationen regelmäßig im Rahmen eines im Vertragswerkstattvertrag enthaltenen Lizenzrechts. Für freie Werkstätten fehlt es hingegen an einer solchen vertraglichen Sonderbeziehung. Sie sind auf eine freiwillige Zurverfügungstellung

---

[178] Ebenda, Tz. 69.
[179] Clark/Simon, 478, 488.
[180] Simon, ÖZK 2010, 83, 91.
[181] Simon, ÖZK 2010, 83, 90.
[182] Kommission, Ergänzende Leitlinien für vertikale Beschränkungen in Vereinbarungen über den Verkauf und die Instandsetzung von Kraftfahrzeugen und den Vertrieb von Kraftfahrzeugersatzteilen, ABl. 2010 C 138/16, Tz. 66.

durch den Hersteller angewiesen oder können unter den besonderen Voraussetzungen des Art. 102 AEUV den Zugang beanspruchen.[183] Daneben ergeben sich aus den Vorschriften zur Typenzulassung (VO Nr. 715/2007 und VO Nr. 595/2009) Verpflichtungen der Hersteller zur Veröffentlichung von technischen Informationen,[184] allerdings nur für nach September 2009 zugelassene neue Modelle. Nach Art. 4 Abs. 2 Alt-Kfz-GVO war die Verweigerung des Zugangs zu technischen Informationen noch eine ausdrücklich definierte Kernbeschränkung, da nur so die grundsätzliche Freistellung qualitativ-selektiver Vertriebssysteme unabhängig vom Marktanteil wieder aufgehoben wurde.[185] Nach der Absenkung der Marktanteilsschwelle auf 30 Prozent fallen Vertragswerkstattverträge regelmäßig nicht mehr in den Anwendungsbereich der GVO. Sie müssen entweder so gestaltet werden, dass von ihnen keine Wettbewerbsbeschränkungen ausgehen oder dass sie den Voraussetzungen des Art. 101 Abs. 3 AEUV entsprechen. Etwaige negative Auswirkungen, die von Vertragswerkstattverträgen ausgehen, können aufgrund der Verweigerung des Zugangs zu technischen Informationen noch verstärkt werden. Die Marktposition der unabhängigen Marktteilnehmer kann dadurch weiter geschwächt werden, was sich negativ für die Verbraucher auswirken würde. In diesen Fällen würden die Effizienzgewinne, die normalerweise aufgrund der mit Werkstätten und Teilehändlern geschlossenen Vereinbarungen erwartet werden können, nicht ausreichen, die wettbewerbswidrigen Auswirkungen aufzuwiegen, sodass die Voraussetzungen für eine Einzelfreistellung gemäß Art. 101 Abs. 3 AEUV nicht erfüllt werden.[186]

6   GVO Nr. 1400/2002

Bis zum 31.05.2013 gelten die Vorschriften der GVO Nr. 1400/2002, soweit diese den Bezug, Verkauf und Weiterverkauf von neuen Kraftfahrzeugen betreffen, fort und sind für die Freistellung von wettbewerbsbeschränkenden Vereinbarungen zwischen Herstellern und Händlern maßgeblich. Hervorragende Erläuterungen zu den insoweit maßgeblichen Inhalten finden sich u.a. bei Creutzig,[187] Bechtold et al.,[188] Ensthaler et al.[189] und im Leitfaden zur GVO Nr. 1400/2002.[190] Im Gegensatz zu den Leitlinien zur Vertikal-GVO und zur Kfz-GVO war der Leitfaden kein offizielles Dokument der Kommission, sondern nur eines der Generaldirektion Wettbewerb und daher nicht in gleicher Weise verbindlich.[191]

---

[183] Simon, ÖZK 2010, 83, 90; Kommission, Ergänzende Leitlinien für vertikale Beschränkungen in Vereinbarungen über den Verkauf und die Instandsetzung von Kraftfahrzeugen und den Vertrieb von Kraftfahrzeugersatzteilen, ABl. 2010 C 138/16, Tz. 4.
[184] Wegner, BB 2010, 1867, 1869 f.
[185] Simon, ÖZK 2010, 83, 90.
[186] Kommission, Ergänzende Leitlinien für vertikale Beschränkungen in Vereinbarungen über den Verkauf und die Instandsetzung von Kraftfahrzeugen und den Vertrieb von Kraftfahrzeugersatzteilen, ABl. 2010 C 138/16, Tz. 64.
[187] Creutzig.
[188] Bechtold/Bosch/Brinker/Hirsbrunner, VO 1400/2002.
[189] Ensthaler/Funk/Stopper.
[190] Kommission – Generaldirektion Wettbewerb, Leitfaden zum Kraftfahrzeugvertrieb und -kundendienst in der Europäischen Union, ABl. L 203 vom 01.08.2002, S. 30.
[191] Clark/Simon, 478, 480.

Da das Regime der Alt-Kfz-GVO wesentlich strenger war als die Nachfolgeregelung, d.h., der Hersteller die Vertragshändler weniger stark binden durfte, entsprechen Verträge, die die Voraussetzungen der Alt-Kfz-GVO erfüllten, auch den Vorgaben der Nachfolgeregelungen. Eine Anpassung der Verträge an das neue Recht ist daher nicht erforderlich.[192] Ungekündigte Verträge bleiben wirksam und verbindlich, auch wenn sie hinter den zulässigen Gestaltungsmöglichkeiten nach Vertikal-GVO und Kfz-GVO zurückbleiben.

---

[192] Simon, ÖZK 2010, 83, 86.

Prof. Hannes Brachat

VI Autohaus-Management

Die vier Leistungsfundamente des klassischen Autohauses bilden Neu- und Gebrauchtwagenverkauf, Financial Services (Leasing, Finanzierung etc.) und Service. Dieses Kapitel zeigt die Herausforderungen und Erfolgsfaktoren in diesen Geschäftsfeldern auf. Es gibt außerdem einen Überblick über Entwicklungen in der Branche und die Kennzahlen, die den Branchendurchschnitt widerspiegeln.

1 Aufgaben und Herausforderungen für das Management im Autohaus
2 Neuwagenverkaufsmanagement
3 Gebrauchtwagenmanagement
4 Servicemanagement
5 Teile- und Zubehörmanagement im Autohaus

1 Aufgaben und Herausforderungen für das Management im Autohaus

1.1 Die klassischen Leistungsfaktoren im Autohaus

Primärfunktion für das Autohaus bildet der Neuwagenhandel. Der Gebrauchtwagenhandel hat zuerst Katalysatorfunktion für das Neuwagengeschäft, stellt aber im Autohaus den komplexesten Geschäftsbereich dar. Vom Einkauf bis zum Verkauf – sämtliche Leistungsstationen werden abgebildet. Nachdem inzwischen 70 Prozent der Fahrzeugverkäufe mit Teil- oder Vollfinanzierungen realisiert werden, hat sich das dritte Bein, Financial Services, zu einer eigenständigen Säule im Autohaus entwickelt, über die Top-Autohäuser – gleich den Automobilherstellern – inzwischen bis zu 20 Prozent ihres Gewinnes im Verkauf generieren. Werkstatterlöse, Teile- und Zubehörhandel sind zum Großteil Leistungszubringer für das vierte Bein, den Service. Autohaus-Management hat die Aufgabe, diese Aufgabenfelder gesamtheitlich zu steuern bzw. deren Prozesse zu gestalten. Abbildung 1 zeigt diese im Detail auf.

Die Personalkosten im Autohaus machen 60 Prozent der Betriebskosten aus und bilden damit den größten Kostenblock. Aber: Ein Autohaus präsentiert sich über seine Mitarbeiter, weil sie die schwer zu gewichtende Größe namens Vertrauen produzieren. Gute Mitarbeiter sind das entscheidende Plus und stellen den eigentlichen Differenzierungsfaktor dar. Sie machen den Unternehmenserfolg aus. Es sei an dieser Stelle aber darauf hingewiesen, dass die größten Kostenverursacher im Unternehmen nicht die Mitarbeiter, sondern Managementfehler sind. Das Kfz-Gewerbe trägt noch heute die Folgelasten der Handwerksordnung, dass sich ausschließlich ein Kfz-Meister in der Kfz-Branche selbstständig machen darf. Ehre, wem Ehre gebührt. Aber Meister der Automobiltechnik zu sein, setzt nicht selbstredend gute Managementeigenschaften wie konzeptionelle Befähigung, Durchsetzungsvermögen, Sozialverhalten, Ergebnisorientierung, Verantwortungsbereitschaft, Führungseignung, Selbstdisziplin, kommunikative Gaben und verkäuferisches Geschick voraus.

PROZESSE IM AUTOHAUS

Neuwagen		Gebrauchtwagen	
Verkauf:	■ Interesse an Neuwagen	Einkauf:	■ Inzahlungnahme von Kunden oder Kauf
	■ Begrüßung		■ freier Zukauf
	■ Bedarfsermittlung		■ Leasing-Rücknahme
	■ Fahrzeugdemonstration		■ Aufnahme der Fahrzeugdaten
	■ Probefahrt		
	■ Angebotserstellung		

- Angebotsverfolgung
- Vertragsabschluss
- Prüfung des Kaufvertrages
- Betreuung nach dem Kauf

Einkauf:
- Bestellung beim Hersteller
- Kontrolle und Verfolgung der Bestellung
- Änderung der Bestellung
- Anlieferung, Kontrolle

Fahrzeugübergabe an den Kunden:
- Abstimmung Zulassungstermin
- Werkstattauftrag für Ablieferungsdurchsicht
- Zulassung Fahrzeug
- Rechnungserstellung
- Vorbereitung und Durchführung der Übergabe
- Nachtelefonat

- techn. und kommerzielle Prüfung des Fahrzeugs
- optische Aufbereitung
- techn. Instandsetzung
- Platzierung und Preisauszeichnung

Verkauf und Fahrzeugübergabe an den Kunden:
- Interesse an Gebrauchtwagen
- Kundenberatung
- Bedarfsermittlung
- Fahrzeugdemonstration
- Probefahrt
- Angebotserstellung
- Interessentenverfolgung
- Vertragsabschluss
- Prüfung des Kaufvertrags
- Werkstattauftrag erstellen
- Fahrzeug zulassen
- Rechnungserstellung
- Vorbereitung und Durchführung der Übergabe
- Nachtelefonat

Service

Annahme:
- Interesse an Serviceleistung
- Terminplanung
- Kundenempfang
- Fahrzeugbegutachtung
- Besonderheiten bei Nachtübergabe
- Auftragserstellung
- Bereitstellung und Übergabe von Ersatzfahrzeug
- Werkstattplanung

Teile und Zubehör

Einkauf:
- Bestandsführung
- Bearbeitung von Teile-Nachfragen (intern/extern)
- Bedarfsermittlung für Disposition
- Bestellung beim Hersteller
- Bestellverfolgung
- Anlieferung von Teilen
- Wareneingangsprüfung
- Rückgabeprüfung
- Lagerung

Abb. 1: Prozesse im Autohaus (Quelle: Martin Sauer: Der Autohaus-Chef, S. 68/69)

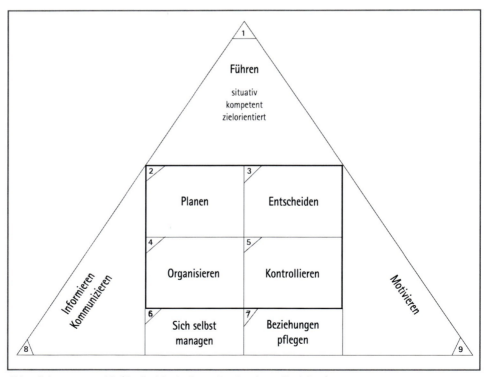

Abb. 2: Führungspyramide (Quelle: Martin Sauer: Der Autohaus-Chef, S. 17)

In der einschlägigen Literatur ist eine Vielzahl von Management- und Führungsbegriffen auszumachen. Hier sei auf das Führungsmodell „Sauer" verwiesen, nachdem dieses originär am Beispiel Autohaus entwickelt wurde. Abbildung 2 zeigt den grundsätzlichen Aufbau. Die Führungspyramide ist eine Mischung aus Tätigkeiten und Verhaltensweisen. Dabei trifft man auf verschiedene Kompetenzfelder, die fachliche, methodische, soziale und ethische Kompetenz. Die soziale Kompetenz (Umgang mit Menschen) und die ethische Kompetenz (Werte, Bewusstsein, Vorbild) stellen die eigentlichen Führungsaufgaben dar, die methodische und fachliche Kompetenz die eigentlichen Managementaufgaben. Als wichtigster Grundsatz für die Unternehmensführung gilt die Resultat- und Wirksamkeitsorientierung. Es kommt auf die Resultate an, auf das Ergebnis, z. B. die Verzinsung, die Kundenzufriedenheit, die Mitarbeiterzufriedenheit.

1.2 Herausforderungen für das Management

Das wahre Leben ist farbiger, als es die Theorie zu vermitteln vermag. Ein Blick auf zahlreiche Außeneinflüsse, die den eigenen unternehmerischen Spielraum verengen, soll dies verdeutlichen: überbesetzte Händlernetze; Konzentrationswelle bei den Automobilherstellern wie beim Handel; Verdrängungswettbewerb; noch engere Margen; Mehrmarkenhandel; freie Händler; fragwürdige Vertriebskanäle, sprich Ausdehnung des Direktvertriebs seitens der Hersteller (Großabnehmer, Flottenmanagement, Jahreswagen, Dienstwagen, Werkswagen, Autovermieter u. a.); Re-Importe, vermehrt werkseigene Niederlassungen; virtueller, überregionaler Neu- und Gebrauchtwagenvertrieb; Online-Präsenz der Hersteller; Ausbau der direkten Kundenansprache durch den Hersteller (Direktmarketing, Werksauslieferungen, Markenerlebnisparks, Direktverkauf in Werkszentren, eigene Präsentationszentren); namhafte Überkapazitäten auf dem Produktionssektor; eine nie da gewesene Modellvielfalt; stringente Vertriebsrichtlinien mit überzogenen Standards, u. a. in Form einer CI mit mehr und mehr franchiseähnlichem Charakter; neue Margensysteme; geeignetes Personal; fragwürdige Fusionserfolge (z. B. Daimler-Chrysler, Fiat-Chrysler); Produktkonvergenz; Downsizing zu kleineren Fahrzeugen; alternative Antriebskonzepte; markenunabhängige Ketten im Servicegeschäft; rückläufiges Servicevolumen; paradoxe Kunden mit hoher Anspruchsinflation; politische Vorgaben (GVO); Umweltgesetzgebung (Partikelfilter, Verbrauchsangaben, Auflagen u. a.); Kapital- und Liquiditätsbedarf (Basel III); direkte politische Vorgaben (Verbraucherkreditliniengesetz, Abwrackprämie, Verkehrspolitik, ein wachsender Überwachungsstaat über den ruhenden und fließenden Verkehr) etc.

Der Automobilhandel befindet sich in einer Sandwichlage zwischen Kunde, Hersteller und Staat. Abbildung 3 stellt grafisch den Zusammenhang dar. Wer möchte bei derartigen Herausforderungen nicht die Schlüssel seines Unternehmens an der Garderobe abgeben? Hier die Aufgaben, die Herausforderungen, da das unternehmerische Risiko – und das bei anhaltend überschaubaren Renditen. Die Handelserfolge seit 1970 sind überschaubar und rufen nach neuen Geschäftsmodellen, die einen Gewinn in allen Leistungsbereichen in Aussicht stellen. Der Handel braucht – je nach Betriebsgröße – zur fundierten Gestaltung von Zukunftsaufgaben eine Durchschnittsrendite zwischen zwei und drei Prozent.

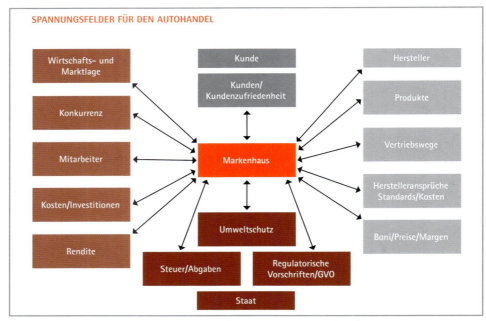

Abb. 3: Spannungsfelder für den Automobilhandel [Quelle: Hannes Brachat (Hrsg.): Autohaus Management 2015, S. 46]

1.3 Schlüsselfragen für die Branchenperspektiven bis 2015

1. Welche Marke wird unter welchem globalisierenden Konzerndach eine neue Heimat finden? Oder sich vom Markt verabschieden?
2. Wann treten chinesische, wann indische Automobilmarken ins deutsche wie ins europäische Handelsgeschehen ein?
3. Welche Formen nimmt der „faire Wettbewerb" zwischen den Automobilherstellern an? Wirtschaftskrieg oder Koexistenz?
4. Welche Anforderungen gehen von den Kunden aus?
5. Welche (neuen) Wettbewerber werden den Automobilhandel – auch den eigenen vor Ort – beeinflussen? Auch im Service?
6. Wird sich der klassische Automobilhandel aus der Umklammerung der Automobilhersteller lösen? Sich emanzipieren?
7. Geraten die Preisschlachten zu folgenschwerem Vernichtungswettbewerb? Oder gelingt die Kehrtwende über realistische Mengenanpassung und klügere Preisstrategien?
8. Wird Internet den Handel beflügeln und die Vertriebslandschaft weiter verändern?
9. Findet der Handel den Weg aus der Renditesohle? Löst sich damit die permanente Anspannung von Eigenkapital und Liquidität auf?
10. In welchen Bereichen des Autohauses bestehen bis 2015 realistische Ertragserwartungen?

> Fazit: Wer die aufgeführten Entwicklungen als scharfen Wind im Gesicht empfindet, sollte die Blickrichtung ändern. Auch Erkenntnisse haben ein Verfallsdatum.
> 1. Grundsätzlich: Alles im Leben ist Veränderung.
> 2. Niemand weiß genau, was und wie es kommen wird.
> 3. Wir tun grundsätzlich gut daran, uns mit der Unsicherheit zu verbünden.
> 4. Die unternehmerische Grundfunktion besteht im kreativen und innovativen Lösen von Herausforderungen.
>
> So die Herausforderungen steigen, muss die Kompetenz wachsen – fachlich, methodisch, sozial und ethisch –, und zwar durch alle Beteiligten im Unternehmen.

1.4 Der Kunde – Mittelpunkt automobilen Handelns

» *WIR HABEN ZU VIELE ÄHNLICHE FIRMEN, DIE ÄHNLICHE MITARBEITER BESCHÄFTIGEN MIT EINER ÄHNLICHEN AUSBILDUNG, DIE ÄHNLICHE ARBEITEN DURCHFÜHREN.*
SIE HABEN ÄHNLICHE IDEEN UND PRODUZIEREN ÄHNLICHE DINGE ZU ÄHNLICHEN PREISEN IN ÄHNLICHER QUALITÄT.
WENN SIE DAZUGEHÖREN, WERDEN SIE ES KÜNFTIG SCHWER HABEN. «

Karl Pilsl

Die Zukunft gehört der Individualität. Gesucht sind individuelle Lösungen für individuelle Lebensmuster. Produkte sind kopierbar, Menschen und Marken sind es nicht. Das Autohaus verkauft Dienstleistungen, sprich „Vertrauen". Der qualitative Dienstleister strebt nicht Maximierung, sondern Optimierung an. Dabei hat der persönliche Kontakt zum Kunden stets die größte Kraft! Abbildung 4 reduziert den „Vertrauensakt" auf zwei entscheidende Größendimensionen. Welche Chance ein Kunde bedeutet, stellt das Potenzial dar, das ein Kunde in seinem Fahrerleben automobilistisch veraugabt. Dieser „Kundenlebenszyklus" sollte gerade bei den Stammkunden im besonderen Fokus stehen.

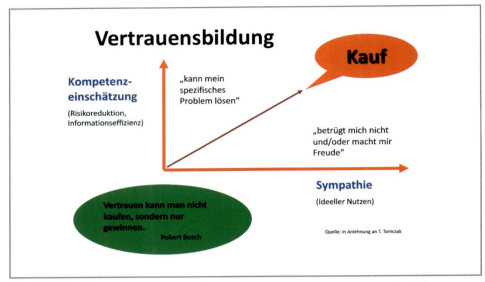

Abb. 4: So entsteht Vertrauen (Quelle: Hannes Brachat (Hrsg.): Autohaus Management 2015, S. 15)

2 Neuwagenverkaufsmanagement

2.1 Absatzmengen und Vertriebskanäle

Ein Blick auf die Fahrzeugmengen weist Jahr für Jahr eine Neuwagenzulassungsdimension von drei bis 3,5 Mio. Pkw aus. Das Jahr 2009 ragt aufgrund des Konjunkturprogrammes II der Bundesregierung und der damit verbundenen Abwrackprämie heraus. Abbildung 5 zeigt die Zulassungsentwicklung der Neuwagen und Gebrauchtwagen von 2001 bis 2011. In Deutschland wirken an der Neufahrzeugvermarktung gut 18.000 Markenbetriebsstätten mit. Neben den mitverkaufenden Firmeninhabern und Geschäftsführern werden die Neufahrzeuge über gut 34.000 fest angestellte Verkäufer vermarktet. Vertriebskanäle sind:

- der Markenhandel,
- Großabnehmer (Flottengeschäft), Fuhrpark,
- Autovermieter (Avis, Sixt, Hertz, Europcar und 600 weitere kleinere Autovermieter),
- Parallelimporte/EU-Vermittler,
- Börsen (B2B/B2C),
- organisierte Verbrauchergruppen,
- Direktverkauf durch Hersteller/Importeure,
- Jahreswagen/Dienstwagen,
- Kurzzulassungen,

- freie Leasinggesellschaften (ALD, ASL, Deutsche Leasing, Lease Plan, akfBank, Athlon, Santander, Sixt u. a.),
- herstellereigene Leasinggesellschaften (Alphabet, GMAC, VW-Leasing, Ford Bank u. a.),
- Auktionen,
- freie Händler,
- Einkaufskooperationen.

Bei rund 3 Mio. Pkw-Neuwagenzulassungen p. a. entfallen rund 60 Prozent auf den Sektor der gewerblichen Abnehmer. Dabei dominiert die Gattung der Flottenkunden. Das **Flottengeschäft** ist statistisch schwierig zu erfassen, da es keine einheitliche Begriffsdefinition gibt. Das Kraftfahrtbundesamt (KBA) in Flensburg konzentriert sich auf die gewerblichen Zulassungen. Spricht man vom „relevanten Flottenmarkt", das ist ein Fuhrpark eines Unternehmens ab zehn Pkw, so gibt es in Deutschland gut 38.000 Fuhrparkunternehmen (ohne Vermieter). Dahinter steht ein Fuhrparkbestand von rund 1,2 Mio. Fahrzeugen. Es kann sich dabei um Fahrzeuge gleicher oder unterschiedlicher Marken handeln. Die klassische Vorhaltedauer eines Flottenfahrzeuges ist 36 Monate. Die Mindesthaltedauer liegt bei sechs Monaten. Außendienstflotten, die zentral, national, bei größeren Fuhrparks auch international nach vorgegebenen Standards gesteuert werden, machen rund 70 Prozent des klassischen Flottengeschäfts aus. Je nach Vertriebsgestaltung mit dem Handel werden (große) Flottenbetreiber direkt vom Hersteller/Importeur beliefert bzw. Händler übernehmen die Vermittlung oder ausschließlich die Auslieferung und den Folgeservice. Leasing- und Fuhrparkmanagementgesellschaften halten oftmals vertragliche Serviceverbindungen zu ATU, Automeister, PointS, ferner unfallgesteuerte Partnerschaften. Wird damit der klassische Markenhändler mehr und mehr auf das Privatkundengeschäft reduziert?

Abb. 5: Neuzulassungen und Besitzumschreibungen (Quelle: AUTOHAUS 23/24 2011, S. 6)

Umgekehrt haben verschiedene Marken in den Markenautohäusern gezieltes Verkaufspersonal für das Flottengeschäft aufgebaut (Flottenspezialisten). Außerdem fragen kleinere und mittlere Betriebe Flottenleistungen aufgrund des eigenen regionalen Wirkungsradius gezielt im Autohaus vor Ort nach. Es gibt neben den (freien) Leasinggesellschaften oder Autovermietern auch größere Autohäuser, die das komplette Fuhrparkmanagement für eine Flotte eines Unternehmens übernehmen. Dahinter steht die komplette Fahrzeugverwaltung, vom Einkauf über den Service bis zum Verkauf, und wird unter der Bezeichnung **Flottenmanagement** geführt.

Direktverkauf, sprich eine Direktbelieferung vom Hersteller bzw. Importeur, erfolgt beispielsweise an Bundesbehörden bzw. Großunternehmen wie Bahn, Post, Bundeswehr, Telekom, Siemens. Der Vertragshandel ist hier nicht eingebunden. Die Hersteller/Importeure agieren hier eigenständig, von der Akquise bis zum **Re-Marketing** (Vermarktung von Flottenfahrzeugen nach Vertragsablauf). **Buy Back** meint die vom Verkäufer bei Vertragsabschluss garantierte Rückkaufverpflichtung nach Vertragsablauf. Damit wird i.d.R. dem Käufer das Verwertungsrisiko des Fahrzeuges abgenommen. Um die Dimension dieser (offiziellen) Achse zu verdeutlichen: Von den rund 3 Mio. Neufahrzeugen pro Jahr werden inzwischen 1 Mio. Einheiten über die Direktachse der Hersteller vertrieben, was immer wieder – je nach Marke – zu grundsätzlichen vertriebspolitischen Auseinandersetzungen zwischen Händler und Hersteller führt.

In Deutschland gibt es – geschätzt – rund 1.000 freie Händler, die sich aktiv u.a. im **Parallelimportgeschäft** betätigen. Die EU-Politik sieht für den Verbraucher in den 27 EU-Staaten freie Einkaufsmöglichkeiten vor. Der Kunde darf dort sein Auto kaufen, wo die Preise und Bedingungen am günstigsten sind. Politisch sollen hier nach und nach der EU-Markt harmonisiert sowie gleiche Wettbewerbsbedingungen geschaffen werden. Werkabgabepreise der Automobilhersteller gestalten sich von Marke zu Marke verschieden. Hinsichtlich der Neuwagenmarge sind innerhalb der EU unterschiedliche Bandbreiten festzustellen, ferner erhebliche Unterschiede in den Umsatzsteuer- bzw. Zulassungssteuersätzen. Auch sie führen zu fragwürdigen Wettbewerbsverzerrungen für den selektierten Markenhandel. Problematisch ist das sogenannte **Bestimmungslandprinzip** für neue Fahrzeuge, wonach ohne Rücksicht auf die Person des Käufers das neue Fahrzeug im Heimatland des Käufers (Bestimmungsland) mit der Umsatzsteuer belastet wird. Ein neues Fahrzeug ist in diesem Zusammenhang so definiert, dass es nicht mehr als 6.000 km zurückgelegt hat oder seine Erstinbetriebnahme nicht länger als sechs Monate zurückliegt. Insider schätzen, dass zehn Prozent der Neuwagenzulassungen auf die Gattung Parallelimporte zurückzuführen sind.

Auch wenn die nachstehenden Begrifflichkeiten von relativer vertriebspolitischer Bedeutung sind, so sollen sie der Klarheit wegen aufgeführt werden:

> **DEF.**
>
> **Reimport**: Das ist der Oberbegriff für das Geschehen rund um die Rückeinfuhr von Fahrzeugen. Es bedeutet, dass das fabrikneue Fahrzeug in das der EU angeschlossene Ausland gebracht wurde, um es dort zu verkaufen. Tatsächlich wurde es aber wieder nach Deutschland importiert. Fakt ist, dass die physische Distribution oftmals überhaupt nicht stattfand.

> **Direktimport:** Der Endverbraucher kauft sich ein fabrikneues Kraftfahrzeug im EU-Ausland von einem fabrikatsgebundenen Händler. Das ist legal.
>
> **EU-Vermittler:** Im Einzelfall oder gewerbsmäßig kaufen diese (auch nichtfabrikatsgebundenen) Händler im Namen und auf Rechnung eines Endverbrauchers fabrikneue Fahrzeuge im EU-Ausland von einem fabrikatsgebundenen Händler. Das ist legal.
>
> **Eigenimport:** Fabrikatsgebundene Händler kaufen fabrikneue Kfz im eigenen Namen und auf eigene Rechnung bei den Händlern der eigenen Marke im EU-Ausland ein und verkaufen sie in Deutschland an Endverbraucher. Dies wird auch „Quereinkauf" genannt und ist legal.
>
> **„Grauer Import":** Gewerbsmäßig kaufen nichtfabrikatsgebundene Händler fabrikneue Kfz vom fabrikatsgebundenen Händler oder von Herstellern/Importeuren im EU-Ausland im eigenen Namen und auf eigene Rechnung, um sie in Deutschland an Endverbraucher zu verkaufen. Da gibt es in der Praxis sehr fließende und fragwürdige Grenzen. Anders formuliert, stimmt hier der „faire Wettbewerb"?

Die EU-Kommission veröffentlicht halbjährlich einen aktuellen EU-Preisbericht. Er zeigt die Preisunterschiede je nach Land und Modell auf. Er kann über das Internet abgerufen werden. Wichtig: Nach EU-Recht kann ein Autokäufer seine Garantie- wie Gewährleistungsansprüche in allen Vertragswerkstätten der EU wahrnehmen.

> **DEF.**
>
> Der **Dienst- und Jahreswagenbereich** ist im strengen Sinne dem Gebrauchtwagengeschäft zuzuordnen, doch steht er wie die „Tages- oder Kurzzulassungen", die pro Jahr – je nach Marke – fünf bis zehn Prozent der Neuwagenzulassungen ausmachen, in sehr nahem Vermarktungsgeschehen zum Neuwagen.
>
> **Tages- oder Kurzzulassungen** werden aufgrund von Aktionen des Herstellers oder interner Sonderaktionen im Autohaus maximal für eine Woche oder 31 Tage zugelassen, jedoch ruhen diese Fahrzeuge und werden nicht bewegt.
>
> Der Begriff **Jahreswagen** resultiert aus der Haltedauer der Fahrzeuge. Und die Haltedauer hat wiederum steuerrechtliche Bedeutung. Unter einem Jahreswagen versteht man allgemein einen Gebrauchtwagen aus erster Hand, der von einem Werksangehörigen ein volles Jahr gefahren wurde. Wer einen Jahreswagen erwirbt, muss damit rechnen, dass das Auto bei Übergabe auch älter als zwölf Monate sein kann. Die Problematik steckt für den Vertragshandel darin, dass je nach Marke der Jahreswagenrabatt für Werksangehörige höher ist als die Händlermarge für Neuwagen. Die Vermarktung der Jahreswagen erfolgt sowohl über die Handelsschiene, über die Hersteller direkt als auch direkt an Kunden.

Die Sollkennzahlen in Abbildung 6 sollen den wirtschaftlichen Rahmen im Neuwagenmanagement des Markenhandels umschreiben.

NW-Einheiten pro Verkäufer und Jahr (Volumenmarken)	120
Bruttoertrag pro Neuwagen	9 %
Bruttoertrag pro Neuwagen	2.340 €
Neuwagen-Bruttoertrag pro Verkäufer und Jahr	280.000 €
Betriebsergebnis pro Neuwagen und Jahr	475 €
DB III	2,8 %
Händler-Zubehörumsatz pro Neuwagen	490 €
Leasing/Finanzierungsquote	70 %
Versicherungsabschlüsse	30 %
Neuwagen-Anschlussgarantie	30 %
Service-Verträge	30 %

Abb. 6: Sollkennzahlen für das Neuwagenmanagement (Quelle: Hannes Brachat)

2.2 Der Neuwagenkunde

Die Neuwagendurchschnittspreise liegen heute in einer Bandbreite zwischen 14.000 Euro und 30.000 Euro. Premiummarken weisen eine noch weiter gehende Dimension aus. Welche Kriterien spielen beim Neuwagenkauf eine Rolle? Abbildung 7 weist diese aus. Und wie gestaltet sich das Informationsverhalten von Neuwagenkäufern? Abbildung 8 belegt dieses.

Im Vordergrund stehen für den Kunden die Themen Vertrauen, Glaubwürdigkeit und das Preis-Leistungs-Verhältnis. Vertrauen hat sehr viel mit dem **Markenimage** zu tun. Die Marke spielt nach wie vor eine maßgebliche Rolle für die Kaufentscheidung. Marke ist Orientierung. Marke reduziert Komplexitäten. Markenpersönlichkeit macht den Unterschied. Allerdings wird Marke auch über diverse Strömungen verwässert, wie z.B. virtuelle Vertriebskanäle oder Grauimporte über freien Handel. Abbildung 9 zeigt eine deutliche Dominanz des Kunden für sein Wunschfahrzeug. 42 Prozent der Autokäufer haben einen festen Händler. Der Autokäufer sieht heute 16,7 Prozent Nachlass als faire Preisnachlassforderung! Bei Männern wie bei Frauen dominieren heute die rationalen Faktoren beim Fahrzeugkauf.

2010 Beurteilung: 1 = sehr wichtig, 4 = unwichtig	
Kriterium	**Wichtigkeit**
Zuverlässigkeit	1,3
Aussehen	1,6
Anschaffungspreis	1,6
Serienausstattung	1,6
Kraftstoffverbrauch	1,6
Reparatur- u. Wartungskosten	1,9
Ersatzteilversorgung	1,9
Nähe des Händlers	1,9
Lieferzeit	1,9
Umweltverträglichkeit	1,9
Dichte d. Kundendienstnetzes	2,0
Paketlösungen	2,1
Wiederverkaufswert	2,1
Finanzierungsangebote	2,2
Prestigewert	2,4
günstige Inzahlungnahme des Vorwagens	2,7

Abb. 7: Kriterien beim Neuwagenkauf (Quelle: DAT)

Die Aufgabe für den Markenautomobilhandel lautet: Markenpersönlichkeit vor Ort zu sein. 50 Prozent machen die Marke aus, die vertreten wird. Die zweiten 50 Prozent sind die Händlerpersönlichkeit vor Ort.

Die Thematik Automobil, Imagefaktoren und Preissensibilität geht in die Richtung, wonach das Automobil vom Fetisch für mehr und mehr Autofahrer zum preissensiblen Gebrauchsgut wird. Die Händlermargen wurden inzwischen in eine Grund- und eine Leistungsmarge (Boni) umgestaltet. Dies sollte dazu dienen, den Intrabrandwettbewerb zu reduzieren. Die Gesamtmarge für Neufahrzeuge liegt je nach Marke heute zwischen 16 und 20,9 Prozent von der UPE (unverbindliche Preisempfeh-

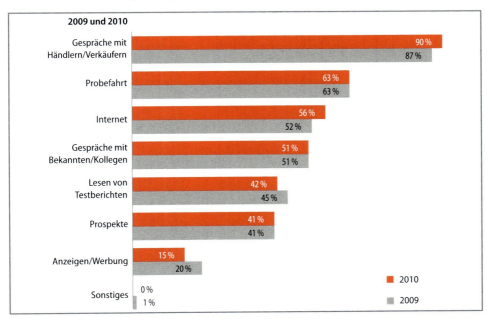

Abb. 8: Informationsverhalten von Neuwagenkäufern (Quelle: DAT)

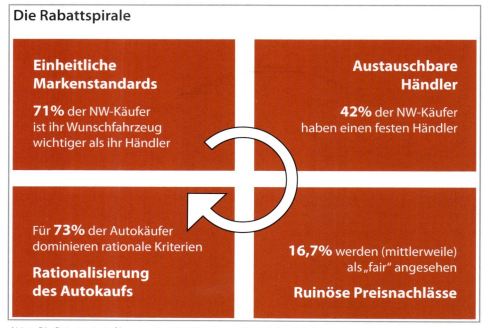

Abb. 9: Die Rabattspirale (Quelle: *plus* Marktforschung GmbH, Autokäufer*plus* Januar 2010)

lung). Davon sind die jeweiligen Verkaufsprämien bzw. speziellen Aktionsprämien zu trennen. Sie nehmen allerdings immer farbigere Züge an. Trotz dieser Margengestaltungselemente ist es nicht gelungen, die Rendite im Neuwagengeschäft zu verbessern, geschweige denn zu stabilisieren: Die Erträge im Neuwagenverkauf bleiben offensichtlich klein oder tendieren gegen null. Das unternehmerische Element im Neuwagenautomobilhandel mutiert mehr und mehr ins Franchisesystem.

2.3 Automobile Neuwagenpreiswüste

Die Preissensibilität, der Wettbewerb zwischen den Marken und zwischen den Händlern (**Intrabrandwettbewerb**) drückt. Hinzu kommen die enormen Wertverluste von Neufahrzeugen innerhalb kurzer Zeit. Preistransparenz wird gerade unter virtuellen Aspekten zur wichtigsten Veränderung der Zukunft. Eine der Hauptursachen der Rabattschleuderei ist die automobile Überproduktion. Je nach Marke gibt es immer noch übersetzte Händlernetze. Sie schaffen zusätzlichen Intrabrandwettbewerb. Das Preisimage der „Grauimporte" stellt die Solidität des autorisierten Handels infrage. Die Weiterveräußerung von Vorführwagen ist nach der vorgegebenen Haltedauer inzwischen ein Verlustgeschäft. Auch die „Inflation" der Sondermodelle führt zu unhaltbarer Preissenkung, vor allem, wenn man die Lagerwagen auf den Höfen der Händler vor

NEUWAGENVERKAUFSMANAGEMENT

RABATTSCHLEUDEREI – WIRTSCHAFTLICHE BETRACHTUNG

	1 Ist- Rabatt %	2 Ist- Nachlass %	3 Notw. Mehrumsatz %	4 NW-Einh. Beisp. 100	5 Mehreinh. bei 1% mehr Rabatt	6 Gesamtumsatz (Fzg.-Preis 20.000 €)	7 Erzielter Rabatt pro Fahrz.	%	8 Gesamt-Rabatt Rabatt (volle Marge)	9 Nachlass- reduzierte Gesamtmenge	10 Minder-Ertrag (verschenkte Marge)
1	17			100		2.000.000	3400	17	340.000		
2	16	1	6,25	106	6	2.120.000	3400	16	360.400	339.200	21.200
3	15	2	13,33	113	7	2.260.00	3000	15	394.400	339.000	55.400
4	14	3	21,42	121	8	2.420.000	2800	14	411.400	343.800	72.600
5	13	4	30,7	131	9	2.624.500	2600	13	445.400	340.600	104.800
6	12	5	41,6	142	10	2.840.000	2400	12	482.800	340.800	142.000
7	11	6	54,4	155	13	3.100.000	2200	11	527.000	341.000	186.000
8	10	7	70	170	15	3.400.000	2000	10	578.000	340.000	238.000
9	9	8	88,8	189	19	3.780.000	1800	9	642.600	340.200	302.400
10	8	9	112,5	212	23	4.240.000	1600	8	720.800	339.200	381.600
11	7	10	142	242	30	4.840.000	1400	7	822.800	338.800	484.000

Ein Neuwagen kostet heute im Durchschnitt 20.000 € (o. MwSt. St.). Bei 17% Händlermarge fallen hier pro Einheit 3.400 € ab.
Die Tabelle verdeutlicht zweierlei: Zum einen den notwendigen Fahrzeugmehrverkauf, so jeweils ein Prozent mehr Nachlass gewährt wird. Zum anderen zeigt sie den gesamten Mindererlös, der durch den Nachlass eingefahren wird.
Beispiel: Wer ursprünglich 100 Neuwagen verkaufte und jetzt mit 7% Nachlass arbeitet, also noch 10 Prozent der Marge erwirtschaftet, muss 70 Fahrzeuge mehr verkaufen, also insgesamt 170 Fahrzeuge, um den selben Ertrag wie mit 100 Einheiten und voller Marge zu erwirtschaften.

Abb. 10: Die wirtschaftliche Seite der Rabattschleuderei (Quelle: Hannes Brachat (Hrsg.): Autohaus-Management 2015, S. 203)

Augen hat. Gute Disponenten beschaffen zwar die gängigsten und günstigsten Autos, dennoch sollten die Vorlaufzeiten für die Fahrzeugauslieferung verkürzt werden. Und im Großabnehmergeschäft sollten die Risiken der Fahrzeugrücknahme (Restwerte!) fair austariert sein. Fakt ist: Preiskampf hinterlässt auf Dauer nur Verlierer! Die Rabatt- und Margenspirale wird zum Überlebensmaßstab des Automobilhandels. Abbildung 10 zeigt die betriebswirtschaftliche Auswirkung der Rabattschleuderei. Daher: Preiskompetenz ausbauen! Aktuell arbeiten diverse Hersteller mit Flatrate-Konzepten. In die monatliche Finanzierungs- bzw. Leasingrate fließen die Wartungskosten, Garantieverlängerungen, die Kfz-Versicherung und die Kfz-Steuer mit ein. Der Kunde bezahlt quasi die Nutzung. Die einzige Unbekannte ist der Benzinverbrauch bzw. Benzinpreis. Die strategische Ausrichtung dahinter heißt: Kundenbindung! Bislang für die Zeit der Garantiedauer. Die nächste Zeitachse läuft auf sechs Jahre hin!

> **TIPP** Grundsätzlich sollte die strategische Konzeption lauten, wie das einzelne Fahrzeug entlang der gesamten Laufzeit an die Marke gebunden werden kann!

2.4 Geprüfter Automobilverkäufer (GAV)

Es verkauft sich heute kein Auto mehr von allein, auch nicht über das Internet. Es sind maßgeblich die Verkäufer, die den Verkaufserfolg ausmachen. In Sachen Anforderungsprofil gilt es, diverse Fakten zu sehen. Jahr für Jahr kommen 150 neue Modelle auf den deutschen Markt. Davon sind rund 50 bis 70 echte Neuerscheinungen, die übrigen laufen unter „Face-Lifting". Fachkompetenz setzt der Kunde selbstredend voraus. Die Sozialkompetenz steht heute im Verkauf ganz vorne. Ohne Einzigartigkeit sind auf Dauer weder die Köpfe der Verkäufer noch die der Kunden zu gewinnen. Für den Automobilverkäufer selbst gibt es kein eigenständiges Berufsbild. Ab 1999 wurde von einer Gütegemeinschaft der „Geprüfte Automobilverkäufer" (GAV = Geprüfter Automobilverkäufer) eingeführt. Das eigentliche Ziel, eine nachhaltige Verbesserung der Verkaufsqualität zu erzeugen, wurde bis heute nicht erreicht. Es stimmt nachdenklich, dass in den ersten vier Jahren nach Zertifizierung zwei Drittel der neu eingestellten Verkäufer das Autohaus wieder verlassen. Ohne Frage, die Anforderungen an das Know-how der Verkäufer sind gestiegen und werden weiter steigen. Die Modellvielfalt innerhalb der einzelnen Marke, aber auch die Technikausstattungen der Autos werden noch vielfältiger. Das will alles kommunikativ umgesetzt sein. Gute Verkäufer bauen sich nach und nach eine hohe Stammkundschaft auf. 70 Prozent der Telefonate werden heute noch fehlerhaft, weil wirkungslos, geführt. Gute Verkäufer gehen ziel- und erlebnisorientiert ans Werk. Sie wissen, dass eine gute Stimmung die Abschlussquoten erhöht. Ihre Visitenkarte ist Freundlichkeit, tadellose Kleidung, ein sympathisches Erscheinungsbild sowie eine gefällige Atmosphäre am Arbeitsplatz. Vorzügliche Produkt- und Marktkenntnisse, systematische Marktbearbeitung, ein geplanter Arbeitstag, Dialog- und Einfühlungsgabe belegen, warum bei guten Verkäufern die wichtigste Erfolgskennzahl, die Relation zwischen Verkaufskontakten und Abschlüssen, bei zehn zu drei liegt. Die **Verkäuferentlohnung** sollte auf Leistungsorientierung entsprechend den **Margensystemen** basieren. Es stimmt nachdenklich, wenn heute ein Verkäufer 40 Prozent seiner Arbeitszeit mit administrativen Aufgaben zubringt.

2.5 Vertriebs- und Betreuungskanal Internet

Das Internet ist das effektivste Instrument zur Akquisition und Kundenbeziehungsgestaltung. Das Internet stellt heute einen weiteren Verkäufer dar. Gegenwärtig erhält der Internet-Neuwagenvertrieb Aufwind – was im Gebrauchtwagensektor bereits Realität ist. Einige Autohäuser erwirtschaften bereits über das Internet 30 Prozent der Endkundengeschäfte. Die Aufgabe im Autohaus sollte es sein, den Interessenten so zeitig wie möglich aus seiner Anonymität herauszuholen. Lesen Sie Näheres hierzu in Kap. XI Kundenbeziehungsmanagement und die Rolle des Internets.

2.6 Financial Services

Der Autokauf ist ohne ein adäquates Finanzierungsangebot nicht mehr vorstellbar. Bei Firmenkunden sind heute gut 75 Prozent aller Käufe (teil-)finanziert. Rund die Hälfte der Kreditfinanzierungen wird über den Autohandel abgewickelt. Die **Einkaufsfinanzierung** ist zunächst der wesentliche Liquiditätsstützpfeiler des Automobilhandels. Financial Services reichen vom Ratenkredit mit fester Laufzeit über den Restratenkredit, Leasing, den verschiedenen Neuwagenanschlussgarantien, der Gebrauchtwagengarantie, den Kfz-Versicherungen bis hin zur Restratenversicherung. Näheres hierzu erfahren Sie in Kap. XII.

3 Gebrauchtwagenmanagement

3.1 Gebrauchtwagenmarktstrukturen

Der Kfz-Bestand in Deutschland umfasste zum 1. Januar 2011 insgesamt 50,9 Mio. Kraftfahrzeuge. Davon waren 42,3 Mio. Pkw. Abbildung 11 zeigt die Pkw-Bestandsaufteilung nach den einzelnen Marken. Dies zeigt das Potenzial jeder Marke. Sei dies in Bezug auf ein anstehendes Ersatzbeschaffungsvolumen, auf die Begehrlichkeit oder auf das Servicemarktvolumen. Und welche quantitative Bandbreite wird im jährlichen Gebrauchtwagenverkauf erzielt? Im Jahr 2001 waren es 7,21 Mio. Einheiten und 6,6 Mio. im Jahr 2011. Die Kfz-Branche wird sich zukünftig auf eine Bandbreite zwischen 5,8 Mio. und 6,5 Mio. Besitzumschreibungen pro Jahr einstellen müssen. Worin liegen die Verursacher für den „Rückwärtstrend"?

Pkw-Bestand nach Marken*)

Marke	1. Januar 2011 Anzahl	Anteil in %	1. Januar 2010 Anzahl	Veränderung in %
Audi	2.660.317	6,3	2.593.537	2,6
BMW, Mini	2.936.552	6,9	2.845.288	3,2
Chevrolet	213.316	0,5	197.716	7,9
Chrysler, Jeep, Dodge	184.818	0,4	187.774	- 1,6
Citroën	763.682	1,8	741.365	3,0
Daihatsu	140.994	0,3	145.051	- 2,8
Fiat	1.191.147	2,8	1.190.103	0,1
Ford	3.455.666	8,2	3.477.436	- 0,6
Honda	521.573	1,2	519.905	0,3
Hyundai	546.928	1,3	489.141	11,8
Jaguar	49.359	0,1	47.740	3,4
Kia	371.870	0,9	347.838	6,9
Lancia	55.969	0,1	59.240	- 5,5
Land Rover	62.317	0,1	59.765	4,3
Mazda	939.646	2,2	949.702	- 1,1
Mercedes	3.922.560	9,3	3.861.295	1,6
MG Rover, Austin	91.194	0,2	98.755	- 7,7
Mitsubishi	503.509	1,2	513.425	- 1,9
Nissan, Infiniti	837.704	2,0	837.359	0,0
Opel	5.266.505	12,4	5.332.594	- 1,2
Peugeot	1.259.716	3,0	1.246.667	1,0
Porsche	164.882	0,4	155.059	6,3
Renault, Dacia	2.200.159	5,2	2.178.219	1,0
Saab	66.429	0,2	68.557	- 3,1
Seat	726.388	1,7	714.231	1,7
Skoda	1.163.627	2,8	1.063.220	9,4
Smart	342.576	0,8	327.427	4,6
Subaru	125.222	0,3	124.244	0,8
Suzuki	424.594	1,0	415.717	2,1
Toyota, Lexus	1.360.092	3,2	1.346.396	1,0
Volvo	425.270	1,0	421.004	1,0
VW	8.951.486	21,2	8.804.299	1,7

*) ohne die vorübergehend stillgelegten Fahrzeuge!
Quelle: KBA
Stand: Januar 2011

Abb. 11: Pkw-Bestand nach Marken (Quelle: KBA)

Der Gebrauchtwagenmarkt hat für den Neuwagenmarkt Katalysatorfunktion. Strategisch bedeutet das für das jeweilige Autohaus: Wie viele Gebrauchtwagen müssen zur Sicherung des Neuwagenverkaufszieles vermarktet werden? Danach kommen auf ein Neufahrzeug 1,98 Gebrauchtfahrzeuge. Das Jahr 2009 sei in der Betrachtung aufgrund der Abwrackprämie als Ausnahmejahr ausgeklammert. Es sind das Durchschnittsalter und der Kilometerstand bei Gebrauchtwagen von fünf Jahren und 63.200 km im Jahre 2000 auf 6,4 Jahre und 80.990 km angestiegen. Der Fahrzeughalter setzt aufgrund qualitativer Verbesserung der Fahrzeuge und aufgrund gestiegener Neufahrzeugpreise auf eine längere Haltedauer. Betrachten wir zudem die Entwicklung der verfügbaren Einkommen und schauen wir die Größenordnungen an, die heute den Finanzierungsbedarf bei der Ersatzbeschaffung ausmachen, so „belasten" diese primär die Autofahrer und führen zu verstärkter Kaufzurückhaltung.

 Mehr und mehr Autofahrer verhalten sich monetär solider, specken ihre automobilen Ausgaben ab und entscheiden sich für klassisches Downsizing, also für Klein- wie für Kompaktwagen. Niedrigere Preise, niedriger Verbrauch!

Nachdem Volkswagen 2006 als Preisinstrumentarium die Neuwagenflatrate einführte, wird die Gebrauchtwagenflatrate seit März 2010 im Gebrauchtwagenbereich von den Autospezialbanken (Santander, BDK) offeriert. Das Kfz-Gewerbe will dem Erwerber das Kostenrisiko berechenbar machen.

War es früher selbstverständlich, dass jeder mit seiner Volljährigkeit zur Führerscheinprüfung ging, so zeigt sich gerade in Ballungszentren dafür auffällige Reserviertheit. Es machten in der Spitze pro Jahr 940.000 junge Menschen den Führerschein. Heute sind es ca. 700.000.

Das Neuwagenrabattverhalten wie die stetigen Verkaufsförderungsaktionen haben in den zurückliegenden Jahren weitere „Blüten" erfahren. Das klassische Gebrauchtwagengeschäft hat sich strukturell im Markenhandel verstärkt zum **Marktbereich „junge Gebrauchtwagen"** verschoben und kannibalisiert das Neuwagengeschäft. Der Pool der „jungen Gebrauchten" nährt sich aus Leasing-, Mietwagen-, Flottenrückläufern, aus der Vermarktung von Werkswagen, Lager- und Vorführfahrzeugen sowie Tages- oder Kurzzulassungen. Abbildung 12 zeigt die Kriterien beim Gebrauchtwagenkauf. Sehen wir dennoch die mentale Klasse eines Gebrauchtwagens: Er ist in seiner individuellen Typ-, Motor-, Ausstattungs- und Farbkombination sowie durch seine Fahrzeughistorie in Laufleistung, Alter und Zustand ein absolutes Unikat. Mögen die Gebrauchtwagenbörsen diese Einzelstellung nicht durch eine überdrehte Anzahl an Angeboten, auf die zugegriffen werden kann, monotonisieren. Der Kunde wünscht sich ein unverwechselbares Auto. Vier von fünf Kunden entscheiden sich stets für die Marke, die der Händler vertritt. Fazit: Junge Gebrauchte sind zunehmend 1. Wahl für Privatkunden.

Über diese Vertriebsschiene greifen die Hersteller zunehmend direkt ins Gebrauchtwagen-

2010 Beurteilung: 1 = sehr wichtig, 4 = unwichtig	
Kriterium	**Wichtigkeit**
Anschaffungspreis	1,4
Kraftstoffverbrauch	1,7
Aussehen	1,8
Ausstattung	1,9
Wartungsfreundlichkeit	1,9
Ersatzteilversorgung	2,0
niedriger Kilometerstand	2,0
Umweltverträglichkeit	2,3
Dichte d. Kundendienstnetzes	2,3
Garantieumfang	2,5
Wiederverkaufswert	2,5
Prestigewert	2,7
Paketlösungen	2,9
Finanzierungsangebote	2,9
günstige Hereinnahme des Vorwagens	3,0

Abb. 12: Kriterien beim Gebrauchtwagenkauf (Quelle: DAT)

geschäft ein. An „Jungwagen", d.h. erste Besitzumschreibung innerhalb von zwölf Monaten, sprechen wir von einer jährlichen Gesamtmenge von 900.000 Fahrzeugen. Diese Wandlung zum „Jungwagen" wirkt sich auch auf den Preisabstand zum Neufahrzeug aus.

Wird beim Neuwagen ein Preis zwischen 85 und 90 Prozent der UPE erreicht, so liegt die Marge beim Vorführwagen zwischen 73 und 85 Prozent der UPE, beim Werks- und Dienstwagen sowie bei Promotions Cars zwischen 68 und 80 Prozent der UPE und bei den Leasingrückläufern in normalen Zeiten unterhalb von 65 Prozent der UPE – je nach Laufzeit und Fahrzeugmodell. Es sei abermals die Feststellung getroffen, dass sich die gesamte Preislandschaft aufgrund der Rabattspirale im Neuwagensektor weiter abwärts verschoben hat. Dies führt wiederum dazu, dass es in der Kaufentscheidung zwischen Neuwagen- und Gebrauchtwagenmarkt Wanderungsbewegungen gibt, was sich auf die Verkaufsmenge auswirkt.

Der Markenhandel hat mit den „Jungwagen" nicht nur die qualitativ besten Gebrauchtwagen auf dem Hofe stehen, sondern zwangsläufig ein höheres Gebrauchtwagendurchschnittspreisniveau, das 2010 zwischen 9.000 und 16.000 Euro, im Schnitt bei 12.700 Euro lag. Die hohe Preissensibilität bei gleichzeitig steigendem Anspruchsniveau an die Fahrzeuge und Dienstleistungen spiegelt das Dilemma Kostendruck der Branche wider.

Die eben gemachten Ausführungen zeigen, dass Automobilhersteller wie Importeure die strategische Bedeutung des Gebrauchtwagengeschäftes erkannt haben. In der Tat, bei gegebener Modellvielfalt und deren expansiver Wirkung in der Zukunft lässt sich ein erfolgreiches Neuwagengeschäft nicht ohne Gebrauchtwagen realisieren. Das Gebrauchtwagengeschäft ist außerdem wichtiger Stabilisator für die Werkstattauslastung und damit für das Teilegeschäft des Herstellers. Strategisch sind mittelfristig also die Erträge im Autohaus über den Sektor Gebrauchtwagen spürbar auszubauen. Wie kann das gelingen? Über eine langfristig angelegte (internationale)

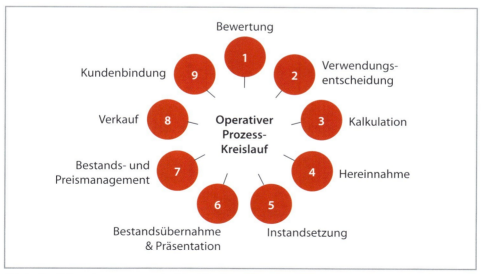

Abb. 13: Der Gebrauchtwagenprozesskreislauf (Quelle: MD)

Gebrauchtwagengesamtstrategie zwischen Handel und Hersteller. Der Hersteller hat damit ein wichtiges Steuerungsinstrument für die eigenen MarkenPotenziale, kann Marktunebenheiten egalisieren, qualitative Beurteilungskriterien über die eigenen Fahrzeuge erhalten (Produktqualität), die Restwerte steuern und hochhalten, Vermarktungsstrategien der Rückläufer umsetzen, die Gebrauchtwagenpolitik für „junge Gebrauchtwagen" prägen, internationale Ausformungen entwickeln, auf den gesamten Lebenszyklus eines Fahrzeuges einwirken, auf aktuelle Marktveränderungen reagieren bzw. den Gesamtbereich Verkauf am Markt aktiv gestalten.

Gebrauchtwagenmanagement wird gemeinhin im Autohaus als die „Königsdisziplin" bezeichnet. Weshalb? Es werden sämtliche Funktionen – siehe Abbildung 13 –, also vom Einkauf, der Aufbereitung, der Präsentation (physisch wie im Internet) bis hin zum Verkauf im Autohaus, selbstständig gestaltet, organisiert, kontrolliert und das alles in der Regel über personell eigene Ressourcen. Die Kosten pro Standtag liegen pro Gebrauchtwagen im Autohaus je nach Fahrzeugmodell, Fahrzeugalter, gefahrener Kilometer und Ausstattung zwischen zehn und 15 Euro. Sprich, die Kostenstruktur liegt wettbewerblich eng beieinander. Der eigentliche Erfolgsunterschied von Autohaus zu Autohaus liegt im Bruttoertrag. Den maßgeblichen Unterschied macht somit der Einkauf aus. Als Haupteinkaufsquelle beim Vertragshandel stehen:

- die Hereinnahmen zu 70 Prozent an erster Stelle,
- 22 Prozent der Gebrauchtwagen werden über Auktionen bzw. den Großhandel zugekauft,
- sechs Prozent über Werkswagen und
- zwei Prozent sind Mietwagen bzw. Leasingrückläufer.

Weitere Beschaffungsquellen sind:
- Online-Gebrauchtwagenbörsen,
- Fahrzeugauktionen,
- Ankauf von Privatpersonen,
- Gebrauchtwagen/Gebrauchtwagentausch,
- Zukauf von anderen Händlern,
- Zukauf von Banken,
- Einkaufsgemeinschaften.

Allein das Sortiment der beiden größten deutschen Fahrzeugbörsen besteht aus ca. 1.800.000 Fahrzeugen (2010) bei autoscout24.de und 1.400.000 Fahrzeugen bei mobile.de (2010). Die eigentlichen Ertragsstellhebel im Markenautohaus bilden neben durchgängiger Prozessqualität die „richtige Sortimentsmischung" im Zukauf und das Standzeitenmanagement und damit auch eine Optimierung in der Bestandsfinanzierung. Im Markenhandel sollte im Gebrauchtwagengeschäft eine Bruttoertragsexplosion stattfinden!

Wie verteilt sich der Gebrauchtwagenmarkt? Im DAT-Format zerfällt er in die drei Teilmärkte „Neuwagenhandel", „Gebrauchtwagenhandel" und „Privatmarkt". Laut DAT-Report hat sich der Neuwagenhandel seit 2001 von 33 Prozent auf einen Marktanteil von 38 Prozent im Jahr 2010 verbessert. Der Anteil des Privatmarktes ging von 53 Prozent auf 45 Prozent zurück. Der reine Gebrauchtwagenhandel legte von 14 Prozent in 2001 auf 17 Prozent in 2010 zu. Analysiert

GEBRAUCHTWAGENMANAGEMENT

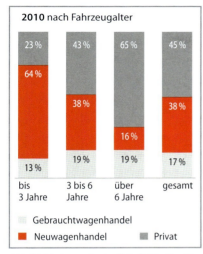

Abb. 14: Marktanteile der Teilmärkte (Quelle: DAT)

> **TIPP** Der Markenhandel sollte seine Profile schärfen! Dazu gehören beispielsweise Kundenbindungspakete, die eine zielgruppengenaue Ansprache ermöglichen, vor allem in der Fahrzeugaltersklasse zwischen drei und sechs Jahren.

man den Markt nach der Altersstruktur der Besitzumschreibungen, verschieben sich die Anteile der einzelnen Marktparteien. Abbildung 14 zeigt auf, dass der Neuwagenhandel bei Fahrzeugen zwischen drei und sechs Jahren mit 38 Prozent quasi auf der Strecke bleibt. Bei Fahrzeugen bis zu drei Jahren liegt der Neuwagenhandel noch mit 64 Prozent ganz deutlich vorne im Rennen.

Nachdem der Gebrauchtwagenkuchen nicht größer wird, kann der Markenhandel nur in den Becken des „Privatmarktes" oder des „Gebrauchtwagenmarktes" fischen. Hinzu kommt, dass die Zahl der Mitbewerber im Gebrauchtwagengeschäft größer als im Neuwagengeschäft ist. Außerdem tun sich – wie nachstehend gezeigt wird – noch weitere Gebrauchtwagenanbieter auf.

Jeder zweite Führerscheinneuling kauft sich als Erstfahrzeug einen Gebrauchtwagen. Wie erfolgt die Ansprache? Was passiert mit den 30 Mio. Autofahrern, die älter als 50 Jahre sind? Welche Gebrauchtwagen stehen für diese Zielgruppe im Fokus? Außerdem sollte der Fachhandel die **Kernelemente der Handelsleistungsfaktoren** immer wieder sichtbar ausstellen, von der Besichtigungsmöglichkeit, der Nachkaufbetreuung, der Garantie bis zum Werkstattservice. Abbildung 15 gibt den Leistungsspiegel des Handels im Urteil der Gebrauchtwagenkäufer wider. Als weitere Differenzierungsfaktoren im Gebrauchtwagengeschäft des Markenhandels seien genannt:

- Gebrauchtwagengarantie (Sicherheit),
- Gebrauchtwagenfinanzierung,
- Kfz-Versicherung,
- Gebrauchtwagenprobefahrt,
- Geld-zurück-Garantie (Umtauschrecht),
- Rückkaufversprechen,
- Beratung,
- Qualität,
- KD-Serviceleistungen,
- Zukunftsbetreuung,
- Ansprechpartner rund um das Automobil,

AUTOHAUS-MANAGEMENT

- Fahrzeugpräsentation,
- freier Zugang,
- Fahrzeugauszeichnung,
- Gebrauchtwagenprospekte für das einzelne Fahrzeug,
- Gebrauchtwagen-IT-/Internet-Bewertung,
- Gebrauchtwagenbörsenanalysen,
- Gebrauchtwagenschiedsstelle,
- individuelles Gebrauchtwagenbordbuch.

Abb. 15: Handel im Urteil der Gebrauchtwagenkäufer (Quelle: DAT)

3.2 Gebrauchtwagenstrukturveränderungen 2002 bis 2012

Mit der GVO 2002 mutierten gerade größere Handelsbetriebe vom Einmarken- zum Mehrmarkenhändler. Das hat zwangsläufig einen erweiterten Markenbestandsmix auf den Gebrauchtwagenplätzen zur Folge. Mehr und mehr Markenhändler separieren das Gebrauchtwagen- vom Neufahrzeuggeschäft bzw. nehmen Differenzierungen vor und schaffen so die Händlergebrauchtwagenmarke. Deutschland zählt mit Großbritannien und Frankreich zu den größten und dynamischsten Gebrauchtwagenmärkten in Europa. Primärer Grund: Die Käufer sind stark gebrauchtwagenorientiert. Gerade die größten Automobilhändler engagieren sich inzwischen –

GEBRAUCHTWAGENMANAGEMENT

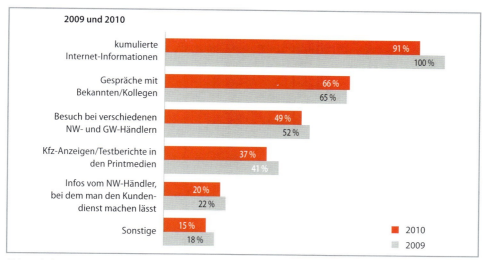

Abb. 16: Informationsverhalten von Gebrauchtwagenkäufer (Quelle: DAT)

dank Internet – mit sichtbarer (europäischer) Internationalisierung. Der „freie Gebrauchtwagenhandel" hat sich vielfach weg vom sogenannten „Schotterplatz" entwickelt und versteht sich als Nischenanbieter. Deutschlands größter freier Händler, die „AutoWelt" in Leipzig/Brehna, vermarktet an elf Standorten mit 250 Mitarbeitern pro Jahr 30.000 Fahrzeuge. Derartige „Gebrauchtwagendealer" verkörpern heute hochprofessionelle Gebrauchtwagencenter. BMW setzte 2003 mit dem BMW Zentrum Gebrauchte Automobile in Fröttmaning (Allianz-Zentrum) Markenzeichen. 2005 folgte in Dreieich bei Frankfurt ein weiteres Zentrum. Auf diesen Großmärkten werden vor allem junge Gebrauchtwagen, Werkswagen, Jahreswagen, Leasingrückläufer, Tageszulassungen u. a. verkauft – pro Jahr etwa 12.000 Einheiten.

Große Veränderungen sind beim Remarketing für die „jungen Gebrauchtwagen" wie für die älteren Fahrzeuge, sei es über den Weg der Auktionen bzw. über das Internet, auszumachen. Abbildung 16 zeigt eine weitere Strukturveränderung der vergangenen Jahre auf, nämlich ein verändertes Informationsverhalten von Gebrauchtwagenkäufern. Gebrauchtwagenkäufer sehen sich unabhängig vom Internet im Schnitt bei fünf bis sechs Händlern um, bevor sie ihre Kaufentscheidung treffen. Der Gebrauchtwagenmarkt ist Sucher-, Seher- wie Käufermarkt. Je größer die Auswahl am Platze ist, desto höher ist die Zahl der potenziellen Kunden. Sortimentsstarke Gebrauchtwagenmarkenhändler erwirtschaften bessere Bruttoerträge als sortimentsschwache.

 Im Schnitt hält der deutsche Markenhändler etwa 35 Gebrauchtwagen vor. Ziel sollten 80 bis 100 sein, optimal wäre – je nach Standort – ein Fahrzeugpool zwischen 200 und 400 Einheiten. Dahinter steht Kompetenz! Damit wird für kleinere Betriebe die Notwendigkeit zur Gebrauchtwagenkooperation offensichtlich.

Autovermieter vermarkten ihre Mietwagenflotte oft über (freie) Händler. Die meisten Leasinggesellschaften vermarkten ihre Rückläufer nach Ablauf der Vertragslaufzeit über Händler wie über Privatkunden. Mit zu den gravierenden Strukturveränderungen im Gebrauchtwagengeschäft gehört das Rundumpaket der E-Commerce-Aktivitäten.

3.3 Gebrauchtwagenbörsen

Das Medium Internet hatte seinen Start in der Automobilbranche 1998. Die Zahl der Verkäufe, die über das Internet angebahnt werden, wächst von Jahr zu Jahr und liegt je nach Betrieb zwischen zehn und 25 Prozent. Abbildung 17 gibt einen Überblick über die wichtigsten Autobörsen. Und welche Hersteller sind mit Gebrauchtwagenbörsen vertreten? Abbildung 18 zeigt sie in der Gesamtschau. Importeure arbeiten oft mit einer der großen Börsen zusammen. Händler nutzen die Online-Plattformen nicht nur für den Ver- und Zukauf, sondern auch zur Bewertung

Online-Börse	Domain	Fahrzeugbestand	Anzahl Händler	Händlerkosten	Social-Media-Unterstützung
Auto.de	www.auto.de	554.321 Fahrzeuge	8.751	kostenfreies Konto sowie das Auto.de Premium Paket ab 1,99 Euro pro Fahrzeug im Monat für extra verkaufsfördernde Maßnahmen	iPhone App für Marktplatz und Magazin, mobile Webseite m.auto.de vorhanden, Android App ab Q4/2011, Facebook-App ab Q4/2011
Autobild.de	http://gebrauchtwagen.autobild.de, http://klassikmarkt.autobild.de	Start im März 2010, über 100.000 Angebote, eigener Markt für Young- und Oldtimer bei Auto Bild Klassik	Über 5.000 Anbieter, steigender Händlerbestand im vierstelligen Bereich	49 Euro pro Monat bei unbegrenzter Fahrzeuganzahl inklusive Händlerseite mit Händler-Fahrzeugen; crossmediale Bewerbung des Automarkts und einzelner Anzeigen in den Printtiteln	k.A.
Autoscout24	u.a. www.autoscout24.de, www.autoscout24.at	europaweit 1,8 Mio. Neu- und Gebrauchtwagen, rund 90.000 Motorräder und 100.000 Nutzfahrzeuge bei Truckscout24	europaweit mehr als 37.000 Händlerkunden	abhängig von der Anzahl der Stellplätze, die in einem Abrechnungsmonat genutzt wurden; kleinste Staffel (bis zwei Stellplätze) kostet 39 Euro im Monat (Einstellen, Aktualisierung unbegrenzt kostenlos, Finanzierungs- und Leasingdaten enthalten); keine Mindestlaufzeit, Kündigungsfrist ist ein Monat zum Monatsende	kostenlose Facebook-App: Einbindung der Autoscout24-Inserate in das eigene Facebook-Profil; Youtube Video-Inserate: Händler können Fahrzeugvideos kostenlos auf Youtube einbinden, sichtbar unter www.youtube.com/Autoscout24 und in der Detailansicht des Inserats; iPhone-, Android- und Web-App
Car4you Österreich	www.Car4you.at	ca. 49.000	ca. 1.350	145 Euro pro Monat für Willhaben und Car4you; 122 Euro bis 30 Fahrzeuge im Schnitt; Eingabe bei Car4you	Mobile Version verfügbar für Willhaben, Car4you in wenigen Wochen
Gebrauchtwagen.at	www.gebrauchtwagen.at	ca. 60.000	ca. 1.750	ab 99 Euro pro Monat	iPhone App, Android-App, mobile Website, Facebook-App in Arbeit
Gebrauchtwagen.de	www.gebrauchtwagen.de	ca. 600.000 Gebrauchte, Neu- und Jahreswagen	mehr als 5.700 Händler	kostenlose Nutzung	„Gefällt mir"-Button von Facebook in jedem Fahrzeugexposé, „+1"-Button von Google Plus in Kürze; zusätzlich werden über den Twitter-Kanal regelmäßig aktuelle Angebote verbreitet; App für iPad und iPhone in Arbeit
Kalaydo	www.kalaydo.de	ca. 180.000 Neu- und Gebrauchtwagen	ca. 500	Starter-Paket für 39 Euro mtl. (dreimonatige Testphase); Flatrate für 69 Euro mtl. (inserieren ohne Limit)	eigene iPhone-App
Mobile.de	www.mobile.de	1,4 Millionen	ca. 35.000 in Deutschland/40.000 europaweit	zwei Monate kostenlose Testphase mit eigener Homepage und Zugang zum Mobile.de-Händlerbereich; anschließend zahlen Händler eine monatliche Gebühr, die sich nach der Anzahl der eingestellten Fahrzeuge richtet; insgesamt gibt es 15 relevante Preisstaffeln, die bei 49,99 Euro beginnen	kostenlose iPhone-App zur Suche nach Pkw, Motorrädern, Wohnmobilen bzw. -wagen und Nutzfahrzeugen; mobile Version der Webseite unter http://m.mobile.de; kostenlose Facebook-Applikation, mit der Pkw- und Motorradhändler ihre inserierten Fahrzeuge auf ihrem Unternehmensprofil bei Facebook abbilden können
Pkw.de	www.pkw.de	ca. 570.000	ca. 6.500	für private Autoverkäufer: kostenloses Inserieren; für professionelle Händler: Einsteigerpaket 6 Monate für 199 Euro. Servicepakete Small, Basic und Premium starten ab 59 Euro monatlich	Facebook-Seite, Twitter-Account, Facebook-App (Fahrzeugbestand des Händlers wird im sozialen Netzwerk präsentiert); „pkw.de-HD"; iPad wird für Händler zum Verkaufstool
Webauto	www.webauto.de	ca. 230.000	ca. 2.300	ab 69 Euro	Erstellung einer Facebook-Fanpage inkl. Vernetzung der Autohaus-Webseite mit Facebook (Einbindung des „Gefällt mir"-Buttons); Einbindung einer Facebook „Like Box" auf der Webseite; Erstellung von Facebook-Werbeanzeigen; Anbindung an Twitter, an YouTube-Account und Einbindung von YouTube-Videos; Integration der RSS-Technologie
Webmobil24	www.webmobil24.de	k.A.	ca 7.500	Fahrzeuge auf nat. Seiten von Webmobil24 für Händler kostenfrei, bei Buchung eines der Dienstleistungsmodule: Grundpreis 30 Euro zzgl. 0,25 Euro pro Fahrzeug und pro Modul	kostenlose iPhone-App
Willhaben.at/Motor	www.willhaben.at/gebrauchtwagen	ca. 66.000	ca. 1.250	145 Euro pro Monat für Willhaben und Car4you; 122 Euro bis 30 Fahrzeuge im Schnitt; Eingabe bei Car4you	mobile Version verfügbar für Willhaben, Car4you in wenigen Wochen

Abb. 17: Online-Börsen (Quelle: GW-*trends* 5/2011)

GEBRAUCHTWAGENMANAGEMENT

HERSTELLER/FAHRZEUGART	GW-BÖRSE	SUCHAUFTRAG	ONLINE-ANGEBOTSANFRAGE	FINANZIERUNGSANGEBOT	BESTELLUNG + KAUF	AUSLIEFERUNG BZW. FAHRZEUGABHOLUNG
Volkswagen						
Gebrauchtwagen	✓	✓	✓	✓	Händler	Händler
Geschäftswagen (VW Kon.)	S	✗	✓	✓	Händler	Händler
Jahreswagen (MA)	S	V	✓	✓	MA	MA
Audi						
Gebrauchtwagen	✓	✓	✓	✓	Händler	Händler
Werksdienstwagen (Audi AG)	S	✗	✓	✓	Online	Händler, KC Ingolstadt
Opel						
Gebrauchtwagen	✓	✓	✓	✓	Händler	Händler
Privatangebote	✓	✓	✓	✗	Anbieter	Anbieter
Jahreswagen (MA)	S	✗	✗	✗	MA	MA
Ford						
Gebrauchtwagen	✓	✗	✓	✓	Händler	Händler
MA-Fahrzeuge	✓	✗	✗	✗	MA	MA
Jahreswagen (Ford AG)	✓	✗	✓	✓	Händler	Händler
Mercedes-Benz						
Gebrauchtwagen	✓	✗	✓	✓	Händler	Händler
Jahreswagen (MA)	✓	✗	✓	✓	Händler	Händler
Werkswagen (DC)	✓	✗	✗	✓	Händler	Händler
„Junge Gebrauchte"	S	✗	✓	✓	Online	Frei Haus
BMW						
Gebrauchtwagen	✓	✓	✓	✓	Händler	Händler o. frei Haus
Geschäftswagen (BMW Gr.)	✓	✓	✓	✓	Händler	Händler o. frei Haus
Jahreswagen (MA)	✓	✓	✓	✓	MA	MA

✓: wird angeboten
✗: wird nicht angeboten
S: separate Börse
V: Vermittlungsformular
MA: Mitarbeiter

Abb. 18: Die Gebrauchtwagenwebsites der Hersteller [Quelle: Hannes Brachat (Hrsg.): Autohaus Management 2015, S. 216]

und Einpreisung ihrer Fahrzeuge. In den geschlossenen Händlerbereichen der Autobörsen haben sie die Möglichkeit, sich mit Händlerkollegen auszutauschen und ihr Fahrzeugsortiment zu aktualisieren. Jetzt steht die Integration von Web 2.0 oder mehr und mehr Social Media an (YouTube, Twitter, Live-Chats). Andere setzen Mitarbeiter als spezialisierte Ansprechpartner in ein Call-Center. Google Analytics offeriert ein Websitetracking. Wie wird die User-Frequenz in den Suchmaschinen optimiert?

TIPP Dem Internetkunden ist grundsätzlich die gleiche Aufmerksamkeit wie dem Ladenkunden entgegenzubringen. Für den professionellen Internetein- und -verkauf bedarf es spezialisierter Mitarbeiter.

3.4 Gebrauchtwagenauktion – unterm Hammer!

Fahrzeugauktionen werden als Einkaufsquelle und Vertriebsweg immer beliebter. Die Händler können live vor Ort im Auktionshaus oder am PC mitsteigern. Je nach Auktionshaus kommen pro Auktion zwischen 400 und 1.000 Fahrzeuge unter den Hammer. Der Start für die Online-Auktionen wurde 2001 (eBay-motors) gelegt. BCA (British Car Auctions) führt in Deutschland seit 1998 in neun Auktionszentren physische Auktionen durch, die seit 2002 gleichzeitig online übertragen werden. BCA versteigert als Marktführer pro Jahr bei Live- und Online-Auktionen 140.000 Fahrzeuge. Diese Auktionen werden für unterschiedliche Kundengruppen in allen Segmenten durchgeführt, also Jungwagenauktionen, Top-Car-Auktionen, Leasingauktionen u.a. Abbildung 19 zeigt die Auktionshäuser in Deutschland auf. Diese sind inzwischen zum Full-Service-Partner des Handels geworden. Das Spektrum reicht vom Einsatz eines Gutachters, der Fahrzeugabmeldung,

Auktionshaus	Standorte	Auktionsformate	Kosten für den Einlieferer/Käufer	verauktionierte Fahrzeuge 2010/ Ziel 2011	Marken	Sonderthemen	Ansprechpartner
Auktion und Markt AG	Hamburg, Berlin, Braunschweig, Leipzig, Rhein-Ruhr, Frankfurt-Süd, Stuttgart, München; Intern. Vertretungen in Spanien, Belgien, Polen, Rumänien, Lettland	Live vor Ort, Online auf Autobid.de in 22 Sprachen und Netlive (Kombination Live, Online)	Einlieferer: Begutachtung/Auktion für 40 Euro netto, Pauschale von 160 Euro netto; Für Käufer: 2,2% vom Zuschlagspreis, mind. 185 Euro netto	2010: 64.000 Fahrzeuge; Ziel 2011: 70.000 Fahrzeuge	Schwerpunkt: BMW, Mercedes-Benz, Audi, VW	BMW Young Used Cars (geschlossener Händlerkreis); Polizeifahrzeuge, Behördenfahrzeuge, Insolvenzen, Nutzfahrzeuge, Baumaschinen	Marc Berger, Geschäftsführer Auktion & Markt AG, Tel.: 06 11/2 05 16 13, mberger@auktion-markt.de
Autorola GmbH	Hamburg und Frankfurt. Steuerung des internationalen Geschäfts in Frankfurt; 14 Niederlassungen in Europa; 2 weltweit: Australien, USA	nur Online-Auktionen: Spezialauktionen, Themenauktionen, elektronische Live-Auktionen, offene Auktionen	Für Einlieferer: 150 Euro; Käufer: Kaufgebühr in Abhängigkeit vom Mindestpreis (150 Euro bis 400 Euro)	2010: ca. 58.000, Ziel 2011: >58.000	alle	Online-Lösungen im Automotive-Bereich entlang des gesamten Vermarktungsprozesses, eigene Plattformen powered by Autorola	Joseph Caruso, Managing Director, Tel.: 0 40/18 03 70 95, jca@autorola.de
BCA Autoauktionen	Hamburg, Berlin Ost, Berlin Süd, Hannover, Neuss, Groß-Gerau, Heidenheim, Stuttgart, München sowie el. Niederlassung BCA Online; europaweit 47 Zentren	Vor Ort-Auktion im Auktionszentrum; Auktionsteilnahme über das elektronische Biet-System BCA Liveonline parallel zu den Händlern in der Halle und reine Online-Runden	Einlieferer: 35 Euro; bei Verkauf 2,2% vom Zuschlagspreis (mind. 185 Euro); Für Käufer: 2,2% vom Zuschlagspreis (mind. 185 Euro), Gebühren für Dienstleistungen wie Fahrzeugexport, Fahrzeugpapiere etc.	2010: 148.000, Ziel 2011: 165.000	sämtliche Herstellermarken bei Transporter- und Lkw-Hersteller	über 40 Themenauktionen	Henning Boonen, Manager Marketing & Business Development, Tel: 0 21 31/ 3 10 05 10, h.boonen@autoauktionen.de
Carsontheweb Deutschland GmbH	reiner Online-Vertrieb; Hauptverwaltung in Tienen, Belgien; Carsontheweb Deutschland GmbH mit Sitz in Amberg	B2B-Online-Auktionen: Dynamische Auktion (mit verdecktem Mindestpreis), Zielpreisauktion (dyn. Auktion mit sichtbarem Freigabepreis), Sofortkauf-Auktionen, Blindauktionen / Ausschreibungen	Einlieferer: im Erfolgsfall, verhandelbar; Käufer: 115 Euro netto pro Fahrzeug zzgl. Country-Fee (in Abhängigkeit vom Herkunftsland des Fahrzeugs, in Deutschland: 45 Euro netto)	2010: 12.800; Ziel 2011: 18.000	alle Marken, Modelle, Laufleistungen, Schwerpunkt Leasingrückläufer, Inzahlungnahmen, leichte Nutzfahrzeuge	wöchentlich spezielle Unfallwagenauktionen mit Unfallwagen aus ganz Europa	Reiner Sirtl, General Manager, Tel.: 09 62 17/ 88 26 11, reiner@carsontheweb.de; Thomas Bala, Commercial Director, Tel.: 01 76/10 35 39 73, thomas.bala@carsontheweb.de
Manheim Germany operated by Auction4you GmbH	Neuburg vorm Wald, Düren	physische Auktionen inkl. Simulcast, Online-Plattform	Einlieferer: 50 Euro plus 2,35% vom Zuschlagspreis, mind. 200 Euro; Käufer: 2,35% vom Zuschlagspreis, mind. 200 Euro; bei Netto-Auktionen jeweils 2,8% vom Zuschlagspreis, mind. 220 Euro	2010: 25.000; Ziel 2011: 35.000	alle	regelmäßige Nutzfahrzeugauktionen an beiden Standorten	Melanie Kimmel, Manager Customer Care, Tel.: 0 24 21/ 5 54 92 05, melanie.kimmel@manheim.eu

Abb. 19: Gebrauchtwagenauktionen (Quelle: GW-*trends*, 5/2011)

der Brieferstellung, der Aufbereitung, der Reklamationsbearbeitung, des Zweitschlüssel sowie des Briefhanding bis hin zu Inkasso bzw. Finanzierung und Fahrzeugzustellung. Gebrauchtwagenauktionen können im Gebrauchtwagenhandel noch intensiver für Gebrauchtwagenremarketing und Bestandsoptimierung genutzt werden.

3.5 Konzeption der Gebrauchtwagenherstellerprogramme

Die meisten Hersteller haben eigene Gebrauchtwagenprogramme. Abbildung 20 zeigt punktuell deren Inhalte. Unter das Dach der CI fällt die „Gebrauchtwagenmarke" als Teil der Herstellermarke. Es sind aber Programmpakete, keine international rechtlich geschützten Marken. Die Ausnahme ist „Weltauto", die Gebrauchtwagenmarke, die Volkswagen 2010 von PIA, Salzburg, übernommen hat. Andere „Marken" sind Audi Gebrauchtwagen *:plus*, BMW Premium Selection, Fiat Auto Export, Citroën Eurocasion, Ford A1 Programm, Hyundai Gecheckt & Perfekt, Jaguar First Class Quality, LexusSelect, Mercedes-Benz Junge Sterne, Opel Zertifizierte Gebrauchtwagen, Peugeot Qualitäts-Gebrauchtwagen, Renault 7-Sterne-Gebrauchtwagen. An den „Alibi-Markenbezeichnungen" erkennt man vielfach deren internationale Ausrichtung. Bislang beteiligen sich je nach Hersteller zwischen 50 und 80 Prozent der Händler an den empfohlenen Gebrauchtwagenprogrammen. Eine (internationale) Flächendeckung ist nicht gegeben. Ist die „Gebrauchtwagenmarke" wirklich Teil der Marke? Man stelle sich eine geschlossene Gebrauchtwagenpräsentation im Autohaus vor, Neu- und Jungwagen würden immer weniger differieren. Nicht zuletzt haben die Käufer junger Gebrauchtwagen eine vergleichbare Erwartungshaltung wie die Neuwagenkunden und orientieren sich sehr stark an fabrikatsspezifischen Angeboten. Tatsache ist, ein Gebrauchtwagen kann nie besser als der Neuwagen der gleichen Marke sein. Welcher Kunde erfasst die aufgeführten „Programme" als Marke? Sind viele Marken nicht austauschbar? Wäre es nicht viel sinnvoller, der Markenhandel würde sich auf eine einheitliche überfabrikatliche Gebrauchtwagenmarke festlegen, diese mit Inhalt füttern und unisono kommunizieren?

Das Autohaus und die Marke sind nur so gut wie die Mitarbeiter! Der Gebrauchtwagenverkaufsprofi bestimmt zu 50 Prozent das Erfolgsgeschehen. Mehr und mehr Marken fordern den spezialisierten, sprich „zertifizierten Gebrauchtwagenverkäufer". Der einzelne Verkäufer ist im direkten Kundenkontakt der, der die wichtige Quelle des Markenwissens in sich trägt. Markenimage und Markenbekanntheit tragen wesentlich zum Markenvertrauen bei. Nicht nur das, er verkörpert, ja personifiziert die Marke. Markenzufriedenheit und Markenvertrauen bilden die Markenbindung.

Abb. 20: Herstellergebrauchtwagenprogramme (Quelle: Hannes Brachat)

3.6 Die Gebrauchtwageneigenmarke im Automobilhandel

Neben der Herstellergebrauchtwagenmarke gehen mehr und mehr Händler dazu über, ihre eigene Gebrauchtwagenmarke, sprich Händlermarke, zu etablieren. Gelegentlich weist der Gebrauchtwagenplatz einen separaten Standort auf. Oder es werden unter dem Gebrauchtwagenmarkendach des einzelnen Händlers mehrere Gebrauchtwagenfilialen geführt. Der eine oder andere Händler trennt auch das Gebrauchtwagengeschäft rechtlich von seinem Markenhandelshaus. Abbildung 21 zeigt ein Beispiel am Autohaus Kohl in Aachen.

Abb. 21: Trennung des Gebrauchtwagengeschäfts vom Markenautohaus (Quelle: Hannes Brachat)

3.7 Gebrauchtwagen-Management-Systeme

Für die optimale Vertriebs- und Organisationsgestaltung im Gebrauchtwagengeschäft wurden inzwischen zahlreiche spezielle IT-Programme entwickelt. Zum Teil beinhalten sie die komplette Prozesskette des Gebrauchtwagengeschäfts, zum Teil stellen sie Speziallösungen dar, z. B. E-Mail-Beantwortung, Parkplatzmanagement, rasche Einmalerfassung der Daten, automatischer Import von Fahrzeugbeständen, Schnittstellen zu diversen Dealer-Management-Systemen, der Abgleich mit den Internet-Kfz-Börsen u. a. Abbildung 22 stellt die Inhalte von Gebrauchtwagen-Management-Systemen vor.

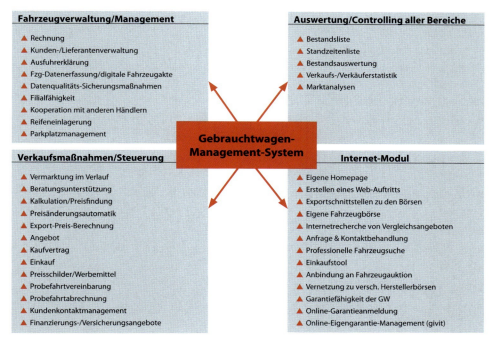

Abb. 22: Gebrauchtwagen-Mangement-Systeme [Quelle: Hannes Brachat (Hrsg.): Autohaus Management 2015, S. 228]

3.8 Gebrauchtwagen-Prozessmanagement

Der Gebrauchtwagenverkauf wird im Markenhandel der Zukunft eine stabilisierende Ertragssäule darstellen. Über das Gebrauchtwagengeschäft werden beispielsweise in den USA 50 Prozent des Gesamtertrages eines Autohauses erwirtschaftet, in Großbritannien 20 und in Deutschland zwischen fünf und zehn Prozent. Die Gesamtlage im Autohaus verlangt geradezu nach einer starken Gebrauchtwagenabteilung als eigenständiges Profit-Center. Der Gebrauchtwagensektor und der

Personalbereich (Verwaltung) sind die einzigen Unabhängigen gegenüber dem Hersteller. Und wer sollte nicht immer die Unabhängigkeitsgrade im Unternehmertum vor Augen haben?

Unbefriedigende Ergebnisse haben ihre Ursache in einem wenig attraktiven Gebrauchtwagensortiment, einer unprofessionellen Organisation, unzureichender personeller Qualifikation, einem schwachen Gebrauchtwagenimage und nicht zuletzt einer fragwürdigen Einstellung und Einschätzung des Geschäftes überhaupt. Wer das Gebrauchtwagengeschäft profitabel gestalten möchte, muss den Erfolgsfaktor Zeit beherrschen. Standdauer und professioneller Einkauf sind wichtige Erfolgsfaktoren. Das **Zusammenspiel von Produkt-, Preis-, Beschaffungs- und Kommunikationspolitik** sind die Grundlagen für möglichst kurze Standzeiten und hohe Bruttoerträge. Ergo: Aktives Bestandsmanagement und professionelle Einkaufspolitik betreiben. Dringlichkeitsklassen bilden. Oft sind Langsteher vor allem ein Hindernis aufgrund falscher oder unterlassener Entscheidungen.

Standards wie Prozesse haben den Sinn, auf allen Ebenen nach innen und außen Qualität zu produzieren. Die Schlüsselfehler werden ganz dominant im Einkauf und in der Prozesskonsequenz (Gebrauchtwagenproduktion) gemacht.

Die häufigsten Fehlerursachen sind:

- kein Gebrauchtwagenverantwortlicher,
- keine Gebrauchtwagenplanung (Markt, Jahresabsatz, Kapital),
- mangelhafter Gebrauchtwagenzukauf,
- keine klare Verantwortlichkeit bei der Einkaufspreisfindung,
- kein definierter Übernahmeprozess,
- keine Hereinnahmebewertung,
- keine Nachkalkulation,
- Unvollständigkeit der Unterlagen,
- mangelhafte Kommunikation im Betrieb,
- keine klare Prozessdefinition,
- keine Prozesssteuerung, -sicherheit.

3.9 Gebrauchtwagenbewertung und Preispolitik

Die marktgerechte Einpreisung ist für den Ertrag wie für kurze Standzeiten verantwortlich. Die einzigen Unbekannten im Gebrauchtwagengeschäft sind die Standtage sowie der Wiederverkaufspreis am Tag X. Entsprechend sollte die systematische Einzelbewertung vom voraussichtlichen Wiederverkaufspreis ausgehen. Dabei leisten heute die Gebrauchtwagenbörsen durch ihre regionalen Differenzierungsmöglichkeiten enorme Hilfen. Abbildung 23 zeigt das Grundschema für die Kalkulation. Darin werden Erfahrungswerte für „direkte Kosten" und „indirekte Kosten" genannt. Danach beträgt der Gesamtkostenaufwand pro Gebrauchtwagen im Branchenschnitt 1.105 Euro. Für jedes Fahrzeug ist eine Einzelkalkulation (inkl. Nachkalkulation) durchzuführen.

Bei der endgültigen Hereinnahme muss das Fahrzeug erneut begutachtet werden. Für die technische Prüfung ist eine Checkliste zu entwickeln.

KALKULATION GW-HEREINNAHME (EIGENGESCHÄFT)		
Verkaufspreis netto lt. Schwacke/DAT.		
Korrektur um:		
Mehr-/Minderkilometer, abweichende Erstzulassung, Mehr-/Minderausstattung, Mehrhalter als 1 pro 2,5 Fahrzeughalter, Einsatzart, Erhaltungszustand, Abnutzung, Vorschäden, individueller Marktzu- bzw. Abschlag		
ergibt Verkaufspreis netto		
abzüglich direkte Kosten:	Erfahrungswert:	
Instandsetzung:	175 €	
Aufbereitung:	140 €	
GW-Garantie:	125 €	
Fertigmachen:	75 €	
Verkäuferprovision:	125 €	
Werbung:	45 €	
Standzeit (9 €/Tag):	270 €	955 €
abzüglich indirekte Kosten:		
(Ausstattung, EDV, Telefon, Porto u.a.)		150 €
Durchschnittliche Gesamtkosten pro GW:		1.105 €
ergibt Hereinnahmepreis brutto		
Kommt es z.B. in Verbindung mit einem NW-Geschäft zur Überzahlung des Gebrauchtwagens, so ist die Differenz zwischen dem notwendigen und dem ermittelten richtigen Hereinnahmepreis vom Profitcenter Neuwagen zu tragen.		

Abb. 23: Grundschema der Gebrauchtwagen-Preisermittlung (Quelle: Hannes Brachat)

3.10 Der Absatzmotor Gebrauchtwagengarantie

Die Gebrauchtwagengarantie ist ein aktives Verkaufsförderungsmittel, dient markengebundenen und überfabriklich der Werkstattauslastung, einer besseren Kundenbindung und ist je nach strategischer Ausrichtung ein substanzieller Ertragsbringer.
Der Gebrauchtwagendurchschnittspreis im Fachhandel beträgt 12.000 Euro. Der Preis für die Gebrauchtwagengarantie liegt im Durchschnitt zwischen 190 und 250 Euro. Die Gebrauchtwagengarantie macht damit zwischen 1,5 und zwei Prozent vom Anschaffungswert aus. Kein

Kunde verzichtet auf die Neuwagengarantie! Und warum ist dies beim Gebrauchtwagen nicht selbstredend ein Muss?

Grundsätzlich ist zwischen der Gebrauchtwagengarantie beim Fachhändler und der Gebrauchtwagengarantie unter Privatleuten zu unterscheiden. Die Gebrauchtwagengarantie beim Fachhandel wird heute in der automobilwirtschaftlichen Theorie den „Automobilen Finanzdienstleistungen" zugeordnet. Danach wird eine grundsätzliche Unterscheidung nach:

1. Gebrauchtwagengarantie,
2. Anschlussgarantie und
3. Mobilitätsgarantie (Schutzbriefleistungen)

vorgenommen. Die meisten Automobilhersteller sprechen eine Empfehlung für einen bestimmten Gebrauchtwagengarantieanbieter aus oder betreiben über ihren Versicherungsvermittlungsdienst das Geschäft selbst.

 Der Händler ist – trotz anderslautender Aussagen diverser Außendienste – in der Handhabung seiner Gebrauchtwagengarantieauswahl frei.

Abbildung 24 zeigt die Differenzierung der klassischen Gebrauchtwagengarantie. Zum einen wird in der verbreitetsten Form die Gebrauchtwagengarantie als Full-Service-Garantie des Versicherungsgebers gefahren. Der Händler braucht sich weder um das Bedingungswerk noch um Formulare oder um die technische Abwicklung von Schäden kümmern.

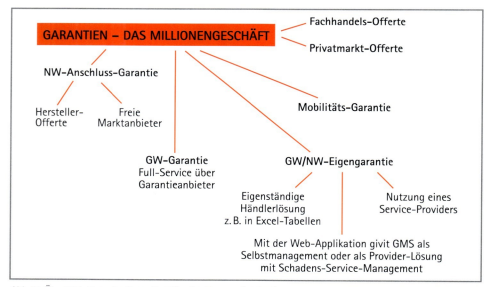

Abb. 24: Überblick über die Garantien (Quelle: Hannes Brachat)

Bei der zweiten Gestaltungsart, der „Gebrauchtwagen-Garantie-Kombi", wird die Abwicklung des Schadenmanagements über einen Dienstleister (Service-Provider) durchgeführt. Der Händler ist selbst Garantiegeber und nutzt quasi das Bedingungswerk und den Abwicklungsservice des Service-Providers. Das ist umgekehrt der Lohn für eine qualifizierte, gute technische Fahrzeugaufbereitung.

Mehr und mehr Händler entscheiden sich für die Gebrauchtwageneigengarantie. Dank Internet hat z. B. givit eine eigenständige Garantielösung für die Branche geschaffen und 2004 zu einem „Gebrauchtwagen-Garantie-Management-System" (GMS) entwickelt. Es können genau das Garantieprogramm, die -bedingungen und -prämien (als Garantieentgelte bzw. -rückstellungen) hinterlegt werden, mit denen der Händler heute schon arbeitet. Von der Rückstellungsbildung, der händlerindividuellen Garantievereinbarung für mehr und bessere Kundenbindung, der Regulierung mit und ohne Selbstbeteiligung sowie der Abwicklung im Garantiefall bis hin zum optimalen Reporting aller Varianten, das ist alles machbar. Die Eigengarantie wird für viele Autohäuser zum Maßanzug für die Zukunft!

3.11 Gebrauchtwagen-Kennzahlenmanagement

Kennzahlen sind Richtgrößen für das Alltagsgeschäft. Sie geben in der „kurzfristigen Erfolgsbetrachtung" Informationen über den gestalteten Ist-Zustand und sind wichtige Indikatoren für die zukünftige Ausrichtung. Bei der Beurteilung überfabriklicher Durchschnittswerte ist jeweils zu trennen zwischen den einzelnen Betriebsgrößen, den unterschiedlichen Marken, zwischen markengebundenem und freiem Handel, zwischen Endkunden- und Wiederverkäufergeschäft. Hinzu kommen die Abgrenzungsprobleme zwischen Neufahrzeug- und Gebrauchtwagengeschäft. Eine Kennzahl allein ist nie der alleinige Maßstab. Dennoch gibt es in der Bedeutung unterschiedliche Prioritäten. Der Gewinn pro Fahrzeug steht ganz oben an. Die Zielrendite im Gebraucht-

GEBRAUCHTWAGEN-KENNZAHLEN:	OPTIMUM:	IHR WERT:
Verkäufe Gebrauchtwagen je Gebrauchtwagenverkäufer	> 150	
Verkäufe Gebrauchtwagen im Verhältnis zum Neuwagenverkauf	0,8–1,2	
Durchschnittliche Standzeit (Gesamtbestand)	< 80 Tage	
Umschlagfaktor	> 6	
Anteil älter als 180 Tage	< 10 %	
Bruttoertrag	> 10 %	
Deckungsbeitrag 3	> 3 %	
Standkosten je Tag pro Fahrzeug	< 10 €	

Abb. 25: Gebrauchtwagen-Kennzahlen 2011 (Quelle: Schwacke)

wagengeschäft sollte bei vier Prozent Umsatzrendite liegen. Das bedeutet pro Fahrzeug einen Bruttoertrag von 21 Prozent! Hauptmanko ist der überbezahlte Einkauf! Abbildung 25 gibt einen Überblick über das Gebrauchtwagen-Kennzahlengerüst im Markenhandel.

4 Servicemanagement

4.1 Servicedimensionen

Der Bestand an Kraftfahrzeugen hat in Deutschland inzwischen eine Dimension von gut 50 Mio. erreicht. Dahinter stehen 42 Mio. zugelassene Pkw, 4 Mio. abgemeldete Pkw, rund 2,7 Mio. Lkw, 2 Mio. Zugmaschinen, 3,6 Mio. Krafträder, 90.000 Omnibusse und über 700.000 an „übrigen Kraftfahrzeugen". Sie alle haben Wartungs- und Reparaturbedarf. Der Pkw-Sektor schafft jährlich ein Gesamtserviceaufkommen zwischen 70 und 82,5 Mio. Wartungs- und Reparaturarbeiten. Dieses Volumen wird von insgesamt 38.500 Kfz-Betrieben generiert. Davon gehören 18.250 einer Automobilmarke an. Die andere große Gruppe läuft unter der Gattung „Freie Werkstätten". Die Branche hatte 1996 noch 57.823 Kfz-Betriebe. Das Kfz-Gewerbe erwirtschaftet pro Jahr einen Serviceumsatz (Lohn, Teile, Zubehör) von 28 Mrd. Euro. Abbildung 26 zeigt die Entwicklung der Leistungsdaten für das deutsche Kfz-Gewerbe. Selbst wenn die Anzahl der Wartungs- und Reparaturarbeiten immer wieder – so Abbildung 26 – eine konstante Größenordnung aufweist und sich der Gesamtumsatz inflationär hocharbeitet, so ist doch festzustellen, dass der Wartungs- und Reparaturaufwand pro Fahrzeug sich auf dem absteigenden Ast befindet.

Jahr	Zahl der Kfz-Betriebe	Zahl der Beschäftigten (in Klammern Veränderungen zum Vorjahr)	Fahrzeug-bestand PKW/Kombi	Zahl der Pkw/Kombi pro Betrieb	Angefallene Reparatur- und Wartungs-arbeiten (in Mio.)	Handwerks-umsatz Kfz-Werkstatt, Lohn, Teile, Zubehör (Mrd. EUR)
1970	25.335	345.800	13.941.079			
1971	25.961 (+3,5%)	353.000 (+2,1%)	15.475.603			
1972	26.875 (+2,6%)	353.500 (+0,1%)	16.323.997			
1973	27.574 (+1,8%)	359.500 (+1,7%)	17.036.474			
1974	28.068 (+1,8%)	356.500 (−0,8%)	17.356.276			
1975	29.129 (+3,8%)	353.000 (−1,0%)	17.858.297			
1976	30.133 (+3,5%)	359.900 (+2,0%)	19.180.469			
1977	31.244 (+3,6%)	367.850 (+2,2%)	20.377.174	653	64,3	7,38
1978	32.410 (+3,8%)	384.000 (+4,4%)	21.212.046	667	70,2	7,90
1979	33.396 (+3,0%)	400.900 (+4,4%)	22.535.469	677	75,8	9,19

1980	34.461 (+3,2%)	403.950 (+0,8%)	23.236.060	687	73,0	10,12
1981	35.480 (+3,0%)	393.853 (−2,5%)	23.680.911	688	69,9	8,23
1982	36.479 (+2,8%)	357.494 (−9,2%)	24.035.907	669	72,6	8,28
1983	38.558 (+5,7%)	337.054 (−5,7%)	24.688.843	653	75,3	8,28
1984	39.119 (+3,5%)	335.547 (−0,4%)	25.377.637	650	77,6	9,30
1985	40.899 (+4,7%)	337.678 (+0,7%)	25.844.520	638	72,4	9,50
1986	42.407 (+3,6%)	340.959 (+1,0%)	26.917.423	642	76,7	10,18
1987	42.598	349.967	28.304.184	664	78,8	11,14
1988	43.380	352.364	25.190.322	673	72,5	12,27
1989	44.155	353.357	30.152.399	683	73,2	12,90
1990	44.502	350.891	30.695.082	690	73,2	13,32
1991[1]	52.730	406.093	31.321.733	594	74,81	14,48
1992	54.633	425.043	36.042.408	659	91,3	16,37
1993	55.102	434.148	38.772.493	703	85,8	20,44
1994	56.659	425.837	39.765.402	701	82,5	19,54
1995	57.070	417.662	40.407.294	708	86,4	19,51
1996	57.823	411.389	40.987.547	714	93,8	20,03
1997[2]	48.750	538.000	41.326.876	848	90,2	20,68
1998	48.700	537.000	41.716.738	856	90,0	21,54
1999	48.000	531.000	42.423.254	883	84,7	21,86
2000	47.000	530.000	43.772.260	931	84,1	22,20
2001	45.800	514.000	44.383.323	969	87,3	22,28
2002	44.200	500.200	44.657.303	1.010	88,4	22,95
2003	42.500	490.000	45.022.926	1.059	91,9	23,84
2004	41.700	483.000	45.375.526	911	85,0	24,37
2005	40.800	477.000	46.090.303	964	85,5	25,74
2006	40.200	473.500	46.569.657	997	83,9	27,08
2007	39.750	468.000	41.183.594[3]	1.011	79,1	27,81
2008	39.100	461.900	41.321.171	1.051	80	28,01
2009	38.300	456.000	41.737.627	1.096	73,9	28,10
2010	38.050	453.000	42.301.563	1.115	78,4	28,95

[1] ohne neue Bundesländer
[2] ab 1997 wurde ein ursprünglicher Zählfehler in der Statistik (ZDK) beseitigt
[3] Bisher beinhaltete der Fahrzeugbestand auch die Anzahl der vorübergehenden Stilllegungen. Mit der neuen Fahrzeugzulassungs verordnung wurde das Zulassungverfahren vereinfacht. Sämtliche Arten von Abmeldungen, auch die so genannten vorübergehenden Stilllegungen (etwa 12%), gelten seit 01.03.2007 als „Außerbetriebsetzungen". In der Konsequenz enthält der Fahrzeugbestand daher lediglich den „fließenden Verkehr" einschließlich der Saisonkennzeichen. Um einen Vergleich mit den Vorjahreswerten zu ermöglichen, wurden die Vergleichswerte angepasst. Quelle: KBA

Abb. 26: Leistungsdaten der Kfz-Branche 1970–2010 (Quelle: ZDK, Zahlen & Fakten)

> Die strategische Herausforderung für den Service heißt: Werkstattauslastung!

Das **Servicegeschäft** ist mit Bruttomargen von mehr als 60 Prozent das margenträchtigste Geschäft und damit das **wichtigste Geschäftsfeld** für das markengebundene Autohaus. Der Druck auf dem Neuwagenmarkt macht es für mehr und mehr Betriebe erforderlich, über die Serviceschiene gar 80 Prozent an Marge einfahren zu müssen. Ist das realistisch? Nein! Die herstellergebundenen Serviceorganisationen werden durch den freien Servicemarkt und die dort verankerten Servicesysteme margenmäßig unter Druck gesetzt. Die Komplexität der Automobiltechnik, vor allem der Elektronik, verdeutlicht, dass ein Überleben im „Original Equipment Market" (OEM) ohne einen Servicevertrag nicht möglich ist. Selbiges gilt für den „Independent Aftermarket" (IAM). Ohne einen Anschluss an einen Werkstattsystemanbieter wird die Freie Werkstatt keine Zukunft gestalten können. Man sehe all die Herausforderungen der anstehenden alternativen Antriebstechniken vor, vom Elektromotor über Hybridantriebe bis zur Brennstoffzelle mit Wasserstoff, den alternativen Kraftstoffen etc. Die Bindungsgrade im markengebundenen Service zwischen Hersteller und Vertragspartner werden offensichtlich auch im Service immer enger, zumal diverse Hersteller ihr Produktportfolio noch ausweiten wollen. Oder kommt es aufgrund der technischen Entwicklung gar zu einer Konvergenz der Systeme? Da integriert z. B. ein autorisierter Opel- und Hyundai-Betrieb das freie Werkstattsystem von Bosch. Oder ein großer Mercedes-Benz-Vertreter integriert in seinem Mercedes-Benz -Hauptbetrieb einen VW-Servicevertrag. Nach der aktuellen GVO 2010 kann jeder Markenbetrieb und jede Freie Werkstatt einen Servicevertrag jeder Marke bekommen, so die jeweiligen vorgegebenen Standards der jeweiligen Marke im jeweiligen EU-Land erfüllt werden.

4.2 Herausforderungen im Service

Welche Schwerpunkte gilt es für die Zukunftsgestaltung im Service zu setzen?
1. Der Anteil der Dienstleistung an der Gesamtleistung eines Wirtschaftsgutes wächst.
2. Der Einsatz neuer Technologien im Automobil erhöht dessen technische Komplexität und führt zu verbesserter Fahrzeugqualität. 1975 hat ein Mechaniker 49 Fahrzeuge betreut, 1995 waren es 95, im Jahre 2010 waren es 120 Fahrzeuge. Die daraus folgenden Auslastungsherausforderungen zeigen die Dringlichkeit von aktivem Servicemarketing auf.
3. Höhere Technikkomplexität, gesetzliche Regelungen, umfassende Umweltauflagen erfordern spezielle Diagnosegeräte, informelle Datenbanken, höheren Schulungsaufwand u. a.
4. Zusätzlicher Investitionsdruck geht von einer attraktiven Umgestaltung des Erscheinungsbildes aus. Das gilt für die Standards im Service, die in ihrer Wirkart via Kundenzufriedenheit infrage zu stellen sind, wie für die Inszenierung der Erlebnis-Dialogannahme.
5. Die steigende Erwartungshaltung auf der privaten wie gewerblichen Kundenseite zeitigt eine umfassende Serviceorientierung der Dienstleistungsanbieter. Die Serviceleistung ist im Ge-

gensatz zum Produkt Auto immaterieller Art, also vielfach nicht zu prüfen und anzufassen. Dienstleistung ist Vertrauensleistung! Service lebt durch die handelnden Menschen!
6. Jeder Kunde ist Individuum und fordert eine entsprechende Beratungs- und Betreuungsqualität. Anders, die größten Chancen ergeben sich immer im direkten Kundenkontakt. Die Schlüsselfaktoren sind: Qualität (einwandfreie Arbeitsleistung), Preiswürdigkeit, Freundlichkeit bzw. Kundenorientierung. Freundlich zu sein „kostet" nichts! Der Kunde entscheidet, wen er sich als Anbieter auf dem Servicemarkt auswählt.
7. Der rückläufige Servicebedarf pro Fahrzeug – dank erweiterter Serviceintervalle, dank verbesserter Fahrzeugqualität – erhöht die Eroberungsnotwendigkeit im Servicemarkt der Fahrzeuge im Segment II und III, also Fahrzeuge, die älter als drei Jahre sind. Von 42 Mio. Pkw sind rund 66 Prozent älter als vier Jahre. Dieser Verdrängungsdruck schafft in Zukunft eine Angebotsvielfalt unter den Wettbewerbern. Sprich: Die gebundenen Marktteilnehmer und die „Freien" treten hier als Kontrahenten auf. Hauptwettbewerber der Markenhändler werden dabei die freien Systemanbieterketten sein.
8. Steigende Investitionsnotwendigkeit in Sach- und Humankapital wird für kleinere Betriebe zur substanziellen Herausforderung. Oder anders, auch im Service sind mindestoptimale Betriebsgrößen gefordert.

Das bedeutet für den Service im Markenautohaus: „Profilierung durch Serviceorientierung". Damit ist der Wandel vom klassischen Kundendienst hin zum Servicemanagement charakterisiert: vom Kfz-Meister zum Servicemeister, vom Kundendienstberater zum Serviceberater, vom Kfz-Mechaniker zum Servicetechniker bzw. Kfz-Mechatroniker etc. Der strategische Weg muss lauten: vom Kundenberater zum aktiven Serviceverkäufer! Das bedeutet: Jeder Serviceaufenthalt ist für den Kunden zu einer „erlebnisorientierten Freizeitgestaltung" zu entwickeln. Es ist unstrittig, dass mit einer hohen Kundenzufriedenheit die Marketingkosten gesenkt werden können. Ebenso zieht eine Erhöhung der Kundenzufriedenheit eine Erhöhung der Loyalität bzw. der Wiederkaufabsicht nach sich. Der Service ist Basis für erfolgreichen Automobilverkauf.

4.3 Wettbewerber im Servicemarkt

Die Marktteilnehmer am Servicemarkt sind wie folgt zu klassifizieren:
1. Vertragswerkstätten (= markengebundene Autohäuser, insgesamt 18.250),
2. sonstige Kfz-Werkstätten (ca. 20.000)
    - Freie Werkstätten (ca. 9.500 Betriebe),
    - Systemanbieter (ca. 8.000 Betriebe),
    - Fachmärkte (ATU, PitStop u. a., ca. 2.500 Betriebe),
3. Tankstellen (ca. 13.500),
4. Do-it-Yourself (Freunde, Bekannte, Schwarzarbeit).

Abb. 27: Reparaturdurchführung (Quelle: DAT)

Abbildung 27 zeigt die Marktanteile für die einzelnen Marktparteien nach Fahrzeugalter. Daraus wird deutlich, dass die Vertragswerkstätten in den ersten vier Jahren eines Fahrzeuges deutlich dominieren. Mit zunehmendem Fahrzeugalter kippt die Marktrelation zugunsten der „sonstigen Werkstätten". Abbildung 28 dokumentiert die Kundenwanderung. Zudem gibt es verschiedene Werkstattsystemanbieter (z. B. Auto Service Partner, Bosch Car Service), die in Detailkonzepte/Spezialisten bzw. Full-Service-Konzepte aufzuteilen sind. Weitere Informationen zu den Werkstattsystemen und ihren Leistungen finden Sie unter www.autoservice-praxis.de/werkstattsysteme. Hinzu kommen die Konzepte der Automobilhersteller, die über eine zweite Service- bzw. Teileschiene die Segmente II und III ansprechen wollen, z. B. Renault minute, Peugeot Rapide. Mercedes-Benz hat einen gezielten Express-Service aufgebaut. Marktfüh-

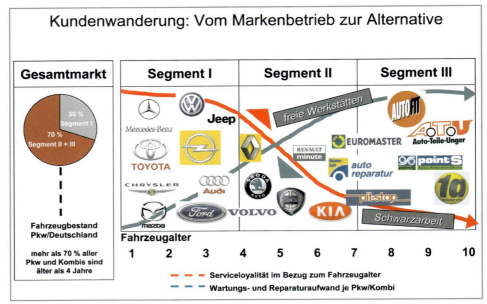

Abb. 28: Umkämpftes Servicemarkt-Potenzial [Quelle: Falk Hecker, Joachim Hurth, Hans-Gerhard Seeba (Hrsg.): Aftersales in der Automobilwirtschaft, S. 170]

rer der freien Werkstattsysteme ist Bosch Car Service, die seit 1914 am Markt operieren und weltweit mit über 14.000 Stationen vertreten sind. Die Intention der freien Werkstattsystemanbieter ist deren Absicherung der Erträge aus dem Teileverkauf – siehe Kapitel 5. Im Rahmen der GVO 2010 steht jeder Freien Werkstatt das Recht auf Zugang zu allen technischen Informationen zu. Die große Herausforderung für die Freien Werkstätten liegt in deren Qualifizierung für die technische Komplexität der einzelnen Marke. Da wird eine Spezialisierung stattfinden müssen. Es wird die Fachdiskussion in der Öffentlichkeit bewusst vermieden, ob eine Freie Werkstatt in der Lage ist, zukünftig sämtliche Marken zu reparieren. Weitere Wettbewerber als Spezialisten sind die 1.800 Reifenfachhändler mit ihren 3.500 Verkaufsstellen. Ebenso gibt es in Deutschland beispielsweise 1.000 CarGlas-Betriebe, die sich inzwischen nicht mehr nur um Glasreparaturen kümmern. Ein Blick sei bei den Detailkonzepten auf die 3.500 Karosserieinstandsetzungsbetriebe geworfen. Diese stehen allerdings in der strengen Handwerksordnung unter dem Dach eines separaten Handwerkszweiges. Davon nicht betroffen sind all jene Kfz-Betriebe, die über eine eigene Karosseriewerkstatt und Lackiererei verfügen. Es gibt ca. 12.000 Autohäuser, die Karosseriearbeiten in eigener Regie ausführen. 3.100 Autohäuser verfügen über eine eigene Lackiererei.

4.4 Dienstleistungsfelder im Servicegeschäft

Der Service ist nach wie vor ein gewichtiger **Ergebnisstabilisator**. Zum anderen kommt ihm eine bedeutende **Akquisitionsfunktion** zu, sei es in Form der Ausschöpfung von Cross-selling-Potenzialen via Verkauf oder im Zubehörbereich und dort vor allem im Reifengeschäft. Der Kundendienst hat ferner eine wichtige **Informationsfunktion**. Meist verfügen die Serviceberater über einen hohen Vertrauensgrad beim Kunden und haben damit das „Ohr am Markt". Schließlich wird das Fundament der Kundenzufriedenheit durch freundlichen Service und einwandfreie Arbeitsleistung gelegt.

 Service lebt durch die handelnden Menschen. Die größten Chancen ergeben sich immer im direkten Kundenkontakt.

Der wichtigste Bereich im Autohaus ist daher die Kontaktzone zwischen Serviceannahmebereich und Annahmecrew. An dieser Schaltstelle entscheidet sich das wirtschaftliche Wohl im Service. Gefragt ist Servicekommunikation, aktives Verkaufen! Übertriebene Technikverliebtheit ist nicht gefragt. Der Service ist zum integrierten Dienstleister im Autohaus zu entwickeln. Das gilt insbesondere für die Zielgruppe der Frauen, denn offensichtlich ist das Auto nach wie vor Männersache. Die ganze Sprache, die Werbung ist „männlich" aufgebaut. Frauen interessieren sich angeblich nicht für die Technik. Das stimmt so nicht. Es wäre wünschenswert, die Wünsche der Frauen via Service abzufragen. Abbildung 29 zeigt die Dienstleistungsfelder im Servicemanagement. Abbildung 30 zeigt den strukturellen Aufbau einer Servicestunde im Autohaus.

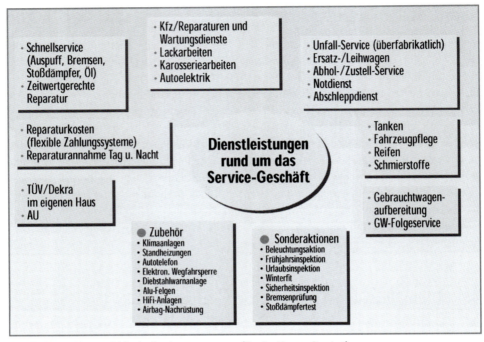

Abb. 29: Dienstleistungsfelder im Servicemanagement (Quelle: Hannes Brachat)

Kosten- und Gewinnstruktur im Kundendienst		1 KD-Umsatz zu Kosten in %	Kosten- und Gewinnstruktur im Kundendienst		1 KD-Umsatz zu Kosten in %
1.	Lohnerlös/Kundenverrechnung	100	14.	Büromaterial, Formulare	0,5%
2.	Lohn des Mechanikers	24,0%	15.	Klein- und Reinigungsmaterial	2,6%
	-Lohnnebenkosten	22,8%	16.	Gebühren und Beiträge	0,3%
3.	Krankheitslohn	0,9%	17.	Versicherungen	0,6%
4.	KD-Berater und Meister-Gehaltsanteil kfm. Angestellte im Werkstattbereich	14,9%	18.	Rechts- und Beratungskosten	0,4%
			19.	Telefonkosten	0,5%
5.	Gesamt-Sozialaufwendungen	13,4%	20.	Werbekosten	0,8%
6.	**Gesamt-Werkstattpersonalkosten**	**76,0%**	21.	Zinsen	0,9%
7.	Kosten für Werkstattgebäude und KD-Annahme (Miete)	4,5%	22.	Gewerbesteuer	0,9%
			23.	Umweltentsorgung	0,8%
8.	Abschreibungen für Geräte	2,6%	24.	Schulung	0,8%
9.	Datenverarbeitung, Rechnungsfakturierung	1,0%	25.	Sonst. Kosten (Porto, Fracht, Spesen, Reisekosten)	0,8%
10.	Kulanzleistungen	0,7%	26.	**Betriebsgewinn**	**0,9%**
11.	Instandhaltung und Pflege	2,3%			
12.	Heizkosten	0,6%	Durchschnittlicher Stundenverrechnungssatz		100,0%
13.	Strom, Wasser, Gas	1,4%			

Abb. 30: Kosten-Gewinn-Struktur (Quelle: Hannes Brachat)

Die Stundenverrechnungssätze im Autohaus sind von 56 € im Jahr 2000 auf 73,50 € im Jahr 2011 gestiegen. Umgekehrt lohnt die Feststellung, welcher Ertragssprung mit der Beschäftigung und Auslastung eines zusätzlichen Mechanikers möglich ist. Im Preismarketing gilt es, Festpreise, Spezialofferten, abgestimmt auf den Fahrzeughalter und das Alter des Fahrzeugs, zu fahren. Der Markenhandel trägt nach wie vor das Apothekerimage im Gegensatz zu den Freien Werkstätten. Das entspricht nicht der Realität. Die Sensibilität der Preisthematik zeigt, wie wichtig es ist, die Serviceleistung zu verkaufen, sprich die „Rechnung" erläuternd auszuhändigen. Professioneller Preisverkauf! Mit gleicher Gewichtigkeit sei als Anpassungsbedarf die Thematik Servicevermarktung zu nennen. Aktiver Serviceverkauf findet heute nicht nur in den Printmedien, in Kundenmagazinen oder direkten Anschreiben statt, sondern vermehrt über die Achse Online-Marketing. Was in Sachen Gebrauchtwagen inzwischen Usus ist, steht im Service ante portas, die Servicebörsen. Hierzu gehört u. a. die Online-Anmeldung durch einen Kunden für einen Servicetermin.

4.5 Serviceauslastungsstrategien

Die in Kapitel 4.2 dargestellten Zukunftsentwicklungen im Service legen die strategischen Serviceoptionen offen. Obenan steht die Thematik Serviceauslastung. Das strategische Erfolgskonzept lautet: Kontakte, Kontakte und nochmals Kontakte! Die betriebswirtschaftliche Bedeutung der Aussage macht Abbildung 31 deutlich. Sprich, die Kostendegression verbessert sich, je größer die Zahl der Werkstattdurchgänge ist. Anders formuliert: Der unproduktive Arbeitsanteil pro Durchgang sinkt mit der Zahl zusätzlicher Werkstattdurchgänge. Dennoch ist für die Zukunft klar zu formulieren, dass der Dienstleistungsanteil in Relation zur produktiven Beschäftigung eine Wandlung erfährt.

Daten:	4 Monteureinheiten p.a. Lohnerlöse p.a.: Fixe Kosten p.a.:	ca. 3.000 Durchgänge 250.000 € 200.000 €	
Fixe Kosten		**W.-Durchgänge**	**pro Durchgang**
200.000 €		3.000	= 66,65 €
200.000 €		2.500	= 80,00 €
200.000 €		3.500	= 57,10 €
Fazit: Auf die Fixkosten kommt es an !			

Abb. 31: Preis- und Kostenverhalten nach Auslastung (Quelle: Hannes Brachat)

Auch wird deutlich, wie substanziell das Thema Verkaufen im Service angelegt ist. Darin kommt nun der Thematik „Erlebnis-Dialogannahme" eine besondere Bedeutung zu. Dort sollen „besondere Servicefreundlichkeit" sowie Leistungstransparenz für den Kunden sicht- und erlebbar dargestellt werden. Die Kunst liegt darin, Service zu inszenieren, und zwar dem Kunden wie dessen Fahrzeug.

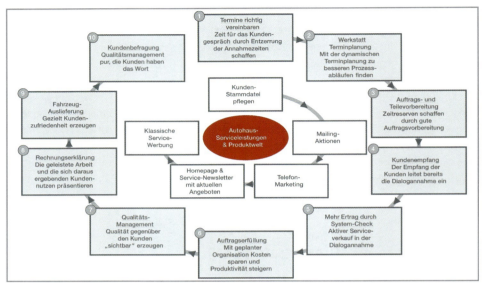

Abb. 32: Ablaufprozess der Dialogannahme (Quelle: Hannes Brachat/Erwin Wagner, Erlebnis Dialogannahme)

1. Systematische Direktannahme
2. Aktive Zusatzverkäufe (Navigationssysteme, Freisprechanlagen, Klimaanlagen, Unfallmanagement etc.)
3. Gezielte saisonale Serviceaktionen (Frühlings-, Urlaubs-, Wintercheck)
4. Wirkungsvolles Preismarketing (Festpreise, Focuspreise)
5. Mehr Fahrzeuge verkaufen, neu wie gebraucht
6. Abgesprungene Kunden zurückholen
7. Neue Kunden über Fremdfabrikate und überfabrikatlichen Service akquirieren
8. Das Reifengeschäft ausbauen
9. Serviceverträge verkaufen
10. Servicemarketing für Hauptuntersuchung und AU
11. Servicemarketing vor Ablauf der Garantiezeit (Neu- und Gebrauchtwagen)
12. Werkstattauslastungs- und Terminsteuerung über EDV
13. Gezielte Rückholstrategie für Fahrzeuge, die älter als vier Jahre sind
14. Neu- und Gebrauchtwagenauslieferung (Service vorstellen!)
15. Attraktive Öffnungszeiten
16. Sämtliche Gebrauchtwagen über Direktannahme abwickeln
17. Ölstandskontrolle bei jedem Fahrzeug
18. Lückenlose Abwicklung von Hersteller-Rückrufaktionen
19. Finanzierungsofferten für Serviceleistungen anbieten

Abb. 33: Serviceauslastungsstrategien (Quelle: Hannes Brachat)

	Soll	Branchendurchschnitt
Anteil am Gesamtumsatz		6 bis 15 %
Lohnerlös nach Auftragsart • Kunden • Garantie • Intern • Fremdleistungen		 75 - 80 % 6 - 10 % 8 - 15 % 7 - 13 %
Lohnerlös pro Monteureinheit und Jahr	VS x 1340 Std	70.000 - 87.000 €
Lohnerlös pro Durchgang	(2,5 Stunden)	130 - 145 €
Bruttoertrag vom Umsatz [1]	70 - 75 %	65 - 75 %
Lackiererei in % vom Umsatz • Bruttoertrag • Deckungsbeitrag		5 - 12 70 - 78 % 7 - 10 %
Verkaufte Produktivstunden [2]		111 - 125
Teileerlös pro Monteur und Jahr	75.000 €	70.000 € - 90.000 €
Teileerlös pro Werkstattdurchgang	150 €	143 € - 170 €
Personalkosten in % vom Umsatz Lohnerlöse		51 - 56
Direkte Abteilungskosten in %		5 - 10
Deckungsbeitrag III in % (Werkstatt)		23 %
Marktpotentialausschöpfung		60 - 75
Produktivität [3]	91 %	85 - 95 %
Leistungsgrad [4]	100 %	90 - 115 %

1. Bruttoertrag ist die Differenz zwischen den Lohnerlösen und den Fertigungslöhnen (Lohnkarten für produktive Leistungen)
2. Monatliche produktive Stunden an Kunden, Garantie, Intern
3. Produktivität: Verhältnis der produktiv geleisteten Stunden zur Anwesenheitszeit
4. Leistungsgrad: Verhältnis zwischen verkauften Stunden zu den tatsächlich geleisteten Produktivstunden

Abb. 34: Leistungsdaten für den Servicebereich im Autohaus (Quelle: Hannes Brachat)

Die Praxis verdeutlicht, dass für die Effizienz der Dialogannahme ein ganzes Bündel von organisatorischen Voraussetzungen gegeben sein muss. Abbildung 32 zeigt den Ablaufprozess der Dialogannahme. Hinter diesen Einzelaktivitäten stecken bis zu 20 Prozent an Optimierungsreserven. Die Prozessorientierung hat aber die Aufgabe, Qualität zu produzieren. Seit 1982 werden über einschlägige Magazine Werkstatttests durchgeführt. Gleich, ob diese repräsentativ, ausgewogen, markenbezogen etc. sind, sie offerieren nach wie vor große Fehlerpotenziale. Die Zielsetzung lautet dennoch: null Fehler! Schließlich bezahlt der Kunde auch seinen vollen Preis. Abbildung 33 zeigt die verschiedenen Varianten für Auslastungsstrategien auf. Und in Abbildung 34 werden die Leistungsdaten für den Servicebereich im Autohaus genannt.

5 Teile- und Zubehörmanagement im Autohaus

5.1 Teile- und Zubehördimensionen

Der Gesamtmarkt für Teile und Zubehör bewegt sich in Deutschland pro Jahr in einer Größendimension von 18,8 Mrd. Euro. Abbildung 35 zeigt die Leistungsgattungen. Die vergangenen zehn Jahre ist ein durchschnittliches jährliches Wachstum von 1,92 Prozent auszumachen, das maßgeblich auf steigende durchschnittliche Komponentenpreise wie auf neue Komponenten zurückzuführen ist. Pro Fahrzeug (42 Mio. Bestand) werden jährlich 447 Euro umgesetzt! Ein gigantischer Markt!

	GESAMTMARKT-VOLUMEN (IN MRD. €)	DAVON MATERIAL (IN MRD. €)	DAVON LOHN (IN MRD. €)	LOHN-QUOTE (IN %)
Ersatz- und Verschleißteile	20,35	11,53	8,82	43,3 %
Zubehör	3,07	2,46	0,61	20 %
Neureifen	2,77	2,49	0,28	10 %
Autochemie	2,73	2,32	0,41	15 %
Gesamt	28,92	18,80	10,12	35 %

Abb. 35: Marktvolumen nach Hauptproblemen sowie Material und Lohn 2007 (Quelle: Eckhard Brandenburg: Wohin entwickelt sich der Aftermarket für die Pkw-Komponenten?, S. 19)

Die **Distributionsstrukturen** werden im Kfz-Teilemarkt in den gebundenen (OEM = Original Equipment Market) und den freien, unabhängigen (IAM = Independent Aftermarket) Teilemarkt aufgeteilt. 48 Prozent des Umsatzes werden über den gebundenen, 52 Prozent über den freien Markt erwirtschaftet. Abbildung 36 zeigt die wesentlichen Vertriebsstrukturen auf. Daraus wird ersichtlich, dass gut 80 Prozent der Teile von externen Teileherstellern und gut 20 Prozent vom Hersteller selbst produziert werden. Die Teilehersteller sind in der Erstausrüstung, also bei der Fahrzeugproduktion, direkte Zulieferer der Automobilhersteller, treten aber im Aftermarket als freie Teilehersteller in Konkurrenz zu anderen Anbietern, auch den Automobilherstellern auf. Der freie Teilehandel ist vielfach über Großhandelsgruppen organisiert, deren Lieferadressaten hauptsächlich Freie Werkstätten, aber auch markengebundene Händler oder Endverbraucher sind. Abbildung 37 zeigt die verschiedenen Teilevertriebswege.

TEILE- UND ZUBEHÖRMANAGEMENT IM AUTOHAUS

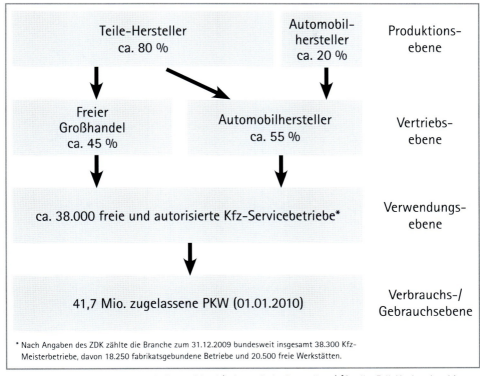

Abb. 36: Markt für Pkw-Ersatzteile in Deutschland (schematische Darstellung) [Quelle: Falk Hecker, Joachim Hurth, Hans-Gerhard Seeba (Hrsg.): Aftersales in der Automobilwirtschaft, S. 34]

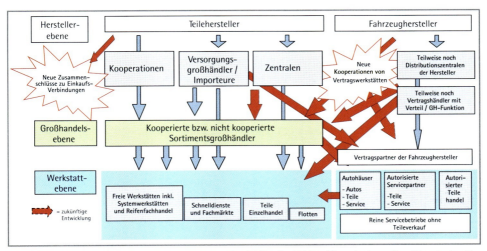

Abb. 37: Anbieter- und Distributionsstrukturen im Wandel (Quelle: Eckhard Brandenburg: Der Aftermarket für die Pkw-Komponenten in Europa – ausgewählte Länder im Vergleich, S. 38)

Die EU-Kommission hat bestimmte Gruppen vertikaler Vertriebsvereinbarungen, die die Voraussetzungen des Artikels 101 Absatz 3 AEUV (Arbeitsweise der Europäischen Union) erfüllen, per Verordnung vom generellen Kartellverbot ausgenommen. Eine solche **Gruppenfreistellungsverordnung (GVO)** ist die Verordnung (EU) Nr. 330/2010, die allgemein für vertikale Vereinbarungen und aufeinander abgestimmte Verhaltensweisen gilt („Vertikal-GVO"). Bereits in der GVO Nr. 1.400/2002 wurde klargestellt, dass die Freiheit eines Teileherstellers, seine Teile an zugelassene oder unabhängige Händler, Werkstätten oder Endverbraucher zu verkaufen, von einem Kfz-Hersteller nicht eingeschränkt werden darf. Ebenso wenig wie die grundsätzliche Freiheit der zugelassenen Werkstätten, Teile im freien Markt zu kaufen. Der Teilehersteller sollte außerdem das Recht haben, sein Waren- und Firmenzeichen auf den von ihm produzierten Teilen anzubringen. Die für den Anschlussmarkt relevanten zusätzlichen Wettbewerbsregeln wurden ergänzend zur Vertikal-GVO anzuwendenden Kfz-GVO – der Verordnung (EU) Nr. 461/2010 – formuliert. Man beachte auch hierzu die ergangenen Leitlinien vom 28. Mai 2010.

Die Automobilhersteller erwirtschaften im Teilevertrieb enorme Erträge. Um die Bezugstreue ihrer angeschlossenen Händler hochzuhalten, werden im Teilesektor ganz gezielte Boni- und Prämiensysteme eingesetzt. Citroën und Renault starteten bereits im Jahr 2000 auf dem französischen Markt eigene Mehrmarken-Franchisesysteme, die sie mit einer zweiten Teilemarke mit Teilen versorgen. Peugeot mit „Eurorepar", Renault mit „Motrio", Fiat im Verbund mit Magneti Marelli mit „Checkstar".

> **DEF.**
>
> **Ersatzteile** sind Waren, die in ein Kraftfahrzeug eingebaut oder an ihm angebracht werden und ein Bauteil dieses Fahrzeugs ersetzen, wozu auch Waren wie Schmieröle zählen, die für die Nutzung des Kraftfahrzeugs erforderlich sind, mit Ausnahme von Kraftstoffen, siehe GVO Nr. 461/210 – ergänzende Leitlinien.
> Das **Originalteil** ist ein Teil, das nach den Spezifikationen und Produktionsnormen gefertigt wird, die der Kraftfahrzeughersteller für die Fertigung von Teilen oder Ausrüstungen für den Bau des betreffenden Kraftfahrzeugs vorschreibt. Hierzu gehören Teile oder Ausrüstungen, die auf derselben Fertigungsstraße gefertigt wurden wie die Teile oder Ausrüstungen für den Bau des Kraftfahrzeugs. Der Begriff „Originalteil" orientiert sich an der Fertigung des Teils und nicht (mehr) an dessen Vertriebsweg. Neben den Originalteilen produzieren Teilehersteller aus Gründen der Sortimentskomplettierung auch Teile, die nicht als Originalersatzteile, sondern als „qualitativ gleichwertig" bezeichnet werden. Das meint, sie sollen eben qualitativ den Originalteilen entsprechen. Dabei ist es nicht notwendig, in jeder Hinsicht deren Spezifikationen zu erfüllen.

5.2 Entwicklungen im Teile- und Zubehörmarkt

1. Der Trend im Teilegeschäft zeigt eine leichte Steigerung im Teileumsatz, einen starken Rückgang im Stückumsatz wie auch im Umsatz aus Lagerware, aber eine deutliche Steigerung der Teilevielfalt, eine Steigerung im Aufwand für Beschaffung und Lagerhaltung und einen leichten Aufwärtstrend bei der Anzal der Abnehmer, die Rabatte erhalten.
2. Die Teilevielfalt ist in den vergangenen Jahren gestiegen und wird weiter anwachsen. Vielfach ist in den markengebundenen Betrieben damit eine Sortimentsverdoppelung verbunden. Dies gilt zusätzlich für Handelsbetriebe, die sich im Mehrmarkenhandel engagieren.
3. Aus immer mehr Lagersortiment wird Bestellsortiment.
4. Die Lagerung von Teilen ist dann sinnvoll, wenn der Beschaffungsaufwand die Lagerkosten übersteigt. Wer sein Lager nach dieser wirtschaftlichen Regel führt, wird auf bis zu 80 Prozent seines heutigen Bestandes verzichten können.
5. Die Teilequalität ist sichtbar verbessert worden. Dies führt zu längerer Haltbarkeit.
6. Der Fortschritt der Automobiltechnik bringt zugleich komplexere Teilegattungen mit sich (Elektronik).
7. Rückläufige Werkstattauslastung wird auch im Teilesektor zu reduziertem Umsatzvolumen führen. Die Gegenstrategie wird über eigene regionale Teileversorgungsstützpunkte, über aktivierten Verkauf an Freie Werkstätten (Wiederverkäufer), Flottenbetreiber sowie über gezielten Teileaußendienstverkauf gefahren. Der Teilethekenverkauf wird über „Do-it-Yourselfer" aktiviert.
8. Automatischer Teilenachschub seitens der Hersteller/Importeure mit überzogener Bevorratungsdauer sollte durch Just-in-time-Lieferung ersetzt werden. Die freien Teilelieferanten machen das vor. Ergo: Permanente Analyse der Lagerbestände!
9. Der Individualisierungstrend in Sachen Zubehör ist ungebrochen.

5.3 Erfolgsfaktoren für das Teile- und Zubehörgeschäft

Der Teile- und Zubehörbereich im Autohaus sollte nach Abzug aller Kosten (Vollkostenrechnung, ohne Erträge aus dem Schmierstoffgeschäft) eine Rendite von zehn Prozent erwirtschaften. Das wird über gezielte Zuschläge erreicht, über die Konditionen im Einkaufsbereich, aber auch auf der Kostenschiene im Teilesektor. Die Kennzahlen in Abbildung 38 dokumentieren u. a. die ertragsorientierten Größen, die zu leben sind. Eine höhere Sensibilisierung ist bei den einzelnen Abnehmergruppen erforderlich. Welche Teilerabatte erhält der Neu- und Gebrauchtwagensektor im Autohaus und welche die Großabnehmer? Immer mehr Kunden bekommen Rabatte auf die Teilepreise. Nur noch ein Drittel der verkauften Warten geht zum vollen Preis über die Theke (Werkstatt, Barverkauf und Zustellung!). Die Bedeutung des rabattfreien Endkundengeschäftes ist offensichtlich.

AUTOHAUS-MANAGEMENT

Zielkennzahlen des Teilebestandes

Lagerumschlagszahl (LU)	> 5-mal p. a.
Reichweite der gängigen Teile	max. 1 Monat
Anteil der ungängigen Ware	max. 5%
Anteil Umsatz aus Lagerware	max. 35%
Teileumschlagszahl (TU)	>12-mal p. a.

Ziel-Kennzahlen Umsatz und Ertrag (ohne Schmierstoffe)

Verhältnis Lohnerlöse zu Teileumsatz	1:1,1
Bruttogewinn Ersatzteile	> 30%
Gesamtkostenanteil am Umsatz	< 25%
Abteilungsergebnis	10%
Teileumsatz je Teiledienstmitarbeiter p. a.	€ 500.000
Bruttogewinn je Teiledienstmitarbeiter	€ 150.000

Abb. 38: Kennzahlen Teilelager [Quelle: Hannes Brachat (Hrsg.): Autohaus Management 2015, S. 244]

Aktives Verkaufen ist über folgende Kanäle möglich:
1. über die Absicherung des traditionellen Teileumsatzes über den Service,
2. über die Rückgewinnung von Kunden mit Fahrzeugen älterer Baujahre,
3. über einen Folgeservice für Gebrauchtwagenkäufer – auch fremder Marken,
4. über überfabrikatliche Serviceaktionen,
5. über den Gebrauchtteilehandel,
6. über Aufnahme einer weiteren „Servicemarke",
7. mit gezielten Nachbau- bzw. Einbauangeboten im Zubehörsektor (Navigationssysteme, Freisprechanlagen, Klimaanlagen, Telefon, Anhängersysteme, Fahrradhalter, Einparkhilfen etc.),
8. Jedes zweite Auto fährt ohne ausreichend Öl. 25 Prozent der Autofahrer kontrollieren ihren Ölstand nicht. Fünf von zehn Kunden kennen die verwendete Ölsorte nicht. Ölstand prüfen! Nachfüllöl bei den Servicekontakten anbieten.

Und so sieht **aktives Teilemarketing** aus:
1. atmosphärische Verkaufsraumgestaltung,
2. Präsentation von Teilen und Zubehör (am Vorführwagen, an Ausstellfahrzeugen, Verkaufsständer im Neuwagenbereich),
3. Internetpräsentationen, aktiver Teile- und Zubehörverkauf über Internet (www.hotas.de),
4. gezielte, saisonale Angebote; je bunter und vielfältiger, umso chancenreicher,

5. Festpreise für beratungs- und einbauintensive Teile- und Zubehörangebote,
6. gezielte Werbeaktionen, Anzeigen, Handzettel bis hin zu Direkt-Brief-Aktionen, Kundenzeitungen,
7. Verkaufsaktionen mit Lokomotivfunktion (Pedelecs u. a.),
8. Autohaus als umweltfreundlicher Problemlöser (Leichtlaufreifen, Synthetiköl u. a.),
9. offenes Erscheinungsbild für das Teilelager schaffen (Hinweisschilder, Teileausgabe, Kundeneinsicht u. a.).

Es sind die Menschen, die den Erfolg ausmachen. So auch der Teile- bzw. Zubehörverkäufer. Er hat ein breites Feld abzudecken, angefangen beim Teileeinkauf, u. a. über die verschiedenen Teilebörsen, im Bestandsmanagement über die IT-Systeme, bis hin zu verkäuferischer Kommunikation am Teile- wie am „Endkundenschalter" weiter gehend zum Teilecontrolling, sprich der Kenntnis über die Anzahl der Teilepositionen, den Bestandsdifferenzen, der Weiterverrechnung, der Preispolitik, der Dekoration, der Werbung, dem Diebstahl, den Inventurdifferenzen, den Wartezeiten, den Laufwegen, dem Paternoster am Ausgabeschalter u. a. Wohl dem, der dieses Rückgrat im Autohaus professionell besetzt hat!

5.4 Zubehörmanagement

> **DEF.** **Zubehör** sind Teile, die für den Betrieb eines Fahrzeuges keine wesenhafte Funktion haben. Zubehör kann auch nachträglich eingebaut werden. Begrifflich gibt es zum Bereich der Teile Überschneidungen. Man denke an das Phänomen Reifen!

Der Zubehörmarkt zeigt pro Jahr ein Marktvolumen von 3,07 Mrd. Euro. Zubehör will individualisieren, Spezialwünsche abdecken, ein Lebensgefühl vermitteln – vom Design, über den Konzertsaal im Auto bis zum integrierten Fahrradständer und der nachträglich eingebauten Parkhilfe mit Freisprechanlage. Inzwischen werden seitens der Hersteller vor Erscheinen eines Modells ergänzende Zubehörpakete entwickelt, von Speziallenkrädern bis hin zu gezielten Koffergrößen. Die Aktionsfelder sind damit etwas enger gesetzt, sind saisonal bestimmt oder gar von Gesetzesänderungen (Winterreifen, Tageslicht) abhängig. Ergänzungspakete finden über Accessoires wie über Bekleidung statt. Ab 360.000 Euro Zubehörumsatz im Jahr lohnt es sich, einen separaten Zubehörverkäufer zu engagieren. Er ist dem Verkaufs-, Service- und Teileleiter gleichzustellen. Nachdem die Umschlaghäufigkeit im Zubehörbereich zehnmal sein soll, ist das Zubehörgeschäft auch eine Frage der Kundenfrequenz und damit der Betriebsgröße.

Im Jahresrhythmus ergeben sich für das Zubehörgeschäft drei Aktivitätsperioden (Abbildung 39). Ohne aktive Werbung rührt sich dabei wenig. Aus leeren Regalen verkauft man bekanntlich nichts, wie umgekehrt eine gute Platzierung Erfolg garantiert. Hier ist neben dem Empfangs- und Kassenbereich besonders der Dialogannahmeplatz ein wichtiger POS (Point of Sale). Noch

Abb. 39: Die Zubehörjahreszeiten (Quelle: Hannes Brachat)

ist die Hürde für offensive Selbstbedienung im Markenhandel nicht rundherum genommen. Die Preisangabe sollte immer als Mitnahmepreis und ggf. als Komplettpreis inkl. Montage erfolgen. Zusätzlich erhalten hochpreisige Artikel ein Teilzahlungsangebot mit niedrigen Raten, z. B. „Nie wieder Eiskratzen durch ein vorgewärmtes Auto ab nur 49 Euro/Monat" für die Nachrüstung einer Zusatzheizung.

PRODUKTGRUPPEN
Welche Produktgruppen bieten sie an?

Produktgruppe	Nennung in %
Felgen	98
Reifen/Räder	98
Anhängerkupplungen	96
Dachträgersysteme	95
Fußmatten	95
Auto-HiFi	84
Klimaanlagen	80
Pflegeprodukte	80
Navigationssysteme	74
Mobiltelefone	67
Schiebedächer	66
Fahrräder	41
Kleidung/Mode	37

Abb. 40: Die Top 10 der Zubehörartikel im Autohaus (Quelle: Hannes Brachat)

Georg Büchele, Prof. Dr. Valentin Schackmann

VII Controlling in der Automobilwirtschaft

Controller gestalten und begleiten den Managementprozess in der Automobilwirtschaft. In diesem Kapitel werden das strategische und operative Controlling sowie die Bedeutung des Ratings als Controllinginstrument erläutert.

1 Einführung und Grundlagen
2 Strategisches Controlling
3 Operatives Controlling
4 Rating

1 Einführung und Grundlagen

Unternehmer und Manager sind heutzutage mit einer zunehmend komplexen Welt konfrontiert. Das gilt auch für alle Akteure in der Automobilwirtschaft, also Automobilhandel, Automobilhersteller und Zulieferindustrie. Unter diesen Vorzeichen agieren Unternehmen erfolgreich, wenn sie über angemessene Informationen verfügen, vernünftige Entscheidungsinstrumente einsetzen und insgesamt ein transparentes Bild des wirtschaftlichen Geschehens haben, das ihr Unternehmen betrifft.

An dieser Stelle kommt Controlling ins Spiel. Verkürzt könnte man sagen, dass ein Controller als interner Unternehmensberater für einen Entscheider fungiert. Das Leitbild der International Group of Controlling (http://www.igc-controlling.org/DE/_leitbild/leitbild.php), Stand 2002, beschreibt detailliert, worauf es ankommt: „Controller gestalten und begleiten den Managementprozess der Zielfindung, Planung und Steuerung und tragen damit eine Mitverantwortung für die Zielerreichung. Das heißt:

- Controller sorgen für Strategie-, Ergebnis-, Finanz- und Prozesstransparenz und tragen somit zu höherer Wirtschaftlichkeit bei.
- Controller koordinieren Teilziele und Teilpläne ganzheitlich und organisieren unternehmensübergreifend das zukunftsorientierte Berichtswesen.
- Controller moderieren und gestalten den Managementprozess der Zielfindung, der Planung und der Steuerung so, dass jeder Entscheidungsträger zielorientiert handeln kann.
- Controller leisten den dazu erforderlichen Service der betriebswirtschaftlichen Daten- und Informationsversorgung.
- Controller gestalten und pflegen die Controllingsysteme."

Natürlich hängt es vom konkreten Unternehmen ab, wie stark einzelne Merkmale ausgeprägt sind. In einem kleineren mittelständischen Zulieferunternehmen ist beispielsweise die Koordinations- und Moderationsfunktion deutlich unwichtiger als beispielweise bei einem global agierenden Hersteller.

Ausgangspunkt für alle weiteren Überlegungen ist die übergeordnete Zielsetzung eines Unternehmens, nämlich die Existenz nachhaltig zu sichern. Die Operationalisierung dieses Zieles führt zu konkreten Einzelzielen. So hängt die langfristige Überlebensfähigkeit eines Unternehmens zum einen von den Erfolgspotenzialen ab. Damit beschäftigt sich das strategische Controlling. Zum anderen geht es um das operative Controlling, welches sich um die beiden Ziele Gewinn und Liquidität dreht. Die beiden Controllingteilsysteme werden durch Merkmale charakterisiert, welche in Abbildung 1 zusammengestellt sind.

Heutzutage sind zwei wichtige Controllingperspektiven zu ergänzen. Das ist einerseits das Risikocontrolling. Die traditionellen Controllingaufgaben werden um ein besonderes Augenmerk auf Risiken und Chancen ergänzt. Manager treffen Entscheidungen, welche nur in Ausnahmefällen unter Sicherheit erfolgen. Der Umgang mit Unsicherheit bzw. Risiken ist damit ein alles durchdringendes Element der Managertätigkeit. Nicht nur aus diesem Tätigkeitsmerkmal lässt sich

MERKMAL	OPERATIVES CONTROLLING	STRATEGISCHES CONTROLLING
Zielgrößen	▪ Gewinn ▪ Liquidität	▪ Existenzsicherung, Erfolgspotenzial, Unternehmenswert
Subsysteme	▪ Jahresabschluss/Kosten- und Leistungsrechnung ▪ Finanz- und Finanzierungsrechnung	▪ Unternehmensumfeld ▪ Unternehmen
Zeitbezug	Gegenwart; nahe Zukunft	Nahe und ferne Zukunft
Fragestellung	„Die Dinge **richtig** tun."	„Die richtigen **Dinge** tun."
Vorherrschende Orientierung	Primär unternehmensintern	Primär unternehmensextern
Rahmenbedingungen	Stabiles Umfeld	Komplexität, Dynamik und Diskontinuität des Umfeldes
Sicherheit der Information	Weitgehend sichere Informationen	Unsicherheit
Art der Information	Quantitativ/monetär	Meist qualitativ
Art der Aufgaben	Routineaufgaben	Innovative Aufgaben

Abb. 1: Merkmale der Controllingteilsysteme (Quelle: Baum/Coenenberg/Günther 2007, S. 9)

ableiten, dass der Umgang mit Risiken fundiert erfolgen muss. Auch der Gesetzgeber verlangt in vielen Rechtsnormen eine systematische Handhabung. Dazu zählt beispielsweise das Gesetz zur Kontrolle und Transparenz im Unternehmensbereich vom 1. Mai 1998 (KonTraG). Nach § 91 Abs. 2 des AktG hat der Vorstand „geeignete Maßnahmen zu treffen, insbesondere ein Überwachungssystem einzurichten, damit den Fortbestand der Gesellschaft gefährdende Entwicklungen früh erkannt werden." Aufgabe des Controllings ist es, Risikoelemente in sein Aufgabenspektrum einzubauen und für das Management entscheidungsrelevante Informationen zur Verfügung zu stellen. „Als sowohl operativ als auch strategisch ausgerichteter Baustein ist das Risikocontrolling ein auf alle betrieblichen Funktionsbereiche ausgerichteter informationssystemgestützter Teilbereich des Controlling" (Diederichs 2010, S. 24).

Andererseits ist das wertorientierte Controlling zu nennen. Die Dimension „wert" leitet sich aus dem Shareholder-Value-Ansatz ab und strahlt in die strategische und operative Ebene ab.[1] Das Shareholder-Value-Konzept ist eng mit dem Namen von Alfred Rappaport (vgl. Rappaport 1999)

---

[1] Davon abzugrenzen sind „Werte". Dabei handelt es sich um Fragestellungen mit ethischen und compliance-bezogenen Dimensionen. Sie sind der normativen Unternehmensführung zuzuordnen und fallen eher in den Aufgabenbereich der internen Revision. Sie werden in diesem Kapitel nicht weiter betrachtet.

verbunden. Spätestens seit dem Sommer 2008 ist dieses Konzept, welches die Schaffung von Wert für Eigentümer bedeutet, nicht mehr unumstritten. Allerdings wird das Konzept falsch verstanden, wenn es als kurzfristig und allein an den Interessen der Kapitalgeber ausgerichtet charakterisiert wird. Rappaport (1999, S. 9) selbst formuliert deutlich: „Wo kein Wert für den Kunden, dort auch kein Wert für den Eigentümer". Zufriedene Kunden sind die Quelle langfristiger Cashflows eines Unternehmens." In diesen Sätzen kommt fokussiert zum Ausdruck:
a) Das Konzept ist langfristig ausgerichtet.
b) Ausgangspunkt aller Wertschaffung sind die Kunden.

Für das wertorientierte Controlling gilt es Kennzahlen zu finden, welche als Steuerungsinstrument und zur Einschätzung der Wertsteigerung verwendet werden können. Sehr häufig gelten die Verzinsungsansprüche der Kapitalgeber als Maßstab. Erst wenn die erfüllt werden, wird Wert geschaffen.
Sowohl das Risikocontrolling als auch das wertorientierte Controlling müssen als integraler Bestandteil des gesamten Controllingsystems eines Unternehmens angesehen werden.
Controlling ist eine laufende aktive Aufgabe im eigenen Interesse eines Unternehmens, welche das tatsächliche Geschehen im Unternehmen aus einer internen Sichtweise heraus begleitet. Das wirtschaftliche Geschehen eines Unternehmens wird aber auch von unternehmensexternen Beobachtern und Interessenten analysiert. Naturgemäß stehen bei dieser Sichtweise weniger Informationen zur Verfügung. Die Beurteilung und Einschätzung von Unternehmen erfolgt dabei im Zuge eines Ratings, welches auch als eine Art punktuelles Controlling bezeichnet werden könnte. Es dient dazu, festzustellen, ob beispielsweise ein Zulieferunternehmen zukünftig als stabiler und zuverlässiger Partner eines Herstellers zur Verfügung steht oder ob einem Kunden gegen offene Rechnung geliefert werden kann, ohne Zahlungsausfälle zu riskieren. Natürlich bedienen sich auch Kreditinstitute und Kapitalgeber dieses Instrumentes, um die Akteure in der Branche einzuschätzen. Ein branchenspezifisches Rating ist auch als internes Controllinginstrument zur Weiterentwicklung und Optimierung der Unternehmen geeignet.
Zusammenfassend zeigt Abbildung 2, mit welchen Elementen die hier betrachteten Akteure aus ihrem jeweiligen Blickwinkel das Unternehmensgeschehen aktiv selbst analysieren bzw. sie pas-

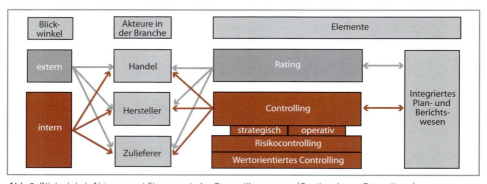

Abb. 2: Blickwinkel, Akteure und Elemente beim Controllingprozess (Quelle: eigene Darstellung)

siv analysiert werden. Letztliches Ziel muss es sein, den Controllingprozess mit Hilfe eines integrierten Plan- und Berichtswesens so effizient wie möglich zu gestalten.

2 Strategisches Controlling

2.1 Ziele und Subsysteme

Das langfristige Überleben eines Unternehmens verlangt von den Entscheidern, sich mit folgenden Fragen auseinanderzusetzen: Wo steht das Unternehmen heute? Wo soll es in der Zukunft stehen? Wie kommen wir dahin? Die vielfältigen Dimensionen unternehmerischer Entscheidungen werden in folgendem Zitat von Helmut Maucher (2007, S. 15) deutlich: „Meine Entscheidung beruht dann auf allem, was ich an Erfahrungen, Informationen, Analysen und Intuition zur Verfügung habe. Ausführlicher sind diese Dinge kaum erklärbar. Schon Goethe hat geschrieben: ‚Wenn ihr's nicht erfühlt, ihr werdet's nicht erjagen.'" Erfahrungen und Intuition sind individuelle und persönliche Dimensionen, die hier nicht weiter betrachtet werden. Das Controlling unterstützt Entscheider durch systematische Informationen und Analysen bei den Subsystemen Strategiefindung, Strategiedurchsetzung sowie Kontrolle der Strategieumsetzung.

2.2 Ausgewählte Instrumente

Der betriebswirtschaftliche Instrumentenkasten ist sehr vielfältig und kann an dieser Stelle nicht abschließend betrachtet werden.[2] Im Folgenden werden ausgewählte Instrumente bzw. Methoden vorgestellt, welche in der Praxis wichtig sind. Zu beachten ist Folgendes, was auch für die weiteren beschriebenen Controllingbereiche gilt:
- Das Controlling hat keine „eigenen" Werkzeuge entwickelt. Vielmehr bedient es sich der üblichen betriebswirtschaftlichen Werkzeuge.
- Die vorgestellten Werkzeuge sind exemplarisch entweder dem Handel oder der Industrie, also Zulieferern und Herstellern, zugeordnet. Selbstverständlich können sie mit entsprechender Anpassung auch durch die jeweils anderen Akteure eingesetzt werden.

Grundlegend ist die SWOT-Analyse (siehe Kapitel 2.2.1), eine Analyse der Stärken (Strenghts) und Schwächen (Weeknesses) bzw. Chancen (Chances) und Risiken (Risks) eines Unternehmens. Für die Strategie des Gesamtunternehmens, die Unternehmensstrategie, finden Portfoliokonzepte Verwendung, welche auch eine strategische Investitionssteuerung ermöglichen (siehe Kapitel 2.2.2). Die erfolgreiche Strategie auf Geschäftsfeldebene, die Wettbewerbsstrategie,

---

[2] Die Literaturliste enthält Hinweise auf weiterführende Werke.

verlangt sich mit dem Konzept strategischer Wettbewerbsvorteile auseinanderzusetzen (siehe Kapitel 2.2.3). Damit eng verbunden ist die Analyse der eigenen Fähigkeiten und Kernkompetenzen (siehe Kapitel 2.2.4). In diesem Zusammenhang ist auch Benchmarking zu sehen, das sowohl für das strategische als auch für das operative Controlling im internen und externen Vergleich eingesetzt wird (siehe Kapitel 2.2.5). Als zusammenfassendes Controllinginstrument für die strategische und operative Planung sowie die Entwicklung und Kontrolle des Unternehmens kann die Balanced Scorecard verwendet werden (siehe Kapitel 2.2.6).

2.2.1 SWOT-Analyse

Die SWOT-Analyse steht häufig am Anfang einer strategischen Untersuchung. Es geht darum, in einem grundlegenden Diskussionsprozess (vgl. Weber/Schäffer 2006, S. 371) eine Basis für alle weiter gehenden Überlegungen zu schaffen.

Im externen Teil der Analyse werden Chancen und Risiken eingeschätzt, mit denen das Unternehmen aus der relevanten Umwelt konfrontiert ist. Dabei gilt es nicht nur, die Branchenumwelt (vgl. Hungenberg/Wulf 2007, S. 269 ff.) zu analysieren und sich mit Wettbewerbern, Kunden, Ersatzprodukten und Lieferanten zu befassen. Auch die Makroumwelt muss analysiert werden. Dazu zählen die politisch-rechtliche, die technologische, die ökonomische, die gesellschaftliche und – in immer größerem Maße – die ökologische Umwelt.

Intern gilt es, Stärken und Schwächen herauszuarbeiten. Es ist wichtig, sich auf wesentliche Faktoren zu konzentrieren, die häufig auch als strategische Erfolgsfaktoren (vgl. Weber/Schäffer 2006, S. 370 f.) bezeichnet werden. Der Begriff „intern" ist insofern zu relativieren, als dass Stärken und Schwächen immer auch in Bezug auf die wesentlichen Wettbewerber, die als „extern" anzusehen sind, eingeordnet werden müssen.

		Makro- und Branchenumwelt	
		"Opportunities" (Chancen)	**"T**hreats" (Risiken)
Ressourcen und Fähigkeiten	**"S**trengths" (Stärken)	**SO-Strategien** Haben wir die Stärken, um Chancen zu Nutzen?	**ST-Strategien** Haben wir die Stärken, um Risiken zu bewältigen?
	"Weaknesses" (Schwächen)	**WO-Strategien** Welche Chancen verpassen wir wegen unserer Schwächen?	**WT-Strategien** Welchen Risiken sind wir wegen unserer Schwächen ausgesetzt?

Abb. 3: Kernfragen (Quelle: Hungenberg/Wulf 2007, S. 168, eigene modifizierte Darstellung)

Die SWOT-Analyse führt die beiden Analyseteile zusammen. Eine Matrixdarstellung dient Entscheidern als Diskussionsschema für weiter gehende strategische Entscheidungen. Die Abbildung 3 enthält die Kernfragen, welche aus der Kombination der externen und internen Sicht den Strategieprozess anregen.

Für ein kleineres Unternehmen der Zulieferindustrie könnte folgendes Szenario gelten:

- SO-Strategie: Die Stärke und Flexibilität in der Produktentwicklung können genutzt werden, um in eine neue Marktnische einzutreten, die durch ein verändertes Nachfrageverhalten entstanden ist.
- WO-Strategie: Die Eigenkapitalschwäche verhindert den Aufbau einer Vertriebspräsenz im Ausland.
- ST-Strategie: Die Tätigkeit in einem neuen Markt verringert die Abhängigkeit von den bisherigen Kunden.
- WT-Strategie: Die Eigenkapitalschwäche kann bei einer größeren Zahlungsverzögerung eines Großkunden zur Illiquidität führen.

Aus diesen Szenarien leiten sich Handlungsfelder ab. Im Beispiel sind das Maßnahmen im Finanzbereich, um die Eigenkapitalschwäche zu beheben, und Marketingmaßnahmen, um neue Märkte aufzubauen bzw. die Abhängigkeit von Großkunden zu reduzieren.

2.2.2 Portfolioanalyse

Produkte, Märkte und Technologien sind einem Lebenszyklus unterworfen. Jeder Entscheider weiß, dass es Produkte gibt, die heute zum Cashflow eines Unternehmens beitragen, aber morgen nicht mehr verkauft werden können. Daher ist es wichtig, sich nicht nur um die heute starken Geschäfte zu kümmern, sondern auch Einschätzungen hinsichtlich zukünftiger Geschäfte vorzunehmen, um das Gesamtunternehmen weiter zu entwickeln. Das hierfür geeignete Instrument ist die Portfolioanalyse. In einer zweidimensionalen Darstellung wird analysiert, ob die strategische Situation eines Unternehmens ausgewogen ist und in welche Geschäftsfelder die in der Regel knappen Ressourcen einfließen sollten.

Es gibt eine große Vielfalt an unterschiedlichsten Portfoliokonzepten. Das älteste und bekannteste ist das häufig als Ur-Portfolio bezeichnete Schema der Boston Consulting Group. Darin werden strategische Geschäftseinheiten hinsichtlich ihres Marktwachstums und ihres relativen Marktanteils in vier Felder zugeordnet und als Question Marks, Stars, Cashcows und Dogs bezeichnet. Aus der Positionierung eines Geschäftsfeldes leitet sich eine zielgerichtete Investitionsstrategie ab.

Komplexere Modelle verwenden die Marktattraktivität, die nicht nur vom Wachstum abhängt, sondern beispielsweise auch von Marktgröße und Stabilität. Die Wettbewerbsstärke lässt sich in einem Nischenmarkt nicht an der Größe und damit dem relativen Marktanteil allein messen. Vielmehr ist ein ganzes Bündel an Faktoren zu berücksichtigen. Abbildung 4 zeigt ein sogenanntes Wettbewerbsstärken-Marktattraktivitäts-Portfolio eines mittelständischen Industrieunternehmens, das sowohl als Hersteller für den Zubehörhandel als auch die Zulieferindustrie fungiert.

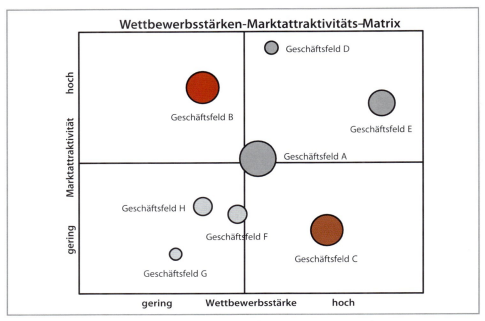

Abb. 4: Wettbewerbsstärken-Marktattraktivitäts-Portfolio (Quelle: eigene Darstellung)

Die Interpretation sieht folgendermaßen aus:
- Die Geschäftsfelder A und E werden gerne gesehen. Die vergleichsweise großen Kreisflächen signalisieren das hohe Umsatzvolumen. In attraktiven Märkten ist die Wettbewerbsstärke hoch, Investitionen dürften sinnvoll sein.
- Das Umsatzvolumen von D ist noch sehr gering, die Marktattraktivität extrem hoch. Potenzial für die Zukunft ist vorhanden, allerdings sind mit Sicherheit hohe Investitionen erforderlich, um die Potenziale auch nutzen zu können.
- Geschäftsfeld B ist der zweitgrößte Umsatzträger in einem attraktiven Markt. Die Wettbewerbsstärke liegt hinter der Konkurrenz zurück. Es gilt nachzudenken, wie dieser Nachteil behoben werden kann.
- Spiegelbildlich dazu ist Geschäftsfeld C zu sehen. Bei vergleichsweise hohem Umsatz wurde eine hohe Wettbewerbsstärke ermittelt. Allerdings ist der Markt nicht sehr attraktiv. Zu überlegen ist, ob Investitionen reduziert und knappe Ressourcen auf attraktivere Geschäfte verlagert werden können.
- Bei den Geschäftsfeldern F, G und H spielt das Unternehmen keine dominierende Rolle. Da Marktattraktivität und Umsatzvolumen gering sind, können Nachteile in der Wettbewerbsstärke problemlos verschmerzt werden.

Insgesamt vermittelt das Portfolio einen ausgeglichenen Eindruck. Aus der jeweiligen Positionierung der Geschäftsfelder werden adäquate Maßnahmen angeregt.

Natürlich kann das Konzept an sich und die Visualisierung mit einer Portfoliodarstellung kritisiert werden. Jeder Verarbeitungsschritt enthält kritische Elemente und Fehlerquellen. Auch ist zu bedenken, dass es sich immer nur um eine Momentaufnahme handelt, ohne dauerhaften Bestand. Aber die Methode bietet einen entscheidenden Vorteil. Sie ermöglicht es, sich mit der Unternehmensstrategie systematisch auseinanderzusetzen und zu diskutieren. Die Portfoliomatrix dient dem Controlling als Denkrahmen, um einen ausführlichen Diskussionsprozess zu strukturieren.

2.2.3 Wettbewerbsvorteile[3]

Greifen wir das strategische Geschäftsfeld A aus der vorherigen Matrix (siehe Abbildung 4) heraus. Wenn es um die konkrete Strategie für A geht, bewegt man sich auf dem Gebiet der Wettbewerbsstrategie. Aus einer Untersuchung des Marktes hat sich ergeben, welche Wettbewerbsfaktoren eine Rolle spielen und wie wichtig sie einzuschätzen sind. Die Grundidee besteht darin, bei aus Kundensicht wichtigen Faktoren im Vergleich zum Wettbewerb besser zu sein. Sofern ein solcher Wettbewerbsfaktor dauerhaft ist, wird er als strategisch bezeichnet. Auch diese Information kann in einer Matrixdarstellung visualisiert werden, wie das Beispiel in Abbildung 5 zeigt.

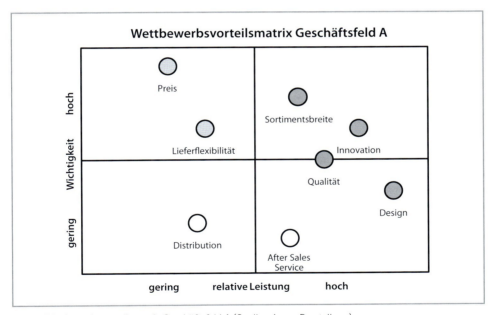

Abb. 5: Wettbewerbsvorteilsmatrix Geschäftsfeld A (Quelle: eigene Darstellung)

Diese – für das Beispiel reduzierte – Wettbewerbsvorteilsmatrix kann folgendermaßen interpretiert werden:

---

[3] vgl. Simon 1988, S. 1 ff.

- Wettbewerbsmerkmale rechts von der Mittellinie bedeuten Vorteile gegenüber der Konkurrenz. Das ist bei den wichtigen Merkmalen Sortimentsbreite, Qualität und Innovation erfreulich.
- Weniger gut sieht es mit der Wettbewerbsfähigkeit aus, wenn Merkmale im oberen linken Quadranten platziert sind. So sollten die Nachteile bei den wichtigen Merkmalen Preis und Lieferflexibilität aufgeholt werden.
- Merkmale unterhalb der waagrechten Mittellinie sind für die Wettbewerbssituation weniger wichtig. Die Nachteile bei der Distribution können angesichts ihrer untergeordneten Wichtigkeit verschmerzt werden.
- Zu überlegen ist, ob die Merkmale Design und Aftersales-Service zurückgenommen werden können. Diese Stärken sind für Kunden weniger wichtig, binden aber sicherlich Ressourcen.

Somit leiten sich aus der Darstellung ebenfalls konkrete Handlungsempfehlungen ab.

2.2.4 Fähigkeiten

Bisher wurde erarbeitet, wie das Unternehmen bzw. seine Geschäftsfelder am Markt positioniert sind. Aber worauf wurzelt diese Positionierung? Die Antwort liegt in einer Analyse der internen Fähigkeiten des Unternehmens. Der Zusammenhang sei an den für das beispielhafte Geschäftsfeld A (vgl. Abbildung 5) erarbeiteten Handlungsfeldern erläutert.

- Die Preisnachteile können sich aufgrund einer ungünstigen Kostensituation ergeben, die an einer schlecht strukturierten Wertschöpfungskette liegen kann. Folglich kann den Nachteilen nur begegnet werden, wenn diese Defizite systematisch behoben werden.
- Darin kann auch die Ursache für die Nachteile in der Lieferflexibilität liegen. Es gilt herauszuarbeiten, welche Aktivitäten mit diesem Wettbewerbsmerkmal zusammenhängen. Möglicherweise sind nur geringe Änderungen in der Ablauforganisation erforderlich, um die Leistungsfähigkeit zu verbessern. Natürlich können auch tiefergehende Veränderungen, bis hin zu hohen Investitionen, erforderlich sein, welche wiederum die Kostensituation beeinträchtigen. Insgesamt sind die Wirkzusammenhänge zu beachten.
- Die relativen Vorteile bei Design und Aftersales-Service gehen aller Wahrscheinlichkeit nach mit zu hohen Kosten einher. Vielleicht wird ein externer Designer beauftragt oder die Manpower im Aftersales-Service ist zu großzügig ausgestattet und nicht gut ausgelastet? Durch Anpassung an das erforderliche Maß können Kosten gespart werden, ohne dass die Wettbewerbsfähigkeit leidet.

2.2.5 Benchmarking

Benchmarking ist ein Instrument, um die Leistungsfähigkeit des Unternehmens anhand interner und externer Vergleiche zu optimieren. Dies erfolgt in der Praxis meist anhand von Kennzahlen. Das Konzept wird sowohl für komplexe Prozesse in Produktions- und Dienstleistungsbereichen als auch in der Personal- und Unternehmensführung eingesetzt. Benchmarking beruht in der

Regel auf vergangenheitsbezogenen Erkenntnissen, die den Erfolg für die Zukunft weisen sollen. Je nach Zugriffsmöglichkeiten bzw. gewünschten Zielen wird unterschieden zwischen:
- internem Benchmarking,
- branchenbezogenem Benchmarking und
- funktionellem Benchmarking.

Internes Benchmarking kann zwischen einzelnen Profitcentern, Abteilungen und Filialen angewandt werden. Die Controller haben Zugriff auf alle vergleichbaren Prozesse und auf das notwendige Zahlenmaterial. Voraussetzung für ein branchenbezogenes Benchmarking ist die Verfügbarkeit von Analysen der Wettbewerber. Soweit der Vergleich mit der direkten Konkurrenz nicht möglich ist, verbleibt eine gegenüberstellende Analyse mit Unternehmen aus anderen Branchen. Dann spricht man von funktionellem Benchmarking.

In der Produktion erreichte Benchmarking durch den Fall „Die Praline lernt von der Platine" (vgl. Siebert 1994) einen weiteren Bekanntheitsgrad. Zwei Produkte haben nur auf den ersten Blick nicht viel gemeinsam. Denn sie sind beide klein, werden automatisch bestückt, in großer Stückzahl hergestellt und unterliegen strengen Hygienebestimmungen. Die Benchmarkstudie des Pralinenherstellers mit dem Spitzenreiter der Elektronikindustrie führte in mehrfacher Weise zu bemerkenswerten Erkenntnissen:
- Bestückungsfehler wurden reduziert,
- die Produktion beschleunigt und
- Ausschussquoten reduziert.

Aber auch die Beziehungen zwischen Herstellern, Zulieferfirmen und Handel werden ständig einem Benchmark unterzogen und revolvierend in der Fachpresse veröffentlicht (vgl. Schwacke Markenmonitor 2011; Händlerzufriedenheit „AUTOHAUS Online" vom 23.01.2012; autobild.de/artikel/haendlerzufriedenheit2010.1138077.html; Hohenheimer Arbeits- und Projektbericht zum Marketing PB-Nr. 12 der Universität Hohenheim aus dem Jahr 2005).

Für das operative Controlling, also für die Entwicklung und Kontrolle des Erfolgs-, Finanz- und Bilanzbereichs eines Unternehmens oder Unternehmensteils, dienen die von der Betriebswirtschaftslehre entwickelten bilanz-, erfolgs- und renditeorientierten Kennzahlen. Für den Handel in der Automobilwirtschaft werden diese laufend von verschiedenen Instituten erfasst und in der Fachpresse branchenspezifisch veröffentlicht (siehe auch Kapitel 3.2.2).

2.2.6 Balanced Scorecard

Die Balanced Scorecard (im Folgenden BSC) wurde Anfang der 1990er Jahre von Robert S. Kaplan und David P. Norton an der Harvard-University entwickelt (vgl. Brockhaus Enzyklopädie, Bd. 3, S. 161). Sie dient zur Entwicklung und Kontrolle von Unternehmenszielen, die aus unterschiedlichen Bereichen zusammenwirken. Unternehmensziele können in Unternehmensmissionen (kurzfristig umsetzbar) und Unternehmensvisionen (langfristig realisierbar) gegliedert werden, die in einer Unternehmensstrategie münden, welche für alle mit dem Unternehmen verbundenen Stakeholder Nutzen erbringen soll. Die BSC ist im Grunde ein hybrides Instrument, das zwischen strategischem und operativem Controlling angesiedelt ist. Diese „Perspektiven" genannten Bereiche bestehen im Wesentlichen aus

- Finanzen,
- Kunden,
- Prozessen sowie
- Humankapital.

Die BSC unterscheidet sich von reinen Kennzahlensystemen oder eher unscharfen Formulierungen, wie sie Unternehmensleitbilder darstellen, durch die Beachtung von Ursachen-Wirkungs-Beziehungen. Diese werden häufig in Form eines Diagramms (vgl. „Einführung in die Balanced Scorecard", hyScore BSC Bibliothek, 2010) dargestellt. Abbildung 6 veranschaulicht das entsprechende Prinzip.

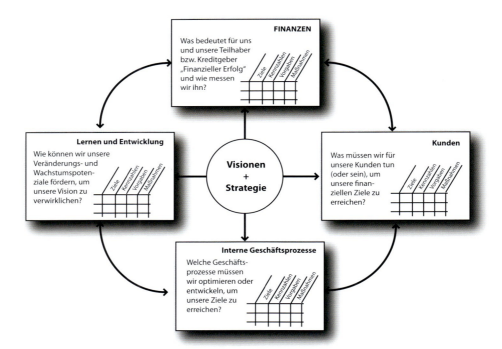

Abb. 6: Ursachen-Wirkungs-Beziehungen (Quelle: eigene Darstellung)

Beispielsweise beeinflussen die wechselseitigen Ein- und Auswirkungen der Mitarbeiter- und Kundenmotivation die Unternehmensstrategie und führen erst mit erforderlichen Prozessoptimierungen zu den erwünschten wirtschaftlichen Ergebnissen, welche in Erfolgsrechnungen und Vermögensbilanzen dargestellt werden.

Um ein erfolgreiches Führungsinstrument in Form einer BSC zu erhalten, sollten Vertreter aus allen relevanten Bereichen (Kunden, Mitarbeiter aus allen Abteilungen und externe Berater) bei der erstmaligen Erstellung und den Zielerreichungskontrollen beteiligt sein. Allerdings sollten nicht zu viele Ziele auf einmal definiert werden. Ansonsten besteht die Gefahr, sich im Dschungel der Kennzahlen und Zielformulierungen zu verirren und sich zu verzetteln. Die einzelnen Perspektiven werden grundsätzlich wie folgt definiert (vgl. www.controlling-portal.de/Fachinfo/BSC):

a) Finanzperspektive

Finanzielle Kennzahlen sollen erkennen lassen, ob die Strategien greifen und zu Verbesserungen führen. Zu nennen sind hier Rentabilität, Finanzkraft, Wachstum und weitere Ziele wie z. B. Kostensenkung. Diese Ziele können Bestandteil eines Shareholder-Value-Konzepts sein und damit dem wertorientierten Controlling dienen. Es wird folglich nicht nur der Gewinn betrachtet, sondern der Wert des Unternehmens und seine Entwicklung.

Mögliche Zielformulierungen lauten:
- Steigerung der Rentabilität in einem Jahr um x Prozent.
- ROI – Ziel in fünf Jahren x Prozent.

b) Kundenperspektive

Wie wird das Unternehmen bzw. ein bestimmtes Produkt oder Profitcenter aus Sicht der Kunden eingeschätzt? Hier werden die Kunden- und Marktsegmente eines Unternehmens untersucht. Außerdem wird zwischen quantifizierbaren und nicht quantifizierbaren Größen unterschieden:
- quantifizierbar
  - Marktanteile,
  - Kundentreue,
  - Kundenzufriedenheit,
  - Kundenrentabilität.
- nicht quantifizierbar
  - besondere Produkt- und Serviceeigenschaften,
  - Kundenbeziehungen,
  - Imagefaktoren von Produkten und Unternehmen.

Mögliche Zielformulierungen lauten:
- Reduzierung der Reklamationen/Gewährleistungsaufwendungen im Bereich Service/Aftersales innerhalb einer bestimmten Frist um x Prozent.
- Steigerung des Marktanteils im Neuwagenverkauf um x Prozent.

c) Prozessperspektive

Was muss intern getan werden? Interne Kernprozesse, die für die Erreichung der Ziele am wichtigsten sind (siehe Kapitel 2.2.5), werden untersucht. Unterschieden wird in:

- Innovationsprozesse
    - Kostenmäßig vertretbar?
    - Konkurrenzvorteile erreichbar?
    - Sinnvoll?
- Betriebsprozesse
    - Effizientere Werkstattdurchläufe?
    - Optimierte Ersatzteilversorgung?
- Kundendienstprozesse
    - Optimierung hinsichtlich Werkstattplanung und -qualität?
    - Fahrzeugübergabe als Erlebnis gestaltbar?

Mögliche Zielformulierungen lauten:
- Verkürzung der Werkstattdurchlaufzeiten bzw. Erhöhung der abrechenbaren Zeiten je Werkstattdurchlauf innerhalb der nächsten zwei Monate um x Prozent.
- Ersatzteilverkauf je Werkstattdurchlauf steigt in den nächsten zwei Monaten um x Prozent.

d) Entwicklungsperspektive

Wie kann sich das Unternehmen verbessern und innovativ entwickeln? Hierbei wird die Einbindung der Mitarbeiter in die Unternehmensprozesse und das tatsächliche Ergebnis der Organisationsprozesse im Unternehmen überprüft. Wichtige Elemente sind:

- Mitarbeiterzufriedenheit,
- Mitarbeiterproduktivität,
- Mitarbeiterentwicklung,
- Wissensmanagement.

Mögliche Zielformulierungen lauten:
- Verringerung der Fluktuation um x Prozent in den nächsten drei Jahren.
- Erhöhung der Produktivität um x Prozent innerhalb der nächsten drei Monate.
- Steigerung der Mitarbeiterzufriedenheit im nächsten Jahr um x Prozent.

Abbildung 7 enthält Ausschnitte der BSC eines Handelsunternehmens der Automobilbranche.

ZIELE	MESSGRÖSSEN	MASSNAHMEN	ZEITVORGABEN
a) Finanzperspektive			
Umsatzwachstum stärker als Mitbewerber	Umsatzwachstum gegenüber Mitbewerber	Unternehmenstransparenz, Berichtswesen	bis Ende des Wirtschaftsjahres

b) Kundenperspektive			
Kundenbelohnung und Motivation	Euro	Gutscheine, Rabatte, Treuepunkte	bis 31.03.
Neukundengewinnung	Anzahl Neukunden pro Monat	Preisausschreiben bei Modellpräsentation und Kundenakquise	ab 01.04. bis …
c) Prozessperspektive			
Optimierung der Werkstattdurchläufe	Anzahl/Euro	Wertanalyse	ab 01.02. bis …
Ersatzteilverkauf je Durchlauf	Ersatzteile je Durchlauf/Euro	Wertanalyse	ab 01.02. bis …
d) Entwicklungsperspektive			
Verbesserung der Weiterbildung	Zeit und Euro	Servicebereich, Fahrzeugannahme; Kurse, Anwerbung von qualifizierten Auszubildenden	ab sofort bis …
Sicherung der Nachwuchskräfte	Anzahl der Auszubildenden und Durchschnittsalter der Belegschaft	Kontakt zu Schulen, Angebot von Praktikumsplätzen	ab sofort bis …

Abb. 7: Ausschnitte der BSC eines Handelsunternehmens der Automobilbranche
(Quelle: www.controlling-portal.de/Fachinfo/BSC/Balanced-Scorecard.html)

3 Operatives Controlling

3.1 Ziele und Subsysteme

Im operativen Controlling werden überwiegend quantitative Daten verarbeitet, die letzten Endes auf die beiden Ziele Gewinn und Liquidität ausgerichtet sind. Werden diese Ziele erfolgreich angestrebt, sollte Zahlungsunfähigkeit bzw. Überschuldung kein Thema für ein Unternehmen sein. Die betriebswirtschaftlichen Subsysteme, die sich mit diesen Fragestellungen befassen, werden aus dem betrieblichen Rechnungswesen gespeist. Das Gewinnziel, allgemeiner: Erfolgsziel, ist mit dem Jahresabschluss eher extern, die Kosten- und Leistungsrechnung dagegen intern orientiert. Die Frage der Zahlungsfähigkeit wird mit der Finanz- und Finanzierungsrechnung beantwortet.

3.2 Ausgewählte Instrumente

Die folgenden Überlegungen sind in erster Linie auf den Automobilhandel orientiert, lassen sich aber auch auf Hersteller und Zulieferbetriebe übertragen. Wichtiger Ausgangspunkt für das operative Controlling ist die Ertrags-, Liquiditäts- und Bilanzplanung sowie der darauf folgende Soll-Ist-Vergleich (siehe Kapitel 3.2.1). Diese Budgetierung wird oft als Gratwanderung bezeichnet. Sie ist Voraussetzung für eine Ressourcensteuerung und ermöglicht eine Ergebnisvorschau mit Abweichungsanalysen. Damit ist sie ein unerlässliches Instrument für das Management. Die daraus gewonnenen Kennzahlen können dann mittels branchenbezogenem Benchmarking wichtige Erkenntnisse über den vergleichbaren Stand und die Entwicklung des Unternehmens bzw. seiner Geschäftsfelder ergeben (siehe Kapitel 3.2.2). Neben der schon besprochenen strategischen Seite haben Investitionen auch eine operative Dimension, mit der sich das Controlling auseinandersetzen muss (siehe Kapitel 3.2.3).

In Verbindung von operativer Budgetierung und Investitionsüberlegungen mit den strategischen Controllinginstrumenten wie SWOT-Analyse, Balanced Scorecard und dem strategischen Benchmarking lässt sich durch ein branchenspezifisches validiertes Rating ein für den Mittelstand übersichtliches Controllinginstrumentarium abbilden (siehe Kapitel 4). Dabei werden auch mögliche Risiken im und um das Unternehmen herum transparent.

3.2.1 Ertrags-, Liquiditäts- und Bilanzplanung

In Zeiten der Finanzkrise, drohenden Kreditklemmen und möglichen Bankenkrisen ist es wichtiger denn je, die Entwicklung der Ertrags-, Liquiditäts- und Finanz-/Bilanzlage rechtzeitig zu erkennen, um notwendige Maßnahmen einleiten zu können. Grundlage für pragmatische Planungen sind handelsrechtliche Buchführungsgrundlagen, die Gewinn- und Verlustrechnungen sowie die Bilanzen der letzten drei Jahre. Die Erfahrungen aus dem Rechnungswesen und die aktuellen Erkenntnisse der Gesamt- und Regionalmarktentwicklung fließen dann in die Planung der einzelnen Profitcenter ein. Im Handel sind dies in der Regel:

- Neuwagenabteilung,
- Gebrauchtwagenabteilung,
- Service und Kundendienst,
- Teile und Zubehör sowie
- sonstiges.

Neben den zu erwartenden Absatzzahlen sind auch die voraussichtliche Kostenentwicklung und eventuell auftretende Störungen oder Risiken zu berücksichtigen. Durch Ermittlung branchenüblicher Kennzahlen und deren Benchmarking mit Werten der Konkurrenz lässt sich die Plausibilität der Planergebnisse ermitteln. Bei den Kennzahlen ist darauf zu achten, dass durch zu viel ermittelte Kennzahlen nicht die Übersichtlichkeit und Transparenz und somit die Handlungsnotwendigkeiten übersehen werden. Die für den Handel wichtigsten allgemeinen Kennzahlen sind im Überblick zusammengestellt (siehe Kasten).[4]

DIE WICHTIGSTEN ALLGEMEINEN KENNZAHLEN FÜR DEN HANDEL

Eigenkapitalquote
$$\frac{\text{Eigenkapital am Ende des WJ}}{\text{Gesamtkapital am Ende des WJ}} \times 100$$

Das Ergebnis hieraus sollte größer als 20 Prozent sein.

Liquiditätsrate I
$$\frac{\text{Zahlungsmittel}}{\text{Kurzfristiges Fremdkapital}} \times 100$$

Die Liquiditätsrate I sollte unbedingt ausreichen, um die in den nächsten drei Wochen fälligen Verpflichtungen abdecken zu können, da ansonsten drohende Zahlungsunfähigkeit gegeben ist. Ein Zielwert von über 10 Prozent bis 20 Prozent ist anzustreben.

Liquiditätsrate III
$$\frac{\text{Gesamtes Umlaufvermögen}}{\text{Kurzfristiges Fremdkapital}} \times 100$$

Während steuerrechtlich die Vorführwagen entsprechend BFH (Bundesfinanzhof, Urteil vom 17.11.1981) im Anlagevermögen auszuweisen und abzuschreiben sind, gehören handelsrechtlich die Vorführwagen zum Umlaufvermögen und sind somit bei der Ermittlung der Liquiditätsrate III beim gesamten Umlaufvermögen zu berücksichtigen. Eine Liquiditätsrate unter 100 Prozent löst in der Regel Risikovorsorgemaßnahmen bei den Instituten aus, die das Unternehmen finanzieren, und bewirkt somit eine Verteuerung des Kapitaldienstes, wenn nicht sogar eine Reduzierung der Kreditlinien. In der Vergangenheit sind die herstellernahen Banken bei einer Liquiditätsrate unter 100 Prozent oftmals dazu übergegangen, die Neu- und Gebrauchtfahrzeuge nur noch netto (Einkaufspreis ohne Umsatzsteuer) zu finanzieren, was bei den betroffenen Unternehmen in der Folge zu einer weiteren Verknappung der Liquidität geführt hat. Der Zielwert sollte deshalb größer als 120 Prozent sein.

Kapitaldienstfähigkeit
$$\frac{\text{Jahresüberschuss + Zinsen + freie Abschreibung − Ausschüttung}}{\text{Zins- und Tilgungsverpflichtungen}}$$

---

[4] Die jeweils genannten Werte basieren auf Branchenerfahrungen und sind als Orientierungsgrößen zu verstehen.

> Der errechnete Quotient sollte eindeutig größer als eins sein, da ansonsten das Unternehmen nicht in der Lage ist, den eingegangenen Verpflichtungen aus der Ausleihung von Finanzmitteln nachzukommen.
>
> $$\text{Eigenkapitalrentabilität} \quad \frac{\text{Jahresüberschuss}}{\text{Durchschnittliches Eigenkapital}^5}$$
>
> $$\text{Gesamtkapitalrentabilität} \quad \frac{\text{Jahresüberschuss + Fremdkapitalzinsen}}{\text{Durchschnittliches Gesamtkapital}}$$
>
> Ist die Gesamtkapitalrendite höher als die Eigenkapitalrendite, führt eine Reduzierung des Eigenkapitals zu Lasten des Fremdkapitals zu einer Verbesserung der Eigenkapitalrendite. Dieses Konzept ist in der Literatur als Leverage-Effekt (www.wirtschaftslexikon24.net/d/leverarge-effekt/leverarge-ffekt.html) bekannt. Allerdings haben derartige Entscheidungen in der Vergangenheit oftmals zu einer zu niedrigen Eigenkapitalisierung und somit zu einem erhöhten Liquiditätsrisiko des Unternehmens geführt.
>
> $$\text{Umsatzrentabilität} \quad \frac{\text{Jahresüberschuss}}{\text{Umsatzerlöse}} \times 100$$
>
> Die Umsatzrentabilität sollte im Automobilhandel größer als zwei Prozent sein.

Die Umsatzrentabilität sollte im Automobilhandel größer 2 Prozent sein. Unternehmen werden in unterschiedlichen Rechtsformen geführt. Auch sind viele Automobilhandelsunternehmen im Rahmen einer Betriebsaufspaltung strukturiert. Diese verschiedenen Rahmenbedingungen machen es erforderlich, die jeweiligen Messgrößen aneinander anzugleichen. In diesem Zusammenhang sind auch kalkulatorische Kosten zu überprüfen:

- kalkulatorische Abschreibungen,
- kalkulatorische Zinsen,
- kalkulatorische Mieten sowie
- kalkulatorische Personalkosten.

Um wirklich vergleichbare Zahlen zu bekommen, ist es oftmals auch erforderlich, das Besitz- und das Betriebsunternehmen zu konsolidieren.

3.2.2 Ausgewählte Kennzahlen von Geschäftsfeldern

Die einzelnen Profitcenter bzw. Geschäftsfelder tragen zum Gesamtergebnis des Unternehmens bei. Deshalb ist es wichtig, auch für diese Bereiche Kennzahlen zu ermitteln und im Rahmen des

---

[5] Mittelwert aus Eigenkapital am Jahresanfang und am Jahresende

internen und externen Benchmarking zu vergleichen und zu kontrollieren. Hier gibt es für die einzelnen Bereiche eine Reihe von betrieblichen Schlüsselkennzahlen, häufig als KPIs (Key Performance Indicators) bezeichnet, von denen einige vorgestellt werden (siehe Kasten).

BETRIEBLICHE SCHLÜSSELKENNZAHLEN

Neu- und Gebrauchtwagenabteilung

Bruttoertrag Neuwagen	(Verkaufserlöse – Nachlässe und Rabatte) ./. (Einkaufspreis – Boni und Verkaufshilfen)
Bruttoertrag Gebrauchtwagen	w.o.
Bruttoertrag gesamt Fahrzeuge	w.o.
Standzeiten Neu- und Gebrauchtwagen	durchschnittliche Dauer der sich im Bestand befindlichen Fahrzeuge in Tagen
Durchschnittlicher Umsatz und Bruttoertrag je Verkäufer	Daneben ist noch die Auswertung der verkauften Stückzahlen je Verkäufer eine zu prüfende Messgröße.
Umschlagshäufigkeit des Warenlagers	$\dfrac{\text{Wareneinsatz Fahrzeuge}}{\text{Bestand Fahrzeuge}}$

Teile und Zubehör

Bruttoertrag Teileabteilung	(Verkaufserlöse – Nachlässe und Rabatte) ./. (Einkaufspreis – Boni und Verkaufshilfen)
Teileerlöse/Bruttoertrag je Lagermitarbeiter	$\dfrac{\text{Umsatzerlöse/Bruttoerträge Teile}}{\text{Anzahl der durchschnittl. Mitarbeiter Lager}}$

Daneben sind die Bruttoerträge aus Reifen, Schmierstoffen und sonstigen Handelswaren ermittel- und vergleichbar.

Teileumschlagsfaktor	Wareneinsatz/durchschnittlicher Teilebestand

Service und Kundendienst

Bruttoertrag Kundendienst	Lohnerlöse ./. Produktivlöhne Werkstatt
Bruttoertrag Karosserie	w.o.
Bruttoertrag Fremdleistungen	(Erlöse – Rabatte etc.) ./. Einsatzwerte

$$\text{Anwesenheitsgrad} = \frac{\text{Anwesenheitsstunden}}{\text{Bezahlte Stunden}}$$

$$\text{Produktivität} = \frac{\text{Produktiv geleistete Stunden/Arbeitswerte (AW)}}{\text{Anwesenheitsstunden/AW}} \times 100$$

$$\text{Leistungsgrad} = \frac{\text{Weiterberechnete Stunden/AW}}{\text{Produktiv geleistete Stunden/AW}}$$

Werkstattdurchläufe je Produktivmitarbeiter in der Werkstatt
Lohnerlöse je Werkstattdurchlauf

Teileumsatz im Verhältnis zu den Lohnerlösen
Teileumsatz je Werkstattdurchgang/Lohnerlöse je Werkstattdurchgang

$$\text{Marktausschöpfung} = \frac{\text{Verkaufte Stunden/AW} \times 100}{\text{Servicemarktpotenzial in Std.}}$$

Das Servicemarktpotenzial ermittelt sich aus der Anzahl der zugelassenen Fahrzeuge der betreuten Fabrikate im Marktverantwortungsgebiet multipliziert mit dem durchschnittlichen Reparaturbedarf pro Fahrzeug und Jahr.

Selbstverständlich ist bei der Auswertung der einzelnen Kennzahlen zu beachten, dass unterschiedliche Handelsorganisationen – Mehrmarkenhändler, Großhändler in einzelnen Geschäftsfeldern, Filialisten, Vermittler und Servicebetriebe – am Markt agieren und diese somit im branchenbezogenen oder funktionalen Benchmarking zu vergleichen sind.[6]

3.2.3 Investitionscontrolling

Investitionen beeinflussen die Erfolgspotenziale von Unternehmen und damit den Unternehmenswert. Wie wird aber überprüft, wie sehr eine Investition den Unternehmenswert beeinflusst? In der Praxis weit verbreitet ist die Kapitalwertmethode, oft auch als Discounted Cashflow Methode (DCF) bezeichnet, um die operative Investitionsbeurteilung durchzuführen. Sie wird den dynamischen Methoden der Investitionsrechnung zugerechnet und kann verwendet werden, um beispielsweise die Vorteilhaftigkeit einer einzelnen Investition zu ermitteln oder bei der Aus-

---

[6] Fachzeitschriften wie AUTOHAUS veröffentlichen in der Regel jährlich aktuelle Kennzahlen, die dem Handel als erste Richtwerte dienen können.

wahl von sich ausschließenden Alternativen zu helfen. Das Grundmodell geht davon aus, dass die Zahlungen aufgrund einer Investition zu einem einzigen Zeitpunkt eines Jahres stattfinden. Nehmen wir an, ein Hersteller möchte ein neues Produkt auf den Markt bringen. Am Anfang stehen Auszahlungen. Es muss entwickelt werden, Maschinen sind anzuschaffen etc. Den erwarteten Rückflüssen in den Folgejahren in Form von Umsatzerlösen stehen laufende Mittelabflüsse für Materialeinkauf, Personal, Energie, Verpackung, Versand etc. gegenüber. Diese Daten werden für die erwartete Lebensdauer prognostiziert und zusammengestellt. Es ergibt sich beispielsweise die folgende Zahlungsreihe, die als Prinzipbeispiel dienen soll (Angaben in Mio. Euro):

$-200_0 + 110_1 + 121_2 + 133_3$

Einer Anfangsinvestition in Höhe von 200 zum Zeitpunkt null stehen Einzahlungsüberschüsse in den drei Folgejahren gegenüber. Angenommen sei des Weiteren, dass Kapital zu einem Zinssatz von zehn Prozent aufgenommen bzw. angelegt werden kann. Mit Hilfe dieser Information werden jetzt die Zahlungssalden der Jahre eins, zwei und drei auf den Anfangszeitpunkt null abgezinst. In der linken Hälfte der Abbildung 8 wird verdeutlicht, wie der sogenannte Gegenwartswert dieser Zahlungsreihe ermittelt wird. Die Zahlen sind so gewählt, dass eine Überprüfung durch Kopfrechnen möglich ist (bitte Rundungen beachten).

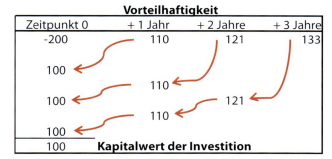

Abb. 8: Berechnungsmethode zur Investitionsbeurteilung (Quelle: eigene Darstellung)

Dem Grundgedanken der Zinseszinsrechnung folgend, werden Zahlungen entsprechend der zeitlichen Einordnung schrittweise abgezinst und damit vergleichbar. Der linke Teil der Abbildung 8 zeigt, wie die auf den Zeitpunkt null abgezinsten Zahlungssalden zu einem Kapitalwert dieser Investition in Höhe 100 führen. Als Fazit ergibt sich, dass die Investition vorteilhaft ist, wenn:
1. das investierte Kapital in Höhe von 200 wieder zurückgeflossen ist,
2. die erwünschte Verzinsung in Höhe von zehn Prozent erreicht wird,
3. darüber hinaus ein Wert von 100 geschaffen wird.

Der rechte Teil der Abbildung 8 sagt aus, dass der ursprünglich investierte Betrag nach zwei Jahren wieder zurückgeflossen ist. Diese dynamische Amortisationsdauer ist ein Risikomaß. Die Aussage lautet: je kürzer, umso besser.

Diese in der Praxis natürlich aufwändige Berechnungsmethode ist sicherlich nicht für alle Investitionsentscheidungen erforderlich. Geht es beispielsweise darum, eine Ersatzinvestition für eine Anlage zu entscheiden, der man keine Erlöse zuordnen kann, dann kann es ausreichen, eine statische Kostenvergleichsrechnung vorzunehmen. Für weitreichende Investitionen, die eine hohe Kapitalbindung bedeuten, ist das beschriebene Verfahren dagegen unbedingt zu empfehlen. Erforderlichenfalls kann das Grundmodell durch eine Sensitivitäts- und Risikoanalyse ergänzt werden. Dafür werden einerseits die Faktoren herausgearbeitet, die bei einer Veränderung großen Einfluss auf den Kapitalwert haben. Andererseits werden für die einzelnen Parameter pro Jahr Untergrenzen, erwartete Werte und Obergrenzen bestimmt. Auf dem Wege einer Monte-Carlo-Simulation[7] wird dann ein Chancenprofil für den Kapitalwert erarbeitet, welcher eine breitere Entscheidungsgrundlage bedeutet.

Ergänzend kann eine Nutzwertanalyse erfolgen, um Faktoren zu berücksichtigen, die nicht quantifiziert werden können. Dazu gehören beispielsweise Kriterien wie Zuverlässigkeit oder Umweltorientierung eines Lieferanten.

4 Rating

In der Finanzwirtschaft dient ein Rating dazu, einzuschätzen, mit welcher Wahrscheinlichkeit der Gläubiger künftig in der Lage ist, seine finanziellen Verpflichtungen erfüllen zu können bzw. mit welcher Wahrscheinlichkeit mit einem Ausfall des Gläubigers zu rechnen ist. Deutlich zu unterscheiden ist ein Rating von einer Due-Diligence-Prüfung, also der sorgfältigen Beurteilung und Prüfung eines Unternehmens im Rahmen eines Unternehmenskaufs und von Aussagen bzw. Bewertungen der Auskunfteien, wie z. B. Hermes, Schufa oder Creditreform. In Abbildung 9 sind Rating und Auskunft vergleichend gegenübergestellt.

 Aussagen von Auskunfteien sind kein Ersatz für Ratinggutachten!

	RATING	AUSKUNFT (HERMES, COFACE, SCHUFA, CREFO)
AUSSAGE	Ausfallwahrscheinlichkeit	Zahlungsverhalten
ABGRENZUNG RATING-OBJEKT	Wirtschaftliche Definition	Rechtliche Definition

[7] Eine große Vielzahl von Kapitalwerten (möglicherweise > 1.000) wird für zufällig ausgewählte Parameterkonstellationen ermittelt und der Größe nach sortiert. Werden diese Kapitalwerte in einem Diagramm abgebildet, ergibt sich das sogenannte Chancenprofil.

PROGNOSEZEITRAUM	bis 5 Jahre	maximal 6 Monate
DATENBASIS	umfangreiche verifizierte Informationen zu Unternehmensdaten, -strukturen und -zusammenhängen	größtenteils freiwillige und punktuelle Selbstauskünfte
LEISTUNGSFÄHIGKEIT	selten Insolvenzen bei hohen Ratings	häufig Insolvenzen trotz „guter" Auskünfte
ANWENDUNGSBEREICH	dauerhafte Geschäftsbeziehungen	kurzfristige einmalige Transaktionen

Abb. 9: Vergleich Rating–Auskunft (Quelle: WT Unternehmensberatung GmbH)

Die Geschichte des Ratings reicht bis in die Mitte des 19. Jahrhunderts zurück, als für die Erschließung Amerikas mit Eisenbahnen erhebliche Geldmittel benötigt wurden. Die häufig in der Öffentlichkeit genannten Agenturen „Standard & Poor`s" sowie „Moody`s" wurden bereits 1906 bzw. 1909 gegründet.

Mit Inkrafttreten von Basel II wurden die Banken verpflichtet, ihre Gläubiger zu raten. Das bedeutet, Unternehmen durch ein geschlossenes, validiertes System in Risikogruppen einzuteilen. Je nach Risikoklassifizierung hat das Finanzinstitut einen prozentualen Anteil an Eigenkapital im Verhältnis der ausgegebenen Finanzmittel zu hinterlegen. Diese Anteile liegen zwischen null und zwölf Prozent der Forderungen (vgl. WT Unternehmensberatung GmbH). Die Risikomessung der Ratings ist in mindestens acht Risikoklassen vorzunehmen. Davon in sieben Klassen für nicht ausfallende und in eine Klasse für ausfallende Kreditnehmer. Die externen Ratingagenturen und die jeweiligen Kreditinstitute haben unterschiedliche Bewertungstabellen, die jährlich validiert und von der Bundesanstalt für Finanzdienstleistungsaufsicht (BAFIN) zugelassen werden müssen. Beispielhaft erfolgt die Darstellung der Ratingsymbolik anhand der Bewertungsskala von „Standard & Poor`s", wie in Abbildung 10 gezeigt.

S & P'S KATEGORIEN	KLASSENBESCHREIBUNG	RISIKOGEWICHTUNG	EIGENKAPITALUNTERLEGUNG BEI KREDIT VON 100 EURO
AAA	**sehr gut:** höchste Bonität; nahezu kein Ausfallrisiko	20 %	1,60 Euro
AA+ AA AA–	**sehr gut bis gut:** hohe Zahlungswahrscheinlichkeit, geringes Ausfallrisiko		

A+ A A−	**gut bis befriedigend:** angemessene Deckung von Zins und Tilgung; Risikoelemente vorhanden, die sich bei Veränderung des wirtschaftlichen Umfelds negativ auswirken	100 %	8 Euro
BBB+ BBB BBB−	**befriedigend:** angemessene Deckung von Zins und Tilgung; spekulative Elemente oder mangelnder Schutz gegen Veränderungen des wirtschaftlichen Umfelds vorhanden		
BB+ BB BB−	**ausreichend:** mäßige Deckung von Zins und Tilgung (auch in einem guten wirtschaftlichen Umfeld)		
B+ B B−	**mangelhaft:** geringe Deckung von Zins und Tilgung	150 %	12 Euro
CCC/CC	**ungenügend:** niedrigste Qualität „lebender" Engagements, geringster Anlegerschutz, akute Gefahr des Zahlungsverzugs		
SD/D	**zahlungsunfähig:** in Zahlungsverzug		

Abb. 10: Bewertungsskala (Quelle: WT Unternehmensberatung GmbH)

In der Abbildung 10 ist bis zu einer Bewertung von BBB− von einem sogenannten „Investmentgrade" – das bedeutet hohe Kreditsicherheit – und ab BB+ von einem „Speculative Grade" oder „Junk Bonds" – das bedeutet Kredite mit höherer Ausfallwahrscheinlichkeit – auszugehen.

Ein Ratinggutachten ermittelt sich aus quantitativen und qualitativen Kriterien eines Unternehmens. Die quantitativen Faktoren umfassen die Ertrags-, Vermögens- und Finanzlage und werden aus den Jahresabschlüssen der letzten drei Jahre entnommen und in allgemeingültigen, betriebswirtschaftlichen Kennzahlen widergespiegelt. Bei den qualitativen, sogenannten „weichen" Kriterien werden folgende Bereiche nach deren Ist-Zustand im Unternehmen und dessen Umfeld bewertet:

- Produkte und Märkte,
- Unternehmensstrategie und -führung,

- Personalpolitik,
- Organisation und Prozesse,
- Forschung und Entwicklung,
- Einkauf, Lager, Produktion,
- Informationspolitik, Unternehmensplanung, Controlling und Risikomanagement sowie
- Kontoführung und Bilanzpolitik.

Weitere Einflussfaktoren sind beispielsweise die zukünftige Bilanzpolitik, zukünftig zu erwartende gesetzliche oder gesellschaftliche Änderungen, die die Branche oder das Unternehmen betreffen können, sowie Umweltauflagen, die Energiepolitik, Rohstoffressourcen, Migrationen und die demographische Entwicklung.

Die Gewichtung der Ergebnisse aus den quantitativen und qualitativen Kriterien erfolgt je nach Ratingsystem unterschiedlich. Oftmals beträgt die Gewichtung 70 zu 30 zugunsten der quantitativen Faktoren. Dies hat zur Folge, dass die Ergebnisse der Vergangenheit ein großes Gewicht in der Bewertung haben.

Während die Banken ihr Ratingergebnis nur in seltenen Fällen mit den Kreditnehmern besprechen, geschweige denn das Ergebnis ihren Kunden veröffentlichen, erhalten Unternehmen, die ein externes Rating erstellen lassen, eine genaue Analyse ihres Unternehmens mit der Darstellung und der Auswirkung aller Stärken und Schwächen im Unternehmen. Die großen Agenturen (Fitch, Moody's, Standard & Poor`s) führen umfassende Ratings für verschiedene Branchen durch, während kleinere Ratingagenturen, wie die PSR Rating in Tübingen, branchenspezifische Ratings für die einzelnen Unternehmen der Branche entwickeln. Der VDA (Verband der Automobilindustrie) empfiehlt das speziell von der PSR entwickelte Rating für Zulieferfirmen (vgl. http://www.vda.de/de/verband/fachabteilungen/kfz/infos/vda-rati8ng_tool.html). Auf der Basis dieses Programms wurde ein Werkzeug speziell für den Automobilhandel entwickelt, in dem spezifische Fragen wie Standzeiten der Fahrzeuge, Planung und Entwicklung von Leasingrückläufern etc. berücksichtigt sind. Unternehmen haben so die Möglichkeit, anhand eines Ratings ihre Schwachstellen zu erkennen. Oftmals kann mit geringem Aufwand Abhilfe geschaffen werden und damit eine Verbesserung der Ratingnote erreicht werden. Die Folge sind niedrigere Zinsen und eine günstigere oder bessere Liquidität.

Wie aus Abbildung 11 ersichtlich ist, benötigen die Kreditgeber für einen Großteil der mittelständischen Unternehmen eine Eigenkapitalhinterlegung von zwölf Prozent, was wiederum hohe Zinsen für die Kreditnehmer bedeutet.

Viele Unternehmen des Automobilhandels werden derzeit mit CCC oder schlechter bewertet. Eine Verbesserung um zwei Stufen auf BB hätte demnach eine deutliche Auswirkung auf die Ertrags- und Finanzlage des Unternehmens.

Daneben wird das Unternehmen im Rahmen eines externen Ratings in allen Bereichen durchleuchtet und führt zu einer durchgängigen Verbesserung der Unternehmensprozesse, sofern die Geschäftsführung die Ergebnisse akzeptiert und erforderliche Maßnahmen veranlasst. Im Anschluss an die Erstellung von externen Ratinggutachten wird in vielen Fällen eine Risk Map erstellt, in der die im Unternehmen vorhandenen Risiken aufgegriffen werden und deren Scha-

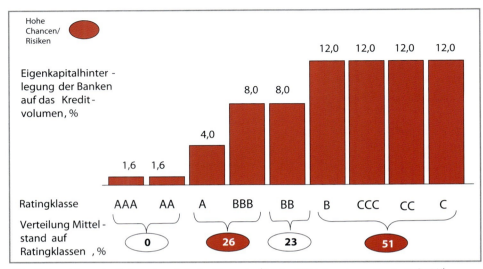

Abb. 11: Auswirkung der Ratingrate auf die Kreditvergabe (Quelle: WT Unternehmensberatung GmbH)

denseintrittswahrscheinlichkeit beschrieben wird. Ein externes Ratinggutachten mit Risk Map ist somit ein Risikomanagementinstrument, das sowohl das operative Controlling, aber auch große Teile des strategischen Controllings (in Anlehnung an SWOT und BSC) beinhaltet und bei entsprechender Anwendung den gesetzlichen Vorschriften der Risikovorsorge genüge tut.

Martin-Dieter Herke

VIII Finanz- und Investitionsmanagement im Automobilhandel

Autohäuser sind kapitalintensive Unternehmen, daher ist das Finanzmanagement im Automobilhandel ein Thema von großer Bedeutung. Dieses Kapitel behandelt die betriebswirtschaftlichen Grundlagen, das Kreditgeschäft, das Thema Rating sowie die unterschiedlichen Finanzierungsarten. Abschließend wird noch ein Blick auf zukünftige Einflussfaktoren geworfen: auf eine ratingorientierte Unternehmensführung, eine professionelle Finanzkommunikation sowie die Regulierung des Kreditgeschäfts nach Basel III.

1 Betriebswirtschaftliche Grundlagen
2 Das Kreditgeschäft
3 Das Rating
4 Finanzierungsarten
5 Zukünftige Einflüsse auf das Finanzmanagement im Autohaus
6 Fazit

> » *WENN DU DEN WERT DES GELDES KENNENLERNEN WILLST, VERSUCHE DIR WELCHES ZU LEIHEN.* «
>
> Benjamin Franklin

1 Betriebswirtschaftliche Grundlagen

1.1 Bilanzstruktur

Je nachdem, wie groß ein Autohaus ist und welche Herstellervorgaben in puncto CI für das Gebäude und die Bestandshaltung von Vorführ- und Neuwagen einzuhalten sind, haben Autohäuser meist einen Kapitalbedarf von mehreren Millionen Euro. Hinzu kommen die Bestände an Gebrauchtwagen, Ersatzteilen und Zubehör sowie Schmierstoffen, Reifen etc. Damit noch nicht genug: Da nicht alle Rechnungen von den Kunden sofort beglichen werden, hat ein Autohaus normalerweise auch noch Außenstände zu finanzieren, was den Kapitalbedarf nochmals erhöht. Die Bilanzrelationen eines Autohauses sehen dann im Regelfall folgendermaßen aus (siehe Abbildung 1):

Anlagevermögen ■ Gebäude ■ Einrichtungen	20 bis 25 %	Eigenkapital	10 bis 15 %
Umlaufvermögen ■ Fahrzeugbestand ■ Ersatzteilebestand ■ Kundenforderungen	75 bis 80 %	Fremdkapital ■ Darlehen ■ Einkaufsfinanzierung ■ KK-Kredite ■ Lieferantenkredite	85 bis 90 %

Abb. 1: Bilanzrelation eines Autohauses (Quelle: eigene Darstellung)

Bei einem hohen Fremdkapitalanteil wird deutlich, dass dem Finanzmanagement große Bedeutung zukommt. Da stellt sich als Erstes die Frage der Zuständigkeit. Zuständig ist in jedem Fall der Inhaber/Gesellschafter/Geschäftsführer und – je nach Größe – der Finanzleiter. Die wichtigsten Aufgaben von Finanz- und Investitionsmanagement im strategischen und operativen Bereich sind im engeren Sinn:

- Planung, Steuerung und Kontrolle aller betrieblicher Finanz- und Investitionsmaßnahmen,
- Ausgleich von Kapitalbedarf und Finanzmitteln,
- Sicherung und Erhaltung der Zahlungsfähigkeit (Liquidität) sowie
- Kontrolle der Kapitalverwendung.

Aufgrund seines beachtlichen Kapitalbedarfs hat ein Autohaus auch einen relativ hohen Kreditbedarf. Da bis auf wenige Großbetriebe, die sich am Kapitalmarkt finanzieren können, die meisten Autohäuser auf Bankfinanzierungen angewiesen sind, gilt das Hauptaugenmerk dem Verhältnis Autohaus/Bank. Also: Wie sehen/beurteilen Banken Autohäuser? Da gibt ein Blick in das sogenannte Branchenrating der Feri EuroRating Services AG einen ersten Aufschluss:

Die Branche erhält 42 von 100 Punkten, das bedeutet Klasse acht von zehn, was so viel heißt wie „gefährdete Branche, weit überdurchschnittliches Branchenrisiko". Daraus folgt: Autohäuser werden als Kreditnehmer von den Banken äußerst kritisch betrachtet, was die Finanzierung nicht erleichtert. Die Branche aus Sicht der Banken in Schlagworten:
- hoher Kapitalbedarf,
- geringes Eigenkapital,
- stark schwankende/angespannte Liquidität sowie
- schwache Rentabilität.

An dieser Stelle sollen einige **Finanzierungsgrundsätze** definiert werden, die helfen sollen, eine Autohausfinanzierung sicher und stabil zu halten:
1. Neben dem Anlagevermögen soll noch ein angemessener Anteil des Umlaufvermögens langfristig finanziert werden. **(Solide Finanzstruktur)**
2. Die Laufzeit des Fremdkapitals soll der wirtschaftlichen Nutzungsdauer der damit finanzierten Anlagen entsprechen. **(Fristenkongruente Finanzierung)**
3. Die kurzfristigen Finanzmittel bzw. die zugesagten Kreditlinien müssen auch einen Spitzenbedarf abdecken. **(Liquiditätssicherung)**
4. Der Grad der Kapitaldienstfähigkeit muss die vereinbarten Kapitaldienstleistungen spürbar überdecken. **(Uneingeschränkte Tilgungsfähigkeit)**

1.2 Kapitalbedarf und Kapitaldeckung

Betrachtet und beziffert man den Kapitalbedarf für ein Autohaus, dann stellt man fest, dass einerseits langfristige Gelder zur Finanzierung des Anlagevermögens (Immobilien, Betriebs-, Werkstatt- und Büroeinrichtung etc.) und andererseits kurzfristige Mittel zur Finanzierung des Umlaufvermögens (Fahrzeug- und Ersatzteilbestände, Kundenforderungen und sonstige Vermögensgegenstände etc.) benötigt werden. Nicht zu vergessen: Eine Liquiditätsreserve, die ca. zehn Prozent des Umlaufvermögens ausmachen sollte, gehört auch noch dazu. Eine Besonderheit: Vorführwagen werden steuerlich und bilanziell dem Anlagevermögen zugerechnet, gehören jedoch bei wirtschaftlicher Betrachtungsweise zum Umlaufvermögen. Tabelle 2 stellt die Positionen des Kapitalbedarfs den möglichen Finanzierungsquellen gegenüber.

KAPITALBEDARF	FINANZIERUNGSQUELLEN
Anlagevermögen - Immobilien - Betriebseinrichtung	Eigenkapital Beteiligungskapital Langfristige Bankdarlehen Sonstige langfristige Darlehen Immobilienleasing

Vorführwagen	Einkaufsfinanzierung Autobank
	Vorführwagenleasing
Neuwagen	Einkaufsfinanzierung Autobank
Gebrauchtwagen	Einkaufsfinanzierung Autobank
	Kontokorrentkredit Hausbank
Ersatzteile, Zubehör	Einkaufsfinanzierung Autobank
	Kontokorrentkredit Hausbank
	Lieferantenkredit
Forderungen aus Lieferungen und Leistungen (Kundenforderungen)	Kontokorrentkredit Hausbank/Autobank
	Factoringgesellschaft (echtes/unechtes Factoring)
Sonstige Vermögensgegenstände	Kontokorrentkredit Hausbank/Autobank
Liquiditätsreserve	Kontokorrentkreditlimit Hausbank/Autobank

Tab. 2: Kapitalbedarf und Finanzierungsquellen (Quelle: eigene Darstellung)

Da Banken nur selten Kredite, ohne dafür Sicherheiten zu verlangen, zur Verfügung stellen, sind in Tabelle 3 die banküblichen Beleihungsquoten zusammengestellt – bankindividuelle Abweichungen von diesen Regelsätzen sind natürlich möglich.

KAPITALBEDARF	BELEIHUNGSQUOTEN
Anlagevermögen	Autohausimmobilien:
	40 bis 60 % des Verkehrswertes
	Betriebseinrichtungsgegenstände:
	0 bis 30 % des Zeitwertes
Vorführwagen	Bei Autobanken:
	100 % vom Einstandspreis, teilweise plus MwSt.
	Bei Hausbanken:
	70 bis 80 % vom Einstandspreis
Neuwagen	Bei Autobanken:
	100 % vom Einstandspreis, teilweise plus MwSt.
	Bei Hausbanken:
	70 bis 80 % vom Einstandspreis
Gebrauchtwagen	Bei Autobanken:
	70 % vom Einstandspreis
	Bei Hausbanken:
	50 bis 70 % vom Einstandspreis

Ersatzteile, Zubehör	Bei Autobanken:
	70 % vom Einstandspreis
	Bei Hausbanken:
	0 bis 50 % vom Einstandspreis
Forderungen aus Lieferungen und Leistungen (Kundenforderungen)	Bei Hausbanken:
	30 bis 70 % der einbringlichen Forderungen
	Bei Factoringgesellschaften:
	100 % der Forderungssumme (Fahrzeugfinanzierung ist problematisch)
Sonstige Vermögensgegenstände	Im Regelfall nicht als Sicherheit einsetzbar.
Liquiditätsreserve	Bei Autobanken/Hausbanken:
	allenfalls in Form einer KK-Linie, bonitätsabhängig.

Tab. 3: Beleihungsquoten (Quelle: eigene Darstellung)

1.3 Finanzstruktur

Dass Anlagevermögen (Betriebsimmobilie, Werkstatteinrichtung, Maschinen, Geräte, Verwaltungs- und Büroeinrichtung etc.) langfristig zu finanzieren ist, steht außer Frage, also mit Eigenkapital und/oder mit langfristigen Darlehen. Geht es dabei um die Finanzierung einer Neuinvestition, eventuell eines Autohausneubaus, sind besondere Überlegungen notwendig. Bei einem geplanten Neubau rückt die gesamte zukünftige Unternehmensrentabilität ins Zentrum der Überlegungen; denn meist gilt es, die vom Hersteller vorgeschriebenen Baustandards zu erfüllen. Für den ausführenden und finanzierenden Händler muss sich die Investition „rechnen", nur dann kann er zur Tat schreiten. Der Investitionsentscheidung gehen Investitionsrechnungen, Marktanalysen und Rentabilitätsüberlegungen voraus. Unerlässlich ist es, die Finanzierung des Gesamtprojektes vor Baubeginn sicherzustellen, da es bei einem Autohausneubau schnell um Millionenbeträge geht – und, wenn es schiefgeht, auch um die Existenz. Bei den gängigen Investitionsrechnungsschemata wird nach statischen und dynamischen Verfahren unterschieden. Zu berücksichtigen sind: Gesamtkosten des Projekts, gesamte Kapitalkosten des Projekts, gesamte Betriebskosten des Projekts, Kosten einer Einheit, zukünftiger Nettocashflow, Kapitalwert des Nettocashflow, interner Zinsfuß, Return on Investment (ROI) und Amortisationsdauer. Die jeweils errechneten Werte dienen letztendlich als Hilfestellung bei der Investitionsentscheidung und für die Gestaltung der langfristigen Investitionsfinanzierung.

Umlaufvermögen (Fahrzeug- und Ersatzteilbestände, Kundenforderungen etc.) sind kurzfristig via Einkaufsfinanzierung und Kontokorrentkredite zu finanzieren.

2 Das Kreditgeschäft

2.1 Sicherheiten

Was ist unter banküblichen Sicherheiten zu verstehen? Banktübliche Sicherheiten sind werthaltig, klar bewertbar und leicht verwertbar, so die Definition der Banken. Grundsätzlich sind persönliche und dingliche Sicherheiten zu unterscheiden. Zu den persönlichen Sicherheiten zählt jede Form der persönlichen Haftungsübernahme, z. B. in Form einer Bürgschaft. Die wichtigsten dinglichen Sicherheiten sind Grundschulden oder Hypotheken, Sicherungsübereignungen, Abtretungen und Verpfändungen.

2.1.1 Haftungsumfang

Für jeden Kreditnehmer sind die getroffenen Haftungsvereinbarungen von wesentlicher Bedeutung. Geregelt wird dies in einer Verwendungszweckerklärung. Zu unterscheiden sind die „weite" und die „enge" Zweckerklärung. Banken verwenden gern die weite Zweckerklärung, denn dann haften die Sicherheiten für alle gegenwärtigen und zukünftigen Kredite der Bank. Bei der engen Zweckerklärung haften die Sicherheiten lediglich für einen konkret benannten Kredit. Für Kreditnehmer ist wichtig: Handelt es sich um eine enge Zweckerklärung, ist die Bank verpflichtet, die Sicherheiten nach Rückzahlung des besicherten Kredits wieder freizugeben. Bei einer weiten Zweckerklärung dagegen haften die Sicherheiten weiter für andere noch bestehende Kredite, auch wenn der Kredit, für den die Sicherheit seinerzeit zur Verfügung gestellt wurde, wieder zurückgezahlt ist. Kreditnehmer sollten die enge Zweckerklärung favorisieren.

2.1.2 Bürgschaft

Bürgen sollten darauf achten, dass die Bürgschaft betraglich und zeitlich begrenzt ist. Falls eine Bürgschaft unvermeidbar ist, sollte nach Möglichkeit die Form der Ausfallbürgschaft gewählt werden. Bei der Ausfallbürgschaft muss die Bank ihren Kreditausfall nachweisen, erst dann muss der Bürge zahlen. Bei einer selbstschuldnerischen Bürgschaft, bei deren Übernahme der Bürge meist auf die Einrede der Vorausklage verzichtet, haftet der Bürge genauso wie der Kreditnehmer selbst. Hat die Bank ausreichend dingliche Sicherheiten, sollte – insbesondere wenn es um die Finanzierung der eigenen GmbH geht – auf eine generelle Bürgschaftsübernahme verzichtet werden. In diesem Fall sollte der Autohausunternehmer die Bürgschaftsübernahme nicht grundsätzlich ablehnen, sondern nur eine „symbolische" Bürgschaft in Höhe eines Teilbetrags übernehmen.

2.1.3 Grundschuld

Grundschulden sind von den Banken gern akzeptierte Sicherheiten. Sie werden zugunsten der Bank im Grundbuch eingetragen und verschaffen ihr ein Recht an der belasteten Immobilie. Im

Regelfall geben die Banken der Grundschuld den Vorzug vor der Hypothek, die aus rechtlichen Gründen komplizierter zu handhaben ist. Wie hoch die Bank eine Grundschuld akzeptiert, hängt in erster Linie von der Werthaltigkeit des zu belastenden Objektes ab. Grundstücke und Gebäude werden von der Bank oder einem vereidigten Sachverständigen auf ihren Wert geschätzt. Bezogen auf den Verkehrswert setzt die Bank individuell den Beleihungswert fest. Je nach Objekt und Bonität der Kreditnehmer wird dann kreditiert. Grundschulden können in verschiedenen Formen eingetragen werden, und zwar als

- Buchgrundschuld,
- Briefgrundschuld,
- Gläubigergrundschuld,
- Eigentümergrundschuld sowie
- Gesamtgrundschuld.

DEF.

Buchgrundschulden werden ausschließlich im Grundbuch eingetragen.

Eine **Briefgrundschuld** ist eine Grundschuld, die im Grundbuch eingetragen und zusätzlich ein Grundschuldbrief ausgestellt wird. Der Grundschuldbrief ist ein Wertpapier, das via Abtretung und Übergabe des Briefes übertragbar ist.

Bei der **Gläubigergrundschuld** werden im Regelfall Grundschulden zugunsten des Gläubigers im Grundbuch eingetragen. Beispielsweise „500.000 Euro Grundschuld mit 15 Prozent verzinslich zugunsten der xx-Bank". In diesem Fall wird eine Grundschuld zugunsten der Bank, also des Grundschuldgläubigers, eingetragen.

Es ist zu überlegen, anstelle einer Grundschuld über 500.000 Euro zugunsten der Bank vielleicht fünfmal 100.000 Euro Grundschulden zu eigenen Gunsten einzutragen (= **Eigentümergrundschuld**). Kreditnehmer werden dadurch flexibler, da sie, wenn sie einen Darlehensteilbetrag zurückgezahlt haben, auch von der Bank – bei einer engen Zweckerklärung – den entsprechenden Grundschuldbetrag wieder zurückholen können.

Von einer **Gesamtgrundschuld** ist die Rede, wenn eine Grundschuld gleichermaßen auf mehreren Grundstücken eingetragen wird. Es ist im Interesse des Kreditnehmers, Grundschulden immer nur auf eine bestimmte Immobilie eintragen zu lassen. Es sollte keinesfalls das gesamte Immobilienvermögen gleichmäßig belastet werden. Um für weitere Kredite noch Absicherungen vornehmen zu können, sollten sich Kreditnehmer „freie" Immobilien bewahren.

In der Zwangsversteigerung können die **Grundschuldzinsen** geltend gemacht werden. Da die Grundschuld selbst im Regelfall mit 15 oder 18 Prozent Zinsen plus fünf Prozent Nebenkosten eingetragen wird und die Bank bei einer Zwangsverwertung die Grundschuldzinsen für bis zu mindestens drei Jahre rückwirkend fordern kann, geht die Grundschuldhaftung weit über den eigentlichen Grundschuldbetrag hinaus.

In fast allen Grundschuldbestellungsformularen findet sich eine Klausel mit **Vollstreckungsunterwerfung**. Sie gibt der Bank das Recht, sofort das Grundstück zwangsversteigern zu lassen, ohne vorher bei Gericht hierauf klagen zu müssen. Kreditnehmer sollten beachten, dass viele Formulare eine persönliche Anerkenntnis des Kreditschuldners vorsehen, wonach in sein Gesamtvermögen, also auch in das Privatvermögen, sofort vollstreckt werden darf. Dies ist besonders dann von Bedeutung, wenn auf diesem Wege die Finanzierung eines Firmengrundstücks mit der Haftung des Privatvermögens verknüpft wird.

2.1.4 Sicherungsübereignung

Eine der am häufigsten von Autohäusern eingesetzte Kreditsicherheit ist die Sicherungsübereignung von Fahrzeugen im Rahmen der Einkaufsfinanzierung. Dabei wird meist mit einem sogenannten „Raumsicherungsvertrag" der Bank das Recht an den finanzierten Fahrzeugen eingeräumt.

2.1.5 Abtretung, Verpfändung

Die Abtretung (Zession) von Kundenforderungen, die Verpfändung von Ansprüchen aus Guthaben, Lebensversicherungen etc. sind weitere banktypliche Kreditsicherheiten, die nach individuell festgesetzten Beleihungsquoten von Banken akzeptiert werden.

2.1.6 Wenn Sicherheiten fehlen – hilft die Ausfallbürgschaft einer Bürgschaftsbank

Hat ein Kreditnehmer keine eigenen Sicherheiten mehr zur Absicherung eines Kredits zur Verfügung, besteht trotzdem die Möglichkeit, zur Finanzierung eines wirtschaftlich sinnvollen Projektes die Bürgschaft einer Bürgschaftsbank zu bekommen. Bürgschaftsbanken sind öffentliche Förderanstalten, die es in jedem Bundesland gibt. Sie übernehmen im Regelfall eine 80-prozentige Ausfallbürgschaft, sodass nur noch 20 Prozent des Ausfallrisikos bei der finanzierenden Bank verbleiben. Auf diesem Weg lassen sich oftmals wirtschaftlich tragfähige Vorhaben realisieren, die andernfalls an mangelnden Sicherheiten scheitern würden.

Kreditsicherheiten sind ohne Einfluss auf die Ratingnote, die sich ausschließlich am wirtschaftlichen Zustand orientiert, können sich jedoch vorteilhaft bei den Konditionen auswirken.

2.2 Die Rahmenbedingungen der Kreditfinanzierung

Kreditnehmer sollten die Grundzüge der von den Banken zu beachtenden Vorschriften mit Gesetzescharakter kennen. Dort wird der Rahmen abgesteckt, in dem sie sich im Kreditgeschäft bewegen können. Es handelt sich im Wesentlichen um drei Bereiche:
- Kreditwesengesetz (KWG),
- Mindestanforderungen an das Risikomanagement der Kreditinstitute (MaRisk) sowie
- Basel II/Basel III.

Laut § 18 KWG sind Banken verpflichtet, sich einen Überblick über die wirtschaftliche Situation ihrer Kreditnehmer zu verschaffen. Das heißt: Vorlage von Bilanzen und ähnlich aussagekräftigen Unterlagen.
In den **MaRisk** wird den Banken vorgeschrieben, wie sie ihr Kreditgeschäft zu organisieren haben, nämlich in die Bereiche
- Markt,
- Marktfolge und
- Kreditrisikoüberwachung.

Des Weiteren müssen sie ein Risikoklassifizierungsverfahren (Rating) einrichten und risikoorientierte Konditionen berechnen.
Die Vorschriften von **Basel II/Basel III** verpflichten die Banken zu einer risikoorientierten Eigenkapitalunterlegungspflicht, die sich an der Kreditnehmerbonität orientiert. Zu bewerten sind nach den Basel-Vorschriften das finanzielle Risiko, das geschäftliche Risiko und das Managementrisiko.

3 Das Rating

3.1 Rating – die Eintrittskarte für das Kreditgeschäft

Sowohl die Vorschriften nach Basel II/Basel III als auch die MaRisk schreiben den Banken Rating als Instrument der Risikomessung verbindlich vor. Es handelt sich dabei um eine standardisierte Methode zur Bonitätseinstufung. Neben den quantitativen müssen auch qualitative Bewertungskriterien einfließen. Je nachdem, welche Ratingnote ein Unternehmen erhält, ist die Bank verpflichtet, die Kredite unterschiedlich hoch mit Eigenkapital zu unterlegen. Nach dem modifizierten Standardsatz sind 1,6 Prozent für den Kredit an ein Unternehmen mit sehr guter Ratingnote und bis zu zwölf Prozent für Kredite an Unternehmen mit schlechter Ratingnote bereitzustellen. Nach diversen IRB-Ansätzen (Internal-Ratings-Based-Approach), die von den Banken unter bestimmten Voraussetzungen gewählt werden können, gelten davon abweichende Quoten. Die wichtigste Erkenntnis, die Banken durch ein Rating gewinnen, ist der Grad der Ausfallwahrscheinlichkeit. Es wird festgestellt, ob und in welchem Umfang die Bank mit einem Kreditausfall zu rechnen hat. Dies hat massive Auswirkungen auf die Kreditvergabepraxis der Banken. Rating teilt Kreditnehmer anhand von „Noten" in verschiedene Stufen ein und entscheidet somit darüber, ob und zu welchen Bedingungen die Banken Kredite zur Verfügung stellen. Tabelle 4 zeigt die Bedeutung von Ratingeinstufungen. Die anzunehmenden Ausfallwahrscheinlichkeiten werden jährlich entsprechend der tatsächlichen Ausfälle angepasst.

NOTE	NOTE NACH STANDARD & POOR'S	BEDEUTUNG DER NOTE	AUSFALLWAHR-SCHEINLICHKEIT
1	AAA	außergewöhnlich gute Ratingstufe	0,01 %
2	AA+ bis AA–	sehr gute bis gute Ratingstufe	0,02 bis 0,05 %
3	A+ bis A–	gute bis befriedigende Ratingstufe	0,06 bis 0,11 %
4	BBB+ bis BBB–	befriedigende Ratingstufe	0,12 bis 0,40 %
5	BB+ bis BB–	ausreichende Ratingstufe	0,41 bis 1,33 %
6	B+ bis B–	mangelhafte Ratingstufe	1,34 bis 7,70 %
7	CCC+ bis CCC–	ungenügende Ratingstufe	7,71 bis 16,99 %
8	CC bis D	Ausfallstufe	> 17 %

Tab. 4: Bedeutung von Ratingeinstufungen (Quelle: eigene Darstellung)

Standard & Poor's teilt die Ratingnoten in „Investment Grade" = geringes Risiko (AAA bis BBB–) und „Speculative Grade" = hohes Risiko ein. Kreditnehmer mit einem Rating schlechter als BBB– bewegen sich somit auf „Ramschniveau". Bis BBB– handelt es sich um „gute" Schuldner und ab BB+ um „schlechte bzw. risikobehaftete" Schuldner.

3.2 Nur schwer vergleichbar – die unterschiedlichen Ratingnoten der deutschen Banken

Leider hat es die deutsche Kreditwirtschaft nicht vermocht, vielleicht auch nicht gewollt, sich zu einer einheitlichen Ratingnotenskala durchzuringen, sodass heute die Ratingnoten verschiedener Banken/Bankengruppen nicht miteinander vergleichbar sind. So hat die Sparkassen-Finanzgruppe eine Notenskala, die von eins bis 18 reicht, die Volksbanken/Raiffeisenbanken benoten von null bis vier und untergliedern jede Note noch in a, b, c, d und e, das sind 25 Noten. Deutsche Bank, Commerzbank, HypoVereinsbank und Postbank etc. haben nochmals andere Bezeichnungen für ihre Ratingnoten festgelegt. Will ein Bankkunde seine Ratingnoten bei verschiedenen Banken vergleichen, ist dies am ehesten über die Ausfallwahrscheinlichkeit möglich.

3.3 Wie Rating funktioniert

Bilanzwerte – quantitative Erfolgsfaktoren – stehen beim Rating im Mittelpunkt des Geschehens. Anhand der Bilanzzahlen beurteilt die Bank den wirtschaftlichen Ist-Zustand eines Kreditnehmers. Sie bildet Kennzahlen, die mit unterschiedlicher Gewichtung in die Bewertung einfließen. Überwiegend werden folgende Kennzahlen, die entsprechende wirtschaftliche Tatbestände abbilden, ermittelt und bewertet:
1. Eigenkapitalquote (wirtschaftliches Eigenkapital),
2. Gesamtkapitalrentabilität,
3. Liquiditätslage (Working Capital, Debitorenziel, Kreditorenziel, Lagerdauer),
4. Verschuldungsgrad (Schuldentilgungsdauer), Kapitaldienstfähigkeitsgrad,
5. Cashflowrate,
6. Zinsdeckungsquote.

Da die Ratingsysteme der Banken nicht einheitlich sind, kann es durchaus sein, dass einzelne Banken auch andere Kennzahlen mit unterschiedlichen Gewichtungen für ihre Ratingeinstufung nutzen. Im Rahmen der qualitativen Erfolgsfaktoren machen sich die Banken ein Bild von der Zukunftsfähigkeit der Kreditnehmer. Es geht dabei um folgende Bewertungspunkte:
- Managementqualität, Führungsfähigkeit,
- Rechnungswesen, Controlling, Planung, Steuerung,
- Kontoführung, Informationsverhalten,
- Branche sowie
- Unternehmensrisiken, Unternehmensentwicklung.

Die endgültige Ratingeinstufung erfolgt aufgrund der Ergebnisse beider Bewertungen, wobei die quantitativen Faktoren meist mit 60 bis 80 Prozent und die qualitativen Faktoren mit 20 bis 40 Prozent in die Ratingnote eingehen. Je nach Institut erfolgt dann eine zahlenmäßige oder eine buchstabenorientierte Einstufung. Da das Ratingergebnis entscheidend dafür ist, ob und zu welchen Konditionen die Banken Kredite zur Verfügung stellen, kommt es entscheidend auf ein „gutes" Ergebnis an. Folgende Maßnahmen können zur Ratingverbesserung eingesetzt werden:
- Ertragskraft steigern,
- Eigenkapital erhöhen,
- Verschuldung abbauen sowie
- Liquidität sicherstellen.

3.4 Risikoorientierte Zinskonditionen

Sowohl die Basel-Vorschriften als auch die MaRisk schreiben den Banken vor, die Kreditkonditionen am per Rating ermittelten Risiko auszurichten. Also: gute Ratingnote = günstige Kondition und schlechte Ratingnote = ungünstige Kondition. Am Beispiel der Kreditanstalt für Wiederaufbau (KfW) wirkt sich dies folgendermaßen aus: Ratingnote sechs bedeutet, dass die Ausfallwahrscheinlichkeit zwischen 2,8 Prozent und 5,5 Prozent eingeschätzt wird. Stellt dieser Kreditnehmer werthaltige Sicherheiten, die zwischen 40 Prozent und 70 Prozent als werthaltig angesetzt werden, so führt dies bei neun Preisklassen (von A bis I) zur Preisklasse I. Der Effektivzinssatz in Preisklasse A liegt aktuell (Stand Januar 2012) bei 2,96 Prozent, der Zinssatz in Preisklasse I beträgt 7,60 Prozent. Der Zinsunterschied in Höhe von 4,64 Prozentpunkten ist gewaltig. Der Weg zu einer günstigen Kreditkondition führt daher über eine gute Ratingnote. Für einen Kredit in Höhe von 100.000 Euro und einer Laufzeit von zehn Jahren zahlt ein Kreditnehmer bei einem Zinssatz von 2,96 Prozent 14.430 Euro an Zinsen und bei 7,60 Prozent sind es 37.050 Euro Zinsen.

> Ein Autohaus mit 30.000.000 Euro Jahresumsatz hat wahrscheinlich eine Bilanzsumme in Höhe von 7.000.000 Euro, ein Eigenkapital von 700.000 Euro (zehn Prozent) und 6.300.000 Euro Fremdkapital, davon sind 5.000.000 Euro verzinslich. Bei einem Zinssatz von sechs Prozent hat der Betrieb 300.000 Euro Zinsaufwand. Steigt der Zinssatz auf sieben Prozent, erhöht sich der Zinsaufwand auf 350.000 Euro. Bei einer Umsatzrendite von einem Prozent erwirtschaftet das Unternehmen 300.000 Euro Jahresüberschuss, der sich um 50.000 Euro höhere Zinskosten entsprechend verringert, was 16,7 Prozent Ergebnisreduzierung bedeutet. Daraus folgt: Die Zinskosten beeinflussen das Ergebnis eines Automobilhandelsbetriebs spürbar. Ein Prozentpunkt höhere Zinsen = 15 bis 20 Prozent weniger Ertrag.

3.5 Orientierungspunkte für Zinskonditionen

Entscheidend für die Zinskonditionen sind nach Basel II/Basel III und MaRisk die Bonitätseinstufungen (Rating). Die Intensität der Kundenbeziehung, die Kreditabsicherung und – in geringem Umfang – das Wettbewerbsumfeld haben Einfluss auf die Konditionen. Ausgangspunkt für die Kundenkondition sind die Refinanzierungskosten der Bank. Hinzu kommen der Risikoaufschlag (Kosten der Eigenkapitalunterlegung und die erwartete Ausfallwahrscheinlichkeit), der Aufschlag für eigene Kosten und für den angestrebten Gewinn. Zwei Positionen sollten Bankkunden kennen: 1. den Refinanzierungszinssatz der Bank und 2. ihre eigene Ratingnote. Jetzt lässt sich Bankkalkulation nachvollziehen. Refinanziert sich die Bank z. B. für den Kontokorrentkredit über den Drei-Monats-Euribor (Stand Januar 2012 = 1,5 Prozent) und der Zinssatz, den sie berechnet, beträgt 5,5 Prozent, dann liegt ihr Aufschlag bei 4,0 Prozent. Jetzt kann ein Kreditnehmer abschätzen, ob dieser Aufschlag seiner Ratingeinstufung entspricht. Handelt es sich um ein Darlehen, kann als Refinanzierungszinssatz der Zinssatz für Schuldverschreibungen/Pfandbriefe mit der Laufzeit der Zinsfestschreibung angesetzt werden. Die meisten der relevanten Refinanzierungszinssätze erfahren Kreditnehmer via Internet unter www.bundesbank.de/download/statistik/stat_geldmarkts.pdf und www.bundesbank.de/statistik/statistik_zinsen.php. Aktuelle Zinssätze für Schuldverschreibungen und Pfandbriefe sind der Wirtschaftspresse (Handelsblatt, FAZ etc.) zu entnehmen.

4 Finanzierungsarten

Autohausunternehmen stehen vielfältige Finanzierungsmöglichkeiten bzw. Finanzierungsarten zur Verfügung. Je nachdem, was zu finanzieren ist, sind entweder kurz- oder langfristige Finanzmittel von Banken oder anderen Finanzinstituten einzusetzen. Die folgende Zusammenstellung ermöglicht eine schnelle Übersicht.

- Einkaufsfinanzierung via Autobanken (captive/herstellergebunden; non-captive/nicht herstellergebunden; freie Autobanken)
- Kontokorrentkredit
- Referenzzinssatzfinanzierungen [Euribor (Euro Interbank Offered Rate); Euro-Libor (London Interbank Offered Rate); Eonia (Euro Overnight Index Average); Eurogeldmarktsätze; Geldmarktsätze]
- Bankdarlehen
- öffentliche Fördergelder (KfW und/oder Bundesländer; mit und ohne Haftungsfreistellung)
- sonstige Darlehen
- Mezzanine Finanzierungen (nachrangige Darlehen; Private Equity; partiarische Darlehen; stille typische und atypische Beteiligungen; Wandelschuldverschreibungen; Genussscheine)
- Leasing (Mobilienleasing; Immobilienleasing)
- Factoring (echt oder unecht)

Hinzu kommen noch diverse andere Möglichkeiten, die im Einzelnen zu erläutern den Rahmen dieses Beitrags sprengen würde:

- Forward-Darlehen (Bereits aktuell den Zinssatz für eine zukünftige Finanzierung festlegen.)
- Cap-Kredit/Zins-Cap (Vereinbarung eines Höchstzinssatzes etc.)
- Fremdwährungskredit (Zinsgefälle zwischen Euro/Fremdwährung ausnutzen; Kursgefälle zwischen Euro/Fremdwährung ausnutzen)

5 Zukünftige Einflüsse auf das Finanzmanagement im Autohaus

5.1 Ratingorientierte Unternehmensführung und eine professionelle Finanzkommunikation

Was braucht ein Autohaus, um auch in Zukunft notwendige Kredite zu erhalten? Es benötigt eine individuelle Ratingstrategie! Rating„planung" wird deshalb zu einem unverzichtbaren Instrument der Unternehmensführung. Eine kontinuierliche Finanzkommunikation ist die Brücke vom Autohaus zur Bank, über die alle notwendigen Informationen ausgetauscht und Daten zur Verfügung gestellt werden. So wird sichergestellt, dass Vertrauen und Tragfähigkeit im Verhältnis von Autohaus zur Bank stabil bleiben. Dies gilt weniger für den Bereich der Fahrzeugeinkaufsfinanzierung, die weiterhin im Wesentlichen über die herstellereigenen Banken erfolgen wird, sondern vielmehr für die Finanzierungen über die Hausbanken im Bereich der ergänzenden Betriebsmittel- und Kontokorrentfinanzierungen, ohne die die gesamte Finanzierungsarchitektur eines Autohauses ins Wanken gerät.

Eine gute Kommunikation ist klar und eindeutig, erklärt, interpretiert und ordnet ein. Neben den Standardunterlagen, die z.B. der Hausbank ohnehin vorliegen, sollten in regelmäßigen Abständen aktuelle Unterlagen/Informationen zur Verfügung gestellt werden. Im Einzelnen kann es sich um folgende Dokumente handeln:

Standardunterlagen

- Unternehmensstammdaten, Historie
- Geschäftsbereiche, Organisation/Management
- Einzugsgebiet, Marktpotential, Marktausschöpfung
- Angebotspalette, Wettbewerbssituation
- Bilanzzahlen (drei Jahre im Überblick)
- Bilanzkennzahlen im Überblick
- Leistungswirtschaftliche Entwicklung im Überblick (Bestands- und Umsatzentwicklung nach Sparten; Standzeiten, Lagerdauer, Zahlungsziele)

Aktuelle/laufende Unterlagen

- aktuelle leistungswirtschaftliche Eckdaten
- aktuelle finanzwirtschaftliche Eckdaten (Kapitaldienstübersicht, Sicherheitenspiegel, Kapitalbedarfsermittlung, Kapitaldeckung)
- Unternehmensplanung (Umsatz, Kosten, Rentabilität, Liquidität, Bilanz)
- zeitnahe Darstellung der Ist-Situation
- aktueller Soll/Ist-Vergleich
- Ausblick

Kreditnehmer sollten mit ihren Banken absprechen, welche Unterlagen in welchem Rhythmus zur Verfügung gestellt werden. Finanzkommunikation ist individuell gestaltbar.

5.2 Die Regulierung des Kreditgeschäfts nach Basel III

Die Regulierungsschrauben werden kräftig angezogen mit dem Ziel, das Risiko neuer Krisen einzugrenzen. Die Eigenkapitalanforderungen werden drastisch erhöht. Die sogenannte Kernkapitalquote steigt von vier Prozent auf bis zu 9,5 Prozent. Die künftig kurzfristig zur Verfügung zu haltende Liquidität muss spürbar erhöht werden (Liquiditätsdeckungskennziffer). Eine „Leverage Ratio", also eine maximale Verschuldungsobergrenze, die generell und risikounabhängig gilt, wird u. a. das klassische langfristige Kreditgeschäft deutscher Banken beeinträchtigen. Die bisherigen Möglichkeiten der Fristentransformation werden künftig eingegrenzt. Kurz: Einlagen, die bisher im Kreditgeschäft eingesetzt wurden, müssen im Zuge von Basel III zur Liquiditätsvorsorge verwendet werden und lassen sich auch nicht mehr im bisherigen Umfang in Form langfristiger Darlehen ausleihen.

Hinzu kommt, dass sich die Refinanzierungsmöglichkeiten der Banken verschlechtert haben. Bankschuldverschreibungen sind nicht mehr im bisher gekannten Umfang verkäuflich und seit der Krise 2008 stark rückläufig. Für die Zukunft ist zudem abzusehen, dass die Banken mit anderen, insbesondere mit Staaten, deren Finanzbedarf in den nächsten Jahren besonders hoch sein wird, in Konkurrenz um Anlagekapital stehen werden. Dass dies alles Auswirkungen auf das Kreditgeschäft der Banken hat, steht außer Frage – auch wenn es Übergangsfristen bis 2019 gibt. Die „Märkte" erwarten aber, dass die Banken die notwendigen Anpassungen deutlich früher vollziehen. Es ist somit keine Zeit mehr zu verlieren. Alle Beteiligten wissen doch: wer zu spät kommt …

LEITGEDANKEN ZUR AUTOHAUSFINANZIERUNG IM HINBLICK AUF BASEL III

1. In Vorbereitung auf Basel III werden die Banken ihre Kreditvergaberichtlinien anpassen und restriktiver gestalten. Gleichzeitig werden sie im Kreditgeschäft verstärkt die Zinssätze unter dem Aspekt „risikoadäquat" anheben, um ihr Zinsergebnis zu verbessern.

2. Am globalisierten Kapitalmarkt treten Autohäuser mit internationalen Marktteilnehmern in Wettbewerb.

3. Nur bei einer von ihnen als vertretbar definierten Ausfallwahrscheinlichkeit sind Banken noch zu einer Kreditpartnerschaft bereit.

4. Der Wettbewerb um eine nur begrenzt zur Verfügung stehende Menge an Kredit wird insbesondere durch den hohen Kapitalbedarf von Staaten noch verschärft. Als mittelständisches Autohaus befindet man sich deshalb künftig im Bemühen um Kredit mit internationalen Marktteilnehmern im Wettbewerb.

5. Ratingnoten gewinnen noch mehr an Bedeutung und sind der ausschlaggebende Faktor für eine Kreditgewährung. Bankintern werden neue Mindestnoten festgelegt. Wer diese nicht erreicht, wird aussortiert.

6. Der Wettbewerb auf den Kapitalmärkten ist in Wahrheit ein Wettbewerb um ein gutes Rating.

7. Automobilhandelsunternehmen sollten ihre künftigen unternehmenspolitischen Entscheidungen vorwiegend unter dem Aspekt der Auswirkungen auf das Ratingergebnis treffen. Der Wettbewerb um Kredite wird von Unternehmen mit guter Ratingnote gewonnen. Nur mit einer guten Ratingnote lässt sich der Zugang zu Krediten aufrechterhalten.

8. Autohausunternehmen sollten sich für wichtige Finanzierungsvorhaben so weit wie möglich von projektbezogenen Bankfinanzierungen unabhängig machen. Die Vereinbarung eines Gesamtfinanzierungsrahmens kann hilfreich sein. Ein längerfristiger Finanzierungsrahmen kann Finanzierungssicherheit schaffen.

9. Die Stärkung des Eigenkapitals durch Gewinnthesaurierung und der Einsatz von Abschreibungen zur Innenfinanzierung schaffen finanziellen Spielraum und etwas mehr Unabhängigkeit von der Bank.

10. Alternative Finanzierungsmöglichkeiten können den Kreditspielraum erweitern. Immobilien- und auch Mobilienleasing, Beteiligungsfinanzierung sowie (unechtes) Factoring können Möglichkeiten sein.

11. Eine professionelle und kontinuierliche Finanzkommunikation als Informationsbrücke zur Bank stärkt die Zusammenarbeit und stellt sie dauerhaft auf eine tragfähige und sichere Basis.

6 Fazit

Es ist nun einmal nicht zu ändern: Alle Verfahren von Finanz- und Investitionsrechnungen zur Ermittlung der Wirtschaftlichkeit geplanter Maßnahmen unterliegen nicht planbarer Entwicklungen, die zudem auch noch weitestgehend unvorhersehbar sind. Aber gerade deswegen ist ein konsequentes und vorausschauendes Finanz- und Investitionsmanagement für jeden Betrieb unverzichtbar, denn so erkennt das Autohaus-Management frühzeitig Veränderungen und hat die Möglichkeit, Alternativlösungen zu finden.

Prof. Dr. Ralf Mertens

IX Personalmanagement im Automobilhandel

Zukunftsorientierte Personalpolitik im Automobilhandel muss sich neuen Herausforderungen stellen. In diesem Kapitel werden die Gründe dafür aufgezeigt und die Möglichkeiten, Mitarbeiter zu gewinnen, zu motivieren und zu binden, erläutert. Abschließend wird auf die Bedeutung von Employer Branding und einer leistungsorientierten Vergütung eingegangen.

1 Einleitung
2 Mitarbeiterzufriedenheit und Mitarbeiterengagement
3 Demografischer Wandel
4 Mitarbeiter gewinnen
5 Mitarbeiter motivieren
6 Mitarbeiter binden
7 Employer Branding
8 Leistungsorientierte Vergütung als Renditebringer im Autohaus
9 Zukunftsorientierte Personalpolitik im Automobilhandel

1 Einleitung

Die Frage nach den Erfolgsfaktoren für ein profitables Automobilhandelsgeschäft wird häufig gestellt und lässt sich nach genauer Analyse verschiedener Praxisbeispiele recht einfach beantworten: **Personal und Prozesse**!
Hilfen seitens der Hersteller gibt es in vielfacher Form. Sowohl für den Servicebereich als auch für den Verkaufsbereich gibt es definierte Musterprozesse. Allein die hausspezifische Anpassung macht große Schwierigkeiten. Schlecht abgestimmte oder gar unstimmige Prozesse im Autohaus wirken sich negativ auf Produktivität und Kundenzufriedenheit aus. Da die Prozesse allerdings von Mitarbeitern umgesetzt bzw. gelebt werden müssen, sind diese auch direkt abhängig von der Motivation und Leistungsfähigkeit bzw. der Leistungsbereitschaft der Mitarbeiter. Je besser das möglichst hohe Potenzial der Mitarbeiter zur Entfaltung kommt, desto profitabler arbeitet das Autohaus. Bei der Frage nach dem Potenzial der Mitarbeiter und seiner optimalen Nutzung tauchen Überlegungen auf, die für jede einzelne Stelle im Autohaus beantwortet werden müssen:

- Welche Anforderungen hat die Arbeit?
- Kann die Person die Arbeit leisten?
- Wie wird die Person die Arbeit machen?
- Will die Person die Arbeit machen?
- Passen Person und Arbeit zusammen?

Die Zeiten, als Mitarbeiter als Kostenfaktor betrachtet wurden, sind vorbei. Sie sind Investitionen in das Anlagevermögen des Autohauses. Auch wenn für viele der Ausdruck „Human Capital" einen negativen Beigeschmack hat, so trifft er in Zeiten der immer knapper werdenden Ressource „Arbeitskraft" mehr und mehr den wahren Sachverhalt.
Aufgrund der demografischen Entwicklung und dem damit verbundenen Fachkräftemangel liegen die Schwerpunkte der zukünftigen Personalarbeit im Autohaus in den Bereichen Mitarbeiter gewinnen, Mitarbeiter motivieren und Mitarbeiter binden. Mehr noch:

> *DIE ZUKUNFT VON AUTOMOBILHANDELSUNTERNEHMEN ENTSCHEIDET SICH AUF DEN PERSONALMÄRKTEN.*

(Dies gilt zumindest für alle von den Unternehmen beeinflussbaren Rahmenbedingungen.)
Die folgenden Kapitel geben einen Überblick über aktuelle Trends, Schwerpunkte und Rahmenbedingungen professioneller Personalarbeit im Autohaus.

2 Mitarbeiterzufriedenheit und Mitarbeiterengagement

2.1 Gallup-Studie zur Arbeitnehmerzufriedenheit

Seit dem Jahr 2001 erhebt die Gallup GmbH jährlich branchenübergreifende Daten zum Thema Engagement und Motivation von Arbeitnehmern. Aktuell liegt die Studie „Engagement Index Deutschland 2011" vor, sie steht repräsentativ für die Arbeitnehmerschaft in Deutschland, also auch für die Arbeitnehmer in Autohäusern. Die Ergebnisse sind ernüchternd:

- Lediglich 14 Prozent der Befragten verbinden eine hohe emotionale Bindung zum Arbeitsplatz. Diese zeichnet sich u. a. durch loyales Verhalten, hohe Produktivität, weniger Fehltage und eine geringere Fluktuation aus.
- 86 Prozent der Arbeitnehmer verspüren keine echte Verpflichtung gegenüber ihrer Arbeit, davon:
- haben 63 Prozent der Befragten eine geringe emotionale Bindung zu ihrem Arbeitsplatz, sie leisten „Dienst nach Vorschrift";
- besitzen 23 Prozent der Befragten keinerlei emotionale Bindung zum Arbeitsplatz; sie arbeiten aktiv gegen Unternehmensinteressen und haben häufig schon die innere Kündigung vollzogen.

Was bedeutet dies nun für einen Automobilhandelsbetrieb? Setzt man die Produktivität für die „emotional stark gebundenen" Mitarbeiter mit 100 Prozent an, die Produktivität derer, die „Dienst nach Vorschrift" machen, mit 70 Prozent und die Produktivität derer, die bereits „innerlich gekündigt" haben, mit 50 Prozent, so erhält man die folgenden Werte (gerundet) für ein Autohaus mit 100 Mitarbeitern: 14 + 44 + 12 = 70. Das bedeutet, es gibt eine theoretische Mitarbeiterleistung von 100 Prozent, der jedoch eine tatsächliche Mitarbeiterleistung von 70 Prozent gegenübersteht. Das heißt aber auch, dass das Autohaus für 100 Prozent Leistung bezahlt, aber nur 70 Prozent Leistung bekommt.

Bei der Suche nach Steigerungsmöglichkeiten der Produktivität im Autohaus wird man in Anbetracht der vorliegenden Ergebnisse schnell erkennen, dass das größte Potenzial in den Mitarbeitern steckt. Um dieses optimal zu nutzen, bedarf es einer Führung mit Vorbildcharakter und eines professionellen Personalmanagements. Weitere Konsequenzen dieses geringen Mitarbeiterengagements sind:

- erhöhte Anzahl an Fehltagen (= erhöhte Kosten),
- erhöhte Fluktuationsraten (= erhöhte Kosten),
- geringere Beteiligung bei konstruktiven Verbesserungsvorschlägen (= geringe Nutzung des Mitarbeiter-Know-hows),
- aktiv schädigendes Verhalten im Kundenkontakt (= direkt/indirekt messbarer Schaden).

2.2 Studie „Mitarbeiterzufriedenheit im Autohaus"

Ausgehend von dem Projekt „Mitarbeiterzufriedenheit im Autohaus" an der FH Stralsund werden seit 2007 regelmäßig Mitarbeiterbefragungen in Autohäusern durchgeführt. Die mittlerweile vorliegenden Auswertungen einer Reihe von Folgebefragungen liefern interessante Ergebnisse. In anderen Branchen gehören regelmäßige Mitarbeiterbefragungen schon lange zum unverzichtbaren Instrument professioneller Personalarbeit (laut einer Studie von Bungard und Steimer aus dem Jahre 2005 arbeiten 82 Prozent der umsatzstärksten deutschen Unternehmen mit Mitarbeiterbefragungen). Im professionellen Automobilhandel sollten sie daher nicht fehlen.

2.3 Verbesserung der betriebswirtschaftlichen Situation

Eine Mitarbeiterbefragung ist ein Unternehmensführungsinstrument, das auf Veranlassung der Unternehmensleitung und in Abstimmung mit der Arbeitnehmervertretung zum Einsatz kommt. Es werden zumeist alle Mitarbeiter des Unternehmens mit Hilfe von überwiegend standardisierten Fragebögen nach ihren Einstellungen, Erwartungen und Bedürfnissen befragt. Anonymität und Freiwilligkeit sind dabei Grundvoraussetzungen. Durchgeführt werden sollte sie am besten von einem externen Dienstleister, der nicht direkt an Weisungen von Herstellern oder Importeuren gebunden ist. Methodische, organisatorische sowie rechtliche Rahmenbedingungen sind zu beachten. Betriebliche Stärken und Schwächen werden durch eine Mitarbeiterbefragung ans Tageslicht gebracht, um dann im Dialog zwischen Mitarbeitern und Führungskräften konstruktiv diskutiert zu werden. Veränderungsprozesse werden eingeleitet, die nicht nur auf eine Verbesserung der Mitarbeiterzufriedenheit abzielen, sondern insbesondere auch auf eine Verbesserung der betriebswirtschaftlichen Situation.

2.4 Nutzen und Funktion einer Mitarbeiterbefragung

Das Diagnoseinstrument Mitarbeiterbefragung misst Mitarbeiterzufriedenheit und zeigt allgemeine sowie organisatorische Mängel auf (siehe Abbildung 1). Sie kann bei der Einführung neuer arbeitnehmergerechter Lösungen im Betrieb helfen sowie nach vollzogenen Neuerungen Erfolgskontrollinstrument sein. Durch die Beteiligung der Mitarbeiter an Unternehmensbelangen werden diese zu Änderungs- bzw. Verbesserungsvorschlägen von Arbeitsbedingungen und -abläufen ermutigt. Dadurch verringert sich gleichzeitig die soziale Distanz zwischen Unternehmensleitung und Mitarbeitern. Eine offene Kommunikation wird gefördert und die ist bekanntlich Bestandteil eines positiv empfundenen Betriebsklimas. Benchmarkvergleiche der Befragungsergebnisse einzelner Autohäuser oder von Betriebsstätten einer Unternehmensgruppe ermöglichen zusätzliche Schwachstellenanalysen. Eine Mitarbeiterbefragung
- ist ein Qualitätssicherungsinstrument im Sinne von DIN ISO,

- dient als Grundlage für kontinuierliche Verbesserungsprozesse (KVP),
- unterstützt das betriebliche Vorschlagswesen (BVW),
- erhöht die Mitarbeiterbindung und -motivation,
- erleichtert die Erstellung eines zukunftsorientierten Personalmarketingkonzepts.

Abb. 1: Mitarbeiterzufriedenheit – 360° (Quelle: Ralf Mertens)

2.5 Erkenntnisse aus der Praxis

Die Ergebnisse von Mitarbeiterbefragungen im Autohaus sind nie gleich. Zur besseren Visualisierung werden die Ergebnisse der zwölf Frageblöcke mit insgesamt 120 Fragen im „Management Report" in Form eines Ampelsystems dargestellt (Rot = sofortiger Handlungsbedarf, Gelb = mittelfristiger Handlungsbedarf, Grün = aktuell kein Handlungsbedarf) (siehe Abbildung 2). Eine solche Darstellung erleichtert nicht nur die Wahrnehmung der Wichtigkeit und Dringlichkeit, sondern ist auch gleichzeitig eine gute Ausgangsbasis für den jetzt zu erstellenden Maßnahmenkatalog. In einem Frageblock steht die Ampel, zumindest bei einer Erstbefragung, immer auf Rot: Information und Kommunikation!

(< 50 %)

1. Information und Kommunikation (44,6 %)
2. Vergütung (47,9 %)

(50 %–66,25 %)

3. Geschäftsleitung (57,9 %)
4. Zusammenarbeit mit direkten Vorgesetzten (58,2 %)
5. Unternehmen und Organisation (60,2 %)
6. Kundenorientierung und Kundenzufriedenheit (62,0 %)
7. Aufgaben und Arbeitsbedingungen (62,0 %)
8. Qualität und Qualitätsbewusstsein (65,1 %)

(66,26 %–100 %)

9. Unternehmensimage, Innovation und Unternehmenskultur (67,3 %)
10. Zusammenarbeit mit Kollegen (67,9 %)
11. Weiterbildung und Entwicklungsmöglichkeiten (68,4 %)

Gesamtbetrachtung: Ø 60,13 %

Abb. 2: Auswertung einer Mitarbeiterbefragung (Quelle: Ralf Mertens, FH Stralsund)

3 Demografischer Wandel

Die Bevölkerung in Deutschland wird in den nächsten Jahren schrumpfen (siehe Abbildung 3) und dabei gleichzeitig immer älter werden. Diese seit Langem absehbare Entwicklung hat Auswirkungen auf das Wirtschafts- und Sozialsystem. Unternehmen sind davon in mehrfacher Hinsicht betroffen. Die Folgen für die Automobilhandelsbetriebe werden besonders in dem Bereich der Personalbeschaffung deutlich. War das sogenannte „Headhunting" noch vor 20 Jahren einem fest definierten Kreis von Führungskräften und Spezialisten zuzuordnen, so gab es bereits vor zehn Jahren erste Headhunting-Ansätze in der Zielgruppe Automobilverkäufer. Seit ca. fünf Jahren werden Serviceberater gezielt von Headhuntern angesprochen und in der Gegenwart gehören gar Kfz-Mechaniker bzw. Mechatroniker zur Zielgruppe der Headhunter.

DEMOGRAFISCHER WANDEL

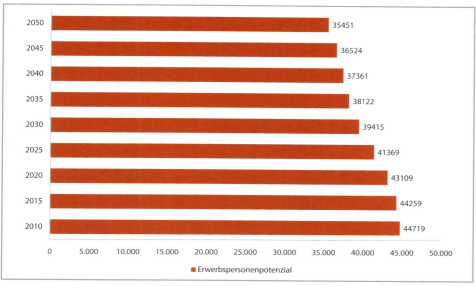

Abb. 3: Entwicklung des Erwerbspersonenpotenzials in Deutschland (Quelle: Statistisches Bundesamt)

Natürlich sind die demografischen Auswirkungen für die Automobilhandelsbetriebe regional sehr unterschiedlich. In einigen Regionen, insbesondere in den neuen Bundesländern, ist dies bereits in verschiedenen Bereichen deutlich zu spüren. Markenbetriebe, die nach guten Auszubildenden suchen, stellen erstmals keine ein, weil sie keine passenden mehr finden.

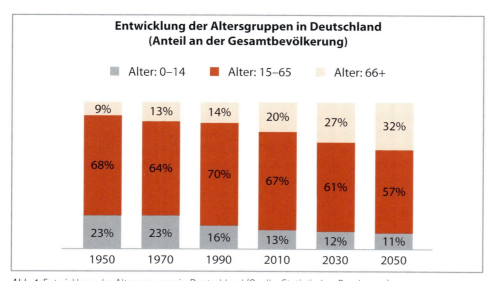

Abb. 4: Entwicklung der Altersgruppen in Deutschland (Quelle: Statistisches Bundesamt)

Für Automobilhandelsbetriebe ist diese Veränderung in der Altersstruktur (siehe Abbildung 4) und dem Mengengerüst der Bevölkerung in zweierlei Hinsicht beachtenswert: Zum einen verändert sich die Altersstruktur der Kunden mit all ihren Wünschen an Produkte und Dienstleistungen, zum anderen verändert sich die Altersstruktur der Mitarbeiter im Autohaus und das zur Verfügung stehende Potenzial am Arbeitsmarkt.

3.1 Konsequenzen für die Autohäuser

Das Durchschnittsalter der Belegschaften von Autohäusern wird steigen und prinzipiell werden weniger Nachwuchskräfte zur Verfügung stehen. Daher müssen sich die Entscheidungsträger frühzeitig Gedanken machen, ob die entstehenden Lücken mit bislang noch wenig genutzten Personalreserven gedeckt werden können. Zu diesen Personalreserven zählen:
- ältere Mitarbeiter,
- Frauen und
- Immigranten.

Um den neuen Herausforderungen begegnen zu können, erfordert dies ein Umdenken im Autohaus. Ältere Mitarbeiter werden zukünftig noch wertvoller für die Unternehmen und müssen daher auch noch im „hohen" Alter weiterqualifiziert werden. Mit neuen Arbeitszeit- und Beschäftigungsmodellen lässt sich das Arbeitskraftpotenzial der Frauen besser nutzen und über die Anwerbung qualifizierter Immigranten, auch direkt aus dem (europäischen) Ausland, muss man sich ernsthaft Gedanken machen. Insgesamt rückt die Gesundheit der Mitarbeiter immer weiter in den Fokus eines professionellen Personalmanagements, und das nicht nur aus Motivationsgründen.

3.1.1 Altersstrukturanalyse

Eine regelmäßig aktualisierte Altersstrukturanalyse gibt darüber Auskunft, in welchen Altersgruppen sich wie viele Mitarbeiter des Autohauses befinden. Sie warnt frühzeitig vor einer Ungleichverteilung oder anstehenden altersbedingten Unternehmensaustritten und damit auch vor eventuellem Know-how-Verlust. Prinzipiell ist es für jedes Haus ratsam, eine mögliche Gleichverteilung der Mitarbeiter auf alle Altersgruppen zu haben. Optimal ist die Altersstruktur, wenn in allen Altersgruppen eine vergleichbare Anzahl an Mitarbeitern vorhanden ist:
- Gruppe I: 16–25 Jahre,
- Gruppe II: 26–45 Jahre,
- Gruppe III: 46–65 Jahre.

Dies ermöglicht u. a. eine gezielte Nachfolgeregelung und Karriereplanung.

3.1.2 Vertreterregelung

Jede gute Stellenbeschreibung enthält auch eine Vertreterregelung. Die Praxis zeigt jedoch, dass diese meist nur auf dem Papier steht. Eine in Amerika häufig angewendete Regelung ist da schon effektiver: Hier ist jeder Mitarbeiter dafür verantwortlich, dass er einen gleichwertigen Vertreter hat, der im Bedarfsfall sofort seine Tätigkeit übernehmen könnte. Natürlich stellt das Unternehmen alle für die Qualifikation des Vertreters benötigten Ressourcen zur Verfügung. Eine Vertreterregelung sollte auch für die Unternehmensleitung gelten.

3.1.3 Nachfolgeregelung

Bei dem Begriff „Nachfolgeregelung" fällt einem sofort die Unternehmensnachfolge ein. Die ist zwar auch sehr wichtig, aber an dieser Stelle nicht gemeint. Hier ist die Nachfolgeregelung für Mitarbeiter gemeint, die aus natürlichen oder auch unnatürlichen Gründen das Autohaus verlassen (müssen). Ein Blick in eine professionell angelegte Vertreterregelung erleichtert das Aufstellen von Nachfolgeregelungen. Meist ist ein guter Vertreter auch gleichzeitig ein potenzieller Nachfolger, solange man sich auf einer hierarchischen Ebene befindet. Schwieriger werden Nachfolgeregelungen, die mit Personalentwicklung und Karriereplanung einhergehen, da hier meist wieder eine neue Personallücke aufgetan wird. Generell wichtig bei Nachfolgeregelungen ist, dass man sich frühzeitig davon überzeugt, dass die als Nachfolger vorgesehene Person auch tatsächlich dafür geeignet ist und rechtzeitig auf die neue Aufgabe vorbereitet wird.

4 Mitarbeiter gewinnen

Motivierte und engagierte Mitarbeiter sind die Basis für den Erfolg eines Autohauses. Investitionen in „gute" Mitarbeiter sind lohnende Investitionen, die sich in ihrer Wirtschaftlichkeit in der Regel schnell überprüfen lassen. Kennzahlen wie verkaufte Stückzahlen, Deckungsbeiträge, Werkstattdurchgänge, Produktivität, Leistungsgrad oder Effektivität machen die verschiedenen Abteilungen in ihrer Leistungsfähigkeit recht transparent. Positive Betriebsergebnisse können aber nur so lange erwirtschaftet werden, wie das Autohaus über die hierfür notwendigen personellen Ressourcen in qualitativer und quantitativer Hinsicht verfügt. Um dieses sicherzustellen, muss man sich darüber Gedanken machen, wie man überhaupt passende Mitarbeiter für das Autohaus findet.

4.1 Das Risiko einer Fehlentscheidung

Die Problematik einer erfolgreichen Suche ist vielschichtig und regional unterschiedlich. Geht man einmal von einem Autohaus mit einem Servicebereich von 30 Mitarbeitern und einer durchschnittlichen Organisationszugehörigkeit von zehn Jahren aus, so sind pro Jahr drei Arbeitsplätze zu besetzen. Das heißt, es gibt drei Möglichkeiten einer Fehlentscheidung bei der Suche und Auswahl neuer Mitarbeiter, die enorme Folgekosten, teilweise bis zum Mehrfachen des Jahresgehalts, nach sich ziehen können.

4.2 Personalbeschaffung im Autohaus

Die Klagen über Schwierigkeiten bei der Personalbeschaffung im Autohaus resultieren neben den tatsächlich vorhandenen Problemen am Arbeitsmarkt größtenteils aus mangelnder Ausschöpfung bereits vorhandener Möglichkeiten. Fest steht, früher erfolgreiche Wege der Personalbeschaffung müssen heute nicht mehr zum Ziel führen, schon gar nicht in der Zukunft. Hier zeigen kreative Lösungen in Autohäusern, wie man zielorientiert Beschaffungsengpässe vermeiden kann. Beispiel Werkstatt: vermehrter Einsatz von Praktikanten, aus denen dann Auszubildende rekrutiert werden können. Ein verstärktes Augenmerk verdienen die sogenannte **Social Media**. Plattformen wie XING gehören für Personalprofis schon längst zum Standardrepertoire bei ihrer Personalsuche. Wichtigste Voraussetzung der Personalbeschaffung ist eine Analyse der relevanten Arbeitsmärkte. Dabei lässt sich der Arbeitsmarkt in einen innerbetrieblichen und einen außerbetrieblichen unterscheiden. Folglich existiert auch eine **interne und externe Personalbeschaffung** (siehe Abbildung 5).

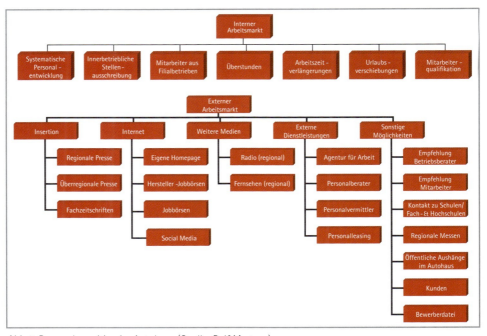

Abb. 5: Personalrecruiting im Autohaus (Quelle: Ralf Mertens)

4.2.1 Interner Arbeitsmarkt

- Eine **systematische Personalentwicklung** ist nach wie vor die beste Art, Personalengpässe zu vermeiden. Im Autohaus bedeutet dies, alle Maßnahmen zur Erhaltung und Verbesserung der Qualifikation aller Mitarbeiter zu treffen, damit sie ihre jetzigen und auch zukünftigen Aufgaben anforderungsgerecht lösen können.
- Die **innerbetriebliche Stellenausschreibung** ist ein geeignetes Instrument, um offene Stellen direkt mit bereits vorhandenen Mitarbeitern zu besetzen. Sie bietet im Gegensatz zu externen Bewerbern u. a. den Vorteil, dass bereits Informationen über Leistungsfähigkeit und Potenzial der Mitarbeiter vorhanden sind.
- In Autohäusern mit mehreren Filialbetrieben besteht die Möglichkeit, im Sinne einer systematischen Laufbahnplanung **Mitarbeiter von einer Filiale** zu einer anderen zu versetzen.
- **Überstunden** im Rahmen der gesetzlichen und tariflichen Bestimmungen sind ein probates Mittel, um kurzfristig Personalengpässe, z. B. in der Werkstatt, zu überbrücken.
- Eine mögliche **Arbeitszeitverlängerung**, natürlich im Rahmen der gesetzlichen und tariflichen Bestimmungen, um beispielsweise fünf Prozent ergibt rein rechnerisch die Mehrleistung von fünf Prozent zusätzlichem Personal – vorausgesetzt die Produktivität und der Leistungsgrad bleiben gleich.
- **Urlaubsverschiebungen** können kurzfristig dazu beitragen, Personalengpässe zu überbrücken.
- Eine regelmäßige **Mitarbeiterqualifikation** trägt dazu bei, die Produktivität der Mitarbeiter zu erhöhen, und ist somit eine Art der innerbetrieblichen Personalbeschaffung.

4.2.2 Externer Arbeitsmarkt

- **Insertionen** in Presseveröffentlichungen sind eine häufig genutzte Art der Personalsuche im Autohausbereich. Hier ist insbesondere auf die Auswahl eines zielgruppenspezifischen Mediums zu achten. Besonders interessant sind Insertionen in Presseveröffentlichungen, die gleichzeitig online eingestellt werden.
- Die Personalsuche per **Online-Medien** hat sich in einigen Branchen schon zur Nummer 1 bei der Personalsuche etabliert. Eine Stellenausschreibung auf der **eigenen Homepage** ist daher für einige Autohäuser schon Normalität. Auch bieten Hersteller bereits Stellenausschreibungsmöglichkeiten für den Handel auf ihrer eigenen **Herstellerhomepage** an. Nicht zuletzt gibt es die überregionalen, teilweise branchenspezifischen **Jobbörsen**, die immer höhere Zugriffszahlen verzeichnen. Der rasante Nutzeranstieg im Bereich der **Social Media** bietet auch für Autohäuser gute Analyse- und Suchmöglichkeiten.
- Einige **lokale Radio- und Fernsehsender** bieten eigene Jobbörsen an. Diese sind zum Teil im Rahmen von Arbeitsplatzinitiativen sogar kostenfrei. In Verbindung mit einem eigenen Werbespot kosten sie natürlich Geld, sind aber darüber hinaus noch sehr werbewirksam.
- Die **Agentur für Arbeit** wird in ihrer Wirksamkeit häufig unterschätzt. Sie ist in der Lage, regional, überregional und mit Online-Unterstützung zu suchen. Vorraussetzung hierfür ist allerdings, wie bei allen anderen Personalsuchaktivitäten, eine aktuelle Stellenbeschreibung.

Personalberater mit Headhunterqualifikation werden für die Suche von Top-Führungskräften eingeschaltet und mittlerweile auch für die Suche von Kundenkontaktpersonal (z. B. Verkäufer). Diese Dienstleistung ist teuer, wird aber in manchen Herstellerprogrammen subventioniert. **Personalvermittler** sind meist branchen- oder tätigkeitsorientiert und vermitteln Fachkräfte in ausgesuchten Bereichen zu Festpreisen. Die Möglichkeit eines **Personalleasings** bietet sich im Autohaus häufig nur zur Abdeckung eines temporären Personalbedarfs im administrativen und zum Teil im Werkstattbereich an.

- **Betriebsberater** haben meist einen guten Überblick über wechselwillige Mitarbeiter anderer Autohäuser oder bekommen sogar Anfragen von nicht der Organisation zugehörigen Arbeitskräften. Sie sollten daher frühzeitig eingeschaltet werden. Bei **Empfehlungen der Mitarbeiter** im Autohaus ist wegen einer möglichen „Cliquenwirtschaft" Vorsicht angebracht. Gute **Kontakte zu Schulen und Fach-/Hochschulen** gehören zu einer vorausschauenden Personalbedarfsplanung. Hersteller haben es schon lange erkannt: **Messen** bieten eine ausgezeichnete Rekrutierungsmöglichkeit. Warum also nicht auf regionalen Automobilmessen für neue Mitarbeiter werben? Hier treffen sich die Automobilbegeisterten. Früher war es in anderen Branchen üblich: Vor dem Unternehmen wurden offene Stellen ausgehängt. Warum also nicht vakante Stellen im **Autohaus** offiziell in einem **Aushang** bekannt geben? Nicht zuletzt hat jedes Autohaus mit seinem **Kundenkreis** einen mehr oder weniger großen Bewerberpool, der angesprochen werden kann. Schließlich führen große Autohäuser **Bewerber-/ Interessentendateien** von potenziell guten Bewerbern, auf die zurückgegriffen werden kann. Daten dürfen allerdings nur mit Einwilligung der Betroffenen gespeichert werden.

In Zukunft kommt es bei der Personalsuche immer mehr auf Image, Planung und Kreativität an. Das größte Potenzial für eine regionale/überregionale Suche (extern) bieten eindeutig die Online-Medien, insbesondere die Social Media.

4.2.3 Schwerpunkt: Social Media

Autohäuser müssen sich im Hinblick auf die demografische Entwicklung vielen Herausforderungen stellen. Das Durchschnittsalter der Belegschaften wird höher und der Pool an potenziellen Nachwuchskräften wird kleiner. Die sogenannten „Baby Boomer" (Jg. 1946–1964) gehen in Rente und die „Generation Y" (Jg. 1981–2001) tritt ins Arbeitsleben. Dementsprechend prallen verschiedene Werte und Verhaltensweisen aufeinander. Die „Generation Y" als zukünftige Autohausmitarbeiter ist mit dem Web 2.0 und Social Media aufgewachsen und hat ihren Lebens- und Arbeitsrhythmus häufig ihrer Mediennutzung angepasst. Dies zwingt Unternehmen dazu, in Sachen Employer Branding und Personalrecruiting neue und unbekannte Wege zu gehen, um qualifizierte Fach- und Führungskräfte auf sich aufmerksam zu machen. Für die „Generation Y" ist es heute völlig normal, Nachrichten zu simsen, Namen zu googeln oder Informationen zu twittern. Das Internet ist schon längst zum Leitmedium geworden. Nicht nur, dass sich das Personalbeschaffungsverhalten von Autohäusern diesen Entwicklungen anpasst, sondern das gesamte Personalmarketing befindet sich im Umbruch. Über die sozialen Netzwerke können nicht nur interne Mitarbeiter direkt angesprochen und deren Meinung eingeholt werden, sondern darüber hinaus können Neuigkeiten auch in Blogs diskutiert werden. Arbeitgeberbewertungsportale (z. B. kununu.com) animieren Mitarbeiter zu einer kritischen Auseinandersetzung mit ihrem Arbeitgeber. Das Web 2.0 und die Social Media eröffnen Autohäusern bislang ungeahnte Möglichkeiten, nicht nur hinsichtlich der Vermarktung von Produkten und Dienstleistungen, sondern insbesondere auch im Hinblick auf Employer Brand und Personalrekrutierung.

5 Mitarbeiter motivieren

Mitarbeitermotivation ist kein Selbstzweck. Motivierte Mitarbeiter steigern nachweislich das Betriebsergebnis. Die Resultate der Gallup-Studie sowie die Erkenntnisse aus Mitarbeiterbefragungen im Autohaus sind eindeutig: Die größten Potenziale im Unternehmen liegen in der Motivation der Mitarbeiter.

5.1 Der Harvard-Ansatz

Im Harvard Business Manager (Ausgabe September 2008) wird eine Zusammenfassung bzw. ein neues Modell, unter Berücksichtigung neuster Erkenntnisse moderner Hirnforschung, mit den wichtigsten Hebeln zur Verbesserung der Mitarbeitermotivation vorgestellt.

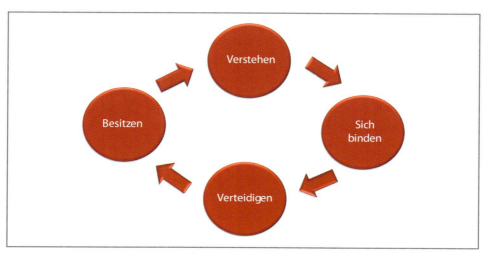

Abb. 6: Die vier Triebkräfte der Motivation (Quelle: Ralf Mertens)

Die Forscher Nitin Nohria, Boris Groysberg und Linda-Eling Lee gelangten zu dem Ergebnis, dass jegliches menschliches Handeln von **vier emotionalen Grundbedürfnissen** gelenkt wird. Es handelt sich dabei um die vier Triebe „besitzen", „sich binden", „verstehen" und „verteidigen". Es wurde festgestellt, dass bestimmte Triebkräfte die Motivationsindikatoren stärker beeinflussen als andere, was nichts anderes heißt, als dass sie voneinander abhängig sind. Entdeckt man also ein Defizit in einem einzelnen Bereich, kann man davon ausgehen, dass es das Ergebnis der übrigen drei Bereiche erheblich schmälert. Abb. 6 zeigt, um welche vier Triebe es sich handelt.

5.2 Die Motivationshebel im Autohaus

Unternehmen können zur Befriedigung der Bedürfnisse für jeden der vier Triebe einen eigenen Motivationshebel einsetzen.

- Der **Grundtrieb, etwas zu besitzen**, ist am besten mit einem leistungsorientierten Entlohnungssystem zu befriedigen. Überdurchschnittliche Leistungsträger wollen auch überdurchschnittlich entlohnt werden. Eine transparente Aufstiegspolitik ist ebenso förderlich.
- Um den **Bindungstrieb** zu stillen, ist eine starke Unternehmenskultur, die Teamarbeit fördert, Offenheit und Freundschaft schafft sowie Anerkennung bietet, von hoher Bedeutung. Hier geht es darum, den Mitarbeitern ein Zugehörigkeitsgefühl zum Autohaus zu vermitteln. Sie sind nun mal die meiste Zeit des Tages an ihrem Arbeitsplatz. Diese Chance sollte man nutzen.
- Eine interessante, anspruchs- sowie bedeutungsvolle Aufgabengestaltung ist für den **Trieb „verstehen"** von maßgeblicher Relevanz, um Mitarbeiter zu Höchstleistungen anzutreiben. Hier sind im Autohaus eine transparente Mission, Vision und Strategie gefragt sowie stets aktuelle Stellenbeschreibungen.
- Um dem menschlichen **Verteidigungstrieb** gerecht zu werden, sollten Unternehmen faire, vertrauensvolle und transparente Prozesse der Leistungssteuerung und Ressourcenzuteilung gestalten und offenlegen. Dies bedeutet, u. a. eine klare Regelkommunikation im Autohaus zu betreiben und Mitarbeiter in Veränderungsprozesse mit einzubeziehen.

Die Befriedigung der vier emotionalen Grundbedürfnisse hängt von mehreren Faktoren ab und liegt nicht ausschließlich in der Hand des Unternehmens. Neben der Unternehmenspolitik spielt **der direkte Vorgesetzte** eine ebenso große Rolle. Es wird nicht erwartet, dass er jegliche Unternehmensproblematiken und eventuelle Unzufriedenheit der Mitarbeiter, z. B. mit dem Entlohnungssystem, löst. Jedoch ist den Mitarbeitern durchaus bewusst, dass jede Führungskraft einen gewissen Einflussbereich hat, den sie nutzen kann.

6 Mitarbeiter binden

6.1 Die Bedeutung der Mitarbeiterbindung

Die Mitarbeiterbindung gewinnt für Autohäuser stetig an Bedeutung, denn gute Mitarbeiter will man nicht wieder verlieren. Das hat mehrere Gründe. Erstens: Man hat in der Regel viel in sie investiert. Zweitens: Es geht wichtiges Know-how verloren. Drittens: Auf dem Arbeitsmarkt gibt es nicht unendlich viele gute Mitarbeiter. Beobachtungen zeigen jedoch, dass es am Arbeitsmarkt zu immer häufigeren Arbeitgeberwechseln kommt. Ein Grund dafür ist, dass die strategische Planung der Ressource Mensch im Autohaus oft vernachlässigt wird. Ist der Arbeitnehmer unzufrieden mit seinem Arbeitsplatz oder fehlt die Identifikation des Arbeitnehmers mit seinem Arbeitgeber Autohaus, kann dies zwei Folgen haben. Zum einen kann sich ein unmotivierter Mitarbeiter zu einem Mitarbeiter entwickeln, der „Dienst nach Vorschrift" leistet oder gar innerlich kündigt. Das hat Auswirkungen auf die Produktivität, Qualität der Arbeit und Zuverlässigkeit des Arbeitnehmers und beeinflusst das Betriebsklima des Unternehmens negativ. Zum anderen hat eine Unzufriedenheit der Arbeitnehmer in aller Regel eine überdurchschnittliche Fluktuationsrate zur Folge. Diese wiederum verursacht hohe Kosten, die sich durch Ausfall-, Anwerbungs- und Einarbeitungskosten auf bis zu ein Jahresbruttogehalt der neu zu besetzenden Stelle belaufen können.

Mit dem Ausscheiden des Arbeitnehmers aus dem Unternehmen geht noch eine weitere sehr wichtige Ressource verloren: das Know-how. Ein anderes Autohaus oder Unternehmen einer anderen Branche profitiert hiervon.

Weiterhin geht mit hohen Fluktuationsraten eine schlechte Reputation des Autohauses einher. Das Internet bietet frustrierten Arbeitnehmern eine hervorragende Möglichkeit, ihre schlechten Erfahrungen mit dem Unternehmen mit anderen zu teilen (z. B. www.kununu.com). Diese Beurteilungen sind zwar eher subjektiver Art, doch das Image des Autohauses als Arbeitgeber kann Schaden nehmen. Dem Autohaus wird die Suche nach qualifizierten und motivierten Mitarbeitern zusätzlich erschwert.

Verstärkt werden die Fluktuationsraten durch den steigenden Wettbewerb auf dem Arbeitsmarkt, aber auch durch bessere Verdienstmöglichkeiten in anderen Branchen und den damit verbundenen Wechselmöglichkeiten. Dies liegt nicht zuletzt an der zunehmenden Transparenz des Arbeitsmarktes mit der Entstehung von Online-Jobbörsen und Karriereportalen wie Xing oder manager-lounge. Der persönliche Informationsaustausch und das Knüpfen erster Kontakte werden zudem durch Praktikanten-, Job- und Karrieremessen erheblich erleichtert.

 Ein professionelles Personalmanagement kann der Fluktuation im Rahmen der Mitarbeiterbindung, durch Motivation und Zufriedenheit am Arbeitsplatz, entgegenwirken.

6.2 Konzepte zur Mitarbeiterbindung

Motivierte Mitarbeiter fühlen sich in der Regel auch gebundener an ihr Unternehmen. Die Mitarbeitermotivation hat viele Varianten. Grundsätzlich kann zwischen materiellen und immateriellen Anreizsystemen unterschieden werden, die die Motivation beeinflussen und den Grad der Gebundenheit erhöhen. Je nach unternehmerischen Rahmenbedingungen und individuellen Bedürfnissen können diese Anreizsysteme angepasst werden (siehe Abbildung 7).

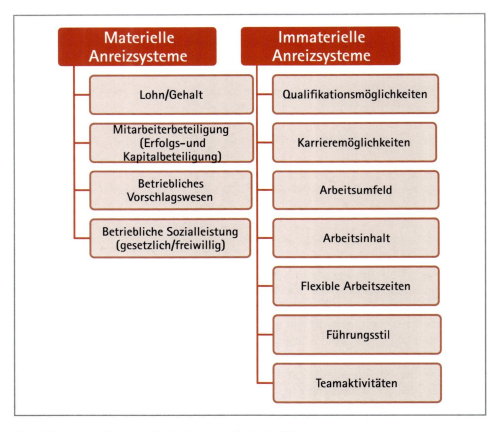

Abb. 7: Materielle und immaterielle Anreizsysteme (Quelle: Ralf Mertens)

6.3 Rahmenbedingungen und Instrumente zur Erhöhung der Mitarbeiterbindung im Autohaus

6.3.1 Betriebsklima

Eine positive Auswirkung auf die Mitarbeiterzufriedenheit hat das Betriebsklima. Ist das Klima positiv, trägt dies zu einer Leistungssteigerung bei. Hierbei spielt vor allem die soziale Bindung eine wichtige Rolle, die sich positiv auswirkt auf Zusammenarbeit, Einstellung und das Verhalten. Dabei sind die Beziehungen zwischen den Mitarbeitern und die zum Vorgesetzten entscheidend. Die Basis für ein gutes Betriebsklima ist Vertrauen. Erreicht wird das u. a. durch eine gerechte Verteilung von Ressourcen, klare Definitionen von Prozessen und Aufgaben sowie einer guten internen Kommunikation.

Ein weiterer bedeutender Punkt für ein gutes Betriebsklima ist die Möglichkeit für Mitarbeiter, sich einbringen zu können. Das Mitteilen eigener Ideen und Anregungen motiviert Mitarbeiter. Informationsmöglichkeiten im Autohaus bieten das Schwarze Brett, das Intranet oder Social Media. Das Einbringen von Ideen ermöglichen regelmäßige Mitarbeitergespräche, Mitarbeiterbefragungen oder auch ein Betriebliches Vorschlagswesen (BVW).

6.3.2 Mitarbeiterführung

Die Mitarbeiterführung ist entscheidend für ein gutes Betriebsklima. Einer Führungskraft muss es gelingen, auf die individuellen Bedürfnisse der Mitarbeiter einzugehen. Dies verlangt ein hohes Maß an fachlicher, sozialer und methodischer Kompetenz. Aber gerade die Ergebnisse der regelmäßig durchgeführten Gallup-Studien zum Mitarbeiterengagement bestätigen Schwächen in der Mitarbeiterführung.

Mitarbeiter streben gerade in der heutigen Zeit nach Selbstverwirklichung und einer höheren Verantwortung. Dies erfordert kompetente Führungskräfte in allen Kompetenzbereichen. Führung im Autohaus heute unterscheidet sich deutlich von der Führung vor 20 Jahren. Die Ansprüche an eine Führungskraft sind deutlich gestiegen. Dies hat nicht nur mit der veränderten Erwartungshaltung der Mitarbeiter zu tun, sondern liegt auch eindeutig an den Möglichkeiten zur Informationsbeschaffung, die moderne Medien heute bieten. Das Programm „Führung 2020 im Autohaus" (siehe Abbildung 8) nimmt Bezug auf diese neuen Anforderungen.

Für den Erfolg eines Autohauses ist es daher unerlässlich, die Mitarbeiter in den Zielerreichungsprozess einzubeziehen. Das bedeutet, dass von den Führungskräften ein kooperativer, mitarbeiterorientierter Führungsstil erwartet wird. Nur dadurch können die Bedürfnisse ermittelt und gemeinsam Ziele vereinbart werden, die für den Mitarbeiter herausfordernd und erreichbar sind (siehe Abbildung 9).

Abb. 8: Führung 2020 im Autohaus (Quelle: Ralf Mertens)

Abb. 9: Mission – Vision – Strategie (Quelle: Ralf Mertens)

6.3.3 Arbeitsstruktur
Die Gestaltung der Arbeitsstruktur hat Einfluss auf die Mitarbeiterbindung. Hierbei spielen die Arbeitskultur, Weiterbildungs- und Entwicklungsmöglichkeiten sowie die Vereinbarkeit von Berufs- und Privatleben eine entscheidende Rolle.

6.3.4 Mentoring
Mit Mentoring wird die gezielte Förderung von jungen/neuen Mitarbeitern bezeichnet. Angesetzt wird dabei in der Regel beim Eintritt ins Autohaus. Diese Programme werden seit einigen Jahren in anderen Branchen auch speziell für Frauen angeboten. Der Ablauf und die benötigte Zeit werden individuell durch erfahrene Führungskräfte festgelegt. Das Ziel ist die Weitergabe und der Erhalt von Wissen und Erfahrungen.

6.3.5 Personalentwicklung
Bei der Personalentwicklung geht es darum, sämtliche Mitarbeiter eines Autohauses (und zwar aller Hierarchiestufen) aus- und weiterzubilden. Das ist unerlässlich, um die strategischen Unternehmensziele zu erreichen. Außerdem wird der Bestand an Fach- und Führungskräften gesichert, um für zukünftige strategische Ziele gut gerüstet zu sein. Vor allem ältere Arbeitnehmer stehen dabei im Fokus, da aufgrund der demografischen Entwicklung und der gesetzlichen Rahmenbedingungen Betriebe länger auf diese Zielgruppe angewiesen sein werden.

6.3.6 Arbeitsinhalt
Die Gestaltung der Arbeitsinhalte sollte optimale psychische sowie physische Arbeitsbedingungen schaffen. Durch abwechslungsreiche Tätigkeiten wird eine höhere Motivation der Mitarbeiter erreicht. Optimal bedeutet nicht nur keine Überforderung, sondern auch keine Unterforderung der Mitarbeiter.

6.3.7 Work-Life-Balance
Unter Work-Life-Balance wird das ausgeglichene Verhältnis von Privat- und Arbeitsleben verstanden. Das Ziel, private Interessen, das Familienleben und das Berufsleben in Einklang zu bringen, beschäftigt heutzutage viele Arbeitnehmer. Um diese Balance zu schaffen, bieten einige Autohäuser auch heute schon verschiedene Möglichkeiten, u. a. gesundheitsfördernde Maßnahmen, die Flexibilisierung von Arbeitszeit sowie familienunterstützende Maßnahmen.

Betriebliche Gesundheitsförderung

Gesundheitsfördernde Maßnahmen tragen zum Wohlbefinden der Mitarbeiter bei. Krankheiten können verhindert und somit Fehlzeiten reduziert werden. Das Leistungsvermögen der Arbeitnehmer steigt.

Die Einführung einer betrieblichen Gesundheitsförderung erfordert zunächst die systematische Erfassung möglicher Gesundheitsrisiken im Autohaus. Dies kann durch einen Gesundheitsbericht erfolgen, der ggf. durch einen Gesundheitszirkel ergänzt wird. Bei diesem werden Bedingungen, die die Gesundheit beeinträchtigen, von den jeweiligen Arbeitsbereichen analysiert und Vorschläge für deren Beseitigung bzw. Verringerung gesammelt. Diese Zirkel bestehen in der Regel aus Mitarbeitern, Vorgesetzten sowie (falls vorhanden) Betriebsratsmitgliedern und Arbeitsschutzexperten.

> » **45 PROZENT DER PERSONALCHEFS ERWARTEN, DASS ZULAGEN IN DIE GESUNDHEITSVORSORGE KÜNFTIG NOCH WICHTIGER WERDEN ...** «
>
> (Focus, Gehalt und Karriere 2/2012)

Flexible Arbeitszeit

Flexible Arbeitszeiten stehen auf der Wunschliste von Jobsuchenden ganz oben. Die Gestaltung von Arbeitszeiten basiert auf gesetzlichen und tariflichen Bestimmungen. Dabei ist die Dauer arbeitsvertraglich geregelt und kann innerhalb der gesetzlichen und tariflichen Regelungen flexibel vereinbart werden. Diese Vereinbarungen können individuell gelten oder kollektiv.

Die häufigsten Gründe für die Einführung von flexiblen Arbeitszeiten in Autohäusern sind die verbesserte Wettbewerbsfähigkeit und Kundenorientierung, die Erhöhung der Motivation der Mitarbeiter oder einfach nur räumliche Rahmenbedingungen.

Gerade der Automobilhandel wird in den nächsten Jahren dazu gezwungen sein, über neue Beschäftigungs- und Arbeitszeitmodelle nachzudenken, um den durch die demografische Entwicklung verursachten Fach- und Führungskräftemangel auszugleichen.

Familienfreundlichkeit

Wollen Autohäuser die „Personalreserve Frauen" nutzen, müssen sie sich verstärkt mit dem Thema „Familienfreundliches Unternehmen" auseinandersetzen. Gerade in der heutigen Zeit, in der beide Partner eine Karriere anstreben oder aus wirtschaftlichen Gründen dazu gezwungen sind, einer Berufstätigkeit nachzugehen, steht die Frage der Vereinbarkeit von Familie und Beruf zunehmend im Vordergrund. Insbesondere Frauen können mit neuen Arbeitszeitmodellen und Kinderbetreuungsangeboten für eine Mitarbeit im Autohaus gewonnen werden. Dazu gehören u.a. flexible Arbeitszeiten, die Unterstützung von Elterninitiativen, Eltern-Kind-Zimmer, Hausaufgabenbetreuung und Belegplätze in Kindergärten.

6.4 Einsparpotenziale durch Mitarbeiterbindung

6.4.1 Wiederbeschaffungskosten

Das Wegfallen eines Mitarbeiters bedeutet Umsatz- und Renditeausfälle und damit Kosten in vielerlei Hinsicht – insbesondere, wenn eine Stelle über mehrere Monate unbesetzt bleibt, was häufig bei höher qualifizierten Fach- oder Führungskräften der Fall ist.

Die Wiederbeschaffungskosten beziehen sich zunächst einmal auf das Anwerben und die Auswahl geeigneter Kandidaten. In vielen Positionen (Verkäufer, Serviceberater, Führungskräfte) fallen zusätzliche Kosten für besondere Auswahlverfahren, z. B. für ein Assessment-Center, an. Zunehmend werden bei Neueinstellungen von Fach- und Führungskräften auch Umzugskostenbeihilfen gewährt. Das Einrichten des neuen Arbeitsplatzes, Einarbeiten des neuen Mitarbeiters, weitere eventuell anfallende Aus- und Weiterbildungsmaßnahmen sowie vermutlich auftretende Fehler und eine daraus resultierende niedrige Produktivität verursachen weitere Kosten für das Unternehmen, die durch eine erhöhte Mitarbeiterbindung reduziert werden können.

Fluktuationskosten (Beispiel: Juniorverkäufer)

- Gehalt ohne Gegenleistung .... €
- Lohnnebenkosten .... €
- Kosten des Arbeitsplatzes .... €
- Dienstwagen .... €
- Schulung und Einarbeitung .... €
- Personalsuche .... €
- nicht realisierter Umsatz .... €
- Schaden in der Kundschaft .... €
- Schaden im Team .... €

Summe: 35.000 € bis 60.000 €
Durchschnitt: 50.000 €

6.4.2 Überbrückungs- und Wiedereingliederungskosten

Fällt ein Mitarbeiter für einen längeren Zeitraum wegen Krankheit oder Elternzeit aus, bestehen verschiedene Möglichkeiten für das Unternehmen, diese Phase zu überbrücken:

1. **unbefristete Einstellung**: Rückkehrern kann in größeren Autohausketten zumeist eine gleichwertige Stelle angeboten werden.
2. **befristete Einstellung**: in Form einer Zweck- oder Zeitbefristung.
3. **Umverteilung** der Arbeit oder Mehrarbeit

Der Kosten- und Zeitaufwand einer befristeten Einstellung ist etwas geringer als der einer unbefristeten Einstellung. Je kürzer der Überbrückungszeitraum ist, desto geringer fällt in der Regel der betriebliche Aufwand aus.

6.4.3 Fehlzeiten

Durch z. B. krankheitsbedingte Fehlzeiten entstehen weitere Kosten. Erhöhter Arbeitsdruck und -aufwand, Stress und Doppelbelastungen durch Beruf und Familie haben für Mitarbeiter zumeist eine höhere Anfälligkeit für Krankheiten zur Folge. Ein genauer Überblick über Fehlzeiten im Autohaus gibt Hinweise auf Schwachstellen im System. Instrumente wie Rückkehrgespräche zeigen den Mitarbeitern das Interesse des Arbeitgebers an seinem Wohlbefinden und signalisieren Interesse an seiner Anwesenheit. Die in manchen Autohäusern bereits gezahlten „Anwesenheitsprämien" erscheinen auf den ersten Blick widersprüchlich zu sein, sind aber aus betriebswirtschaftlicher Sicht durchaus nachvollziehbar.

7 Employer Branding

7.1 Ausgangssituation

Trotz einer momentan stark rückläufigen, aber immer noch anhaltend hohen Arbeitslosigkeit haben immer mehr Autohäuser Schwierigkeiten, die geeigneten Mitarbeiter zu finden. Dieser Trend wird sich zukünftig noch verstärken. Betrachtet man einmal die demografische Entwicklung in Deutschland, so kommt man schnell zu der Überzeugung, dass vor einem massiven Mangel an Fach- und Führungskräften im Automobilhandel nicht mehr gewarnt werden muss – er ist schon Realität. Ein Befragungsergebnis des AUTOHAUS pulsSchlag vom Mai 2011 zum Thema Personalrekrutierung sagt aus, dass 54 Prozent der befragten Händler für 2011 Neueinstellungen planen bzw. diese schon getätigt haben. Diese Zahlen spiegeln den wirtschaftlichen Aufschwung und die damit zusammenhängende Bereitschaft zu Neueinstellungen klar und deutlich wider. Im Vergleich dazu planten 2009 lediglich 20 Prozent der befragten Händler Neueinstellungen für das Jahr 2010. Für die Zukunft des Automobilhandels heißt dies: nicht nur eine vorausschauende Personalbedarfsplanung und zukunftsorientierte Personalentwicklungsplanung betreiben, sondern auch eine gezielte Personalbeschaffungsplanung (siehe Abbildung 10). Auch heute schon sind die Personalsuch- und Anwerbungsbemühungen von recht unterschiedlichem Erfolg gekrönt. Dies hängt zum einen von den verschiedenen regionalen Arbeitsmärkten ab, die sich durch ein recht unterschiedliches Angebot an Fach- und Führungskräften auszeichnen. Von daher sind auch im Automobilhandel zunehmend Wanderungsbewegungen von Ost nach West und von Nord nach Süd zu beobachten. Zum anderen spielt bei den Such- und Auswahlbemühungen der Imagewert von Marke, Autohaus und Beruf eine große Rolle. Die unterschiedlichen Imagewerte einer Marke spiegeln sich in den Bemühungen, passende Bewerber anzusprechen, eindeutig wieder. Jedoch zeigen positive Beispiele von Autohäusern, die eine Marke mit einem niedrigeren Imagewert vertreten, dass sie aufgrund ihres positiven Images als Arbeitgeber durchaus weniger Schwierigkeiten bei der Personalsuche haben. Generell lässt sich festhalten, dass der Imagewert des Autohauses als Arbeitgeber aus Personalmarketingsicht noch häufig unterschätzt wird. Der Imagewert des Berufs selbst spielt in der heutigen Zeit eine große Rolle. Die Imagefrage eines Berufes kann allerdings nicht auf Autohausebene gelöst werden.

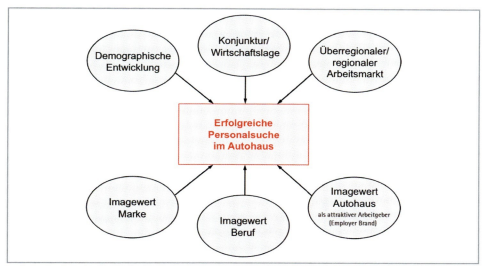

Abb. 10: Personalrecruiting im Autohaus (Quelle: Ralf Mertens)

7.2 Personalmarketing im Autohaus

Aufgrund der schwierigen Arbeitsmarktsituation und der demografischen Entwicklung wird ein professionelles Personalmarketing zukünftig mehr und mehr ein Thema, mit dem sich Autohäuser auseinanderzusetzen haben. Personalmarketing im Autohaus hat zwei Hauptaufgaben:
- **Externes Personalmarketing** soll die relevanten Zielgruppen dazu bewegen, dem Autohaus bei der Arbeitsplatzwahl gegenüber anderen Unternehmen/Autohäusern eine Präferenz einzuräumen.
- **Internes Personalmarketing** soll dagegen die vorhandenen Mitarbeiter an das Autohaus binden.

Zwischen dem externen und internen Personalmarketing existieren starke Abhängigkeiten. Beide Formen des Personalmarketings müssen demnach immer im Gesamtzusammenhang gesehen werden.

7.3 Herausforderung Employer Branding

Das Employer Branding (dt. Arbeitgebermarkenbildung) wird für Autohäuser in Zeiten eines zunehmenden Fach- und Führungskräftemangels immer wichtiger. Es geht dabei darum, sich mit Hilfe von Marketingkonzepten in seinem regionalen/überregionalen Umfeld als attraktiver Arbeitgeber darzustellen und sich im Kampf um die besten Bewerber von seinem Wettbewerberumfeld positiv abzuheben.

 Ziel ist es, durch eine starke Employer Brand die Personalrekrutierung effizient zu gestalten, die Bewerberqualität sicherzustellen und diese möglicherweise noch zu optimieren. Vor allem in Zeiten des Fach- und Führungskräftemangels gewinnt das Employer Branding damit an Bedeutung.

Bewerber erhalten durch eine öffentlich kommunizierte Arbeitgebermarke Aufschluss darüber, wofür das Unternehmen steht und was es gegenüber anderen Arbeitgebern einzigartig macht. Somit gelingt es, vor allem diejenigen anzulocken, die sich mit dem Unternehmen identifizieren. Wird diese nach außen dargestellte Marke auch im täglichen Arbeitsumfeld gelebt, wird damit

Mitarbeitergewinnung
- Erhöhung der Attraktivität des Autohauses als Arbeitgeber
- Verbesserung der Bewerberpassung
- Reduzierung des Bewerberbeschaffungsaufwandes und der damit verbundenen Kosten

Mitarbeiterbindung
- Verbesserung der Mitarbeiterzufriedenheit
- Stärkung der Identifikation
- Bessere Bindung von Know-how-Trägern
- Erhöhung des „Return on Developement"
- Senkung der Fluktuation und den damit verbundenen Kosten

Positive Effekte des Employer Branding

Leistung und Ergebnis
- Steigerung der Qualität der Arbeitsergebnisse
- Verbesserung der Leistungsmotivation
- Erhöhung der Mitarbeiterloyalität
- Erhöhung der Identifikation mit den Zielen des Autohauses
- Stärkung der Eigenverantwortung
- Senkung des Führungsaufwandes

Unternehmenskultur
- Kommunikation und Erlebbarkeit von Unternehmenswerten
- Verbesserung des Arbeitsklimas
- Senkung des Krankheitsstandes
- Stärkung des „Wir-Gefühls"
- Verbesserung der internen Kommunikation

Abb. 11: Positive Effekte des Employer Branding (Quelle: Ralf Mertens)

außerdem eine dauerhafte Bindung von Know-how-Trägern und eine geringere Fluktuationsrate erreicht.

So gibt es auch heute schon Autohäuser, deren Image als Arbeitgeber im Umfeld so positiv wahrgenommen wird, dass sie regelmäßig genügend Initiativbewerbungen von potenziell guten Bewerbern bekommen. Diese Autohäuser betreiben zum Teil einen recht großen Aufwand, um ihren Bekanntheitsgrad als Arbeitgeber und dem damit zusammenhängenden Arbeitsumfeld in der Öffentlichkeit bekannt zu machen. Das zugrundeliegende Motto lautet: „Tue Gutes und rede drüber!" Im Gegenzug zu ihren Bemühungen haben sie mit entscheidend weniger Personalproblemen zu kämpfen als Wettbewerber, deren Image als Arbeitgeber nicht so positiv in der Öffentlichkeit wahrgenommen wird.

Die Abbildung 11 fasst die Vorteile und Auswirkungen eines aktiven Employer Branding zusammen.

8 Leistungsorientierte Vergütung als Renditebringer im Autohaus

Das wirtschaftliche Umfeld im Einzelhandel hat sich in den letzten Jahren spürbar gewandelt. Diese Veränderungen sind an dem Automobilhandel nicht spurlos vorbeigegangen. Der Druck auf die Margen und die Anforderungen an die Effizienz der Betriebe sowie die überaus strengen Regeln für die Refinanzierung wirken gleichzeitig auf den Handel ein und verlangen kompetente Antworten.

Wenn annähernd 60 Prozent des erzielten Bruttoertrages für Personalkosten aufgewendet werden, ist es legitim, auch Lösungen aus dem Personalmanagement zu erwarten. Daher ist es, um die Motivation der Mitarbeiter zu steigern, von Bedeutung, für diese ein attraktiver Arbeitgeber zu sein, z. B. durch:

- **Förderung einer Unternehmenskultur**, in der die persönliche Leistung eines jeden Mitarbeiters und eines jeden Teams im Vordergrund steht.
- **Förderung der Leistungsbereitschaft** und **der Teamarbeit** im Unternehmen mit Hilfe einer variablen, leistungsorientierten Vergütung.
- **Einsichtsmöglichkeit** für alle Mitarbeiter in ihre Leistungen.
- **Coaching der Mitarbeiter**, damit sie lernen, ihre Leistungen zu verbessern, und **konsequente Belohnung** für die wirtschaftliche Mehrleistung, die so auf eine sportliche Weise erzielt wird.

Ein Sich-Kümmern um Leistungsträger steht im Vordergrund bei gleichzeitiger Sorge dafür, dass diese Mitarbeiter auch eine gute Rendite bringen. Diese ist immer der Output, das messbare Ergebnis der Arbeit. Mitarbeiter werden ihre Leistung erhöhen, wenn sie genau wissen, in welcher Weise sie zum Unternehmensergebnis beitragen können. Daher ist es sinnvoll, Mitarbeiter konsequent auf die zu erbringende Arbeitsleistung zu steuern und sie für Mehrleistungen ebenso konsequent zu belohnen. Der Wert der Mitarbeiter ist durch systematische Erfahrungen, Training und Coaching, Steuerung und Führung zu steigern. Mitarbeiter in die Lage zu versetzen, gute Leistungen zu erbringen und davon unmittelbar zu profitieren, ist eines der Hauptziele von Führung im Autohaus.

> **TIPP**
>
> Die Effizienz der Mitarbeiter kann nachhaltig durch eine variable, leistungsorientierte Entlohnung verbessert werden. Richtige Vergütungskonzepte bringen – vorausgesetzt sie werden auch richtig eingeführt – eine höhere Motivation der Mitarbeiter, ein höheres Engagement, eine sinnvolle Gewinnorientierung, unternehmerisches Denken und die nachhaltige Optimierung von Prozessen. Es gibt einen unmittelbaren Zusammenhang zwischen Belohnung und Leistung.

8.1 Ein funktionierendes Vergütungssystem

Die ideale Vergütungsregelung ist die Balance zwischen den erbrachten Leistungen der Mitarbeiter und der Vergütung, die der Arbeitgeber dafür erbringt. Leistungsfördernde Vergütungsregelungen sind motivierend. Sie müssen dafür nicht rein monetär sein, aber sollten der individuellen Situation der Mitarbeiter entsprechen.

Geld selbst motiviert nicht, aber die finanzielle Sicherheit und die Gewissheit, angemessen und im Vergleich zu Arbeitskollegen, Freunden und Verwandten gerecht für seine Arbeit entlohnt zu sein, schon. Deshalb müssen hohe Anforderungen an die **Gerechtigkeit** eines Vergütungssystems gestellt werden. Mitarbeiter sollten die gleiche Chance haben, bei gleicher Leistung eine vergleichbare Vergütung zu erlangen. Gerecht bedeutet dabei auch, dass außergewöhnliche Leistungen besonders belohnt werden. Mitarbeiter dürfen nicht benachteiligt werden für Leistungen, die sie selbst nicht beeinflussen können oder die sogar zum eigentlichen unternehmerischen Risiko zählen. Mit der Gerechtigkeit geht auch die Notwendigkeit der **Transparenz** einher. Der Mitarbeiter muss einerseits sofort nachvollziehen können, wie seine Entlohnung berechnet wurde, und andererseits auch sofort erkennen können, was er unternehmen muss, um eine höhere Vergütung zu erlangen. Dabei sollte die Vergütung sehr **zeitnah** erfolgen oder zumindest verlässlich angezeigt werden, damit der Mitarbeiter sofort spürt, welche Auswirkungen seine Leistungen haben. Vergütungsregelungen sollen **zielorientiert** im Sinne der Unternehmensstrategie ausgerichtet und **wirtschaftlich sinnvoll** sein. Die Belohnung von Mehrleistung sollte in Relation zum Mehrertrag für den Betrieb oder zumindest für den Betriebsteil stehen. In der heutigen schnelllebigen Zeit müssen Vergütungsregelungen **flexibel** und **dynamisch** sein. Entscheidungsträger sollten rechtlich und technisch in der Lage sein, rasch auf wechselnde Rahmenbedingungen zu reagieren. Das stellt hohe Anforderungen an die Vergütungssysteme, -programme und -prozesse. Nicht zuletzt sollte eine Vergütungsregelung **einfach zu handhaben** sein. Sie sollte sich gut in die Praxis des Autohauses integrieren lassen, ohne großen Aufwand zu pflegen sein und so mit den vorhandenen Prozessen gekoppelt sein, dass die Gehaltsabrechnung nur noch eine logische Konsequenz ist.

8.2 Teamarbeit und leistungsorientierte Vergütung sind kein Widerspruch!

Die leistungsorientierte Vergütung bietet hervorragende Chancen für die Teamarbeit. Es ist sicherlich ein Verdienst der engagierten Händler, Verkaufs- und Serviceleiter, die in der Konzeptionsphase von Vergütungssystemen nicht nur immer wieder auf die Gefahr hingewiesen haben, dass Konzepte der leistungsorientierten Vergütung den Zusammenhalt in der Mannschaft gefährden könnten, sondern zugleich gute Beispiele gebracht haben, wie Teamarbeit den Betrieb, die Qualität – gerade auch in der Kundenbetreuung – und die Arbeitszufriedenheit fördert.

8.3 Trends in der Vergütung

Die Vergütungsregelungen werden auf Basis der eigenen Echtdaten in den Betrieben immer feiner justiert und immer **gerechter** und **ausgewogener**. Sie werden im Detail eher komplexer, aber in der Anwendung aufgrund der fortgeschrittenen Integration der IT-Systeme **stets einfacher**. Nach den positiven Entwicklungen im Verkauf möchten mehr und mehr Betriebe die leistungsorientierte Vergütung auf alle Bereiche ausdehnen. Vor allem die Mitarbeiter im unmittelbaren Kundenkontakt, ob am Empfang, in der Service- oder Verkaufsassistenz oder bei den Serviceberatern, sollen von den Boni für hervorragende Kundenzufriedenheit profitieren. Insbesondere im **After Sales** ist eine starke Dynamik in den Vergütungsregelungen zu spüren. Die oft komplexeren Strukturen in diesem Bereich und die gewünscht stärkere Gewichtung der Teamarbeit zwischen den Serviceberatern und Monteuren sowie untereinander verlangt noch mehr ausgefeilte Vereinbarungen. Die **Verbindung zwischen Verkauf und Service** wird von beiden Seiten intensiviert. Serviceberater profitieren von konkreten Kundenempfehlungen an den Verkauf und auch von der Kundenloyalität, die im Verkauf zusätzliche Boni einbringen kann. Der **Teiledienst** kann nach der Kaufentscheidung in direkten Kontakt zu Kunden treten, um die Zeit bis zur Auslieferung mit gezielter fachlicher Beratung für Zusatzverkäufe zu nutzen. Der **Verkäufer**, zumindest im Bereich der Nutzfahrzeuge, profitiert von den Umsätzen, die seine Kunden in den Jahren nach dem Kauf in der Werkstatt generieren.
Nicht so sehr die Höhe der Vergütung, sondern insbesondere die **Qualität der Vergütungsregelungen** wird zunehmend an Bedeutung bei der Bewertung der Attraktivität eines Autohauses als Arbeitgeber gewinnen und so die Bindung von Mitarbeitern an das Unternehmen erhöhen und sowohl die Kosten der Fluktuation als auch die Kosten der Wiederbeschaffung von qualifizierten Mitarbeitern reduzieren.

8.4 Konzeption eines neuen Vergütungssystems

Eine Erfahrung, über die Händler immer wieder berichten, ist, dass der Erfolg von neuen Systemen sehr stark von der Qualität der Einführung abhängt. Mit der qualifizierten Unterstützung von auf diesem Gebiet erfahrenen Beratern gelingt es schneller, eine in sich schlüssige und gerechte Vergütungssystematik zu entwickeln. Die ersten Modelle können von den Experten in aussagefähigen individuellen Hochrechnungen erprobt und dann, wenn gewünscht, auch von den externen Spezialisten den Mitarbeitern vorgestellt werden.

Ein **klares Bild** von den Zielsetzungen der leistungsorientierten Vergütung ist unabdingbar. Was sind die strategischen Ziele des Unternehmens? Welche Auswirkungen auf das Mitarbeiterverhalten sind erwünscht? Wie lässt sich die Transparenz erhöhen und wie können dabei die internen Prozesse optimiert werden? Die Einführung eines leistungsorientierten Vergütungssystems setzt eine **sorgfältige Vorbereitung** voraus. Eine Investition, die sich aber rasch amortisiert. In der ersten Phase der Konzeption, schon lange bevor die ersten Regelungen zum Tragen kommen, werden die Mitarbeiter über das Vorhaben informiert. Die **Einbeziehung der Mitarbeiter** ist nicht nur aus arbeitsrechtlicher Sicht relevant, sondern eine unbedingte Voraussetzung für die spätere Akzeptanz. Bevor die ersten Überlegungen konkreter werden können, ist es erforderlich, eine ganz exakte und verlässliche **Datenbasis** zu schaffen. Hierzu werden alle potenziell bedeutsamen Zahlen, Daten und Fakten, die dem Betrieb zur Verfügung stehen, analysiert. Es kommt darauf an, möglichst Rohdaten zu ermitteln, die auf die Arbeitsleistung eines einzelnen Mitarbeiters heruntergebrochen werden können. Alle so ermittelten Werte, Kennzahlen und eventuellen Abweichungen müssen erklärbar sein, bevor eine Vergütungsregelung entwickelt werden kann. Von Beginn an sind die **rechtlichen Konsequenzen** zu beachten, dass, sobald die leistungsorientierte Vergütung zu einem Bestandteil der Vergütungsvereinbarung gehört, Regelungen für Krankheit, Urlaub und Lehrgangstage sowie für den eventuellen Zeitpunkt des Ausscheidens des Mitarbeiters bedacht und vereinbart werden müssen. Wenn diese Punkte nicht geregelt sind, werden sie im Streitfall vor dem Arbeitsgericht geklärt.

> **TIPP**
> Es ist ratsam, sich vor bzw. bei der Einführung der leistungsorientierten Vergütung unterstützen und beraten zu lassen.

8.5 Auswirkungen im Unternehmen

Was Händler immer wieder nach der erfolgreichen Einführung bestätigen, ist die **messbare Steigerung der Effizienz und Produktivität** und die dadurch verbesserte Ertragskraft im Unternehmen: bis zu ein Prozent mehr Marge im Neuwagenbereich, mehr als 400 Euro mehr Bruttoertrag pro Gebrauchtwagen, Steigerung der durchschnittlichen Produktivität in der Werkstatt um fünf Prozent. Dann macht es sogar Sinn und Freude, den Mitarbeitern mehr Geld zu zahlen.

Letztlich führt die leistungsorientierte Vergütung nicht nur zu einer tendenziell höheren durchschnittlichen Vergütung, sondern auch zu einer **gerechteren Einkommensverteilung**. Die Mitarbeiter erhalten entsprechend ihrer persönlichen Leistung oder ihres Beitrages zum Teamergebnis einen Anteil an den erzielten Ertragsverbesserungen des Unternehmens. Untereinander findet auch ein gerechter Einkommensausgleich statt. Leistungsträger werden aufgrund ihrer erbrachten Leistung besser entlohnt. Normale Mitarbeiter enthalten eine normale, marktübliche Vergütung, aber wissen zu jeder Zeit, dass sie bei steigenden Leistungen mit einer sofortigen Einkommenssteigerung rechnen können. Leistungsschwache Mitarbeiter erhalten das für ihre jeweilige Tätigkeit garantierte Mindesteinkommen. So werden Leistungsträger an den Betrieb gebunden und es wird ein günstiges Klima für Leistung geschaffen.

Was immer wieder zu beobachten ist: dass die Mitarbeiter sich **in mehreren Schritten auf die neuen Systeme einstellen**. Schon die Darstellung der individuellen Leistungskennzahlen führt zu einer leichten Steigerung der Produktivität. Sobald die ersten Prämien fließen, geht ein Ruck durch die Mannschaft. Nach einer gewissen Zeit kommt es zu einer gewissen Nivellierung. Jeder Mitarbeiter erreicht ein neues, höheres Leistungsniveau.

Dann, und darin steckt eine große Chance, beginnen die Mitarbeiter, sich über weitere Leistungssteigerungen Gedanken zu machen, die nur durch **strukturelle Veränderungen** und **Anpassungen von Prozessen** erreicht werden können. Wer als Vorgesetzter diese Anregungen aufgreift und bereit ist, die notwendigen Entscheidungen zügig zu treffen, kann einen nachhaltigen Veränderungsprozess in Gang setzen. Auch die **Mitwirkung an Veränderungen** im eigenen Arbeitsumfeld und die Zusammenarbeit in einem leistungsorientierten Team wirken sich positiv auf die Attraktivität des Arbeitsplatzes aus.

So trägt die leistungsorientierte Vergütung zur nachhaltigen Steigerung der Attraktivität des Autohauses als Arbeitsplatz für leistungsbereite Mitarbeiter bei und erhöht gleichzeitig die Wettbewerbsfähigkeit und Rentabilität des Betriebes.

9 Zukunftsorientierte Personalpolitik im Automobilhandel

Die Veränderungen im Automobilhandel sind von einer überaus großen Dynamik geprägt. Die wichtigste und meist auch teuerste Ressource im Autohaus, die Mitarbeiter, bleibt davon nicht unberührt. Die zehn im Folgenden genannten Leitthesen basieren auf einer prognostizierten „Arbeitswelt 2020", unter Berücksichtigung des demografischen, technologischen und auch globalen Wandels (siehe Abbildung 12).

- Hersteller, Importeure, Verbände, Autohäuser und wissenschaftliche Forschungseinrichtungen müssen ihr Augenmerk verstärkt auf die Leistungsfähigkeit des Handels richten. Hierbei stehen insbesondere Bildungsmaßnahmen zur Förderung individueller Talente und die Nachwuchsförderung im Vordergrund (Talentmanagement, insbesondere im Hinblick auf neue Technologien).
- Sämtliche Personalplanungsmaßnahmen im Autohaus gewinnen an existenzieller Bedeutung. Hierzu gehören insbesondere die Personalbedarfsplanung, die Personalrekrutierung und -auswahlplanung, die Personalentwicklungsplanung, die Personalkostenplanung, aber auch die Planung der Employer Brand.
- In Tarifverträgen manifestierte Grundlagen sind neu zu überdenken. Neue Entlohnungssysteme sollten sich mehr an der persönlichen Leistung der Mitarbeiter orientieren als an Alter und Betriebszugehörigkeit, und zwar in allen Bereichen des Autohauses (leistungsorientierte Vergütung).
- Ältere Mitarbeiter werden zu Know-how-Trägern, die nicht mehr mühelos ersetzt werden können (altersgerechte Arbeitsplätze und Programme zur Gesunderhaltung der 50+-Generation).
- Zielorientierte Qualifikationsmaßnahmen gewinnen an Wichtigkeit zur Schließung von Personallücken.
- Das bislang stark unterrepräsentierte Potenzial an weiblichen Fach- und Führungskräften im Autohaus muss stärker genutzt werden.
- Innovative Arbeitszeitmodelle und neue Formen der Beschäftigung dürfen nicht durch unzeitgemäße Tarifverträge oder Herstellerrichtlinien sanktioniert werden (z. B. Jobsharing-Modelle).
- Lebenslanges Lernen wird zu einer Notwendigkeit für alle Mitarbeiter im Autohaus, kann aber nur eingefordert werden, wenn die Möglichkeiten dazu gegeben sind (regelmäßige Bedarfsermittlung).
- Unternehmenskultur und Mitarbeiterzufriedenheit gewinnen als Differenzierungsfaktor und Wettbewerbsvorteil immer mehr an Bedeutung (regelmäßige Ermittlung eines Mitarbeiterzufriedenheitsindex).
- Die Qualifikation der Mitarbeiter im Autohaus, insbesondere die der Führungskräfte, ist in den Bereichen Sozialkompetenz (Soft Skills) und Methodenkompetenz schneller den Bedürf-

nissen des Umfelds anzugleichen (auf Basis regelmäßig durchgeführter Potenzialanalysen und 360°-Feedbacks).

Abb. 12: Personalstrategische Herausforderungen des Automobilhandels (Quelle: Ralf Mertens)

Prof. Dr. Willi Diez

X Automobilwirtschaftliche Vertriebssysteme und die Rolle des Automobilhandels

In den letzten Jahren ist in der Automobilbranche die Bedeutung des Vertriebs stetig gestiegen. Daher werden in diesem Kapitel zum einen die Strukturen des Automobilvertriebs erläutert und zum anderen wird noch auf die Rahmenbedingungen und die Faktoren, die den Vertrieb in der Zukunft beeinflussen könnten, eingegangen.

1 Einleitung
2 Vertriebswege und Vertriebssysteme
3 Vertriebsnetzplanung
4 Die Führung vertraglicher Vertriebssysteme
5 Entwicklungstendenzen und Perspektiven: Acht Trends prägen den Automobilvertrieb der Zukunft
6 Fazit und Ausblick

1 Einleitung

Vor dem Hintergrund eines zunehmenden Verdrängungswettbewerbs, steigender Kundenanforderungen an Beratung und Betreuung sowie der Notwendigkeit, eine Marke auch am Point of Sale (PoS) adäquat zu präsentieren, hat der Vertrieb als Erfolgsfaktor in der Automobilbranche in den letzten Jahren erheblich an Bedeutung gewonnen. Zwar werden Entscheidungen in der Automobilindustrie noch immer sehr von Technik und Produktion bestimmt, dennoch finden heute vertriebliche Marketingaspekte eine größere Beachtung und Berücksichtigung bei der strategischen Ausrichtung von Automobilherstellern.

Im Rahmen des vorliegenden Beitrags sollen die Grundstrukturen des Automobilvertriebs und die wesentlichen Instrumente zur Führung vertraglicher Vertriebssysteme dargestellt werden. Dabei geht es insbesondere darum, die Komplexität vertrieblicher Entscheidungen im Spannungsfeld unterschiedlicher Akteure verständlich zu machen. Abschließend werden einige Entwicklungstrends aufgezeigt, die den Automobilvertrieb in Zukunft prägen könnten.

2 Vertriebswege und Vertriebssysteme

2.1 Grundlegende Vertriebswege

Unter einem Vertriebssystem ist die Gesamtheit aller Vertriebswege und deren wechselseitige Beziehungen zu verstehen (vgl. Ahlert 1991, S. 27). Ein Vertriebsweg beschreibt die Art des Verkaufsprozesses vom Hersteller zum Endkunden. Abbildung 1 gibt einen Überblick über grundlegende Vertriebswege, die auch in der Automobilwirtschaft relevant sind.

Dabei ist zunächst zwischen direktem und indirektem Vertrieb zu unterscheiden. Direktvertrieb liegt vor, wenn ein Hersteller seine Produkte ohne Zwischenschaltung eines Absatzmittlers vertreibt, wobei unter einem Absatzmittler ein rechtlich und wirtschaftlich selbstständiges Unternehmen zu verstehen ist, das im Vertriebsprozess die absatzpolitischen Instrumente eigenständig einsetzt (vgl. Meffert/Burmann/Kirchgeorg 2008, S. 562). In der Automobilbranche tritt dieser Vertriebsweg in zwei Ausprägungen auf, und zwar als

- Vertrieb über zentrale Verkaufsabteilungen an ausgewählte Kundengruppen (z. B. Behörden, Diplomaten, Journalisten, VIPs, Mitarbeiter) sowie als
- Vertrieb über werkseigene Niederlassungen, häufig auch als „Eigen-Retail" bezeichnet.

Denkbar wäre der Direktvertrieb von Herstellern auch über das Internet. Trotz einiger Versuche, Online-Handel zu betreiben, hat dieser Vertriebsweg mangels Kundenakzeptanz aber bislang keine größere Verbreitung gefunden.

VERTRIEBSWEGE UND VERTRIEBSSYSTEME

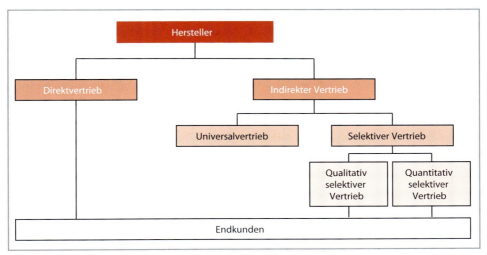

Abb. 1: Systematik der Vertriebssysteme (Quelle: eigene Darstellung)

Beim indirekten Vertrieb setzt ein Hersteller auf der Großhandels- und/oder Einzelhandelsebene Absatzmittler ein. In der Regel wird die Großhandelsfunktion in der Automobilindustrie von den Automobilherstellern selbst ausgeübt. Weit verbreitet ist der Einsatz von Absatzmittlern aber auf der Einzelhandelsebene. Hier kann zwischen dem Universal- und dem Selektivvertrieb unterschieden werden. Universalvertrieb liegt dann vor, wenn „der Hersteller keine Auswahl zwischen den Händlern trifft und die Anzahl der belieferten Händler nur durch deren Aufnahmebereitschaft bestimmt wird" (vgl. Schröder 1992, S. 1259). Diese Vertriebsform zielt darauf ab, einen Distributionsgrad von 100 Prozent zu erreichen, und findet sich am häufigsten bei Konsumartikeln des täglichen Bedarfs.

Bei einem Selektivvertrieb begrenzt der Hersteller die Zahl seiner Absatzmittler anhand bestimmter Kriterien. Bei der qualitativen Selektion erfolgt die Auswahl der Absatzmittler durch sogenannte Standards, also qualitative Kriterien, die ein Händler erfüllen muss, um Vertriebspartner des Herstellers zu werden. Quantitativ ist die Selektion dann, wenn der Hersteller – unabhängig davon, wie viele Absatzmittler die qualitativen Kriterien erfüllen – die Anzahl seiner Händler rein zahlenmäßig begrenzt.

 In der Automobilbranche setzen die Automobilhersteller ausschließlich auf den Selektivvertrieb, wobei hier die quantitative und qualitative Selektion angewendet wird. So begrenzen die Hersteller die Zahl ihrer Händler entsprechend ihrer vertriebspolitischen Vorstellungen und verlangen von jenen Händlern, die dem Vertriebsnetz angehören, die Erfüllung bestimmter qualitativer Standards. Bei den selektierten Händlern handelt es sich um Vertragshändler (siehe Kapitel 2.2.3).

Da von einem quantitativ und qualitativ selektierenden Vertriebssystem wettbewerbsbeschränkende Wirkungen ausgehen, müssen sie von Art. 101, Abs. 1 des Vertrages über die Arbeitsweise der Europäischen Union (AEUV) freigestellt werden. Diese Freistellung erfolgt im Rahmen der Gruppenfreistellungsverordnung (GVO) Nr. 330/10. Im Hinblick auf die detaillierten rechtlichen Grundlagen des Selektivvertriebs sei auf Kapitel V von Uwe Brossette in diesem Buch verwiesen.

2.2 Automobilwirtschaftliche Vertriebssysteme

2.2.1 Überblick

Wie bereits weiter oben definiert, kann ein Vertriebssystem aus einer Kombination mehrerer Vertriebswege bestehen. Abbildung 2 zeigt die Grundstruktur sowie verschiedene Ausprägungen automobilwirtschaftlicher Vertriebssysteme.

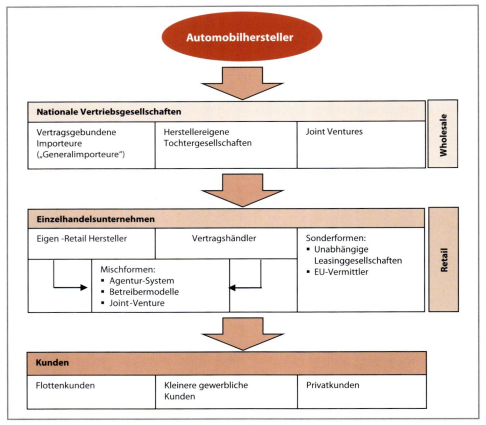

Abb. 2: Grundstruktur automobiler Distributionssysteme (Quelle: eigene Darstellung)

2.2.2 Gestaltung der Großhandelsebene

Auf der Großhandelsebene befinden sich die jeweiligen nationalen Vertriebsgesellschaften, bei denen es sich entweder um herstellereigene Tochtergesellschaften oder um vertragsgebundene Importeure („Generalimporteure") handelt. Denkbar, aber eher selten sind Joint Ventures zwischen Herstellern und Generalimporteuren.

Generell kann festgestellt werden, dass die meisten Hersteller in großen und für ihren Absatz bedeutenden Märkten mit eigenen nationalen Vertriebsgesellschaften arbeiten, da sie damit die volle Kontrolle über die jeweilige Marktbearbeitung und das Händlernetz haben (z. B. Mercedes-Benz Vertriebsorganisation Deutschland, Porsche Deutschland GmbH). Allenfalls bei kleinen Fabrikaten wird die Großhandelsfunktion durch einen Absatzmittler ausgeübt. In Deutschland ist dies z. B. noch bei Subaru der Fall, wo die Emil-Frey-Gruppe als Generalimporteur auftritt. In kleinen und häufig sich erst entwickelnden Märkten, in denen die lokale Marktkenntnis von großer Bedeutung ist, findet man jedoch nach wie vor auch bei den großen deutschen Herstellern viele Generalimporteure.

2.2.3 Gestaltung der Einzelhandelsebene

DIREKTER VERTRIEB ÜBER WERKSEIGENE NIEDERLASSUNGEN („EIGEN–RETAIL")

Der Direktvertrieb über werkseigene Niederlassungen spielt bei einigen Herstellern, insbesondere bei Mercedes-Benz und BMW, in Deutschland eine bedeutende Rolle. Wachsende Bedeutung hat der Eigen-Retail in den letzten Jahren auch bei VW, Audi und Porsche bekommen. Darüber hinaus finden sich auch bei Renault und Peugeot noch eine größere Anzahl von Niederlassungen. Vorteile des Direktvertriebs aus Herstellersicht sind:

- die direkte Steuerung der Vertriebsorgane,
- der direkte Kundenkontakt,
- die Sicherung eines markenspezifischen Einkaufsstättenimages, insbesondere die Ausgestaltung zu Vorzeigebetrieben für die Marke („Flagship-Stores"),
- die Nutzung als Testfeld für Innovationen in Verkauf und Service,
- der Einsatz als Instrument der Absatzsicherung,
- die Vermeidung der Händlermarge sowie
- die Markenpräsenz an teuren, aber strategisch wichtigen Standorten.

Dem stehen jedoch auch einige Nachteile gegenüber:

- die zusätzliche Kapitalbindung,
- die vollständige Übernahme von Absatzrisiken,
- die möglicherweise geringere Motivation von angestellten Führungskräften gegenüber der unternehmerischen Motivation des Inhabers eines Vertragshändlerbetriebes.

Die Tatsache, dass vor allem Premiummarken mit werkseigenen Niederlassungen arbeiten, deutet darauf hin, dass die Markenpräsentation bei diesem Vertriebsweg eine große Rolle spielt.

INDIREKTER VERTRIEB ÜBER VERTRAGSHÄNDLER

Begriff und Formen

Auf der Einzelhandelsebene ist der bei Weitem wichtigste Absatzweg der über Vertragshändler, also der indirekte Vertrieb. Der Vertragshändler kann ganz allgemein als ein selbstständiger Gewerbetreibender definiert werden, der „aufgrund eines Vertrages ständig damit betraut ist, im eigenen Namen und auf eigene Rechnung Waren zu vertreiben, und verpflichtet ist, sich für deren Absatz nach der Konzeption des Herstellers einzusetzen" (Ahlert 1991, S. 215). Von besonderer Bedeutung für den Vertragshändler ist, dass er bestimmten Weisungsrechten des Herstellers im Hinblick auf sein operatives Geschäft unterworfen ist und die vom Hersteller geforderten Standards erfüllen muss. Beispiele für typische Herstellerstandards im Rahmen der vertraglichen Vertriebssysteme sind:

- Führung eines ausreichenden Bestandes an Ausstellungs-, Lager- und Vorführwagen,
- Errichtung eines Geschäftsbetriebs, der in Größe, Ausstattung und äußerem Erscheinungsbild den Anforderungen des Herstellers und der Marke entspricht,
- ordnungsgemäße Verwendung des Markenzeichens im Geschäftsverkehr,
- Vertrieb mehrerer Marken in einem Ausstellungsraum nur innerhalb eines markenspezifisch gestalteten Betriebs,
- Durchführung werblicher Aktivitäten unter Berücksichtigung der Vorgaben des Herstellers,
- Teilnahme an Kundenzufriedenheitsanalysen,
- Übermitteln von Betriebsdaten in der vom Hersteller vorgeschriebenen Form zum Zwecke des Betriebsvergleichs,
- Anfertigung von Berichten über Marktlage, Lagerbestände und vorraussichtliche Bedarfe,
- Verwendung der vom Hersteller vorgeschriebenen EDV sowie
- Sicherstellung der Qualifikation der Mitarbeiter und regelmäßige Weiterbildung.

Ein Vertragshändlersystem kann ein- oder mehrstufig aufgebaut sein. Bei einem einstufigen System gibt es nur eine Einzelhandelsebene. Alle Vertragshändler haben in diesem Fall einen Vertrag mit dem jeweiligen Automobilhersteller. Mehrstufig ist ein Vertragshändlersystem dann, wenn es neben den Vertragshändlern (sogenannten Haupt-, A- oder Direkthändlern) noch eine weitere Absatzstufe umfasst (sogenannte Unter-, B- oder Partnerhändler). Die rechtliche Ausgestaltung mehrstufiger Systeme kann sehr unterschiedlich sein:

- Zunächst ist es möglich, dass der Händler auf der zweiten Absatzstufe ebenfalls einen Vertrag mit dem Hersteller hat, jedoch bestimmte Handelsfunktionen an den vorgeschalteten Haupthändler abtreten muss (z. B. direkte Disposition von Neuwagen beim Hersteller, Haltung von ausgewählten Vorführwagen, Maßnahmen bei der Vorstellung von Neuprodukten). Für seine Betreuungsfunktion erhält der Haupthändler dann eine bestimmte Betreuungsmarge, während dem Händler der zweiten Absatzstufe eine geringere Marge eingeräumt wird. Ein solches System betreibt in Deutschland z. B. die Marke Toyota.
- Eine andere Ausprägung eines mehrstufigen Systems liegt dann vor, wenn der Händler der zweiten Absatzstufe keinen Vertriebsvertrag mehr mit dem Hersteller hat, sondern nur mit

dem vorgeschalteten Haupthändler. Dabei behält sich jedoch der Hersteller zumeist das Recht vor, solche „Unterverträge" zu genehmigen, da er andernfalls die Kontrolle über sein Vertriebsnetz verlieren würde. Der Händler der zweiten Absatzstufe ist dann als sogenannter „ständiger Vermittler" für den Haupthändler tätig und erhält für diese Vermittlungstätigkeit eine Provision. Im Prinzip entspricht dies dem Status eines Handelsvertreters, allerdings hier mit dem Haupthändler (und nicht dem Hersteller) als Prinzipal. Dieses System findet sich in Deutschland z. B. bei der Marke VW.

Abbildung 3 zeigt die beiden dargestellten Varianten noch einmal schematisch.

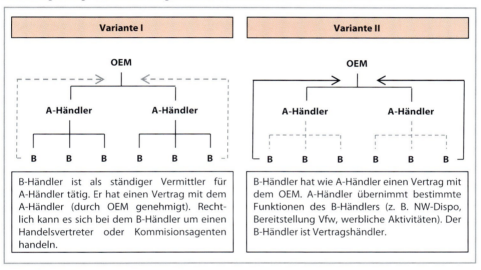

Abb. 3: Mehrstufige Vertragshändlersysteme (Quelle: eigene Darstellung)

Die Vor- und Nachteile ein- oder mehrstufiger Systeme sind spiegelbildlich zu sehen: Einstufige Systeme haben den Vorteil, dass sie einfach zu steuern sind und eine geringere Konfliktanfälligkeit als mehrstufige aufweisen, da es bei letzteren neben den Konflikten in der Hersteller-Händler-Beziehung auch zu Konflikten zwischen Händlern der verschiedenen Absatzstufen kommen kann. Umgekehrt kann ein Nachteil einstufiger Systeme darin bestehen, dass zur Sicherstellung der Flächendeckung im Vertrieb in Regionen mit einem geringen Marktpotenzial die eingesetzten Betriebe eine suboptimale Betriebsgröße aufweisen (siehe dazu auch Kapitel 3). Außerdem erhöht sich das Risiko des Intrabrand-Wettbewerbs, wenn sich die Händler der verschiedenen Absatzstufen nicht kooperativ verhalten, sondern in einen gegenseitigen Wettbewerb treten.

Ein mehrstufiges Vertriebssystem hat demgegenüber den Vorteil, dass die Betriebsgrößen auf den verschiedenen Absatzstufen an das jeweilige regionale Marktpotenzial angepasst werden können und die Anfälligkeit für den Intrabrand-Wettbewerb geringer ist. Nachteile sind die höhere Konfliktanfälligkeit und die möglicherweise geringere Motivation der Händler auf der zweiten Absatzstufe aufgrund der niedrigeren Margen.

BETRIEBSFORMEN UND BETRIEBSTYPEN IM VERTRAGSHÄNDLERSYSTEM

Im Hinblick auf die Begriffe „Betriebsform" und „Betriebstyp" gibt es nicht nur in der Praxis, sondern auch in der Wissenschaft eine kaum noch überschaubare Anzahl von Definitionen und Abgrenzungen (vgl. Stallkamp 2011, S. 50 ff.). Im Folgenden soll unter einer Betriebsform eine bestimmte, standardisierte branchen- und unternehmensübergreifende Produkt-Dienstleistungs-Kombination verstanden werden. Betriebsformen im Handel sind demnach Fach- und Spezial-, Super- und Verbrauchermärkte, Fachmärkte etc. (vgl. Bruhn 2009, S. 253 ff.). Betriebstypen stellen demgegenüber konkrete branchenmäßige Ausprägungen einer Betriebsform dar (vgl. Diez 2006, S. 309).

Eine grundlegende Differenzierung von Betriebstypen innerhalb des Vertragshändlersystems setzt am Leistungsumfang und der Zahl der Standorte an. Auf dieser Basis können vier Betriebstypen unterschieden werden (Abbildung 4):

- das traditionelle Autohaus,
- die Vertragswerkstatt mit Vermittlerfunktion,
- die Automobilhandelsgruppe sowie
- die Automobilhandelsgruppe mit spezialisierten Filialen.

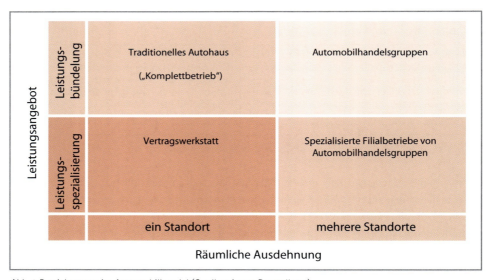

Abb. 4: Betriebstypen im Automobilhandel (Quelle: eigene Darstellung)

Das traditionelle Autohaus ist seiner Betriebsform nach ein Fachhandelsbetrieb, der ein enges, aber tief gegliedertes Sortiment sowie ergänzende Finanz- und technische Dienstleistungen anbietet und in dem ein aktiver Bedienungsverkauf praktiziert wird. Es betreibt die vier klassischen Geschäftsfelder im Automobilhandel, nämlich den Neu- und Gebrauchtwagenverkauf, den Kundendienst und den Verkauf von Teilen und Zubehör. Daher wird es auch häufig als „Komplettbetrieb" bezeichnet.

Die Vertragswerkstatt hat demgegenüber ihren Leistungsschwerpunkt im After Sales, kann aber aufgrund des Kundenkontaktes eine Verkaufsfunktion im Nebengeschäft ausüben. Dabei ist die Vertragswerkstatt als Vermittler entweder für eine herstellereigene Niederlassung oder für einen Vertragshändler tätig und erhält für diese Tätigkeit eine Provision.

Unter einer Automobilhandelsgruppe ist ein Unternehmen zu verstehen, dem rechtlich und wirtschaftlich mehr als drei Filialbetriebe zugerechnet werden können (vgl. Diez 2006, S. 315). Die Festlegung auf drei und mehr Filialbetriebe hat pragmatischen Charakter, da ab einer solchen Zahl von Filialen auf eine gegenüber einem standortgebundenen Autohaus unterschiedliche geografische Marktbearbeitung geschlossen werden kann.

In der Regel sind die Filialen von Automobilhandelsgruppen nach dem Grundsatz von Komplettbetrieben organisiert. Findet in den Filialen eine Funktionsspezialisierung statt, einzelne Filialbetriebe werden z. B. nur als Vertragswerkstatt betrieben, so kann von einem Betriebsverbund bzw. „Satellitenkonzept" gesprochen werden: Ein oder mehrere Hauptbetriebe fungieren dabei als „Hub" für mehrere „Spokes", nämlich die Servicebetriebe (Abbildung 5). Ein solches Konzept ist insbesondere bei Händlergruppen, die auch den eher ländlichen Raum mit Betrieben abdecken möchten, sinnvoll.

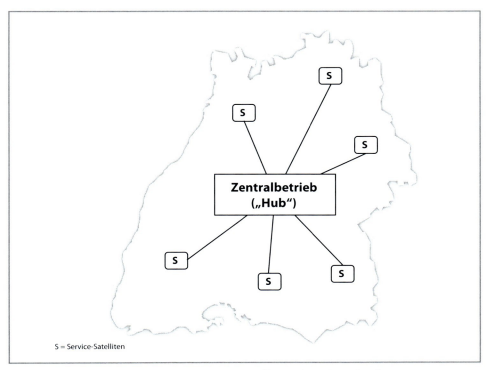

Abb. 5: Das „Hub and Spoke"-Konzept im Automobilhandel (Quelle: eigene Darstellung)

Andere Systematiken von Betriebstypen im Automobilhandel setzen stärker am Einsatz und der Kombination der marketingpolitischen Instrumente an oder verbinden diese mit strukturellen Merkmalen. Abbildung 6 gibt einen Überblick über ausgewählte Systematisierungsansätze.

Autor	Systematisierungskriterien	Betriebstypen
Wöllenstein (1996)	Strukturelle Faktoren und der Einsatz der marketingpolitischen Instrumente (z. B. Preis- und Finanzierungspolitik, Kommunikationspolitik, Betriebsstättengestaltung)	<ul><li>Handelsspezialist</li><li>Automobil-Center</li><li>Klassisches Autohaus</li><li>Ambitionierter Händler</li><li>Kundenfokussierter Händler</li><li>Markenstützpunkt</li></ul>
Zielke/Preißner/Wierich (2002)	Fünf zentrale, auf Basis einer Conjoint-Studie ermittelte Merkmale (Marken- und Variantenvielfalt, Werkstattleistung, kaufergänzende Dienstleistungen, Preisnachlass)	<ul><li>Pkw-Discounter</li><li>Pkw-Fachmarkt</li><li>Mehr-Marken-Pkw-Fachhändler</li><li>Ein-Marken-Pkw-Fachhändler</li></ul>
Stallkamp (2011)	Allgemeine, handelsbezogene Betriebsformenmerkmale (Sortimentspolitik, Verkaufsfläche, Ladengestaltung, Dienstleistungspolitik, Preispolitik)	<ul><li>Klassisches Autohaus</li><li>Erlebnisautohaus</li><li>Mehrmarkenhändler</li><li>Pkw-Discounter</li><li>Category-Killer</li><li>Autohaus-Club</li><li>Mobilitätsanbieter</li></ul>

Abb. 6: Ausgewählte Ansätze zur Differenzierung von Betriebstypen (Quelle: eigene Darstellung)

BEWERTUNG DES VERTRAGSHÄNDLERSYSTEMS

Das Vertragshändlersystem ist nicht nur in Deutschland, sondern auch weltweit der am meisten verbreitete Vertriebsweg in der Automobilbranche. Das gilt nicht nur für die traditionellen Automobilmärkte in Westeuropa, Nordamerika und Japan, sondern auch für die aufstrebenden Märkte in China, Indien, Russland und Brasilien. Schon diese weite Verbreitung legt nahe, dass das Vertragshändlersystem aus Herstellersicht einige gewichtige Stärken aufweist. Es sind dies:
- keine Kapitalbindung in der Vertriebsorganisation,
- weitgehende Verlagerung des Absatz- und Lagerhaltungsrisikos auf den Vertragshändler (Vertragshändler als „Puffer" zwischen Nachfrage und Produktion) sowie
- starke unternehmerische Motivation der Vertragshändler (im Gegensatz zur möglichen Angestelltenmentalität bei Niederlassungen).

Dem stehen allerdings auch einige Nachteile gegenüber:
- Notwendigkeit von Markenmacht, um qualifizierte Betriebe zu gewinnen,
- geringere Steuerungs- und Kontrollmöglichkeiten und damit höherer Koordinationsaufwand in der Vertikalkette sowie

- Gefahr von Open Points bei einer wachsenden Zahl von Händlerinsolvenzen in wirtschaftlich schwierigen Zeiten.

Offensichtlich werden diese Nachteile als geringer eingeschätzt als die Vorteile. Dies erklärt nicht nur die weite Verbreitung, sondern auch die Hartnäckigkeit, mit der sich das Vertragshändlersystem in den etablierten und reifen Automobilmärkten hält – trotz immer wieder vorhandener Versuche, Alternativen zu entwickeln und zu implementieren.

MISCHFORMEN AUS DIREKTEM UND INDIREKTEM VERTRIEB

Neben diesen beiden grundlegenden Ausprägungen innerhalb eines Vertriebssystems (direkter vs. indirekter Vertrieb) gibt es noch einige Mischformen zwischen beiden Vertriebswegen, die hier aber nur kurz erwähnt werden sollen (vgl. dazu ausführlich: Diez 2006, S. 269 ff.)

- Mercedes-Benz arbeitet in Deutschland mit einem sogenannten Agentur-System. Bei Agenten handelt es sich rechtlich betrachtet um Handelsvertreter nach § 84 HGB, das heißt, sie verkaufen – im Gegensatz zum Vertragshändler – Waren „in fremden Namen und auf fremde Rechnung". Konkret bedeutet dies, dass die Vertragsware, also das fabrikneue Auto, nicht Eigentum des Agenten wird, sondern dieser einen Vertrag zwischen Hersteller und Kunde vermittelt. Für diese Vermittlungstätigkeit erhält er vom Hersteller eine Provision. Weiterhin ist der Agent – ebenfalls im Gegensatz zum Vertragshändler – nicht zur Haltung von Lagerwagen verpflichtet, was für ihn eine geringere Kapitalbindung und Entlastung von möglichen Kapitalbindungskosten bedeutet. Allerdings ist auch im Agentursystem keine Preisbindung des Agenten möglich.
- Eine Mischform aus direktem und indirektem Vertrieb stellen auch sogenannte Betreibermodelle dar, bei denen der Hersteller einem privaten Betreiber zu einer von ihm subventionierten Miete eine Autohausimmobilie zur Verfügung stellt. Ziel dieser Maßnahme ist die Standortsicherung an besonders teuren Standorten, insbesondere in Ballungszentren.
- Ebenfalls aus Gründen der Standortsicherung kommt es gelegentlich und meist nur temporär zu Joint Ventures zwischen dem Hersteller und einem privaten Autohausunternehmer. Solche Joint Ventures erweisen sich aufgrund der unterschiedlichen Interessenlagen von Herstellern und Händlern als sehr konfliktanfällig, sodass viele Hersteller schwache Händler heute eher über Kredite ihrer hauseigenen Banken stützen.

Alle drei Mischformen haben gemeinsam, dass sie letztlich eine zumindest teilweise Verlagerung des unternehmerischen Risikos auf den Automobilhersteller beinhalten. Dies gilt beim Agenten-System z. B. für das Lagerhaltungsrisiko, bei den beiden anderen Sonderformen für das Investitionsrisiko.

SONDERFORMEN DES VERTRIEBS

Sonderformen von Vertriebswegen sind der Absatz über herstellerunabhängige Leasingunternehmen und Vermittler. In beiden Fällen handelt es sich nicht um Vertriebswege, die von den Automobilherstellern bewusst eingesetzt, sondern durch die GVO „erzwungen" werden. So besteht für die Automobilhersteller im Hinblick auf herstellerunabhängige Leasingunternehmen eine Belieferungspflicht. Das heißt, sie müssen solche Unternehmen auch dann mit Neuwagen beliefern, wenn diese noch keinen konkreten Kunden für ein bestimmtes Fahrzeug nachweisen können. Damit sind herstellerunabhängige Leasingunternehmen in der Lage, im Leasinggeschäft in eine direkte Konkurrenz zu werkseigenen Niederlassungen und Vertragshändlern zu treten.

Bei Vermittlern handelt es sich nach der Definition der EU-Kommission, um „Personen oder Unternehmen, die ein neues Kraftfahrzeug für einen Verbraucher kaufen, ohne Mitglied des jeweiligen Vertriebsnetzes zu sein" (EU-Kommission 2002, S. 50). Wesentlich an diesem EU-Vermittler – der im Übrigen streng vom „ständigen Vermittler" unterschieden werden muss – ist also, dass er

VERTRIEBSNETZ 2012*

	DAS VERTRIEBSNETZ 2012 (BETRIEBSSTÄTTEN)			Reine Servicebetriebe			GEPLANTE NEUE STÜTZPUNKTE 2012			GESAMTZAHL EIGENTÜMER		Mehr-marken-Handels-betriebe	Mehr-marken-Service-betriebe
	A-Händler	B-Händler	Nieder-lassungen	ohne NW Vermittl.	mit NW Vermittl.	Reine Teile-händler	Auto-häuser	nur Han-del	nur Ser-vice	A-Händler	B-Händler		
Audi 2011:	462 (13)[1]	-	6 (1)[1] + 9[7]	1.130	85	-	k.A.	k.A.	k.A.	k.A.	-	k.A.	k.A.
Audi 2012:	463 (10)[1]	-	15	1.121	81	-	k.A.	k.A.	k.A.	k.A.	-	k.A.	k.A.
BMW 2011:	577 (4)[1]	-	43	134	-	-	k.A.	k.A.	k.A.	k.A.	-	214	449
BMW 2012:	572 (1)[1]	-	43	134	-	-	k.A.	k.A.	k.A.	203	-	219	461
Fiat 2011:	276 (7)[1]	283 (7)[1]	4 (1)[1] + 10[7]	217	-	-	k.A.	k.A.	k.A.	195	271	520 (123)[2]	k.A.
Fiat 2012:	273 (4)[1]	273 (7)[1]	4 (1)[1] + 10[7]	217	-	-	k.A.	k.A.	k.A.	193	262	508 (120)[2]	k.A.
Ford 2011:	782	-	-	167	921	23	-	-	-	ca. 550	-	42 %	k.A.
Ford 2012:	774	-	-	163	923	23	15	-	35	535	-	k.A.	k.A.
Hyundai 2011:	480	-	-	72	-	-	-	-	-	k.A.	-	272	45
Hyundai 2012:	465	-	-	88	-	-	25	-	-	k.A.	-	248	48
Jaguar 2011:	59	-	-	19	-	-	-	-	-	42	-	57	k.A.
Jaguar 2012:	62	-	-	24	-	-	ca. 70	-	-	k.A.	-	k.A.	k.A.
Mercedes 2011:	439[12]	-	34 + 10[7]	81	475	-	k.A.	k.A.	k.A.	k.A.	k.A.	k.A.	k.A.
Mercedes 2012:	403 (6)[1]	-	34 (7)[1] + 9[7]	58	421	-	k.A.	k.A.	k.A.	k.A.	k.A.	k.A.	k.A.
Opel 2011:	912 (6)[1]	-	-	404	590	-	-	-	-	420	-	478 (248)[2]	k.A.
Opel 2012:	895	-	-	359	560	-	20	-	-	416	-	k.A.	k.A.
Peugeot 2011:	166 + 136[5]	-	14 (1)[1] + 3[7]	78	431	4	-	-	-	163	-	42 (36)[2]	229 (148)[3]
Peugeot 2012:	163 + 128[5]	-	13 + 3[7]	89	416	8	20	-	-	161	-	47 (41)[2]	241 (158)[3]
Porsche 2011:	83	-	3	1	-	-	-	-	-	53	-	-	-
Porsche 2012:	79	-	6	1	-	-	k.A.	k.A.	k.A.	51	-	-	1 (1)[3]
Renault 2011:	420	756	5 + 6[7]	111	-	-	-	-	-	238	752	k.A.	k.A.
Renault 2012:	425 (5)[1]	690 (1)[1]	5 + 6[7]	104	-	-	k.A.	k.A.	k.A.	k.A.	k.A.	488	413
Škoda 2011:	569 (45)[1]	-	-	947	-	-	-	-	-	k.A.	-	285 (96)[2]	1.091 (130)[3]
Škoda 2012:	576 (43)[1] + 9[9]	-	-	951	-	-	25	-	-	493	-	280 (121)[2]	1.066 (138)[3]
Smart 2011:	112	-	23 (2)[1] + 10[7]	171	-	-	-	-	-	k.A.	-	k.A.	k.A.
Smart 2012:	108	-	27 + 13[7]	177	-	-	k.A.	k.A.	k.A.	k.A.	-	k.A.	k.A.
Toyota 2011:	298 + 301[4]	-	-	136	-	-	-	-	-	k.A.	-	195 (82)[2]	k.A.
Toyota 2012:	301 + 272[4]	-	-	156	-	-	5	-	-	k.A.	k.A.	195 (82)[2]	k.A.
VW 2011:	1.177 (18)[1]	-	100[10]	649	556	1	-	-	-	855	-	314 (141)[2]	1.501 (175)[3]
VW 2012:	1.161 (14)[1]	-	100[10]	751	397	-	k.A.	k.A.	k.A.	834	-	300 (139)[2]	1.464 (179)[3]

* Die aktuellen Daten für 2012 wurden von Januar bis Februar 2012 bei den Herstellern und Importeuren abgefragt; die Zahlen für 2011 wurden vor einem Jahr abgefragt.
1) In Klammern: davon reine Verkaufsstätten ohne Service
2) In Klammern: davon Betriebe, die Fremdmarken verkaufen
3) In Klammern: davon Betriebe mit Service für Fremdmarken
4) Gruppenhändler (inkl. Filialen) + Partner
5) Nebenbetriebe bzw. Filialen
6) Servicebetriebe mit Neuwagenvermittlung
7) Zusätzliche Filialen der Niederlassungen
8) Konzerneigene Betriebe
9) Sonstige „Verkaufsstellen"
10) AUTOHAUS-Schätzung (VW machte keine Angaben)
11) 2011: 74 A-Händler mit 52 Filialen plus 15 A-Händler ohne Standort; 2012: 128 A-Händler plus 15 A-Händler ohne Standort
12) Mercedes-Benz gibt für 2011 zudem 233 „Ausstellungsräume" an.
13) Saab Deutschland wollte keine aktuellen Zahlen vorlegen.

Abb. 7: Händlernetzstruktur ausgewählter Automobilhersteller in Deutschland (Quelle: AUTOHAUS, Heft Nr. 6/2012)

im Auftrag eines Kunden tätig wird, dies aber nur fallweise und nicht ständig. Trifft dies zu, muss der Hersteller oder ein Vertragshändler den Vermittler mit dem gewünschten Fahrzeug beliefern.

2.2.4 Struktur automobilwirtschaftlicher Vertriebssysteme in Deutschland

Abbildung 7 gibt einen Überblick über die Vertriebssysteme ausgewählter Automobilhersteller in Deutschland. Dabei zeigt sich sehr deutlich, wie differenziert die Vertriebssysteme der verschiedenen Hersteller sind. Neben der unterschiedlichen Positionierung der verschiedenen Marken im Markt sowie ihrem jeweiligen Absatzvolumen spielen auch historische Entwicklungen eine Rolle, die zu einer unterschiedlichen Ausprägung der Vertriebssysteme auch relativ ähnlicher Fabrikate geführt haben.

3 Vertriebsnetzplanung

3.1 Begriff und Entscheidungstatbestände

Die Vertriebsnetzplanung besteht in der Streuung von Verkaufsstützpunkten im Raum. Dabei müssen simultan zwei Tatbestände entschieden werden (vgl. Lerchenmüller 1992, S. 278):
- die Festlegung der Zahl der Verkaufsstützpunkte sowie der Vertragshändler, die zum Vertriebsnetz gehören sollen (Selektionspolitik), sowie
- die geografische Festlegung der Verkaufsstützpunkte hinsichtlich der Marktgebiete und der lokalen Standorte (Standortpolitik).

Erschwerend für die Vertriebsnetzplanung im Automobilbereich ist die Tatsache, dass hier neben den Verkaufs- auch eine ausreichende Zahl von Servicestützpunkten mitgeplant werden muss, wobei die Anforderungen an die Netzdichte im Hinblick auf Verkauf und Service unterschiedlich sind: Während die Autokäufer bei einem Neuwagen bereit sind, 30 bis 60 Minuten zum nächsten Händler zu fahren, sind es beim Service nur 15 bis 30 Minuten (vgl. ZDK/Forsa 2005).

Die folgenden Ausführungen konzentrieren sich auf die Planung der Verkaufsstützpunkte, wobei die Planung des Servicenetzes – soweit möglich – mitberücksichtigt wird. Dabei muss betont werden, dass Vertriebsnetzplanung in der Regel nicht im „Greenfield" stattfindet, da die meisten Marken über historisch entstandene Netzstrukturen verfügen. Diese können aus unterschiedlichen Gründen den Handlungsspielraum einengen, insbesondere dann, wenn es um Netzbereinigungen geht. Dennoch muss jeder Hersteller vor dem Hintergrund sich verändernder Rahmenbedingungen die Struktur seines Vertriebsnetzes von Zeit zu Zeit grundsätzlich überprüfen, sollen die Marktpotenziale ausgeschöpft und die Kunden möglichst optimal betreut werden.

3.2 Einflussfaktoren auf die Vertriebsnetzplanung

Grundlegende Einflussfaktoren auf die Vertriebsnetzplanung sind
- die Markenpositionierung,
- das Modellprogramm,
- das Markt- und Absatzvolumen,
- die Kundenanforderungen sowie
- Wettbewerbsaktivitäten.

Die Markenpositionierung ist für die Vertriebsnetzplanung insofern von Relevanz, als Premiummarken über einen stärkeren „Sog der Marke" verfügen als Volumenmarken, sodass die Kunden bereit sind, im Hinblick auf den Kauf eines Fahrzeuges längere Strecken zurückzulegen. Dementsprechend muss die Vertriebsnetzdichte bei einer Premiummarke nicht so hoch sein wie bei einer Volumenmarke.

Die Größe und Zusammensetzung des Modellprogramms bestimmt zum einen das Absatzpotenzial, zum anderen aber auch die Wirtschaftlichkeit des Händlerbetriebes. Verfügt eine Marke über ein breites Modellprogramm, hat sie auch ein größeres Absatzpotenzial, sodass in der Vertriebsnetzplanung der geografische Zuschnitt der Marktgebiete kleiner sein kann als bei einer sehr stark spezialisierten Marke. Gleichzeitig müssen die Händlerbetriebe bei Marken mit breiteren Modellprogrammen tendenziell größer sein als bei Marken mit einem engen Modellprogramm, da bei ersteren die Zahl der Vorführ-, Ausstellungs- und Lagerwagen größer sein wird. Damit sich diese größere Bevorratung von Fahrzeugen rechnet, müssen auch die Absatzvolumina größer sein.

Zwischen der Vertriebsnetzplanung und dem Absatzvolumen besteht ein wechselseitiger Zusammenhang: Je größer das Absatzvolumen, desto mehr Händler werden sich wirtschaftlich rechnen, und je mehr Händler in einem Netz sind, desto größer wird tendenziell auch das Absatzvolumen sein. Gleichwohl muss vor Beginn des Netzplanungsprozesses eine ungefähre, aber realistische Vorstellung über die Größe des Absatzpotenzials vorhanden sein. Dabei muss die allgemeine Marktentwicklung als Orientierungsgröße mitberücksichtigt werden.

Ein weiterer Einflussfaktor sind die Kundenanforderungen. Dies betrifft zum einen die vom Kunden gewünschte Nähe eines Verkaufshauses als auch die von ihm erwarteten Beratungs- und Betreuungsleistungen. So ist etwa die Auswahl der verfügbaren Vorführ- und Ausstellungswagen ein wichtiger Faktor der Kundenanforderungen wie auch der Wirtschaftlichkeit eines Händlerbetriebes.

Schließlich müssen auch Aktivitäten der Wettbewerber berücksichtigt werden, da diese wiederum indirekt die Kundenanforderungen und Kundenerwartungen beeinflussen. Dies gilt sowohl hinsichtlich der Präsentation der Marke am Point of Sale als auch im Hinblick auf die Beratungs- und Betreuungsqualität.

3.3 Ablauf der Vertriebsnetzplanung

3.3.1 Überblick

Abbildung 8 zeigt schematisch den Ablauf eines Vertriebsnetzplanungsprozesses. Dabei ist zu berücksichtigen, dass dieser Planungsprozess interaktiv angelegt sein muss, das heißt, dass die gesamte Planungsschleife unter Umständen mehrfach durchlaufen werden muss, bis ein optimales Ergebnis gefunden worden ist. Da sich die Rahmenbedingungen der Vertriebsnetzplanung ständig verändern, ist es sicher keine Übertreibung, wenn man die Netzplanung als eine „ewige Baustelle" bezeichnet.

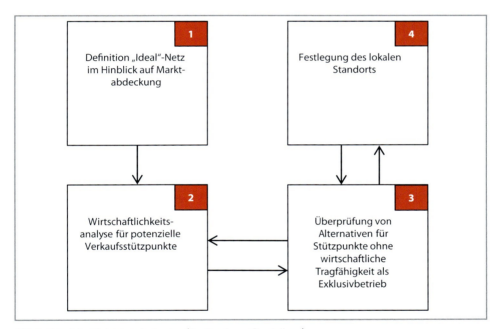

Abb. 8: Ablauf der Vertriebsnetzplanung (Quelle: eigene Darstellung)

Im Folgenden sollen die einzelnen Planungsschritte kurz erläutert werden.

3.3.2 Definition eines „Ideal"-Netzes

Die Ermittlung einer idealen Netzstruktur erfolgt auf der Basis von geografischen Marktinformationssystemen. Diese stellen Daten über die Bevölkerung, die Kaufkraft und die Käuferströme in kleinräumiger Gliederung für die Planung von Einzelhandelsbetrieben zur Verfügung. Abbildung 9 zeigt, welche wesentlichen Informationen aus einem geografischen Informationssystem im Hinblick auf die Netzplanung abgeleitet werden können.

Wohnbevölkerung:	1.128.800
Anzahl Haushalte:	508.700
Kaufkraft [1]**:**	152 Prozent
Gesamtmarkt Pkw: **bereinigt** [2]**:**	46.700 Einheiten 41.500 Einheiten
Potenzial Fabrikat A [3]**:** **Pump-In:** **eff. Potenzial:**	332 Einheiten 30 Einheiten 302 Einheiten

1) Bundesdurchschnitt = 100
2) Bereinigt um Sondereinflüsse z. B. Zulassungen eines lokal ansässigen Automobilherstellers
3) Auf Basis eines durchschnittlich angestrebten Marktanteils (hier: 0,8 Prozent)
4) Pump-In: zu erwartenden Einlieferungen anderer Händler

Abb. 9: Kennzahlen zu einem Marktgebiet auf Basis eines geografischen Marktinformationssystems (Quelle: eigene Darstellung)

Anhand der Daten werden Regionen definiert, in denen ein Verkaufsstützpunkt angesiedelt sein sollte. Die wesentliche Planungsgröße ist hier die sogenannte Distributionsdichte. Sie ist der Quotient aus der Zahl der Verkaufsstützpunkte und der potenziellen Bedarfsträger. Ihre Festlegung erfolgt im Spannungsfeld zweier unterschiedlicher Kriterien: Ist die Distributionsdichte zu hoch, besteht die Gefahr eines ruinösen Intrabrand-Wettbewerbs zwischen den verschiedenen Verkaufshäusern, ist sie zu gering, wird das Absatzpotenzial möglicherweise nicht vollständig ausgeschöpft. Die Bestimmung der optimalen Distributionsdichte ist nur auf der Grundlage einer sorgfältigen Planung der möglichen Absatzvolumina sowie einer Kenntnis über die Intensität des Intrabrand-Wettbewerbs innerhalb gewisser räumlicher Distanzen möglich. Dazu bedarf es der Kenntnis über die Anziehungskraft unterschiedlicher Standorte in Abhängigkeit von der Entfernung („Law of Retail Gravitation"). Generalisierende und empirisch belastbare Aussagen sind dazu aber nur schwer möglich (vgl. Haller 2001, S. 374). In der Praxis greift man daher in der Regel auf Erfahrungswerte zurück. Das Ergebnis dieses Planungsschrittes ist eine Übersicht über die insgesamt notwendige Zahl von Verkaufsstützpunkten zur Marktabdeckung und deren regionalen Standorte.

3.3.3 Ermittlung der Zahl der wirtschaftlich vertretbaren Verkaufsstützpunkte

In einem nächsten Schritt müssen für die als wünschenswert angesehenen Standorte Wirtschaftlichkeitsanalysen durchgeführt werden. Dabei geht es um die Frage, ob an einem bestimmten Standort ein Händlerbetrieb nachhaltig profitabel geführt werden kann oder nicht.

Selbstverständlich wird bei dieser Analyse nicht nur der Neuwagenverkauf, sondern auch der Gebrauchtwagenhandel sowie der After Sales miteinbezogen. Grundlage der Berechnungen ist dabei meistens die Annahme eines markenexklusiven Verkaufsstützpunktes.

Abbildung 10 zeigt ein Schema zur Durchführung solcher Wirtschaftlichkeitsanalysen. Es basiert auf einer mehrstufigen Deckungsbeitragsrechnung. Wichtige Planungsprämissen sind das zu erwartende Absatzvolumen, der dabei realisierte Durchschnittserlös über den Modellmix sowie die effektiv realisierbaren Margen. Die einzelnen Kostenpositionen werden häufig anhand von Quoten berechnet, über die in der Branche Erfahrungswerte vorliegen. Als eine angemessene Zielrendite werden im Automobilhandel zwei bis drei Prozent vom Umsatz angesehen. Dies entspricht einer Gesamtkapitalverzinsung von etwa zehn bis 15 Prozent.

Planungsrechnung	Gesamtbetrieb		Neuwagen [1]		Gebrauchtwagen [2]		Werkstatt		Teile/Zubehör	
	in €	in v. H.	in €	in v. H.	in €	in v. H.	in €	in v. H.	in €	in v. H.
Umsatzerlöse	11.013.750	100,0	6.625.000	100,0	2.600.000	100,0	795.000	100,0	993.750	100,0
./. Nachlässe	670.937	6,1	563.125	8,5	78.000	3,0	-	-	29.812	3,0
./. Anschaffungskosten	8.752.663	79,5	5.531.875	83,5	2.392.000	92,0	143.100	18,0	685.688	69,0
Bruttoertrag	1.590.150	14,4	530.000	8,0	130.000	5,0	651.900	82,0	278.250	28,0
Einzelkosten	235.378	2,1	165.625	2,5	62.400	2,4	6.360	0,8	993	0,1
Kosten Vfw u. a.	131.750	1,2	92.750	1,4	39.000	1,5	-	-	-	-
Verkäuferprovisionen	87.050	0,8	66.250	1,0	20.800	0,8	-	-	-	-
sonstige	76.578	0,7	66.625	1,0	2.600	0,1	6.360	0,8	993	0,1
Deckungsbeitrag I	1.354.772	12,3	364.375	5,5	67.600	2,6	645.540	81,2	277.257	27,9
Personalkosten	600.256	5,5	92.750	1,4	15.600	0,6	381.600	48,0	110.306	11,1
Deckungsbeitrag II	754.515	6,9	271.625	4,1	52.000	2,0	263.940	33,2	166.950	16,8
Direkte Betriebskosten	173.926	1,6	86.125	1,3	23.400	0,9	52.476	6,6	11.925	1,2
Marketingkosten	95.994	0,9	66.250	1,0	20.800	0,8	3.975	0,5	4.969	0,5
sonstige	77.926	0,3	19.875	0,3	2.600	0,1	48.495	6,1	6.956	0,7
Deckungsbeitrag III	580.595	0,3	185.500	2,8	28.600	1,1	211.470	26,6	155.025	15,6
Indirekte Betriebskosten:	451.564	4,1								
Abschreibungen	33.041	0,3								
Zinsen	88.110	0,8								
Miete/Pacht	154.193	1,4								
Energie	44.055	0,4								
sonstige	132.165	1,2								
Betriebsergebnis	132.165	1,2								

[1] Annahmen: 250 Einheiten Ø Preis: 26.500 €

[2] Annahmen: 200 Einheiten Ø Preis: 13.000 €

Abb. 10: Planungsrechnung für ein Autohaus („Business Case") (Quelle: eigene Darstellung)

Die Wirtschaftlichkeitsanalysen sind meistens dynamisch angelegt, das heißt, sie zeigen die Entwicklung von Erlösen und Kosten im Zeitablauf bis zum Erreichen der vollen Marktausschöpfung. Da nach Eröffnung eines neuen Verkaufsstützpunktes in der Regel Anlaufverluste zu verzeichnen sind, muss die Wirtschaftlichkeitsanalyse zusätzlich durch eine Finanzierungs- und Liquiditätsanalyse abgesichert werden.

3.3.4 Überprüfung von Alternativen für Standorte ohne wirtschaftliche Tragfähigkeit

Im Rahmen der Wirtschaftlichkeitsanalysen wird man für einzelne Standorte möglicherweise zu dem Ergebnis kommen, dass sich hier für einen markenexklusiven Händlerbetrieb keine als angemessen anzusehende Rendite erwirtschaften lässt. In diesem Fall gilt es die folgenden Handlungsalternativen zu prüfen:

- Nichtbesetzung des Standortes: Es wird dann versucht, das entsprechende Marktgebiet von anderen Standorten aus zu bearbeiten, z. B. durch verstärkte werbliche Aktivitäten.
- Überprüfung der Standards: Eventuell kann durch eine Absenkung der geforderten Standards eine Kostenentlastung erreicht werden, die ausreichend ist, um die geforderte Zielrendite bei dem möglichen Absatzvolumen zu erreichen („Sales light").
- Filialisierung: Es ist zu prüfen, ob ein bereits im Netz befindlicher Händler an diesem Standort eine Filiale gewinnbringend betreiben kann. Dies könnte dann der Fall sein, wenn bestimmte Funktionen zentralisiert werden, sodass sich für den infrage stehenden Standort eine Kostenentlastung ergibt.
- Betreibermodelle: Sollte es sich um einen strategisch besonders wichtigen Standort handeln, kann auch geprüft werden, ob über ein Betreibermodell und eine vom Hersteller subventionierte Miete eine ausreichende Wirtschaftlichkeit für den potenziellen Investor erreicht werden kann.
- Mehrmarkenhandel: Eine weitere Alternative ist möglicherweise der Anschluss des Vertriebs der eigenen Marke an eine andere Marke bei einem schon im Gebiet befindlichen Vertragshändler. Dabei kann es sich grundsätzlich um eine konzernverwandte, aber auch konzernfremde Marke handeln. Eventuell ergibt sich durch den Vertrieb mehrerer Marken ein wirtschaftlich tragfähiges Absatzvolumen. Zu berücksichtigen sind allerdings die gegenläufigen markenspezifischen Fixkosten durch die Aufnahme einer zusätzlichen Marke.

Im Rahmen der Vertriebsnetzplanung ist die Neigung, Standorte, die sich im wirtschaftlichen Grenzbereich befinden, durch eine Variation der Annahmen profitabel zu rechnen, hoch, da man sogenannte „Open Points" vermeiden möchte. Andererseits werden aber gerade dadurch Problemfälle geschaffen, die die Marktbearbeitung über viele Jahre eher behindern als befördern. Insofern sollten bei Wirtschaftlichkeitsanalysen zur Besetzung von Standorten nicht nur vonseiten der Investoren, sondern auch vonseiten der Netzplaner strenge Kriterien angelegt werden.

3.3.5 Festlegung der lokalen Standorte

Sind im Rahmen der Netzplanung ortsbezogen zu besetzende Standorte festgelegt worden, geht es im nächsten Schritt darum, einen konkreten Standort in einer Stadt oder Gemeinde zu finden. Relevante Standortfaktoren für Autohäuser sind:

- gute Erreichbarkeit und Sichtbarkeit des Autohauses (z. B. an einer vielbefahrenen Durchgangsstraße oder in einem hochfrequentierten Gewerbeareal),
- Präsenz anderer, markenfremder Autohäuser zur Nutzung des Agglomerationseffektes,

- Zuschnitt und Größe des Grundstücks,
- Grundstückspreise sowie
- mögliche baurechtliche Beschränkungen.

Selbstverständlich sind auch im Rahmen des Entscheidungsprozesses hinsichtlich der Festlegung lokaler Standorte weitere Wirtschaftlichkeitsberechnungen notwendig. Zusätzlich können zur Bewertung von alternativen Standorten Scoring-Modelle eingesetzt werden (vgl. Haller 2001, S. 385 ff.).

3.4 Optimierung und Re-Organisation eines Vertriebsnetzes

Die Vertriebsnetzplanung ist ein permanenter Prozess der Veränderung und Optimierung. Konkrete Anlässe für die Re-Organisation von Vertriebsnetzen sind:
- Veränderungen der rechtlichen Rahmenbedingungen, insbesondere der GVO,
- Neuausrichtung einer Marke bzw. der Vertriebsziele innerhalb einer Marke sowie
- Herstellerfusionen.

Ständig zu prüfen ist, ob der Ausgleich zwischen einem möglichst geringen Intrabrand-Wettbewerb einerseits und einer hohen Marktausschöpfung andererseits gelungen, die Distributionsdichte also als optimal anzusehen ist. Sollte dies nicht der Fall sein, muss das Netz verkleinert oder vergrößert werden. Dabei müssen auch die rechtlichen Beschränkungen, die es insbesondere bei einer Verkleinerung der Netze gibt (Kündigungsschutz, Ausgleichsansprüche der Händler etc.), berücksichtigt werden.

4 Die Führung vertraglicher Vertriebssysteme

4.1 Systemführerschaft des Herstellers

Grundlage der Führung vertraglicher Vertriebssysteme ist die sogenannte System- oder Marketingführerschaft des Automobilherstellers. Unter Marketingführerschaft ist dabei die Möglichkeit eines Mitgliedes im Distributionssystem zu verstehen, den Marketingmix für ein bestimmtes Leistungsangebot zu steuern. Der Marketingführer bestimmt also den Einsatz der marketingpolitischen Instrumente über alle Distributionsstufen bis hin zum Endverbraucher und hat die Fähigkeit, gegebenenfalls auf die am Distributionsprozess beteiligten organisatorischen Einheiten einzuwirken, um die Anpassung ihrer Marketingaktivitäten an diesen Mix zu erreichen (vgl. Ahlert 1992, S. 110 f.).

Grundlagen der Marketingführerschaft der Automobilhersteller sind im Wesentlichen die vertraglichen Regelungen mit den Vertragshändlern sowie ihre Machtstellung im Absatzkanal, die wiederum auf der Macht der Marke, des Expertentums sowie ihrer Sanktionsmöglichkeiten beruht (vgl. Diez 2006, S. 333 f.).

Die Führung vertraglicher Vertriebssysteme ist auf die vom Hersteller verfolgten Vertriebsziele ausgerichtet. Neben der Marktausschöpfung, der adäquaten Präsentation der Marke am Point of Sale und der Kundenbindung geht es den Herstellern auch darum, den Vertriebsprozess möglichst effizient zu gestalten.

4.2 Führungsinstrumente

4.2.1 Zielvereinbarungen

Ein wesentliches Führungsinstrument in der Hersteller-Händler-Beziehung sind Zielvereinbarungen. Sie betreffen vor allem die geplanten Absatzmengen und deren modellspezifische Schichtung. Getroffen werden diese Zielvereinbarungen auf der Basis einer bestimmten Gesamtmarkteinschätzung, der modellpolitischen Aktivitäten und der zu erwartenden Marktanteile des jeweiligen Fabrikates. Die Einhaltung der vereinbarten Ziele kann Grundlage von Bonifizierungen im Rahmen leistungsorientierter Margensysteme sein. Weitere Zielvereinbarungen können die Kundenzufriedenheit und Kundenbindung, den After Sales, aber auch Investitionsmaßnahmen betreffen.

4.2.2 Standards und Systeme

Ein grundlegendes Führungsinstrument sind die vom Hersteller geforderten Standards, mit denen er vor allem eine adäquate Präsentation seiner Marke am Point of Sale sicherstellen will. Dies betrifft nicht nur die Baulichkeiten, sondern auch insgesamt die persönliche Begegnung mit dem Kunden. Insofern beziehen sich zahlreiche Standards auch auf die Qualifikation und das Auftreten des Verkaufspersonals sowie die Steuerung der relevanten Kundenprozesse im Autohaus (Begrüßung und Beratung des Kunden, Angebot von Probefahrten, Fahrzeugübergabe etc.). Darüber hinaus sollen einheitliche Standards auch faire Wettbewerbsbedingungen zwischen den Händlern des gleichen Fabrikates sicherstellen.

Durch Vorgaben hinsichtlich der einzusetzenden Systeme will der Hersteller eine problemlose und kosteneffiziente Kommunikation mit seinen Vertragspartnern sicherstellen. Dies betrifft vor allem den Bereich der Vertriebssteuerung sowie in den letzten Jahren zunehmend das Customer Relationship Management (CRM). Hier geht es u. a. darum, durch den Zugriff auf gemeinsame Kundendaten Kunden individuell und regelmäßig anzusprechen, gleichzeitig aber eine Überpenetration des Kunden mit Kontakten zu vermeiden.

4.2.3 Margensystem

Unter einem Margensystem ist eine Kombination von Entgeltelementen zu verstehen, die der Händler für seine Leistungen erhält, die er im Rahmen des Händlervertrages erbringt. Seine Gesamtmarge ist die Differenz zwischen der unverbindlichen Preisempfehlung des Herstellers und seinem Werksabgabepreis bzw. dem Händlereinkaufspreis. Die Berechnung der Händlermarge zeigt Abbildung 11.

Werksabgabepreis:	24.500,00 €
Grundrabatt (11,5 %):	2.817,50 €
Boni (3,2 %):	784,00 €
Prämie (Festbetrag):	450,00 €
Händlereinkaufspreis:	20.448,50 €

$$\text{Effektive Marge} = \frac{\text{Grundrabatt} + \text{Boni} + \text{Prämie}}{\text{Werksabgabepreis}} \times 100 = \frac{4.051,50\ €}{24.500,00\ €} \times 100 = 16,5\ \%$$

Abb. 11: Berechnung der effektiven Händlermarge (Quelle: eigene Darstellung)

Die heute in der Branche üblichen Margensysteme setzen sich aus drei Elementen zusammen:
- dem Grundrabatt, der eventuell modellspezifisch variieren kann,
- den Boni, die für bestimmte Leistungen gewährt werden, sowie
- den Prämien, die in besonderen Marktsituationen temporär eingeräumt werden.

Im Gegensatz zum Grundrabatt und den Boni sind Prämien nicht Bestandteil des Händlervertrags, da sie situativ angeboten werden.

Angesichts der großen Bedeutung, die das Margensystem sowohl für Hersteller als auch für Händler hat, und der teilweise gegenläufigen Anforderungen, die Hersteller und Händler an ein Margensystem stellen, ist es nicht verwunderlich, dass es in besonderer Weise Gegenstand von Auseinandersetzungen zwischen Herstellern und Händlern ist. Die Zufriedenheit der Händler mit dem Margensystem rangiert jedenfalls seit vielen Jahren deutlich unter ihrer Gesamtzufriedenheit mit ihrem Hersteller (vgl. Schwacke MarkenMonitor 2011). Für die Automobilhersteller ist das Margensystem primär ein Instrument der Vertriebssteuerung. So orientiert sich die Ausgestaltung leistungsorientierter Margensysteme häufig direkt an den Vertriebszielen, wie Abbildung 12 illustriert.

Umgekehrt bestimmt die Marge ganz wesentlich die Profitabilität des Händlers. Angesichts steigender Vertriebskosten und Kundenrabatte werden die von den Herstellern eingeräumten

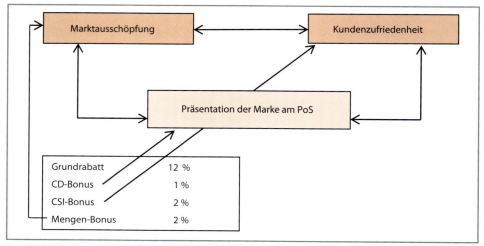

Abb. 12: Leistungsorientierte Margensysteme als Steuerungsinstrument (Quelle: eigene Darstellung)

Margen von vielen Händlern als nicht ausreichend angesehen. Immerhin zeichnet sich insoweit ein Konsens zwischen Herstellern und Händlern ab, dass mittlerweile viele Hersteller bei der Ausgestaltung ihrer Margensysteme darauf achten, damit nicht den Intrabrand-Wettbewerb zusätzlich anzustacheln.

Die Entwicklung der Margenstrukturen zeigt Abbildung 13. Während die Höhe des Grundrabattes seit dem Jahr 2004 leicht gestiegen ist, aber seit dem Jahr 2008 nur wenig variiert, zeigen sich bei den Boni teilweise doch erhebliche Verschiebungen. So ist der Anteil der Boni an der Gesamtmarge zwischen 2004 und 2008 deutlich gesunken. Dies ist Ausdruck für die Versuche, die teilweise hoch komplexen Bonifizierungssysteme zu vereinfachen. Zwischen 2008 und 2011 ist nun aber wiederum ein deutlicher Anstieg der Boni an der Gesamtmarge zu verzeichnen, und zwar vor allem bei den qualitativen Boni, deren Anteil von 3,9 auf 5,0 Prozent gestiegen ist. Dies deutet auf eine wieder stärkere Neigung der Hersteller hin, die Bonussysteme für die qualitative Entwicklung ihrer Handelsorganisationen einzusetzen.

Angaben in v. H. UPE	Jahr 2004	Jahr 2008	Jahr 2011
Grundrabatt	10,5	11,2	11,1
Boni	8,5	6,9	8,1
Quantitative Boni	-	3,0	3,1
Qualitative Boni	-	3,9	5,0
Max. erreichbare Marge	19,0	18,1	19,2

Abb. 13: Entwicklung der Margenstruktur im Automobilhandel (Quelle: eigene Darstellung)

4.2.4 Beratung, Schulung und Wettbewerbe

Ein wichtiges Instrument zur Händlerentwicklung sind Beratungen und Schulungen der Händler. Die Händlerbetreuung wird überwiegend durch die regionalen Außendienste der Automobilhersteller durchgeführt, wobei diese nicht nur den Neuwagenverkauf, sondern auch den Gebrauchtwagenhandel, den After Sales sowie die Führung des Händlerbetriebes insgesamt umfasst. In den letzten Jahren war vor allem die Optimierung der Prozesse im Händlerbetrieb ein Schwerpunkt von Beratungs- und auch Schulungsmaßnahmen bei vielen Fabrikaten.

Händlerwettbewerbe dienen nicht nur der Motivation der Händler, sondern sollen auch helfen, Best-Practise-Beispiele in der eigenen Handelsorganisation zu identifizieren. Diese können dann zur Weiterentwicklung der gesamten Handelsorganisation genutzt werden.

4.2.5 Händlerzufriedenheit und Vertriebserfolg

In Anlehnung an das Konstrukt der Kundenzufriedenheit kann Händlerzufriedenheit als das Ergebnis eines komplexen Informationsprozesses in einer Geschäftsbeziehung definiert werden, in dessen Zentrum die Bewertung der aktuellen Erfahrungen mit einem Hersteller und dem fabrikatsspezifisch geprägten Anspruchsniveau der Händler steht (vgl. Schwacke MarkenMonitor 2006). Die vertriebspolitische Relevanz einer hohen Händlerzufriedenheit ergibt sich aus drei Sachverhalten (vgl. Diez 2006, S. 350 ff.; Diez 2011b, S. 12 ff.):

- Es besteht eine hohe Korrelation zwischen Händler- und Kundenzufriedenheit. Wie eine Reihe von Untersuchungen deutlich macht, kann diese Korrelation zwar nicht monokausal interpretiert werden, doch zeigt sich, dass zwischen beiden Zielgrößen eine wechselseitige Beeinflussung stattfindet.
- Das Marken-Commitment der Händler korreliert sehr stark mit ihrer Zufriedenheit mit dem jeweiligen Hersteller: Zufriedene Händler haben eine sehr enge und positive Beziehung zu den von ihnen verkauften Marken, während dies bei unzufriedenen Händlern nicht der Fall ist.
- Ferner zeigen Analysen, dass zufriedene Händler eher bereit sind, fabrikatsspezifische Investitionen für „ihren" Hersteller durchzuführen, als weniger zufriedene. Außerdem erhöht eine hohe Händlerzufriedenheit die Attraktivität eines Händlervertrages („Franchise Attractiveness") und erleichtert es damit dem Hersteller, qualifizierte Händler zu finden.

Die Messung und Analyse der Händlerzufriedenheit ist schließlich auch ein guter Frühindikator für den Markterfolg von Herstellern. Sie zeigt Schwachstellen in der Marktbearbeitung auf, noch ehe sich das in den Absatzzahlen widerspiegelt. So spüren die Händler sehr schnell, wenn sich z. B. die Qualität der Fahrzeuge verschlechtert, sodass bei einer zeitnahen Beobachtung der Händlerzufriedenheit mit der Fahrzeugqualität noch gegengesteuert werden kann, bevor die Qualitätsprobleme in vollem Umfang bei den Kunden und in der Öffentlichkeit angekommen sind (vgl. Diez 2010c, S. 8).

Das Institut für Automobilwirtschaft (IFA) erhebt im Auftrag von Schwacke einmal jährlich die Zufriedenheit der deutschen Vertragshändler mit ihren Herstellern. Wie Abbildung 14 zeigt, ist diese in den letzten Jahren leicht gestiegen. Dies mag angesichts der schwierigen wirtschaftlichen Situation, in der sich viele Händler befinden, überraschend sein. Es ist jedoch zu betonen, dass der Schwacke MarkenMonitor die Zufriedenheit der Händler mit ihrem Hersteller und nicht insgesamt, z. B. mit der Markt- und der Wettbewerbsentwicklung, zeigt. Möglicherweise führt gerade der intensive Wettbewerb dazu, dass die Hersteller die Relevanz einer hohen Händlerzufriedenheit für ihren Markterfolg erkannt und entsprechende Maßnahmen umgesetzt haben (vgl. Diez 2010b, S. 7).

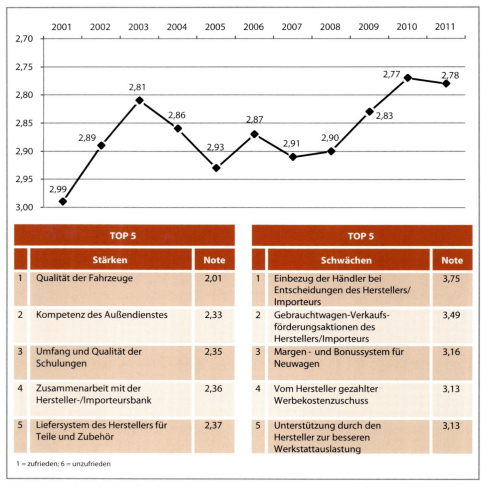

Abb. 14: Entwicklung der Händlerzufriedenheit 2001–2011, Stärken und Schwächen (Quelle: Schwacke MarkenMonitor 2011)

5 Entwicklungstendenzen und Perspektiven: Acht Trends prägen den Automobilvertrieb der Zukunft

5.1 Rahmenbedingungen für den Automobilvertrieb der Zukunft

Relevante Faktoren für den Automobilvertrieb der Zukunft sind:
- die Entwicklung der Markt- und Wettbewerbssituation,
- Veränderungen der Kundenstruktur und des Kundenverhaltens sowie
- die Entwicklung der rechtlichen Rahmenbedingungen.

Was die Entwicklung des Automobilmarktes in Deutschland anbelangt, so muss zunächst konstatiert werden, dass der deutsche Automobilmarkt ein reifer und weitgehend gesättigter Markt ist. Über 90 Prozent aller Haushalte in Deutschland verfügen zumindest über ein, teilweise auch über mehrere Fahrzeuge. Allein aus Gründen der demografischen Entwicklung ist auch in den kommenden Jahren mit keinem signifikanten weiteren Wachstum des Bestandes von heute 42,3 Mio. Fahrzeugen zu rechnen. Insgesamt dürfte das Neuzulassungsvolumen bis zum Jahr 2020 in Deutschland zwischen 2,9 und 3,2 Mio. Einheiten schwanken (2000 bis 2011: 3,28 Mio.). Da gleichzeitig die Zahl der Anbieter durch mögliche Markteintritte chinesischer und indischer Hersteller zunehmen wird, wird der Verdrängungswettbewerb auf dem deutschen Markt in Zukunft noch an Schärfe zunehmen.

Hinsichtlich der Kundenstruktur sind vor allem zwei Faktoren von großer Relevanz:
- die wachsende Bedeutung gewerblicher Kunden und
- die Verschiebung der Altersstruktur der Kunden in Richtung „Best Agers".

Deutlich zunehmen werden in den nächsten Jahren die Kundenanforderungen, sowohl an die Fahrzeuge als auch an die Beratungs- und Betreuungsleistungen der Händler. Mehr Convenience, Erlebnisorientierung und ökologische Nachhaltigkeit sind generelle Trends im Kaufverhalten der Konsumenten, die sich auf den Automobilhandel auswirken werden (vgl. KPMG 2006, S. 30). Gleichzeitig wird die Preisbereitschaft vor dem Hintergrund der zu erwartenden Realeinkommensentwicklung aber nur unterdurchschnittlich zunehmen. Der „Smart Shopper" wird weiter an Bedeutung gewinnen.

Die Änderungen der rechtlichen Rahmenbedingungen durch die Neufassung der GVO im Jahr 2002 und im Jahr 2010 sowie die vorausgehenden Diskussionen haben nicht nur zu einer erheblichen Verunsicherung im Handel, sondern auch zu Veränderungen in der Hersteller-Händler-Beziehung geführt. Insbesondere die Regelungen zum Mehrmarkenvertrieb, zur Standortklausel sowie zur qualitativen Selektion haben die Möglichkeiten zur Netzgestaltung durch die Hersteller stark beeinflusst. Positiv an der neuen GVO Nr. 330/10 ist ihre Laufzeit bis zum 31. Mai 2023, was gegenüber den früheren Regelungen für Hersteller und Händler mehr Planungssicherheit bedeutet.

5.2 Fortsetzung des Konsolidierungsprozesses im Automobilhandel

Zwischen 2002 und 2011 waren in Deutschland 5.700 Insolvenzen im Automobilhandel zu verzeichnen. Zwar ist in den Jahren 2010 und 2011 ein Rückgang gegenüber dem Rekordwert von 687 Insolvenzen im Jahr 2009 festzustellen (Abbildung 15). Dies muss jedoch vor dem Hintergrund der bereits erfolgten Konsolidierung gesehen werden, denn seit dem Jahr 2000 ist die Zahl der rechtlich und wirtschaftlich selbstständigen Automobilhändler von 18.000 Unternehmen auf 7.950 im Jahr 2010 gesunken.

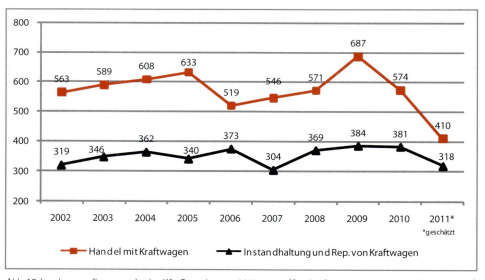

Abb. 15: Insolvenzaufkommen in der Kfz-Branche von 2002–2011 (Quelle: Destatis 2010; eigene Schätzungen)

Vor dem Hintergrund der skizzierten Marktentwicklung und Kundenanforderungen ist davon auszugehen, dass der wirtschaftliche Druck auf den Automobilhandel in den nächsten Jahren hoch bleiben wird. Dazu trägt vor allem auch die weitere Ausdehnung der Modellpaletten bei allen Herstellern bei, was für die Händler eine wachsende Zahl von Vorführ-, Ausstellungs- und Lagerwagen bedeutet. Für kleinere Händler wird es daher immer schwieriger, das komplette Sortiment eines Herstellers vorzuhalten und zu präsentieren (vgl. Diez 2007, S. 225). Ferner dürften auch in Zukunft Hersteller weitere Netzausdünnungen zur Reduktion des Intrabrand-Wettbewerbs durchsetzen. Und schließlich darf nicht übersehen werden, dass der Zugang zum Kapitalmarkt für viele Händler künftig aufgrund erhöhter Anforderungen an die Bonität noch schwieriger werden wird als in der Vergangenheit (vgl. Missing 2010, S. 22). Gerade in einer Branche mit einem hohen Kapitalbedarf könnte dies zu einem wichtigen Treiber der künftigen Konsolidierung werden.

Zwar zeigen zahlreiche Analysen, dass viele Händlerbetriebe in Deutschland nach wie vor nicht professionell geführt werden, sodass häufig auch hausgemachte Fehler die Ursache für Sanierungs- und Insolvenzfälle sind (vgl. DEKRA Consulting 2010). Wie ein Vergleich mit dem amerikanischen Markt zeigt, sind die deutschen Händlernetze jedoch insgesamt noch immer überbesetzt. So liegt das durchschnittliche Verkaufsvolumen amerikanischer Händler mit 652 Einheiten um fast das Doppelte über dem der deutschen. Würde sich das durchschnittliche Verkaufsvolumen der deutschen Automobilhändler auf das Niveau der amerikanischen erhöhen, würde die Zahl der Händler in Deutschland auf rund 4.500 zurückgehen.

5.3 Zunehmende Bedeutung von Händlergruppen

Da die Flächendeckung und Aufrechterhaltung einer hohen Distributionsdichte für alle Hersteller von großer Marktrelevanz ist, werden filialisierte Händlergruppen in Zukunft weiter an Bedeutung gewinnen. Bereits in den letzten Jahren ist ein starkes Wachstum der Zahl und der Größe von Händlergruppen feststellbar (vgl. Diez/Grimberg 2011). Wie Abbildung 16 zeigt, rangieren deutsche Händlergruppen im Hinblick auf die Zahl der verkauften Neuwageneinheiten jedoch nach wie vor hinter den nordamerikanischen und europäischen Gruppen.

Vorteile von Händlergruppen gegenüber standortgebundenen Autohäusern sind (vgl. Diez 2009, S. 20 f.):
- größere Auswahl von Neu- und Gebrauchtwagen,
- professionelleres Gebrauchtwagenmanagement durch aktiven Zukauf,
- Realisierung von größenbedingten Kostenvorteilen durch Zentralisierung,
- bessere Möglichkeiten zur Spezialisierung,
- leichterer Zugang zum Kapitalmarkt bei gegebener Bonität sowie
- höherer Bekanntheitsgrad und Aufbau von Handelsmarken.

Allerdings müssen Händlergruppen ihre strukturellen Nachteile im Hinblick auf die Kundennähe durch eine stärkere Fokussierung auf das Servicegeschäft kompensieren. Einige spektakuläre Insolvenzen großer Händler zeigen, dass sich viele Händlergruppen zu stark auf das Verkaufsgeschäft konzentrieren.

AUTOMOBILWIRTSCHAFTLICHE VERTRIEBSSYSTEME

	TOP Händlergruppen Deutschland		TOP Händlergruppen Europa		TOP Händlergruppen Nordamerika	
	Firma	Verkaufte Neuwagen 2010	Firma	Verkaufte Neuwagen 2010	Firma	Verkaufte Neuwagen 2010
1	Emil Frey Gruppe Deutschland, Stuttgart	44.900	Porsche Holding (Österreich)	432.000	AutoNation Inc.	179.521
2	AVAG Holding AG, Augsburg	42.673	Emil Frey (Schweiz)	209.000	Penske Automotive Group Inc.	140.914
3	Gottfried Schultz, Ratingen	22.793	Pon (Niederlande)	128.000	Sonic Automotive Inc.	94.005
4	Ernst Dello, Hamburg	14.500	Inchcape (United Kingdom)	120.000	Group 1 Automotive Inc.	83.182
5	Wellergruppe, Berlin	12.666	D'Ieteren (Belgien)	117.900	Van Tuyl Group	71.309
6	Löhr & Becker Automobile, Koblenz	11.786	Pendragon (United Kingdom)	101.000	Asbury Automotive Group	62.833
7	Preckel, Krefeld	10.960	Dogus Otomotiv (Türkei)	89.200	Hendrick Automotive Group	52.305
8	Fahrzeugwerke Lueg, Bochum	10.857	Arnold Clark (United Kingdom)	77.600	Staluppe Auto Group	39.286
9	Günther Graf von Hardenberg Stiftung, Karlsruhe	10.730	AMAG (Schweiz)	76.300	Lithia Motors Inc.	30.506
10	Jacobs Gruppe, Aachen	10.713	UkrAuto (Ukraine)	74.300	Larry H. Miller Group of Cos.	27.443
11	Autohaus Wolfsburg, Wolfsburg	10.541	Bergé (Spanien)	66.800	Herb Chambers Cos.	24.977
12	Josef Brass, Aschaffenburg	9.929	CFAO (Frankreich)	64.900	David Wilson Automotive Group	23.584
13	Glinicke Management, Kassel	9.267	Louwman (Niederlande)	59.000	Suburban Collection	20.337
14	Autohaus Jacob Fleischhauer, Köln	9.057	Lookers (United Kingdom)	58.400	Ken Garff Automotive Group	18.733
15	Hahn Automobile, Fellbach	8.340	Avtomir (Russland)	58.100	Bob Rohrmann Auto Group	17.372
16	Scherer Holding GmbH, Simmern	7.957	Penske [Sytner] (United Kingdom)	57.400	Potamkin Automotive Group Inc.	16.841
17	Autohaus Adelbert Moll, Düsseldorf	7.830	Salvador Caetano (Portugal)	54.300	Braman Dealerships	15.996
18	Edgar Kittner, Lübeck	7.578	Moller (Norwegen)	50.700	Keyes Automotive Group	15.716
19	Autohaus Louis Dresen, Neuss	7.522	SAG (Portugal)	47.600	Carcars Automotive Group	15.675
20	Voets Automobilholding, Braunschweig	7.500	Alcopa (Belgien)	47.000	Open Road Auto Group	15.360
21	Rosier Gruppe, Menden/Oldenburg	7.324	Major Auto (Russland)	44.000	Rosenthal Automotive Organization	15.143
22	Kath Gmbh & Co. KG, Rendsburg	7.000	AVAG (Deutschland)	42.673	West-Herr Automotive Group Inc.	14.555
23	Bremer Fahrzeughaus Schmidt + Koch AG, Bremen	6.639	Rolf Group (Russland)	42.300	Ray Catena Motor Car Corp.	13.862
24	I.C. Autohandel Beteiligungen, Düsseldorf	6.600	AAA Auto (Tschechien)	39.500	Serra Automotive Inc.	13.541
25	Krüll Motor Company, Hamburg	6.205	Bilia (Schweden)	35.200	Ourisman Automotive Group	13.196

Abb. 16: Top-Händlergruppen in Deutschland, Europa und Nordamerika (Quelle: eigene Darstellung/Autobiz/Wards)

5.4 Weitere Ausbreitung des Mehrmarkenhandels

Mit der wachsenden Bedeutung von Händlergruppen wird auch der Mehrmarkenhandel weiter zunehmen. Abbildung 17 gibt einen Überblick über die Entwicklung des Mehrmarkenhandels in Deutschland. Dabei zeigt sich, die Zahl der Händler, die mehrere Marken vertreiben, ist in den letzten Jahren deutlich von 39,9 Prozent im Jahr 2005 auf 46,3 Prozent im Jahr 2010 gestiegen. Wenig überraschend ist die Tatsache, dass der Mehrmarkenhandel bei größeren Händlern weiter verbreitet ist als beim Durchschnitt der Händler. So waren im Jahr 2010 84,8 Prozent der Händler mit einem Verkaufsvolumen von mehr als 1.000 Einheiten Mehrmarkenhändler. Deutlich sichtbar ist auch, dass größere Händler ihre Marken stärker räumlich separiert anbieten als der Händlerdurchschnitt. Sind es bei allen Händlern 37,6 Prozent, die ihre Marken im gleichen Showroom präsentieren, so sind es bei den größeren Händlern nur 26,9 Prozent. Die Tendenz zum Verkauf im gleichen Showroom ist allerdings hier stark steigend.

- Angaben in v. H. -	Alle Händler		Händler > 1.000 NW	
	2005	2010	2005	2010
Verkäufe mehrerer Marken	39,9	46,3	72,8	84,8
Anzahl Marken	3,02	3,12	3,98	3,40
Präsentation im gleichen Showroom	34,8	37,6	18,6	26,9

Abb. 17: Markenportfolios im deutschen Automobilhandel (Quelle: eigene Darstellung)

Bemerkenswert ist, dass es bei den größeren Händlern zu einer gewissen Markenkonzentration gekommen ist. So ist die Zahl der Marken im Portfolio von Händlern mit einem Verkaufsvolumen von mehr als 1.000 Einheiten von 3,98 im Jahr 2005 auf 3,40 im Jahr 2010 gesunken. Viele Händler haben offensichtlich erkannt, dass „mehr" nicht gleich „besser" ist. Verantwortlich dafür sind die sprungfixen Kosten, die mit der Aufnahme zusätzlicher Marken verbunden sind (vgl. Siedenhans 2004, S. 106). Dementsprechend waren Mehrmarkenhändler in der Vergangenheit nicht profitabler als Einmarkenhändler (vgl. Diez 2009, S. 22 f.). Durch die Bereinigung ihrer Markenportfolios haben viele Händler dieser Tatsache Rechnung getragen und konzentrieren sich heute auf wirklich ertragsstarke Marken. Konsequenterweise werden künftig die Markenportfolios noch stärker unter dem Gesichtspunkt des Ergebnisbeitrages, den eine zusätzliche Marke bringt, weiterentwickelt werden.

5.5 Steigende Bedeutung des Direktvertriebs

Der Direktvertrieb der Automobilhersteller hat bereits in den letzten Jahren dem Handel zunehmend Potenzial entzogen. So ist der Anteil der Neuwagenverkäufe, die direkt oder indirekt (z. B. über Großkundenverträge) von den Herstellern gesteuert werden, von zehn Prozent im Jahr 2000 auf gut 30 Prozent im Jahr 2010 gestiegen und der Anteil der Vertragshändler entsprechend gefallen (Abbildung 18).

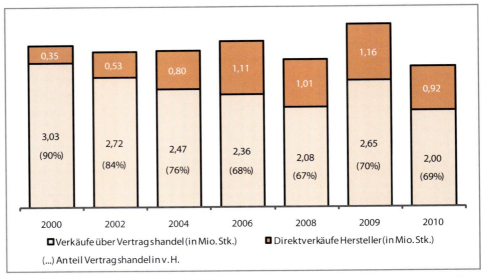

Abb. 18: Entwicklung der Neuzulassungen und des Anteils des Vertragshandels in Deutschland (Quelle: KBA/ZDK)

Die Prognose, dass der Direktvertrieb der Automobilhersteller in Zukunft steigen wird, stützt sich vor allem auf zwei Faktoren:

- Für viele Hersteller wird es immer schwieriger, Ballungszentren mit unabhängigen Händlern zu besetzen. Zur Vermeidung von Open Points muss daher der Eigen-Retail an teuren Standorten ausgeweitet werden.
- Hinzu kommt die wachsende Bedeutung gewerblicher Kunden, insbesondere von Flottenkunden. In diesem Segment hängt der Markterfolg vor allem vom Preis und den Konditionen ab. Häufig geraten private Händler hier an wirtschaftliche Grenzen, sodass die Hersteller selbst in dieses Geschäft eingreifen müssen.

Nach einer groben Schätzung könnte der Anteil des Vertriebsweges „Direktvertrieb" bis zum Jahr 2015 auf gut 35 Prozent steigen (vgl. Diez 2009, S. 57).

5.6 Zunehmende Bedeutung internetbasierter Verkaufsmodelle

Im Hinblick auf den Ort des Erstkontaktes mit einem Kunden bei einem Neuwagenkauf hat sich in den letzten Jahren ein dramatischer Wandel vollzogen. So verlieren die Kunden, die sich bei der Suche nach einem Neuwagen ausschließlich an ein Autohaus der entsprechenden Marke wenden, tendenziell an Bedeutung. Demgegenüber nimmt die Zahl der Kunden zu, die ihren

Erstkontakt im Internet haben. Haben sich im Jahr 2000 nur 15 Prozent der Käufer vor dem Kauf eines Neuwagens im Internet informiert, so waren es im Jahr 2010 schon 56 Prozent (vgl. DAT-Report 2011, S. 22).

Ob sich der Typus des Neuwagenvermittlers langfristig im Markt durchsetzen wird, bleibt abzuwarten. Aus Sicht des Handels hat der Neuwagenvermittler zweifellos den Vorteil, dass das Marktgebiet virtuell erweitert wird. Andererseits setzt sich der Händler einem starken Inter- und Intrabrand-Wettbewerb aus und kann Kunden nur schwer an seinen Service binden. Eine wichtige Frage wird auch die Herstellerpolitik sein. Werden extreme Push-Strategien verfolgt, könnte dies die Ausbreitung der Neuwagenvermittlung im Internet begünstigen.

Aber nicht nur das Internet, sondern auch gezielte Marketing- und Vertriebsaktivitäten der Hersteller haben dazu geführt, dass die Zahl der Customer Touch Points (CTP) in den letzten Jahren deutlich angestiegen sind (vgl. Keuper/Mehl 2011, S. 8). Neben der Werbung im Internet in den verschiedenen Ausprägungen (eigene Website, Bannerwerbung, soziale Netzwerke) spielen hier auch physische Kontaktpunkte wie City Spots und Brand Lands, Road Shows und Events eine zunehmend wichtige Rolle. Ziel dieser Aktivitäten ist es, möglichst frühzeitig Kaufinteressenten für eine Marke und ihr Modellangebot zu interessieren.

Vor diesem Hintergrund wird der „Ich möchte mich mal umschauen"-Kunde im Autohaus weiter an Bedeutung verlieren – auch bei den älteren Kunden, deren Internetaffinität und Mobilität künftig noch zunehmen wird. Dementsprechend wird die schnelle und abschlussorientierte Bearbeitung von Leads, also von Kontakten mit potenziellen Kunden, zu einem immer wichtigeren Erfolgsfaktor im Automobilvertrieb. Voraussetzung und Folge dieser Entwicklung ist eine noch engere Verzahnung von Herstellern und Händlern im Akquisitions- und Kundenbetreuungsprozess (vgl. Diez 1999, S. 92 ff.).

5.7 Effizientes CRM als Erfolgsfaktor

Neben der Herstellung und dem Aufbau von Kundenkontakten wird die Erhaltung und Stabilisierung bestehender Kundenbeziehungen weiter an Bedeutung gewinnen, da aus demografischen Gründen die Zahl der neuen, nachwachsenden Käufer kleiner werden wird. Ziel muss es dabei sein, den Kunden über seinen gesamten Lebenszyklus von der Erstmotorisierung bis ins Rentenalter zu begleiten („Customer Life Time Management"). Insgesamt repräsentiert ein Kunde über einen Zeitraum von 50 Jahren in etwa ein Umsatzpotenzial im Hinblick auf Neu- und Gebrauchtwagen sowie Service, Teile und Zubehör von etwa 250.000 Euro. Dieses Potenzial gilt es durch Produkt-, Dienstleistungs- und Betreuungsangebote entlang der verschiedenen Lebensphasen zu erschließen (vgl. Reindl 2008, S. 90 ff.).

Hersteller und Händler müssen hier ihr Instrumentarium in Zukunft weiterentwickeln und insbesondere eine noch stärkere Individualisierung erreichen (siehe dazu auch Kapitel XI in diesem Buch).

5.8 CarIT verändert Kundenbeziehung

Der weiter wachsende Einsatz von Fahrerassistenzsystemen und die zunehmende Vernetzung des Automobils eröffnen neue Wege der Kundenansprache und der Kundenbetreuung. Das „Internet der Dinge" ist eine Basis für innovative Dienstleistungs- und Betreuungsangebote. So ermöglicht das Zusammenspiel von mobilen Endgeräten und Positionierungstechnologien eine Navigation des Kunden im Hinblick auf bestimmte Points of Interest (POI), die sowohl das Freizeit- wie auch Einkaufsverhalten beeinflussen kann (vgl. Keuper/Mehl 2011, S. 26).

Kommuniziert das Fahrzeug mit einem zentralen Diagnosesystem, so wird dieses künftig die Kundenkontaktfrequenz bestimmen. Dadurch könnten der Händler und die Werkstatt tendenziell aus der Kundenbeziehung herausgedrängt werden und ein stärker zentral gesteuertes Kundenmanagement Platz greifen.

Nicht auszuschließen ist darüber hinaus, dass bislang branchenfremde Unternehmen, vor allem aus dem Bereich der Informations- und Kommunikationstechnik, stärker in die Hersteller-Händler-Kunden-Beziehung eingreifen werden. Wenn wesentliche Fahrzeug- und Kundendaten z. B. auf einem Smartphone hinterlegt sind, so bietet dies die Plattform, dem Nutzer individuelle Service- und Betreuungsangebote zu machen. Als Folge wird die Konkurrenz um den Kunden in Zukunft weiter zunehmen.

5.9 Innovative Mobilitätskonzepte

Vor allem in Ballungszentren ist ein Trend zum Autoverzicht im Sinne der Nichtanschaffung eines eigenen Fahrzeuges erkennbar. In vielen Großstädten liegt die Zahl der Autobesitzer an der

Abb. 19: car2go als innovatives Mobilitätskonzept (Quelle: Daimler AG)

gesamten Wohnbevölkerung bei kaum mehr als 50 Prozent (vgl. Santelmann 2010). Ursache für diese Entwicklung ist nicht so sehr die sinkende Relevanz des Autos als Statussymbol, sondern eher die extrem stark gestiegenen Unterhaltskosten. Gerade für jüngere Menschen mit einem beschränkten Budget wird der Kauf und der Unterhalt eines eigenen Autos bei einer gleichzeitig nur sehr begrenzten Nutzung immer mehr zum „Luxus" (vgl. Diez 2011a, S. 33 f.). Es ist daher davon auszugehen, dass professionelle Car-Sharing-Konzepte, wie etwa Flinkster von der Deutschen Bahn oder car2go von Daimler, an Bedeutung gewinnen werden (Abbildung 19). Ein zusätzlicher Impuls könnte dabei auch durch die zunehmende Verbreitung von batterieelektrischen Elektroautos in Großstädten ausgehen.

Mit der Ausbreitung innovativer Mobilitätskonzepte wird sich die Hersteller-Händler-Kunden-Beziehung verändern. Professionelle Händler müssen sich als Mobility Provider qualifizieren, die in der Lage sind, die mit der zeitweiligen Nutzung eines Fahrzeuges und dem Management von Fuhrparks verbundenen Prozesse zu beherrschen. Gleichzeitig besteht aber auch die Chance, im Rahmen des Service und der Aufbereitung der Mietfahrzeuge zusätzliche Wertschöpfung mit bislang eher autofernen Nutzern zu generieren (vgl. Diez 2010a).

6 Fazit und Ausblick

Der Automobilvertrieb wird sich auch in Zukunft eher evolutionär als revolutionär weiterentwickeln. Dafür spricht nicht nur, dass die heutigen Vertriebsstrukturen – vertragliche Vertriebsbindungssysteme und Direktvertrieb – noch immer eine große Kundenakzeptanz finden, sondern auch die Tatsache, dass sich der Automobilvertrieb als Schnittstelle zum Kunden in einem sehr sensiblen Bereich bewegt. Drastische Veränderungen, denen die Kunden in ihrem Verhalten nicht folgen, können – wie in der Vergangenheit zahlreiche Beispiele gezeigt haben – zu sinkenden Absätzen und deutlichen Marktanteilsverlusten führen.

Gleichwohl werden die Hersteller vor dem Hintergrund eines intensiven Verdrängungswettbewerbs sowie eines veränderten Kundenverhaltens ihre Vertriebssysteme weiterentwickeln müssen, um ihre Vertriebsziele durchsetzen zu können. Dies wird Auswirkungen auf die Gewichtung der verschiedenen Vertriebswege, das Management und die Führung der vertraglichen Vertriebssysteme sowie die Strukturen im Automobilhandel haben.

Dabei sollten nicht nur die Risiken, sondern auch die Chancen gesehen werden. Die Chancen liegen insbesondere darin, durch eine noch stärker dienstleistungsorientierte Beziehung zum Kunden zusätzliche Wertschöpfungspotenziale zu generieren. Dies wird aber nur möglich sein, wenn sich auch die Qualifikationsprofile der Mitarbeiter im Vertrieb und im Automobilhandel mit den neuen Aufgabenstellungen mitverändern.

Prof. Dr. Willi Diez, Stefan Gaul

XI Kundenbeziehungsmanagement und die Rolle des Internets

Der deutsche Automobilmarkt ist ein gesättigter und wettbewerbsintensiver Markt, daher steht beim Kundenbeziehungsmanagement die Bindung von Kunden im Mittelpunkt. In diesem Kapitel wird auf den Aufbau und die Stabilisierung von Kundenbeziehungen sowie auf die Kundenrückgewinnung eingegangen. Darüber hinaus wird die besondere Rolle des Internets beim Kundenbeziehungsmanagement erläutert.

1 Einleitung
2 Kundenlebenszyklen als Grundlage des Kundenbeziehungsmanagements
3 Aufbau von Kundenbeziehungen
4 Stabilisierung von Kundenbeziehungen
5 Kundenrückgewinnung
6 Die Rolle des Internets im Kundenbeziehungsmanagement
7 Zusammenfassung und Ausblick

1 Einleitung

In den letzten Jahren hat sich in der Automobilindustrie im Hinblick auf das Management der Kundenbeziehungen ein Paradigmenwechsel vollzogen. Stand in Zeiten eines stürmischen Wachstums ein transaktionsorientierter, an einzelnen Kaufabschlüssen orientierter Marketingansatz im Mittelpunkt der Unternehmensaktivitäten, so ist heute ein stärker auf langfristige Geschäftsbeziehungen ausgerichtetes Marketingverständnis zu erkennen. Nicht mehr die Akquisition neuer, sondern die Bindung bisheriger Kunden steht im Mittelpunkt der Aktivitäten, um auch auf einem gesättigten und wettbewerbsintensiven Markt langfristig erfolgreich agieren zu können.

Die Gründe dafür sind simpel: Unternehmen verlieren im Laufe der Zeit aus unterschiedlichen Gründen Kunden. In einem Wachstumsmarkt können diese Kundenverluste relativ leicht durch Neukundengewinne kompensiert bzw. überkompensiert werden, sodass der gesamte Kundenbestand steigt. In gesättigten Märkten stellt sich die Neukundengewinnung jedoch ungleich schwieriger dar, sodass langfristig unter Umständen mit einem sinkenden Kundenbestand gerechnet werden muss.

Vor diesem Hintergrund sind Kundenzufriedenheit und Kundenbindung zentrale Erfolgsfaktoren in der Automobilindustrie und im Automobilhandel geworden. Im Folgenden sollen branchenspezifische Strategien und Maßnahmen identifiziert werden, die zu einer Maximierung der Kundenbindung führen können. Dabei geht es insbesondere um konkrete Ansatzpunkte für den Aufbau und die Stabilisierung von Kundenbeziehungen für ein Produkt, das in der Regel in verhältnismäßig langen Kaufintervallen erworben wird.

2 Kundenlebenszyklen als Grundlage des Kundenbeziehungsmanagements

Unter Kundenbeziehungsmanagement soll im Folgenden in einer relativ weiten Fassung des Begriffs der Aufbau, die Erhaltung und – wenn notwendig – Wiederherstellung einer Kundenbeziehung verstanden werden. Dementsprechend umfasst es drei Phasen: die Kundenakquisition, die Kundenbindung und die Kundenrückgewinnung. Ziel des Kundenbeziehungsmanagements ist also letztlich die Herstellung einer auf Dauer angelegten, möglichst lebenslangen Kundenbeziehung („from cradle to grave"). Die Begriffe „Kundenbeziehungsmanagement" und „Customer Relation Management (CRM)" werden im Folgenden synonym verwendet.

Grundlage für den Einsatz der marketingpolitischen Instrumente im Rahmen des Kundenbeziehungsmanagements ist der Kundenlebenszyklus. Dieser lässt sich anhand aufeinanderfolgender Lebensphasen darstellen. Abbildung 1 zeigt ein solches Phasenmodell. In jeder dieser Phasen können beziehungsrelevante Aktivitäten durchgeführt werden. So ist es z. B. schon in der Kindheit möglich, dass die Eltern für ihren Sohn oder ihre Tochter ein Sparkonto einrichten, das mit Vollendung des 18. Lebensjahres und dem Erwerb des Führerscheins für den Kauf eines Neu- oder Gebrauchtwagens eingesetzt wird.

In den späteren Lebensphasen müssen dann die marketingpolitischen Instrumente (Produkt-, Preis-, Distributions- und Kommunikationspolitik) bindungsorientiert ausgestaltet und gleichzeitig spezifische Instrumente des Beziehungsmanagements eingesetzt werden, um eine auf Dauer angelegte Beziehung herzustellen und zu erhalten (vgl. Homburg/Krohmer 2006, S. 945 ff.). In der Produktpolitik bedeutet die Orientierung im Hinblick auf eine lebenslange Kundenbindung z. B., dass für jede Lebensphase ein oder mehrere attraktive Modelle angeboten werden (z. B. Einstiegsmodelle für Fahranfänger; Fahrzeuge mit großzügigem Raumangebot für Familien; hochwertige, kompakte Fahrzeuge für ältere Kunden).

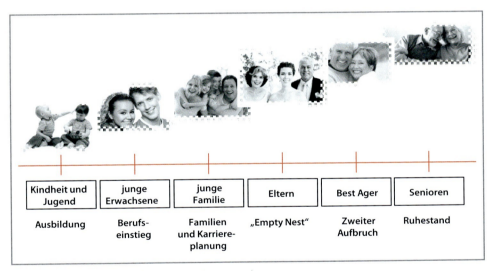

Abb. 1: Lebensphasenmodell (Quelle: eigene Darstellung)

Letztlich geht es bei der Kundenbeziehung darum, die verschiedenen Kaufzyklen miteinander zu verketten, das heißt, einen Kreislauf zwischen Kauf und Wiederkauf herzustellen (siehe Abbildung 2). Auch innerhalb der einzelnen Kaufzyklen lassen sich verschiedene Phasen unterscheiden, die spezifische beziehungsrelevante Aktivitäten erfordern. So wird man in der Nachkaufphase vor allem eine aktive Kundenbetreuung betreiben (z. B. Kundenzufriedenheitsbefragung). In der „kalten" Phase muss der Kunde über den Service und gegebenenfalls über Events angesprochen werden. In der Latenzphase muss dann der Kaufwunsch zusätzlich stimuliert werden, z. B. durch Einladungen zu Modellneuvorstellungen, während dann in der „heißen Phase" ein aktiver persönlicher Kundenkontakt hergestellt werden muss, um einen Kaufabschluss zu realisieren.

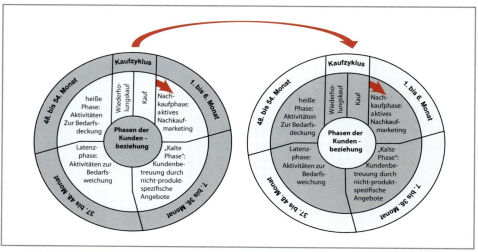

Abb. 2: Verkettung von Kaufzyklen (Quelle: eigene Darstellung)

Im Folgenden sollen entlang der weiter oben definierten drei Phasen einer Kundenbeziehung – Aufbau, Erhaltung und Rückgewinnung – die wesentlichen Strategien und Maßnahmen des Kundenbeziehungsmanagements dargestellt werden.

3 Aufbau von Kundenbeziehungen

3.1 Generierung von Kundenkontakten

Der erste Schritt zum Aufbau einer langfristigen Kundenbeziehung ist die Generierung von Kundenkontakten. Die Maßnahmen, die zur Herstellung eines Kundenkontaktes führen sollen, werden heute vielfach unter dem Begriff des „Lead Managements" zusammengefasst. Unter einem „Lead" ist eine Person zu verstehen, von der anhand bestimmter Verhaltensweisen vermutet werden kann, dass sie Interesse am Kauf der angebotenen Produkte hat. Oder einfacher: Ein Lead ist ein potenzieller Kunde. Das Lead Management umfasst wiederum drei Phasen: die Herstellung eines Kundenkontaktes (Lead-Generierung), die Bewertung des Leads im Hinblick auf die Verkaufschancen (Lead-Qualifikation) sowie schließlich die Umwandlung des Leads in einen Käufer (Lead Conversion).

Für die Lead-Generierung gibt es heute vielfältige Möglichkeiten, die sowohl von den Automobilherstellern wie auch vom Automobilhandel eingesetzt werden können. Dabei kann im Hinblick auf die Art der Lead-Generierung zwischen einer Lead-Generierung durch physische oder virtuelle Präsenz unterschieden werden. Abbildung 3 gibt einen Überblick über die in der Automobilbranche üblichen Ansatzpunkte zur Lead-Generierung. Grundsätzlich ist eine Bedeutungsverlagerung bei der Lead-Generierung in Richtung internetbasierter Aktivitäten festzustellen (siehe Kapitel 6.1).

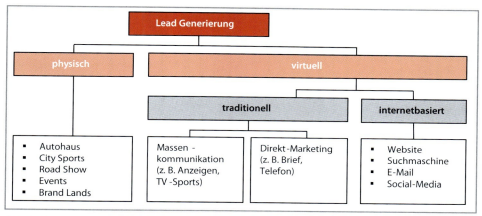

Abb. 3: Generierung von Kundenkontakten (Quelle: eigene Darstellung)

3.2 Qualifizierung von Kundenkontakten

Da die Bearbeitung von Kundenkontakten hohe Kosten mit sich bringt (z. B. Durchführung von Probefahrten), müssen Leads im Hinblick auf die damit verbundenen Verkaufschancen bewertet werden. Ziel der Qualifizierung ist es also, jene Leads zu identifizieren, bei denen eine große Chance für einen Verkaufsabschluss besteht. Durch einen solchen „Sales Funnel" soll die Kundenakquisition sowohl im Hinblick auf die Qualität der Kundenansprüche als auch die Kosten optimiert werden.

Im Rahmen der Lead-Qualifikation können verschiedene Instrumente eingesetzt werden. Am weitesten verbreitet ist das sogenannte Scoring. Dabei wird ein Abgleich zwischen dem Interessenten und dem Zielgruppenprofil vorgenommen. Dies erfolgt in der Form, dass verschiedene Merkmale des potenziellen Käufers dahingehend bewertet werden, ob sie mit den Merkmalen der relevanten Zielgruppen übereinstimmen oder nicht. Je höher der so ermittelte Scoringwert ist, desto größer ist die Chance für einen erfolgreichen Kaufabschluss. Abbildung 4 zeigt die Grundstruktur eines Scoringmodells zur Qualifizierung von Leads.

Da der potenzielle Kunde in einer sehr frühen Phase des Kundenkontaktes kaum bereit sein wird, viele Informationen über sich preiszugeben, muss sich das Scoring auf einige wenige, leicht zu erfassende, gleichwohl aber markante Merkmale mit einer hohen prognostischen Qualität beschränken. Denkbar ist daher auch, den Qualifizierungsprozess mehrstufig aufzubauen, doch müssen dabei auch die Qualifizierungskosten berücksichtigt werden.

Merkmal	Gewicht		Score
Alter	15	unter 30 Jahre	20
		30 – 39 Jahre	60
		40 – 49 Jahre	80
		50 – 59 Jahre	40
		60 und älter	10
Beruf	30	Facharbeiter	30
		Angestellter	60
		Leitender Angestellter	80
		Freiberufler	80
		Geschäftsführer	80
		Pensionär	10
		in Ausbildung	5
Familienstand	25	Allein lebend	20
		Lebenspartnerschaft ohne Kinder	20
		Lebenspartnerschaft mit einem Kind	60
		Lebenspartnerschaft mit 2+ Kindern	80
Aktueller Fahrzeugbesitz	20	Bewertung abhängig vom aktuellen Fahrzeugbesitz (Marke/Modell): Je größer die Affinität zum gesuchten Modell, desto höher der Score-Wert	20 bis 80
Kaufabsicht	10	in weniger als 6 Monaten	80
		6 – 12 Monate	60
		länger als ein Jahr	20
	Rating-Stufe	Erreichung des maximal Score (in Prozent)	
	Nicht interessant	unter 10 Prozent	
	Eventuell interessant	10 – 20 Prozent	
	Interessant	20 – 60 Prozent	
	Sehr interessant	über 60 Prozent	

Abb. 4: Aufbau eines Scorings zur Bewertung von Leads (Quelle: eigene Darstellung)

3.3 Konversion von Kundenkontakten in Kaufabschlüsse

Die Umwandlung eines Leads in einen Kaufabschluss ist die Aufgabe des persönlichen Verkaufs, der in der Regel im Autohaus oder in der werkseigenen Niederlassung eines Herstellers stattfindet (vgl. Diez 2006, S. 381 ff.). Dieser umfasst neben der Beratung des Kunden die Durchführung von Probefahrten und das Angebot von Finanzierungsmöglichkeiten.

Wie zahlreiche Untersuchungen belegen, weist das Lead Management in der Automobilbranche noch zahlreiche Schwachstellen auf. So werden Leads häufig gar nicht oder sehr schleppend bearbeitet (vgl. Merten 2011, S. 44 f.). Die mögliche Folge ist, dass der Kunde sich im Rahmen seines Kaufentscheidungsprozesses im Hinblick auf Marke und Einkaufsstätte neu orientiert.

Da viele Leads heute über Aktivitäten der Automobilhersteller generiert werden (z. B. Internet, Road Shows), sind Regelprozesse zur Lead-Bearbeitung zwischen dem Hersteller und seinen Händlern notwendig. Sie sollen eine schnelle und abschlussorientierte Lead-Bearbeitung sicherstellen.

Der Erfolg des Lead Managements kann anhand der sogenannten Conversion Rate gemessen werden. Sie gibt an, wie viele Leads in Kaufabschlüsse umgewandelt werden konnten. Im Hinblick auf die Interpretation der Conversion Rate ist es zwingend notwendig, die Eingangs- und Erfolgsgrößen zu kennen, da sich sonst z. B. bei fabrikatsübergreifenden Vergleichen Verzerrungen ergeben. Abbildung 5 zeigt den Konversionsprozess bei einem Premiumhersteller. Bezogen auf die Leads, die vom Hersteller an seine Handelsorganisation weitergegeben wurden, wurde eine Conversion Rate von knapp zehn Prozent, bezogen auf die von den Händlern bearbeiteten Leads von knapp 20 Prozent erreicht.

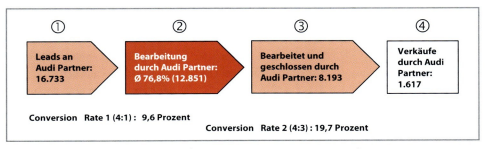

Abb. 5: Lead Management – Praxisbeispiel (Quelle: Audi AG, eigene Berechnungen)

4 Stabilisierung von Kundenbeziehungen

4.1 Kundenzufriedenheit als Grundlage stabiler Kundenbeziehungen

4.1.1 Begriff der Kundenzufriedenheit

In Anlehnung an das Confirmation-/Disconfirmation-Paradigma soll im Folgenden unter Kundenzufriedenheit ein komplexer Informationsverarbeitungsprozess verstanden werden, in dessen Zentrum ein Soll-Ist-Vergleich zwischen den Erwartungen der Kunden (Soll) mit den Leistungen eines Anbieters (Ist) steht. Entsprechen bzw. übertreffen die Leistungen des Anbieters die Erwartungen, resultiert daraus Kundenzufriedenheit oder gar Kundenbegeisterung (vgl. Homburg/ Rudolph 1995, S. 38).

Für die Erreichung hoher Kundenzufriedenheit ist die Kenntnis des Anspruchsniveaus der Kunden von großer Bedeutung. So kann die Leistung zweier Anbieter völlig identisch sein und doch sind die Kunden des einen Anbieters unzufrieden, während die des anderen aufgrund eines niedrigeren Anspruchsniveaus zufrieden sind. Voraussetzung für ein zielorientiertes Zufriedenheitsmanagement ist daher eine genaue Erfassung, Analyse und Priorisierung der jeweiligen Kundenbedürfnisse. Dabei gilt es jedoch zu berücksichtigen, dass auch beim Einsatz kundenzufriedenheitssteigernder Maßnahmen das Gesetz des abnehmenden Grenznutzens gilt, das heißt, dass aufgrund einer permanenten Anspruchsanpassung des Kunden die zufriedenheitssteigernde Wirkung von entsprechenden Maßnahmen nachlässt. In diesem Fall läuft ein Unternehmen, das versucht, die Kundenzufriedenheit zu maximieren, in eine Kostenfalle (vgl. Stahl et al. 2009, S. 251 f.).

4.1.2 Messung der Kundenzufriedenheit

Voraussetzung für ein erfolgreiches Management von Kundenzufriedenheit ist ihre regelmäßige Messung. Abbildung 6 gibt einen Überblick über die in der automobilen Praxis üblichen Verfahren zur Messung der Kundenzufriedenheit. Am weitesten verbreitet ist die multi-attributive Zufriedenheitsmessung anhand von Zufriedenheitsskalen. Bei dieser Befragung werden sowohl produktbezogene Merkmale („Attribute") herangezogen wie auch beratungs- und betreuungsbezogene Aspekte berücksichtigt. Das Ergebnis ist eine differenzierte Beurteilung des von Kunden gefahrenen Fahrzeugs wie auch der Leistungen eines Autohauses im Rahmen des Verkaufs- und Serviceprozesses.

Objektive Verfahren	Subjektive Verfahren	

• Beobachtung vertriebsrelevanter Zielgrößen (z.B. Absatz, Marktanteil)
• Auswertung von Garantie- und Kulanzanträgen
• Durchführung von Qualitätskontrollen
  - im Verkauf („Mystery Shopping")
  - im Service (Werkstatttests)
	Implizite Messung	• Erfassung und Analyse von Kundenbeschwerden
		• Analyse „kritischer Ereignisse" (Critical Incident Technique)

	Explizite Messung	• Messung der Kundenzufriedenheit mit multi-attributiven Zufriedenheitsskalen durch
		  - schriftliche Befragung
		  - telefonische Befragung
		  - Online Befragung

Abb. 6: Ansätze zur Messung der Kundenzufriedenheit (Quelle: eigene Darstellung)

4.1.3 Management der Kundenzufriedenheit

Zufriedenheitssteigernde Aktivitäten umfassen die Ebene der automobilen Kernleistung sowie die Service- und Beziehungsebene. Abbildung 7 gibt einen Überblick über ausgewählte Maßnahmen. Dabei lassen sich auf allen Ebenen Basis-, Leistungs- und Begeisterungsfaktoren im Sinne des Kano-Modells der Kundenzufriedenheit identifizieren (vgl. Diez 2006, S. 79).

Abb. 7: Kundenzufriedenheit und ihre Steuerung (Quelle: eigene Darstellung)

Damit zufriedenheitssteigernde Maßnahmen an der Schnittstelle zum Kunden aufgegriffen und umgesetzt werden, bedarf es einer unternehmensinternen Steuerung der entsprechenden Aktivitäten. Neben der Definition von Prozessabläufen, der Einführung verbindlicher Standards und deren regelmäßiger Kontrolle sowie dem Einsatz unterstützender IT-Systeme ist vor allem die Qualifizierung und Führung der Vertragshändler und ihrer Mitarbeiter, die in einem direkten Kundenkontakt stehen, von erheblicher Bedeutung.

Im Rahmen seiner regelmäßigen Erhebungen über die Entwicklung der Händlerzufriedenheit hat das Institut für Automobilwirtschaft (IFA) eine eindeutige Korrelation zwischen Händler- und Kundenzufriedenheit identifizieren können (vgl. Diez 2004, S. 74). Dieser Zusammenhang kann natürlich nicht einfach monokausal in dem Sinne interpretiert werden, dass eine hohe Händlerzufriedenheit die Ursache für eine hohe Kundenzufriedenheit ist. Es spricht vieles dafür, dass eine hohe Kundenzufriedenheit umgekehrt auch zu einer höheren Händlerzufriedenheit führt. Die Untersuchung von Decker deutet auf eine solche wechselseitige Beeinflussung hin (vgl. Decker 1999).

Bemerkenswert ist der starke Zusammenhang zwischen Mitarbeiter- und Kundenzufriedenheit. Der Mitarbeiter steht – sei es als Verkäufer oder als Kundendienstberater – direkt an der Schnittstelle zum Kunden und hat hier eine offensichtlich wichtige Transformationsfunktion. Es ist davon auszugehen, dass auch Mitarbeiter- und Kundenzufriedenheit sich wechselseitig beeinflussen (vgl. Meffert/Burmann/Kirchgeorg 2008, S. 881).

Vor dem Hintergrund der großen strategischen Relevanz, die die Automobilhersteller dem Ziel einer hohen Kundenzufriedenheit einräumen, wurden auch die Margensysteme der Händler zufriedenheitsorientiert ausgestaltet. Dabei erhalten die Vertragshändler – neben der Grundmarge und anderen Boni – zusätzliche Vergütungen, die von der Höhe der Kundenzufriedenheit, die sie erzielt haben, abhängen. Der maximal mögliche Bonus für eine hohe Kundenzufriedenheit liegt hier bei 2,5 Prozent.

In der Folge haben viele Vertragshändler in die Vergütungssysteme ihrer Mitarbeiter im Verkauf und Service zufriedenheitsabhängige Gehaltsbestandteile integriert. Damit soll ebenfalls eine Anreizwirkung in Richtung Kundenorientierung erreicht werden. Über die Sinnhaftigkeit und Wirksamkeit zufriedenheitsabhängiger Vergütungssysteme gibt es sowohl in der Praxis wie auch in der Wissenschaft eine kontroverse Diskussion (vgl. Jensen 2008). Dies gilt auch für die Automobilbranche (vgl. Diez/Hallamoda/Struever 2008, S. 13). Wie eine aktuelle Erhebung zu den Margensystemen im deutschen Automobilhandel zeigt, wird in zwölf von insgesamt 20 erhobenen Margensystemen die Kundenzufriedenheit bonifiziert (vgl. Diez/Grimberg 2012).

Eine große Bedeutung für das Kundenzufriedenheitsmanagement hat auch das Beschwerdemanagement. Wie Untersuchungen gezeigt haben, sind Kunden, die sich beschwert haben, dann aber mit der Reaktion auf ihre Beschwerde zufrieden waren, letztlich zufriedener als Kunden ohne Beschwerden. Neben der aktiven Erfassung von Beschwerden (z. B. im Rahmen der Zufriedenheitsmessung oder durch eine telefonische Betreuung nach dem Kauf bzw. Service) ist eine schnelle Reaktion auf die Beschwerde von zentraler Bedeutung. Ob ein Kunde mit der Reaktion auf eine Beschwerde zufrieden ist, hängt nämlich nicht nur vom Ergebnis seiner Beschwerde, sondern auch von der Art und Weise, wie der Beschwerdeprozess abgelaufen ist, ab (vgl. Eggert 2002, S. 162).

Zusammenfassend ist festzustellen, dass die Sicherstellung einer hohen Kundenzufriedenheit eine kundenorientierte Ausrichtung der Strategie, Führungsstruktur und Unternehmenskultur erfordert (vgl. Bruhn 2009, S. 56 f.). Dies kann nur erreicht werden, wenn es ein für die Händler und die Mitarbeiter sowohl auf Hersteller- wie auch Händlerebene wahrnehmbares Commitment des Top-Managements gibt.

4.2 Der Zusammenhang zwischen Kundenzufriedenheit und Kundenbindung

Es ist weithin unbestritten und durch zahlreiche empirische Untersuchungen belegt, dass zwischen Kundenzufriedenheit und Kundenbindung ein positiver Zusammenhang besteht. Dies gilt auch für den Automobilbereich (vgl. Korte 1995). Allerdings zeigen verschiedene Studien, dass der Zusammenhang zwischen Kundenzufriedenheit und Kundenbindung nicht linear ist, eine Steigerung der Kundenzufriedenheit um einen bestimmten Prozentsatz also nicht automatisch zu einer entsprechenden prozentualen Erhöhung der Kundenloyalität führt. Vielmehr gibt es eine Vielzahl möglicher und auch in der Praxis auftretender nichtlinearer Beziehungen zwischen diesen beiden Größen (vgl. Homburg/Bucerius 2008, S. 56 ff.).

Insofern scheint Zufriedenheit eine notwendige, jedoch keine hinreichende Bedingung für Loyalität zu sein. Herrmann und Johnson kommen in einer empirischen Untersuchung für die Automobilindustrie zu dem Ergebnis eines sattelförmigen Verlaufs des Zusammenhangs zwischen Kundenzufriedenheit und Loyalität (vgl. Herrmann/Johnson 1999, S. 595):

- Bei niedrigen und mittleren Werten für die Zufriedenheit führt eine Erhöhung der Zufriedenheit nur zu einer geringfügigen Steigerung der Kundenbindung.
- Bei hohen Werten für die Zufriedenheit (nach Überschreitung eines gewissen Schwellenwertes) bewirkt eine Steigerung der Zufriedenheit eine überproportionale Steigerung der Kundenbindung.
- Bei sehr hohen Werten für die Zufriedenheit führt eine weitere Steigerung nur noch zu einer unterdurchschnittlichen Erhöhung der Kundenbindung.

Der Zusammenhang zwischen der Zufriedenheit und der Loyalität der Kunden ist somit komplexer als häufig angenommen. Insbesondere zeigt sich, dass auch eine maximale Kundenzufriedenheit keine hundertprozentige Loyalität bewirkt, wofür die beim Kunden grundsätzlich vorhandene Wechselneigung (Variety Seeking) verantwortlich gemacht werden kann (vgl. Herrmann/Johnson 1999, S. 595).

 Ziel von Automobilherstellern und Automobilhändlern kann also keine Maximierung, sondern muss eine Optimierung der Kundenzufriedenheit sein – nicht zuletzt aus ökonomischen Gründen (vgl. Diez 2011, S. 23).

4.3 Strategien und Maßnahmen zur Steigerung der Kundenbindung

4.3.1 Strategische Ausrichtung des Bindungsmanagements

Das Phänomen Kundenbindung weist grundsätzlich zwei Dimensionen auf: die Verbundenheit und die Gebundenheit (vgl. Bliemel/Eggert 1998, S. 39). Verbundenheit bedeutet dabei, dass der Kunde den Anbieter nicht wechseln will, während er ihn bei Vorliegen von Gebundenheit nicht wechseln kann. Verbundenheit mit einem Unternehmen hängt vor allem von der Zufriedenheit und dem Vertrauen der Kunden ab. Demgegenüber bildet das Vorhandensein ökonomischer Wechselbarrieren die Grundlage für eine mögliche Gebundenheit des Kunden.

Die Schaffung von Verbundenheit oder die Sicherstellung von Gebundenheit stellen zwei grundsätzliche strategische Optionen im Kundenbindungsmanagement dar, wobei jedoch die Verfolgung der einen Strategie die gleichzeitige Verfolgung der anderen nicht ausschließt. Vielmehr stellt sich im Rahmen eines strategisch ausgerichteten CRM eher die Frage nach der Gewichtung beider Ansätze im Rahmen einer ganzheitlichen Kundenbindungsstrategie (vgl. Diez 2011, S. 33 ff.).

4.3.2 Maßnahmen zur Steigerung der Verbundenheit

Es gibt im Wesentlichen vier Instrumente zur Steigerung der Verbundenheit zwischen Händler und Kunde (siehe Abbildung 8):
- Kundenkontaktprogramme,
- Callcenter,
- Kundenclubs sowie
- Internet und Social Media.

Unter einem Kundenkontaktprogramm ist ein Plan zur systematischen Durchführung kundengerichteter Aktivitäten entlang der einzelnen Phasen der Kundenbeziehung zu verstehen. Diese reichen vom Erstkontakt bis zum Wiederholungskauf. Ziel eines Kundenkontaktprogramms ist es, innerhalb der einzelnen Kaufphasen eine Loyalitätsspirale in Gang zu setzen, um dadurch Wechselbarrieren, vor allem im psychischen und sozialen Bereich, aufzubauen.

Durch ein Callcenter werden über Outbound-Funktionalitäten die Kontaktaufnahme zum Kunden (z. B. im Rahmen von Zufriedenheitsbefragungen) und über Inbound-Funktionalitäten die Bearbeitung von kundeninitiierten Kontakten (z. B. Reklamationen, Notrufe) unterstützt. Durch die Verbindung des Callcenters mit einem CRM-System werden alle für die Anrufbearbeitung relevanten Daten auf den Arbeitsplatz des Callcenter-Agenten überspielt und der jeweilige Kunde kann mit den bereits generierten Daten personifiziert betreut werden.

Ein weiteres Instrument, mit dem Kunden langfristig an ein Unternehmen gebunden werden können, sind Kundenclubs. Mit einem Kundenclub sollen die Identifikation, das Commitment und

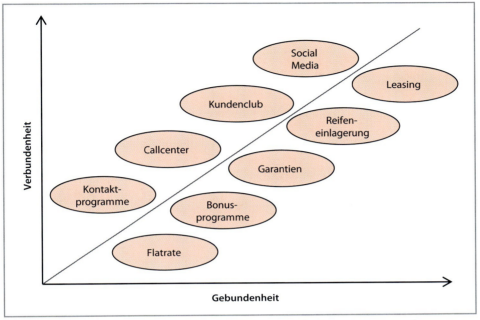

Abb. 8: Bindungsrelevante Aktivitäten von Händlern und Herstellern (Quelle: eigene Darstellung)

das Vertrauen in ein Unternehmen und seine Produkte erhöht und damit Wechselbarrieren erzeugt werden. Konstitutive Elemente von Kundenclubs sind: Kundenclubkarte, Kundenzeitschrift, Kundenclubleistungen sowie Kundenclubevents.

 In der Regel wird der Aufbau eines eigenen Kundenclubs für Automobilhändler zu aufwändig sein. Allerdings lassen sich entlang einzelner Aktivitäten (z. B. Oldtimer, Motorsport) durchaus clubähnliche Kundenstrukturen aufbauen.

Das Internet ist heute ein integrierter Bestandteil für die Kommunikation mit jüngeren, zunehmend aber auch älteren Kunden. Ein wichtiger Ansatz, um die Effizienz des Internets als Kundenbindungsinstrument zu erhöhen, ist das Personalizing. Dabei erhalten Kunden auf der öffentlichen Website eines Unternehmens über eine spezielle Zugangsberechtigung eine eigene Website („Owner"-Site), auf der sie Informationen hinterlassen können (z. B. Anfragen, Beschwerden), auf der aber der Betreiber auch individuelle Informationen platzieren kann (z. B. Einladungen zu Veranstaltungen, individuelle Zubehörangebote, Geburtstagsgrüße).

4.3.3 Maßnahmen zur Steigerung der Gebundenheit

In Zeiten zunehmend bindungsunwilliger Konsumenten versprechen nur solche Instrumente einer Gebundenheitsstrategie einen Erfolg, die auch dem Kunden einen nachvollziehbaren Vorteil bieten. Andernfalls wird er das Bindungsangebot zurückweisen. Der Vorteil kann für den Kunden entweder in einem direkt messbaren wirtschaftlichen Vorteil oder auch in einer höheren Bequemlichkeit und Sicherheit liegen. All dies sind potenzielle Motive, die zur Bindungsakzeptanz führen können. Daher muss bei allen Maßnahmen, die zur Steigerung der Gebundenheit eingesetzt werden, die Frage nach dem Mehrwert einer solchen Bindung für den Kunden gestellt werden. Wesentliche Maßnahmen zur Steigerung der Gebundenheit zeigt Abbildung 8.

Ein im wirtschaftlichen Bereich verankertes Bindungsinstrument sind die sogenannten Flatrates, die dem Kunden im Rahmen eines Paketangebotes finanzielle Vorteile versprechen. Zusätzlich unterstützen Flatrate-Angebote die Risikoaversion von Kunden, da sie die Folgekosten des Autokaufs für ihn berechenbarer machen. Dies betrifft vor allem die Übernahme der Kosten für Wartung und Reparaturen, besonders günstige Finanzierungen und Kfz-Versicherungen, die Kreditabsicherung sowie Garantieverlängerungen.

Bonusprogramme haben in den letzten Jahren in vielen Branchen eine Renaissance erlebt. Im Automobilhandel setzen nach einer Erhebung von Puls Marktforschung aus dem Jahr 2010 rund ein Viertel aller Unternehmen ein Bonusprogramm ein. Am stärksten verbreitet sind dabei die klassischen Stempelhefte mit einem Anteil von 55 Prozent. Dabei erhalten die Kunden – abhängig von den im Stempelheft registrierten Bonuspunkten – Rabatte oder Sachprämien (vgl. Merten 2010, S. 32).

In der Regel eignen sich Bonusprogramme auf Händlerebene vor allem für die Kundenbindung im After-Sales-Bereich. So kann die Inanspruchnahme von bestimmten Leistungen für einen ausgewählten Personenkreis (z. B. Neu- und Gebrauchtwagenkäufer) entweder preislich attraktiver gestaltet oder Zusatzleistungen können günstiger angeboten werden. Eine wirtschaftliche Vorteilhaftigkeit (aus Händlersicht) liegt dann vor, wenn die dadurch zusätzlich generierten Umsätze die Erlösschmälerungen überkompensieren.

Die Reifeneinlagerung erzeugt eine vergleichsweise starke Bindung des Kunden im After Sales, da er die Montage der Sommer- bzw. Winterreifen im jeweilgen Betrieb vornehmen lassen muss. Sie ermöglicht damit nicht nur die Generierung von Umsätzen, sondern erhöht auch die Kontaktfrequenz mit dem Kunden.

Die zweifellos stärkste Form der Kundenbindung stellt das Leasing dar, da der Leasingvertrag während der vereinbarten Laufzeit praktisch unkündbar ist. Aber auch die Finanzierung, insbesondere in Form von sogenannten Schlussratenfinanzierungen, hat eine nicht unerhebliche Bindungswirkung. Beim Leasing kommt zusätzlich noch die Bindung im After Sales hinzu. Zwar ist der Leasingkunde nicht an den Händlerbetrieb gebunden, bei dem er das Fahrzeug geleast hat, sondern lediglich an eine Vertragswerkstatt des entsprechenden Fabrikates. Gleichwohl bietet das Leasing die große Chance für den Händler, diesen Kunden als Werkstattkunden zu gewinnen. Vorteilhaft ist natürlich auch die Tatsache, dass die Dauer des Leasingvertrages bekannt ist und dementsprechend der Leasingnehmer vor Auslauf des Leasingvertrages wegen einer möglichen Ersatzbeschaffung kontaktiert werden kann.

4.4 Ökonomische Erfolgswirkungen

Die Sicherstellung einer hohen Kundenzufriedenheit und Kundenbindung ist kein Selbstzweck, sondern soll der Steigerung der Profitabilität und des Unternehmenswertes dienen.
Im Rahmen einer im Auftrag von DEKRA Automobil GmbH durchgeführten empirischen Erhebung des Instituts für Automobilwirtschaft (IFA) konnte gezeigt werden, dass zwischen Kundenzufriedenheit und Profitabilität im deutschen Automobilhandel ein statistisch nachweisbarer Zusammenhang besteht (vgl. Diez 2011, S. 18 f.). Allerdings zeigt die Erhebung auch, dass eine Steigerung der Kundenzufriedenheit nur zu einem unterdurchschnittlichen Anstieg der Profitabilität führt. Dies deutet darauf hin, dass die Kundenzufriedenheit nur ein Einflussfaktor auf die Händlerprofitabilität ist, der von anderen Faktoren überlagert wird. Dementsprechend kann die Kundenzufriedenheit nicht als der einzige Stellhebel für die Steigerung der Profitabilität im Automobilhandel bezeichnet werden, wenngleich ihr Einfluss aber auch nicht unterschätzt werden darf.
Spezifische Maßnahmen zur Steigerung der Kundenzufriedenheit und der Kundenbindung sollten idealerweise einer genauen betriebswirtschaftlichen Analyse und Bewertung unterzogen werden. Voraussetzung dafür ist ein Controllingsystem, das einen Zugriff auf die dafür relevanten Daten zulässt. Während die Kosten von konkreten Maßnahmen zur Steigerung der Kundenzufriedenheit und der Kundenbindung in der Regel einfach zu erfassen und zu quantifizieren sind, stellt sich dies bei den diesen Maßnahmen zuordenbaren Erträgen erheblich schwieriger dar.

5 Kundenrückgewinnung

Bricht ein Kunde eine Beziehung ab, indem er die Marke oder das Autohaus wechselt, so muss dies nicht zwangsläufig das Ende einer Geschäftsbeziehung bedeuten. Durch ein systematisches Kundenrückgewinnungsmanagement kann eine abgebrochene Kundenbeziehung eventuell wiederhergestellt und fortgesetzt werden. Voraussetzung dafür ist, dass der Abbruch der Beziehung durch den Kunden möglichst frühzeitig erkannt wird. Notwendig ist daher ein konsequentes Monitoring der Kundenkontakte, insbesondere im Service.
Neben der Identifikation und Analyse der Gründe für die Kundenabwanderung sind insbesondere die Maßnahmen zur Rückgewinnung von großer Bedeutung für einen erfolgreichen Abschluss des Prozesses. Hierzu bieten sich monetäre wie auch nichtmonetäre Maßnahmen an. Monetäre Maßnahmen können Rabatte oder Gutscheine sowie besonders attraktive Finanzierungsangebote für rückwanderungswillige Kunden sein. Nichtmonetäre Instrumente sind eine intensive, möglichst persönliche oder telefonische Ansprache des Kunden sowie aktive Betreuungsangebote.

6 Die Rolle des Internets im Kundenbeziehungsmanagement

Durch das Internet wurden die durch die klassischen Medien bekannten Dimensionen Raum, Zeit und Menge vollkommen verändert. Die neuen Medien sind überall abrufbar, sie sind in der Aktualität nicht mehr an Erscheinungsdaten gebunden. Aktualisierungen finden „just in time" statt. Darüber hinaus unterliegt die Menge der Informationen, die verarbeitet werden kann, praktisch keiner Limitierung. Große Mengen von Informationen – man denke nur an das Angebot von Fahrzeugen auf den reichweitenstarken Marktplätzen – können problemlos dargestellt werden. Diese Voraussetzungen erfordern zunehmend schnellere Reaktionszeiten von den Akteuren des Marktgeschehens.

6.1 Die Rolle des Internets beim Aufbau von Kundenbeziehungen

Bereits im Jahr 2000 wurde erkannt, dass sich die Prozesskosten im Automobilvertrieb durch den Einsatz der Neuen Medien signifikant ändern werden. Vor allem der Aufwand in der Kundenakquisition ist im traditionellen Neuwagenvertrieb sehr hoch. Die Neuen Medien bieten Ansatzpunkte für eine nachhaltige Kostensenkung (vgl. Diez 2000). Neue Technologien erlauben mittlerweile die zielgenaue Ansprache von potenziellen Kunden im Netz. Über sogenannte Targeting-Technologien sind Zielgruppen profilgenau zu identifizieren bzw. im Netz wiederzuer-

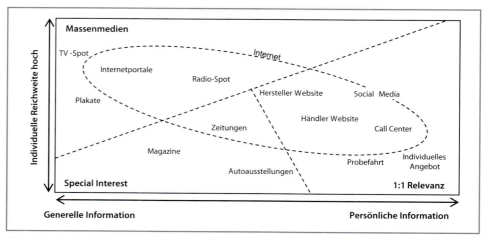

Abb. 9: Das kommunikative Potenzial von Internetportalen (Quelle: eigene Darstellung)

kennen. Speziell die Social-Media-Plattformen werden zukünftig eine bedeutende Rolle spielen, wenn es darum geht, mit diesen Medien kostengünstig Kundengruppen aufzubauen.

Die Selektierbarkeit der Konsumenten wird über die Neuen Medien problemloser. Zudem ist die Anzahl der Instrumente zur Kundengewinnung in den Neuen Medien nahezu unüberschaubar. Bei der Betrachtung der Werkzeuge soll deswegen – vergleichbar der Klassifizierung der Zulieferindustrie – eine Einteilung zwischen First Tier und Second Tier vorgenommen werden. In diesem Sinne sind die Hersteller- und Händlerseiten sowie die Marktplätze als First Tier zu bezeichnen. Als Second Tier sollen Suchmaschinen, Preisvergleichsseiten oder Social-Media-Angebote eingestuft werden. Sie haben die Funktion, die First-Level-Seiten mit Interessenten zu versorgen.

Betrachtet man das gesamte Spektrum der Medien (siehe Abbildung 9) mit den unterschiedlichen Reichweiten inklusive der Detailliertheit der Informationen, ist erkennbar, dass über die Neuen Medien eine individuelle Ansprache – bei gleichzeitiger großer Reichweite – möglich ist. Massenmedien wie TV haben eine hohe Reichweite, sind aber nicht in der Lage gleichzeitig eine individuelle Ansprache umzusetzen. Bei den Internetportalen hat man eine vergleichbare Reichweite, ist aber in der Lage, im gleichen Medium eine 1:1-Kommunikation aufzubauen.

In der Vergangenheit lag die Informationsbereitstellung (Informierenphase) über Marken und Modelle in den Händen von Herstellern und Händlern, die den Markt – und damit den Kunden – stimulierten. Weiter gehende Informationen stellte ausschließlich der Händler in Form von Beratungsgesprächen und Prospekten zur Verfügung. An die Informationsphase, die sich über einen ca. viermonatigen Zeitraum hinzog, da sich Marken- und Modellpräferenzen beim Kunden entwickelten, schloss eine Bewertungsphase an, die sich aus der Analyse des Prospektmaterials, den Aussagen der Händler sowie Testberichten in den Fachmagazinen zusammensetzte. Das Auswahlverfahren wurde gestützt durch Anfragen im Freundes- und Bekanntenkreis. Über den gesamten Zeitraum hatten Hersteller und Händler die Chance, auf die Entscheidungsfindung Einfluss zu nehmen, da sie exklusiv über relevante Zusatzinformationen verfügten und – mangels Verfügbarkeit – ein Vertrauensverhältnis zum Kunden aufbauen konnten.

Mit der Bereitstellung von Informationen im Internet erspart sich der Kunde die langen Wege zu den unterschiedlichen Markenvertretern. Die Produktinformationen findet er auf den Websites der Hersteller. Allein über das Internet kann der potenzielle Kunde sämtliche für ihn notwendigen Informationen zu Produkt und Preis beziehen. Beim Produkt- und Preisvergleich helfen ihm unzählige Portale, ergänzt um Fahr- und Testberichte von Journalisten sowie Bewertungen und Erfahrungen von Fahrzeugbesitzern, die deutlich mehr Objektivität versprechen als die Empfehlungen aus dem Kreis von Freunden und Bekannten. Die intensive Beschäftigung mit seinem Wunschmodell verleiht dem Kunden in der Regel sogar einen Informationsvorsprung gegenüber dem Verkäufer, der sich angesichts der Modellfülle nicht in gleicher Tiefe mit dem spezifischen Modellwunsch des Kunden auskennt. Mit diesem Wissen kommt der Kunde in der Entscheidungsphase zum Handel (siehe Abbildung 10).

Vor diesem Hintergrund ist es nicht überraschend, dass das Internet sowohl beim Gebraucht- wie auch beim Neuwagenkauf seit Anfang des letzten Jahrzehnts erheblich an Bedeutung gewonnen hat. So informieren sich heute 91 Prozent der Gebrauchtwagen- und 56 Prozent der Neuwagenkäufer vor ihrem Kauf im Internet (vgl. DAT 2011).

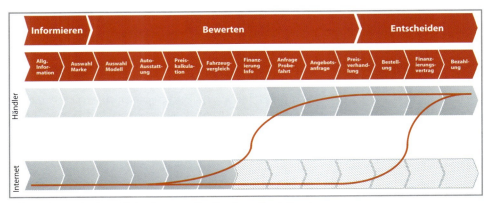

Abb. 10: Internetbasierter Verkaufsprozess (Quelle: eigene Darstellung)

 Die Kaufentscheidungsphase hat sich seit Einführung des Internets durchschnittlich um vier Monate auf heute acht Wochen reduziert. Das deutliche Nachlassen der Markenloyalität lässt darauf schließen, dass Hersteller und Händler an Einflusskraft verloren haben. Die Marktbearbeitung erfordert deshalb neue, schnellere und intelligentere Systeme, die es dem Handel erlauben, den Kunden früher zu kontaktieren und den kürzeren Entscheidungsprozess aktiv zu steuern.

6.2 Aufbau von Kundenbeziehungen über Herstellerportale

Die Automobilhersteller thematisieren auf ihren Webseiten die vertriebsorientierten Handlungsfelder: Neuwagen, Gebrauchtwagen, Service & Zubehör (After Sales) sowie Finanzdienstleistungen.

Zum Zweck der Kundengewinnung liegt der Schwerpunkt auf dem Neuwagenbereich. Dem Kunden werden sämtliche produktspezifischen Informationen der unterschiedlichen Modellreihen vorgestellt. Insbesondere in der Kaufentscheidungsphase „Informationsbeschaffung" bietet das Internet mit seinen unterschiedlichen Angeboten dem Kunden einen bislang nicht bekannten Mehrwert. So erlauben markenspezifische Fahrzeugkonfiguratoren eine individuelle Zusammenstellung von Wunschfahrzeugen. Bei diesem Vorgang zur Informationsbeschaffung werden dem Kunden unterschiedliche Optionen zur Kontaktaufnahme mit Hersteller oder Handel angeboten. Dahinter steht das konkrete Ziel, ein Lead Management zu implementieren und darüber einen Bestand an potenziellen Kunden aufzubauen. Dazu gehört auch das Feld der Generierung von Probefahrten, die bei vielen Herstellern zum wesentlichen Bestandteil der Webseiten zählen.

Zwangsläufig entsteht an dieser Stelle ein Spannungsfeld zum traditionellen stationären Automobilhandel hinsichtlich der Verwendbarkeit der so gewonnenen Adresse. Schließlich tangiert der Hersteller mit diesen Aktivitäten das generische Aufgabenfeld des Handels. Zukünftig wird es noch wichtiger in der Zusammenarbeit von Hersteller und Handel sein, präzise die Aufgabenbereiche im Aufbau eines Kundenbeziehungsmanagements zu definieren.

Zudem verfügen einige Webseiten der Hersteller über geschlossene Bereiche (Login), die eine Abspeicherung individueller Konfigurationen erlauben. Die vorkonfigurierten Wunschfahrzeuge werden direkt an den Handel weitergeleitet, der auf diesem Wege äußerst detaillierte Informationen über den Wunsch des Kunden bekommt. Die Phase der Bedarfsermittlung im Kaufprozess am Point of Sale wird damit erheblich verkürzt oder fällt ganz weg. Diese geschlossenen Bereiche sind inzwischen derart intelligent mit dem betreuenden Händler verknüpft, dass auch eine nachträgliche Änderung der Konfiguration des Fahrzeuges eine Information an den Verkäufer via Push-Mail auslöst.

Bislang wird in Deutschland die Möglichkeit des Direktvertriebs über das Internet noch von keinem Hersteller genutzt. Dennoch gibt es genügend Beispiele für Hersteller, die diesen Vertriebsweg erfolgreich auf ausländischen Märkten einsetzen.

Der Navigationspunkt „Gebrauchtwagen" auf den Herstellerwebsites umfasst generell Vorführwagen, Geschäftswagen, Jahreswagen und Gebrauchtwagen. Um sich gegenüber den markenneutralen Automarktplätzen abzugrenzen, spielen zusätzliche Qualitätsmerkmale, wie beispielsweise Gebrauchtwagensiegel, eine wichtige Rolle. Zudem werden in der Regel eher jüngere Fahrzeuge angeboten, wobei das Angebot zu einem hohen Prozentsatz auf die eigene Marke beschränkt bleibt. Einige Hersteller verzichten auf ihrer Website vollständig auf das Angebot von Fremdmarken.

Während also das originäre Interesse des Herstellers in der Neuwagenvermarktung liegt, ist für den Handel das Service-, Teile- und Zubehörgeschäft von elementarer Bedeutung. Eine direkte Kundengewinnung für Servicedienstleistungen wäre zwar wünschenswert, ist jedoch bis heute in den wenigsten Fällen umgesetzt. Die Kundenansprache in diesem Geschäftsfeld ist über das Internet und die Website eher allgemeiner Art. Lediglich die jahreszeitspezifischen Aktionen für Service, Zubehör, Teile und aktuelle Angebote sind abgestimmt und werden kommuniziert. Mit zunehmender Wichtigkeit des Markenservice für die Kundenzufriedenheit wird dieser Bereich in Zukunft jedoch deutlich an Bedeutung gewinnen. Dies gilt insbesondere für das margenstarke Originalteilegeschäft. Entsprechende Systeme, Direktverkäufe und Neukundengewinnung abzuwickeln, sind bereits am Markt verfügbar, werden jedoch nur vereinzelt eingesetzt.

Finanzdienstleistungen haben sich sowohl aus vertriebspolitischer als auch ergebnisorientierter Sicht für die Hersteller zur wichtigen Säule des Geschäftes entwickelt. In den verschiedenen Sonderzins- oder Leasingaktionen findet heute aktive Verkaufsunterstützung statt. Die Neuen Medien zeichnen sich dadurch aus, dass kurzfristig angelegte und neue Aktionen schnell umgesetzt werden können. Zielgenauer als in den klassischen Medien kann eine individuelle Zuordnung von Sonderaktionen für bestimmte Fahrzeuge vorgenommen werden. Über die Leasing- und Finanzkalkulationen wird die unverbindliche Preisempfehlung des Herstellers zunehmend in den Hintergrund gedrängt und bietet damit den idealen Einstieg in den Dialog mit Hersteller oder Händler.

6.3 Aufbau von Kundenbeziehungen über Händlerwebsites

Bei genauer Betrachtung der Webseitenlandschaft des Handels lässt sich feststellen, dass dort generell die gleichen Leistungsfelder wie bei den Herstellern präsentiert werden. Lediglich die Schwerpunktsetzung unterscheidet sich, da der Handel dem Gebrauchtwagen-, Service- und Zubehörgeschäft eine höhere Bedeutung zugesteht. Die Kundengewinnung konzentriert sich auf die Kommunikation des umfangreichen Leistungsangebotes „vor Ort". Standorte der Händlergruppe oder des Händlers werden präzisiert, Routenbeschreibungen erleichtern dem Interessenten die Anfahrt. Immer häufiger werden Online-Serviceanfragen möglich, in selteneren Fällen ist bereits das Angebot einer Online-Buchung für einen Servicetermin gegeben. Mittlerweile existieren zahlreiche Anbieter, die es dem Händler ermöglichen, die eigene Werkstattbelegung kundenfreundlich über Internetportale bzw. die eigene Webseite ansteuern zu lassen. Auch Angebote von ausgewählten Servicedienstleistungen werden auf Auktionsplattformen präsentiert.

Dagegen hat sich der Gebrauchtwagenhandel mittlerweile stabil im Internet etabliert. Der Handel präsentiert sein Angebot an Gebrauchtwagenfahrzeugen auf speziell auf die Bedürfnisse des Handels und des Kunden zugeschnittenen Marktplätzen, die ihre Technik für eine zielgerichtete Angebotsdarstellung zur Verfügung stellen. Der Händler ist frei in der Präsentation seines Angebotes und unterliegt keinen Vorgaben eines Herstellers. Speziell das Thema „Fremdfahrzeuge" kann offen angeboten werden. Die virtuellen Marktplätze kommen damit der existenziellen Notwendigkeit eines aktiv betriebenen Gebrauchtwagengeschäftes des Handels entgegen. Zudem bieten die Marktplätze immer häufiger Funktionen an, die – wie beispielsweise ein Call-Back-Button – die Möglichkeit des Dialogs zwischen Anbieter und Interessent erleichtern.

„Stiefmütterlich" wird das Thema „Neuwagen" behandelt. Selten werden mehr als einige Bestandsfahrzeuge auf den Händlerwebseiten präsentiert. Kundengewinnung wird verstärkt über Anzeigen für Neuwagen auf den Webseiten dargestellt, die sich jedoch oftmals in allgemeinen Aussagen erschöpfen. Für eine aktive Kundengewinnung sind sie ungeeignet. Deshalb wird der Besucher der Händlerwebsite bei der Neuwagenrecherche auf die Seiten des Herstellers weitergeleitet.

Finanzdienstleistungen als Instrument zur Kundengewinnung werden auf den Händlerwebsites recht unterschiedlich eingesetzt. Einerseits werden gern die Herstellerbanken eingebunden, aber auch unabhängige Finanzierungsinstitute sind mit wachsender Tendenz auf vielen Seiten vertreten. Dennoch: Speziell bei vom Hersteller initiierten Absatzförderungsprogrammen spielen die Angebote der herstellergebundenen Finanzdienstleister eine führende Rolle.

Neben den genannten vier Leistungsfeldern bietet die eigene Webseite dem Handel die Möglichkeit, dort lokale Geschehnisse zu präsentieren, auf Veranstaltungen hinzuweisen und so einen Bezug der Kundennähe herzustellen. Insbesondere der Einsatz von Social Media hat in diesem Zusammenhang interessante neue Wege zur Kundengewinnung aufgezeigt. So binden viele Händler ihre Webseiten inzwischen in Social-Media-Seiten ein und weisen darüber aktiv auf Veranstaltungen oder Events in ihrem Haus hin. Social Media gehört dabei – neben der persönlichen Empfehlung – zu den kostengünstigsten Varianten, eine große Anzahl von Kunden tagesaktuell über die Aktivitäten des Autohauses zu informieren.

6.4 Aufbau von Kundenbeziehungen über Marktplätze

Seit sich die ersten Marktplätze gegen Ende der 1990er Jahre im Internet entwickelt haben, hat sich eine Reihe von spezialisierten Portalen etabliert, die unterschiedliche Zielgruppen mit maßgeschneiderten Produkten ansprechen. Dabei wurden verschiedene Geschäftsmodelle installiert, die dem Handel bei der Kundengewinnung helfen.

Auf den Marktplätzen werden hauptsächlich Gebrauchtwagenkunden gewonnen. Die Neuwagen spielen zwar noch eine untergeordnete Rolle, werden aber in den nächsten Jahren an Bedeutung gewinnen. Aktuell liegt der Anteil an Gebrauchtfahrzeugen bei den führenden Automobilportalen bei 80 bis 90 Prozent. Über diese Börsen generieren die Automobilhändler die meisten Anfragen für Gebrauchtfahrzeuge. Die Herstellerseiten liefern deutlich weniger Interessenten. Entsprechend sind die großen Börsen für die meisten Automobilhändler das wichtigste Vertriebs- und Marketinginstrument für Gebrauchtwagen geworden – und damit der wichtigste Vertriebskanal.

Von der allgemein wachsenden Akzeptanz der Vertriebsschiene Internet profitiert auch der Neuwagenhandel. Vermehrt stößt der Neuwageninteressent bei seiner Suche nach Informationen zu seinem Wunschfahrzeug auch auf konkrete Angebote für Neuwagen mit attraktiven Nachlässen. In den vergangenen Jahren haben sich in diesem Segment Spezialanbieter eingerichtet, die dem Kunden die Möglichkeit einräumen, über markenübergreifende Fahrzeugkonfiguratoren sein Wunschfahrzeug vom heimischen PC aus zusammenzustellen und zu bestellen. Gleichzeitig locken die Neuwagenvermittler mit attraktiven Nachlässen, die aus einem schlanken Geschäftsmodell in Verbindung mit einem hohen Absatzvolumen resultieren. Vor allem die führenden Neuwagenbörsen betrachten das gesamte Bundesgebiet als ihr Verkaufsgebiet und sind nicht auf regionale Märkte beschränkt. Zusätzlich profitieren sie davon, dass der Neuwageninteressent über die Gebrauchtwagenbörsen über einen mittlerweile bewährten und bekannten Absatzkanal für sein Altfahrzeug verfügt. Die Neuwagenvermittler können somit auf den Inzahlungsnahmeprozess verzichten, der die Komplexität des Neuwagengeschäftes deutlich erhöht.

Beliefert werden die Vermittler ausschließlich von markengebundenen Vertragshändlern. Die Einsparungen an Vertriebskosten geben diese Markenhändler in Form attraktiver Nachlässe an die Neuwagenbroker weiter. Gleichzeitig profitieren sie von einem höheren Absatzvolumen, das vom Hersteller in Form zusätzlicher Boni oder anderer Marketingunterstützung honoriert wird. Darüber hinaus können regional bedingte Absatzschwankungen durch die Zusammenarbeit mit einem Neuwagenvermittler zeitnah kompensiert werden. Aufgrund des hohen Rabattwettbewerbs, dem die Internetvermittler unterliegen, kommen jedoch nur Händler als Lieferanten infrage, die diese Nachlassrallyes auch mitgehen können.

Während die großen Händler über diesen bislang noch überschaubaren Absatzkanal eine konstante Anzahl von Neukunden gewinnen können, müssen sie sich jedoch von weiteren Erlösen aus Wartung, Reparatur und Zubehör verabschieden. Nur in den wenigsten Fällen werden die Fahrzeuge an Kunden aus dem eigenen Einzugsgebiet ausgeliefert. Es handelt sich entsprechend um eine individuelle, kritische und strategische Entscheidung jedes Händlers, sich in diesem Geschäftsmodell zu engagieren.

Eine unüberschaubare Zahl von Serviceprodukten, Teilen und Zubehör wird inzwischen auf den Marktplätzen angeboten. Von der Inspektion bis zum Komplettradsatz wird hier alles vermarktet. Die Händler bedienen sich den unterschiedlichsten Verkaufsformaten: Neben der Kleinanzeige, bei der das zu verkaufende Produkt gegen ein Entgelt gelistet wird, werden bis zur Auktion sämtliche bekannten Formate genutzt. Dabei haben sich insbesondere die großen Auktionsplattformen als gute Quelle für die Neukundengewinnung erwiesen.

7 Zusammenfassung und Ausblick

Kundenzufriedenheit und vor allem Kundenbindung sind wesentliche Erfolgsfaktoren im Automobilgeschäft der Zukunft. Damit sie erfolgreich umgesetzt werden, bedarf es einer engen Abstimmung zwischen Herstellern und Händlern, denn letztlich unterscheidet der Kunde nicht zwischen der Zufriedenheit mit dem Produkt einerseits und der Zufriedenheit mit der Beratung und Betreuung andererseits. Kundenzufriedenheit wird ganzheitlich, das heißt in Bezug auf die Marke, wahrgenommen.

Daher muss eine klare Aufgabenverteilung zwischen dem Hersteller und seiner Handelsorganisation bestehen. In einem solchen System der verteilten Verantwortlichkeiten muss der Hersteller vor allem eine hohe Zufriedenheit mit der Produktqualität, der Lieferzeit und der Kulanzabwicklung sicherstellen. Der Händler ist andererseits für die Beratungs- und Betreuungsqualität, die Kaufabwicklung sowie die Servicequalität verantwortlich (siehe Abbildung 11).

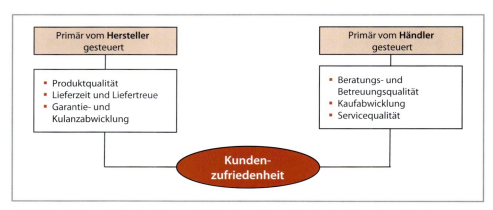

Abb. 11: Hersteller- und Händlereinfluss auf die Kundenzufriedenheit (Quelle: eigene Darstellung)

Gleichzeitig müssen sich Hersteller und Händler bei der Erfüllung dieser Aufgaben gegenseitig unterstützen. Insofern hängt der Grad der Kundenzufriedenheit und der Kundenbindung ganz entscheidend vom Grad der partnerschaftlichen Zusammenarbeit im Automobilvertrieb und -service ab.

Prof. Dr. Stefan Reindl, Mark Klümper

XII Mobilitätsdienstleistungen in der Automobilwirtschaft

Das Aktivitätsniveau hinsichtlich der individuellen Mobilität wird – so verschiedene Prognosen – in Zukunft weiter ansteigen. Daher werden in diesem Kapitel Mobilität schaffende, Mobilität sichernde und Mobilität erweiternde Dienstleistungen vorgestellt, abschließend wird auf deren Umsetzung und Praxisrelevanz eingegangen.

1 Rahmenbedingungen der individuellen Mobilität
2 Angebotsstrukturen in der Automobilwirtschaft
3 Umsetzung und Praxisrelevanz von Mobilitätsdienstleistungen

1 Rahmenbedingungen der individuellen Mobilität

Wie zahlreiche Untersuchungen belegen, erwies sich die Pkw-Nutzung in der Vergangenheit als relativ robust gegen politische Eingriffe in die Verkehrsmittelwahl. Nur durch eine sehr massive Verteuerung und Behinderung der individuellen Mobilität, wie z. B. durch eine noch höhere Besteuerung des Individualverkehrs oder massive Eingriffe in die Infrastruktur, ließen sich nachhaltige Effekte erreichen. Solche Maßnahmen würden nach einer ersten Einschätzung allerdings auch nur dazu führen, das Niveau des Straßenverkehrs in etwa auf den heutigen Stand zu begrenzen. Was die Entwicklungen des Automobilmarktes insgesamt anbelangt, ist davon auszugehen, dass sich die bereits in den letzten Jahren erkennbaren kaufrelevanten Trends für Automobile nicht nur fortsetzen, sondern möglicherweise sogar noch beschleunigen werden. In einer aktuellen Prognose von Shell wurden zwei Szenarien zur künftigen Entwicklung der Motorisierung bis zum Jahr 2030 entworfen. Die Motorisierung – sie ist hier als Anteil der erwachsenen Bevölkerung, inklusive der juristischen Personen, angegeben – steigt im „Trend-Szenario" von rund 570 Pkw je 1.000 Einwohner schrittweise auf knapp 610 Pkw und Kombi, im „Alternativ-Szenario" auf rund 650 Pkw und Kombi (siehe Tabelle 1). Im Jahr 2030 werden dann zwischen 40 und 80 Automobile mehr auf 1.000 Erwachsene entfallen als heute. Dies entspricht einem Zuwachs von bis zu 14 Prozent. Getragen wird dieses Wachstum nach wie vor vor allem durch Frauen, also im Besonderen durch den Zweit- und Drittwagenbesitz in Familien. Außerdem kommt es den Shell-Prognosen zufolge besonders bei den Männern zwischen 18 und 29 Jahren sowie bei den Senioren ab 60 Jahren zu überproportionalen Motorisierungszuwächsen.

		„Trend-Szenario"			„Alternativ-Szenario"		
	2011	2020	2025	2030	2020	2025	2030
Pkw-Bestand (Mio.)	42,9	46,6	47,2	49,2	48,9	49,6	51,8
Motorisierung (Pkw je 1.000 Erwachsene)	570	580	600	610	580	610	650
Neuzulassungen pro Jahr (Mio.)	3,17	3,3	3,1	3,0	3,6	3,5	3,5
Alternative Antriebe (Anteil in v. H.)	2%	6%	16%	27%	15%	43%	66%

Tab. 1: Pkw-Bestand, Motorisierung und Neuzulassungen bis 2030 (Quellen: DIW 2010, VDA 2011, Shell 2010)

Entgegen der Voraussagen zu den Entwicklungslinien im Absatzmarkt für Automobile geht eine Vielzahl von Prognosen zum Mobilitätsverhalten davon aus, dass auch die Personenverkehrsleistungen in Zukunft weiter ansteigen werden. Besonders die individuelle Mobilität mit Pkw und Kombi, aber auch mit Krafträdern und Mopeds sowie die Verkehrsleistungen der Taxen und Mietwagen werden in den kommenden Jahren noch kräftig wachsen.

2 Angebotsstrukturen in der Automobilwirtschaft

2.1 Das automobile Dienstleistungsspektrum

Für die Automobilwirtschaft könnte die Fokussierung der Angebotsstrukturen auf Mobilitätsdienstleistungen sowohl einen Beitrag zur Beschäftigungssicherung als auch zu den Innovationszielen der Automobilbranche leisten. Zudem würde man den langfristigen Trends im Kundenverhalten wie der Ökologieorientierung, dem Wunsch nach Flexibilisierung und Multi-Optionalität sowie gleichzeitig der zunehmenden Preis- und Kostensensibilität gerecht.

MOBILITÄTSDIENSTLEISTUNGEN		
Mobilität schaffend	Mobilität sichernd	Mobilität erweiternd
■ Kaufberatung u. Probefahrten ■ Finanzierung u. Leasing ■ Kfz-Versicherung ■ Fahrzeugvermietung ■ Car-Sharing ■ Fahrschule ■ Fahrzeugrücknahme (Recycling) ■ Umtauschrechte ■ Buy Back	■ Gewährleistung/Kulanz/Mobilitätsgarantie ■ Technischer Service mit – Beratung am Fahrzeug – Hol- u. Bring-Service – Ersatzwagen – Express-Service – 24-Stunden-Dienste – mobiler Wartungsservice ■ Full-Service-Leasing ■ Fuhrpark-/Flotten-Management	■ Intramodale Mobilitätskonzepte (Mobility Card) ■ Pool Leasing ■ Fahrzeugvermietung ■ Reisebüro ■ Kundenclub ■ Car-Sharing

Tab. 2: Mobilitätsdienstleistungen in der Automobilwirtschaft (Modifizierte Darstellung in Anlehnung an Rennert 1993, S. 111, Diez 2006, S. 165, und Diez/Reindl 2005, S. 425)

Die mobilitätsaffinen Dienstleistungen im Automobilbereich orientieren sich heute sehr stark am traditionellen Leistungsspektrum der Automobilbranche. So können grundsätzlich neben Mobilität schaffenden und Mobilität sichernden Dienstleistungen auch Mobilität erweiternde Dienstleistungen unterschieden werden, wobei einzelne Leistungsangebote durchaus in allen drei Kategorien ihren Platz finden können (siehe Tabelle 2).

2.2 Mobilität schaffende Dienstleistungen

2.2.1 Kaufberatung und Probefahrten

Zu den Kerndienstleistungen im Automobilhandel zählt heute insbesondere die *Kaufberatung mit Probefahrten*. Der persönliche Verkauf wird überall dort eingesetzt, wo es um den Absatz komplexer, erklärungsbedürftiger und hochpreisiger Produkte geht. Damit ist er in der Automobilwirtschaft die typische Verkaufsform – mit einer nach wie vor hohen Akzeptanz. Die Kaufberatung ist allerdings nur ein Tätigkeitsbereich, der zum Aufgabenspektrum von Automobilverkäufern zählt. Dieses ist weitaus größer und umfasst:

- *Akquisitionsaufgaben*, mit der Gewinnung von Neukunden und der Bedarfsweckung bei Stammkunden,
- *Kommunikationsaufgaben*, mit der Beratung von Kunden, der Durchführung von Probefahrten und der Ansprechmöglichkeit bei Rückfragen,
- *Abschlussaufgaben*, mit der Vorbereitung und Führung des abschließenden Verkaufsgespräches, den Preisverhandlungen und dem Vertragsabschluss,
- *Serviceaufgaben*, mit der Fahrzeugübergabe und technischen Einweisung, der Entgegennahme von Kundenbeschwerden in der Nachkaufphase und der Einladung von Kunden zu Veranstaltungen und Verkaufsförderungsaktionen,
- *Informationsaufgaben*, mit der Stammdatenpflege und der Beobachtung des Wettbewerbsumfeldes, sowie
- *Koordinationsaufgaben*, mit der Sicherstellung des Auslieferungstermins, der Fahrzeugfinanzierung, der Versicherung und Zulassung der Kundenfahrzeuge.

Gerade neuere Untersuchungen wie der DAT-Report 2011 unterstreichen die Bedeutung des persönlichen Verkaufs für die Automobilwirtschaft. So informierten sich im Jahr 2010 während der Kaufphase 90 Prozent der Neuwagenkäufer bei einem fabrikatsgebundenen oder freien Händler, 63 Prozent nahmen 2010 eine Probefahrt in Anspruch. Etwa 56 Prozent der Käufer von Neuwagen nahmen auch das Internet zur Hilfe. Beim Gebrauchtwagenkauf hingegen vertrauten lediglich 49 Prozent der Kunden auf Gespräche mit freien und markengebundenen Händlern. In diesem Bereich war der Anteil derer, die auf Informationen im Internet zurückgriffen, wesentlich höher. Rund 91 Prozent der Gebrauchtwagenkäufer informierten sich hier über das Angebot.
Nicht zuletzt aufgrund der wettbewerbsrechtlichen Rahmenbedingungen in Europa ist die Wettbewerbssituation beim Verkauf von Neuwagen weitestgehend geklärt. Abgesehen von Grauimporten und Direktgeschäften der Hersteller und Importeure werden die Beratung und der Verkauf durch den fabrikatsgebundenen Automobilhandel abgewickelt. Demgegenüber dominieren private Verkäufe den Gebrauchtwagenmarkt. Gut 45 Prozent aller gebrauchten Pkw wurden im Jahr 2010 nach DAT-Angaben von privaten Anbietern, 38 Prozent von fabrikatsgebundenen und 17 Prozent von freien Händlern abgesetzt.

2.2.2 Finanzierung und Leasing

Die wichtigsten Arten automobilwirtschaftlicher Finanzdienstleistungen sind die Finanzierung (siehe Tabelle 3), das Leasing sowie die Versicherung von Fahrzeugen. Ihre Bedeutung hat in den letzten Jahrzehnten stetig zugenommen. So wurden im Jahr 2011 allein durch die zwölf Mitgliedsinstitute des Arbeitskreises der Banken und Leasinggesellschaften der Automobilwirtschaft (AKA) rund 40 Prozent aller neu zugelassenen Fahrzeuge mit Finanzierungs- und Leasingverträgen verkauft. Hinzu kommen Abschlüsse der branchennahen und -fremden Kreditinstitute sowie der Gebrauchtwagenmarkt. Schätzungen gehen davon aus, dass insgesamt 75 Prozent aller zugelassenen und umgeschriebenen Fahrzeuge in Deutschland in irgendeiner Form zumindest anteilig finanziert oder geleast sind.

FINANZIERUNGSART	Anteil am Kaufpreis (in %)	
	Neuwagenkauf	Gebrauchtwagenkauf
eigene Ersparnisse	41,6	55,3
Erlöse aus Vorwagenverkauf	16,3	14,8
Geschenke/Zuschüsse	4,9	5,9
Kredit	37,2	24,0

Tab. 3: Anteilige Finanzierung im Privatkundengeschäft (Quelle: DAT-Report 2011)

Mit dem Angebot von *Finanzierungs- und Leasingangeboten* verfolgen die Hersteller und Händler im Wesentlichen die folgenden strategischen und operativen Ziele:
- die Überwindung möglicher Kaufhemmnisse sowie die Optimierung der Preisdurchsetzung und Preispositionierung (*Absatzförderungsfunktion*),
- die Akquisition von Neukunden und die Optimierung der Kundenbindung (*Kundenbindungsfunktion*),
- die Erhöhung der Planbarkeit des Neu- und Gebrauchtwagengeschäfts (*Koordinierungsfunktion*) sowie
- die Schaffung neuer Umsatz- und Ertragsquellen (*Gewinnerzielungsfunktion*).

Die *Absatzförderungsfunktion* ist insbesondere in konjunkturschwachen Zeiten oder für Fahrzeuge mit einer – aus welchen Gründen auch immer – unzureichenden Marktakzeptanz von Bedeutung. Finanzierung und Leasing stellen insofern brauchbare Instrumente zur Absatzförderung dar, da mit günstigen Finanzierungs- und Leasingkonditionen das tatsächliche Ausmaß von Preisnachlässen gegenüber dem Kunden verschleiert werden kann. Auf diese Weise können temporäre Kaufanreize geschaffen werden, ohne dass die langfristige Preispositionierung im Markt aufgegeben werden muss. Außerdem ist bei Finanzierungs- und Leasingkunden mit kürzeren Haltedauern zu rechnen. Nach Angaben des AKA verkaufen rund 40 Prozent der Finanzierungs- und Leasingkunden ihre Fahrzeuge bereits wieder, bevor sie drei Jahre alt sind. Im

Gegensatz dazu sind es nur knapp 30 Prozent der Barzahler, die ihr Fahrzeug so schnell umsetzen. Darüber hinaus wählen solche Kunden häufiger Zusatzausstattungen, leisten sich anstatt eines Gebrauchtwagens ein neues Fahrzeug oder wählen ein größeres Modell. Die Hälfte aller Autobanken-Kunden sind zudem Zweit- oder Mehrwagenbesitzer.

Die *Kundenbindungsfunktion* wird daraus deutlich, dass aufgrund des Leasingvertrages der Zeitpunkt des Ersatzbedarfes genau vorhersehbar ist und der Kunde rechtzeitig auf einen Folgekauf oder ein neues Leasingangebot angesprochen werden kann. Nach den Ergebnissen der AKA-Studie haben Finanzierungs- und Leasingkunden eine sehr stärkere Bindung zur Marke und zum Autohaus. Auf Basis dieser Effekte erhöht sich gleichzeitig auch die Planbarkeit hinsichtlich der Zeit- und Absatzdimension im Neu- und Gebrauchtwagengeschäft, woraus die *Koordinierungsfunktion* von Finanzdienstleistungen verdeutlicht wird. Außerdem ist der Leasingnehmer während der Vertragslaufzeit häufig verpflichtet, seine Wartungsdienste in einer Vertragswerkstatt des Herstellers in Auftrag zu geben. Daraus ergeben sich für das Werkstatt- und Teilegeschäft positive Rückwirkungen.

Aufgrund des Trends zum Downstream-Management – also der Ausschöpfung von der Produktion nachgelagerten Wertschöpfungsoptionen – in der Automobilwirtschaft wird schließlich die *Gewinnerzielungsfunktion* immer bedeutender (siehe Tabelle 4). Wegen der relativ niedrigen Refinanzierungskosten und fehlender Kosten für die Führung eines Filialnetzes können Herstellerbanken im Vergleich zu den Universalbanken attraktive Konditionen anbieten und gleichzeitig noch interessante Margen realisieren. Angesichts sinkender Bruttoerträge im Kerngeschäft werden daher Finanzdienstleistungen für die Automobilhersteller immer wichtiger.

Im Neuwagengeschäft wird heute bis zu einem Viertel der über den gesamten Lebenszyklus eines Pkw oder Kombi gerechneten Wertschöpfung und bis zu einem Fünftel des Gewinns erwirtschaftet. Ähnlich hoch sind die Umsatz- und Gewinnanteile im Finanzdienstleistungsbereich der Automobilwirtschaft. Während viele Automobilkonzerne heute einen nicht unerheblichen Teil ihres operativen Gewinns aus dem Finanzdienstleistungsgeschäft generieren (siehe Tabelle 4), dürften

Angaben in Mio. Euro	OPERATIVES ERGEBNIS 2010		
	Gesamt	Financial Services	Financial Services in v. H.
General Motors	5.592	96	1,7 %
Ford Motor Company	5.346	2.246	42,0 %
Volkswagen AG	7.141	932	13,1 %
Daimler AG	7.274	831	11,4 %
BMW Group	5.094	1.214	23,8 %
Renault	3.490	1.435	41,1 %

Tab. 4: Gewinnanteile ausgewählter Automobilhersteller aus dem Fahrzeug- und Finanzdienstleistungsgeschäft [Quellen: Herstellerangaben, Berechnungen am Institut für Automobilwirtschaft (IFA) 2012]

nach Berechnungen des Instituts für Automobilwirtschaft im Handelsgeschäft der Autohäuser lediglich zwischen 0,1 und 0,5 Prozent der Umsatzrendite aus diesem Geschäftsbereich stammen.

Aufgrund der hohen Attraktivität des Finanzdienstleistungsmarktes nimmt die Zahl der herstellerunabhängigen Wettbewerber ständig zu. Dies gilt insbesondere auch für die wachsende Zahl von Finanzdienstleistungsanbietern im Internet. Betrachtet man die jeweilige Wettbewerbsposition der verschiedenen Anbieter im Finanzdienstleistungsmarkt, so bleibt zunächst festzuhalten, dass die besondere Stärke der herstellergebundenen Banken darin besteht, dass sie über ihre Handelsorganisationen über einen kundennahen Absatzweg verfügen. Ein weiterer Vorteil der herstellergebundenen Banken – sogenannte Captives – besteht darin, dass der jeweilige Vertragshändler beim Kauf eines Neuwagens in der Regel den Erstkontakt mit dem Kunden hat, sodass er Kaufinteressenten schon im Beratungsgespräch ein Finanzierungsangebot unterbreiten kann. Außerdem verfügen die herstellergebundenen Banken gemeinsam mit den Händlern über ein hohes Know-how im Fahrzeuggeschäft, was insbesondere bei der Weitervermarktung von Leasingrückläufern von Bedeutung ist. In diesem Zusammenhang sind auch Absatzförderungsaktionen über spezielle Leasing- oder Finanzierungskonditionen zu nennen. Non-Captives sind nicht in der Lage, mit den durch die Hersteller subventionierten Niedrig-Zins-Angeboten herstellergebundener Banken und Leasinggesellschaften zu konkurrieren.

2.2.3 Kraftfahrzeug-Versicherungen

Verstärkt versuchen die Automobilhersteller auch *Versicherungsdienstleistungen* zu penetrieren. Dies geschieht nicht zuletzt vor dem Hintergrund, dass man dadurch dem Wunsch der Automobilkunden nach einem umfassenden Dienstleistungsangebot rund um das Fahrzeug nachkommen möchte. Ziel ist neben einer Ertragsoptimierung ebenso eine Erhöhung der Kundenzufriedenheit sowie die Vertiefung der Kundenbindung an die Automobilmarke. Die Versicherer der Automobilhersteller haben darüber hinaus aufgrund ihrer Nähe zum Kernprodukt „Automobil" eine hohe Akzeptanz bei den Automobilkunden.

Die Penetrationsrate des Automobilhandels bei der Kraftfahrzeugversicherung dürfte heute bei rund einem Fünftel aller Neu- und Gebrauchtwagen liegen. Trotz des hohen Anteils an Händlern, die Kfz-Versicherungen im Autohaus anbieten, können nach den Ergebnissen einer Repräsentativbefragung der PULS Markt- und Medienforschung aus dem Jahr 2011/2012 etwa die Hälfte der Händler höchstens jeden zehnten Neuwagenkäufer gleichzeitig für den Abschluss einer Autoversicherung gewinnen. Weitere 25 Prozent der Händler können immerhin zwischen 21 und 40 Prozent ihrer Neuwagenverkäufe mit einer Autoversicherung ausstatten und etwa ein Achtel der Händler schafft dies immerhin bei jedem fünften Neuwagen. Das Absatzpotenzial des automobilwirtschaftlichen Vertriebskanals im Versicherungsgeschäft wird auf eine Penetrationsrate von insgesamt 25 bis 30 Prozent aller Verkäufe geschätzt.

2.2.4 Fahrzeugvermietung

Über die traditionellen Kerngeschäftsfelder – wie den Neu- und Gebrauchtwagenverkauf sowie die Teile- und Kundendienstbereiche – hinaus konnte sich als Produktsupport vor allem die Autovermietung im Angebotsspektrum der automobilwirtschaftlichen Akteure etablieren.

> **DEF.** Unter **Automobilvermietung** versteht man die befristete entgeltliche Überlassung eines Fahrzeuges zur Nutzung durch einen Mieter.

Zu unterscheiden sind in diesem Zusammenhang das Ersatzwagengeschäft sowie das traditionelle Vermietgeschäft für die private und geschäftliche Nutzung. Das *Ersatzwagengeschäft*, bei dem den Automobilkunden bei Unfallinstandsetzungen, Reparaturen, Kulanz- und Garantiearbeiten Ersatzwagen entgeltlich zur Verfügung gestellt werden, wird durch Werkstätten und Autohäuser häufig in Kooperation mit den händlereigenen Vermietfirmen wahrgenommen. Mittlerweile sind in Deutschland z. B. mehr als 3.500 Volkswagen-, Audi-, Skoda- und Seat-Händler mit über 22.000 Mietwagen an 2.650 Standorten als Lizenzpartner der 1992 gegründeten Vermietgesellschaft „Euromobil" vertreten (Stand 12/2011). Zudem besitzen etwa 1.265 Opel-Partner mit etwa 10.000 Fahrzeugen eine Lizenz von „Opel Rent" (Stand 12/2011).

Fahrzeugvermietungen über das Ersatzwagengeschäft hinaus sind im Automobilhandel heute eher noch eine Seltenheit, da entsprechende Marketingstrategien entweder noch nicht entwickelt wurden oder vorhandene kaum konsequent verfolgt werden. Die Umsatzstruktur der händlereigenen Autovermietungen unterscheidet sich daher erheblich von der Situation bei den reinen Autovermietern. Rund ein Drittel des Umsatzes stammt aus dem Ersatzwagengeschäft – ein Segment, das die traditionellen Autovermieter nicht explizit bedient hatten. Mehr als ein weiteres Drittel des Umsatzvolumens der fabrikatsgebundenen Vermietungen wird im Unfallersatzwagengeschäft generiert. Vor diesem Hintergrund und unter dem Wettbewerbsdruck der „Großen Vier" (Sixt, Europcar, AVIS und Hertz) war die Zahl der kleineren, lokalen Autovermieter in der Vergangenheit stark rückläufig. In den Marktsegmenten der Geschäftsreise und der Touristik sind die Autohäuser als Autovermieter kaum oder gar nicht vertreten.

Als systemimmanente Schwäche des Automobilhandels im Vermietgeschäft hat sich dabei vor allem das Fehlen der „One-way-Mieten" herausgestellt. Diesem Markt haben sich heute die großen Autovermietgesellschaften angenommen. Mit einem Anteil von rund zwei Dritteln des Branchenumsatzes beherrschen sie das Autovermietgeschäft in Deutschland.

2.3 Mobilität sichernde Dienstleistungen

2.3.1 Gewährleistung, Garantie und Kulanz

Am 1. Januar 2002 hat sich das Kaufrecht grundlegend geändert. Dies wurde nötig, um das EU-Recht, insbesondere auf dem Gebiet des Verbraucherschutzes, in deutsches Recht umzusetzen.[1] Für den Automobilhandel sind vor allem

- die Verlängerung der Sachmängelhaftung,
- die Beweislastumkehr bei Mängeln, die innerhalb von sechs Monaten nach Auslieferung des Fahrzeuges auftreten, sowie
- die Einführung des Verbrauchsgüterkaufs

von Bedeutung. Im Neuwagengeschäft schreibt der Gesetzgeber eine zwei Jahre geltende *Sachmängelhaftung* vor.

> Die *Gewährleistung* (bzw. Haftung für Sachmängel) ist im BGB geregelt. Sämtliche Ansprüche knüpfen an das Vorliegen eines Sachmangels bei Ablieferung der Kaufsache an. Die Ansprüche richten sich ausschließlich gegen den Verkäufer, nicht gegen den Hersteller der Sache.

Von einem *Sachmangel* spricht der Gesetzgeber dann, wenn bei Übergabe des Fahrzeuges die vereinbarte Beschaffenheit nicht gegeben ist. Ein Sachmangel liegt beim Neuwagenkauf z. B. dann vor, wenn das Fahrzeug nicht einem fabrikneuen Wagen entspricht.[2] Nicht unter die Sachmängelhaftung fallen Verschleißteile wie z. B. Brems- und Kupplungsbeläge.

Damit die gesetzliche Sachmängelhaftung greift, muss das Fahrzeug bereits bei Übergabe mangelhaft gewesen sein. Handelt es sich dabei um einen sogenannten Verbrauchsgüterkauf, so gilt innerhalb der ersten sechs Monate nach Abnahme des Fahrzeugs die Vermutung, dass der Mangel schon bei der Fahrzeugübergabe vorlag. Es wird in diesem Zusammenhang von „*Beweislastumkehr*" gesprochen, denn der gewerbliche Verkäufer bzw. Händler muss beweisen, dass der Mangel nicht schon bei der Übergabe des Fahrzeugs vorlag. Demgegenüber muss der Käufer beweisen, dass der Mangel schon bei der Übergabe vorhanden war, wenn es sich nicht um ei-

---

[1] Seit dem Inkrafttreten der Gesetzesänderungen der Schuldrechtsreform am 01.01.2002 ist die Lieferung einer mangelfreien Sache gem. § 433 Abs. 1 S. 2 BGB Teil der Leistungspflicht des Verkäufers. Anknüpfungspunkt für die Auslösung der Gewährleistungsrechte des Käufers ist die Verletzung dieser Pflicht aus § 433 Abs. 1 S. 2 BGB. Die auf den Kaufgegenstand selbst bezogene Schlechtleistung des Verkäufers hat der Gesetzgeber des BGB in einem speziellen Gewährleistungsrecht (§§ 434 ff. BGB) geregelt. Dieses ist seinerseits seit der Schuldrechtsreform in das allgemeine Leistungsstörungsrecht eingebettet (§ 437 BGB) und modifiziert dieses lediglich punktuell (§§ 438 BGB ff.).

[2] Ein Sachmangel liegt z. B. auch dann vor, wenn zugesicherte Eigenschaften, die der Käufer nach den öffentlichen Äußerungen des Verkäufers, des Herstellers oder seines Gehilfen insbesondere in der Werbung erwarten kann, nicht zutreffen oder fehlen. Dies gilt nur dann nicht, wenn der Verkäufer die Äußerung nicht kannte oder nicht kennen musste, wenn sie im Zeitpunkt des Vertragsschlusses in gleichwertiger Weise berichtigt war oder wenn sie die Kaufentscheidung nicht beeinflussen konnte.

nen Verbrauchsgüterkauf handelt oder wenn der Mangel erst nach Ablauf von sechs Monaten entdeckt wird.

> **DEF.** Von einem **Verbrauchsgüterkauf** wird dann gesprochen, wenn eine Privatperson von einem Unternehmer ein Fahrzeug erwirbt. Die Unternehmereigenschaft liegt aber nicht nur bei Autohändlern vor, sondern auch dann, wenn eine Firma oder ein Selbstständiger Geschäftsfahrzeuge veräußert.[3]

Anderslautende Regelungen betreffen auch den G*ebrauchtwagenkauf*. Formularverträge für den privaten Verkauf enthalten in der Regel einen Sachmängelhaftungsausschluss zugunsten des privaten Verkäufers für Fahrzeugmängel. Dieser Haftungsausschluss ist nach ständiger Rechtsprechung des BGH auch für Schwerstmängel zulässig. Handelt es sich aber wie im Neuwagengeschäft um einen Verbrauchsgüterkauf – also wenn ein Verbraucher von einem Unternehmer (Händler) kauft –, so darf die Sachmängelhaftung beim Gebrauchtwagenkauf nicht gänzlich ausgeschlossen werden. Sie kann lediglich auf ein Jahr verkürzt werden, denn die Schutzvorschriften des Verbrauchsgüterkaufs sind zwingend, sodass jegliche Umgehung unzulässig ist. Unzulässig wäre z. B. die Beauftragung oder Zwischenschaltung einer Privatperson, die das Fahrzeug des Unternehmers unter Ausschluss der Sachmängelhaftung verkauft. Außerdem kann es nicht zulässig sein, wenn der Verkäufer den Gebrauchtwagen im Kaufvertrag als „Bastlerfahrzeug" ausweist oder mit Vermerken „zur Ausschlachtung" oder „geringe Restlaufzeit" spezifiziert, um so die Mangelhaftigkeit des Fahrzeugs bereits als Vertragsbestandteil aufzunehmen. Indizien für eine Umgehung liefern in einem solchen Fall der Preis, die Laufleistung oder der Zeitpunkt der letzten Hauptuntersuchung. Ist die Sache bzw. das Neu- oder Gebrauchtfahrzeug mangelhaft, kann der Käufer unter den gesetzlichen Voraussetzungen

- zunächst die kostenlose Nacherfüllung verlangen,
- den Kaufpreis mindern (wenn die Nacherfüllung fehlschlägt) oder
- vom Vertrag zurücktreten.

Zunächst wird der Käufer im Rahmen der *kostenlosen Nacherfüllung* nach seiner Wahl die Beseitigung des Mangels – die sogenannte Nachbesserung – oder die Lieferung eines mangelfreien Fahrzeuges verlangen – die sogenannte Ersatzlieferung. Bei zwei erfolglosen Versuchen zur Nacherfüllung, beim Verstreichen der vom Käufer angemessenen Frist zur Nacherfüllung (etwa zwei Wochen) oder wenn eine Frist entbehrlich ist, weil der Verkäufer sich verweigert hat, kann der Käufer den *Kaufpreis mindern* oder vom *Vertrag zurücktreten*, wobei die Minderung die gleichen Voraussetzungen wie der Rücktritt hat. Beim Rücktritt ist der Käufer zum Ausgleich des Vorteils verpflichtet, den er durch die Nutzung des Fahrzeugs bis zu seiner Rückgabe erlangt

---

[3] Verbraucher ist nach § 13 BGB jede natürliche Person, die ein Rechtsgeschäft zu einem Zweck abschließt, der weder ihrer gewerblichen noch ihrer selbstständigen Tätigkeit zugerechnet werden kann. Unternehmer ist gemäß § 14 BGB eine natürliche oder juristische Person.

hat. Die Rechtsprechung bewertet den auszugleichenden Vorteil heute überwiegend mit 0,67 Prozent des reinen Kaufpreises des Fahrzeuges pro gefahrene 1.000 Kilometer, wobei die Überführungs- und Zulassungskosten in der Regel in die Berechnungen nicht einbezogen werden.[4] Die gesetzlichen Ansprüche bei Mängeln im Zusammenhang mit dem Neuwagenkauf verjähren in zwei Jahren ab Lieferung des Fahrzeuges.[5]

> Bei *Garantien* handelt es sich stets um eine vertraglich festgelegte, freiwillige Leistung des Verkäufers, meist aber des Herstellers einer Sache. Welche Leistungen von der Garantie umfasst sind, ergibt sich aus den jeweiligen Garantiebedingungen und nicht aus dem Gesetz. Die Ansprüche sind – soweit sich aus den Garantiebedingungen nichts anderes ergibt – gegenüber dem Garantiegeber, meist also dem Hersteller, geltend zu machen. Die Garantiebedingungen können höchst unterschiedlich sein.

Einige Automobilhersteller statten ihre Fahrzeuge mit sogenannten *Herstellergarantien* als selbstständigen Anspruch, neben der hiervon unabhängigen Sachmängelhaftung, aus (siehe Tabelle 5). Solche Garantien sind unterschiedlich ausgestaltet und häufig lediglich auf die Nachbesserung oder Fehlerbeseitigung an bestimmten Fahrzeugaggregaten bezogen.[6] Üblicherweise kommen Lack-, Durchrostungs- und Mobilitätsgarantien zum Einsatz. Darüber hinaus können Anschlussgarantien bzw. Garantieversicherungen gegen Aufpreis abgeschlossen werden. Die Leistungen sind in der Regel an sogenannte Garantiebedingungen geknüpft. Der Käufer muss dann seine Ansprüche bei einem vertraglich gebundenen Händlerbetrieb des Herstellers geltend machen, der dann im Auftrag des Herstellers die Garantieleistungen ausführt. Garantiebedingungen sehen oftmals vor, dass sämtliche Reparatur- und Wartungsarbeiten in einer Vertragswerkstatt durchzuführen sind. Dem gegenüber legt die europäische Rahmengesetzgebung jedoch fest, dass solche Bedingungen nicht zulässig sind. Dadurch können auch die freien Werkstätten bei diesen Arbeiten mit den Vertragswerkstätten in Wettbewerb treten.

Zu bedenken ist aber, dass Automobilhersteller häufig auch nach Ablauf der Sachmängelhaftungs- oder Garantiefrist für einen gewissen Zeitraum noch auf freiwilliger Basis die Reparaturkosten bei Mängeln ganz oder teilweise im Rahmen sogenannter *Kulanzleistungen* übernehmen. Diese sind weder gesetzlich noch vertraglich geregelt. Sie stellen freiwillige Leistungen des Herstellers einer Sache dar und können – ähnlich wie Garantieleistungen – an bestimmte Bedingungen geknüpft sein. Solche Leistungen werden aber in der Regel nur dann gewährt, wenn der Nachweis eines lückenlos geführten Servicehefts erbracht werden kann und zuvor sämtliche Arbeiten in einer Vertragswerkstatt durchgeführt wurden.

---

[4] Der Minderbetrag ist ohnehin im Wege der Schätzung zu ermitteln. Es handelt sich hierbei also immer um eine Einzelfallentscheidung. Im Streitfall wird ein Sachverständiger hinzugezogen, der den Minderbetrag festlegt.
[5] Nach einem Urteil des Bundesgerichtshofs vom Januar 2005 gelten unbenutzte Autos auch nach einer Tages- oder Kurzzulassung noch als Neuwagen.
[6] Garantien gehen nach den Allgemeinen Geschäftsbedingungen der meisten Automobilhersteller auf den Zweiterwerber (Gebrauchtwagenkäufer) über.

MARKE	NEUWAGEN-GARANTIE	KORROSIONS-GARANTIE	LACK-GARANTIE	ANSCHLUSSGARANTIE
Audi	2 Jahre	12 Jahre	3 Jahre	Verlängerung um bis zu 12 Monate
BMW	nur Gewährleistung	12 Jahre	3 Jahre	Verlängerung um bis zu 12 Monate
Citroën	2 Jahre	12 Jahre (Pkw)	3 Jahre (Pkw)	Verlängerung um bis zu 60 Monate
Fiat	2 Jahre	8 Jahre (Pkw)	3 Jahre	Verlängerung um bis zu 36 Monate
Ford	2 Jahre	6/8/10/12 Jahre*	keine	Garantieschutzbrief bis 5 Jahre/100.000 km
Mazda	3 Jahre/100.000 km	12 Jahre*	3 Jahre	Verlängerung um bis zu 12 Monate/200.000 km
Mercedes	nur Gewährleistung	30 Jahre	keine	Garantiepaket für 24 Monate/200.000 km
Mitsubishi	3 Jahre/100.000 km	12 Jahre	3 Jahre/100.000 km	Verlängerung um bis zu 36 Monate/max. 150.000 km
Nissan	3 Jahre/100.000 km	12 Jahre	3 Jahre	Verlängerung um bis zu 24 Monate/max. 150.000 km
Opel	2 Jahre	12 Jahre*	keine	Verlängerung um bis zu 10 Jahre/200.000 km
Peugeot	2 Jahre	12 Jahre (Pkw)	3 Jahre (Pkw)	Verlängerung um bis zu 36 Monate/max. 180.000 km
Porsche	nur Gewährleistung	10 Jahre	3 Jahre	keine (optional GW-Garantie)
Renault	2 Jahre	12 Jahre (Pkw)	3 Jahre	Verlängerung um bis zu 24 Monate/max. 100.000 km
Seat	2 Jahre	6 bis 12 Jahre*	3 Jahre	Verlängerung um bis zu 36 Monate/max. 200.000 km
Skoda	2 Jahre	10 bis 12 Jahre*	3 Jahre	Verlängerung um bis zu 36 Monate/max. 200.000 km
Toyota	3 Jahre/100.000 km	12 Jahre	3 Jahre	Verlängerung um bis zu 24 Monate/max. 200.000 km
Volvo	2 Jahre	8 Jahre	2 Jahre	Verlängerung um bis zu 60 Monate/max. 150.000 km
VW	2 Jahre	12 Jahre (Pkw)	3 Jahre	Verlängerung um bis zu 36 Monate/max. 200.000 km

* abhängig vom Modell

Tab. 5: Gewährleistung und Garantien der Automobilhersteller (Quelle: Herstellerangaben, Stand 3/2012)

2.3.2 Technischer Service

Die Automobilkunden gaben im Jahr 2010 rund 9,7 Mrd. Euro für die Wartung ihres Fahrzeuges, 8,5 Mrd. Euro für Verschleißreparaturen aus. Hinzu kommen etwa 15,8 Mrd. Euro für die Instandsetzung von Unfallschäden, also hauptsächlich Karosserieinstandsetzungs- und Lackierarbeiten.[7] Der Automobilservice ist demnach von enormer gesamtwirtschaftlicher Bedeutung.

> **DEF.** Der **technische Service** umfasst alle Leistungen, die für die Sicherstellung des Gebrauchsnutzens des Automobils notwendig sind. Der Servicemarkt umfasst dabei die Bereiche Wartung, Reparatur und (Unfall-)Instandsetzung von Kraftfahrzeugen. Sachlich (und vor allem auch den Statistiken zufolge) ist dem Servicemarkt auch die Versorgung mit Ersatzteil- und Zubehörteilen zuzuordnen. Zu unterscheiden sind – ähnlich wie im Neuwagenbereich – auch im Servicegeschäft die Märkte für Nutzfahrzeuge und Personenkraftwagen (Pkw) bzw. Kombinationskraftwagen (Kombi).

Noch in den 80er Jahren und zu Beginn der 90er Jahre konnten in diesem Markt hohe Wachstumsraten erzielt werden. Aber bereits zwischen 1996 und 1999 stagnierte dann das Umsatzvolumen im Servicegeschäft deutlich. Lediglich im Zeitraum zwischen 2001 und 2004 war dann wieder ein deutlicher Aufwärtstrend im Umsatzvolumen erkennbar (siehe Abbildung 6). Gemessen am Auftragsvolumen werden über 95 Prozent aller Wartungsarbeiten und Verschleißreparaturen heute durch gewerbliche Anbieter ausgeführt. Zu diesen Anbietergruppen zählen vor allem Vertragshändler und -werkstätten sowie freie Werkstätten. Der Do-it-yourself-Bereich (DiY) und die Bekanntenhilfe – inklusive der „Schattenwirtschaft" – haben sich auf einen Anteil bis zu zehn Prozent eingependelt.

Die Gesamtzahl der Betriebsstätten im Kfz-Gewerbe hat zwischen 2000 und 2010 von 41.700 auf 38.050 Meisterbetriebe abgenommen, die Anzahl der Beschäftigten verringerte sich im gleichen Zeitraum von 483.000 auf 453.000 Mitarbeiter. Nicht zuletzt weil Hersteller und Importeure bei Servicewerkstätten keine quantitative Selektion mehr ausüben dürfen, hat aber die Anzahl der fabrikatsgebundenen Autohäuser und Vertragswerkstätten zumindest bis 2004 auf 25.690 Markenbetriebe deutlich zugenommen. Das seit Jahren zu beobachtende „Werkstattsterben" hat jedoch dazu geführt, dass sich die Anzahl der markengebundenen Betriebe inzwischen wieder auf rund 18.000 Unternehmen verringert hat. Darüber hinaus existieren heute keine Begrenzungen hinsichtlich des Mehrmarkenservice mehr, wodurch sich die „Anzahl der Betriebsstätten" bei Markenwerkstätten eher auf die Bestandszahlen bei den Vertragsbeziehungen bezieht.
Der Eintritt neuer und die Expansion etablierter Systemanbieter ist dagegen ein Phänomen, das sich nicht erst seit den Liberalisierungsbestrebungen der EU-Kommission zeigt. Vor allem Sys-

---
[7] Nicht einberechnet sind Arbeiten an Neu- und Gebrauchtwagen, die z. B. bei der Aufbereitung und im Rahmen der Garantie oder Kulanz durch die Autohäuser und Werkstätten ausgeführt werden.

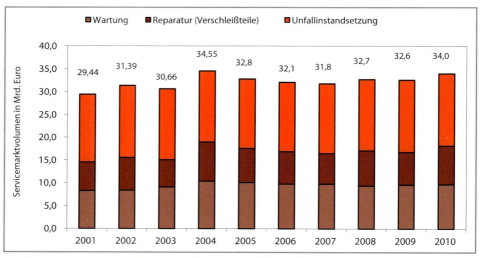

Abb. 6: Umsatzentwicklung im Servicegeschäft [Quellen: DAT 2011, ZDK 2012 sowie Berechnungen am Institut für Automobilwirtschaft (IFA) 2012]

temkonzepte für freie Werkstätten und Fachmärkte konnten sich in den vergangenen Jahren fest im Servicemarkt etablieren, obwohl der Gesamtmarkt rückläufige Tendenzen aufweist.

Dabei zeigt die Analyse des Serviceaufkommens im Verlauf der letzten zehn Jahre, dass die Häufigkeit der jährlichen Wartungen und Reparaturen tendenziell zurückgegangen ist. Waren im Jahr 1993 noch durchschnittlich 1,2 Werkstattbesuche für Wartungsarbeiten pro Jahr und Fahrzeug zu verzeichnen, so lag der Wert 2010 nur noch knapp bei etwa einem Wartungsereignis je Bestandsfahrzeug. Ein ähnlicher Trend ist auch im Bereich der Verschleißreparaturen nachzuvollziehen. Hier kam es im Verlauf der letzten Dekade zu einer Abnahme von etwa einer jährlichen Reparatur (0,94 im Jahr 1996) zu nur noch 0,67 Werkstattaufenthalten je Pkw und Kombi im Jahr 2010.

Die rückläufige Nachfrage im Automobilservice ist hauptsächlich auf den technischen Fortschritt und die damit einhergehende steigende Qualität der Fahrzeuge zurückzuführen. Dies hat bereits zu einer längeren Nutz- und Haltbarkeit des einzelnen Fahrzeugs sowie zur Ausweitung der Wartungsintervalle bei Pkw und Kombi geführt. Zusätzlich trägt die Verlängerung der Lebensdauer von Verschleißteilen zur negativen Entwicklung bei der Häufigkeit von Werkstattbesuchen bei.

Bei der Servicenachfrage ist aber auch die Wartungs- und Reparaturhäufigkeit in Abhängigkeit vom Fahrzeugalter von Interesse, denn die Wettbewerber im Servicemarkt richten ihre Strategien auf die einzelnen Alterssegmente aus. Hierbei ist auch ein deutlicher Zusammenhang zwischen der Häufigkeit von Werkstattbesuchen und dem Alter der Pkw und Kombi erkennbar: Lag die Wartungshäufigkeit bei den bis zu zwei Jahre alten Fahrzeugen mit einem Wert von 0,5 im Jahr 2010 noch deutlich unter dem Gesamtdurchschnitt aller Fahrzeugaltersklassen (0,9 Wartungen je Pkw und Kombi), so ergaben sich – insbesondere für die vier bis sechs Jahre alten Fahrzeuge – wesentlich höhere Häufigkeitswerte. Die geringeren Wartungsbesuche im

Segment der Fahrzeuge ab acht Jahren lassen sich u. a. durch eine Verschiebung in Richtung von Verschleißreparaturen erklären.

Wesentlich deutlicher als im Wartungsbereich zeigt sich der Zusammenhang zwischen dem Fahrzeugalter und der Reparaturhäufigkeit. Die vergleichsweise hohe Häufigkeit an Werkstattbesuchen innerhalb der ersten vier Autojahre ergibt sich hauptsächlich aus Arbeiten an der Fahrzeugelektrik und Motorelektronik. Im sechsten Fahrzeugjahr kommen vielfach Instandsetzungen an der Abgasanlage, an den Bremsen sowie an der Radaufhängung und Lenkung hinzu. Insbesondere die Fahrzeugsegmente über vier Jahre erwiesen sich deswegen in der Vergangenheit wegen der altersabhängig zunehmenden Reparaturintensität bei Verschleißteilen als volumenstarke Marktsegmente im Servicegeschäft.

Neben der Häufigkeit von Werkstattaufenthalten spielt auch die Höhe der Aufwendungen bzw. deren Entwicklung im Zeitablauf eine gewichtige Rolle für das Servicegeschäft. Beim Wartungs- und Reparaturaufwand ließ sich lediglich bis 2003 ein leicht ansteigender Trend beobachten. Seither sind die jährlichen Wartungs- wie Reparaturaufwendungen je Fahrzeug rückläufig. Aber auch die Aufwendungen für Servicearbeiten sind erheblich vom Alter der Fahrzeuge abhängig, denn sie steigen mit zunehmendem Alter der Fahrzeuge an. Aufgrund der Gewährleistungs-, Garantie- und Kulanzleistungen von Herstellern und Importeuren ergeben sich die niedrigsten Reparaturaufwendungen in der Altersklasse bis zu zwei Jahren.

Auf Basis der Daten zur Häufigkeit und den Aufwendungen bei Wartung und Reparatur werden ältere Fahrzeuge auch auf lange Sicht die großen Umsatzträger im Servicegeschäft bleiben. Beim Vergleich der Altersklassen des Jahres 2001 anhand der gängigen Servicesegmente I (bis vier Jahre), II (fünf bis sieben Jahre) und III (acht bis zehn Jahre) mit den Bestandstrukturen zu Beginn der Jahre 2003 und 2006 ergibt sich folgendes Bild (siehe Abbildung 7): Insgesamt ist der

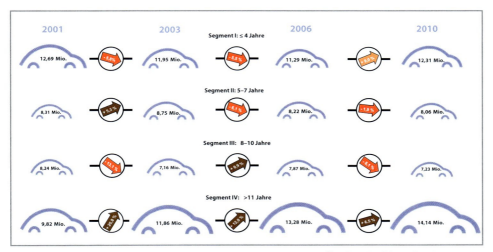

Abb. 7: Entwicklung des Fahrzeugbestands in einzelnen Alterssegmenten [Quellen: Kraftfahrt-Bundesamt 2001 bis 2011, Berechnungen am Institut für Automobilwirtschaft (IFA) 2010, Berechnungsgrundlage: Fahrzeugbestand inkl. vorübergehend stillgelegter Fahrzeuge]

Fahrzeugbestand von 45,38 Mio. Fahrzeugen am 1. Januar 2005 auf über 47,88 Mio. Fahrzeuge im Jahr 2010 (1. Januar 2010) angestiegen. Während im Segment I seit dem Jahr 2001 eine leichte Abnahme auf 12,31 Mio. Fahrzeuge (2010) zu verzeichnen war, konnte insbesondere das vierte Reparatursegment in diesem Zeitraum hinzugewinnen. Die bereits eingangs aufgeführten Gründe – die steigende Qualität der Fahrzeuge und die längere Teilelebensdauer – werden dafür verantwortlich sein, dass das Volumensegment IV (älter als elf Jahre) auch in Zukunft noch weiter anwächst. Im Segment II war dagegen lediglich bis 2003 ein leichter Zuwachs zu verzeichnen. Seither ist auch in diesem Alterssegment eine leichte Rückläufigkeit im Bestand zu erkennen. Die Bestandsentwicklung in Abhängigkeit vom Fahrzeugalter ist hauptsächlich für die fabrikatsgebundenen Werkstätten und Autohäuser problematisch, denn die Kundenloyalität zur Markenwerkstatt nimmt nach dem vierten Fahrzeugjahr deutlich ab.

2.3.3 Full-Service-Leasing sowie Fuhrpark- bzw. Flottenmanagement

Das *Full-Service-Leasing* konnte sich als Angebotserweiterung des Finanzdienstleistungsbereichs hauptsächlich bei Nutzfahrzeugen durchsetzen. Es schließt neben dem Fahrzeug auch dessen Wartungs- und Reparaturarbeiten in die Leasingrate ein.

Im Flotten- bzw. Fuhrparkmanagement schließlich sehen die Hersteller und Importeure ein großes und zukunftsweisendes Marktpotenzial, wenngleich der Markt in Deutschland im internationalen Vergleich noch verhältnismäßig unterentwickelt ist. Unter *Flottenmanagement* – oder in einer Vielzahl von Publikationen auch Fuhrparkmanagement genannt – ist die systematische Konzeptionierung und Steuerung eines Fuhrparks zu verstehen. Es umfasst sowohl die Organisation als auch das Betreiben eines Fuhrparks, einschließlich des täglichen Einsatzes. Die Aufgabenfelder des Fuhrparkmanagements sind in der Abbildung 8 zusammenfassend dargestellt. Der Umfang des Fuhrparkmanagements reicht demnach über das des Full-Service-Leasings weit hinaus. Insbesondere schließt er die operative Steuerung der Fahrzeugflotte (Einsatz- und Tourenplanung) mit ein. Gegenstand des Fuhrparkmanagements können sowohl Pkw- wie auch Nutzfahrzeugflotten sein.

Der Markt für Fuhrparkmanagement-Leistungen ist in Deutschland im internationalen Vergleich noch relativ klein. Dies mag mit dem in Deutschland immer noch relativ stark ausgeprägten Eigentumsdenken zusammenhängen. Dennoch werden in Deutschland heute rund 4,2 Mio. Autos als Firmenwagen eingesetzt (Stand 2011): bis zu 2,1 Mio. Pkw in kleinen Fuhrparks mit bis zu neun Pkw und Kombi und etwa 1,1 Mio. Autos in größeren Flotten. Rund 1 Mio. Pkw und Kombi sind auf Autovermieter oder Autohäuser – beispielweise als Vorführwagen – zugelassen. Die Beschaffung von Fahrzeugen für Firmenfuhrparks beläuft sich allein in Deutschland auf jährlich ca. 700.000 Pkw – dies entspricht inkl. Leasing- und Serviceleistungen einem Einkaufsvolumen von etwa 17 Mrd. Euro. Die Wachstumsraten sind seit Jahren überdurchschnittlich, da das Auto neben seiner Funktion als Betriebsmittel zunehmend auch als Recruiting- und Motivationsinstrument eingesetzt wird.

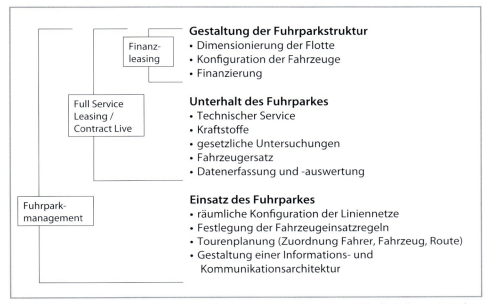

Abb. 8: Aufgabenfelder im Flottenmanagement (Quellen: Diez 2006, S. 187, sowie Diez/Reindl 2005, S. 447)

Der Volkswagen-Konzern liegt im Geschäft mit Firmen- und Dienstfahrzeugen in Deutschland unangefochten an der Spitze und hält einen Anteil von über 40 Prozent (Flotten ab fünf Fahrzeugen). Allein Audi kommt auf einen Marktanteil von über zehn Prozent. Aufgrund eines verstärkten Outsourcings wird allerdings in Zukunft auch in Deutschland mit einem deutlichen Anstieg der Nachfrage nach Fuhrparkmanagement-Leistungen gerechnet. Die wichtigsten Anbietergruppen solcher Leistungen sind:

- herstellerabhängige Fuhrparkmanagement-Gesellschaften (Captives),
- herstellerunabhängige Automobilleasing-Gesellschaften (Non-Captives),
- spezialisierte Fuhrparkmanagement-Gesellschaften sowie
- darüber hinaus Mineralölgesellschaften.

Bei herstellerabhängigen Fuhrparkmanagement-Gesellschaften handelt es sich in der Regel um Tochtergesellschaften der großen Automobilhersteller wie z. B. die VW Financial Service AG, die Alphabet GmbH als BMW-Tochter oder das Flottenmanagement der Mercedes-Benz Bank für Pkw und das Fuhrparkmanagement für Nutzfahrzeuge (Mercedes-Benz CharterWay). Darüber hinaus agiert eine ganze Reihe der herstellerunabhängigen Leasinggesellschaften mit einem Dienstleistungsspektrum, das über das reine Fahrzeugleasing hinausgeht. Allerdings decken sie mit ihrem Leistungsprogramm zumeist nicht den Bereich der operativen Einsatz- und Routenplanung ab. Beispiele dafür sind die ALD Automotive, Deutsche Auto Leasing, LHS, Lease Plan und Dekra VR Fleetservices. Bei den spezialisierten Fuhrparkmanagement-Gesellschaften handelt es sich auch häufig um Anbieter, deren Leistungsschwerpunkt sich auf die Beschaffung, die Orga-

Die Sixt Mobility Consulting GmbH präsentiert sich als internationaler, fabrikatsunabhängiger Flottenmanagementanbieter. Die Unternehmensstrategie ist darauf ausgerichtet, die individuellen Mobilitätsbedarfe durch entsprechende Fuhrparkdienstleistungen zu decken. Das Leistungsspektrum lässt sich wie folgt skizzieren:

1. **Analyse und Consulting**
- Analyse der bestehenden Fuhrparkstruktur und Car Policy
- Entwicklung der optimalen Zusammensetzung des Fuhrparks (Modell- und Markenmix)
- Erarbeitung eines Finanzierungs- und Mobilitätskonzeptes (bzw. alternativer Antriebskonzepte)
- Entwicklung und Umsetzung von Outsourcing- und Mobilitätskonzepten unterschiedlicher Ausprägung gemäß der individuellen Kundenanforderungen
- Reduzierung des CO_2-Ausstoßes

2. **Beschaffung**
- Gestaltung von Angebots- und Ausschreibungsunterlagen
- Sixt Onlinekonfigurator für Kauf- und Leasingflotten
- Automatisierter und onlinebasierter Bestell- und Genehmigungsprozess
- Koordination von Auslieferung und Übergabe

3. **Fuhrparkmanagement**
- Rechnungsprüfung
- Konsolidierte Rechnungsabwicklung
- Tankkartenmanagement
- Versicherungsmanagement
- Strafzettelmanagement
- Fahrzeugpoolmanagement
- Führerscheinkontrolle
- UVV-Prüfung
- Fahrer-Direkt-Kommunikation

4. **Verwertung**
- Gutachten
- Fahrzeugaufbereitung
- Fahrzeugverkauf

5. **SIXT fleet intelligence®**
- Transparenz sämtl. Daten und Analysen
- Reporting Tool

Abb. 9: Leistungsspektrum der SIXT Mobility Consulting GmbH (Quelle: Sixt 2012)

nisation und die Kostenanalyse des Fuhrparks konzentriert. Finanzierung und Leasing werden dann entweder gar nicht angeboten oder spielen eine nur untergeordnete Rolle. Beispiele hierfür sind die SIXT Mobility Consulting und CPM – die Car Professional Fuhrparkmanagement- und Beratungsgesellschaft. Darüber hinaus bieten nahezu alle Mineralölgesellschaften im Rahmen von Tankkarten auch weitergehende Fuhrparkmanagement-Leistungen an.

Für die Automobilhersteller ist das Fuhrparkmanagement von einer erheblichen strategischen Bedeutung. So muss durch eine Vorwärtsintegration verhindert werden, dass sich unabhängige Leistungsanbieter zwischen sie und ihre Kunden schieben. Außerdem stellt das Fuhrparkmanagement ein nicht unerhebliches Wertschöpfungs- und Ertragspotenzial dar. Andererseits verfügen unabhängige Anbieter in diesem Markt durch ihre Spezialisierung und ihre Markenneutralität über zwei wichtige Wettbewerbsvorteile. Der Ausbau der Aktivitäten im Fuhrparkmanagement erfordert daher bei den Automobilherstellern eine Erweiterung ihrer Kernkompetenzen. Die Abbildung 9 zeigt das Leistungsspektrum der SIXT Mobility Consulting GmbH, einem Unternehmen der Sixt AG.

2.4 Mobilität erweiternde Dienstleistungen

2.4.1 Mobilitätssysteme und -muster

Schon seit den 70er Jahren ist die Haltung gegenüber dem Automobil merklich sachlicher geworden. Dies äußert sich bis heute in einer deutlich rationaleren Einstellung zum Statussymbol Auto. Für viele Automobilkunden steht mittlerweile der Gebrauchswert eines Fahrzeuges im Mittelpunkt einer Kaufentscheidung. Verursacht durch eine Reihe von Umbrüchen und Umorientierungen in Politik und Gesellschaft zeigen die Trends der 90er Jahre, dass zwar die Sicherstellung eines hohen Mobilitätsgrades nicht an Bedeutung verloren hat, hierzu aber der Besitz eines eigenen Automobils nicht mehr zwingend erforderlich ist. Mit der Entwicklung ganzheitlicher und Mobilität erweiternder Konzepte würde letztlich der Schritt vom Automobilhersteller zum Mobilitätsprovider und damit vom Industrieunternehmen zum Dienstleister vollzogen.

> **DEF.** Unter einem **Mobilitätssystem** kann ein Leistungsbündel verstanden werden, das der Befriedigung von Mobilitätsbedürfnissen durch die Sicherstellung einer hohen intra- und intermodalen Flexibilität dient. Die **intramodale Flexibilität** bezieht sich auf die Wahlmöglichkeiten zwischen verschiedenen Automobiltypen und/oder Automobilmarken. **Intermodale Flexibilität** ist hingegen die Wahlmöglichkeit in Bezug auf den Verkehrsträger (Auto, Bus, Bahn, Flugzeug, Fahrrad).

Grundlage für den Aufbau von Mobilitätssystemen sind die unterschiedlichen Mobilitätsmuster der Konsumenten. Dabei handelt es sich um im Zeitablauf relativ stabile Verhaltensweisen zur Befriedigung der individuellen Mobilitätsbedürfnisse. Anhand der Dimensionen „Besitz- oder Nutzenorientierung" einerseits sowie der Dimensionen „Intra- oder Intermodalität" lassen sich vier typische Mobilitätsmuster identifizieren (siehe Abbildung 10).

	Der nutzenorientierte Autofahrer ■ Pool Leasing	Der nutzenorientierte Mobilitätsnachfrager ■ Mobilitätssysteme (Car-Sharing, Kilometer Leasing, Mobility Card)
Nutzung		
Besitz	Der besitzorientierte Autofahrer ■ traditioneller Fahrzeugkauf	Der besitzorientierte multioptionale Autofahrer ■ traditioneller Fahrzeugkauf (plus fallweise Nutzung von ÖPNV, Bahn, Flugzeug)
	Intramodalität	Intermodalität

Abb. 10: Mobilitätsmuster als Grundlage innovativer Mobilitätsdienstleistungen (Quellen: Diez 2006, S. 196, Diez/Reindl 2005, S. 450)

Während die besitzorientierten Autofahrer im Rahmen der traditionellen, sachgutorientierten Produktpolitik über spezifische Kundenbindungsprogramme und Betriebsformen im Handel (vgl. Kapitel 2.2) angesprochen werden, konzentrieren sich die nachfolgenden Ausführungen auf die nutzenorientierten Mobilitätsnachfrager in den verschiedenen Ausprägungen. Will die Automobilbranche diesem erkennbaren Wandel im Konsumentenverhalten künftig gerecht werden, so sind Änderungen in der Produktpolitik bei Herstellern und Händlern nötig. Im Mittelpunkt sollte dabei nicht mehr das Produkt „Automobil" stehen, sondern Systeme, die eine Trennung von Nutzung und Eigentum eines Automobils erlauben. Für die nutzenorientierten Mobilitätsnachfrager sind verschiedene Konzepte denkbar, die aber alle darauf basieren, dass der Konsument auf die Anschaffung und Nutzung eines eigenen Fahrzeuges verzichtet. Dabei lassen sich hauptsächlich das Pool Leasing, das Car-Sharing sowie die Mobility Card unterscheiden.

2.4.2 Pool Leasing

Pool Leasing könnte die Basis für intermodale Mobilitätssysteme darstellen. Es ermöglicht flexible Zugriffsrechte auf einen typ- und/oder markenspezifisch differenzierten Fahrzeugpool. Damit lässt sich aus Kundensicht eine am jeweiligen Einsatzzweck orientierte Fahrzeugwahl realisieren. In einem weiteren Schritt könnten mit dem Pool-Leasing-Ansatz Schnittstellen zu weiteren intermodalen Angeboten geschaffen werden, z. B. durch eine Vernetzung mit Verkehrsträgern und -mitteln des öffentlichen Verkehrs.

Prinzipiell ließe sich das Pool Leasing mit heutigen Fahrzeugkonzepten verwirklichen und könnte vor allem auto-affine Mobilitätsnachfrager ansprechen. Um attraktive Angebote zu formen, ist allerdings zu berücksichtigen, dass die Zusammenstellung des Pools dem Trend zur „Erlebnisorientierung" in besonderer Weise gerecht wird. Beispielsweise sollten im Winter Fahrzeuge mit Allradantrieb oder Geländewagen bereitstehen. Im Sommer dagegen müssten Sportwagen und Cabriolets in den Pool eingespeist werden. Darüber hinaus käme das Pool Leasing auch für Anbieter spezialisierter Stadtfahrzeuge mit eingeschränkter Allround-Fähigkeit (z. B. aufgrund einer beschränkten Anzahl von Sitzplätzen bzw. einer durch alternative Antriebe begrenzten Reichweite) in Betracht. Der einzelne Automobilkunde könnte sich dann für den Alltagsbetrieb ein Stadtfahrzeug leasen und erhielte dann im Rahmen seines Leasingvertrages die Option auf die Nutzung größerer Fahrzeuge (z. B. für Urlaubsfahrten). Sinnvollerweise müssten die Fahrzeuge mit vernetzten On-Bord-Systemen ausgestattet werden, damit eine flexible Nutzung mit Hilfe einer Chipkarte ermöglicht würde. Zudem wäre der Einbau eines Ortungsgerätes (Global Positioning System) zweckmäßig, damit der jeweilige Einsatzort des Fahrzeuges jederzeit festgestellt werden könnte.

Das Angebot setzt eine den Automobilvermietern ähnliche Fahrzeuglogistik voraus, um die Fahrzeuge am Ort des Bedarfs bereitzustellen. Ergänzend müssten verschiedene Pool-Anbieter ein Informationsnetz bilden, damit Fahrzeuge bedarfsbezogen eingesetzt werden könnten. Virtuelle Pools könnten schließlich das Angebot abrunden. Gerade bei Spitzenbedarfen (z. B. Cabriolets im Sommer) wäre dann der Zugriff auf vorhandene Bestände (z. B. Lagerwagen, Langsteher, junge Gebrauchtwagen) möglich. Die Verwertung der gebrauchten Pool-Fahrzeuge könnte sich an Konzepten orientieren, wie sie heute bei den großen Vermietgesellschaften praktiziert werden. Probleme bereitet dabei häufig die Vermarktung saisonabhängiger Gebrauchtfahrzeuge, wobei internationale Ausgleichsmechanismen genutzt werden müssten.

Was die Preisbildung angeht, ergäbe sich die Leasingrate aus einer Art Mischkalkulation, der die verschiedenen, im Pool befindlichen Fahrzeuge, zuzüglich eines Zuschlags für die Bereithaltung der Fahrzeuge, zugrunde lägen. Gleichzeitig müssten zusätzliche, fahrzeugbezogene Dienstleistungen im Rahmen von Full-Service-Leistungen einbezogen werden, denn der technische Service muss aufgrund der Mehrfachnutzung der Fahrzeuge vom Pool-Betreiber durchgeführt werden. Daraus würden aber relativ hohe monatliche Belastungen für den Kunden resultieren. Sie ließen sich mit dem Einsatz von Gebrauchtwagen als Pool-Fahrzeuge reduzieren. Dennoch setzt das Pool Leasing eine hohe Ausgabenbereitschaft für automobile Zwecke beim Kunden voraus.

Erste Angebote mit solchen flexibleren Formen des Leasings sind unter dem Begriff des Duo Leasings bekannt geworden. Nachteilig war allerdings, dass diese Leasingvariante nur in einer starren zeitlichen Folge einen Fahrzeugabruf ermöglicht hat. Die Vorteile des Pool Leasings erfährt der Kunde aber erst dann, wenn er in relativ kurzen Abständen das von ihm gewünschte Fahrzeug aus einem Pool abrufen kann. Das Duo Leasing ist demnach vom gedanklichen Ansatz eher dem Vermietgeschäft zuzuordnen. Im Unterschied dazu ist das Pool Leasing durch eine feste monatliche Rate über die gesamte Laufzeit eines Leasingvertrages gekennzeichnet.

2.4.3 Car-Sharing

Seit Ende der 80er Jahre haben sich in mehreren Städten Deutschlands Auto-Teiler-Bewegungen – sogenannte Car-Sharing-Organisationen – etabliert. Aus anfänglich losen Zusammenschlüssen haben sich inzwischen einzelne professionell organisierte Unternehmen, mit nicht selten mehr als 1.000 Mitgliedern, formiert. Heute nutzen etwa 60.000 Autofahrer in mehr als 550 Städten Europas – vorwiegend in Dänemark, Deutschland, Italien, Norwegen und der Schweiz – das Car-Sharing-Konzept. Alle deutschen Car-Sharing-Anbieter zusammen haben Anfang 2011 mehr als 190.000 Fahrberechtigten in knapp 300 Orten etwa 5.000 Car-Sharing-Fahrzeuge zur Verfügung gestellt. Car-Sharing ließe sich sowohl den Mobilität schaffenden als auch den Mobilität erweiternden Dienstleistungen zuordnen.

> **DEF.** **Car-Sharing** ist die kurzfristige Nutzung von Fahrzeugen aus einem gemeinsamen Fahrzeugpool gegen Entgelt. Die Pool-Fahrzeuge werden an bestimmten Übergabepunkten bereitgestellt. Ziel des Car-Sharings ist es, durch den Entzug der jederzeitigen Fahrzeugverfügbarkeit eine überlegtere Nutzung des Automobils zu erreichen. Bei den heute praktizierten Formen des Car-Sharings handelt es sich häufig um geschlossene Pools, das heißt, nur registrierte Mitglieder haben Zugriff auf die Fahrzeuge. Bei Vermietungen spricht man dagegen von offenen Pools, bei denen jeder – Führerscheinbesitz vorausgesetzt – Zugang zu den Mietfahrzeugen hat.

Da das Car-Sharing auf sehr kurzfristige Nutzungen und kurze Wegstrecken hin angelegt ist, bedarf es zu seiner Realisierung einer Buchungs- und Organisationszentrale. Die Abrechnung der in Anspruch genommenen Leistungen erfolgt in der Regel monatlich. Die Kosten der Fahrzeuge wie Kfz-Steuer, Versicherung und Service werden vom Träger der Organisation übernommen. Die Vermarktung von Car-Sharing erfolgt heute nicht mehr über Vereine mit Non-Profit-Charakter, sondern über professionelle Unternehmen.

Ein wesentliches Grundproblem des Car-Sharings und ähnlicher Mobilitätssysteme ist der Trade-off zwischen der Auslastung des Fahrzeugbestandes und der Verfügbarkeit von Fahrzeugen. Um eine hohe Verfügbarkeit sicherzustellen, ist die Vorhaltung eines großen Fahrzeugbestandes nötig. Erfahrungsgemäß ist die Car-Sharing-Nachfrage aber verhältnismäßig ungleichmäßig. Das heißt, sowohl die tägliche (Auslastungsspitzen am Abend) und wöchentliche (hohe Auslastungsgrade am Wochenende) als auch die saisonale Auslastung (z. B. zu Ferienzeiten) ist reichlich unausgeglichen. Dadurch ist in nachfrageschwachen Zeiten mit einer deutlichen Unterauslastung des Bestandes mit entsprechend negativen Rückwirkungen auf die Wirtschaftlichkeit des Systems zu rechnen. Kooperationen mit anderen Anbietern von Mobilitätssystemen oder -dienstleistern, wie etwa Autovermietern oder Autohäusern, könnten deswegen sinnvoll sein.

Mittlerweile sind auch Automobilhersteller auf das Car-Sharing-Angebot aufmerksam geworden. Als Mobilitätsdienstleister ist eine Vielzahl an Konzepten in der Pilot- und Umsetzungsphase (siehe Tabelle 11). Wenngleich der Nachweis zur betriebswirtschaftlichen Tragfähigkeit bislang in vielen Fällen noch aussteht, möchten die Automobilhersteller die Konzepte zu echten Geschäfts- und Ertragsmodellen ausbauen. Den Beginn markierte die Daimler AG im Jahr 2008 durch das car2go-Projekt. Heute ist das car2go-Geschäftsmodell z. B. in Austin, Amsterdam, Wien, Paris, Vancouver, Hamburg oder San Diego etabliert. Inzwischen folgen aber auch weitere Autohersteller dem car2go-Vorbild. Dabei gibt es einige Unterschiede zu beachten, denn Drive-Now (BMW/Mini), car2go (Smart), Flinkster (Deutsche Bahn), Zebramobil (Audi/München), Mju (Peugeot) und Quicar (Volkswagen/Hannover) sind deutlich vom ursprünglichen Car-Sharing-Konzept zu differenzieren.

Üblicherweise kommt heute beim Car-Sharing eine ausgereifte IT-Infrastruktur zum Einsatz. Nach der Anmeldung, bei der in der Regel ein Betrag zwischen 20 und 40 Euro fällig wird, erhält der Nutzer einen Mikrochip, der auf den Führerschein geklebt wird. Ein Blick auf das Smartphone genügt und schon ist mit einer speziellen Software-Applikation (APP) zu sehen, wo der nächste freie Wagen parkt. Hält der Nutzer seinen Mikrochip an den Sensor der Windschutzscheibe, so kann die Fahrzeugtür geöffnet werden. Der Schlüssel befindet sich im Handschuhfach.

Marke / Kriterien	Drive Now	Zebra Mobil	Flinkster	Car2Go	Quicar & Quicar Plus	Cambio	Stattauto München	Stadtmobil	teilAuto	book n drive
Betreiber	BMW i, MINI und Sixt	Zwei Privatunternehmer aus München	Deutsche Bahn	Mercedes & Europcar	VW	Carsharing-Unternehmen aus Aachen, Bremen & Köln	Gemeinnütziger Verein Spectrum	Unternehmensverbund Stadtm. Berlin, Hannover, etc.	teilauto e.V.	Privatunternehmer
Unternehmen existiert seit	2011	2011	2009	2008	2011	2000	1992	1999	1993	2000
Ausgewählte Städte	München, Berlin	München	über 140 Städte	Hamburg & Ulm	Hannover	14 Städte: u.a. Berlin, Hamburg	München	63 Städte: u.a. Hannover, Stuttgart	15 Städte: u.a. in Dresden, Leipzig,	7 Städte: u.a. Frankfurt
Welche Fahrzeuge	BMW 1er, Mini Cooper, Mini Clubman, Mini Cabrio	Audi A1, Audi A3	Smart, Citroen C1, VW Polo, Opel Corsa, VW Golf, Mini E, Alfa Romeo Mito, etc.	Smart fortwo mind	VW Golf BlueMotion, bei Quicar Plus: u.a. VW up!, VW Beetle, VW Golf Cabrio	Mitsubishi i-MiEV, Smart, Opel Combo, Ford Focus, Opel Zafira, Volvo S60	u.a. Toyota Aygo, Ford Ka, Opel Agila, Toyota Yaris, Opel Astra Kombi, Opel Zafira	u.a. Fiat 500 Cabrio, Honda Jazz, Mini Cooper, Audi A1/A3, 1er BMW	u.a. Smart Fortwo, Renault Clio, Ford Fiesta, Renault Grand Scenic, Ford Transit	Opel Agila, Renault Twingo, Opel Astra Kombi/ Twintop, Opel Zafira, MB Sprinter
Durchschnittsalter d. Fahrzeuge	5 Monate	8 Monate	12 Monate	10 Monate	neu	1,5 Jahre	1,5 Jahre	k.a.	unter 2 Jahre	1,5 Jahre
Anzahl Fahrzeuge in Deutschland	600	30	2500	600	Quicar: 200, Quicar Plus: 70	900	380	1450	350	270
Tarife (kleinstes Modell)	29 Cent/min, Parken: 10 Cent/min, max. Stundenpreis 17,40€	25 Cent/min, Parken: 12,50 Cent/min, ab 6/12h Parken: 6,25/4,17 Cent/min, über 150km/Tg.: 20 Cent/km	8-22h: 2,30€/h, 22-8h: 1,50€/h, Tagespreis: 1. Tag: 39€, ab 2. Tag: 29€, KM-Pauschale: 0,17€/km	29 Cent/min, Parken: 9 Cent/min, 1h Fahren: 14,90€, 1h Parken: 4,90€, pro Tag max. 149€ (Ulm: andere Preise)	20 Cent/min, Parken: 10 Cent/min, Quicar Plus: up! 30€ für 10h, 40€ für 24h, 80€ fürs Wochenende	Startnutzer: 1,90€/h, Tag: 23€, KM-Pauschale: 0,32/km bis 100km), 0,22€/km (ab 101 km)	1,90€/h (8-24 Uhr), 0,50 €/h, Tag (7-24Uhr), 24h: 19€, km-Pauschale: 0,19€/km, ab 200/250/350 km Rabatte	Überregionaler Tarif 1,60€/h, Tag 20€, plus: 1€ Pauschale & km-Pauschale: 0,20€/km (bis 100 km), 0,17€ (ab 101km)	Starttarif: 2,28€/h (0-7 Uhr), 24h: 22,80€, km-Pauschale: 0,28€/km (bis 299km)	Mischtarif zwischen Zeit (2€/h oder 22€/Tag), Weg 0,25€/km und Buchung 0,90€
Abrechnung	minütlich	minütlich	1. Stunde voll, danach halbstündlich	minütlich	Erste 30min: 6€, dann minütlich, Quicar Plus: andere Tarife	stündlich von 23 bis 7 Uhr kostenfrei	stündlich	stündlich	1. Stunde voll, dann halbstündlich	stündlich
Inklusive im Preis	Benzin, Parken auf Mischparkplätzen, Versicherung (SB 750€), keine Monatsgebühr	Benzin, Parken auf Parklizenzgebiet, Versicherung (SB 500€), keine Monatsgebühr	Benzin, stornierbar bis 24h vor Mietbeginn, Versicherung (SB 1500€), keine Monatsgebühr	Benzin, keine Monatsgebühr, Versicherung (SB 500€)	Benzin (nur bei Quicar), keine Monatsgebühr, Versicherung (SB 1000€), Stornierung bis 30 min vorher möglich	Benzin, Versicherung (SB 1000€), Stornierung bis 24h vorher, Quernutzung mit Flinkster & Quernutzung	Benzin, Versicherung (SB 500), Kooperation mit Flinkster & Quernutzung	Benzin, Tarifwechsel, Versicherung (SB 900€)	Benzin, Versicherung (SB 1500€) Stornierung bis 24h vorher, Quernutzung	Benzin, Versicherung (SB 1500€), bis zu 3 Fahrer inklusive, Stornierung bis 24h vorher
Anmeldegebühr	29 €	wird angerechnet	50 €	19 €	25 €	30 €	50 €	39 €	25 €	50 €
Jahresgebühr	0 €	0 €	0 €	0 €	0 €	36 €	84 €	24 €	108 €	60 €
Jahresgebühr	0 €	0 €	0 €	0 €	0 €	36 €	84 €	24 €	108 €	60 €
Sonstige Bedingungen	Hunde erlaubt, Kreditkarte nötig, Mindestalter 21 Jahre	Hunde nicht erlaubt, keine Kreditkarte nötig, kein Mindestalter	Hunde erlaubt, kein Mindestalter	Hunde nicht erlaubt, ab 19 Jahre, keine Kreditkarte	Hunde nicht erlaubt, keine Kreditkarte nötig, kein Mindestalter	Hunde okay, mind.: 25 Jahre/ 2 Jahre Führerschein, keine Kreditkarte	Hunde erlaubt, kein Mindestalter, keine Kreditkarte	Hune erlaubt, kein Mindestalter, keine Kreditkarte	Hunde erlaubt, kein Mindestalter, keine Kreditkarte	Hunde erlaubt, kein Mindestalter, keine Kreditkarte
Funktionsweise	Internet/ App-Registrierung, ID bei Station, Auto per App/Internet finden oder am Straßenrand mitnehmen, in Geschäftsgebiet zurück	Internet-Registrierung, ZebraCard wird zugeschickt, Auto per App/Internet oder am Straßenrand finden, Auto in jeweiligiger Parkzone parken	Internet-Registrierung, Karte in Vertriebsstelle, über Internet/ App buchen, 15 min vor reservieren oder am Straßenrand mit Adresse, Ins oder Station zurück, kein Öpenend	Internet-Registrierung, car2go Siegel bei Station, Per Internet/App 15 min reservieren, auf der Straßenrand mitnehmen, Ins Car2go-Gebiet zurück	Internet-Registrierung, Quicar Zugangs-Chip im Shop, Station auswählen, Auto reservieren, zurück an vereinbarte Station	Internet-Registrierung, Karte in Geschäftsstelle, Auto buchen per Internet, teils auch Öpenend, an Station abholen und zurück	Vertragsabschluss in Geschäftsstelle, Per Telefon/ Internet Auto reservieren, Auto zurück zur Station	Internet-Registrierung, Karte abholen, Auto auf Stadtauto-Parkplätzen abholen und zurück, kein Öpenend	An Station registrieren, Teilauto-Karte bekommen, per Internet buchen, zur Station zurück, kein Öpenend	Internet-Anmeldung, Kundenkarte wird zugestellt, Buchung über Internet, Auto an Station holen und zurück, Hin & Weg: Öpenend
Domain	www.drive-now.com	www.zebra mobil.de	www.flinkster.de	www.car2go.com	www.quicar.de	www.cambio-carsharing.com	www.stattauto-muenchen.de	www.stadtmobil.de	www.teilauto.net	www.book-a-drive.de

Tab. 11: Car-Sharing-Konzepte verschiedener Anbieter (Quelle: Mobil in Deutschland e.V. (www.mobil.org) 2012, Daten: Stand 1/2012)

Vor dem Hintergrund stark wachsender Metropolen bescheinigen einzelne Studien dem Car-Sharing große Wachstumschancen und prognostizieren für das Jahr 2016 bis zu 10 Mio. Car-Sharing-Nutzer in Europa. Belastbare Erfahrungen und Daten kann aber bisher nur der Daimler-Konzern mit seinem car2go-Projekt bieten. So hatten sich statt der erwarteten 8.000 Kunden nach dem Start in Ulm nach zwölf Monaten fast 18.000 Menschen bei car2go registriert – inzwischen sind es in Ulm 20.000, weltweit 50.000 Kunden. Seit dem Start im Jahr 2008 konnten mehr als 1 Mio. Anmietungen verbucht werden.

2.4.4 Mobility Card

Die Erfahrungen aus der Vergangenheit zeigen, dass integrierte Mobilitätskonzepte, die eine starke Vernetzung verschiedener Verkehrsträger voraussetzen, noch nicht umgesetzt werden konnten. Die neuen Car-Sharing-Konzepte könnten auf Basis der eingesetzten IT-Technologie neue Impulse hierfür liefern, denn die Vernetzung der Verkehrsmittel und -träger auf Straße und Schiene setzt eine datentechnische Verknüpfung und Kommunikation zwischen den einzelnen Anbietern voraus. Die integrierte Mobility Card könnte maßgeblich dazu beitragen. Daneben würde sie zum Gedanken der Umweltentlastung beitragen und einen souveränen Umgang mit den verschiedenen Verkehrsträgern und -mitteln fördern. Als wesentliche Voraussetzung für ihre Realisierung gilt die Öffnung aller Verkehrsbetreiber für eine solche Kooperation.

> **DEF.** Die **Mobility Card** stellt ein intramodales, also verkehrsträgerübergreifendes Mobilitätssystem dar. Im Grunde genommen ist sie ein Mobilität schaffendes und erweiterndes „Zahlungsmittel", das dem Karteninhaber erlaubt, flexibel auf unterschiedliche Verkehrsträger zurückzugreifen. Je nach Fahrtzweck oder der zeitlichen und lokalen Belastung der verschiedenen Verkehrsträger hat der Teilnehmer innerhalb dieses Systems die Wahlmöglichkeit zwischen Auto, Bus, Bahn oder Flugzeug. Die Buchung der einzelnen Verkehrsträger lässt sich über eine telefon- oder internetgestützte Reservierung realisieren. Die Abrechnung erfolgt dann direkt über die Mobility Card.

Alle in das Leistungsprogramm der Mobility Card einbezogenen Verkehrsmittel und -träger sollten an die zentralen Buchungs- und Abrechnungssysteme der Card-Betreiber angeschlossen sein. Damit die Wahlmöglichkeiten der Mobility Card jederzeit sinnvoll genutzt werden können, müssen den Karteninhabern jederzeit aktuelle Verkehrsinformationen zur Verfügung stehen. Dies könnte über das Internet, über Smartphones oder eine Buchungszentrale erfolgen. Die Buchungszentrale müsste zusätzlich – ähnlich einem Reisebüro – auf alle im Mobilitätsverbund eingebundenen Verkehrsträger einen direkten Zugriff haben. Die Abrechnung der in Anspruch genommenen Leistungen könnte monatlich erfolgen.
Der Vertrieb einer Mobility Card wäre über eine Vielzahl von Verkaufsstellen denkbar. Auch die Kfz-Branche mit ihren Autohäusern könnte in den Vertrieb integriert werden, denn ein zusätzli-

cher logistischer Aufwand entsteht bei den fahrplangebundenen Verkehrsmitteln nicht. Grundsätzlich könnte bei der Mobility Card eine Aufteilung des Preises in eine monatliche Grundgebühr und einen nutzungsabhängigen Betrag erfolgen. Als zusätzlicher Freiheitsgrad könnte die Wahl des jeweiligen Verkehrsmittels zum Einsatz kommen. Das heißt, eine zusätzliche Differenzierung der Nutzungsgebühren hinsichtlich der Auslastung des jeweiligen Verkehrsträgers wäre integraler Bestandteil der Preispolitik. Dadurch könnten flexible und auslastungsabhängige Effekte erreicht werden.

Einen ersten Vorstoß in Richtung Mobility Card hat bereits die Deutsche Bahn gewagt. Ursprünglich sollte mit dem Markteintritt der Deutschen Bahn Rent GmbH im Dezember 2001 eine Professionalisierung des Car-Sharings erreicht werden. Mit dem Flinkster-Konzept wurde die Car-Sharing-Option aber wieder aus dem Programm genommen, sodass die BahnCard 100 heute lediglich die Schnittstelle zum öffentlichen Nahverkehr bereithält.

3 Umsetzung und Praxisrelevanz von Mobilitätsdienstleistungen

3.1 Kann-, Soll- und Muss-Dienstleistungen in der Automobilwirtschaft

Zu den *Mobilität schaffenden* Muss-Dienstleistungen zählen heute insbesondere die Kaufberatung mit Probefahrten sowie die Automobilvermietung im Schadens- und Reparaturfall – das sogenannte Ersatzwagengeschäft des Automobilhandels. Zusammen mit dem traditionellen Autovermietgeschäft, das heute im Besonderen durch die vier großen Anbieter – Avis, Europcar, Hertz und Sixt – wahrgenommen wird, könnte eine Brücke zu den Mobilität erweiternden Dienstleistungen geschlagen werden. Das Car-Sharing-Konzept konnte sich im Rahmen der Soll-Dienstleistungen nach einer anfänglichen Euphorie zu Beginn der 90er Jahre bislang in der Automobilbranche nicht durchsetzen. Neue Pilotkonzepte, die nicht zuletzt durch die Fahrzeughersteller selbst initiiert sind, könnten – sofern die betriebswirtschaftliche Tragfähigkeit nachgewiesen werden kann – zu einer Renaissance des Car-Sharing führen. Fahrschulen sind heute ebenfalls nur sehr sporadisch und überwiegend lediglich durch die Verpachtung von Räumen an externe Akteure an einzelnen Autohausstützpunkten integriert. Ein besonderes Augenmerk legen die Akteure der Automobilwirtschaft allerdings inzwischen auf die Finanzdienstleistungen wie Leasing, Finanzierung und Versicherung.

Der technische Service in Form von Wartungs- und Reparaturarbeiten sowie die Gewährleistungs- und Kulanzabwicklung bei Neu- und Gebrauchtfahrzeugen sind heute die wesentlichen *Mobilität sichernden* Muss-Dienstleistungen der Automobilbranche. Daneben hat sich die „Mobilitätsgarantie" als Bindeglied zwischen Muss- und Soll-Dienstleistungen etabliert. Diese

Dienstleistung soll – und dabei könnte der Begriff etwas missverständlich aufgefasst werden – die Automobilität des Kunden in der Regel durch einen Ersatzwagen bei außerplanmäßigen Reparaturen außerhalb der Wartungsintervalle gewährleisten. Das Full-Service-Leasing konnte sich davon abgesehen als Angebotserweiterung des Finanzdienstleistungsbereichs hauptsächlich bei Nutzfahrzeugen durchsetzen. Es schließt neben dem Fahrzeug auch dessen Wartungs- und Reparaturarbeiten in die Leasingrate ein. Im Flotten- bzw. Fuhrparkmanagement schließlich sehen die Hersteller und Importeure ein großes und zukunftsweisendes Marktpotenzial, wenngleich der Markt in Deutschland im internationalen Vergleich noch verhältnismäßig unterentwickelt ist.

Die *Mobilität erweiternden* Dienstleistungen stellen heute nahezu ausschließlich Soll- und Kann-Leistungen in der Automobilbranche dar. Kundenclubs werden dabei durch Hersteller und Importeure vor allem zur Intensivierung der Kundenbindung eingesetzt. Sie spielen allerdings bei der Wertschöpfung im Sinne eines Profit-Centers in der Regel eine eher untergeordnete Rolle. Die Einrichtung von Reisebüros sowie die Etablierung von entsprechenden Angeboten durch die Automobilbranche konnten sich bislang kaum durchsetzen. Ebenso kam das Pool Leasing in der Regel nicht über die Projektphase hinaus. Dabei stellt Pool Leasing ein intramodales Mobilitätssystem dar, das flexible Zugriffsrechte auf einen typ- und/oder markenspezifisch differenzierten Fahrzeugpool ermöglichen kann. Dadurch könnte den Kundenbedürfnissen – nämlich einer am jeweiligen Einsatzzweck orientierten Fahrzeugwahl – in geeigneter Form nachgekommen werden. Basierend auf dem Pool-Leasing-Ansatz könnte ein weiterer Schritt zu intermodalen Angeboten führen. Derartige Mobilitätsangebote müssten das Automobil mit anderen Verkehrsträgern des öffentlichen Verkehrs vernetzen.

3.2 Fazit

Dienstleistungen wie Finanzierungs- und Versicherungsvermittlung haben heute unter Ertrags- und Wertgenerierungsgesichtspunkten bereits eine sehr große Bedeutung für die automobilwirtschaftliche Wertschöpfungskette. Die Autohersteller und -importeure ihrerseits haben bereits erkannt, dass gerade im Dienstleistungsbereich über den gesamten Kundenlebenszyklus hinweg ein noch weitgehend ungenutztes Potenzial liegt. Entsprechend legen die Hersteller ihr strategisches Interesse in der automobilen Wertschöpfungskette verstärkt auf den Bereich dieser Dienstleistungen. Gerade aber im Mobilitätsbereich sind die Potenziale noch längst nicht ausgeschöpft. Zu erwarten ist daher, dass die Autohersteller ihre Vertragshändler in Zukunft mit mehr oder weniger sanftem Zwang zu „Fachmärkten für Mobilität" transformieren werden.

Die Integration von Mobilitätssystemen in das Leistungsangebot der Automobilbranche beinhaltet insgesamt Chancen, die Beschäftigung und Profitabilität in der Branche langfristig sicherzustellen. Vorhandene, autobezogene Kernkompetenzen würden darüber hinaus um einen sehr stark kunden- und dienstleistungsbezogenen Aspekt ergänzt und erweitert. Nicht der Druck durch die Automobilhersteller und -importeure, sondern die Einsicht und das proaktive Handeln der Autohäuser sollte zusätzlich im Eigeninteresse die Bewegung treiben. Es ist dabei nach Wegen zu suchen, wie Fabrikat und eigener Marktauftritt optimal zueinander passen und wechselseitig voneinander profitieren können. Auch wenn die Thematik vernetzter Mobilitätssysteme noch am Anfang der Entwicklung steht – mit einem integrierten Mobilitätskonzept könnte die Automobilbranche einen großen Schritt nach vorn tun und die Kundenbindung auf ein neues Niveau heben. Das geht, wie gezeigt, nicht voraussetzungslos. Im Gegenteil, die Systemanforderungen sind erheblich und von einzelnen Akteuren allein nicht zu leisten.

Ob sich ambitionierte Autohäuser sozusagen „von unten" zu „Fachmärkten für Mobilität" umwandeln und die entsprechende Infrastruktur selbst schaffen oder ob diese „von oben" durch die Herstellerseite dorthin geführt werden und ob innovative, integrierte Mobilitätskonzepte künftig zum Pflichtprogramm der Akteure in der Automobilwirtschaft gehören werden, ist letztlich nur eine Frage nach dem Blickwinkel und der jeweiligen Vorzugswürdigkeit. An der Entwicklungsrichtung wird dies wohl nichts ändern – nur an der Zeitachse und der Zuordnung der Erträge.

Prof. Dr. Reinhold Bopp

XIII Hersteller-Zulieferer-Beziehung: Strukturen und Perspektiven

Automobilhersteller und Zulieferer müssen sich neuen Herausforderungen stellen: Dem starken Anstieg an Modellen und Modellvarianten steht eine Reduzierung von Entwicklungszeiten, Kosten und Lieferzeiten gegenüber – dies erfordert eine intensive Zusammenarbeit zwischen Automobilhersteller und Zulieferer. Dieses Kapitel betrachtet die Zusammenarbeit in Hersteller-Zulieferer-Beziehungen sowie die Struktur, Geschäftsmodelle und Situation in der Zulieferindustrie.

1 Einleitung
2 Struktur und Geschäftsmodelle in der Zulieferindustrie
3 Situation der Zulieferindustrie
4 Zusammenarbeit in Hersteller-Zulieferer-Beziehungen
5 Fazit und Ausblick

1 Einleitung

Automobilhersteller und Zulieferer stehen vor großen Herausforderungen. Gesetzliche Vorgaben, zunehmende Kundenforderungen und Preissensibilität, extremer Wettbewerb und neue Konkurrenten, globale Märkte sowie der Umbruch in den Antriebssystemen führen zu einem explosionsartigen Anstieg an Modellen und Modellvarianten bei einer Verkürzung von Entwicklungszeiten und Modellzyklen. Damit steigen die Komplexität und der Aufwand in den Prozessen zur Entwicklung und Produktion der Fahrzeuge sowie die damit verbundenen Kosten und Strukturinvestitionen. Die globale Konkurrenzsituation – auch in den neu zu erschließenden Märkten – erfordert dagegen selbst bei Premiummarken eine ständige Reduzierung von Kosten und Lieferzeiten sowie die Fähigkeit, schnell auf sich ändernde Marktbedingungen reagieren zu können. Vor diesem Hintergrund überdenken die Automobilhersteller ihre Kerneigenleistungen sowie die arbeitsteiligen Geschäftsprozesse und Schnittstellen mit den traditionellen und mit neuen Partnern im Zuliefer- und Dienstleistungsbereich.

Die Zahl aller vom Automobil abhängigen Arbeitsplätze beläuft sich in Deutschland auf ca. 5 Millionen (vgl. VDA 2011). Laut VDA sind direkt in der Automobil- und Zulieferindustrie rund 730.000 Beschäftigte tätig, zuzüglich rund 60.000 Leiharbeitern. Als Automobilzulieferer im engeren Sinne werden Zulieferer bezeichnet, die direkt automobilspezifische Teile, Komponenten, Systeme und Module für die Automobilhersteller produzieren (vgl. Reichhuber 2010). Die deutsche Zulieferindustrie ist die drittgrößte weltweit, nach Japan und den USA. Zulieferer im weiteren Sinne, z. B. Rohstofflieferanten oder IT-Dienstleister, sind dabei nicht miteingerechnet. Während Automobilproduzenten – von Nischenherstellern abgesehen – Großunternehmen sind, dominieren bei den Zulieferern überwiegend mittelständisch geprägte Unternehmen – mit einem Trend zu wachsenden Unternehmensgrößen. Die deutschen Automobilzulieferer sind in vielen Segmenten Technologieführer und investieren mit steigender Tendenz bis zu mehr als 8 % des Umsatzes in Forschung und Entwicklung. Einen Überblick über die Zulieferbranche erstellen jährlich diverse Branchenzeitschriften, z. B. „Automobilproduktion" und „Automotive News Europe".

2 Struktur und Geschäftsmodelle in der Zulieferindustrie

2.1 Entwicklung von Zulieferstrukturen

Die Strukturprobleme der westlichen Automobilindustrie und der Markterfolg japanischer Fahrzeuge führte in den 90er Jahren zu einer Gegenüberstellung der Arbeitsweisen in US-amerikanischen, europäischen und japanischen Automobilunternehmen (vgl. Womack/Jones/Roos 1990).

Dabei wurde ersichtlich, dass die japanischen Unternehmen durch ihre schlanke Produktion bei den Wettbewerbsfaktoren Kosten, Zeit und Qualität deutlich überlegen waren. Die Beschaffungsstruktur bei europäischen und amerikanischen Herstellern war geprägt durch Entwicklungskompetenz auf Seiten der Automobilhersteller und durch Fertigungskompetenz auf Seiten der zahlreichen Teile- und Komponentenlieferanten. Die Arbeitsteilung und die Art und Weise der Zusammenarbeit bei den japanischen Herstellern und Zulieferern unterschied sich davon deutlich (vgl. Clark/Fujimoto 1992):

- geringe Fertigungstiefe bei den Herstellern, Verlagerung von Verantwortung auf die Zulieferer;
- modulare Produktkonzepte und integrierte Lieferumfänge;
- hierarchische Organisation einer Zulieferstruktur mit wenigen, partnerschaftlich behandelten Direktlieferanten anstatt einer Vielzahl direkter Teilelieferanten;
- Integration der Leistungsumfänge beider Wertschöpfungspartner zum gemeinsamen Nutzen anstelle der Trennung von Produkt- und Produktionsverantwortung;
- enge Einbindung der Lieferanten beim Hersteller zur Erzielung hoher Flexibilität und einer bestandsarmen Produktion mit produktionssynchroner Beschaffung.

	Komponente	System	Modul
Beschreibung:	Baugruppe aus mehreren Teilen, die ohne weitere Aufteilung in Systemen, Modulen oder im Fahrzeug integriert werden.	Zusammenstellung von Einzelteilen und Komponenten, die eine technologische und funktionale, aber nicht notwendigerweise montagetechnische, räumliche Zusammengehörigkeit aufweisen; Zusammenführung von Teilfunktionen zu einer Gesamtfunktion; Einzelteile und Komponenten eines Systems können über mehrere Module verteilt sein.	Zusammenstellung von Einzelteilen und Komponenten, die einbauortspezifisch, räumlich bzw. montagetechnisch zusammengehören, aber nicht notwendigerweise eine übergreifende Gesamtfunktion erfüllen; Einzelteile und Komponenten stammen aus unterschiedlichen Technologiebereichen (Mechanik, Elektronik, Optik etc.); Module werden als vormontierte Einheit zum Einbau ins Fahrzeug angeliefert.
Beispiele:	Klimakompressor, Federbein, Komplettrad, Scheinwerfer, Stoßstange	Beleuchtungssystem, Bremssystem	Front-End (Stoßstange, Kühlergrill, Scheinwerfer, Stoßstange u.a.), Türmodul (Träger, Fensterheber, Lautsprecher, Verkabelung u.a.)
Besonderheit:		Systeme und Module können sich …	
		… entsprechen: z.B. Abgasanlage, Sitze, Tanksystem	… überschneiden: z.B. Einzelteile/Komponenten des Kühlsystems im Front-End

Tab. 1: Abgrenzung von Komponenten, Systemen und Modulen (Quelle: eigene Darstellung)

Durch die sich im Rahmen der Einführung schlanker Produktionssysteme verändernden Beschaffungsstrategien der westlichen Hersteller bestand für die Zulieferer die Notwendigkeit, sich innerhalb der Beschaffungsstrukturen neu zu positionieren. Finanzstarke Unternehmen, z. B. Magna oder Lear, entwickelten sich durch Übernahmen und Fusionen zu Mega-Zulieferern (> 2,5 Mrd Euro Umsatz, lt. Gmeiner 2005) mit umfassender Integrationskompetenz. Mit der Vergabe von Modulen und Systemen veränderte sich auch die Funktionsverteilung in der vertikalen Kooperation, indem die leistungsfähigen Zulieferer als First-Tier-Lieferanten die zur Leistungserstellung benötigten Second-Tier- bzw. Third-Tier-Lieferanten weitestgehend eigenverantwortlich koordinieren. Trotz zunehmender Positionen und Volumina in der Beschaffung war bei der BMW Group im letzten Jahrzehnt ein Rückgang der direkten Zulieferer von rund 900 auf 250 zu verzeichnen (vgl. Gmeiner 2005), wobei begleitend eine Konzentration des Beschaffungsvolumens auf immer weniger Lieferanten erfolgt. Insgesamt entwickelte sich eine hierarchische, pyramidenförmige Struktur (siehe Abbildung 1).

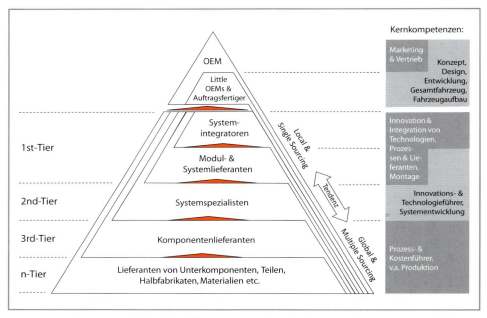

Abb. 1: Kaskadierung der Zulieferpyramide (Quelle: eigene Darstellung)

2.2 Zuliefertypen und Geschäftsmodelle

Teile- und Komponentenlieferanten waren in Europa und den USA bis in die 90er Jahre der vorherrschende, traditionelle Zuliefertyp und sind üblicherweise auf der dritten oder vierten Stufe positioniert. Sie sind nur in seltenen Fällen Direktlieferanten, wie etwa bei speziellen Motorteilen. Sie erbringen keine bzw. geringe Entwicklungs- und Montageleistungen und stellen überwiegend vordefinierte Produkte mit vorgegebenen Verfahren her. Teile- und Komponentenlieferanten sind am ehesten austauschbar und daher einem besonderen Wettbewerbs- und Preisdruck ausgesetzt – insbesondere durch international operierende Anbieter. Im Extremfall agieren diese Lieferanten nach dem Prinzip der verlängerten Werkbank, d. h., es wird eine reine Wertschöpfungsleistung ohne Eigentumsübergang der Materialien bzw. bearbeiteten Umfänge erbracht.

Systemspezialisten sind typischerweise auf der zweiten Zulieferstufe positioniert. Sie erbringen hohe Entwicklungsleistungen und geringe Montageleistungen. Systemspezialisten sind Engineeringspezialisten mit eigenem Produkt- und Fertigungs-Know-how und tragen zur Bildung herstellerübergreifender Standards bei.

Modul- und Systemlieferanten sind typischerweise auf der ersten Zulieferstufe positioniert und liefern Module oder Systeme direkt an den Hersteller. Der Systemlieferant erbringt als direkt liefernder Systemspezialist hohe Montageleistungen und hohe Entwicklungsleistungen. Der Modullieferant erbringt hohe Montageleistungen bezüglich früher beim Hersteller gefügter Umfänge aus eigenen und zugelieferten Komponenten und Teilen bei geringen eigenen Entwicklungsleistungen.

Systemintegratoren sind auf der ersten Zulieferstufe positioniert. Sie sind global aufgestellt, verfügen häufig über komplette Produktportfolios und über die Kapitalkraft zur (Vor-)Finanzierung von umfangreichen Entwicklungs- und Produktionsleistungen sowie zur Übernahme von Markt-, Investitions- und Gewährleistungsrisiken. Systemintegratoren verfügen gleichzeitig über hohe Entwicklungs- und Montagekompetenzen, darüber hinaus über Kompetenzen in mehreren Technologiefeldern, um eine Systemintegration durchführen zu können. Sie entwickeln ganze Funktionen und integrieren Module und Systeme technologisch zu einer Liefereinheit in Form eines Groß- bzw. Integrationsmoduls (vgl. Ebel/Hofer/Al-Sibai 2004, Reichhuber 2010). Beispiels-

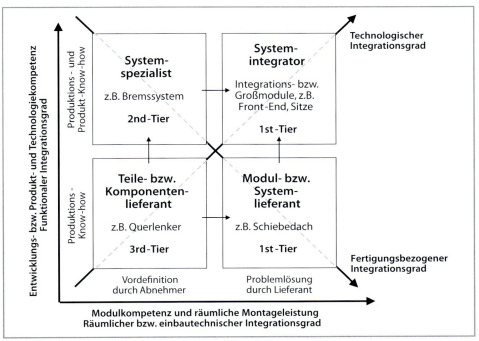

Abb. 2: Klassifizierung von Zuliefertypen (Quelle: eigene Darstellung in Anlehnung an Bossard Consultants 1996)

weise werden in einem Frontend Scheinwerfermodul, Crashsystem und Kühlungsmodul integriert oder es werden komplette Fahrzeuginnenräume erstellt. **System**integratoren übernehmen gestalterisch-optimierende Aufgaben im Produktentstehungsprozess, z. B. hinsichtlich Funktionalität, Kosten, Qualität und Bauraum, sowie die Prozessintegration in die Abläufe des Herstellers. Sie sind verantwortlich für Entwicklung, Beschaffung, Produktion, Qualität, Kosten und Logistik eines Großmoduls inkl. der Steuerung von Sublieferanten, haben Lieferantenmanagementsysteme installiert und zeichnen sich durch ausgeprägte Projektmanagementkonpetenz aus.

Als extreme Ausprägung von Systemintegratoren können die sogenannten „**Auftragsfertiger**" und „**Little OEM**" (auch: 0,5-Tier) mit Gesamtfahrzeugkompetenz hinsichtlich Produktion oder sogar Produktion und Entwicklung betrachtet werden. Hierzu gehören die Unternehmen Valmet, Bertone, Pininfarina oder Magna Steyr, die über viele Jahre Nischenfahrzeuge der Hersteller montiert hatten. Von den genannten Unternehmen baut jedoch lediglich noch Magna Steyr in nennenswertem Umfang Gesamtfahrzeuge, z. B. den Mini Countryman. Die anderen 0,5-Tier haben sich wieder stark auf die Geschäftsmodelle von Design- bzw. Engineeringdienstleistern bzw. System- und Modulllieferanten fokussiert. Ein Grund hierfür ist, dass die Montagestrukturen der Automobilhersteller in den letzten Jahren stark an Flexibilität gewonnen haben und auch stückzahlschwache Nischenfahrzeuge wirtschaftlich von den Herstellern selbst produziert werden.

Gemeinsam mit der Vergabe der Entwicklung und Herstellung ganzer Module und Systeme inklusive zugehöriger Integrationsaufgaben bis hin zur Montage von eigenen Lieferumfängen in der Fahrzeugendmontage externalisieren die Automobilhersteller weitreichende, komplexe und teilweise spezifische Aufgaben auch im Bereich der produkt- und prozessorientierten Dienstleistungen. Hierzu gehören beispielweise Entwicklungen, Berechnungen, Simulationen und Konstruktionen, die Organisation und das Management von Logistikketten sowie qualitätsplanerische und -sichernde Tätigkeiten bis hin zur Komplettentwicklung und Herstellung ganzer Fahrzeuge. Die wesentlichen Geschäftsmodelle werden in (vgl. VDA 2004) differenziert und erläutert. Darüber hinaus werden in den indirekten Bereichen umfangreiche Leistungen ausgelagert, z. B. IT-Services, Buchhaltung, Lohn- und Gehaltsabrechnung (vgl. Kapitel III.3.2).

2.3 Netzwerkstrukturen

Für eher mittelständische und kleinere Unternehmen besteht die Chance, über horizontale Kooperationen in strategischen Netzwerken spezifisches Know-how zusammenzuführen und über unterschiedliche Wertschöpfungsstufen zusammenzuarbeiten (vgl. Hensel 2007). Ein strategisches Netzwerk kann als eine auf die Realisierung von Wettbewerbsvorteilen zielende, polyzentrische, aber gleichwohl von einem oder mehreren Unternehmen strategisch geführte Organisationsform („Generalunternehmer") definiert werden, die sich durch wechselseitige relativ stabile Beziehungen zwischen rechtlich selbständigen, wirtschaftlich jedoch zumeist abhängigen Unternehmen auszeichnet. Durch horizontale Kooperationen in Netzwerken können kleine und mittelständischen Unternehmen Systemkompetenz erlangen und im Verbund wie ein Mega-Zulieferer als

System- bzw. Modullieferant oder sogar -integrator auftreten, Marktchancen durch flexible, auftragsbezogene Leistungserstellung gemeinsam mit den spezifischen Kompetenzen der Netzwerkpartnern erschließen und umfangreiche Kapazitäten – z. B. für die Erbringung umfassender Entwicklungs-, Produktions- und Transportleistungen – zur Verfügung stellen.

 Netzwerke sind häufig als Cluster regional organisiert und stellen in vielen Fällen eine Vorstufe zu Fusionen bzw. Übernahmen dar.

Auch die Automobilhersteller haben die Vorteile von Netzwerkstrukturen erkannt. Verschiedene Autoren stellen derzeit eine Wandlung von hierarchischen zu netzwerkartigen Strukturen fest, in denen sich die Fahrzeughersteller mit ihren Zulieferern und weiteren Partnern vernetzen (vgl. bspw. Gehr/Hellingrath 2007, Sanz/Semmler/Walther 2007). In monozentrischen Netzwerken sind neben dem fokal positionierten Automobilhersteller vielfältige Netzwerkpartner zur optimierten Leistungserstellung organisiert, wie beispielsweise Zulieferer, Entwicklungs-, Qualitäts- und Logistikdienstleister oder auch Institutionen der Forschung oder der Aus- und Weiterbildung. Ein Beispiel hierfür stellen die Hersteller von Nischenfahrzeugen dar, deren eingeschränkte Finanzmittel die Entwicklung ihrer Produkte in Kooperationen, Allianzen und Netzwerken horizontal mit anderen Herstellern oder vertikal mit ihren Zulieferern erfordern (vgl. Rennhak 2009).

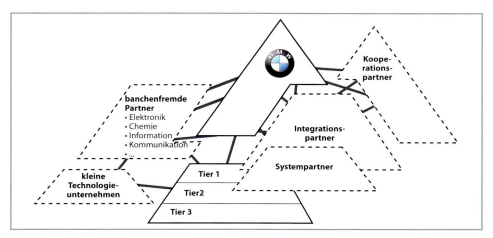

Abb. 3: Netzwerkorientierte Wertschöpfungsstrukturen in der Automobilbranche am Beispiel der BMW AG (Quelle: Sanz/Semmler/Walther 2007; BMW Group Geschäftsbericht 2005)

Die kooperative Zusammenarbeit in Netzwerkstrukturen erfordert neben neuartigen Geschäftsmodellen eine neue Qualität der Zusammenarbeit, die sich durch Offenheit, Transparenz, Vertrauen, Partnerschaft, Kooperation, Vernetzungsintensität, Know-how-Sharing, interkulturelle Kompetenz sowie Chancen- und Risikoteilung auszeichnet.

3 Situation der Zulieferindustrie

3.1 Konzentrationsprozess

Die Zulieferindustrie ist seit Jahren von einem Konzentrationsprozess geprägt (vgl. Diehlmann/ Häcker 2010 und Abbildung 4). Derzeit sind der Automobilzulieferbranche im engeren Sinn ca. 2.500 Unternehmen zuzurechnen. Die Krise 2008/2009 hat zu einer Verstärkung der Konsolidierung im Zulieferbereich geführt – wenn auch nicht in dem erwarteten Ausmaß. Insgesamt besteht weitgehender Konsens darüber, dass sich der Konzentrationsprozess aufgrund folgender Ursachen fortsetzen wird:

- Insolvenzen bzw. Entstehung von Übernahmekandidaten aufgrund von Finanzierungsproblemen insbesondere bei kleinen und mittleren Zulieferunternehmen;
- wachsende Anforderungen der Hersteller an die Zulieferer und wachsende Modulumfänge, die teilweise nur durch Großunternehmen bewältigt werden können;
- Zwang zur globalen Präsenz, die durch Unternehmensgröße erleichtert wird;
- Notwendigkeit der Realisierung von Skalen- und Synergieeffekten.

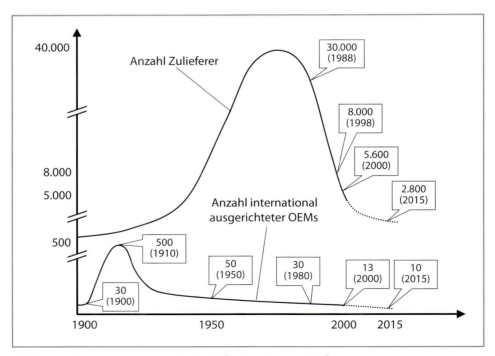

Abb. 4: Konsolidierung in der Automobilindustrie (Quelle: Kalmbach 2004)

Eine Verlangsamung des Konzentrationsprozesses kann darauf zurückzuführen sein, dass

- die Hersteller an einer ausreichenden Wettbewerbssituation in der Zulieferbranche interessiert sind und – u. a. durch entsprechende Auftragsvergaben – steuernden Einfluss nehmen;
- schwache Zulieferer kleiner und mittlerer Unternehmensgröße bereits in den Konsolidierungen der letzten Jahre berücksichtigt sind;
- neue Zulieferunternehmen mit bisher lokalen Kunden im internationalen Wettbewerb aktiv werden, insbesondere aus Schwellenländern;
- durch den Technologiewandel in den Antrieben, zunehmenden Elektrik- und Elektronikanteil sowie eine ansteigende Vielfalt an Fahrzeugfunktionen (z. B. vernetztes Fahrzeug), Materialien und Technologien (z. B. Leichtbau mit carbonfaserverstärkten Kunststoffen) neue Zulieferer im automobilen Umfeld aktiv werden;
- über Kooperationen und Netzwerke vergleichbare Vorteile zu erzielen sind wie durch Fusionen und Akquisitionen.

Die Vergabe von ganzen Modulen und Systemen an Zulieferunternehmen hat insgesamt betrachtet zu einer stärkeren Abhängigkeit der Fahrzeughersteller von ihren in Bezug auf Mitarbeiterzahl, Umsatz und Global Footprint inzwischen nahezu gleichwertigen Partnern geführt. Dadurch werden eine höhere Intensität der Zusammenarbeit und ein verstärktes partnerschaftliches Verhältnis erforderlich. Einer zu starken Abhängigkeit der Hersteller von Zulieferunternehmen beugen die Automobilproduzenten jedoch durch entsprechende Vergabestrategien und einen strategisch gewählten Eigenanteil an der Wertschöpfung vor. Die Zulieferunternehmen versuchen ihre Abhängigkeit durch eine möglichst breite Kundenbasis – auch außerhalb der Automobilbranche – und eine Positionierung als Innovationspartner der Hersteller zu reduzieren.

3.2 Herausforderungen

Während der Krise 2008/2009 wurden zur Auslastung der eigenen Kapazitäten Fremdvergaben wieder ins eigene Unternehmen zurückgeholt, z. B. Entwicklung und Fertigung von Derivaten wie Sport- und Geländewagen. Außerdem verstärken die Hersteller im Bereich der Hochvoltkomponenten für Hybrid- und Elektroautos ihre Inhouse-Kompetenz. Dennoch ist es ein übergeordnetes Ziel der Hersteller, die Verantwortung für Entwicklung und Herstellung eines Automobils und damit auch das Marktrisiko teilweise auf die Zulieferer zu übertragen. Eine weitere Reduzierung der Wertschöpfungstiefe und die Konzentration auf Aufgaben in den Bereichen Marketing, Vertrieb, Design und im Downstream-Prozess sowie dem Management der rein externen Wertschöpfungsstrukturen wird kritisch diskutiert. Der zunehmende Finanzierungsbedarf für diese Aufgaben und die Erschließung neuer Märkte erfordern eine Reduzierung des Ressourceneinsatzes für kapitalinvestive Fertigungssegmente, z. B. Gießereien und Presswerke. Damit ist eine weitere Abnahme der Wertschöpfungstiefe am ehesten in diesen Segmenten und bei nicht markenprägenden Umfängen zu erwarten. Bei den Premiummarken wird nur noch eine geringfügige Absenkung der Wertschöpfungstiefe möglich sein, da hier Differenzierungsmöglichkeiten eine wesentlich größere Rolle spielen als bei Low-Cost- und Volumenmarken.

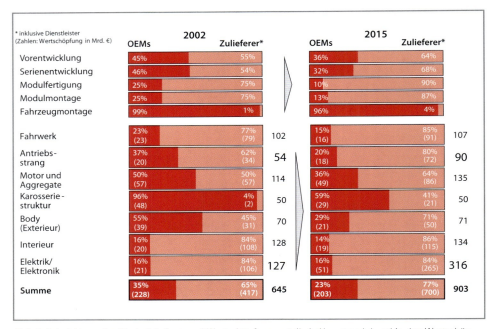

Abb. 5: Entwicklung der Wertschöpfung und Wertschöpfungsanteile je Hauptmodul und in den Wertschöpfungsstufen (Quelle: eigene Darstellung in Anlehnung an VDA 2004)

Durch den verstärkten Aufbau von Auslandsstandorten seitens der Zulieferer können diese Kostensenkungspotenziale erschließen und – weitaus bedeutender – sich Chancen durch die Unterstützung der Globalisierungsaktivitäten ihrer Kunden erarbeiten, indem sie vor Ort technisch und qualitativ hochwertige Zuliefererzeugnisse verfügbar machen und die Erfüllung von Local Content-Vorgaben unterstützen. Darüber hinaus können in neuen Märkten nicht nur zusätzliche Umsätze mit existierenden Fahrzeugherstellern generiert werden, sondern es können (bisher) lokal agierende, neue Herstellerkunden gewonnen werden. Aufgrund ihrer Technologie- und Prozesskompetenz sind deutsche Zulieferunternehmen gefragte Partner in den Wertschöpfungsnetzen dieser zukünftig auch auf internationale Märkte strebenden Hersteller.

In Bezug auf Absatz-, Beschaffungs-, Kapital- und Arbeitsmarkt lassen sich für die deutsche Zulieferindustrie zusammenfassend folgende wesentlichen Herausforderungen identifizieren:

- Kapazitätsbereitstellung und Vorfinanzierung von Forschungs- bzw. Entwicklungsleistungen und Investitionen sowie der Produktion der derzeit extrem hohen Absatzzahlen;
- strategische Definition des zukünftigen Produkt- und Leistungsspektrums zur optimalen Unterstützung der Fahrzeughersteller vor dem Hintergrund neuer Antriebstechnologien und Materialien sowie der Vernetzung des Fahrzeugs;

- Finanzierung der erforderlichen Vorleistungen, insbesondere in den Bereichen Forschung, Vorentwicklung und Entwicklung, sowie der Betriebsmittelinvestitionen zur Realisierung des zukünftigen Produkt- und Leistungsspektrums;
- optimale Positionierung in den Wertschöpfungsnetzwerken aus Herstellern und Zulieferern und Bildung optimaler Unternehmensgrenzen;
- Absicherung der Position gegenüber neuen Wettbewerbern, die bisher nur mit lokalen Herstellern zusammengearbeitet hatten, z. B. aus Korea, China, Indien und Mexiko;
- Finanzierung und Realisierung eines optimalen Global Footprint bezüglich Entwicklung und Produktion sowie bezüglich der lokalen Vernetzung;
- weitere Erschließung von Innovations- und Kostensenkungspotenzialen bei gleichzeitigem Anstieg von Komplexität und Variantenzahl;
- Deckung des Bedarfs an qualifizierten Mitarbeitern und Mitarbeiterinnen (v. a. Facharbeitern und Ingenieuren), da insbesondere kleine und mittlere, wenig globalisierte Zulieferunternehmen mit relativ niedrigem Lohn- und Gehaltsniveau im Wettbewerb mit globalen Mega-Lieferanten und attraktiven Automobilherstellern stehen.

An den Gewinnmargen 2010 zeigt sich, dass die deutschen Zulieferer durchaus Herausforderungen bewältigen können. Nach dem krisenbedingten Einbruch erreichten die Zulieferer in Europa in Abhängigkeit von der globalen Ausrichtung, der Unternehmensgröße und dem Produktfokus immerhin wieder Gewinnmargen von bis zu 7 % (GASS 2011), chinesische und koreanische Zulieferer von bis zu 10 %. Hauptgründe für den Erfolg sind die Rekordabsatzzahlen der Hersteller, insbesondere in China und anderen Schwellenländern, sowie die Kostensenkungsmaßnahmen während der Krise.

4 Zusammenarbeit in Hersteller–Zulieferer-Beziehungen

4.1 Grundlagen der Zusammenarbeit

Die zunehmende Übernahme von Entwicklungs- und Fertigungsumfängen durch Zulieferer resultiert in komplexen Schnittstellen und hohen Transaktionsaufwänden. Die Beherrschung dieser Schnittstellen ist für die Unternehmen ein wichtiger Wettbewerbsvorteil. Um trotz der weitgehenden Freiheit der Lieferanten zur Auswahl und Einbindung ihrer Unterlieferanten die Kontrolle über die Wertschöpfungskette beizubehalten, stellen die Hersteller für das Management der Second- und Third-Tier-Lieferanten an ihre First-Tier-Lieferanten generell dieselben Anforderungen, nach denen sie selbst mit diesen First-Tier-Lieferanten zusammenarbeiten. Als Grundlagen der Zusammenarbeit zwischen Herstellern und Zulieferern können im wesentlichen sieben Instrumente differenziert werden, wobei die Einhaltung von relevanten Gesetzen, Verordnungen und Richtlinien (Legal Compliance) vorausgesetzt wird.

a) **Leitfaden des Verbands der Automobilindustrie (VDA):**
Im vom VDA 1992 erstellten „Leitfaden für die Zusammenarbeit zwischen den Automobilherstellern und ihren Zulieferern" (VDA 1992) sind die gemeinsamen Grundsätze der Zusammenarbeit festgelegt. Der Leitfaden hat inzwischen mit den „European Guidelines for Co-Operation between Automobile Manufacturers and their Suppliers" eine Entsprechung auf europäischer Ebene gefunden. Der Leitfaden wurde 2001 ergänzt bzw. aktualisiert durch die VDA-Schrift „Gemeinsam zum Erfolg – Grundsätze zur Partnerschaft zwischen den Automobilherstellern und ihren Zulieferern".

b) **Juristisch-kaufmännische Vereinbarungen:**
Hierzu gehören Kooperations- und Entwicklungsverträge, Kauf- bzw. Lieferverträge, Rahmenvereinbarungen/-verträge, Einkaufs- und Geschäftsbedingungen, Leistungs(schnittstellen)vereinbarungen, Regelungen bzgl. der Verteilung von Eigentums-, Schutz-, Nutzungs- und Verwertungsrechten sowie Geheimhaltungserklärungen. Langfristige Lieferverträge sind häufig nur anhand von Grunddaten zu Laufzeit- und Jahresvolumina, Variantenverteilung, Schwankungsbreiten, Preise und Preisreduzierungen u. Ä. vereinbart, während die Detailleistungen erst im Laufe der Geschäftsbeziehung gemäß den marktlichen Erfordernissen spezifiziert werden. Vertragliche Regelungen sind aufgrund der überlegenen Machtposition der Automobilhersteller häufig einseitig formuliert, z. B. hinsichtlich Kündigungsklauseln. Die Auswahl der geeigneten Lieferanten erfolgt in einem mehrstufigen Prozess unter Berücksichtigung einer Vielzahl an Kriterien, wie beispielsweise Finanzkraft, Zertifizierungen und Auditergebnisse, Qualitäts- und Logistikperformance, Globalisierungsgrad und Kapazitäten sowie Innovations- und Integrationskompetenz.

c) **Umfangsspezifische Anforderungen der Hersteller- und Zuliefererkunden:**
Lieferumfangsspezifischen Anforderungen sind in den Lastenheften (vgl. VDA 2007), Spezifikationen, Zeichnungen, CAD-Daten und zugehörigen Liefer- und Prüfstandards festgehalten.

d) **Branchenspezifische Anforderungen bezüglich Qualitätsmanagementsystemen:**
Von überragender Bedeutung ist die ISO TS 16949 „Qualitätsmanagementsysteme – Besondere Anforderungen bei Anwendung von ISO 9001:2008 für die Serien- und Ersatzteil-Produktion in der Automobilindustrie" (IATF 2009) als internationaler und gemeinsamer Anforderungskatalog der Automobilhersteller an Qualitätsmanagementsysteme in der Lieferkette der Automobilindustrie. Mitgeltend sind weitere ISO-, EN- und DIN-Normen. Zulieferer müssen von einem akkreditierten Zertifizierungsunternehmen regelmäßig überprüfen lassen, ob das installierte Qualitätsmanagementsystem den Anforderungen der ISO TS 16949 entspricht, und erhalten dafür ein Zertifikat. Ist eine Zertifizierung aufgrund der Einschränkung des Anwendungsbereichs der ISO TS 16949 nicht möglich, so können sich Unternehmen nach ISO 9001 in Kombination mit VDA 6.1, 6.2 oder 6.4 zertifizieren lassen (VDA-Band 6 2008).

e) **Schriften, Empfehlungen und Richtlinien des VDA:**
Der VDA hat eine Vielzahl von Regelwerken herausgegeben, die grundsätzliche und auch spezifische Elemente der Zusammenarbeit beschreiben oder sogar verbindlich vorgeben (siehe Abbildung 6).

f) **Weitere kundenspezifische Forderungen der Hersteller- und Zuliefererkunden:**
Von den Lieferanten sind üblicherweise zusätzliche oder spezifische Anforderungen der Hersteller mit generellem oder lieferumfangsbezogenem Charakter zu erfüllen. Diese Anforderungen sind in Handbüchern und Vereinbarungen festgeschrieben und beziehen sich beispielsweise auf den Datenaustausch, die Qualitätsprozesse, die logistische Abwicklung und die Ersatzteilversorgung.

g) **Branchenneutrale Anforderungen bezüglich weiterer Managementsysteme:**
Neben dem Qualitätsmanagement wird entlang der Lieferkette hohen Wert gelegt auf das Umweltmanagement nach DIN EN ISO 14001 oder gemäß der EMAS-Verordnung (EG) Nr. 1221/2009 sowie das Arbeits- und Gesundheitsschutzmanagement nach OHSAS 18001, OHRIS oder ILO OSH-2001. Zunehmend an Bedeutung gewinnen Systeme für das Energiemanagement, das Sicherheitsmanagement, das Risikomanagement und das Compliancemanagement.

Für Lieferungen von Umfängen zur Fahrzeugmontage in außereuropäische Länder sind weitere länderspezifische Anforderungen zu berücksichtigen. So ist beispielsweise gemäß einem Produktkatalog der Regierung bei einer Lieferung nach China das Zertifizierungssystem China Compulsory Certification (CCC) zu beachten. Das Zertifikat ist produkt- und standortbezogen und es werden in diesem Rahmen Tests von chinesischen Prüflabors und Audits durch Vertreter der chinesischen Behörden durchgeführt.

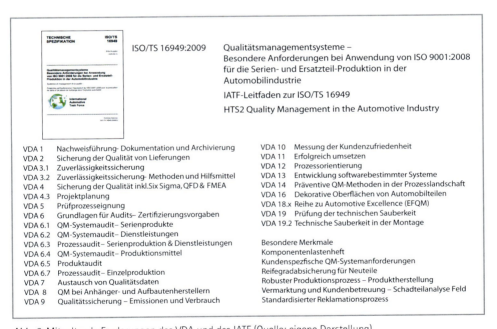

Abb. 6: Mitgeltende Forderungen des VDA und des IATF (Quelle: eigene Darstellung)

4.2 Prozessunterstützung durch Portale

Für den Austausch von Dokumenten und Daten hat der VDA eine Vielzahl an Empfehlungen, Formaten und Formularen bereitgestellt, die insbesondere logistische und finanztechnische Abläufe unterstützen, z. B. Lieferabrufe, Rechnungen, Warenbegleitscheine. Inzwischen wird der Zugriff auf Informationen und die Prozessführung zwischen Herstellern und Zulieferern immer stärker durch webbasierende Portale unterstützt und vernetzt (vgl. Kinkel/Zanker 2007). In der Regel werden die von den Lieferanten benötigten Informationen und Dokumente, z. B. Geschäftsbedingungen, Entwicklungsvorgaben, Qualitätssicherungsvereinbarungen, Logistikrichtlinien, über die Webseiten der Kundenunternehmen im Internet zur Verfügung gestellt. Marktplätze und elektronische Kataloge unterstützen für einfache Teile und Komponenten bei der Lieferanten- und Produktauswahl.

Hauptziele von Portalen sind die vereinfachte Abwicklung von Geschäftsprozessen, die Durchgängigkeit von Daten durch Integration in die firmeninternen Systeme sowie eine Steigerung der Transparenz. Zu den durch Portale unterstützten Prozessen gehören:

- Einkauf, z. B. Anfrage und Angebotsabgabe;
- Entwicklung, z. B. Konstruktionsrichtlinien, Datenaustausch und Bemusterung;
- Änderungsmanagement, z. B. Änderungsanfrage, Angebotsabgabe, Änderungsauftrag;
- Finanzwesen, z. B. Bordero-Abwicklung und Gutschriftverfahren;
- Produktion und Technologie, z. B. Standard für Layoutplanung und Betriebsmittel;
- Qualitätswesen, z. B. Bemusterungen, Anliefer- und Feldreklamationen;
- Logistik und Belieferung, z. B. Produktionsprogramme, Stückzahlen und Abrufe;
- Lieferantenbewertung, z. B. bezüglich Anlieferqualität und Termintreue.

Ein markenübergreifendes Portal, insbesondere der Hersteller, ist Covisint. Die Daimler AG hat ihr Supplier Portal unter daimler.portal.covisint.com vollständig in Covisint integriert und bezeichnet das Supplier Portal als wichtigste Schnittstelle und Kommunikationsplattform mit den Geschäftspartnern. Das bekannteste gemeinschaftliche Portal von Lieferanten ist Supply On unter www.supplyon.com. Darüber hinaus betreiben andere Hersteller und Zulieferer unternehmenseigene, proprietäre Portale, z. B. das BMW Group Partner Portal unter b2b.bmw.com oder Magna unter erfx.magna.com.

5 Fazit und Ausblick

Die aktuelle Situation der Fahrzeughersteller erfordert eine intensive Zusammenarbeit mit den Lieferanten sowie eine tiefe Prozessintegration und frühzeitige Einbindung in die Entwicklungsaktivitäten. Zur Reduzierung der Wertschöpfungstiefe in allen Unternehmensbereichen, der Beherrschung von Komplexität durch steigende Produkt- und Technologievielfalt – und damit auch steigende Anzahl an Schnittstellen zu Wertschöpfungspartnern – sowie zur Nutzung von Innovationspotenzialen werden große Teileumfänge als Module und Systeme fremdvergeben. In der Zulieferindustrie hat sich als Konsequenz eine hierarchische, pyramidenförmige Struktur herausgebildet, die sich derzeit hin zu stärker netzwerkartig geprägten Beziehungsgeflechten verändert. Zur Bewältigung der aktuellen Anforderungen wie Globalisierung, Technologiewandel und verstärktem Differenzierungs- und Kostenwettbewerb vernetzen sich auch die Hersteller und großen Zulieferer stärker über Kooperationen. Einhergehend mit einer starken Konzentration in der Zulieferindustrie und der Entwicklung von Mega-Lieferanten haben sich unter den kleineren und mittleren Unternehmen ebenfalls Netzwerkstrukturen herausgebildet, um auf höheren Wertschöpfungsstufen agieren zu können. Strategische Partnerschaften und Allianzen werden sich bei Herstellern und Zulieferern als Erfolgsmodell weiter etablieren. Dabei bietet insbesondere die Vernetzung mit Partnern in den Bereichen Dienstleistung, Einkauf, Forschung & Entwicklung, Ausbildung und mit Finanzinstituten große langfristige Chancen. Die Fähigkeiten zur Netzwerkbildung, zum Management von Netzwerken und zur Kooperation unter Einsatz moderner Informations- und Kommunikationstechnik werden sich zu einer Kernkompetenz entwickeln. Als Folge der Krise, aktuell sehr hoher Absatzzahlen und hoher Investitionen in die Entwicklung zukünftiger Produktportfolios und Standorte bleibt die Finanzierung der Unternehmensaktivitäten für Zulieferer weiter schwierig. Darüber hinaus treten aus den Schwellenländern wie Korea, China und Indien neue eigenständige oder herstellerintegrierte Zuliefererunternehmen mit bisher geringer technologischer und qualitätsbezogener Leistungsfähigkeit zum globalen Wettbewerb und zur Unternehmensübernahme an. Neue Wettbewerber aus anderen Branchen versuchen sich im Zuge der neuen Mobilitäts-, Antriebs- und Materialkonzepte sowie der Vernetzung der Fahrzeuge Plätze in den automobilen Wertschöpfungsstrukturen zu erkämpfen. Eine starke Marke gewinnt – auch für Zulieferer – zunehmend an Bedeutung in Absatz-, Beschaffungs-, Finanz- und Arbeitsmärkten.

Eingebunden als Innovations- und Entwicklungspartner werden deutsche Zuliefer- und Dienstleistungsunternehmen ihren Kunden auch mit dem Aufbau von Entwicklungsstandorten in die neuen Märkte folgen. Zunehmende Umweltprobleme, steigende Bevölkerungsdichten und wachsende Mega-Citys eröffnen durch neue Formen der Mobilität und auf lokale Anforderungen ausgerichtete emissionsfreie und kleinste Fahrzeuge ebenfalls neue Möglichkeiten zur Positionierung der bisherigen und neuer Leistungen. Da die Preissensibilität sich in etablierten Märkten weiter verschärfen wird und in neuen Märkten entsprechende Einstiegsmodelle in die Mobilität angeboten werden müssen, sind die Zulieferer gefordert, im Low-Cost- und Ultra-Low-Cost-Bereich ihren Herstellern attraktive Leistungen bieten zu können. Produktnahe Dienstleistungen und der Aftermarket mit Ersatzteilgeschäft und Serviceleistungen bieten weitere Chancen, um profitabel zu wachsen.

Explodierende Energie- und Rohstoffpreise bringen die Lieferanten weiterhin unter zusätzlichen Kostendruck. Weitere Effizienzsteigerungen und Kostenreduzierungen müssen durch logistische und produktionstechnische Integration in die Kundenprozesse, konsequentes Supply-Chain-Management, Nutzung von Low-Cost-Standorten, Einsatz hochqualifizierter Mitarbeiter, innovative und optimierte Prozesse und Technologien sowie Nutzung der Informationstechnik erzielt werden.

Kennzeichen der aktuellen Branchensituation sind zufriedenstellende Margen, Bereitschaft zur weiteren Reduzierung der Leistungsumfänge beim Hersteller und Möglichkeiten zum Einstieg in neue Geschäftsfelder und neue Märkte, insbesondere durch Technologieumbruch und Globalisierung der Kunden. Wichtige Erfolgsfaktoren der nächsten Jahre sind für die deutschen Zulieferer neben der Ausweitung der globalen Präsenz eindeutig eine hohe Innovationsfähigkeit – insbesondere in den stark wachsenden Fahrzeuganteilen der Elektrik, Elektronik, Software und Mechatronik – und das überragende Technologie- und Qualitätsniveau.

Für die Zulieferindustrie sind die Aussichten weiterhin positiv, wenn auch deutlich gedämpft. Der langsamer wachsende chinesische Markt, stagnierende Automobilverkäufe in den reifen Märkten, steigende Rohstoff- und Energiepreise sowie der Preisdruck der Hersteller werden die Profitabilität – bei leicht steigenden Umsätzen – global wieder unter sechs Prozent fallen lassen (vgl. GASS 2011).

Literaturverzeichnis

Literatur zu Kapitel I

ACEA (2011): The Automobile Industry Pocket Guide, Brüssel

Bundesministerium für Umwelt, Naturschutz und Reaktorsicherheit (BMU) (Hrsg.) (2011): Umweltwirtschaftsbericht 2011. Daten und Fakten für Deutschland, Berlin

Bundesverband Güterkraftverkehr Logistik und Entsorgung (BGL) e.V. (Hrsg.) (2011): Jahresbericht 2010/2011, Frankfurt/M.

Diez, W. (2006): Automobil-Marketing – Navigationssystem für neue Absatzstrategien, 5., akt. u. erw. Aufl., Landsberg a. Lech

DIW (2011): Verkehr in Zahlen 2010/2011, Berlin

EUROSTAT (2011): Europe in figures – Eurostat yearbook 2011 (Europa in Zahlen – Eurostat-Jahrbuch 2011), Luxemburg

GDV (Hrsg.) (2011): Statistisches Taschenbuch der Versicherungswirtschaft. Gesamtverband der Deutschen Versicherungswirtschaft e.V., Berlin

infas/DLR (Hrsg.) (2010): Mobilität in Deutschland 2008. Ergebnisbericht. Struktur – Aufkommen – Emissionen – Trends, Bonn/Berlin

Institut für Automobilwirtschaft (IFA) (2012): Automobilmarkt: Lust am Autofahren ist bei jungen Menschen ungebrochen, Pressemeldung, 24.2.2012

Institut für Mobilitätsforschung (Hrsg.) (2010): Zukunft der Mobilität. Szenarien für das Jahr 2030, zweite Fortschreibung, München

Kille, Chr./Schmidt, N. (2008): Wirtschaftliche Rahmenbedingungen des Güterverkehrs. Studie zum Vergleich der Verkehrsträger im Rahmen des Logistikprozesses in Deutschland, Nürnberg

Kraftfahrt-Bundesamt (KBA) (Hrsg.) (2011): Jahresbericht 2010, Flensburg

Motorpresse Stuttgart (Hrsg.) (2011): Autofahren in Deutschland 2011, Stuttgart

Öko-Institut e.V. (Hrsg.) (2011): Autos unter Strom. Ergebnisbroschüre erstellt im Rahmen des Projektes optum »Umweltentlastungspotenziale von Elektrofahrzeugen – Integrierte Betrachtung von Fahrzeugnutzung und Energiewirtschaft«, Berlin

Porter, M.E. (2008): Wettbewerbsstrategie. Competitive Strategy. Methoden zur Analyse von Branchen und Konkurrenten, Frankfurt/M.

Reindl, S. (2005): Die Macht der Hersteller. Machtstrategische Handlungsoptionen für das Vertriebsmanagement von Herstellern und Importeuren der Automobilwirtschaft, München

Shell Deutschland Oil GmbH (Hrsg.) (2009): Shell PKW-Szenarien bis 2030. Fakten, Trends und Handlungsoptionen für nachhaltige Auto-Mobilität, Hamburg

Statistisches Bundesamt (Hrsg.) (2010): Auto, Bus und Bahn – Mobilität hat ihren Preis, Destatis STATmagazin, Wiesbaden, 19.2.2010

Statistisches Bundesamt (Hrsg.) (2011a): Datenreport 2011. Ein Sozialbericht für die Bundesrepublik Deutschland, Band I, Wiesbaden

Statistisches Bundesamt (Hrsg.) (2011b): Finanzen und Steuern. Steuerhaushalt Jahr 2010, Wiesbaden

Statistisches Bundesamt (Hrsg.) (2011c): Land- und Forstwirtschaft, Fischerei Bodenfläche nach Art der tatsächlichen Nutzung, Wiesbaden

Statistisches Bundesamt (Hrsg.) (2011d): Umweltökonomische Gesamtrechnungen. Weiterentwicklung der Berechnungen zum Energieverbrauch und zu den CO_2-Emissionen des Straßenverkehrs im Rahmen des NAMEA Rechenansatzes – Methodenbericht, Wiesbaden

Statistisches Bundesamt (Hrsg.) (2012a): Statistisches Jahrbuch 2011, Wiesbaden

Statistisches Bundesamt (Hrsg.) (2012b): Verkehr. Verkehr aktuell. Fachserie 8 Reihe 1.1, Wiesbaden

VDA (2005): Der Diesel in der Feinstaub-Diskussion. Antworten auf die 20 wichtigsten Fragen, Frankfurt/M.

VDA (2011): Jahresbericht 2011, Berlin

ZDK (Hrsg.) (2011): Zahlen und Fakten 2010, Bonn

Literatur zu Kapitel II

Ahrens, G.-H. (2011): Zukunft von Mobilität und Verkehr. Auswertung wissenschaftlicher Grunddaten, Erwartungen und abgeleiteter Perspektiven des Verkehrswesens in Deutschland, Dresden

Breitling, Th. (2005): Unfallverminderungspotentiale von Systemen der Aktiven Sicherheit, in: Technischer Kongress 2005, Frankfurt/M., S. 267–279

Bundesamt für Güterverkehr (BAG) (Hrsg.) (2011a): Geschäftsbericht 2010, Köln

Bundesamt für Güterverkehr (BAG) (Hrsg.) (2011b): Marktbeobachtung Güterverkehr. Jahresbericht 2010, Köln

Bundesministerium für Umwelt, Naturschutz und Reaktorsicherheit (BMU) (Hrsg.) (2004): Bilanz: Umsetzung der Nachhaltigkeitsstrategie, Berlin

Bundesministerium für Umwelt, Naturschutz und Reaktorsicherheit (BMU) (Hrsg.) (2007): Verkehr und Umwelt – Herausforderungen, Berlin

Bundesministerium für Umwelt, Naturschutz und Reaktorsicherheit (BMU) (Hrsg.) (2011): Umweltwirtschaftsbericht 2011. Daten und Fakten für Deutschland, Berlin

Bundesregierung (Hrsg.) (2004): Perspektiven für Deutschland. Unsere Strategie für eine nachhaltige Entwicklung, Forschungsbericht 2004, Berlin

Bundesverband Güterkraftverkehr Logistik und Entsorgung (BGL) e.V. (Hrsg.) (2011): Jahresbericht 2010/2011, Frankfurt/M.

Dicke, B. (1995): Telematik im Verkehr – Chancen für den Produktionsstandort Deutschland, in: Müller, G./Hohlweg, G. (Hrsg.): Telematik im Straßenverkehr, Berlin-Heidelberg, S. 3–21

Diez, W. (2006): Automobil-Marketing – Navigationssystem für neue Absatzstrategien, 5., akt. u. erw. Aufl., Landsberg a. Lech

Diez, W./Knie, A./Reindl, S. (2000): Car-Sharing: Mobilität mit Zukunft?, in: Horizonte 17, November 2000, S. 14–15

Diez, W./Reindl, S. (2002): Vom Automobilhersteller zum Mobilitätsanbieter, in: Der Bürger im Staat, H. 3, S. 153–160

DIW (2011): Verkehr in Zahlen 2010/2011, Berlin

Frick, S./Diez, W./Reindl, S. (1998): Marktchancen für das Kfz-Gewerbe durch ökoeffiziente Dienstleistungen. Kilometer-Leasing als neuer Dienstleistungsbereich für Autohäuser und Werkstätten. Forschungsbericht Nr. 15/1998, Rheinisch-Westfälisches Institut für Wirtschaftsforschung (RWI) Essen und Institut für Automobilwirtschaft (IFA) an der Fachhochschule Nürtingen, Geislingen

Goetz, J. (2005): Erhöhung der Straßenverkehrssicherheit durch Umfeldsensorik, in: Verband der Automobilindustrie (Hrsg.): Technischer Kongress 2005, Frankfurt/M., S. 209–228

infas/DLR (Hrsg.) (2010): Mobilität in Deutschland 2008. Ergebnisbericht. Struktur – Aufkommen – Emissionen – Trends, Bonn/Berlin

Institut für Automobilwirtschaft (IFA) (2012): Automobilmarkt: Lust am Autofahren ist bei jungen Menschen ungebrochen, Pressemeldung, 24.2.2012

Institut für Mobilitätsforschung (Hrsg.) (2010): Zukunft der Mobilität. Szenarien für das Jahr 2030, zweite Fortschreibung, München

Kille, Chr./Schmidt, N. (2008): Wirtschaftliche Rahmenbedingungen des Güterverkehrs. Studie zum Vergleich der Verkehrsträger im Rahmen des Logistikprozesses in Deutschland, Nürnberg

Kraftfahrt-Bundesamt (KBA) (Hrsg.) (2011): Jahresbericht 2010, Flensburg

Öko-Institut e. V. (Hrsg.) (2011): Autos unter Strom. Ergebnisbroschüre erstellt im Rahmen des Projektes optum »Umweltentlastungspotenziale von Elektrofahrzeugen – Integrierte Betrachtung von Fahrzeugnutzung und Energiewirtschaft«, Berlin

Paulus, I. (2005): Fahrzeug-Fahrzeug und Fahrzeug-Infrastruktur Kommunikation in Europa, in: Technischer Kongress 2005, Frankfurt/M., S. 243–255

Reindl, S. (2005): Die Macht der Hersteller. Machtstrategische Handlungsoptionen für das Vertriebsmanagement von Herstellern und Importeuren der Automobilwirtschaft, München

Shell Deutschland Oil GmbH (Hrsg.) (2009): Shell PKW-Szenarien bis 2030. Fakten, Trends und Handlungsoptionen für nachhaltige Auto-Mobilität, Hamburg

Statistisches Bundesamt (Hrsg.) (2006): Verkehr in Deutschland 2006, Wiesbaden

Statistisches Bundesamt (Hrsg.) (2010): Auto, Bus und Bahn – Mobilität hat ihren Preis, Destatis STATmagazin, Wiesbaden, 19.2.2010

Statistisches Bundesamt (Hrsg.) (2011a): Datenreport 2011. Ein Sozialbericht für die Bundesrepublik Deutschland, Band I, Wiesbaden

Statistisches Bundesamt (Hrsg.) (2011b): Finanzen und Steuern. Steuerhaushalt Jahr 2010, Wiesbaden

Statistisches Bundesamt (Hrsg.) (2011c): Land- und Forstwirtschaft, Fischerei. Bodenfläche nach Art der tatsächlichen Nutzung, Wiesbaden

Statistisches Bundesamt (Hrsg.) (2011d): Umweltökonomische Gesamtrechnungen. Weiterentwicklung der Berechnungen zum Energieverbrauch und zu den CO_2-Emissionen des Straßenverkehrs im Rahmen des NAMEA Rechenansatzes – Methodenbericht, Wiesbaden

Statistisches Bundesamt (Hrsg.) (2012a): Statistisches Jahrbuch 2011, Wiesbaden

Statistisches Bundesamt (Hrsg.) (2012b): Verkehr. Verkehr aktuell. Fachserie 8 Reihe 1.1, Wiesbaden

Umweltbundesamt (Hrsg.) (2005a): Energiereferenzszenario 2000–2020 für Emissionsberechnungen des Umweltbundesamtes, Dessau

Umweltbundesamt (Hrsg.) (2005b): Mobilität, Dessau

VDA (1993): Mobilität sichern – Umwelt bewahren. Präsentation Verkehrsmanagement. Frankfurt/M.

VDA (2005): Der Diesel in der Feinstaub-Diskussion. Antworten auf die 20 wichtigsten Fragen, Frankfurt/M.

VDA (2011): Jahresbericht 2011, Berlin

Willeke, R. (2003): Nachhaltige Mobilität, in: Zeitschrift für Verkehrswissenschaft, H. 3, S. 129–159

Wissenschaftlicher Beirat beim Bundesminister für Verkehr, Bau- und Wohnungswesen (2003): Möglichkeiten und Grenzen des Einsatzes von Telematik im Verkehr, in: Internationales Verkehrswesen Nr. 12, S. 599–607

ZDK (Hrsg.) (2011): Zahlen und Fakten 2010, Bonn

Literatur zu Kapitel III

Adam, D. (1997): Produktionsmanagement, 8. Aufl., Wiesbaden

Bartelt, A. (2002): Vertrauen in Zuliefernetzwerken, Wiesbaden

Diehlmann, J./Häcker, J. (2010): Automobilmanagement, München

Ebel, B./Hofer, M.B./Al-Sibai, J. (Hrsg.) (2004): Automotive Management, Berlin Heidelberg

Göltenboth, M. (1998): Global Sourcing und Kooperationen als Alternativen zur Vertikalen Integration, Schriften zur Unternehmensplanung Nr. 49, Frankfurt/M.

Gottschalk, B./Kalmbach, R./Dannenberg, J. (2005): Markenmanagement in der Automobilindustrie, 2., überarb. Aufl., Wiesbaden

Graf, A. (2008): Geschäftsmodelle im Automobilvertrieb, Wiesbaden

Grünert, M. (2010): Die Automobilindustrie im Lichte der Transaktionskostentheorie, Schriftenreihe Logistik-Management in Theorie und Praxis Bd. 29, Hamburg

Heidtmann, V. (2008): Organisation von Supply Chain Management, Wiesbaden

Müller-Stewens, A./Glocke, A. (1995): Kooperation und Konzentration in der Automobilindustrie, Chur

Porter, M. (1989): Wettbewerbsvorteile (Competitive Advantage) Spitzenleistungen erreichen und behaupten, Frankfurt/M.

Porter, M. (1999): Wettbewerbsstrategie, 10. Aufl., Frankfurt/M.

Preisendörfer, P. (2008): Organisationssoziologie, 2. Aufl., Wiesbaden

Reeg, M. (1998): Liefer- und Leistungsbeziehungen in der deutschen Automobilindustrie, Volkswirtschaftliche Schriften Heft 482, Berlin

Reichhuber, A.W. (2010): Strategie und Struktur in der Automobilindustrie, Wiesbaden

Rennhak, C. (Hrsg.) (2009): Die Automobilindustrie von morgen, Stuttgart

Sanz, F.J.G./Semmler, K./Walther, J. (2007): Die Automobilindustrie auf dem Weg zur globalen Netzwerkkompetenz, Berlin Heidelberg

Schonert, T. (2008): Interorganisationale Wertschöpfungsnetzwerke in der deutschen Automobilindustrie, Wiesbaden

Stratmann, U. (2010): Der Zusammenhang zwischen Wertschöpfungsorganisationen und strategischen Wettbewerbsvorteilen, München und Mering

Sydow, J. (1992): Strategische Netzwerke – Evolution und Organisation, Wiesbaden

VDA (2004): Future Automotive Industry (FAST) 2015 – die neue Arbeitsteilung in der Automobilindustrie, Mercer Management Consulting und Fraunhofer Institut für Produktionstechnik und Automatisierung, Frankfurt/M.

Volkswagen Aktiengesellschaft (2010): VIAVISION – Wer mit wem? Die wichtigsten Kooperationen in der Autobranche, Nr. 9, Rolandseck

Voß, P. (2007): Horizontale Supply-Chain-Beziehungen: Potentiale der Zusammenarbeit zwischen Zulieferern in Supply Chains, Wiesbaden

Wallentowitz, H./Freialdenhoven, A./Olschewski, I. (2009): Strategien in der Automobilindustrie, Wiesbaden

Wertz, B. (2000): Management von Lieferanten-Produzenten-Beziehungen, Wiesbaden

Williamson, O.E. (1985): The Economic Institutions of Capitalism, New York/London

Woll, A. (2008): Wirtschaftslexikon, 21. Aufl., München

[Online Dokument] http://www.toomanycars.info/CarRelationship/Car_Rel-Image2.html

Literatur zu Kapitel IV

ACEA European Automobile Manufacturers Association (2011): [Online Dokument] http://www.acea.be/images/uploads/files/20110921_Pocket_Guide_3rd_edition.pdf [12.2.2012]

Becker, D./Diez, W. (2010): Unternehmens- und Markenkonzentration in der europäischen Automobilindustrie – Mögliche Szenarien im Jahr 2025, Berlin [Online Dokument] http://www.kpmg.de/media/Markenkonzentration_Automobilindustrie.pdf [12.2.2012]

Becker, H. (2010a): Darwins Gesetz in der Automobilindustrie, Berlin, Heidelberg

Becker, H. (2010b): Auf Crashkurs – Automobilindustrie im globalen Verdrängungswettbewerb, 2., aktual. Aufl., Berlin, Heidelberg

Bernhart, W./Grosse Kleimann, P./Hoffmann, M./Kalmbach, R. (2011): Automotive landscape 2025 Opportunities and challenges ahead, München [Online Dokument] http://www.rolandberger.com/media/pdf/Roland_Berger_Automotive_Landscape_2025_20110228.pdf [12.2.2012]

Bruns, J. (2003): Internationales Marketing, 3. Aufl., Ludwigshafen

Buhl, E. (2009): Mobilität für ein globales Leben, in: Automotive Now – Mobilität für ein globales Leben – Konzepte für die Zukunft, Berlin, S. 4–7 [Online Dokument] http://kpmg.de/docs/20090602_AutomotiveNowII_D.pdf [12.2.2012]

Bullinger, H.-J./Spath, D./Warnecke, H.-J./Westkämper, E. (Hrsg.) (2009): Handbuch Unternehmensorganisation Strategien, Planung, Umsetzung, 3., neu bearb. Aufl., Berlin, Heidelberg

Diehlmann, J./Häcker, J. (2010): Automobilmanagement: Die Automobilhersteller im Jahre 2020, München

Diez, W. (2006): Automobil-Marketing: Navigationssystem für neue Absatzstrategien, 5., aktual. u. erw. Aufl., Landsberg am Lech

Dudenhöffer, F./Wiegand, P./Neuberger, K./Steinel, J. (2005): Entwicklungen und Erfolgsfaktoren im Automobilvertrieb, Berlin [Online Dokument] http://www.kpmg.de/docs/051206_Entwicklungen_Erfolgsfaktoren_Automobilvertrieb_de.pdf [12.2.2012]

Fournier, G. (2012): Der Weg zur emissionsfreien Mobilität. Strategien der Hersteller im internationalen Vergleich, in: Proff, H./Schönharting, J./Schramm, D./Ziegler, J. (Hrsg.): Zukünftige Entwicklungen in der Mobilität – Betriebswirtschaftliche und technische Aspekte, Wiesbaden, S. 405–423

Goldman Sachs International, Zweigniederlassung Frankfurt (2007): BRICs-Kompass, 2. Aufl., Frankfurt/M.

Graf, A. (2008): Geschäftsmodelle im europäischen Automobilvertrieb, Wiesbaden

Hüttenrauch, M./Baum, M. (2008): Effiziente Vielfalt – Die Dritte Revolution der Automobilindustrie, Berlin, Heidelberg

Korea Automobile Manufacturers Association KAMA (2011): [Online Dokument] http://www.kama.or.kr/RS/pdf/w/Summary.xls [12.2.2012]

Kraftfahrt-Bundesamt KBA (2011): Fahrzeugzulassungen [Online Dokument] www.kba.de/cln_030/nn_1148420/DE/Statistik/Fahrzeuge/Neuzulassungen/FahrzeugklassenAufbauarten/2010/2010__n__fzkl__eckdaten__absolut.html, Flensburg: Kraftfahrt-Bundesamt [12.2.2012]

Kulic, D. (2009): Automobilindustrie zwischen Globalisierung und Regionalisierung – ist der Freihandel nur eine Illusion, Hamburg

Kunz, M. (2011): Erich Sixt: Elektro-Autos – Eine „absolute Katastrophe" [Online Dokument] http://www.sueddeutsche.de/wirtschaft/erich-sixt-elektro-autos-eine-absolute-katastrophe-1.1073489 [12.2.2012]

Kutschker, M./Schmid, S. (2011): Internationales Management, 7. Aufl., München

Leschus, L./Stiller, S./Vöpel, H. (2009): Strategie 2030 – Mobilität, Hamburgisches WeltWirtschaftsInstitut, Hamburg [Online Dokument] http://www.hwwi.org/fileadmin/hwwi/Publikationen/Partnerpublikationen/Berenberg/Strategie-2030_Mobilitaet.pdf [12.2.2012]

Marschner, K. (2004): Wettbewerbsanalyse in der Automobilindustrie, Wiesbaden

Mattes, B./Meffert, H./Landwehr, R./Koers, M. (2004): Trends in der Automobilindustrie: Paradigmenwechsel in der Zusammenarbeit zwischen Zulieferer, Hersteller und Händler, in: Bernhard, E./Markus, H./Jumana, S.: Automotive Management: Strategie und Marketing in der Automobilwirtschaft, Berlin, Heidelberg, S. 13–37

Meffert, H./Burmann, C./Becker, C. (2010): Internationales Marketing-Management – Ein markenorientierter Ansatz, 4. Aufl., Stuttgart

Meyring, N. (2009): Chinas nationaler Automobilmarkt, in: Business Focus China Automobilindustrie Daten und Analysen zum größten Kraftfahrzeugmarkt der Welt, Berlin, S. 30–35

Müller, H.E. (2003): Internationale Organisationsstrategie, in: Mahnkopf, B. (Hrsg.): Management der Globalisierung, FHW-Forschungsheft, Nr. 44/45, Berlin, S. 165–187

o.A. (2011a): Geely drängt nach Europa [Online Dokument] http://www.automobil-produktion.de/2011/12/geely-draengt-nach-europa/ [12.2.2012]

o.A. (2011b): Geely plant China-Joint-Venture mit Volvo [Online Dokument] http://www.wallstreet-online.de/nachricht/3447708-geely-plant-china-joint-venture-mit-volvo [12.2.2012]

o.A. (2011c): Wer mit wem? Die wichtigsten Verflechtungen der größten Autohersteller und ihrer Zulieferer [Online Dokument] http://www.viavision.org/index.rnd?id=28 [12.2.2012]

o.A. (o.J.): Mit RWE aufladen, mit Sixt durchstarten! [Online Dokument] http://www.sixt.de/rwe-autostrom [12.2.2012]

OICA, International Organization of Motor Vehicle Manufacturers (2011): [Online Dokument] http://oica.net/category/production-statistics/ [12.2.2012]

Ott, S. (2011): Investitionsrechnung in der öffentlichen Verwaltung – Die praktische Bewertung von Investitionsvorhaben, Wiesbaden

Proff, H., Proff, H.V. (2008): Dynamisches Automobilmanagement, Wiesbaden

Reichhuber, A. (2010): Strategie und Struktur in der Automobilindustrie, Wiesbaden

Reindl, S. (2005): Die Macht der Hersteller: machtstrategische Handlungsoptionen für das Vertriebsmanagement von Herstellern und Importeuren in der Automobilwirtschaft, München

Rennhak, C. (Hrsg.) (2009): Die Automobilindustrie von morgen: Wie Automobilhersteller und -zulieferer gestärkt aus der Krise hervorgehen können, Stuttgart

Schmid, S. (2007): Strategien der Internationalisierung. Fallstudien und Fallbeispiele, 2. Aufl., München, Wien

Schmid, S./Grosche, P. (2008a): Management internationaler Wertschöpfung in der Automobilindustrie, Gütersloh [Online Dokument] www.bertelsmann-stiftung.de/bst/de/media/xcms_bst_dms_27074_27076_2.pdf [12.2.2012]

Schmid, S./Grosche, P. (2008b): Globale Wertschöpfung im VW Konzern. Auf dem Weg zu mehr Dezentralisierung bei Produktion und Entwicklung, Berlin [Online Dokument] http://www.escp-eap.eu/uploads/media/WP-41_Schmid-Grosche_Volkswagen_01.pdf [12.2.2012]

Schmidt, M. (2009): Mass Customization auf dem chinesischen Automobilmarkt: Logistische und produktionswirtschaftliche Handlungserfordernisse für Auslandswerke, Frankfurt/M.

Shell Deutschland Oil GmbH (2009): Shell Pkw-Szenarien bis 2030, Hamburg

Spatz, J./Nunnenkamp, P. (2002): Globalisierung der Automobilindustrie, Berlin/Heidelberg

Verband der deutschen Automobilindustrie e. V. VDA (2001): Auto Jahresbericht 2000, Frankfurt/M.

Verband der deutschen Automobilindustrie e. V. VDA (2011): Auto Jahresbericht 2010, Berlin

Volkswagen AG (2010): Nachrichten, Strategie 2018 [Online Dokument] http://www.volkswagenag.com/content/vwcorp/info_center/de/news/2010/02/Investor_Day.html [12.2.2012]

Volkswagen AG (2011a): Produktionsstandorte [Online Dokument] http://www.volkswagenag.com/content/vwcorp/content/de/the_group/production_plants.html [12.2.2012]

Volkswagen AG (2011b): Standort – Amerika, Chattanooga [Online Dokument] www.volkswagen.de/de/Volkswagen/nachhaltigkeit/Standorte/amerika/Chattanooga.html [12.2.2012]

Volkswagen AG (2011c): Standorte – Indien, Pune [Online Dokument] http://www.volkswagenag.com/content/vwcorp/info_center/de/news/2009/03/Pune.html [12.2.2012]

Wallentowitz, H./Freialdenhoven, A./Olschewski, I. (2009): Strategien in der Automobilindustrie, Wiesbaden

Weert, C./Schmidt, G. (Hrsg.) (2008): Zukünfte des Automobils – Aussichten und Grenzen der autotechnischen Globalisierung, Wissenschaftszentrum Berlin für Sozialforschung, Berlin

Wimmer, E./Schneider, M./Blum, P. (2010): Antrieb für die Zukunft : wie VW und Toyota um die Pole Position ringen [PA Consulting Group], Stuttgart

Winterhoff, M./Kahner, C./Dr. Ulrich, C./Sayler, P./Wenzel, E. (2009a): Zukunft der Mobilität 2020, Paris [Online Dokument] http://www.adlittle.de/studien.html?view=368 [12.2.2012]

Winterhoff, M./Schiller, T./Achtert, M./Weidenfeld, F./Jiang, C./Janzen, J./Jiang, L. (2009b): Shifting Centers of Gravity – The End of the Automotive Industry as we know it, Paris [Online Dokument] http://www.adlittle.com/downloads/tx_adlreports/ADL_Shifting_Centers_of_Gravity.pdf [12.2.2012]

Zentes, J. (Hrsg.) (2004): Außenhandel: Marketingstrategien und Managementkonzepte: Marketingstrategien und Marketingkonzepte, Wiesbaden

Literatur zu Kapitel V

Ahlersmeier, F. (2010): Die Händlerschutzbestimmungen der Kfz-Gruppenfreistellungsverordnung 1400/2002

Bechtold, R. (2001): EG-Gruppenfreistellungsverordnungen – eine Zwischenbilanz, in: Europäisches Wirtschafts- und Steuerrecht (EWS), 4952

Bechtold, R./Bosch, W./Brinker, I./Hirsbrunner, S. (2005): EG-Kartellrecht, München

Brossette, U. (2006): Kap. III: Rechtliche Rahmenbedingungen und deren Einfluss auf die Automobilwirtschaft, in: Brachat, H./Meunzel, R.: Die Stimme der Branche, München

Brossette, U. (2010): Grenzen der Risikoverteilung im Vertriebsvertrag, in: Kölner Schrift zum Wirtschaftsrecht (KSzW), 173 f.

Brossette, U./Plagens, P./Schmidt, T. (2009): Das Autohaus in Insolvenz und Krise, Münster

Bunte, H. (2010): Art. 81, Rn. 79, Rn. 126, Rn. 129, Rn. 230, Rn. 241, in: Langen, E./Bunte, H.: Kommentar zum deutschen und europäischen Kartellrecht, Band 2 Europäisches Kartellrecht, 11. Aufl., Köln

Clark, J./Simon, S. (2010): The New Legal Framework for Motor Vehicle Distribution: A Toolkit to Deal with Real Competition Breakdowns, in: Journal of European Competition Law & Practise, 478, 480, 486, 488

Creutzig, J. (2003): EG-Gruppenfreistellungsverordnung (GVO) für den Kraftfahrzeugsektor, Heidelberg

Ensthaler, J. (2011): Marktabgrenzung bei Kfz-Servicesystemen – keine marktbeherrschende Stellung der Kfz-Hersteller?, in: Neue Juristische Wochenschrift (NJW), 2701 ff.

Ensthaler, J./Funk, M./Stopper, M. (2003): Handbuch des Automobilvertriebs, München

Funke, T./Just, N. (2010): Die neue Gruppenfreistellungsverordnung für vertikale Verträge, in: Kölner Schrift zum Wirtschaftsrecht (KSzW), 151, 153

Immenga, U./Mestmäcker, E. (2007): Wettbewerbsrecht, Band 1 EG/Teil 1, 4. Aufl., München

Loewenheim, U./Meesen, K./Riesenkampff, A. (2009): Kartellrecht, 2. Aufl., München

Lübbig, T. (2008): § 7, Rn. 21, Rn. 26, in: Wiedemann, G.: Handbuch des Kartellrechts, 2. Aufl., München

Martinek, M. (1991): Aktuelle Fragen des Vertriebsrechts, Köln

Metzlaff, K. (2000): Franchiserecht und EG-Kartellrecht – neueste Entwicklungen, in: Betriebs-Berater (BB), 1201, 1206

Nolte, S. (1998): Reform des EG-Kartellrechts für Vertriebs- und Zulieferverträge, in: Betriebs-Berater (BB), 2429, 2435

Ruff, J. (2012): Teilehändler, was nun?, Anm. zum BGH-Urteil vom 30.03.2011, auto–motor–zubehör (amz) 1–2, S. 64 f.

Schultze, J./Pautke, S./Wagener, D. (2011): Vertikal-GVO, 3. Aufl., Frankfurt/M.

Simon, S. (2010): Die neue Kartellrechtsverordnung (EU) Nr. 330/2010, in: Europäisches Wirtschafts- und Steuerrecht (EWS), 497 f.

Simon, S. (2010): Die neue Kfz-GVO, in: Österreichische Zeitschrift für Kartellrecht (ÖZK), 83, 85 f., 90 f.

Sura, M. (2010): Art. 7 VO Nr. 1/2003 Rn. 1, in: Langen, E./Bunte, H.: Kommentar zum deutschen und europäischen Kartellrecht, Band 2 Europäisches Kartellrecht, 11. Aufl., Köln

Walz, A. (2005): Das Kartellrecht des Automobilvertriebs, Köln

Wegner, A. (2010): Neue Kfz-GVO (VO 461/2010) – des Kaisers neue Kleider? – Teil 1: die Anschlussmärkte, in: Betriebs-Berater (BB), 1803 ff.

Wegner, A. (2010): Neue Kfz-GVO (VO 461/2010) – Teil 2: Individuelle Beurteilung von Verträgen außerhalb der GVO auf den Anschlussmärkten, in: Betriebs-Berater (BB), 1867 ff.

Wegner, A./Oberhammer, S. (2011): Neue Kfz-GVO (VO 461/2010) – Teil 3: Der Vertrieb von Neufahrzeugen ab Juni 2013, in: Betriebs-Berater (BB), 1480, 1482 f., 1486

Literatur zu Kapitel VII

Baum, H.-G./Coenenberg, A. G./Günther, T. (2007): Strategisches Controlling, 4. Aufl., Stuttgart

Bibliographisches Institut & F. A. Brockhaus (2005): Brockhaus Enzyklopädie Bd. 3, 21. Aufl., Mannheim

BStBl. 1982 II S. 344; BFH-Urteil vom 17.11.1981

Controlling-Portal [Online Dokument] www.controlling-portal.de/Fachinfo/BSC bzw. www.controlling-portal.de/Fachinfo/BSC/Balanced-Scorecard.html

Daimler AG (2010): Geschäftsbericht 2010, Stuttgart

Diederichs, M. (2010): Risikomanagement und Risikocontrolling, 2. Aufl., München

Förderverein für Marketing e.V. (2005): Hohenheimer Arbeits- und Projektbericht zum Marketing PB-Nr. 12 der Universität Hohenheim, Stuttgart

Gladen, W. (2008): Performance Measurement, 4. Aufl., Wiesbaden

autobild.de/artikel/haendlerzufriedenheit2010.1138077.html [Online Dokument]

Hungenberg, H./Wulf, T. (2007): Grundlagen der Unternehmensführung, 3. Aufl., Berlin, Heidelberg, New York hyScore BSC Bibliothek (2010): Einführung in die Balanced Scorecard, Ausgabe 4, Schortens

Infoposter „Der Kennzahlen-Kompass 2012" in: AUTOHAUS 1–2/2012

International Group of Controlling: Controller-Leitbild [Online Dokument] http://www.igc-controlling.org/DE/_leitbild/leitbild.php [27.12.2011]

Kert, K./Asum, H. (2008): Die besten Strategietools in der Praxis, 3., erw. Aufl., München

Maucher, H. (2007): Management Brevier, Frankfurt/M., New York

Rappaport, A. (1999): Shareholder Value, 2. Aufl., Stuttgart, New York

Reichmann, T. (2006): Controlling mit Kennzahlen und Management-Tools, 7. Aufl., München

RiskNet GmbH: Glossar/Definitionen [Online Dokument] http://www.risknet.de/wissen/glossary/?type=0&uid=593 [26.12.2011]

Schwacke MarkenMonitor (2011): Schwacke MarkenMonitor 2011 – Ergebnisse der Händlerzufriedenheitsanalyse, Maintal;
www.schwackepro.de/marktkennzahlen-und-studien/markenmonitor-2011 [Online Dokument]

Siebert, G. (1994): o.T., in: Die Welt, Nov., ISSN 0173-8437

Simon, H. (1988): Management strategischer Wettbewerbsvorteile, in: Simon, H. (Hrsg.): Wettbewerbsvorteile und Wettbewerbsfähigkeit, Stuttgart, S. 1 ff.

Treacy, M./Wiersema, F. (1995): Marktführerschaft – Wege zur Spitze, Frankfurt/M.

VOREST AG: ISO 31000 Einführung [Online Dokument] http://www.risikomanagement-wissen.de/ISO_31000.htm [29.12.2011]

Weber, J./Schäffer, U. (2006): Einführung in das Controlling, 11. Aufl., Stuttgart

Wirtschaftslexikon24.net [Online Dokument] www.wirtschaftslexikon24.net/d/leverarge-effekt/leverarge-ffekt.html

WT Unternehmensberatung GmbH (Hrsg.) (o.J.): Auszug aus einer Muster-Risk-Map, Bad Wörishofen

WT Unternehmensberatung GmbH (Hrsg.) (o.J.): Externes Rating für klein- und mittelständische Unternehmen, Referent Prof. Dr. Ottmar Schneck, PSR Rating, Bad Wörishofen

Literatur zu Kapitel IX

AUTOHAUS pulsSchlag, Nr. 5, 11. Jahrgang, 13. Mai 2011

Bartscher, T./Frick, J. (2009): Personal binden und entwickeln, in: ProFirma, H. 4

Bröckermann, R./Müller-Vorbrüggen, M. (Hrsg.) (2006): Handbuch der Personalentwicklung, Stuttgart

Centre of Human Resources Information Systems (CHRIS)/Otto-Friedrich-Universität Bamberg/ Goethe-Universität Frankfurt am Main (2011): „recruiting trends im mittelstand 2011". Eine empirische Untersuchung mit 1.000 Unternehmen aus dem deutschen Mittelstand, Bamberg, Frankfurt/M.

Deutsche Employerbranding Akademie, [Online Dokument] http://www.employerbranding.org/ downloads/publikationen/DEBA _001_EB_Werttreiber.pdf

Engagement Index Deutschland 2011, [Online Dokument] www.gallup.de

Fachgruppe Personalentwicklung (2011): Recruiting im Wandel, Hamburg, Hamburg@work e.V.

FOCUS Spezial (2012): Gehalt & Karriere – was Sie 2012 wissen sollten, H. 2

Fricke, K./Mertens, R. (2009): Automotive Perspektive 2010 – Stimmung-Zukunft-Führung, München

Institute for Competitive Recruiting (ICR) (2011): Social Media Recruiting Report 2011, Heidelberg

Jung, H. (2008): Personalwirtschaft, 8. Aufl., München

Knoblauch, R. (2004): Motivation und Honorierung der Mitarbeiter als Personalbindungskonzepte, in: Bröckermann, R./Pepels, W. (Hrsg.): Personalbindung, Wettbewerbsvorteile durch strategisches Human Ressource Management, Berlin

Kornherr, L. (2008): Viel diskutiertes Schlagwort in Zeiten anhaltenden Fachkräftemangels, Mitarbeiterbindung, in: Arbeit und Arbeitsrecht – Personal-Profi, H. 10, S. 605

Laick, S.: Employer Branding, Social Media und Generation Y, [Online Dokument] http://saatkorn.wordpress.com

Lange, U. (2007): Vereinbarkeit von Beruf und Familie. Erfolgsrezept für innovative Unternehmen, Hamburg

Li, Ch./Bernhoff, J. (2009): Facebook, YouTube, Xing & Co, München

McKinsey: Deutschland 2020 [Online Dokument] www.mckinsey.de/downloads

Mertens, R. (2010): Eigenmarke Autohaus [Online Dokument] http://www.autohaus.de/ eigenmarke-autohaus-983620.html

Mertens, R. (2011): Alle haben das Wort – Mitarbeiterbefragung, in: AUTOHAUS, H. 1-2

Mertens, R. (2011): Die eigenen Mitarbeiter als Berater [Online Dokument] http://www.autohaus.de/die-eigenen-mitarbeiter-als-berater-1003564.html

Mertens, R./Kramer, W. (2008): Entlohnungssysteme im Automobilhandel und -service – Leistungsorientierte Vergütung, 3., überarb. Aufl., München

Netzwerk mehr Gesundheit im Betrieb: Betrieblicher Gesundheitsbericht [Online Dokument]

http://www.wirtschaftsfaktor-gesundheit.de/11.html

Nohria, N./Groysberg, B./Lee, L.-E. (2008): Mitarbeiter richtig motivieren, in: Harvard Business Manager, Septemberausgabe

Olfert, K. (2010): Personalwirtschaft, 14. Aufl., Herne

Petkovic, M. (2007): Employer Branding – Ein markenpolitischer Ansatz zur Schaffung von Präferenzen bei der Arbeitgeberwahl, Mering

Schelenz, B. (Hrsg.) (2007): Personalkommunikation: Recruiting, Erlangen

Statistisches Bundesamt, www.destatis.de

Steinle, C./Behse, M./Hoffmeister, S. (2009): Gut gebunden hält länger, in: Personalwirtschaft, H. 1, S. 37

Stotz, W./Wedel, A. (2009): Employer Branding – Mit Strategie zum bevorzugten Arbeitgeber, München

work-life-balance: Einklang von Arbeit und Privatleben [Online Dokument] http://www.arbeits-ratgeber.com/worklifebalance_0211.html

Zeitbüro NRW (2005): Flexible Arbeitszeiten-Informationsbroschüre für Unternehmen in NRW [Online Dokument] http://www.go.nrw.de/neu/pdf/Brosch%C3%BCre%20Arbeitszeitberatung.pdf

Literatur zu Kapitel X

Ahlert, D. (1991): Distributionspolitik, 2. Aufl., Stuttgart

Bruhn, M. (2009): Marketing – Grundlagen für Studium und Praxis, 9. Aufl., Wiesbaden

DAT (2011): DAT Report 2011, Stuttgart

DEKRA Consulting (2010): Erfolgreiche Sanierung und Restrukturierung im Automobilhandel, Stuttgart

Diez, W. (1999): Prozessoptimierung im Automobilvertrieb – Auf dem Weg zu einem integrierten Kunden- und Kostenmanagement, Wiesbaden

Diez, W. (2006): Automobilmarketing – Navigationssystem für neue Absatzstrategien, 5. Aufl., Landsberg a. Lech

Diez, W. (2007): Kostenmanagement und Controlling im Automobilhandel, in: Controlling, H. 4/5, S. 223–230

Diez, W. (2009): Optimierung von Händlergruppen – Ergebnisse einer Studie im Auftrag der DEKRA Automobil, Stuttgart

Diez, W. (2010a): 1+1=2,1 – Betriebswirtschaftliche Aspekte des Car Sharing, in: Automotive Agenda, H. 8

Diez, W. (2010b): Zufriedenheit im Aufwärtstrend – Wie zufrieden waren die deutschen Automobilhändler mit ihren Herstellern?, in: Schwacke MarkenMonitor 2010, Beilage zu AUTOHAUS Nr. 11, S. 4–7

Diez, W. (2010c): Händlerzufriedenheit – Erfolgsfaktor für Hersteller?, in: Schwacke MarkenMonitor 2010, Beilage zu AUTOHAUS Nr. 11, S. 8–9

Diez, W. (2011a): Nutzen statt besitzen – Megatrends in der Automobilbranche, in: Eckelt, W. (Hrsg.): Top Career Guide, Stuttgart, S. 33–35

Diez, W. (2011b): Kooperation oder Konfrontation – Die Zukunft der Beziehungen zwischen Händlern und Herstellern im Spiegel der Händlerzufriedenheit, in: Schwacke MarkenMonitor 2011, Beilage zu AUTOHAUS Nr. 9, S. 12–13

Diez, W./Grimberg, Chr. (2011): Die Top 100 Händlergruppen in Deutschland 2010, 7. Aufl., Arbeitspapier Nr. 1/2011 des Instituts für Automobilwirtschaft (IFA) an der Hochschule für Wirtschaft und Umwelt (HfWU) Nürtingen-Geislingen, Geislingen/St.

Diez, W./Grimberg, Chr. (2012): Margen- und Bonussysteme im deutschen Automobilhandel, Arbeitspapier Nr. 1/2012 des Instituts für Automobilwirtschaft (IFA) an der Hochschule für Wirtschaft und Umwelt (HfWU) Nürtingen-Geislingen, Geislingen/St.

EU-Kommission (2002): Gruppenfreistellungsverordnung Nr. 1400/2002, Brüssel

Haller, S. (2001): Handelsmarketing, 2. Aufl., Ludwigshafen

KPMG (2006): Trends im Handel 2010, Köln

Lerchenmüller, M. (1992): Handelsbetriebslehre, Ludwigshafen

Meffert, H./Burmann, Chr./Kirchgeorg, M. (2008): Marketing – Grundlagen marktorientierter Unternehmensführung, 10. Aufl., Wiesbaden

Mehl, R./Dmoch, Th./Tschödrich, S. (2011): Customer Management 3.0 – Kundenerwartungen und Chancen für Unternehmen in der Welt von morgen, in: Keuper, F./Mehl, R. (Hrsg.): Customer Management – Vertriebs- und Servicekonzepte der Zukunft, Berlin, S. 5–42

Meunzel, R.M. (2011): Händlernetze 2011, AUTOHAUS Spezial, Sonderheft mit AUTOHAUS Nr. 7, S. 4–7

Missing, W. (2010): Streichkonzert für Autohaus-Kredite, in: AUTOHAUS Nr. 12, S. 22–25

NADA (2011): NADA Data: State of the Industry Report 2011 [Online Dokument] http//www.nada.org/nadadata [9.1.2012]

Reindl, S. (2008): Customer Lifetime – Wertschöpfung ein Kundenleben lang, Studie im Auftrag der Car Garantie, Freiburg i. Br.

Santelmann, H. (2010): Innovative Mobilitätsdienstleistungen, Vortrag beim 11. Tag der Automobilwirtschaft an der Hochschule für Wirtschaft und Umwelt (HfWU), Nürtingen

Schröder, H. (1992): Vertriebswegepolitik, in: Diller, H. (Hrsg.): Vahlens Großes Marketing Lexikon, München, S. 1255-1262

Schwacke MarkenMonitor (2006): Schwacke MarkenMonitor 2006 – Ergebnisse der Händlerzufriedenheitsanalyse, Maintal

Schwacke MarkenMonitor (2011): Schwacke MarkenMonitor 2011 – Ergebnisse der Händlerzufriedenheitsanalyse, Maintal

Siedenhans, Chr. (2004): Die MAHAG – eine Handelsgruppe im Wandel, in: Diez, W./Reindl, S. (Hrsg.): Mehrmarkenhandel – Chance oder Risiko, München, S. 97-125

Stallkamp, Chr. (2011): Betriebsformen im Automobilhandel, Frankfurt/M.

Wöllentstein, S. (1994): Betriebstypenprofilierung in vertraglichen Vertriebssystemen, Frankfurt/M.

ZDK/Forsa (2005): Jeder Dritte ist seit über 10 Jahren Stammkunde, in: kfz-betrieb Nr. 29, S. 36

Zielke, S./Preißner, M./Wierich, R. (2002): Neue Betriebsformen im Automobilhandel, in: Handel im Fokus, Mitteilungen des Instituts für Handelsmanagement der Universität Köln, H. 2, S. 128-143

Literatur zu Kapitel XI

Bliemel, F./Eggert, A. (1998): Kundenbindung – die neue Sollstrategie, in: Marketing ZFP H. 1, S. 37-46

Bruhn, M. (2009): Marketing – Grundlagen für Studium und Praxis, 9. Aufl., Wiesbaden

DAT (2011): DAT-Report 2011, Stuttgart

Decker, A.J. (1999): Die Händlerzufriedenheit als Zielgröße im vertikalen Marketing der Automobilwirtschaft, Frankfurt/M.

Diez, W. (2000): Wenn das Internet als Verkäufer arbeitet, in: Harvard Business Manager Nr. 1, S. 22-29

Diez, W. (2004): Ergebnisse des Schwacke MarkenMonitor 2004 (unveröffentlichtes Manuskript), Leipzig

Diez, W. (2006): Automobilmarketing – Navigationssystem für neue Absatzstrategien, 5., aktual. u. erw. Aufl., Landsberg am Lech

Diez, W. (2011): Führt Kundenzufriedenheit zu einer höheren Profitabilität im Automobilhandel?, Studie des Instituts für Automobilwirtschaft (IFA) im Auftrag der DEKRA Automobil, Stuttgart

Diez, W./Hallamoda, M./Struever, G. (2008): Margensysteme im Automobilvertrieb, Geislingen/St.

Diez, W./Grimberg, Chr. (2012): Margen- und Bonussysteme im deutschen Automobilhandel, Arbeitspapier Nr. 1/2012 des Instituts für Automobilwirtschaft (IFA) an der Hochschule für Wirtschaft und Umwelt (HfWU) Nürtingen-Geislingen, Geislingen/St.

Eggert, A. (2002): Kulanzmanagement in der Kfz-Industrie, Frankfurt/M.

Herrmann, A./Johnson, M. (1999): Die Kundenzufriedenheit als Bestimmungsfaktor der Kundenbindung, in: ZfB H. 6, S. 579–598

Homburg, Chr./Rudolph, B. (1995): Theoretische Perspektiven zur Kundenzufriedenheit, in: Simon, H./Homburg, Chr. (Hrsg.): Kundenzufriedenheit – Konzepte, Methoden, Erfahrungen, 3. Aufl., Wiesbaden, S. 29–52

Homburg, Chr./Schäfer, H. (1999): Customer Recovery: Profitabilität durch systematische Rückgewinnung von Kunden, Institut für Marktorientierte Unternehmensführung, Arbeitspapier, Management Know-How, Nr. M 39, Mannheim

Homburg, Chr./Giering, A. (2000): Kundenzufriedenheit – Ein Garant für Kundenloyalität?, in: Absatzwirtschaft, H. 1–2, S. 82–91

Homburg, Chr./Krohmer, H. (2006): Marketingmanagement, 2. Aufl., Wiesbaden

Homburg, Chr./Bucerius, M. (2008): Kundenzufriedenheit als Managementherausforderung, in: Homburg, Chr. (Hrsg.): Kundenzufriedenheit, 7. Aufl., Wiesbaden, S. 53–90

Jensen, O. (2008): Kundenorientierte Vergütungssysteme als Schlüssel zur Kundenzufriedenheit, in: Homburg, Chr. (Hrsg.): Kundenzufriedenheit, 7. Aufl., Wiesbaden, S. 357–374

Korte, C. (1995): Customer Satisfaction Measurement. Kundenzufriedenheitsmessung als Informationsgrundlage des Hersteller- und Handelsmarketing am Beispiel der Automobilwirtschaft, Frankfurt/M.

Meffert, H./Burmann, Chr./Kirchgeorg, M. (2008): Marketing – Grundlagen marktorientierter Unternehmensführung, 10. Aufl., Wiesbaden

Merten, Chr. (2010): Kundenkarten – Bonussysteme können auch im Automobilhandel zur Kundenbindung und zum Aufbau einer eigenen Handelsmarke beitragen, in: AUTOHAUS Nr. 14-15, S. 32–34

Merten, Chr. (2011): Schwaches Echo – Kundenanfragen per E-Mail stoßen im Handel nicht immer auf die notwendige Resonanz, in: AUTOHAUS Nr. 11, S. 44–45

Peter, S. (1998): Beziehungsmanagement – Kundenbindung als Marketingziel, in: Absatzwirtschaft, H. 7, S. 74–81

Puttfarcken, J. (2008): Fallstudie Dr. Ing. h.c. F. Porsche AG: Konzeption und Implementierung des Kundenbindungsmanagements bei einem exklusiven Sportwagenhersteller, in: Bruhn, M./Homburg, Chr. (Hrsg.): Handbuch Kundenbindungsmanagement, 6. Aufl., Wiesbaden, S. 865–885

Reindl, S. (2008): Customer Lifetime, Freiburg

Stahl, H.K./Hinterhuber, H.H./Friedrich von den Eichen, S.A./Matzler, K. (2009): Kundenzufriedenheit und Kundenwert, in: Hinterhuber, H.H./Matzler, K. (Hrsg.): Kundenorientierte Unternehmensführung, 6. Aufl., Wiesbaden, S. 247–266

Literatur zu Kapitel XII

AKA (Hrsg.) (2011): Die Banken der Automobilwirtschaft, Wertbeitrag – Absatz – Loyalität – Mobilität – Potenzial, Hamburg

Baum, H./Pesch, S. (1994): Untersuchung der Eignung von Car-Sharing im Hinblick auf Reduzierung von Stadtverkehrsproblemen. Schlußbericht, Köln

Baum, H./Pesch, S. (1996): Car-Sharing als Ansatz zur Verbesserung der Verkehrsverhältnisse in Städten, in: Zeitschrift für Verkehrswissenschaft, H. 4, S. 261–285

BAV (2005): Marktinformation über die Autovermieter in Deutschland, Pressemitteilung des Bundesverbands der Autovermieter, Düsseldorf

Becker, J. (1998): Marketing-Konzeption – Grundlagen des strategischen und operativen Marketing-Managements, 6. Aufl., München

Belz, Chr. (1996): Kunden und Marketingverantwortliche zwischen Wunsch und Wirklichkeit, in: Management Zeitschrift, H. 6, S. 21–25

Berger, R. (Hrsg.) (2002): Versicherungsstudie im Auftrag des Arbeitskreises der Banken und Leasinggesellschaften der Automobilwirtschaft, Frankfurt/M., München

Böhm, A. (2004): Strukturen und Entwicklungen im deutschen Flottenmarkt, Vortrag „DATAFORCE" an der Hochschule in Geislingen am 3.5.2004

Canzler, W. (2002): Neue Nutzungsformen des Automobils. Perspektiven und Probleme, in: ZfAW 3, S. 64–71

Canzler, W./Diez, W./Maertins, C./Ottens, M./Reindl, S. (2001): Dienstleistungsplattform für innovative marken- und branchenübergreifende Mobilitätsangebote. Forschungsbericht Nr. 23/2001 des Instituts für Automobilwirtschaft (IFA) an der Fachhochschule Nürtingen und des Wissenschaftszentrums Berlin für Sozialforschung (WZB) zu den BMBF-Förderkennzeichen 19P0048 A und 19P0048 B, Geislingen

DAT (2011): DAT-Report 2011, Stuttgart

Diekmann, A. (1992): Die Entwicklung des Automobils – ist ein Systemmanagement mit Individualverkehr vereinbar?, in: Zeitschrift für Verkehrswissenschaft, S. 225–235

Diez, W. (1991): Pool Leasing – ein neues Angebot für Investitions- und Konsumgüter, in: Blick durch die Wirtschaft, 26.9.1991, S. 7

Diez, W. (2006): Automobil-Marketing – Navigationssystem für neue Absatzstrategien, 5., aktu.. u. erw. Aufl., Landsberg a. Lech

Diez, W./Reindl, S. (1998): Die Bedeutung und Optimierung von Automobilhändlergruppen im deutschen Automobilmarkt. Forschungsbericht Nr. 12/1998 des Instituts für Automobilwirtschaft (IFA), Geislingen

Diez, W./Frick, S./Reindl, S. (1999): Kilometer-Leasing als innovative Mobilitätsdienstleistung. In: Internationales Verkehrswesen, H. 51, S. 383–386

Diez, W./Knie, A./Reindl, S. (2000): Car-Sharing: Mobilität mit Zukunft?, in: Horizonte 17, November 2000, S. 14–15

Diez, W./Reindl, S. (2001): Kooperationen im Dienstleistungsbereich Car-Sharing. Forschungsbericht Nr. 21/2001 des Instituts für Automobilwirtschaft (IFA), Geislingen

Diez, W./Reindl, S. (2002a): Die Zukunft des Automobilservice. Studie der Wirtschaftsgesellschaft des Kfz-Gewerbes (Hrsg.) Nr. 1-2002, Bonn

Diez, W./Reindl, S. (2002b): Die Kasse lacht – Finanzierung/Studie Teil 4: Ein Gewinnpotenzial von bis zu 0,44 Prozent macht Finanzdienstleistungen fürs Autohaus attraktiv, in: AUTOHAUS 17, S. 182–183

Diez, W./Reindl, S. (2002c): Vom Automobilhersteller zum Mobilitätsanbieter, in: Der Bürger im Staat, H. 3, S. 153–160

Diez, W./Reindl, S. (2005): Faszination Service. Service-Studie 2005 für das Kfz-Gewerbe, Hamburg-München

DIW (2005): Presseinformation des Deutschen Instituts für Wirtschaftsforschung (2005/1), Berlin

DIW (2010): Verkehr in Zahlen 2009/2010, Berlin

Finsterwalder-Reinecke, I. (2002a): Aus einer Hand. Autobanken: Autokunden wollen Vollsortimentsangebote inklusive Versicherung und Einlagengeschäft, in: AUTOHAUS, H. 6, S. 20–21

Finsterwalder-Reinecke, I. (2002b): Kundenversicherung. Finanzierung/Studie Teil 1: Versicherungen im Autohaus. Eine Studie zeigt Absatzpotenziale, in: AUTOHAUS, H. 13, S. 26–27

Finsterwalder-Reinecke, I. (2002c): Sicher versichert. Finanzierung/Studie Teil 2: Kunde wünscht Kfz-Versicherungsabschluss über „seine" Autobank, in: AUTOHAUS, H. 14-15, S. 46–47

Finsterwalder-Reinecke, I. (2002d): Finanzierung. Studie – Finanzierung/Studie Teil 3: Es rechnet sich – Finanzdienstleistungen sind ein lukratives Zusatzgeschäft für Händler, in: AUTOHAUS, H. 16, S. 60–61

Folz, R. (2004): Die Rolle der Finanzdienstleistungen für die automobile Wertschöpfung. Vortrag „DaimlerChrysler Bank" an der Hochschule in Geislingen am 5.7.2004

Franke, S. (2001): Car Sharing: Vom Ökoprojekt zur Dienstleistung, Berlin

Frick, S./Diez, W./Reindl, S. (1998): Marktchancen für das Kfz-Gewerbe durch ökoeffiziente Dienstleistungen – Kilometer-Leasing als neuer Dienstleistungsbereich für Autohäuser und Werkstätten. Forschungsbericht Nr. 15/1998 des Instituts für Automobilwirtschaft (IFA) an der Fachhochschule Nürtingen, Geislingen

Frick, S./Knie, A./Reindl, S. (2000): Car-Sharing auf der Standspur?, in: Ökologisches Wirtschaften, H. 5 (Sonderheft: Öko-effiziente Dienstleistungen), S. 19–20

GDV (2004): Jahrbuch des Gesamtverbands der Deutschen Versicherungswirtschaft 2001, Berlin

Klaus, P. (1997): Fuhrparkmanagement, in: Bloech, J./Ihde, G.B. (Hrsg.): Vahlens großes Logistiklexikon, München

Knie, A./Petersen, M. (1999): Selbstbeweglichkeit als neue Verkehrsdienstleistung, in: Altner, G. et al. (Hrsg.): Jahrbuch Ökologie 2000, München 1999, S. 68–76

Kolb, A. (1991): Absatzfinanzierung in der Automobilindustrie und im Einzelhandel in der Bundesrepublik Deutschland, Frankfurt/M.

Kraftfahrt-Bundesamt (KBA) (Hrsg.) (2011): Jahresbericht 2010, Flensburg

Meffert, H. (1998): Marketing – Grundlagen marktorientierter Unternehmensführung, Wiesbaden

Mobil in Deutschland e.V., [Online Dokument] www.mobil.org

Pesch, S. (1996): Car-Sharing als Element einer Lean Mobility im Pkw-Verkehr – Entlastungspotentiale, gesamtwirtschaftliche Bewertung und Durchsetzungsstrategien, Düsseldorf

Reindl, S. (1997): Betriebswirtschaftliche Bewertung von Car-Sharing. Forschungsbericht Nr. 11/1997 des Instituts für Automobilwirtschaft (IFA) an der Fachhochschule Nürtingen, Geislingen

Reindl, S. (2004): Betriebswirtschaftliche Analyse des Mehrmarkenhandels, in: Diez, W./Reindl, S. (Hrsg.): Mehrmarkenhandel – Chance oder Risiko? Ein Leitfaden für den erfolgreichen Mehrmarkenhändler, München, S. 37–66

Reindl, S. (2005): Die Macht der Hersteller. Machtstrategische Handlungsoptionen für das Vertriebsmanagement von Herstellern und Importeuren der Automobilwirtschaft, München

Rennert, Chr. (1993): Dienstleistungen als Elemente innovativer Betreibungskonzepte im Automobilhandel, Ottobrunn

Schantz, B./Grzimek, C.-D. (1995): Bedeutung und Grenzen von Finanzdienstleistungen als Marketinginstrument von Automobilherstellern, in: Hünerberg, R./Heise, G./Hoffmeister, M. (Hrsg.): Internationales Automobilmarketing – Wettbewerbsvorteile durch marktorientierte Unternehmensführung, Wiesbaden, S. 311–338

Scheffer, F.M. (1999): Strukturanalyse und Management des Pkw-Flottengeschäftes in Deutschland. Arbeitspapier des Instituts für Automobilwirtschaft Nr. 1-1999, Geislingen

Shell Deutschland Oil GmbH (Hrsg.) (2009): Shell PKW-Szenarien bis 2030. Fakten, Trends und Handlungsoptionen für nachhaltige Auto-Mobilität, Hamburg

Sixt 2012, [Online Dokument] www.mobility-consulting.com

Statistisches Bundesamt (Hrsg.) (2012a): Datenreport 2010. Zahlen und Fakten über die Bundesrepublik Deutschland, Wiesbaden

Statistisches Bundesamt (Hrsg.) (2012b): Verkehr und Umwelt. Umweltökonomische Gesamtrechnungen 2010, Wiesbaden

VDA (2011): Geschäftsbericht des Verbands der Automobilindustrie 2010, Frankfurt/M.

WZB-Projektgruppe Mobilität (2001): Kurswechsel im öffentlichen Verkehr. Mit automobilen Angeboten in den Wettbewerb, Berlin

ZDK (Hrsg.) (2011/2012): Geschäftsbericht des Zentralverbands Deutsches Kraftfahrzeuggewerbe, Bonn

ZDK (Hrsg.) (2012): Zahlen und Fakten 2011, Bonn

Literatur zu Kapitel XIII

Becker, H. (2007): Auf Crashkurs: Automobilindustrie im globalen Verdrängungswettbewerb, 2. Aufl., Berlin Heidelberg

Beutin, N./Hahn, F. (2004): Die Marktbearbeitung in der Automobilzulieferindustrie: Strategien, Erfolgsfaktoren und Fallstricke. Institut für Marktorientierte Unternehmensführung, Reihe Management Know-How Nr. M 94, Mannheim

Bossard Consultants (1996): Kooperationen und Partnerschaften zwischen Lieferanten der ersten und zweiten Zulieferebene, Frankfurt/M.

Cassel, M. (2007): ISO-TS 16949 – Qualitätsmanagement in der Automobilindustrie umsetzen, München/Wien

Clark, K.B./Fujimoto, T. (1992): Automobilentwicklung mit System, Frankfurt/M.

Diehlmann, J./Häcker, J. (2010): Automobilmanagement, München

Ebel, B./Hofer, M.B./Al-Sibai, J. (Hrsg.) (2004): Automotive Management, Berlin Heidelberg

[Online Dokument] engp-download.daimler.com/docmaster/de

Fehrenbach, F. (2006): Partnerschaft als Erfolgsmodell – Zur Zusammenarbeit zwischen Herstellern und Zulieferern in der Automobilindustrie, in: Gottschalk, B./Kalmbach, R. (Hrsg.): Mastering Automotive Challenges, München, S. 211–230

[Online Dokument] GASS: http://www.rolandberger.com/media/publications/2011-09-12-rbsc-pub-Global_ Automotive_Supplier_Study_2011.html und http://www.automobil-produktion.de/2011/09/studie-automobilzulieferer-profitabler-als-vor-der-krise/; Zusammenfassung einer Studie von Lazard & Co. GmbH und Roland Berger Strategy Consultants [19.09.2011]

Gehr, F./Hellingrath, B. (Hrsg.) (2007): Logistik in der Automobilindustrie, Berlin/Heidelberg

Gmeiner, S. (2005): Konzentrationsprozess in der Automobilzulieferindustrie, Aachen

Gottschalk, B./Dannenberg, J. (Hrsg.) (2006): Markenmanagement in der Automobil-Zulieferindustrie (Sammelband), Wiesbaden

Hab, G./Wagner, R. (2010): Projektmanagement in der Automobilindustrie, 3. Aufl., Wiesbaden

Heigl, K./Rennhak, C. (2008): Zukünftige Wettbewerbsstrategien für Automobilzulieferer: Chancen und Risiken der dritten Revolution in der Automobilindustrie, Stuttgart

Hensel, J. (2007): Netzwerkmanagement in der Automobilindustrie, Wiesbaden

IATF (2009): ISO TS 16949 Qualitätsmanagementsysteme – Besondere Anforderungen bei Anwendung von ISO 9001:2008 für die Serien- und Ersatzteilproduktion in der Automobilindustrie, 3. Ausgabe, VDA-QMC

Kalmbach, R. (2004): FAST 2012: Eine Branche im Umbruch – Zahlen – Fakten – Trends, in: Automobilproduktion, H. April

Kinkel, S./Zanker, C. (2007): Globale Produktionsstrategien in der Automobilzulieferindustrie, Berlin/Heidelberg

Lio, X. (2008): Chinas Autobauer auf der Überholspur. Szenarien zur Konsolidierung der chinesischen Automobilindustrie bis 2015, Marburg

o.A. (2011): Automobilproduktion: Sonderausgabe – Top 100 Automotive Suppliers 2011/2012, Landsberg

Reichhuber, A.W. (2010): Strategie und Struktur in der Automobilindustrie, Wiesbaden

Rennhak, C. (2009): Die Automobilindustrie von morgen. Reutlinger Schriften zu Marketing und Management, Stuttgart

Sanz, F.J.G./Semmler, K./Walther, J. (2007): Die Automobilindustrie auf dem Weg zur globalen Netzwerkkompetenz, Berlin/Heidelberg

VDA (1992): Leitfaden für die Zusammenarbeit zwischen den Automobilherstellern und ihren Zulieferern, Frankfurt/M.

VDA (2004a): Band 2, Sicherung der Qualität von Lieferungen, 4. Aufl., Berlin

VDA (2004b): Band 6, Teil 2 QM-Systemaudit – Dienstleistungen, 2. Aufl., Berlin

VDA (2004c): Future Automotive Industry (FAST) 2015 – die neue Arbeitsteilung in der Automobilindustrie, Mercer Management Consulting und Fraunhofer Institut für Produktionstechnik und Automatisierung, Frankfurt/M.

VDA (2005): Band 6, Teil 4 QM-Systemaudit – Produktionsmittel, 2. Aufl., Berlin

VDA (2007): Automotive VDA Standardstruktur Komponentenlastenheft, Berlin

VDA (2008): Band 6, Grundlagen für Qualitätsaudits, 5. Aufl., Berlin

VDA (2009): Band 6, Teil 1 QM-Systemaudit, 4. Aufl., Berlin

VDA (2010a): Band 6, Teil 3 Prozessaudit, 2. Aufl., Berlin

VDA (2010b): Daten zur Automobilwirtschaft, Frankfurt/M.

VDA (2011): Jahresbericht 2011, Frankfurt/M.

Wallentowitz, H./Freialdenhoven, A./Olschewski, I. (2009): Strategien in der Automobilindustrie, Wiesbaden

Womack, J./Jones, D.T./Roos, D. (1990): The Machine that changed the World. New York

Autorenverzeichnis

Prof. Dr. **Willi Diez**, Jahrgang 1953, studierte Wirtschaftswissenschaften an den Universitäten Freiburg i. Br. und Tübingen. Von 1979 bis 1991 war er in verschiedenen Funktionen bei der Daimler AG tätig, zuletzt als Vorstandsreferent. Von 1991 bis 1997 war er persönlicher Berater des damaligen Vorstandsvorsitzenden der Mercedes-Benz AG, Helmut Werner. Seit 1991 ist er Professor im Studienschwerpunkt „Automobilwirtschaft" an der Hochschule für Wirtschaft und Umwelt (HfWU) Nürtingen-Geislingen und seit 1995 Direktor des Instituts für Automobilwirtschaft in Geislingen/Steige. Der von ihm initiierte „Tag der Automobilwirtschaft" an der Hochschule für Wirtschaft und Umwelt ist heute einer der größten automobilwirtschaftlichen Kongresse in Deutschland mit hochrangigen Referenten aus der Automobilbranche. Professor Dr. Willi Diez legt in seiner wissenschaftlichen Arbeit besonderen Wert auf Praxisnähe und Seriosität. Er ist Verfasser zahlreicher Beiträge und Aufsätze zu den Themen Produkt- und Markenmanagement in der Automobilindustrie sowie zum Automobilvertrieb und Automobilhandel. Sein Buch „Automobilmarketing – Navigationssystem für neue Absatzstrategien", mittlerweile bereits in der 5. Auflage erschienen, gilt als Standardwerk zum Automobilmanagement. Professor Dr. Willi Diez ist Mitglied in Aufsichts- und Beiräten verschiedener Unternehmen der Automobilbranche.

Prof. Dr. **Stefan Reindl**, Jahrgang 1966, ist seit September 2003 mit einer Professur im automobilwirtschaftlichen Studienschwerpunkt an der Hochschule für Wirtschaft und Umwelt betraut. Er ist stellvertretender Direktor des Instituts für Automobilwirtschaft (IFA) und trägt heute als Studiendekan die Verantwortung für die automobilwirtschaftlichen Bachelor- und Masterprogramme „Automotive Business" und „Automotive Management". Daneben ist er Gesellschafter einer Automobilhändlergruppe sowie im Rahmen von Beratungs- und Beiratsmandaten für Unternehmen der Automobilbranche tätig. Berufliche Erfahrungen konnte er während seiner rund sechsjährigen Praxistätigkeit in verschiedenen Führungspositionen der Automobilbranche sammeln. Neben einer gewerblichen Berufsausbildung sowie Meisterbriefen im Kfz-Mechaniker- und Kfz-Elektriker-Handwerk hat er eine Ausbildung zum Bürokaufmann abgeschlossen. Studienabschlüsse zum Technischen Fachwirt und Dipl.-Betriebswirt (FH), mit den Vertiefungsrichtungen Unternehmensführung und Automobilwirtschaft, konnte er in weiten Teilen berufsbegleitend absolvieren. Ein weiteres Studium folgte ab dem Jahr 2000 am Otto-Suhr-Institut der Freien Universität Berlin mit der daran anknüpfenden Promotion im Juli 2003. Bereits seit August 1997 führt Stefan Reindl verschiedene Projekte und Untersuchungen am Institut für Automobilwirtschaft durch. Forschungs- und Tätigkeitsschwerpunkte liegen bei Mobilitätsdienstleistungen, dem Automobilvertrieb, dem Servicemarketing und den Problemstellungen des Beziehungsmanagements zwischen Automobilherstellern und -händlern. Daneben ist er für die Konzeption und Durchführung von Managementseminaren bei verschiedenen Automobilherstellern verantwortlich. Dr. phil. Stefan Reindl ist Autor zahlreicher Buchbeiträge und Aufsätze zu Mobilitätskonzepten, zum Automobilvertrieb und -handel.

Prof. **Hannes Brachat**, Diplom-Kaufmann, Jahrgang 1948, zeichnete sich schon früh durch praxisnahe Fachbeiträge sowie mehrere Buchtitel zu Themen rund um das Autohaus aus. Seine Tätigkeit als Seminarleiter der Akademie für Unternehmensführung im Kfz-Gewerbe, Bonn, und an der Bundesfachschule für Betriebswirtschaft im Kfz-Gewerbe, Calw, führten 1984 zur Übernahme der Chefredaktion von AUTOHAUS; zum 1. Januar 1993 wurde Brachat die Herausgeberschaft von AUTOHAUS übertragen. Seit September 1991 nimmt Hannes Brachat an der Hochschule für Wirtschaft und Umwelt Nürtingen-Geislingen einen Lehrauftrag für Autohaus-Management wahr. Zum 1. September 2002 wurde Hannes Brachat zum Professor für Automobilwirtschaft, insbesondere Autohaus-Management, an die Hochschule in Geislingen berufen. Seit 1998 schreibt er in AUTOHAUS Online den Wochenkommentar „HB ohne Filter". Brachat ist ferner als Moderator, Referent wie Veranstalter von Seminaren, Kongressen und Fachtagungen der AUTOHAUS-Akademie bekannt.

Prof. Dr. **Reinhold Bopp** ist seit 2010 an der Hochschule für Wirtschaft und Umwelt Nürtingen-Geislingen mit dem Schwerpunkt „Entwicklungs- und Produktionsmanagement" tätig. Nach seinem Studium des Maschinenbaus an der Universität Stuttgart und des Wirtschaftsingenieurwesens an der Northwestern University bei Chicago, USA, war er in verschiedenen internationalen Forschungs- und Industrieprojekten am Fraunhofer-Institut für Arbeitswirtschaft und Organisation im Bereich F&E-Management als Projektleiter involviert und promovierte auf dem Gebiet der kostenorientierten Konstruktionsmethodiken. Dr. Reinhold Bopp beriet anschließend als Geschäftsführer der ingeniCON GmbH Unternehmen bei der Optimierung von Produktentwicklungs- und Produktionsplanungsprozessen. Daraufhin wechselte er in die Automobilzulieferindustrie zum Unternehmen MAGNA und bekleidete dort verschiedene Führungspositionen in den Bereichen Logistik, Qualitätswesen, Industrial Engineering und Produktion.

Rechtsanwalt **Uwe Brossette** leitet das vertriebsrechtliche Team von Osborne Clarke in Deutschland. Einen besonderen Schwerpunkt seiner Arbeit stellt die Beratung in Fragen des Handelsvertreter-, Vertragshändler- und Franchiserechts einschließlich des deutschen und europäischen Kartellrechts dar. Er betreut Unternehmen und Verbände aus verschiedenen EU-Staaten in vertriebsrechtlichen Fragen, insbesondere bei der Gestaltung bzw. Durchführung komplexer Vertriebssysteme, u. a. im Automobilsektor. Er ist Autor zahlreicher Veröffentlichungen zu vertriebsrechtlichen Themen, u. a. zu der für den Kfz-Sektor wichtigen Gruppenfreistellungsverordnung, und darüber hinaus Lehrbeauftragter an der für Automobilwirtschaft renommierten Hochschule in Nürtingen-Geislingen.

Georg Büchele ist seit über 30 Jahren in der Beratung mittelständischer Unternehmen tätig – insbesondere in der Beratung für Unternehmen der Automobilwirtschaft. Seit mehr als 20 Jahren setzt sich Herr Büchele als selbstständiger Steuerberater und als Geschäftsführer der WERTTREUHAND GmbH Steuerberatungsgesellschaft für den Mittelstand ein. Neben oben beschriebenen Tätigkeiten ist er an der HfWU als Lehrbeauftragter für Bilanzen, Jahresabschluss im Bachelor- und für internationale Rechnungslegung im Masterkurs tätig. Außerdem gehört Herr Büchele zu dem ersten Rating-Advisor (BdRA) im Unterallgäu und hat zusammen mit anderen Spezialisten aus dem automotiven Bereich das erste branchenspezifische Rating entwickelt, das gleichzeitig ein Risikomanagementinstrument für den Automobilhandel darstellt.

Stefan J. Gaul, Jahrgang 1954, Diplom-Kaufmann (Uni), ist Sprecher der Geschäftsführung der API-Automotive Process Institute GmbH. Der studierte Betriebswirt durchlief diverse Positionen bei Henkel und Mercedes-Benz, bevor er 1995 die Geschäftsleitung der Hyundai Motor Deutschland GmbH übernahm. Innerhalb weniger Jahre etablierte er den jungen koreanischen Hersteller als feste Größe im deutschen Automarkt. Anschließend wandte sich Stefan J. Gaul dem Internetvertrieb zu und entwickelte seit 2005 die Internetplattformen mobile.de und eBay Motors – Töchter des weltweit führenden Online-Auktionshauses eBay – zu führenden Automobilplattformen in Deutschland. Als profunder Kenner internetbasierter Vermarktungsmodelle und ausgestattet mit einem tiefen Verständnis für die Strukturen in der deutschen Automobillandschaft sorgt Gaul dafür, Herstellern, Handelsgruppen und ihren After-Sales-Organisationen das API-Partnerprogramm als verkehrssicherheitsrelevantes System mit hohen Renditechancen zu vermitteln. Beim API-Automotive Process Institute ist Stefan J. Gaul verantwortlich für Strategie, Vertrieb, Marketing und Herstellerkontakte.

Martin Dieter Herke ist Gründer und Inhaber der Unternehmensberatung Herke in Eltville im Rheingau. Nach einer Ausbildung zum Bankkaufmann, einem Diplom der Bankakademie und 17 Jahren Berufspraxis im Bankenbereich gründete er 1976 seine Unternehmensberatung für finanzielle und betriebswirtschaftliche Unternehmensführungsfragen. Seine Beratungsschwerpunkte sind: ratingorientierte Unternehmensführung, autohausindividuelle Finanzkommunikationskonzepte, Bonitäts-, Liquiditäts- und Finanzmanagement sowie Gestaltung von Bankbeziehungen. Außerdem fungiert Herke als Referent in zahlreichen Finanzierungsseminaren, ist ständiger Mitarbeiter beim Fachmagazin AUTOHAUS für den Finanzbereich und Autor zahlreicher Fachbücher.

Mark Klümper, Jahrgang 1985, hat 2012 sein Studium „Automotive Business" an der Hochschule für Wirtschaft und Umwelt Nürtingen-Geislingen (HfWU) mit dem Bachelor of Arts abgeschlossen und studiert seither im Masterprogramm „Automotive Management". Seit dem Sommersemester 2012 ist er Lehrbeauftragter im Fach „Strategisches Management" des Bachelor-Programmes Automotive Business. Darüber hinaus ist er Wissenschaftlicher Mitarbeiter und Assistent der Studiengangleitung Automotive Business & Management sowie Projektverantwortlicher der jährlichen Automobilmesse „autoshow-Geislingen". Neben seiner studentischen Herausforderung berät er künftige Abiturienten in Fragen rund um Beruf und Studium als Studienbotschafter des Wissenschaftsministeriums Baden-Württemberg.

Seine automobilwirtschaftlichen Kenntnisse konnte er zusätzlich zu seinem Studium durch die gemeinsame Forschungstätigkeit und Vortragsveranstaltungen mit Prof. Dr. Stefan Reindl ausbauen. Seine Arbeit bei verschiedenen Veranstaltungen des Instituts für Automobilwirtschaft verhalf ihm ebenfalls zu fundiertem Wissen und Kompetenzen rund um automobilwirtschaftliche Themen.

Prof. Dr. **Ralf Mertens**, Jahrgang 1956, studierte Sport, Englisch, Wirtschaftswissenschaften und Pädagogik an der Ruhr-Universität Bochum sowie Psychologie und Pädagogik an der Universität Essen. Nach seinem Referendariat sowie einer Fahrlehrer- und Automobilverkäuferausbildung arbeitete er von 1985 bis 1990 als Projektleiter Personal Handel für SCREEN GmbH Training und Beratung im Auftrag der Volkswagen AG. Er war Mitglied der Arbeitsgruppe Personalentwicklung DIHT und nahm zwischen 1990 und 1998 verschiedene Aufgaben als Führungskraft in den Bereichen Personal sowie Aus- und Weiterbildung bei Klöckner-Moeller und der Audi AG wahr. Seit dem 1. September 1998 ist er Professor für Betriebswirtschaftslehre, insbesondere für Managementlehre, Personal, Aus- und Weiterbildung, an der Fachhochschule Stralsund. Er ist lizenzierter Structogramtrainer und NLP-Business-Practitioner, zertifizierter Geschäftspartner der Profiles GmbH und Mitglied der Wirtschaftsvereinigung InnovationPoint.

Prof. Dr. **Valentin Schackmann**, Jahrgang 1957, Diplom-Volkswirt, ist Professor für Betriebswirtschaftslehre, insbesondere Unternehmensführung, an der HfWU Nürtingen-Geislingen. Seit über 25 Jahren ist er in der Lehre beziehungsweise Managementaus- und -weiterbildung tätig. Seit 2001 berät er kleine und mittlere Unternehmen in betriebswirtschaftlichen Fragen, insbesondere auch bei Controllingaufgaben. Davor war er fünf Jahre kaufmännischer Geschäftsführer eines mittelständischen Industrieunternehmens.

Prof. Dr. **Wolfram Sopha**, Jahrgang 1968, lehrt seit 2010 im Studiengang Automobilwirtschaft an der Hochschule für Wirtschaft und Umwelt in Nürtingen-Geislingen. Davor hatte er ca. 15 Jahre unterschiedliche Positionen in den Bereichen Logistik, IT und Vertrieb bei der Adam Opel AG inne, zuletzt als Business Development Manager für einige Exportmärkte im Mittleren Osten und in Asien. Sein besonderes Interesse gilt im Rahmen der Automobilwirtschaft dem internationalen Management. Er lehrt im Bachelor- und Masterprogramm.

Warum KMPLZRT?

Wenn's auch **EINFACH** geht!

Nehmen Sie den direkten Weg über **autojob.de**
und finden Sie schnell Ihren neuen Traumjob!
Wir sind die Branche.

autojob.de

Wie sieht Ihre Autohaus-Zukunft aus?

Ulrich Ermschel
Die Autohaus-Zukunft
Wir zeigen Ihnen den Weg!

Führen Sie Ihr Autohaus in eine sichere Zukunft:
» Neue Kennzahlen für das Autohaus
» Prozessoptimierung: Hier liegen verborgene Potenziale
» Preise und Rabatte: So finden Sie den richtigen Preis

Bestell-Nr. 199 | Hardcover | 17 x 24 cm | 272 Seiten durchgehend farbig | 1. Auflage 2011 | € 74,00 (zzgl. MwSt.)
www.springer-automotive-shop.de